Dup. 946. S & Arts.

cat. de Nyon n.° 1676.

L'EXISTENCE DE DIEU,

DÉMONTRÉE

PAR LES MERVEILLES

DE LA NATURE.

EN TROIS PARTIES;

OÙ L'ON TRAITE DE LA STRUCTURE
du Corps de l'Homme, des Elemens, des Astres,
& de leurs divers effets.

AVEC DES FIGURES EN TAILLE-DOUCE.

A PARIS,

De l'Imprimerie de JACQUES VINCENT, rue &
vis-à-vis l'Eglise S. Severin, à l'Ange.

M. DCC. XXV.

AVEC APPROBATION ET PRIVILEGE DU ROY.

guyon de sardiere

IDÉE GENERALE
DE L'OUVRAGE.

BERNARD NIEUWENTYT, Auteur de cet Ouvrage, étoit Docteur en Médecine. Il fut élevé à divers Emplois en Hollande, où il se distingua sur-tout par son profond sçavoir. Les Geométres l'ont regardé, avec justice, comme un des plus grands Mathématiciens; & les Physiciens lui doivent des connoissances qui ont répandu de grandes lumieres sur toute la Physique. Transporté d'admiration à la vûe des merveilles de la Nature, il s'est appliqué à développer les ressorts qui donnent les mouvemens aux Elemens, aux Astres, aux Etres animez. L'Ouvrage dont on donne la Traduction est le fruit de ce travail; il fut imprimé en Hollande chez Vollers en 1715. il a eu plusieurs Editions, & la Traduction Angloise vient d'être imprimée à Londres pour la cinquiéme fois. Le succès d'un tel Livre ne pouvoit pas être douteux: on y trouve une Physique étendue, appuiée sur de nouvelles Observations, uniquement fondée sur l'expérience & la raison.

La Préface qui est à la tête de l'Ouvrage est fort longue: l'Auteur y recherche les sources de l'Athéïsme. Selon lui l'amour propre, l'ambition, l'ignorance, la présomption, les disputes en sont la cause la plus ordinaire. Il propose ensuite les remedes les plus efficaces contre ces sources d'incrédulité. Nous croions que l'Extrait que M. Bernard a fait de cet Ouvrage sera une Préface plus agréable & plus utile, puisqu'il donne une idée exacte de toutes les matieres qui sont traitées dans le Livre de M. Nieuwentyt; voici cet Extrait tel qu'on le trouve dans la République des Lettres de 1716.

L'Ouvrage est partagé en trois Parties, dans lesquelles notre sçavant Auteur a ramassé toutes les nouvelles découvertes que d'autres ont faites sur les œuvres de la Nature, & toutes celles qu'il a faites lui-même; & il conclut de chacune en particulier, qu'elles manifestent un Auteur toutpuissant, souverainement sage, infiniment bon, qui a créé le monde, & tous les êtres qui le composent; qu'il a créé tous ces êtres pour de certaines fins, & qu'ils répondent tous parfaitement bien aux fins pour lesquelles il les a créez.

Il commence avant d'entrer dans le détail par considérer l'Homme en general. Il fait voir que cet Homme est très-malheureux, à moins qu'il ne s'assure de l'existence d'un Etre suprême, qui est le maître de tous les évenemens, & que rien n'arrive sans sa sage providence. Cet homme sçait bien qu'il ne s'est pas fait soi-même; que comme il a eu un commencement, il doit avoir une fin: qu'il ne peut, ni empêcher sa mort, ni la retarder d'un seul moment; mille accidens peuvent lui ravir la vie à toute heure. S'il parvient jusqu'à une extrême vieillesse, les incommoditez de cet âge arrivent à tout moment; il n'a presque plus d'yeux pour voir, d'oreilles pour entendre, de dents pour mâcher les alimens, de pieds pour marcher. L'Auteur représente les autres malheurs de la vie avec beaucoup de force: Il montre que ceux qui attribuent tout ou au hazard, ou à une fatalité aveugle ne peuvent jouir d'aucun repos assuré. Sont-ils dans la prospérité? ils ne peuvent pas compter sur sa durée; dans l'adversité, ils ne sçavent pas quand elle finira. Il n'y a que la persuasion de l'existence d'un Dieu bon, & qui gouverne tout, qui puisse procurer quelque solide repos à l'homme.

Cet homme considéré en lui-même, & en general, fait le sujet des réflexions de l'Auteur. Il est composé d'un corps incapable de penser, & d'une ame qui pense, qui juge, qui veut,

DE L'OUVRAGE.

qui raisonne. Comme il est sûr qu'il ne s'est pas fait soi-même, aussi est-il sûr qu'il n'a pas reçû son être de ses parens, comme de leur véritable cause; puisque ces parens n'ont point sçû ce qu'il étoit, de quoi il étoit composé, ce que c'est qu'ils mettroient au monde, si ce seroit un mâle ou une femelle. Tout ce qui agit sans connoissance, sans sçavoir ce qu'il fait, ne peut être consideré que comme cause instrumentale de ce qu'il produit. Comme l'homme ne s'est pas donné l'être, & qu'il ne l'a pas reçû non plus de ses parens, ni lui ni ses parens ne sont pas ceux qui le conservent. Ils ne peuvent ni faire lever, ni faire coucher le Soleil; ils ne peuvent pas produire une seule goutte de pluie pour rendre la terre fertile, & pour lui fournir la boisson dont il a besoin. Ils ne peuvent faire croître ni la moindre herbe, ni un seul grain de bled. Et quand l'homme est pourvû de tout cela, sçait-il bien comment toutes ces choses contribuent à la nourriture & à la conservation de son corps ? Comment ces alimens se changent en sang, en limphe, comment ils se métamorphosent dans les propres parties de ce corps, en fibres, en veines, en artéres, en nerfs, en os, &c ? Tout cela est au-dessus de son pouvoir, tout cela prouve qu'il doit sa conservation, non à lui-même, ni à ses parens, mais à un autre Etre. Peut-il donc vivre dans quelque repos, sans connoître l'Auteur de son être & de sa conservation ? Il faut nécessairement que cet Etre soit un Etre intelligent, qui sçait ce qu'il fait, & pourquoi il le fait. De même que si on montroit à cet homme dans une chambre, diverses horloges bien faites, qui marqueroient exactement les heures, &c. il concluroit, que c'est un habile homme qui les a faites.

Après ces réflexions génerales, M. Nieuwentyt entre dans le détail, & dans le premier chapitre ; il parcourt les principales parties du corps humain, & les cinq manieres différentes de sentir; & fait voir en tout cela tant de sagesse, tant de vûes différentes, qu'il faut être insensé pour attribuer toutes ces choses, ou au hazard aveugle, ou à une nécessité fatale. Ne suivons pas notre sçavant Auteur pied à pied, il faudroit le copier entierement ; contentons-nous de quelques remarques détachées.

Pourquoi tous les autres os du corps humain sont-ils envelopez d'une peau sensible, & que les dents ne le sont pas ? Qui ne voit que c'est parce qu'étant destinées à rompre & à broier les alimens, on n'auroit pû le faire, si elles eussent été enveloppées de peau, sans sentir une très-violente douleur. On sçait que les os dépouillez de la peau qui les couvre, & exposez à l'air, sont bien-tôt gâtez. Au lieu de peau, Dieu a donné aux dents un émail, qui les garantit des injures de l'air. Les lévres & la langue, sont encore plus admirables que les dents. Les premieres s'ouvrent pour recevoir la boisson & les alimens, & se referment de peur qu'en mâchant, ces mêmes alimens & la boisson, ne tombent à terre. Elles sont d'une fabrique toute telle qu'il la falloit pour procurer aux enfans le moien de succer le lait du sein de leur mere. Il y a dans les joues diverses espèces de petits tuiaux, desquels comme d'autant de fontaines coule la salive pendant qu'on mâche pour humecter les alimens, pour faciliter leur descente par le pharynx & par l'œsophage dans l'estomac, & pour les changer dans ce viscére en une substance liquide. La langue est formée de la maniere qu'il le falloit, non seulement pour ramasser les alimens dans la bouche, & les faire passer dans l'œsophage; mais aussi pour, par une infinité de mouvemens différens dont elle est susceptible, prononcer ce nombre infini de mots en toutes les langues, par lesquels les hommes se communiquent si facilement leur pensée. Peut-on croire que cela s'est fait sans dessein, si l'on considere quelle peine les hommes auroient de converser ensemble, combien difficilement ils se communiqueroient leurs pensées, sans l'usage de la parole? L'exemple des hommes sourds & muets, à qui il est difficile de faire comprendre ce qu'on leur veut dire, marque assez quel seroit notre embarras, si nous ne pouvions nous parler les uns aux autres. La langue a encore un autre usage, elle est le principal organe du goût; qui fait que nous prenons du plaisir à faire usage des alimens qui nous sont si nécessaires; plaisir sans lequel nous aurions bien de la peine de nous résoudre à manger, quoique notre vie en dépende absolument.

Ce n'est pas, sans doute, par hazard que le pharynx & l'œsophage ont une conformation si propre à faire passer les alimens de la bouche dans l'estomac; & qu'on voit à l'entrée de la glotte, l'épiglotte qui la ferme exactement, quand on avale quelque chose, afin qu'il n'entre rien dans la trachée-artére; ce qui n'arrive jamais sans qu'on soit tourmenté d'une violente toux, & en danger d'étouffer.

La maniere dont nous recevons l'air dans les poulmons, &

dont les enfans & plusieurs autres animaux succent le lait de leur mere, immédiatement après leur naissance, fait aussi admirer la sagesse du Créateur. La bouche & les autres parties qui servent, ou à respirer, ou à tetter, deviennent alors une véritable machine pneumatique, qui ne fait son effet que par la supposition que l'air est pesant, & a une vertu élastique ; ce que les hommes qui inspirent & respirent, & les petits qui tettent, ignorent parfaitement ; & qui n'a pour véritable cause que la connoissance & la sagesse infinie du Créateur. C'est peut-être ce qu'a voulu dire *David* dans le *Pseaume VIII.* lors qu'il dit que Dieu a établi sa force sur la bouche des petits enfans, & de ceux qui tettent, à cause de ses adversaires. On verra dans l'Auteur l'admirable conformation de l'estomac ou du ventricule, pour y recevoir les alimens, les y retenir, jusqu'à ce qu'ils y soient digerez, pour les en chasser & les introduire dans les intestins après la digestion ; pour exciter en nous le sentiment de la faim, qui nous avertit que nous avons besoin de nourriture, & sans lequel nous ne penserions pas à en prendre. Les intestins sont un autre ouvrage merveilleux de la sagesse de Dieu ; leur liaison avec le mésentére, leur longueur, leur différente grosseur, les différens contours qu'ils font dans le bas-ventre pour y arrêter les alimens un tems considérable ; leur communication avec les veines lactées, auxquelles ils fournissent le chyle préparé ; leur mouvement péristaltique fait par la contraction de leurs fibres de haut en bas, & antipéristaltique fait par leur contraction de bas en haut ; la faculté que l'on a d'ouvrir ou de fermer l'anus quand on veut, afin que les excrémens ne sortent pas du corps malgré nous, pendant que tant d'autres mouvemens des différentes parties de notre machine sont involontaires ; tout cela & plusieurs autres circonstances qu'on y pourroit ajoûter, ne peuvent pas être un effet du hazard ; & il faut être aveugle pour ne pas voir que ce sont-là les productions d'une Intelligence sage, qui les a faites pour l'usage auquel nous voyons qu'elles servent actuellement.

La séparation du chyle d'avec les excrémens, les valvules qui lui ouvrent le passage dans les veines lactées, & lui empêchent le retour ; son mélange avec la lymphe dans le Réservoir de *Pequet*, pour le rendre plus fluide : d'autres valvules qui se trouvent en plusieurs autres endroits dans son passage, qui lui permettent de monter vers le cœur, & l'empêchent de redescendre, comme cela arriveroit naturellement par son propre poids ; les moiens que la Providence a emploiez pour faire monter cette liqueur, en mettant tout près de son conduit des artéres, qui par leur battement le compriment, & pouſſent par conſéquent le chyle qu'il contient : ſon mélange avec le ſang dans la veine ſouclaviere gauche, pour entrer conjointement dans le cœur par la veine-cave deſcendante, afin de procurer à ce viſcere la matiere pour former de nouveau ſang ; tout cela fournit à notre Auteur tout autant de preuves de l'exiſtence d'un Etre ſouverainement ſage, qui eſt l'Auteur de l'Univers.

La merveilleuſe conſtruction du cœur, dont il nous donne une deſcription exacte dans le quatriéme Chapitre, ne lui en fournit pas moins. Tirons-en cette ſeule remarque. Les troncs aſcendant & deſcendant de la veine-cave ſe rencontrent près du cœur. Naturellement le ſang qui deſcend du tronc deſcendant, rencontrant celui qui monte, doit par ſa peſanteur l'empêcher de monter ; ce qui ſeroit un obſtacle invincible à la circulation du ſang : pour prévenir cet inconvénient, il y a dans l'endroit où ces deux troncs ſe rencontrent, une petite éminence formée de la graiſſe qui eſt tout au tour. Le ſang deſcendant par un de ces troncs, heurte contre cette éminence, & eſt obligé de couler à côté vers l'oreille droite du cœur, où il ſe décharge ; la même choſe arrive au ſang qui monte par l'autre tronc.

Nous avons dit par quel artifice merveilleux l'air entre & ſort de nos poulmons. Perſonne n'ignore combien cet air eſt néceſſaire pour notre vie. Or pourquoi eſt-ce que l'homme ſe trouve placé au milieu de la vaſte mer de ce fluide, comme les poiſſons dans l'Océan ? Si cet air ſe corrompt, il devient mortel à ce même homme, ſans que par toute ſon induſtrie il puiſſe y apporter du remede : d'où vient donc que ce malheur arrive ſi rarement, y aiant tant de moiens qui peuvent le corrompre ? On n'en peut alleguer d'autre cauſe, que les ſoins d'une ſage Providence.

La circulation du ſang dans le corps, par laquelle il n'y a pas une ſeule partie de ce corps qui ne reçoive la nourriture qui lui eſt néceſſaire, les artéres & les veines, leur partage, les moiens par leſquels le ſang ſortant du cœur par les artéres, paſſe de-là dans les veines, & revient au cœur par ces mêmes veines ; tout cela marque une ſageſſe infinie dans celui qui a formé ce corps. M. Nieuwentyt nous fait admirer la bonté de

Dieu,

DE L'OUVRAGE. ix

Dieu, en ce que, quoique les artéres battent en une infinité d'endroits du corps, cependant l'homme, lorsqu'il se porte bien, ne s'apperçoit point de ces battemens, ce qui lui seroit infiniment incommode; comme nous ne le sentons que trop, lorsqu'aiant quelque incommodité, nous nous en appercevons. Remarquons en passant, que ce n'est pas au hazard que la grosse artére, qu'on appelle l'*Aorte*, répandant ses rameaux dans toutes les parties du corps, si on en excepte les poulmons, on ne trouve pas le moindre petit rameau de cette aorte, auquel ne réponde le rameau de quelque veine pour recevoir le sang qui en vient, & le reporter dans le cœur.

On peut dire de la vessie, le réceptacle de l'urine, ce que nous avons dit de l'anus; quelle incommodité ne seroit-ce pas si l'urine en sortoit à tout moment malgré nous. Pour y remédier, l'Auteur de la Nature y a mis un muscle, qu'on appelle *Sphincter*, qui est extrémement fort, & qui lui ferme le passage, & en a soûmis le mouvement au gré de notre volonté, pour pouvoir retenir ou chasser cet excrément, lorsque nous le jugeons à propos. Et parce que l'urine est composée d'un grand nombre de parties salines, qui pourroient par leur âcreté picoter les parois intérieures de la vessie, qui sont extrémement sensibles, & nous causer de violentes douleurs, elles sont enduites d'une espece de matiere grasse & gluante, qui empêche l'effet de ces parties salines.

La cause du mouvement des nerfs & des muscles, n'est pas encore bien connue jusqu'à présent : mais leur construction & leurs usages causent l'admiration de tous ceux qui en ont quelque connoissance. Notre Auteur ne veut pas que ce soit des esprits animaux, ou un vent subtil, qui vienne du cerveau dans les nerfs, mais une espece de suc nerveux; & il rapporte quelques expériences, qui semblent confirmer sa pensée. De ces nerfs & de ces muscles, ceux qui servent à la conservation de notre vie ont leur mouvement indépendant de notre volonté ; en sorte que notre vie & notre mort ne sont point en notre puissance. Nous pouvons mouvoir au contraire ceux qui servent aux actions ordinaires auxquelles nous sommes destinez. Il y a certaines parties de notre corps qui se meuvent, & du consentement de notre volonté, & sans son consentement. Telles sont celles qui servent à la respiration ; nous pouvons l'arrêter pendant quelque tems si nous voulons : mais si le mouvement de ces

ē

parties eût dépendu absolument de nous, nous aurions été uniquement occupez à inspirer & à respirer, & nous n'aurions jamais pû dormir. Au lieu que pendant le sommeil, la respiration se fait, sans que notre volonté y ait aucune part. Notre Auteur n'a pas oublié la force extraordinaire des muscles, quoiqu'ils soient composez de fibres charnues très-délicates, & qui semblent devoir se rompre facilement. On voit ici non-seulement un abregé de ce que le sçavant *Borelli* en a dit ; mais aussi un long détail de la force des principaux muscles geométriquement démontrée.

Les os, qui sont une partie du corps de l'homme, méritent aussi notre attention, & démontrent la sagesse du Créateur. Sans eux l'homme seroit une masse de chair molle, qui ne pourroit ni se soûtenir, ni se mouvoir. La maniere différente dont ils sont liez les uns aux autres, & enchassez les uns dans les autres, selon les usages différens auxquels ils étoient destinez, marque visiblement que tout cela ne sçauroit être l'effet du hazard. Pourquoi dans l'épine du dos ces os si artistement enchassez les uns dans les autres, & d'une matiere si dure, sont-ils percez vis-à-vis les uns des autres, pour donner passage à la moëlle qu'ils renferment, & qui est une continuation de la substance du cerveau ? Pourquoi dans les os de la tête y a-t-il tant de cavitez près des oreilles, qui paroissent toutes si nécessaires pour donner passage au son, & pour former le sens de l'ouïe ? Tout cela peut-il s'être fait sans dessein, & répondre pourtant si exactement aux usages qu'on en retire ?

L'œil a toûjours passé pour un miracle de la nature, & il est arrivé que plus on en a découvert la conformation, & plus on l'a admirée. Les trois humeurs de l'œil, qui ont chacune leur densité différente, devoient être telles qu'elles sont, afin que les raions qui partent de chaque point de l'objet, & qui entrent dans l'œil par la prunelle, se rompant différemment en entrant dans ces trois humeurs, se réunissent exactement sur l'organe immédiat de la vision ; soit que cet organe soit la choroïde ; soit que ce soit la rétine. La prunelle n'est pas toûjours de la même grandeur, elle s'appetisse, ou elle s'aggrandit, selon que l'on regarde les objets prochains, ou fort illuminez ; les objets éloignez ou peu illuminez. L'œil tout entier n'est pas immobile ; mais par le moien de ses quatre muscles droits on l'éleve, on l'abaisse, on le tourne à droit ou à gauche, selon que l'on veut voir les objets ou plus haut ou plus bas, situez à droite où à gauche, sans qu'il soit nécessaire de remuer la tête. Toutes les parties du fond de l'œil sont noires, afin que les raions qui y tombent s'y absorbent ; parce que, s'ils se réfléchissoient, ils se mêleroient avec ceux qui doivent peindre l'image de l'objet sur la rétine, & la rendroient toute confuse ; de même que dans la chambre obscure, il n'y a point d'endroit de cette chambre illuminé qui envoie des raions sur la toile blanche, ou sur le papier sur lequel viennent se peindre les objets extérieurs.

L'œil est admirable par sa conformation, & pour ses effets ; mais il l'est encore plus par ses usages : car que deviendroit l'homme, que deviendroit les autres animaux, s'ils étoient privez de leurs yeux ; ou si les aiant, ils ne vivoient pas au milieu de cette mer de lumiere qui les environne ; ou enfin, si cette lumiere n'avoit pas la faculté de se rompre en passant d'un milieu dans un autre ? Il est difficile de bien comprendre la misere dans laquelle tous les animaux seroient réduits ; & ils périroient bientôt infailliblement. Il faut donc conclure que la lumiere a été faite pour les yeux, & les yeux pour les animaux qui s'en servent ; & c'est pousser la folie à l'excès, que de dire que tout cela s'est fait au hazard.

L'oreille est un organe qui est peut-être encore plus merveilleux que l'œil. Elle est composée d'un plus grand nombre de parties, plus différentes entr'elles, qui ont chacune leur figure, leur situation particuliere, chacune leur usage, & qui sont toutes nécessaires pour nous faire entendre les sons différens. D'ailleurs le sens de l'ouïe n'est guéres moins nécessaire, moins utile que celui de la vûe ; jusques-là que nous avons vû des personnes qui auroient mieux aimé être aveugles que sourdes. Car pour ne rien dire des charmes de la Musique, des effets surprenans qu'elle a pour exciter, ou pour appaiser les passions ; combien de peines les hommes n'auroient-ils pas pour se communiquer leurs pensées & leurs besoins, s'ils ne pouvoient se faire entendre les uns aux autres. On en peut juger par l'embarras où se trouve un homme dans un païs dont il n'entend point la langue, & où personne n'entend la sienne. Nous avons déja parlé ci-dessus de la nécessité du goût, en parlant de la langue, qui en est le principal organe ; ce sens nous récompense agréablement de la peine que nous avons à manger. Cette matiere fait le sujet particulier du ch. XIII. Partie I. de notre Auteur, où il parle aussi de

ẽ ij

l'odorat & du toucher. Nous avons dit que la langue étoit le principal organe du goût ; mais il n'est pas le seul : le palais y a aussi part ; comme cela se prouve par l'expérience d'un jeune garçon de Poitou de huit à neuf ans, qui aiant perdu entierement la langue par la petite-vérole, distinguoit encore fort bien le goût des viandes qu'il mangeoit.

L'odorat ne paroît pas si utile que le goût ; il a pourtant beaucoup d'usages, & l'organe semble en avoir été placé immédiatement au-dessus de la bouche ; afin que nous puissions juger par l'odorat de la nature des alimens, avant que de les mettre dans la bouche.

Ce qui fait encore bien voir que c'est un Etre infiniment sage qui est l'Auteur de l'homme, & des corps qui l'environnent ; c'est que ces mêmes corps dans lesquels on ne peut concevoir, que de la matiere & du mouvement produisent des effets si différens sur nous, selon qu'ils agissent sur divers organes ; sur lesquels dans le fonds ils ne peuvent produire que du mouvement. Prenez, par exemple, un morceau de sucre, touchez-le, vous y sentez du froid & de la dureté ; regardez-le, vous y voiez de la blancheur, & une certaine figure ; frappez-le avec un autre corps dur, vous entendez du son ; approchez-le du nez, vous y sentez quelque odeur ; mettez-le dans la bouche, vous y appercevez de la douceur. Comment un seul corps, qui paroît si simple, qui ne peut exciter que du mouvement dans nos organes, peut-il nous causer des sensations si différentes ; & en même-tems si utiles ? N'est-ce pas un Etre parfaitement bon & sage, qui a fait & dirigé toutes ces choses pour notre bien.

On dit que nos sens sont imparfaits ; mais ce qu'on nomme imperfection est un effet de la sagesse du Créateur, comme l'Auteur le fait voir. Supposons que nos yeux fussent faits comme les microscopes ; il est vrai que nous appercevrions plusieurs objets que nous n'appercevons pas ; mais nous n'en pourrions voir qu'un très-petit nombre à la fois ; & ceux que nous verrions, & dont la vûe nous seroit assez inutile, nous empêcheroient de voir ceux qu'il est nécessaire que nous voyïons pour notre conservation. Si nos yeux étoient comme des lunettes de longue vûe, nous verrions divers objets éloignez, qu'il nous importe fort peu de voir, & nous ne verrions pas ceux qui sont près de nous, & de la vûe desquels nous ne sçaurions nous passer ; parce qu'ils peuvent nous être nuisibles ou utiles. Si nous avions l'odorat aussi fin que certains chiens de casse, nous ne pourrions faire un pas, sans être incommodez par les exhalaisons des corps qui nous environnent, qui nous occupant presque tout entiers, fixeroient tellement nos pensées, que nous ne pourrions les appliquer à d'autres choses. Si notre goût étoit si délicat, que nous apperçussions aussi fortement les choses qui ont le moins de saveur, que nous apperçevons présentement les choses qui ont la saveur la plus forte, l'usage d'une infinité d'alimens qui nous sont utiles, & que nous prenons avec plaisir, nous seroit entierement interdit, parce que nous ne pourrions pas les supporter.

Si on avoit l'ouïe aussi bonne qu'on l'a lors qu'on met un cornet à l'oreille pour augmenter le son, nous entendrions à tout moment un aussi grand bruit que quand on est au milieu du marché, où mille personnes parlent toutes à la fois, & crient de toutes leurs forces ; & nous serions bien-tôt assourdis. Si toutes les parties de notre corps étoient aussi sensibles que les membranes qui couvrent l'œil, nous aurions des douleurs perpétuelles dès que le moindre corps nous toucheroit, & nous ne pourrions demeurer en repos dans aucune place.

Dans le quatorziéme chapitre, notre Auteur examine l'union de l'ame avec le corps, l'imagination & la mémoire, trois articles que les Philosophes n'ont pû expliquer jusqu'ici ; mais qui sont si dignes de notre admiration, qu'il n'y a qu'un Etre intelligent & infiniment bon qui puisse en avoir été l'Auteur, comme M. Nieuwentyt le prouve très-bien.

Il parle dans le chapitre suivant des passions de l'homme, & fait quelques remarques sur la maniere dont Dieu a pourvû à la conservation du genre humain par la propagation. Quand on examine les passions, on voit qu'elles sont toutes si bien disposées pour la conservation de l'homme, pour éloigner le mal qui le menace, & pour se procurer le bien qui lui est nécessaire, qu'il est tout naturel de croire que tout cela a été dirigé par un Auteur extrémement sage. Il faut aussi remarquer, que quoique les hommes se ressemblent fort par rapport au corps, & se nourrissent tous à peu près des mêmes alimens, Dieu leur a donné, & des talens & des inclinations fort différentes, qui portent les uns à s'adonner aux sciences, les autres au négoce, les autres aux arts, ou libéraux ou méchaniques ; ce qui fait que tous les hommes ont réciproquement besoin les uns les autres, & font échange mutuellement du fruit de leurs travaux; d'où il résulte d'un côté que chacun peut avoir toutes les choses dont il a besoin pour vivre commodément; & de l'autre, qu'il y a un commerce mutuel entr'eux, qui est le lien de la societé civile.

A l'égard de la propagation de l'espece, il en résulte tant de peines différentes pour l'un, & pour l'autre sexe, dans les hommes & dans les bêtes, que les especes en périroient bien-tôt, si Dieu n'avoit trouvé le moien de surmonter tous ces travaux & toutes ces peines par l'instinct dont il a pourvû tous les animaux, qui leur fait supporter agréablement les peines qu'ils doivent prendre pour élever ceux de leur espece qu'ils ont mis au monde. On remarque en cela un si grand soin de la Providence, qu'il n'y a que des personnes tout-à-fait stupides, qui ne puissent s'en appercevoir.

C'est encore un effet de la sagesse du Créateur, que cet amour machinal, s'il est permis de parler ainsi, qu'ont naturellement les hommes pour le païs où ils sont nez, quelque disgracié de la nature que soit ce païs, quelques incommoditez qu'on y souffre. Sans cela plus de la moitié de la terre habitée seroit sans habitans, tous les hommes voudroient être dans le meilleur païs; & pour y avoir place, ils se détruiroient les uns les autres. Notre sçavant Auteur omettant tout ce qui n'est pas certain sur la propagation des especes, n'oublie pas de remarquer comment tous les individus de chaque espece, tant des plantes que des animaux, se trouvent dans les principes dont ils naissent; comment toutes les parties y sont distinguées les unes des autres, quoique ces principes ne soient pas quelquefois de la grosseur d'un grain de sable; ce qui fait que chaque partie de chacun de ces individus doit être d'une petitesse qui surpasse l'imagination, & qui est, en quelque sorte, infinie. Le développement de toutes ces parties, la maniere dont elles croissent, dont les unes deviennent solides, & les autres restent molles; tout cela ne peut se faire au hazard, & est l'effet d'une cause parfaitement sage.

A cette occasion notre sçavant Auteur raporte un registre du nombre de garçons & de filles qui sont nez chaque année à Londres pendant l'espace de 82. ans; sçavoir depuis 1629. jusqu'en 1710. Il paroît par ce registre, qu'il est toûjours né plus de garçons que de filles. La moindre différence fut celle de l'année 1703. qu'il nâquit 7765 garçons, & 7683 filles. La plus grande différence fut en 1661. qu'il nâquit 6128 garçons, & 5301 filles. L'Auteur fait sur ce sujet diverses réflexions, ou qui lui ont été fournies, ou qu'il tire de son propre fond. Il remarque que, quoique les grossesses & les couches emportent un grand nombre de femmes ; cependant les voiages par mer & par terre, la guerre, les fatigues, & diverses autres causes font qu'il meurt plus d'hommes que de femmes ; il s'ensuit de-là que l'Auteur de la Nature a voulu pourvoir à cet inconvénient, & faire que chaque femme puisse avoir son mari, en faisant naître à proportion un plus grand nombre d'hommes que de femmes ; ce qui ne peut-être attribué au hazard : car si on jette un dé, qui soit un cube parfait, & dont les six côtez soient chacun marqué d'un des six premiers nombres, il sera impossible que les plus grands nombres, sçavoir le 4, le 5 & le 6 viennent toûjours infailliblement. Il suit de cette même remarque, que la poligamie est contraire aux loix de la nature, puisque celui qui en est l'Auteur a tellement dirigé les choses, qu'il fait naître à peu près autant d'hommes que de femmes, en soustraiant le plus grand nombre d'hommes que de femmes, que la mort enleve toutes les années.

Pour donner à cette démonstration toute la certitude qu'elle doit avoir, il me semble qu'il faudroit faire les mêmes observations sur les bêtes ; car s'il y en a entre lesquelles il se fait une espece de mariage, comme dans plusieurs oiseaux ; il y en a aussi beaucoup où cela n'arrive pas : un coq sert à plusieurs poules, un taureau à plusieurs vaches, un étalon à plusieurs jumens. Or, il semble que si l'on trouvoit dans ces bêtes la même proportion qu'on a trouvée dans les hommes, cela affoibliroit un peu la force de l'argument. Au contraire il seroit beaucoup fortifié, si dans ces especes d'animaux, où un seul mâle suffit pour plusieurs femelles, il naissoit un beaucoup plus grand nombre de femelles que de mâles. En particulier je crois qu'on peut observer qu'il n'ait tout autant de coqs que de poules, s'il n'en naît pas davantage. A l'égard des pigeons entre lesquels il y a une espece de mariage, je crois qu'on peut trouver par expérience qu'il naît, à peu près, autant de mâles que de femelles. En un mot, on n'a pas assez d'expériences sur ce sujet, à mon sens, pour pouvoir encore rien déterminer de bien certain.

Monsieur de *'sGravesande*, très-habile Geométre, s'est donné la peine de compter combien il y auroit à mettre contre un, xvj IDE'E GENERALE

que ce qui est arrivé à Londres n'arriveroit pas ; sçavoir qu'il nâ-quît 82 ans de suite plus de mâles que de femelles, si cela arrivoit au hazard, & il a trouvé ce nombre prodigieux ; 75, 598, 215, 229, 552, 469, 135, 802, 469, 135, 802, 469, 135, 802, 469, contre un.

Monsieur Nieuwentyt passe les chapitres suivans aux autres principales parties de l'Univers.

1. Il parle de l'air dans le premier chapitre de la seconde Partie; il en explique les principales proprietez, qui sont sa pesanteur & sa vertu élastique, qu'il prouve par des expériences dont la plûpart sont connues aujourd'hui des Sçavans ; & il fait voir son absolue nécessité pour les hommes, les bêtes, les plantes, &c. On sçait, par exemple, qu'une petite quantité d'air, qui est dans les poulmons d'un animal, ou dans une chambre, contrebalance tout le poids de toute la masse de l'air extérieur. Sans cette loi de la nature les animaux ne sçauroient conserver leur vie quelques momens ; les fenêtres d'une chambre seroient bien-tôt rompues par la pesanteur de l'air extérieur ; les tentes d'une armée, les petites huttes des païsans, & plusieurs édifices plus considérables, ne sçauroient demeurer debout. Tout cela ne peut être l'effet du hazard.

Sans l'air, les plantes ne peuvent ni vivre ni croître ; c'est l'air qui conserve le feu allumé, & qui fait que la fumée monte, & que nous n'en sommes pas incommodez : sans l'air il ne se produit point de son, & par conséquent les hommes ne peuvent se communiquer leurs pensées par la parole, & nous serions privez de tous les avantages que nous recevons de l'ouïe. Sans la pesanteur de l'air aucune de ces liqueurs qui fermentent ne pourroit être contenue dans des vaisseaux, l'eau bouillante ou seulement un peu chaude, sortiroit toute de ceux qui la contiennent. C'est par le moien de l'air que se font ces réfractions de la lumiere, qui diminuent les longues nuits des hommes qui habitent près des poles, & qui nous font appercevoir la lumiere, & le Soleil même, avant qu'il soit sur l'horison. M. Nieuwentyt croit que c'est de la pesanteur de l'air, découverte seulement dans le dernier siécle, dont il est parlé dans le Livre de Ch. XXVIII. 25. *Job*, quand il dit que Dieu *mettoit du poids au vent*.

2. Notre Auteur traite des Météores dans le chapitre II. de la seconde Partie, qui contient un grand nombre d'expériences. On sçait qu'il s'éleve perpétuellement de la terre un grand nombre

bre de vapeurs & d'exhalaisons, qui ont autant de natures différentes, que sont différens ce nombre infini de corps d'où elles s'élevent. Parmi ces exhalaisons il y en a d'utiles aux hommes, aux animaux, & aux plantes; il y en a de nuisibles, tout cela se mêle & se confond ensemble; & de ce mélange résulte une infinité de compositions différentes. On a vû que les animaux & les plantes avoient besoin d'air pour vivre. Comment donc peut-il arriver, sans une sage Providence, que cet air qui est un composé si merveilleux, fournisse à ces animaux & à ces plantes, à chaque espece en particulier, ce qui lui est propre sans lui communiquer ce qui lui est nuisible, si ce n'est dans des occasions extraordinaires, où Dieu irrité à cause des péchez des hommes, a résolu de les châtier.

Quelle seroit l'horreur que les hommes témoigneroient pour cet air qu'ils respirent, si Dieu leur avoit donné d'assez bons yeux, pour appercevoir toutes les ordures qu'ils reçoivent dans leur corps à chaque inspiration, ou un goût assez fin pour en appercevoir toutes les désagréables saveurs.

Il y a des ignorans qui regardent les vents comme des météores inutiles, ou même incommodes. Cependant il est vrai que sans les vents, nous ne sçaurions vivre sur la terre. L'air seroit bien-tôt infecté par notre souffle, par la fumée, par les vapeurs & les exhalaisons qui s'élevent de la terre; & nous n'y vivrions pas mieux que les poissons, qui ont accoûtumé de vivre dans une eau claire & courante, peuvent vivre dans une eau sale & dormante. Les vapeurs qui s'élevent de la mer en grande abondance, retomberoient dans la mer, & la terre séche & aride deviendroit entierement stérile; les rivieres & les fontaines tariroient. On ne parle pas des autres avantages que l'industrie des hommes a sçû tirer du vent pour la navigation, & pour avoir des moulins dans les lieux où il n'y a point d'eaux courantes. On croit d'ordinaire que les vents soufflent sans aucune régle; mais, quoique l'histoire naturelle des vents soit encore fort imparfaite, on en sçait pourtant assez, pour sçavoir que la plûpart sont assujettis à de certaines régles, qui ne peuvent avoir été établies que par un Etre parfaitement sage, & qui aime les hommes. Sans les vents reglez une bonne partie de la terre nous seroit encore inconnue, & nous serions privez de tous les biens que nous recevons des Indes Orientales & Occidentales; car on ne peut aller dans ces dernieres par terre, & on ne peut se rendre aux autres par la même voie qu'avec des peines & des dangers infinis.

3. L'eau fait le sujet du quatrième chapitre. Sans cet élement tous les animaux & toutes les plantes mourroient de soif: ils seroient même privez de nourriture, puisqu'il est certain que c'est l'eau qui fournit de matiere aux plantes, & aux alimens dont les animaux se nourrissent. Les métaux & les minéraux eux-mêmes ne peuvent se former dans la terre, sans le secours de l'eau. Notre Auteur confirme le sentiment de plusieurs grands Philosophes, qui croient que l'eau se change en terre, soit que les propres parties qui étoient eau deviennent terre, soit que l'eau soit un corps mixte, dans la composition duquel entre une grande quantité de terre: afin qu'elle puisse être utile à tous les animaux, à toutes les plantes, & à tous les êtres terrestres, il faut qu'elle s'éleve en vapeurs, & qu'elle se résolve ensuite en pluie, pour arroser toutes les parties de la terre qui en ont besoin. Les Philosophes sont fort embarrassez, pour sçavoir comment les parties de l'eau qui sont plus pesantes qu'une semblable partie d'air, peuvent pourtant s'élever en l'air, & y demeurer suspendues pendant quelque tems. Pour expliquer ce phénoméne, M. Nieuwentyt suppose * que les parties du feu sont telles de leur propre nature, & que le feu ne consiste pas simplement, comme le veulent les Cartésiens, dans un mouvement rapide des petites parties de la matiere; en sorte que la matiere devienne du feu dès qu'elle est divisée en de petites parties, & que ces parties ont un certain degré de mouvement. Il suppose encore que chacune de ces parties, qui sont essentiellement du feu, quoique pesantes, le sont pourtant beaucoup moins que chaque partie de l'air. Il suppose enfin, que ces parties du feu s'unissent avec les parties de l'eau. De-là il suit, que jointes ensemble, elles deviennent plus legeres qu'une semblable masse d'air, & peuvent par conséquent nager dans l'air; de même qu'un morceau de fer joint à un morceau de liege peut nager sur l'eau. Il explique ensuite comment ces mêmes parties de l'eau peuvent se réunir dans l'air, devenir plus pesantes, & se résoudre ensuite en pluie.

Tout cela marque la sagesse du Créateur, & sa bonté pour les créatures. Ces perfections paroissent encore, en ce que les vapeurs fournissent une pluie d'eau douce, quoique les eaux de

* Il prouve ces suppositions par diverses expériences.

DE L'OUVRAGE.

la mer d'où elles s'élevent soient salées; & il faut qu'elle soit précisément telle pour rendre féconde la terre qui devient stérile, lorsqu'elle est arrosée d'eau salée. Qui n'apperçoit en tout cela les effets d'une très-sage Providence ? On voit dans ce même chapitre la grande utilité des montagnes, soit pour ramasser les vapeurs, & les convertir en pluie ; soit pour être l'origine des fontaines & des fleuves, dont personne n'ignore les usages : cependant la mer qui fournit les eaux douces aux fontaines & aux fleuves, a dû être salée, sans quoi ses eaux se seroient bientôt corrompues, seroient devenues inutiles pour tant de poissons qui y vivent ; & corrompant l'air par leur puanteur, auroient rendu la terre inhabitable pour les hommes & pour les animaux. Ce qu'il y a encore de bien remarquable, c'est que les poissons destinez à vivre dans l'eau, & à y chercher leur nourriture, ont les yeux tous tels qu'il les falloit pour y voir distinctement les objets ; comme les animaux qui doivent vivre sur la terre les ont propres à voir distinctement les objets qui sont dans l'air, ce qui ne peut-être un effet du hazard. Mais il faudroit copier tout ce que l'Auteur dit dans ce chapitre, si on vouloit ne rien omettre de ce qui est digne de l'attention du Lecteur.

4. Il est parlé de la terre dans le cinquiéme chapitre : on y fait voir entr'autres choses, comment elle fournit de nourriture aux plantes & aux animaux, sans que pour tout cela elle diminue considérablement dans sa substance, parce que la sagesse de Dieu a fait en sorte qu'elle répare tous les jours les pertes qu'elle fait par ce moien. On fait voir la témérité de ces personnes qui ont osé avancer que les montagnes, les déserts, les rochers, &c. étoient inutiles, parce qu'on n'en voioit pas les usages : & on se sert pour cela de l'exemple de l'aimant, dont la principale proprieté a été inconnue pendant tant de siécles, & qui depuis qu'elle est connue a fourni les moiens de découvrir un nouveau monde, dont on apporte mille richesses ; de naviguer en pleine mer, & de perdre les rivages de vûe, ce que les Anciens n'avoient jamais osé faire.

C'est un effet d'une sage Providence, que les eaux qui sont plus legeres que la terre, ne la couvrent pas entierement ; ce qui la rendroit tout-à-fait inhabitable. C'est Dieu qui leur a creusé ces abîmes, dans lesquels elles sont retenues, & qui fait que depuis tant de siécles elles n'ont pas diminué considérablement ces digues naturelles qui les retiennent. C'est Dieu qui conserve la terre dans la situation où elle est ; en sorte que, quoiqu'elle nage dans un fluide, ses poles sont toûjours les mêmes ; quoiqu'il soit très-possible qu'elle prenne une situation toute opposée, en sorte que ses poles deviennent deux points opposez de l'Equateur, & que deux points opposez de l'Equateur deviennent les poles. Si cela arrivoit, comme il est très-possible, la terre deviendroit tout-à-fait stérile, parce que toutes les plantes & tous les animaux qu'elle produit se trouvant dans des climats tout opposez à ceux où ils se trouvent, ces plantes & ces animaux ne pourroient ni y naître, ni y vivre.

5. Le feu est le sujet du sixiéme chapitre : on en connoît l'utilité, mais on n'en sçait pas encore bien la nature. Notre Auteur apporte plusieurs expériences qui semblent prouver ce que nous avons remarqué ci-dessus, que le feu est une espece particuliere de matiere, qui a, & qui conserve sa figure & sa forme particuliere. Cela paroît, 1. de ce que toute sorte de matiere n'est pas propre à être changée en feu. 2. S'il suffisoit pour faire du feu de donner un certain mouvement aux parties de la matiere, pourquoi l'eau ne se pourroit-elle jamais changer en feu ? On verra dans notre Auteur les autres raisons, & les expériences qui prouvent la même chose.

Si le feu est si utile, que les animaux & les plantes ne sçauroient s'en passer, les effets en sont d'ailleurs extrémement terribles. Quand on considere la quantité de parties ignées qui sont répandues, & dans la terre & dans l'air, & le grand nombre de matieres combustibles qu'on trouve par tout, on ne sçauroit que reconnoître que c'est une Providence particuliere qui a conservé jusques ici la terre, & tout ce qu'elle renferme contre les effets d'un si terrible élement ; & ces mêmes réflexions doivent rendre fort probable aux Incrédules la prédiction de *S. Pierre*, que la terre sera enfin consumée par le feu.

2. Ep. 3. 7.
v. 12.

A l'occasion du feu, M. Nieuwentyt demande aux Athées si c'est le hazard qui a placé le Soleil, cette mer immense du feu le plus actif, à la distance de la terre où nous le voions ; en sorte qu'il lui fournit assez de chaleur pour produire les divers êtres qu'elle produit, & pour les conserver ; au lieu que s'il en étoit plus près, il la consumeroit entierement, & s'il en étoit beaucoup éloigné il lui deviendroit entierement inutile.

6. L'Auteur passe dans son septiéme chapitre à l'examen des

DE L'OUVRAGE.

bêtes terreſtres, des oiſeaux & des poiſſons; & l'on juge bien qu'une ſi riche matiere lui fournit abondamment de quoi prouver l'exiſtence de Dieu, & de quoi faire admirer les merveilles de ſa Providence; mais loin d'entrer dans un détail de toutes ces choſes, il n'eſt pas même poſſible d'indiquer tant de recherches curieuſes & utiles, & je ſuis contraint, malgré-moi, d'en paſſer le plus grand nombre ſous ſilence.

C'eſt pouſſer l'incrédulité à l'excès, que d'attribuer au hazard la formation d'une ſeule mouche; & il faut être aveugle pour ne pas voir que c'eſt une Intelligence infiniment ſage, qui a formé ſon corps d'une maniere ſi induſtrieuſe, & qui a produit le mâle & la femelle, avec un ſi merveilleux rapport, pour la conſervation de l'eſpece. Que les Incrédules, qui attribuent tout cela au hazard, ou à une fatale néceſſité, joignent enſemble toute leur adreſſe & toute leur induſtrie pour faire une ſeule mite de fromage; & s'ils n'en peuvent venir à bout, qu'ils avouent que la Sageſſe qui l'a formée eſt infiniment élevée au-deſſus de la leur.

Cette même Sageſſe paroît dans la maniere dont les plumes & les aîles des oiſeaux ſont formées pour s'élever en l'air, pour s'y ſoûtenir, pour s'y mouvoir, ſelon que cela eſt néceſſaire pour leur conſervation. Qui n'admirera le ſoin que Dieu a pris de certains petits oiſeaux, qui doivent toûjours voler dans les hayes, parmi les épines, ou entre les branches des arbres ? Ils ſont pourvûs d'une paupiere tranſparente qui garantit leur œil contre les épines, & qui ne les empêche pas de voir les objets.

Ce qu'on remarque dans les poiſſons, n'eſt pas une preuve moins claire de la providence de Dieu; puiſqu'on voit qu'ils ont la faculté de rendre leur corps plus peſant ou plus leger, par le moien de certaines veſſies, qui ſont moins ou plus pleines d'air, afin qu'ils puiſſent ou deſcendre au fond de l'eau, ou monter au-deſſus, ou demeurer à la même place, ſelon que cela leur eſt néceſſaire, & le tout ſelon les loix les plus exactes de l'Hydroſtatique. Les merveilleuſes métamorphoſes qui arrivent aux chenilles, aux mouches, à pluſieurs ſortes d'inſectes, & qui répondent ſi exactement au but pour lequel ils ont été formez, ne peuvent être que les effets d'une ſage Providence *, & ſurpaſſent toutes les métamorphoſes fabuleuſes d'Ovide, des autres Poëtes.

* On peut voir les curieuſes expériences de M. Goedart ſur ce ſujet dans ſon Hiſtoire naturelle des Inſectes, imprimée en pluſieurs langues.

7. Le huitiéme chapitre a les plantes pour sujet. Je n'en tirerai que cette seule remarque. La plûpart des plantes se sément elles-mêmes, & celles qui sont semées par les Laboureurs & par les Jardiniers, sont semées de sorte que le seul hazard de la chute donne à toutes les graines leur situation dans la terre qui les couvre, & sur-tout aux semences d'une figure approchante de la spérique. Tout cela se fait au hazard, & il est impossible qu'un hazard soit uniforme. Les graines tombent différemment, les causes qui les couvrent de terre, ou qui les y enfoncent, changent encore leur situation. Cependant elles poussent toutes uniformement leurs tiges en-haut, & leurs racines en-bas; & il est remarquable que ces directions opposées de la tige & de la racine sont perpétuelles & uniformes, soit que les graines germent à l'air, soit qu'elles germent dans la terre. On voit en cela un soin merveilleux de la Providence pour la conservation des especes, & pour la fertilité des plantes. Jamais toute l'industrie des hommes n'eût pû procurer cet avantage, si la sagesse de Dieu n'y eût pourvû.

8. Le premier chapitre de la troisiéme Partie est le plus long de tous, aussi a-t-il pour sujet la vaste étendue des Cieux, & les principales découvertes qu'on y a faites. L'Auteur rapporte les diverses méthodes que les Astronomes ont emploiées pour connoître la grandeur réelle du Soleil, & il croit qu'on peut assurer sans craindre de se tromper, que cet Astre est cent mille fois plus grand que la terre, & qu'il en est éloigné de dix-mille demi-diamétres de cette même terre*. Cette grandeur & cette distance étoient nécessaires pour les usages auxquels cet Astre a été destiné. Son mouvement diurne & son mouvement annuel ** n'étoient pas moins nécessaires pour faire la différence des jours & des nuits, de même que celle des saisons, sans lesquelles la terre ne produiroit pas, & ne pourroit nourrir cette diversité de plantes & d'animaux que nous y voions. Le printems perpétuel que quelques-uns ont regardé, comme l'un des avantages de l'âge d'or, est une pure vision poëtique, & ce seroit le plus grand malheur qui pût arriver aux habitans de la terre.

---

* On a compté, que si un boulet de canon étoit tiré de la terre, & alloit toûjours de la même vitesse, il lui faudroit 25 ans pour arriver jusqu'au Soleil, & environ 691600, pour arriver aux Etoiles fixes, qui sont les plus proches de la terre.

** Soit que ce soit le Soleil, soit que ce soit la terre qui tourne, le tout revient à la même chose.

DE L'OUVRAGE. xxiij

Notre Auteur parle fort au long de la lumiere: il repréfente l'infinie petiteffe des parties qui la compofent. Il eft démontré préfentement qu'elle fe communique fucceffivement d'un lieu à un autre, & on a calculé qu'il lui faut un demi-quart-d'heure pour venir du Soleil jufqu'à nous. Mais il eft encore queftion de fçavoir, fi elle paffe du Soleil à nous, ou fi le Soleil ne fait que mouvoir une matiere très-fubtile, qui s'étend de cet Aftre jufqu'à la terre. Notre Auteur eft de la premiere opinion, qui eft auffi celle de M. Newton. Il parle des regles naturelles par lefquelles la lumiere fe communique, comment elle va toûjours en ligne droite, comment elle fe réfléchit, & comment elle fe rompt en paffant obliquement d'un milieu dans un autre; & en tout cela il fait admirer la fageffe du Créateur. Ce n'eft pas une chofe moins merveilleufe, que depuis tant de fiécles, le Soleil qui, comme une fource abondante, jette de toutes parts une fi grande quantité de lumiere, n'eft pourtant point épuifé, ni même diminué, du moins fenfiblement. J'avoue, quant à moi, que je ne fçaurois encore bien me perfuader que la lumiere qui frappe nos yeux, foit un écoulement de la fubftance même du Soleil ; je m'accommoderois mieux de la penfée de ceux qui croient que le Soleil agit feulement fur un milieu qui eft entre le Soleil & les extrémitez, jufqu'où la lumiere fe communique. Il femble que ç'a été là le fentiment d'*Ariftote*, c'eft auffi celui de *Defcartes*, de qui d'ailleurs les globules ne s'accordent guéres avec l'expérience.

On ne peut du moins, par leur moien, expliquer ce phénoméne qui doit, fans doute, paffer pour une des merveilles de la nature. On reçoit fur un miroir convexe, mis dans le trou d'une chambre, dans laquelle il n'entre d'ailleurs d'autre lumiere, les raions réfléchis de plufieurs corps colorez & illuminez qui font au dehors ; tous ces raions fe réuniffent & perdent en quelque forte à leur réunion chacun leur couleur, pour ne former tous enfemble que du blanc. Après cette union, ils fe féparent de nouveau, & peignent très-diftinctement fur du papier blanc tous les corps extérieurs colorez, chacun avec leur couleur particuliere; & cela d'une maniere fi exacte, qu'il n'y a point de peintre dans le monde, quelque habile qu'il foit, qui puiffe les peindre fi exactement. Si tout cela eft l'effet du hazard, il faut avouer que le hazard eft un maître bien habile. On en peut dire de même de la diftance des planétes à l'égard du Soleil, de leur mouvement elliptique autour de cet Astre, & d'un grand nombre d'autres Phénoménes du Ciel & des astres, qui sont l'admiration des Sçavans, & l'objet de leurs recherches.

9. Monsieur Nieuwentyt fait voir dans son second chapitre combien sont inconcevables la petitesse & le nombre des parties, dont tout les corps sont composez, & il entre sur ce sujet dans des calculs très-curieux.

Je ferai une remarque à cette occasion. Il est certain que nous n'appercevons pas la grandeur absolue des corps; mais seulement le rapport que ces corps ont à la maniere dont nos yeux sont formez. Imaginons-nous donc un verre concave des deux côtez, le plus parfait que l'on puisse faire; ce verre représenteroit à un œil, qui pourroit s'en servir, les objets plusieurs millions de fois plus petits que nous ne les appercevons. Supposons maintenant que nos yeux soient faits comme ce verre, nous aurions bien de la peine à concevoir des parties dans les corps, que nous y distinguons à la simple vûe; parce que ces parties seroient à notre égard d'une petitesse inaccessible à notre imagination. Représentons-nous ensuite un microscope le plus parfait qu'il puisse y avoir; ce microscope nous fera appercevoir dans les corps des millions de parties, que nous n'y appercevrions pas sans ce secours; & si nous supposons enfin que nous aions les yeux, comme ce microscope, nous ne jugerons plus que ces parties qui surpassent notre imagination soient impossibles; nous serons surpris au contraire, que ceux qui n'auront pas les yeux faits comme nous, ne les puissent pas imaginer. Tout cela tend à faire voir qu'il n'y a rien que de très-réel dans tout ce que notre sçavant Auteur dit sur ce sujet, & rien qui puisse faire mieux comprendre qu'il y a un Dieu dont la sagesse est infinie, qui a composé tous les corps de ce nombre innombrable de parties, dont la petitesse est inaccessible à notre imagination. Cela est vrai sur tout à l'égard de la petitesse infinie des parties de la lumiere, & peut servir à comprendre ce dont nous avons parlé ci-dessus, comment le Soleil ne s'épuise point, malgré la grande quantité de lumiere qui doit s'en écouler incessamment dans le systême de l'incomparable M. Newton. On trouvera ici un calcul long & curieux, pour aider à faire concevoir la petitesse des parties de la lumiere. On verra que selon le calcul, il s'écoule d'une chandelle de suif dans l'espace d'une

DE L'OUVRAGE.

d'une seconde de tems 418660^{39} * parties de lumiere.

10. Quelques loix de la nature font le sujet du quatriéme chapitre. Telles sont les loix de l'union ou de la séparation des corps, celles de la pesanteur, de la continuation, & de la communication du mouvement, &c. Loix si nécessaires dans l'Univers, que sans elles la terre seroit bien-tôt dépeuplée de tous ses habitans, & tout l'Univers retourneroit dans le premiers cahos. On trouve dans ce chapitre une explication exacte des loix qu'observent les corps fluides dans leur hauteur. Elle peut passer pour un Traité entier sur cette matiere importante & curieuse. Après quoi l'Auteur ne manque pas de montrer l'utilité, ou, pour mieux dire, la nécessité absolue de ces loix.

11. Dans le cinquiéme chapitre il parle de certaines loix de la nature, qu'il appelle *Chymiques*, & qui consistent principalement dans les effets que produisent les divers mélanges des acides & des alkalis. On fait admirer ici, comment y aiant dans la terre un nombre infini de parties différentes mêlées, & comme confondues entr'elles, dont quelques-unes sont de véritables poisons, les semences du bled & des autres plantes, dont les hommes tirent leur nourriture, peuvent séparer chacune ces parties les unes des autres, pour ne prendre que celles qui sont utiles à l'homme, & laisser dans la terre celles qui pourroient lui nuire.

12. Le chapitre sixiéme est peut-être un des plus curieux de tout le Livre. L'Auteur y prouve la possibilité de la Résurrection du même corps, telle que l'Ecriture la promet, & y répond à toutes les objections qu'on allegue contre cette vérité. Nous ne rapporterons ni ces objections, ni les réponses qu'on y fait, nous contentant d'expliquer en peu de mots, comment M. Nieuwentyt conçoit que le même corps peut ressusciter. On peut considérer deux différens corps dans l'homme, ou concevoir le même corps, sous deux idées différentes. On appelle l'un le *Corps visible*, & l'autre le *Corps propre* de l'homme. Le corps visible change tous les jours, de petit il devient grand; tantôt il est gras & replet, tantôt il est maigre & exténué. C'est en ce sens que l'on dit, que le corps change perpétuellement, & qu'à cinquante ou soixante ans, un homme

* Ces 39 mis au-dessus de la ligne marquent que pour avoir le nombre entier, il faut ajoûter 39 zeros après les cinq premiers chifres réels.

n'a plus le même corps qu'il avoit à dix ou à vingt ans. Le corps propre de l'homme est celui par lequel on dit, que l'homme a toûjours le même corps, qu'il est toûjours le même; non-seulement à l'égard de l'ame, mais aussi à l'égard du corps. Il faut donc qu'il reste quelque chose dans ce corps, qui fasse que ce corps puisse être appellé le même corps. Ce ne peut être que l'une de ces trois choses, ou les parties solides dont il est composé, ou les parties fluides, ou certaines loix naturelles qu'on observe dans l'œconomie & dans les fonctions du corps animal. Ce ne peut être les parties fluides, puisque ces parties se dissipent tous les jours, qu'il leur en succede d'autres à peu près semblables; ce qui n'empêche pas qu'on ne dise que cet homme a le même corps. Ce ne peut être ces loix naturelles, parce qu'elles changent aussi selon que le corps est sain ou malade, gras ou maigre, & qu'elles cessent par la mort, quoiqu'on ne laisse pas de dire que l'homme a le même corps, & qu'un corps humain, quoique mort, est appellé le corps d'un homme. Il faut donc que le corps propre de l'homme soit les parties solides qui le composent.

On tient d'ailleurs pour constant aujourd'hui, que les corps des hommes, de même que ceux des bêtes & des plantes, se trouvent en petit dans les semences ou dans les premiers principes des individus. Ces petits embrions, s'il faut ainsi dire, ne font que se développer dans la suite, & croître par les nouvelles parties qui s'y joignent successivement. Maintenant on peut considérer ce corps ou dans ces premiers principes, lorsque développé, ses nouvelles parties se sont jointes aux premieres. Si vous considérez le corps dans ce premier état, ce corps subsiste toûjours parfaitement le même, & c'est précisément le même corps que l'homme a possedé dès sa conception, qui ressuscitera. En cela on ne voit aucune contradiction, rien qui soit impossible à la puissance infinie de Dieu. Il ajoûtera à ce corps essentiel, ou les parties que l'homme avoit au moment de sa mort, ou quelques-unes de celles qu'il a eues auparavant, ou quelqu'autre matiere telle qu'il voudra, cela ne change point l'identité du même corps.

Si l'on considere ce corps, lorsque développé, de nouvelles parties se sont jointes aux premieres, on voit quelquefois certains de ces corps si décharnez & exténuez, qu'il ne leur reste que la peau & les os, on en allegue des exemples surprenans;

DE L'OUVRAGE. xxvij

on ne laisse pas de dire que ces corps sont les mêmes corps qui ressusciteront; en sorte qu'il semble que l'identité des corps à cet égard, ne consiste que dans les os, dont ils sont composez. Il suffit que ce qui reste dans ces corps ressuscite; quelques additions que Dieu y fasse d'ailleurs, & où qu'il prenne la matiere qu'il y ajoûtera, pour qu'on puisse dire que ce seront les mêmes corps qui ressusciteront. Un Lecteur intelligent voit assez que cette maniere d'expliquer la Résurection, leve toutes les difficultez qu'on fait contre ce dogme, sans qu'il soit nécessaire de s'y arrêter.

13. Le septiéme & dernier chapitre parle de diverses choses de la nature que nous ne connoissons pas encore. L'Auteur montre qu'on peut tirer de ces choses inconnues, même des argumens en faveur de la sagesse de Dieu. Il met parmi les choses que nous ne sçavons pas encore, le mouvement du Soleil ou de la terre. Il apporte des raisons & des autoritez pour prouver qu'on ne peut pas encore se déterminer sur cette question; & il croit que c'est ce que Dieu vouloit dire à Job: *Connoissez-vous les ordonnances des Cieux, & disposez-vous de chacun d'eux sur la terre?* Notre sçavant Auteur croit que ces paroles peuvent signifier, *Sçavez-vous si c'est la terre ou le Soleil qui se meut, & lequel des deux est en repos, ou doit être mis au nombre des planétes qui se meuvent circulairement.* Ch. xxxviij ỳ. 33.

FAUTES À CORRIGER.

Pages.	Lignes.	Fautes.	Correction.
19	pénult.	avec une plus	avec plus
21	12	ni saisis	sans être saisis
33	30	molle, qui	molle comme celle qui
38	6	Eglises)	Eglises tirent les battants)
39	19	lorsqu'il descend	lorsqu'il fait effort pour descendre des artères
95	dern.	B C	K C
99	8	D X	D G
106	28	oulies	poulies
133	18	qui s'adapte	qui s'ajuste
194	10	fix	dix
195	17	60^{27}	6027
	31	intestins	interstices
196	10	sçait	fait voir
201	18	de l'unité	de limité
202	17	1683	7683
206	10	supposition	suspension
	21	qu'on	& qu'on
208	38	Table	tuyau
218	8	celui	celle
221	19	18000	1800
237	22	le hazard	Providence divine
239	34	fer ardent	fer
253	28	dessecher	de dessecher
261	6	en	un
301	1	souterrains	souterraines
306	12	un pouce	d'un pouce
318	31	avancer que dans	avancer dans
313	18	décharge de toute	décharge toute
	25	Cartiles	Cartiles
316	20	peut & qui se change	peut se changer
341	15	Mathématiques	Mathématiciens
344	38	Geophaphes l'ait	Geographes l'aient
383	dern.	elles l'oiseau	elles vers R l'oiseau
384	premiere	ché dans R ; or	ché ; or
440	17	900, 00	900, 000
443	35	700	7000
450	18	ne rejetteront	rejetteront
451	12	la force	les forces
	35	ce qu'un boulet	qu'un boulet
455	25	jusqu'à une	jusqu'à nous une
475	12	celui	à celui
484	34	microscope	télescope
485	35	intelligibles	inintelligibles
487	16	100 fois	110 fois
488	25	qui tournent	qui tournent autour
490	14	$2\frac{1}{2}$	$2\frac{5}{6}$
	16	$5\frac{1}{3}$	$5\frac{2}{3}$
500	37	ajoutez encore	000
507	5	$860\frac{11}{1}$	$860\frac{11}{1}$
511	25	$10\frac{20}{1}$	$10\frac{5}{16}$
533	13	elles abandonneroient	elle abandonneroit
535	17	cause	course
537	dern.	presse plus	d'autant plus
556	34	que si un corps	qu'un corps
568	23	dont l'eau qui en occupe	dont l'eau occupe
569	24	M. Huygens	M. Mariotte
574	14	sera $\frac{5}{9}$	sera $\frac{21}{9}$
584	13	ste	versée

L'EXISTENCE

L'EXISTENCE DE DIEU,

DÉMONTRÉE

PAR LES MERVEILLES DE LA NATURE.

IEU se presente par tout à nos yeux; nous trouvons dans les objets les plus vils les traces de la main éternelle qui les a formez : mais les hommes passent leur vie sans appercevoir cette representation sensible de la divinité ; les uns (je parle des Philosophes) se sont évanouis dans leurs pensées ; leurs lumieres les ont plongé dans l'aveuglement; après qu'ils sont entrez dans les secrets de la nature, ils sont devenus insensibles à l'art merveilleux qui y brille de toutes parts; dans des regles constantes, dans les proportions les mieux suivies, ils n'ont vû qu'une cause qui bâtit sans dessein, qui renverse par caprice, qui se renouvelle & se répéte par nécessité; qui ne se connoît ni elle-même ni les ouvrages qu'elle produit ; à la honte de la raison, les hommes qui ont adopté de telles idées n'ont pas été rares dans chaque siecle.

A

Les autres hommes plus raisonnables dans leurs principes, ne sont pas moins aveugles dans leur conduite : toûjours envyrez de leurs passions, ils ne voyent qu'elles, ils ne pensent qu'à elles; leur esprit attaché à la terre par des chaînes que la mort seule rompt quelquefois, ne s'éleve jamais au dessus des sens : si par hazard quelque rayon de lumiere vient à les éclairer, leurs yeux s'appesantissent bien-tôt, & reprennent leur insensibilité : enfin tout le spectacle de l'univers est pour eux comme s'il n'étoit point. Ainsi vivent les hommes sur la terre : ne leur dites rien, ils ne pensent à rien ; tâchons donc de les réveiller; conduisons-les en flatant leur curiosité dans les secrets de la nature; c'est dans ce dessein que nous les allons offrir eux mêmes à leurs yeux; nous leur présenterons la structure de leurs corps, la varieté prodigieuse des animaux, les insectes, la terre, l'air, les loix invariables de la nature; dans chaque objet nous montrerons le dessein & les vûes de l'Etre suprême; mais avant de leur faire voir cette puissance infinie qui agit toûjours en eux, au tour d'eux & loin d'eux dans les espaces immenses de l'univers, détachons-les de ce qui les environne; pour cela montrons-leur la dépendance où ils sont, l'incertitude & la fragilité de la vie, ce principe spirituel qui anime leurs corps, & la necessité d'un être qui les conserve.

Pour montrer à l'homme sa dépendance, il faut le ramener à son origine. Depuis plus de quatre mille ans les hommes périssent & se renouvellent continuellement; un desir invincible de revivre dans leurs descendans rassemble les deux sexes; voyez deux animaux qui en produisent un troisiéme, ils n'en sont point les veritables causes, ils n'ont nulle idée de cet instinct qui conduit les corps qu'ils produisent ; ils ignorent l'art qui éclate dans la structure de leurs fruits ; loin d'avoir l'industrie de l'executer, ils ne sçavent point ce qui doit résulter de leur assemblage, ils n'ont même aucune vûe : enfin ils ne sont que des instrumens aveugles appliquez à l'ouvrage le plus merveilleux : tels sont les hommes dans leur origine, ils sont dépendans de quelque être different d'eux-mêmes ; poursuivons les divers états qu'ils parcourent depuis l'instant de leur formation : formez dans le sein de leur mere, ils sont d'abord invisibles, & ne présentent ensuite qu'une masse informe, peu à peu cette matiere confuse se développe, on voit paroître des filamens qui sont les premiers traits de leurs corps. Dans peu de tems ce tissu presque

DE DIEU.

fluide commence à s'affermir ; les membres s'étendent ; tout le corps prend sa forme. Dans cet état, où est la puissance, la grandeur, le genie de l'homme ? que fait-il pour lui-même ? rien. Il est encore sans mouvement, sans prévoyance, sans pensée. Enfin les liqueurs circulent dans les vaisseaux, l'ame unie dès le commencement ou depuis l'entiere formation, entre dans ses droits ; elle commande aux membres, & ils lui obéissent ; à proportion que les organes se fortifient, son empire devient plus absolu ; quand leur tissu raffermi peut résister aux injures de l'air, l'homme paroît au jour, alors sans connoissance & sans force ; il se trouve fourni de ce qui est necessaire à sa conservation ; une lumiere brillante peint dans ses yeux tous les divers objets qui se présentent à lui ; les mouvemens de l'air reçus dans l'oreille, l'avertissent du choc des corps ; ses mains & tout son corps lui découvrent l'étendue de la matiere, & ce qui peut lui nuire : transplanté dans une nouvelle terre, il y trouve des alimens préparez par des mains inconnuës, conformes à ses organes, propres à le fortifier, à lui donner de l'accroissement : il se trouve des pieds pour se transporter en tous lieux, des mains pour se défendre, & pour subvenir à ses besoins ; encore dans cet état l'homme ne doit rien à soi-même. Voyez ces hommes si hautains, qui élevez par la seule naissance, doivent être maîtres des autres, & qui se regardent comme des hommes d'une autre espece, ils n'ont presque pas d'avantage sur les animaux ; ils doivent tout à quelque être qu'ils ne connoissent point, & qui les a placez dans cette fortune par un choix qu'ils ne méritoient pas ; ils commandent aux hommes, & ils sont obéis, mais ils sont assujettis aux mêmes besoins : peu de choses dépendent d'eux ; leurs jours se succedent les uns aux autres sans qu'ils puissent en arrêter le cours : les saisons leur font sentir les rigueurs ; les maladies ne respectent point leur grandeur ; les revers les abaissent comme les autres ; ils soupirent après des biens qui les fuient toûjours ; leurs corps s'affoiblissent sans cesse malgré les soins qu'on en prend. Hommes vulgaires, ou plûtôt hommes égaux à tous les autres, mais que la naissance ou la fortune ont placé dans le rang le plus bas, qu'êtes-vous si ceux qui vous commandent sont eux-mêmes si dépendans ?

Ces hommes si puissans & si respectez, adorez, pour ainsi dire, n'ignorent-ils pas, de même que les autres, le jour où la mort doit les enlever ? combien n'en voyons-nous pas à qui

A ij

une vigueur, toûjours foutenuë, promettoit une longue fuite d'années; cependant ces hommes brillans de fanté, ont été retranchez du genre humain, une mort imprévûe en a fait un exemple de la fragilité de la vie humaine, peut-être que dans quelques momens elle va renouveller cet exemple en nous; mais fi nous rempliffons le cours ordinaire de la vie, fommes-nous beaucoup plus heureux? Durant quelques années, occupez de nos paffions, nous fermons les yeux à la condition malheureufe du genre humain; enfin après quelques plaifirs, dont il ne nous refte qu'un fouvenir qui nous rend plus amere l'impuiffance où nous fommes d'en jouir, le poids de la vieilleffe commence à nous engourdir, nos yeux s'éteignent, les oreilles s'appefantiffent, le goût s'émouffe, le vifage fe défigure, les membres refufent d'obéir; enfin tout nous dit que nous devons renoncer au monde, puifque nous ne pouvons plus en jouir; ces avant-coureurs qui nous annoncent la ruine de notre corps, ne font pas les feules calamitez, des maladies longues, les douleurs les plus vives viennent empoifonner le refte de nos plaifirs; pour comble de mifere, nous nous voyons environnez de gens qui nous fuyent, qui nous méprifent, qui abufent de notre foibleffe, qui foupirent après notre mort; parmi tant d'ennuis la mort ne doit-elle pas être l'objet de nos defirs comme notre unique reffource?

Mais fuppofons pour un moment qu'un homme à couvert de ces calamitez, puiffe jouir d'une vie auffi longue que la durée du monde, feroit-il fort heureux lors qu'environné de tous les êtres que le temps détruit, il fe verroit lui feul immuable? Non: durant quelques années tout lui riroit, mais l'inconftance de tous les objets deviendroit bien-tôt pour lui un fujet de chagrin; les malheurs fondent de tous côtez fur la terre, l'ambition allume la guerre parmi tous les peuples; ceux qui font nez dans des lieux peu favorifez de la nature, s'emparent des païs fertiles & en chaffent les habitans; il fort encore du fein de la nature des maux plus terribles, la terre fe bouleverfe cent fois, les lieux les plus élevez fe font trouvez au fond de la mer, les campagnes les plus fertiles ont été des abîmes impénétrables, les lieux les plus charmans ont été engloutis, les miferables reftes des peuples qui habitoient ces endroits ont erré de climat en climat pour y chercher un afile; voila des malheurs que verroit un homme qui vivroit quelques fiécles.

DE DIEU.

Parmi tous ces changemens, la vie lui offriroit-elle de grandes douceurs? Ne seroit-elle pas pour lui un miserable pelerinage? Mais je veux que la tranquillité du païs qu'il habite ne soit jamais troublée, des plaisirs toûjours continuez le fatigueroient. Enfin ceux qui flatent le plus, je veux dire les plaisirs de la societé, seroient ceux qui l'abandonneroient; une épouse, des enfans, des amis lui seroient bien-tôt enlevez par la mort; avant cette separation il les verroit dans une vicissitude continuelle de douleur, & enfin dans une vieillesse qui ne seroit pour lui qu'un objet de pitié, il ne trouveroit que de l'indifference dans ceux qui descendroient de ses enfans; car après quelques generations, nous regardons nos Ancêtres comme le reste des hommes : si Adam revenoit dans le monde, trouveroit-il dans les hommes, l'amitié, la reconnoissance, le respect que pourroit attendre un pere universel, qui a été maître de toute la terre? Mais que trouveroit-il dans les autres? cet homme dont nous parlons; des hommes qui changeroient continuellement; dans chaque siecle, il se trouveroit deux fois parmi une nation étrangere, il lui faudroit étudier les mœurs de ces nouveaux peuples, se conformer tantôt à un peuple barbare, tantôt à une nation policée, former toujours des amitiez & des societez nouvelles, tous ces changemens ne lui rendroient-ils pas la vie malheureuse? Mais si tous les hommes ne mouroient pas, quelle confusion dans peu de siecles? la terre auroit des bornes trop étroites, il faudroit ou mourir de faim ou s'égorger; de tout cela ne s'ensuit-il pas que l'homme ne sçauroit vivre heureux durant quelques années, ni souhaiter de vivre éternellement?

O hommes! qui ne pouvez être heureux, ni dans une vie abregée, ni dans une longue suite d'années, n'y a-t-il donc rien en vous qui ne soit un objet de misere; entrons en vous-mêmes, & voyons s'il n'y a pas une partie de vous qui puisse s'affranchir du malheur? ce qui est la source de votre misere, c'est ce corps sensible aux injures des autres corps & le jouet des élemens; dans son origine sa masse est d'une petitesse presque infinie; quand il est arrivé à une certaine étenduë, il n'a rien de ce qu'il avoit en naissant; nous perdons par jour plus de quarante onces de notre substance par la transpiration; toutes les vieilles parties s'exhalent; & enfin il ne nous reste plus qu'un corps composé des alimens dont nous usons : Mais quoi!

cette terre métamorphosée, le pain, les plantes, les liqueurs sont-ils devenus capables de connoître les êtres qui pensent, de leur communiquer leurs raisonnemens, de porter leurs pensées dans l'avenir ; d'y chercher ce qui leur est utile, de revenir dans le passé, de s'y rendre present tout ce qui n'est plus ; la matiere ni le mouvement ne sçauroit s'élever à cette perfection ; il y a en nous un autre être qui n'a rien de commun avec l'étenduë, & c'est lui qui peut prétendre au bonheur.

Les incredules qui attribuent tout au hazard, ajoûtent aux malheurs du corps les malheurs de cet être qui les anime; car après cette vie ils se retranchent toute esperance ; mais y a-t-il d'état plus miserable, & ne doivent-ils pas se confondre à la vûe de leur folie? car voici comme ils pensent: J'ai été formé indépendemment de moi-même, la raison qui m'éclaire n'est ni mon ouvrage ni celui des hommes ; à la puissance qui m'a produit je dois attribuer au moins une intelligence proportionnée à son industrie ; mais dans tout ce qu'elle fait, dans ma raison même qu'elle produit, je ne veux reconnoître que l'aveuglement du hazard : si je me trouve placé à ce coin de l'univers, dans cette partie de l'éternité, c'est par le hazard qui gouverne tout, c'est entre ses mains que je suis exposé sans cesse à ses caprices & incapable de le toucher, comme il est incapable d'être fléchi : si je suis malheureux, ce n'est que du hazard que je dois attendre du soulagement : mon bonheur, l'amitié, l'estime, la protection des autres hommes n'est qu'un édifice bâti sur le hazard, ma conduite ni ma raison n'y contribuent en rien : si je suis élevé au dessus des autres, mon pouvoir, l'obéissance de mes sujets ne se soutiennent que par le hazard : si je vis dans la dépendance, ce n'est que par hazard que mes biens ne me sont point enlevez, que mes enfans ne sont point esclaves, que mes filles ne me sont point ravies ; la terre peut s'enflâmer tout d'un coup, s'ouvrir sous mes pieds, m'engloutir, cela ne m'arrive point, & c'est au hazard que j'en suis redevable : mille orages peuvent se former dans l'air, les feux du tonnerre me peuvent réduire en poudre, c'est le hazard qui me préserve d'un tel malheur : si la terre est arrosée de pluies, si elle se couvre de fruits pour ma subsistance, c'est par un hazard que cela arrive, & j'ay le bonheur d'en profiter ; enfin le hazard fait tout, détruit tout, change tout sans aucune regle, je dois par consequent n'être assuré de rien, je dois tout craindre à chaque moment :

DE DIEU.

si je suppose une necessité dans ce hazard, je ne dois pas être plus tranquille, il peut par necessité m'abaisser & m'accabler à chaque instant, mon malheur ne sera que plus inévitable.

Y a-t-il malheur si déplorable que celui des hommes qui sont dans de telles idées? Ne doivent-ils pas au moins examiner si dans ce malheur ils ne seroient point assez heureux pour se tromper; le monde presqu'entier reconnoît un Etre qui regle tout par sa sagesse, qui distribue les biens & les maux, qui récompense la justice. De telles idées que des genies sublimes ont adopté,& qui feroient évanouir l'incertitude, méritent bien qu'on les examine; mais ces esprits incredules n'ont qu'à suivre ce que nous allons leur déveloper. : il est facile de leur montrer le Dieu auquel ils ferment les yeux; nous pourrions leur dire que s'il n'y avoit eu rien qu'un parfait neant sans createur, il eût été impossible que le neant n'eût été toûjours le neant, ainsi il n'y a jamais eu de neant sans createur; il faut donc que tous les objets, puisqu'ils ne sçauroient être éternels, ayent quelque principe qui a toûjours été; mais nous abandonnerons ces preuves que la métaphysique rend trop épineuses; nous ne renverrons l'incredule qu'à lui-même & à ce qui l'environne; nous lui avons fait voir au commencement qu'il est formé indépendemment de lui & des hommes, faisons-lui voir que tout porte dans l'univers le caractere d'une cause sage & intelligente. Si on lui disoit que des pierres jettées sans dessein forment un édifice admirable, que les cordes des instrumens les plus harmonieux se sont rangées d'elles-mêmes, & que le vent en tire par des secousses des sons qui nous charment; que les statuës les plus parfaites n'ont pas eu besoin d'un maître qui leur donnât tant de grace, de majesté, de tendresse, de mouvement & d'action; que dans les plus beaux Tableaux les attitudes les plus variées, les airs passionnez, la distribution des lumieres, les dégradations des couleurs, la plus belle perspective, ne sont que l'ouvrage de quelques couleurs jettées au hazard; cet homme à qui on avanceroit de tels paradoxes, les regarderoit comme des propositions d'un homme sans raison. Nous ne demandons que la même équité quand nous lui montrerons des ouvrages que toute l'industrie des hommes ne peut imiter.

Plusieurs grands Genies ont déja écrit sur le sujet que nous allons traiter: trop occupez de l'objet de leurs vûes, ils ont négligé ce qui pouvoit y conduire; il y a dans l'homme un desir insatiable de pénétrer la nature; ceux qui ont voulu démontrer l'Existence d'un Dieu, ont profité de cette curiosité; mais leurs ouvrages superficiels n'en ont pas rempli l'étenduë; souvent même au lieu de suivre les desseins admirables du Createur dans la structure de l'Univers, ils se sont répandus en exclamations qui doivent toûjours être une suite des sentimens qu'on inspire au Lecteur, mais qu'on ne doit jamais prévenir. Les cris peuvent donner de la terreur & de la pitié, mais non pas de l'admiration; l'ame n'entre dans le ravissement qu'elle exprime par des exclamations que lors qu'une vive lumiere lui fait voir des objets surprenans: nous tâcherons donc d'éclairer l'esprit pour le conduire à son principe. Pour mieux exciter sa curiosité, nous étendrons nos recherches sur toute la nature; nous diviserons cet Ouvrage en trois Parties. Dans la premiere, nous traiterons de la structure du corps, principalement de l'homme. Dans la seconde, nous parlerons des Elemens & de leurs divers effets, sur les animaux & sur les vegetaux. Dans la troisiéme, nous parlerons des Astres, de leurs cours, de leurs regles, de leurs effets. Par le détail où nous entrons là-dessus, nous verrons que *les*

Pseaume 18. 1. *Cieux racontent la gloire de Dieu,* & *que le firmament publie les ouvrages de ses mains.*

PREMIERE

PREMIERE PARTIE.

La Structure du Corps de l'Homme.

CHAPITRE PREMIER.
De la Bouche.

ARMI cette foule d'objets qui se présentent dans le corps humain, jettons d'abord les yeux sur la bouche; l'animal borné dans ses forces s'épuise bien-tôt; il seroit sans vie dans peu de jours, si rien ne réparoit la perte de sa substance qui s'exhale sans cesse; mais pour remplacer la matiere que perd le corps, il faut qu'une matiere étrangere puisse s'introduire dans le tissu des parties; pour cela l'Etre suprême a ménagé une ouverture qui sert en même temps à la parole, qui embellit le visage, & en exprime les passions; deux bandes charnues, qu'on nomme les lévres, la ferment exactement; quand elles s'ouvrent, elles découvrent un double rang de dents dont la bouche est   Les Dents. ornée; ce sont des especes de petits os enchassez dans chaque machoire; les alimens qui sont propres à nous nourrir sont la plûpart des matieres solides, il faut qu'ils prennent une forme fluide pour s'insinuer dans le corps; dans cette vûe le Createur a placé dans notre bouche ces dents qui brisent les alimens; celles qui occupent le devant des machoires sont des os plats tranchants par leur extremité posez à côté l'un de l'autre, formant un arc de cercle qui est la mesure des morceaux qu'il faut couper; mais si ces os eussent été applàtis de même à leur racine, il eût été à craindre qu'ils ne se fussent cassez en tirant quelque chose,

B

c'est pour éviter cet inconvenient qu'elles ont des racines applaties sur les côtez, & qui avancent en devant; le Createur n'a-t-il point eu de vûe dans cette structure ? Ces dents se nomment Incisives, & sont au nombre de quatre, les suivantes se nomment les dents Canines; elles sont pointues, afin qu'elles s'enfoncent facilement dans les alimens durs; elles ne sont pas placées sur le devant, parce que la force du levier, que forme la machoire, est moindre sur la partie anterieure que sur les côtez, la position des muscles crotaphite & masseter le démontre évidemment ; c'est pour cela que quand nous voulons diviser des alimens qui nous résistent, & que nous les tirons avec la main, nous les plaçons entre ces dents à côté, leur pointe qui s'enfonce dans ces alimens en retient une partie, tandis que la main emporte le reste; c'est pour résister à de tels efforts qu'elles ont une racine large & plate. Après que les alimens ont été coupez par les dents anterieures, il faut qu'ils soient divisez; pour faire cette division, il faut des surfaces larges, dures, raboteuses, c'est ce qu'on trouve dans les dents molaires qui sont au nombre de cinq de chaque côté; ces dents sont, pour ainsi dire, quatrées, finissent par une surface large & inégale ; c'est entre les superieures & les inferieures lesqu'elles se pressent & glissent l'une sur l'autre, que les alimens sont broyez comme dans un moulin, leur racine est double, triple où bornée par quatre pointes, elles sont exposées à toute la force du levier de la machoire ; c'est pour cela que pour écraser des corps durs nous nous servons de ces dents : en tout cela n'y a-t-il pas du dessein? Si le hazard a formé les dents, pourquoi les dents molaires ne sont-elles pas sur le devant de la bouche ? Si elles eussent été placées dans cet endroit, nous n'aurions jamais pû diviser les alimens qu'il faut partager pour les faire entrer dans la bouche, il eût été impossible d'écraser les matieres dures ; car la machoire n'a que peu de force anterieurement : mais voyons quelque chose de plus merveilleux.

L'Email des Dents.

Un os découvert ne sçauroit souffrir l'impression de l'air sans se corrompre; il auroit donc falu revêtir les dents comme les autres os ; mais d'un autre côté un perioste nous auroit exposez à de vives douleurs, ainsi il nous eût été impossible de nous servir des dents ; pour prévenir ces inconveniens l'Etre suprême les a entourées d'un émail très-dur ; ce vernis dont les dents ne peuvent être privées sans se corrompre, est composé de fibres parallelès

LIVRE I. CHAPITRE I.

ou de vaisseaux qui reçoivent une matiere d'une dureté égale à celle des corps les plus durs; mais la racine est veritablement osseuse, & se trouve revêtue d'un perioste très-sensible ; il y a de petits trous qui donnent entrée aux nerfs, mais ils sont fermés dans les vieilles personnes; cela fait que cette portion de nerf est séparée d'avec le reste du nerf. Fig. 1. ligne A C F H est la partie des dents qui paroît hors des gencives; A E C & F G H sont les racines des dents : les parties A D C B & E L H J J marquent l'émail ou le vernis, composé comme nous venons de dire, de fibres paralleles.

Les dents sont beaucoup plus dures que les autres os, c'est ce qui a fait croire à quelques-uns qu'elles sont une substance pétrifiée : de plus tandis que les autres os cessent de croître après un certain âge, les dents au contraire, ou du moins leur émail, croissent même pendant la vieillesse : cela paroît quand nous perdons une dent, celle de l'autre machoire qui lui est opposée devient souvent plus longue que les autres ; aussi étoit-il nécessaire que les dents se renouvellassent dans tous les âges, autrement elles se seroient usées bien-tôt, & nous n'aurions pû nous en servir.

Ce n'est pas là le seul usage des dents, elles sont un ornement, elles servent à la beauté, elles rendent la parole aisée & distincte ; mais l'art ne brille pas moins dans les lévres qui les couvrent : Qui peut voir leur structure sans être surpris ? Leurs mouvemens, qui varient en tant de manieres, ne sont-ils pas merveilleux ? Elles s'ouvrent pour recevoir les alimens ; elles se ferment pour empêcher que ces mêmes alimens ne tombent de la bouche ; elles les y repoussent quand les machoires s'ouvrent ; elles empêchent que la salive ne s'échappe continuellement ; dans les adultes elles forment la voix ; dans les enfans elles servent à sucçer le lait : que d'usages merveilleux dans une seule machine !

Les Lévres.

Si les alimens n'étoient pas humectez, on ne sçauroit les avaler qu'avec beaucoup de peine ; N'est-ce donc pas aussi un art plein de sagesse, non pas un pur hazard, qui a placé dans la bouche un si grand nombre de glandes ou de sources de salives? L'humidité qui en sort par une infinité d'orifices, se mêle avec ce que nous mangeons, elle est encore portée dans la bouche par de longs tuyaux qui viennent des glandes parotides & des maxillaires ; elle coule dans l'estomac ; elle aide à former une substance liquide qui doit servir de nourriture. Nous ne ferons pas mention ici de la proprieté que la salive a de faire fermenter beaucoup de matieres, ni de ses autres qualitez qu'on peut trouver dans les écrits de ceux qui les ont examinées, parce que nous ne voulons pas nous arrêter trop long-tems sur cette matiere.

La Langue.   Mais il y a dans la bouche un organe qui doit surprendre par la varieté de ses effets, c'est la Langue, qui n'est composée que de fibres charnues ; Qu'on demande aux ouvriers les plus industrieux, s'ils pourroient inventer une semblable machine, qui n'ayant ni os ni jointures, peut produire une varieté infinie de mouvemens ; tantôt elle s'allonge & devient mince, tantôt elle se racourcit & devient épaisse, & dans un instant elle se meut & se tourne de tant de differentes manieres, qu'à peine peut-on imaginer aucune espece de mouvement, dont elle ne soit susceptible. Quelqu'un pourroit-il croire, que celui qui a formé un corps aussi merveilleux agissoit en le produisant sans aucune intelligence ni sagesse, & qu'il ne faisoit autre chose qu'attacher quelques fibres musculaires ? non seulement le nombre de ces glandes, dont l'usage est d'humecter la bouche à mesure qu'elle devient séche, mais la situation seule de la langue dans un endroit où tous ces mouvemens peuvent avoir leur usage, nous découvrent clairement les vûes de l'Etre suprême.

La langue est située dans la bouche, par où passe le son en venant de la trachée-artére, c'est l'action de la langue qui le rend distinct ; & qui en formant la parole, produit cette grande merveille, qui est qu'un homme, par le mouvement de cet instrument, peut communiquer à un autre les pensées de son ame ; mais si la langue étoit placée d'une autre maniere, ou si sa structure & ses fonctions n'étoient point telles qu'elles sont, le monde entier tomberoit en confusion : c'est ce qu'éprouvent ceux qui par la surdité ou par d'autres accidens ont eu le malheur de ne pouvoir plus se servir de leur langue : dans quel embarras ne se trouvent-ils pas en voulant exprimer leurs pensées aux autres hommes ? En un mot, quel desordre regneroit dans le monde, si nous étions muets, & si nous étions obligez de nous servir d'autres signes pour établir quelque commerce, ou traiter quelque affaire, que deviendroit le plaisir de la conversation ? Pourroit-on donner des instructions ou en recevoir ? Pourroit-on se lier les uns avec les autres pour quelque dessein ? Enfin y auroit-il rien parmi les hommes qui ne se sentît de ce dérangement ?

La Langue est placée dans le canal qui reçoit les alimens ;

LIVRE I. CHAPITRE I.

& outre ſes autres fonctions, elle eſt le principal inſtrument du goût. Si elle étoit inſenſible, nous mangerions ſans plaiſir; l'agréable néceſſité de nous nourrir ne nous offriroit qu'une incommodité inſupportable; enfin c'eſt cet organe merveilleux qui aſſemble les hommes, qui leur donne des loix, qui développe la raiſon, qui conſerve les ſciences & les actions de nos prédeceſſeurs de ſiecle en ſiecle. Mais ce n'eſt pas tout, ſi l'Etre ſuprême venoit à la borner à ces uſages, le monde periroit bien-tôt; car elle eſt d'une néceſſité abſolue pour précipiter les alimens dans l'eſtomac.

L'œſophage, où les alimens entrent en ſortant de la bouche, ſe préſente à nos yeux après la langue; quelqu'un pourra-t-il s'imaginer que c'eſt ſans aucune ſageſſe qu'il a été formé de maniere, que l'entrée s'ouvre par l'action de ſix muſcles differens, qui agiſſent comme ſix mains qui ouvrent un ſac? tandis que l'œſophage s'ouvre, la langue tirée en arriere par les deux muſcles digaſtriques attachez derriere l'oreille, pouſſe les alimens dans le ſac ouvert qui ſe referme à l'inſtant. Voyez planche 1. fig. 2. B B CC DD, ſont les muſcles dilatateurs; EE ſont les digaſtriques.

Le deſſein & la ſageſſe d'un grand ouvrier paroiſſent ici d'une maniere beaucoup plus ſenſible; les alimens paſſent ſur l'orifice de la trachée-artére à meſure qu'ils s'avancent vers l'œſophage: s'il tombe quelque choſe dans la trachée-artére, quel deſordre cela ne cauſe-t-il pas? il eſt quelquefois ſi grand, qu'il met la perſonne en danger d'étouffer: il eſt donc abſolument néceſſaire que la trachée-artére, ou ſon orifice, ſe ferme dans le tems que nous avalons quelque choſe, & qu'immédiatement après il s'ouvre pour nous laiſſer reſpirer. Se trouvera-t-il quelqu'un dont l'eſprit ſoit aſſez groſſier pour ne pas remarquer le deſſein que notre ſage Createur s'eſt propoſé dans tout cet ouvrage? qu'on ſe donne ſeulement la peine de jetter les yeux ſur la partie ſuperieure de la trachée-artére d'un mouton ou d'un veau, & l'on verra beaucoup plus clairement qu'on ne ſçauroit le voir ici dans une figure, un cartilage appellé Epiglotte; les alimens le preſſent quand ils ſe rendent à l'œſophage; ils paſſent par deſſus comme ſi c'étoit un pont fait à deſſein; cet inſtrument admirable les empêche de tomber dans la trachée-artére, qu'il ouvre, & qu'il preſſe avec force par l'action de la langue qui pouſſe ces alimens.

Si ce cartilage reſtoit ainſi placé ſur l'orifice de la trachée-artére, la reſpiration ſeroit interrompue, & l'animal ſeroit ſuf-

Le Pharinx.

foqué dans l'inftant. Ne découvrons-nous pas encore ici un deffein admirable, lorfque nous voions que l'épiglotte fe trouve difpofée de maniere qu'elle fe releve d'elle-même après que les alimens ont paffé, comme un reffort qu'on auroit preffé! De cette maniere le paffage de la refpiration fe trouve libre dès que la langue ne pouffe rien dans l'œfophage.

Qu'on jette les yeux fur toutes ces merveilles, ainfi qu'elles fe préfentent dans un auffi petit efpace que la cavité de la bouche; qu'on voye fi on peut encore fuppofer qu'un fi grand nombre d'organes, fi néceffaires à la vie & au bonheur de l'homme, auroient pû fe raffembler dans un auffi petit efpace que celui de la bouche, fans aucun deffein de la part de celui qui les y a placez? Eft-il poffible qu'on ne puiffe pas y découvrir une fageffe, une puiffance & une bonté, qui ont arrangé toutes chofes, pour conferver cette partie du corps humain, & pour le préferver lui-même d'une mort foudaine caufée par une fuffocation ou étranglement? Qu'on dife après cela, s'il eft poffible, que tant de differentes parties difpofées de tant de manieres differentes font l'ouvrage de certaines caufes qui ignorent les effets qu'elles produifent?

La maniere dont les Enfans tétent.

Il faut qu'avant de finir cette matiere, j'ajoûte encore quelque chofe, qui toutes les fois que je l'examine, excite en moi un nouvel étonnement. Tous les fçavans connoiffent les éloges qu'on a donné avec juftice aux fameux Torricelli, Gueric, Boyle, & autres, qui ont inventé les premiers l'art de faire du vuide, ou de priver d'air une efpace, par la defcente du Mercure, ou par le moien de la machine pneumatique: art qui a fervi à découvrir tant de fecrets dans la nature, & qui doit nous faire admirer la fageffe immenfe de cet Etre createur, qui a arrangé & difpofé la bouche de tous les hommes de maniere qu'elle peut fervir d'inftrument pour produire le même effet? Ceci fe trouve pleinement démontré par la maniere dont les Enfans tétent; ce qui fe fait de deux manieres. 1°. On met la langue entre les lévres, on retire enfuite la langue en arriere, ce qui forme un vuide entre elle & les lévres, & en chaffe par confequent l'air. 2°. En retirant la langue on agrandit la cavité de la bouche; en donnant par là plus d'efpace à l'air qui y étoit, on diminuë fa preffion & fa réfiftance dans cet endroit; cela fait que la liqueur comprimée par l'air exterieur, ne trouvant que peu ou point du tout de réfiftance dans la bouche, eft forcée d'y

LIVRE I. CHAPITRE I. 15

entrer. Ceux qui fument du Tabac produisent le même effet.

Mais ce qui doit non seulement surprendre, c'est que les Enfans nouveaux nez mettent en usage cette maniere si ingenieuse de faire du vuide ; les creatures les moins raisonnables, qui d'abord qu'elles sont nées tétent leurs meres, sentent déja de quelle maniere il faut commencer à conserver leur vie ; mais comment peuvent-elles sçavoir que l'air a la proprieté de se dilater ? Qu'il presse tout avec une force si prodigieuse, que pour faire sortir le lait des mamelles par le moien de cette pression, il faut qu'il y ait un lieu ou espace vuide d'air devant les orifiçes des mamelons ? Que cet espace doit être si exactement fermé de tous côtez, que quoique l'air en passant par le nez pour la respiration, puisse s'insinuer par une très-petite ouverture, il ne puisse pourtant entrer dans ce vuide ; car alors le lait cesseroit de couler. Ceux qui font des instrumens pour teter, doivent bien observer toutes ces circonstances, puisqu'elles sont exactement conformes à la maniere dont la nature agit.

Que les défenseurs des sentimens d'Epicure & de Lucrece considerent tout cela serieusement avec nous, pour voir si leur principe fondamental peut se soûtenir ; sçavoir que toutes choses ont été produites sans que le Createur ait eu aucune vûe, & que les hommes ne s'en servent, que parce qu'ils les ont trouvées disposées de cette maniere. Faut-il croire que ceci arrive par rapport aux Enfans, & aux creatures nouvellement nées, qui ne sçavent pas seulement qu'il y ait un fluide tel que l'air, beaucoup moins de quelle maniere il faut s'en servir pour teter ? Quel est l'homme raisonnable qui puisse croire que les creatures les plus stupides sont d'abord capables d'appliquer une pareille machine à l'usage auquel elle doit servir, tandis que les sçavans & les plus habiles avoüeront aisément qu'ils ont eu beaucoup de peine à la comprendre la premiere fois, & à s'en servir comme il faut ? C'est une chose que chacun peut observer en se servant d'une machine pneumatique.

Pour prouver d'une maniere convaincante que les instrumens, dont les enfans & les animaux se servent pour teter, ont été destinez à cet usage par une sagesse infinie, nous n'avons qu'à examiner la structure merveilleuse des muscles des lévres & de la langue, & les fibres charnuës dont ils sont composez. Si nous voulions faire usage de notre raison, cette seule observation nous satisferoit ; on observe que comme le passage qui dans d'autres occasions sert à laisser passer l'air, est bouché dans le tems que l'enfant téte, l'adorable Createur & Conservateur de tous les êtres vivans, a disposé les narines de maniere qu'elles servent pour la respiration pendant que l'enfant téte ; c'est ainsi que ce grand ouvrage, si nécessaire aux creatures qui viennent de naître, n'est point interrompu à tous momens. On en voit une preuve dans les nourrices, qui quand elles veulent que l'enfant cesse de teter, lui ferment le nez avec les doigts ; de cette maniere ne pouvant plus respirer, il quitte sur le champ la mamelle, afin de respirer l'air par la bouche.

CHAPITRE II.
De l'Oesophage, de l'Estomac, & des Intestins.

L'Oesophage.

Passons plus loin ; & examinons la structure & l'usage du canal de l'œsophage qui conduit les alimens dans l'estomac. Après que les matieres, dont notre corps se nourrit, ont été divisées, & qu'elles ont été précipitées dans le pharinx, elles sont poussées dans l'œsophage par son orifice (planche 1. fig. 2. E). S'il falloit qu'elles descendissent uniquement par leur propre poids, il leur faudroit beaucoup de tems pour arriver dans l'estomac ; le conduit qui les y porte est membraneux & humide, les parois se rapprocheroient l'une de l'autre ; & s'il se trouvoit dans les alimens quelque partie trop grosse ou trop solide qui dilatât l'œsophage en descendant, le tuyau pourroit se fermer entierement, parce que la partie inferieure entreroit dans celle qui seroit dilatée : d'ailleurs l'œsophage des animaux est situé horizontalement ou obliquement de haut en bas ; dans ce cas là, ce qu'ils avalent ne pourroit jamais arriver dans l'estomac par l'effort de la pesanteur.

Mais afin de prévenir tous ces inconveniens, il a plû à notre Createur, plein de bonté, de placer là un muscle A A, dont les fibres qui environnent l'œsophage, le resserrent en se racourcissant, & obligent les alimens de descendre ; car quelle qu'en soit la cause, nous sommes assurez par l'experience que tous les muscles du corps agissent en racourcissant leurs fibres.

Des fibres droits & circulaires de l'œsophage.

Pouvons-nous encore considerer l'ordre merveilleux qui régne dans la structure de ce conduit, sans y reconnoître une sagesse

LIVRE I. CHAPITRE II.

fagesse qui n'a disposé ainsi cette partie qu'afin de pousser les alimens dans l'estomac? La membrane externe A étant levée, les fibres musculaires F paroissent, elles descendent perpendiculairement le long du canal, dans toute l'étenduë de l'œsophage; sous celles-ci il s'en trouve d'autres G, qui embrassent l'œsophage, comme autant d'anneaux ou cercles. Imaginons-nous à présent que ces deux sortes de fibres, sçavoir celles qui regnent le long du canal F, & celles qui forment des anneaux, entrent en contraction; si nous pouvions voir cette contraction, nous appercevrions que les fibres circulaires se racourcissent à la partie supérieure au-dessus des alimens, & font descendre les alimens. On trouve une image de l'action de l'œsophage dans un intestin rempli de quelque matiere, & qu'on presse entre les mains: tandis que les fibres circulaires se contractent, les longitudinales en se racourcissant dilatent le canal par où les alimens doivent passer; par-là ils peuvent être poussez en-bas avec plus de facilité, quand les fibres circulaires entrent en contraction. Plusieurs ont cru que les matieres descendoient dans l'estomac par leur pesanteur; mais ceux qui avalent les alimens, lorsqu'ils se tiennent de-bout, prouvent évidemment que le mouvement & la progression des alimens jusqu'à l'estomac, se font par le moïen de la force dont nous venons de parler: nous avons donc toutes les obligations possibles à la bonté de notre Créateur, sans cela on n'auroit pû prendre aucun aliment, quand on auroit été couché; mais il n'est pas nécessaire de décrire plus au long les grands inconveniens que cela auroit causé aux malades, & aux personnes infirmes.

Il semble qu'il falloit encore une chose pour faciliter davantage le passage des alimens, sçavoir que le canal ci-dessus, fût toûjours humide; car les alimens étant souvent secs, ils seroient descendus plus lentement & avec plus de peine.

Les membranes de l'œsophage.

Pour produire cet effet, l'œsophage est pourvû d'une membrane pleine de vaisseaux sanguins, c'est-à-dire de veines & d'arteres, (voiez la planche 1. fig. 2. H) & sous celle-ci il en a une seconde J appellée tunique glanduleuse, parce qu'elle est remplie de petites glandes, où se sépare des arteres une liqueur qui rend glissante la membrane appellée nerveuse, située sous la précédente, afin de la rendre propre aux usages que nous venons de dire. Il faut aussi observer ici, que dans cette membrane les glandes sont éxactement placées entre les fibres

C

charnuës, afin qu'elles puissent être plus ou moins pressées, pour décharger leur humeur quand il le faut ; c'est pour cette raison aussi que la surface interne de cette membrane est garnie d'un velouté doux, qui en quelque maniere peut arrêter l'humeur, & empêcher qu'elle ne s'écoule qu'après avoir humecté ces parties : lorsque cette humidité est en trop petite quantité, & que l'œsophage est trop sec, c'est selon les apparences ce que nous appellons la soif, qui est un avertissement que la nature nous donne pour nous marquer que ces parties manquent d'humidité.

Peut-on s'imaginer que toute cette structure merveilleuse de l'œsophage n'est qu'un effet du hazard, & qu'elle a été formée sans être destinée aux usages dont nous venons de parler ? Cet organe fait avec tant d'art pour obliger les alimens de descendre dans l'estomac, ces arteres qui le nourrissent, & cette humeur qui se sépare dans les glandes, & qui contribuë à le rendre lisse, ce sentiment qui nous avertit lorsque ce canal a besoin d'être humecté, parce que ses propres liqueurs manquent, & que les alimens sont secs, ou qu'il est survenu d'autres accidens, tout cela n'est-il pas l'ouvrage d'une intelligence. Si quelqu'un s'obstine à dire cela est dû au hazard, pourquoi auroit-il honte de dire qu'une goutiere qui conduit l'eau de pluie du haut d'une maison dans une citerne, & qui, en comparaison de la structure de l'œsophage, n'est rien ; a été formée dans cet endroit par un pur hazard, & sans aucune vûë ?

L'estomac. Si l'estomac D C D F (planche 1. fig. 3.) étoit aussi étroit que l'œsophage E A, ou les intestins G H H J J, qui ne sont tous les deux qu'un seul & même canal continué avec l'estomac, & si les alimens passoient dans toute son étenduë avec une force & une vîtesse égale, il seroit impossible qu'ils pussent jamais être préparez comme il faut, ou macerez (selon l'expression ordinaire) & changez d'un corps solide en une matiere fluide propre à la nourriture.

Ne voyons-nous pas encore ici les preuves évidentes du dessein que le Créateur s'est proposé en faisant l'estomac plus gros & plus creux, afin qu'il contienne tout à la fois les alimens qui y descendent ? D'ailleurs sa structure est telle, qu'elle les empêche d'en sortir trop promptement, comme il arrive dans toutes les autres parties de ce grand & long canal formé

LIVRE I. CHAPITRE II.

par les inteſtins; encore une fois n'y a-t-il pas de deſſein en cela?

Nous voions encore que ſiles alimens qui deſcendent depuis E A dans l'eſtomac B, ne vont pas plus loin, c'eſt à cauſe que l'extrémité de l'eſtomac C, par où ils doivent ſortir, eſt un peu plus élevée que le fond où ſe trouvent les alimens ; cela fait qu'ils ſont obligez de s'y arrêter quelque temps, pour être convertis en une eſpece de boüillie, que les Anatomiſtes nomment chile; ou, comme quelques-uns prétendent, juſqu'à ce que la quinteſcence en ſoit extraite.

De quelque cauſe que dépende la digeſtion, il étoit néceſſaire que les alimens fuſſent beaucoup plus humectez dans l'eſtomac, pour les faire fermenter, ou pour les convertir en une matiere fluide appellée chile. *Les liqueurs de l'eſtomac, & ſa valvule.*

Croira-t-on à préſent que c'eſt le pur hazard qui a produit un nombre ſi prodigieux d'arteres dans l'eſtomac, comme on le peut voir dans D D, d d, & de nerfs qui naiſſent des troncs E & F, & ſe répandent comme autant de branches, dont quelques-unes portent peut-être un ſuc nerveux qui ſe mêle avec la ſalive qui pénétre les matieres dont nous uſons? Ces humeurs produiſent une nouvelle liqueur propre à diſſoudre les alimens : & afin que les matieres ſéjournent aſſez long-temps dans l'eſtomac, l'extrémité de ce viſcere B (planche 1. fig. 4.) eſt fermée par un muſcle qui l'environne & la contracte; de-là vient que rien n'eſt en état de l'ouvrir qu'une force ou preſſion plus grande.

Après que les alimens ont été préparez dans l'eſtomac, il faut qu'ils pourſuivent leur route pour ſervir de nourriture au corps. Quelqu'un croira-t-il que c'eſt ſans le ſecours de la ſageſſe d'un Créateur que tout ſe trouve dans l'eſtomac parfaitement bien diſpoſé pour favoriſer cette action ? *Les fibres de l'eſtomac.*

1. L'eſtomac eſt couché obliquement ſur les inteſtins, ſelon l'obſervation de M. Winſlow; par-là on voit que les alimens pourront ſortir aiſément du ventricule, au lieu que cela ſeroit difficile, ſi le fond étoit en-bas.

2. Ajoûtons que les fibres extérieures de l'eſtomac y ſont placées ſelon ſa longueur, & ſe racourciſſent dans leur action ; par-là elles rendent l'eſtomac beaucoup plus court: afin qu'elles agiſſent avec une plus de force dans les deux orifices A & C, de même qu'au fond de l'eſtomac, elles deviennent muſculaires.

C ij

3. Outre cela il y a d'autres fibres D plus fortes qui environnent l'eſtomac en maniere d'anneaux, & croiſent les précédentes; quand elles ſe contractent, elles diminuent la groſſeur de l'eſtomac.

4. On trouve encore un autre plan de fibres (planche 1. fig. 5.) qui marchent obliquement comme dans A, elles s'étendent depuis la partie ſupérieure de l'eſtomac juſqu'à ſon fond, & tirent obliquement l'extrémité M vers l'orifice ſupérieur N.

Suppoſons préſentement que quelqu'un tient dans ſes mains l'eſtomac CT plein d'une matiere fluide, & qu'on eſt obligé de faire ſortir cette matiere par l'orifice C, pourroit-il inventer un meilleur moien pour cela que de fermer premierement l'orifice A, & contracter après cela l'eſtomac, en le preſſant avec ſes doigts ſelon ſa longueur depuis C juſqu'à l'orifice A? de cette maniere la matiere renfermée dans l'eſtomac étant pouſſée vers ſon extrémité gauche T, doit néceſſairement ſortir par le côté où l'orifice C ſe trouve.

Il eſt aiſé de voir de quelle utilité ſont les fibres charnuës B, (planche 1. fig. 5.) Premierement, en embraſſant l'orifice gauche de l'eſtomac J, elles le ferment éxactement, tandis que les alimens ſont pouſſez en-dehors par l'autre orifice K, afin que le chile ne ſoit point repouſſé dans l'œſophage par l'orifice JP. Secondement, les fibres B s'inſerent à l'orifice droit de l'eſtomac K, qu'elles tirent de leur côté en ſe racourciſſant, & par cette ſeule action elles racourciſſent l'eſtomac depuis M vers N; & tandis qu'elles ferment l'orifice J, elles dilatent l'autre orifice K; de ſorte qu'il eſt impoſſible, lorſque toutes les fibres ſe trouvent racourcies, que le chile ne ſoit pouſſé par l'orifice KK.

Comment ſe peut-il donc, ſi c'eſt le hazard qui fait tout ceci, que les fibres de l'eſtomac prennent des routes ſi différentes de celles de l'œſophage & de celles des inteſtins, dont nous parlerons bien-tôt? Et d'où vient-il qu'il n'y en a pas une ſeule entr'elles qui ne ſoit diſpoſée de la maniere la plus convenable à l'uſage de l'eſtomac? Peut on croire que la ſtructure merveilleuſe des fibres eſt accidentelle? Pourquoi ne dit-on pas la même choſe de la préparation des cordes dont on ſe ſert pour élever une hie, où il n'y a que très-peu d'art en comparaiſon?

LIVRE I. CHAPITRE II.

Il y a des personnes qui se trouvent souvent dans la nécessité de recourir à des acides pour digerer certains alimens ; il y a aussi plusieurs médicamens de cette nature, comme le vinaigre, le verjus, le suc de limons, la moutarde, le poivre, & presque toutes les épices, tous les sels, tant communs que volatiles, & autres, qui sont tous acides, & néanmoins très-nécessaires dans certaines occasions. Or comme l'estomac est membraneux, & que ses membranes sont extrêmement sensibles, il étoit à craindre que ces matieres âcres ne lui causassent quelque douleur, ou n'excitassent un vomissement, ou d'autres mouvemens irréguliers. Pouvons-nous, sans être pénétrez de reconnoissance, & ni saisis d'étonnement, observer la maniere dont notre Créateur a pourvû avec une sagesse admirable à ces inconveniens, en revêtant le dedans de l'estomac & des intestins d'une matiere épaisse & tenace comme du limon, qui empêche que ces matieres âcres ne blessent ? Cette matiere est attachée aux petites fibres, qui sont, pour ainsi dire, situées perpendiculairement sur les parois de l'estomac, de même que les fils de soïe dans un morceau de velours, pour empêcher que les alimens en passant dans l'estomac n'emportent d'abord avec eux ce limon.

Le mucilage de l'estomac.

Afin de ne pas passer les bornes de la brieveté que nous nous sommes prescrites, nous avons omis plusieurs circonstances remarquables ; mais quelqu'un peut-il n'être pas convaincu qu'il y a un Etre suprême, qui, afin de manifester sa sagesse & sa bonté au genre humain, a produit toutes ces merveilles dans un ordre si beau ? & peut-il, sans scrupule, attribuer toute cette structure à des causes ignorantes, en voyant sur-tout que si une seule de ces circonstances manquoit, cela seroit suivi de fâcheux accidens, souvent même de la mort ?

Pour ne rien dire davantage au sujet de l'estomac, qui semble prouver d'une maniere évidente le dessein de celui qui l'a fait, quelle reconnoissance ne devons-nous pas au Créateur de ce qu'il a voulu ajoûter à la structure de l'estomac un sentiment qui nous apprend que nous avons besoin de nouveaux alimens & de rafraîchissement ; chose nécessaire, à laquelle souvent, sans cet avertissement, nous ne serions point sensibles, jusqu'à ce que nous fussions devenus foibles & languissans, & incapables de rien faire ?

De la faim.

Il faut être plongé dans un misérable aveuglement pour ne

C iij

pas découvrir la bonté & la sagesse de l'Auteur de toutes ces choses, ou pour se pouvoir persuader qu'une structure si bien entenduë, & tant de commoditez & d'usages établis sur des regles invariables, puissent avoir été produits par un pur hazard ou par des causes aveugles.

L'usage des intestins.   Suivons présentement la route des alimens dans les intestins. Pour connoître leur construction, vous pouvez considerer le canal (planche 1. fig. 2.) qui représente l'œsophage & l'estomac comme des parties qui appartiennent aux intestins auxquels elles sont attachées, car leurs membranes ressemblent presqu'en tout à celles des intestins, de même que leur mouvement qui sert à pousser la matiere qu'ils contiennent; c'est pour cette raison que nous ne repéterons pas ici leur description.

Voici les grands usages du canal intestinal (fig. 1.) Premierement, il sépare ce qui est propre pour la nourriture d'avec ce qui est inutile, & le transporte dans les veines lactées. Secondement, il porte les restes des alimens dans l'intestin droit, pour être déchargez par cet endroit.

Après la description de l'œsophage & de l'estomac, il n'est pas nécessaire de dire que les intestins sont aussi composez de fibres longitudinales & circulaires, qui en se racourcissant & en se contractant produisent de même ici un mouvement d'impulsion que les Anatomistes appellent mouvement peristaltique.

Le mesentere.   Vous pouvez voir de quelle maniere les intestins sont placez dans notre corps, dans la planche 1. fig. 3. Si le canal intestinal étoit trop court, il y auroit du danger que le chile ou le suc nourricier tiré des alimens ne sortît en grande quantité avec la partie inutile ou les excrémens. Est-ce donc sans aucun dessein que l'Auteur de toutes choses les a conduits par tant de détours, de sorte qu'ils égalent six fois ou bien près la longueur d'un homme? Que nonobstant toutes leurs circonvolutions, ils sont attachez au mesentere, de maniere qu'il est impossible aux alimens de ne pas suivre la route qu'ils doivent tenir, comme on le peut voir dans la planche 1. fig. 6. où G G représentent le mesentere, & L L les intestins qui y sont attachez & étendus tout à la fois.

Quel est celui qui ne seroit pas étonné de voir que la sagesse du Créateur ait disposé d'une maniere si admirable cette mem-

LIVRE I. CHAPITRE II.

brané, qui étant plate & ronde seroit trop grosse pour être placée commodément dans le ventre, supposé qu'elle fût aussi longue que les intestins dans toute sa circonference? mais il l'a plissée sur le bord de même qu'on avoit accoûtumé autrefois de plisser les fraises; on en peut voir un éxemple dans la portion d'intestin P Q, R S, (planche 1. fig. 6.) & beaucoup mieux dans la fig. 2. de la planche 18. de M. Verheyen, ou le bord plissé BB du mesentere est étendu. Quoique le mesentere n'ait pas plus de deux pieds dans un homme de moïenne taille, il acquiert néanmoins par le moïen de ces plis & replis assez de longueur, afin que tout le canal intestinal qui est extrêmement long puisse s'y attacher. Or supposé qu'on proposât ce problême à un grand Mathematicien, ne croiroit-il pas s'être acquis un grand honneur, s'il le résolvoit d'une maniere conforme à ce que le Créateur a fait? Quelqu'un peut-il donc s'imaginer que ceci a été fait par le hazard, ou sans aucune sagesse?

Tandis que dans les intestins les sucs nourriciers se séparent continuellement des alimens, & que par des ouvertures qu'on trouve dans leurs membranes, ils passent dans les parties extérieures, comme nous allons le faire voir; il semble que les restes se trouvant par-là nécessairement desséchez, ne sçauroient continuer aifément leur route dans ce canal: pour éviter cet inconvenient, le Créateur a jugé à propos de placer des sources qui envoyent dans les intestins une liqueur qui les humecte, rend leur surface glissante; ces sources sont des corps glanduleux, dont la structure n'est pas la même: les uns sont des especes de calotes tapissées d'un coton, les autres sont de petits mamellons semblables aux fruits des figuiers d'Inde; ces organes versent sans cesse une liqueur sans laquelle les excrémens viendroient à se durcir.

Les glandes des intestins.

Dira-t-on encore que le hazard a fait cela? Pourquoi les glandes sont elles donc plus petites & moins nombreuses dans les intestins grêles G, H H, J J, (planche 1. fig. 3.) qui sont situez auprès de l'estomac, & qui contiennent beaucoup de chile & d'humidité? Et pourquoi sont-elles plus nombreuses vers l'extrémité des intestins grêles, si ce n'est parce que la matiere inutile ou les excrémens, qui se trouvant secs après la séparation du chile, demandent plus d'humidité pour qu'ils puissent glisser, & afin que ce qui y est resté du chile puisse en être exprimé? C'est ainsi que pour extraire le suc des drogues lorsqu'elles sont fort séches, on y verse de la liqueur en les pilant. Enfin pourquoi les glandes qui se trouvent dans les gros intestins, M, N N N, O, qui sont plus éloignez de l'estomac, & où la matiere qui doit être rejettée, est en quelque façon dépourvûë de tout son chile, sont-elles les plus grosses de toutes ? si ce n'est à cause qu'il faut ici beaucoup plus d'humidité, pour empêcher que les matieres ne deviennent trop dures.

<small>Les rides & les valvules de l'intestin droit.</small> Nous ne ferons mention ni des rides des intestins grêles, dont l'usage est d'empêcher que les alimens digerez, qui contiennent encore du chile, ne passent trop promptement auprès des orifices qui sont formez pour recevoir le chile ; ni de la grande valvule K, située à l'extrémité des intestins grêles, qui empêche que la matiere, à présent presque inutile, ne remonte : Mais qu'on nous dise pourquoi les gros intestins sont plus grands & séparez en tant de loges, si ce n'est afin de ramasser la matiere inutile, & afin qu'on ne soit pas obligé d'aller trop souvent à la selle ?

N'est-il donc pas évident que l'intestin droit O P, n'a été formé que pour décharger cette matiere dont nous venons de parler, & qu'il ne descend en droite ligne, si ce n'est afin que la sortie de cette matiere ne soit point interrompuë par des plis & des détours inutiles ?

Est-ce que tout cela n'a pas été fait dans cette vûë ? Pourquoi se trouve-là ce muscle orbiculaire qui sert à la contraction, & qui, de même qu'un anneau, serre l'extrémité de cet intestin ? n'est-ce point pour empêcher que les excrémens ne sortent continuellement, ce qui pourroit être occasionné par le mouvement peristaltique des intestins ? Comme à chaque fois que les excrémens déja durs sortent, l'intestin droit O P est comprimé, & descend ; nous pouvons observer que les deux muscles Q P & Q P y sont placez pour l'arrêter : ce sont eux qui retirent en arriere le sphincter & l'intestin droit ; après que les excrémens sont sortis, ils le font remonter par la contraction de leurs fibres.

Comme il arrive quelquefois que le mouvement des intestins n'est pas lui seul assez fort pour faire sortir les excrémens, ne devrions-nous pas encore admirer ici l'industrie du Créateur, qui, en formant le diaphragme dans cette vûë, a disposé d'une maniere si merveilleuse toutes les parties qui couvrent le ventre, qu'elles aident à cette action ? c'est par ce moïen que

LIVRE I. CHAPITRE II.

que la force qui chasse les excrémens peut devenir incomparablement plus grande, toutes les fois que l'occasion le demande.

Dans cette vûë on a accoûtumé premierement de faire une forte inspiration, cela fait que le diaphragme qui est précisément au-dessus de l'estomac, presse avec violence tous les intestins; de sorte qu'à moins qu'on n'y mette quelque obstacle, le ventre s'éleve, afin que tous les intestins soient plus éxactement pressez.

Or puisque les intestins ainsi pressez par le diaphragme sont obligez de se porter vers la partie antérieure du ventre, par cette seule pression les excrémens ne sçauroient descendre par l'intestin droit: mais que les muscles du ventre agissent, qu'arrivera-t-il? cet intestin étant ouvert, & tous les intestins étant comprimez de toutes parts, les matieres fœcales doivent être poussées à travers l'orifice de l'intestin droit.

Ceux qui connoissent la structure des muscles qui couvrent le ventre, n'ignorent point la maniere admirable dont leur pression se fait.

Nous en allons donner ici une idée (sans faire mention des tégumens ordinaires & communs au ventre & à beaucoup d'autres parties) (planche 11. fig. 1.) A est la cuticule ou sur-peau, B la peau, C la graisse, D le pannicule charnu. Les parties extérieures sont composées aux deux côtez, premierement du muscle G, dont les fibres descendent obliquement, & se terminent à la ligne blanche KK, qui descend depuis l'os de la poitrine jusqu'aux os pubis, & dont la structure est fibreuse & forte, afin de résister à la force des muscles qui tirent chacun de son côté: le muscle oblique O, & qui se trouve à l'autre côté, paroît à découvert pour voir celui qui est au-dessous. Secondement, nous voions une autre paire de muscles situez sous les précédens, leurs fibres montent obliquement jusqu'à la ligne blanche KK, elles croisent celles du premier muscle; cela paroît ici dans M, d'un côté, sous une partie du premier muscle qui est renversé, & de l'autre côté dans P, où il est entierement séparé. Troisiémement, il y a une paire de muscles situez sous les précédens, du côté droit dans V; leurs fibres s'étendent lateralement, ou en croisant les autres, & non pas obliquement jusqu'à la ligne blanche KK: le muscle appellé Transverse, ne paroît point du côté gauche dans cette figure, à cauſe des muſcles qui ſont au-deſſus de lui appellez obliques.

Suppoſons préſentement que les deux muſcles lateraux V environnent entierement le ventre, & forment ainſi une cavité qui contient les inteſtins, & de plus que toutes les fibres dont ils ſont compoſez, ſont racourcies, il eſt clair que la cavité a moins de circonference, & qu'elle doit être par conſéquent plus étroite; cela fera que les inteſtins qui y ſont contenus, ſe trouveront preſſez de tous côtez.

Ces muſcles ſervent non-ſeulement à l'évacuation des inteſtins, ils vuident auſſi la veſſie, ils agiſſent auſſi dans l'accouchement, ils ſont d'un très-grand uſage dans cette occaſion périlleuſe ; il étoit néceſſaire que la force de cette preſſion fût très-grande : c'eſt pour cette raiſon que le Créateur a placé d'autres muſcles M ſous les lateraux, dont les fibres montent obliquement, comme nous avons dit ci-deſſus, & ſe terminent à la ligne blanche K K; lorſque ces muſcles obliques agiſſent, & qu'ils ſe racourciſſent, ils reſſerrent le ventre : mais comme ils montent obliquement, ils tirent auſſi, pour ainſi dire, en même-temps en-bas toute la ligne. Pour obvier aux inconveniens que cela pourroit cauſer, les fibres des muſcles G, qui ſont ſituez au-deſſus de celles de M, deſcendent obliquement dans un ſens tout-à-fait contraire, de-là vient que le ventre ſe trouve non-ſeulement reſſerré par une nouvelle force, mais encore la ligne blanche K K eſt tirée en-haut par ces fibres qui deſcendent obliquement.

Les muſcles pyramidaux.

Si les muſcles obliques agiſſoient avec une force égale ſur la ligne blanche, & ſi l'un la tiroit en-haut autant que l'autre la tire en-bas, ils ſe balanceroient mutuellement ; par conſéquent la ligne blanche K K reſteroit dans ſa place, ſans ſe mouvoir d'aucun côté : mais comme ces muſcles G les plus extérieurs de tous ſont beaucoup plus gros & plus forts que ceux qui ſont deſſous dans M, il s'enſuivra que dans le temps qu'ils agiſſent pour décharger le ventre, ce ſurplus de force fera toûjours monter tant ſoit peu la ligne blanche K K.

Oſera-t on dire à préſent que c'eſt par un pur hazard que nous ſommes pourvûs de deux muſcles S & T ſur l'os pubis ? Leur figure leur a fait donner le nom de pyramidaux, & leurs fibres montent le long de la ligne blanche juſqu'à l'endroit K, ou aux environs du nombril; de ſorte qu'il eſt évident que s'ils ſe racourciſſent dans S, leurs fibres doivent par conſéquent

LIVRE I. CHAPITRE II.

descendre, alors la ligne blanche où les fibres s'attachent doit aussi les suivre. Il semble donc que ces muscles pyramidaux servent comme à balancer la force des muscles obliques descendans G, qui excede celle des obliques ascendans M ; car cet excès de force obligeroit la ligne blanche de monter, si les muscles pyramidaux ne l'en empêchoient. Cette opinion se trouve confirmée par l'expérience ; dans plusieurs sujets l'on ne trouve qu'un seul muscle pyramidal, au lieu de deux un seul suffit pour tous les usages dont nous avons parlé ci-dessus, pourvû qu'il soit gros : ils ne sont pas même nécessaires, lorsque la force des muscles obliques ascendans & descendans est égale, comme on l'a observé quelquefois.

Mais, outre tout cela, il semble qu'il resteroit encore un inconvenient ; le ventre n'étant resserré ou comprimé que lateralement par la force prodigieuse de ces muscles, les intestins se trouveroient par-là aussi pressez vers la partie supérieure que vers la partie inférieure de cette cavité, & ils seroient aussi poussez avec trop de violence contre le diaphragme, en sorte que les cartilages dont le tissu est fléxible seroient soulevez, tout cela affoibliroit la force qu'il faut pour décharger les intestins des excrémens. Afin donc de prévenir cet inconvenient, & qu'il n'y eût rien de défectueux dans ce grand ouvrage, notre souverain Créateur par une sagesse admirable a attaché deux autres muscles Q Q Q, appellez droits, aux os pubis à l'endroit S, & les autres extrémitez Y Y s'attachent au sternum & aux environs ; cela fait que, lorsque ces muscles sont en contraction, ou que leurs fibres sont racourcies, ils font descendre les côtes, avec leurs cartilages (qui se terminent au sternum) : ils s'attachent donc non-seulement aux parties où le diaphragme est adhérent, mais ils empêchent aussi que ces mêmes parties ne soient soulevées, lorsque les intestins pressent avec beaucoup de force le diaphragme, dans le temps qu'ils sont poussez en-haut & en-bas par les muscles, dont nous avons fait mention.

Les muscles droits.

On observe aussi dans les muscles droits Q Q Q trois ou quatre plans transversaux de fibres blanches R R R, qui divisent communément chaque muscle droit en trois ou quatre parties, afin que le racourcissement de ces muscles, lorsqu'ils agissent, ne soit pas si grand, & que leur volume soit à proportion plus petit, pour qu'ils n'occupent pas trop de place ; car

D ij

si les fibres charnuës s'étendoient sans interruption depuis les os pubis jusqu'à l'os de la potrine, leur action ne se feroit pas d'une maniere si réguliere, ni si convenable.

Quant aux quatre usages que les Anatomistes attribuent aux muscles droits & pyramidaux, on peut les voir & les éxaminer dans leurs livres; nous nous y sommes déja arrêtez assez longtemps.

Du mouvement de l'intestin droit. Ajoûtons encore quelque chose à ce que nous venons de dire. On n'a qu'à considerer que dans toute cette grande étenduë du canal intestinal qui se continuë depuis l'estomac jusqu'à l'intestin droit, on ne sçauroit augmenter ou diminuer ses contractions, ou l'action des forces qui le pressent. Les mouvemens qui poussent & font sortir ce qui est renfermé dans les intestins, ne dépendent point de notre volonté; mais s'il en étoit de même dans l'extrémité de l'intestin droit, les hommes ne seroient pas les maîtres de leurs évacuations naturelles, ils ne pourroient les retenir ni les hâter, selon que l'occasion le demanderoit. Qui est celui qui peut encore douter s'il y a un Dieu qui par un effet de sa bonté ait sagement arrangé toutes ces choses, lorsqu'il apperçoit que de tous les intestins le droit est le seul qui reçoit les nerfs de la moële de l'épine, & qu'il est le seul dont le mouvement soit sujet à notre volonté, pour prévenir un si grand nombre d'inconveniens qu'il auroit été impossible d'éviter sans cela?

CHAPITRE III.

Des Veines lactées, & du Conduit du Chile.

APrès avoir suivi la route des alimens aussi-bas que nous pouvions, revenons présentement à l'estomac, afin d'observer les passages par où il a plû à l'Etre éternel de conduire le chile ou la nourriture pour la préparer & la rendre plus propre à réparer les pertes que nos corps font continuellement.

Nous ne dirons rien ici de la structure curieuse & ingénieuse de la vesicule du fiel, & des conduits qui sortent de cette vesicule & du foye, pour introduire continuellement dans le duodenum la bile qui se mêle dans cet intestin avec les alimens que l'estomac y envoye. Dans le temps de l'inspiration le dia-

LIVRE I. CHAPITRE III.

phragme en defcendant preffe le foye, & refferre la veficule du fiel qui eft fituée dans la concavité du foye; par-là il fait fortir la bile par le conduit qui va depuis cette veficule jufqu'aux inteftins. Je ne dis rien ici de cette liqueur qui fort du pancréas, qui eft une groffe glande fituée fous l'eftomac ; ce fluide fe mêle avec la bile à quatre ou cinq travers de doigt de l'orifice inférieur de l'eftomac, & fort fouvent il fort par le même orifice que la bile. Nous n'entrerons pas ici dans l'éxamen des ufages de ces deux liqueurs. Nous ne demanderons pas fi elles fervent à féparer le chile de la partie la plus groffiere des alimens, à le préferver de corruption par l'amertume de la bile, à le rendre plus fluide, à mêler éxactement fes parties, comme la graiffe & les parties aqueufes, ou bien à quelques autres ufages qu'on découvre tous les jours en éxaminant leur nature avec plus d'éxactitude: mais comme l'on n'a pas encore déterminé le vrai ufage de chacune de ces liqueurs, nous nous bornerons feulement aux chofes d'où nous pouvons tirer des conféquences plus que fuffifantes pour prouver les perfections de notre Créateur.

S'il n'y avoit point d'orifices ou d'ouvertures laterales dans les membranes du canal inteftinal, comme dans l'œfophage & l'eftomac où l'on n'en obferve pas, le chile qui fort des alimens & foûtient le corps, fortiroit en même-temps avec les parties groffieres des alimens; & les hommes mourroient faute de nourriture. Pourra-t-on donc croire que ce n'eft qu'un pur effet de hazard, fi afin de prévenir cet inconvenient, on voit dans le mefentere G G (planche 1. fig. 6.) outre les vaiffeaux fanguins J J & les nerfs m m, une efpece de petits vaiffeaux b b ? Lorfqu'un animal a été long-temps fans manger, ces canaux font abfolument invifibles ; mais fi l'on fait l'ouverture quelques heures après qu'il a mangé, ils paroiffent comme de petites veines pleines d'une matiere laiteufe : de-là vient auffi qu'elles reçoivent le nom de veines lactées. Ces petits conduits s'ouvrent dans les inteftins L L, qui en fe contractant y font entrer la partie la plus fubtile des alimens, ou le chile préparé, fous la forme d'une liqueur blanche. Dans les chiens, felon cette figure prife de M. Verrheyen, ce fluide prend fa route, premierement vers une groffe glande K ; mais dans les hommes il va fe rendre dans plufieurs glandes plus petites, puifque, felon M. Verrheyen, cette glande ne fe trouve point dans

Les veines lactées, & le réfervoir du chile dans un chien.

l'homme. Ceux qui feront curieux de voir la defcription du mefentere humain, pourront confulter la dix-huitiéme planche de cet Auteur, où les glandes font repréfentées par les lettres a a dans la deuxiéme figure.

Nous ne dirons rien de ces glandes, parce que les Anatomiftes ne font pas entierement d'accord touchant leur ufage; on fçait feulement que le chile fe décharge dans un grand réfervoir O par les veines lactées (planche 1. fig. 6.) qui viennent de ces glandes: les Anatomiftes l'appellent le réfervoir du chile.

La route du chile dans l'homme.

Il eft bon de fe fouvenir que dans cette figure la route des vaiffeaux eft repréfentée telle qu'on la voit dans les chiens; mais il faut remarquer 1° que le grand réfervoir du chile repréfenté ici par la lettre O, eft compofé dans l'homme de trois grandes cavitez; 2° que les petites chaînes qui font décrites ici dans S, dans le conduit o s qui va en montant, & porte le nom de conduit torachique, s'obfervent en plus grand nombre ou avec plus de varieté dans les hommes. M. Rohault fait auffi mention d'un réfervoir qu'on trouve dans l'homme.

La route du chile jufqu'au cœur.

Pour revenir à notre fujet, dans ce réfervoir O, le chile fe mêle avec un autre fluide que les Anatomiftes appellent limphe; & après que cette liqueur a fervi aux ufages auxquels elle eft deftinée, elle revient ici par des circulations continuelles dans les vaiffeaux limphatiques; enfuite le chile & cette limphe pourfuivent leur route en montant dans la poitrine le long de l'épine du dos, depuis le réfervoir du chile O: ces liqueurs coulent dans le conduit torachique r r, & fe déchargent à la fin dans la veine fouclaviere u x.

Le fang qui coule de u vers x dans la même veine fouclaviere, va fe rendre au cœur A par la veine cave x b; de-là le chile & la limphe mêlez avec le fang dans u, font portez dans tout le corps, & circulent pour lui fervir de nourriture.

Quelqu'un pourra-t-il s'imaginer que l'arrangement & la ftructure de tous ces conduits font une production du hazard? Seroit-il poffible que fans aucun deffein les vaiffeaux limphatiques q q & t t fe déchargeaffent dans le réfervoir & dans le canal torachique? iroient-ils former, fans être dirigez, un ruiffeau continuel, afin de tranfporter plus aifément le chile jufqu'au fang dans la veine fouclaviere u x? Ces fonctions fi néceffaires, que l'homme ne fçauroit fubfifter un moment, fi elles venoient à être interrompuës, ne feroient que l'effet d'une caufe

LIVRE I. CHAPITRE III.

aveugle? Eſt-ce ſans raiſon que le réſervoir du chile O eſt diviſé en trois parties dans l'homme, & qu'il ne forme qu'une grande cavité dans les animaux? Ne voit-on pas que, comme l'homme marche debout, une trop grande quantité de liqueur pourroit faire crever la membrane ſubtile qui compoſe le réſervoir O? Mais ſi tout cela ne ſuffit pas encore pour convaincre un incrédule, qu'il faſſe attention à ce qui ſuit au ſujet des valvules; les merveilles qu'il y trouvera le conduiront, pour ainſi dire, par la main à la connoiſſance d'un Créateur infiniment ſage & puiſſant.

Le deſſein de l'Auteur de la nature n'a été que de conduire le chile au cœur. Le chile devroit deſcendre avec la limphe dans le conduit torachique r r (planche 1. fig. 6.) Sa peſanteur devroit ici prendre cette route. Pour prévenir cela, le Créateur a donné au canal torachique des valvules merveilleuſes; le chile les ouvre en montant depuis O juſqu'à u, & ſuit ainſi la route qu'il doit tenir; quand il eſt preſſé, les valvules l n i l, permettent de monter, mais non pas de deſcendre. C'eſt ainſi que les écluſes s'ouvrent ſans peine, lorſque l'eau coule d'un certain côté; & qu'elles ſe ferment d'elles-mêmes, lorſque l'eau prend une route oppoſée.

Les valvules du canal torachique & des vaiſſeaux limphatiques.

Comme il y avoit du danger que la liqueur des veines lactées l l & des vaiſſeaux limphatiques q q ne deſcendît & ne revînt ſur ſes pas, ces vaiſſeaux ſont interrompus par de ſemblables écluſes ou valvules.

On doit placer parmi les vaiſſeaux limphatiques le canal torachique, parce qu'il eſt continuellement rempli d'eau ou de limphe, lorſqu'il n'y a pas de chile, & qu'il eſt garni de valvules; on peut voir en quelque maniere la figure de ſes valvules dans la planche 11. fig. 2. dans c c & c c: on peut voir que la liqueur ouvre ces valvules en coulant depuis a vers d, & qu'elle les fermeroit néceſſairement, ſi elle revenoit depuis d vers a.

Qu'on jette les yeux ſur la ſtructure du conduit du chile, ſes membranes ſont délicates, de-là vient qu'il eſt ſoûtenu par la plévre; ſes fibres ne ſeroient pas aſſez conſidérables pour pouſſer la liqueur qu'il contient: les vaiſſeaux qui pouſſent les liqueurs par la force de leur tiſſu, ſont compoſez de beaucoup de plans fibreux; on peut le voir dans les inteſtins & dans les arteres: voilà donc cette liqueur ſi néceſſaire à la vie de l'homme incapable de monter, s'il ne ſe trouve quelque machine qui

Du mouvement du chile.

lui donne ce qui lui manque. Dans quel étonnement ne devons-nous pas être à la vûë de la sagesse du Créateur, qui dans cette occasion a jugé à propos de se servir d'une méthode singuliere pour faire monter cette liqueur ? Il fait descendre à dessein la grande artere C (planche 1. fig. 6.) le long du canal torachique, en plaçant de travers l'intercostale c c c, de même que l'artere émulgente D dessus le réservoir; ces arteres étant gonflées par le sang qui y est poussé par chaque battement du cœur, pressent ce canal : sa liqueur ne pouvant pas retourner sur ses pas à cause des valvules, est obligée de monter ; il semble aussi que les tendons du diaphragme, qui s'élevent pendant la respiration, & qui pressent aussi ce canal, y contribuent beaucoup.

Ne voit-on pas à présent combien ces valvules sont nécessaires, si le mouvement du chile doit être tel que nous venons de le dire, puisque sans elles la pression le feroit aussi-tôt descendre que monter. Pourquoi sont-elles placées si près l'une de l'autre ? & pourquoi sont-elles plus nombreuses ici que dans les veines ? c'est afin que la liqueur s'arrêtât immédiatement d'abord qu'elle tâcheroit de s'en retourner ; au lieu que sans cela s'il y avoit une distance considérable d'une valvule à l'autre, cela pourroit le faire gonfler si fort à raison de sa délicatesse & de sa longueur, qu'il seroit en danger de se rompre, & le mouvement ou le cours de la liqueur se rallentiroit.

La valvule de la veine souclaviere. Il se présente ici une autre merveille qui prouve la sagesse de la Providence, quoyqu'il semble d'abord qu'elle ne renferme rien d'extraordinaire. Le canal du chile r r qui décharge sa liqueur à l'endroit u dans la veine souclaviere x, est couvert à son orifice d'une membrane qui fait l'office de valvule ; elle empêche en premier lieu que le sang ne descende de la veine x x dans le canal torachique r r: en second lieu cette petite membrane qui forme une petite vessie, n'étant ouverte qu'au point x dans la route que le sang tient, le courant du sang emporte d'abord le chile qui sort de ce canal ; mais cette vessie en retombant sur elle-même empêche que le sang n'entre dans le canal.

Voici ces organes dans la onziéme planche fig. 2. qui a été prise de l'éxact M. Lower : d b & c a, marquent le canal torachique ; c c les valvules qui sont sensibles ici, à cause que le chile étant repoussé en arriere avec le doigt depuis d jusqu'à b contre

LIVRE I. CHAPITRE III.

tre les valvules, le canal groſſit dans cet endroit, & l'autre portion b d h reſte vuide; mais ce qu'il y a de plus remarquable dans cette figure, c'eſt la petite valvule veſiculaire, qui couvre l'orifice h du canal torachique dans la veine ſouclaviere, de maniere que le ſang qui coule de f vers g, & de-là juſqu'au cœur, ne ſçauroit paſſer dans le conduit du chile d a, & il permet néanmoins au chile & à la limphe de paſſer librement, à meſure que ces deux liqueurs coulent de a vers h : e eſt la veine jugulaire, dont le ſang en deſcendant dans la veine f g, rend cette petite valvule i d'autant plus néceſſaire.

Après cela peut-on encore ſe faire illuſion? car ſi toutes ces choſes n'avoient pas été faites préciſément dans le deſſein de conduire le chile & la limphe au ſang, pour conſerver la vie de l'homme, pourquoi y aura-t-il de petites valvules? pourquoi ces valvules s'ouvriroient-elles toutes du même côté? Encore un coup, ſi quelqu'un ſuppoſe que tout cela dépend du hazard, pourquoi ne penſe-t-il pas la même choſe des écluſes qui ſervent pour les moulins à eau, ou pour d'autres uſages? Perſonne n'oſeroit aſſurer qu'une écluſe ordinaire, qui n'eſt pourtant compoſée que d'une ou de deux valvules, a été faite ſans aucun art. Pourroit-on donc être aſſez aveugle pour attribuer à une telle cauſe les valvules dont nous venons de parler? Je ne dis rien de la ſtructure merveilleuſe de ce nombre ſi prodigieux d'écluſes ſituées l'une après l'autre, & rapportées à une même fin. Si les hommes rentroient en eux-mêmes, & penſoient quelquefois que la vie la plus précieuſe dépend de la ſtructure d'un vaiſſeau auſſi délicat que le conduit torachique a d (planche 11. fig. 2.) du dérangement des valvules, leſquelles ſont ſi petites & ſi fragiles; du mouvement dérangé de ces valvules qui ne ſont compoſées que d'une petite membrane mince, humide & molle, qui couvre l'orifice h du conduit du chile, a ſon inſertion dans la veine f g; enfin non-ſeulement du dérangement general de toutes ces parties, mais même de celui de chacune en particulier quelque petite qu'elle paroiſſe, n'y en eût-il qu'une ſeule qui ceſſât de faire ſa fonction, une créature auſſi admirable que l'homme ne ſeroit plus qu'un cadavre affreux. Chacun ne doit-il donc pas avoüer qu'il trouve dans ſa ſtructure un ſujet de terreur & d'admiration? Ne devons-nous pas adorer tous les jours l'Etre conſervateur, & lui donner toutes les marques de la reconnoiſſance la plus vive de ce qu'il a conſervé ſi long-temps en bon état dans notre corps des organes si fins & si délicats tous absolument nécessaires à la vie ?

Combien de fois les machines mouvantes n'ont-elles pas besoin d'être rajustées par un habile maître ? La seule machine animale se conserve une longue suite d'années, après qu'elle est sortie des mains de son Auteur ; c'est cet Etre qui la dirige, qui la soûtient, sans que les créatures, les plus habiles Medecins, les plus sçavans Philosophes, les ouvriers les plus ingénieux y puissent contribuer en rien. L'homme trouvera-t-il un ouvrage aussi grand & aussi difficile que la vie dont il joüit avec d'autres créatures ? Cet ouvrage conduit par des moyens si simples en apparence, lui offusquera-t-il les yeux ? attribuera-t-il tout cela au hazard, ou à des causes aveugles ? une opinion si étrange ne le rabaisse-t-elle pas, & ne le met-elle point au rang des animaux sans raison ? qu'il ouvre les yeux sur tant de bienfaits qui ne dépendent point de lui, & qui ne lui étoient pas même connus ; qu'il rougisse de son ingratitude qui refuse de reconnoître les bontez & la sagesse de son Créateur qui l'environnent de toutes parts.

CHAPITRE IV.

Du Cœur.

L'usage du cœur en general.

Passons présentement plus loin, & suivons le chile ou la nourriture qui se mêle avec le sang dans la sousclaviere gauche d'où il arrive au cœur ; dont la structure est si remplie de merveilles, qu'on est d'abord convaincu qu'il n'est que des esprits obstinez qui soient capables d'y jetter des yeux insensibles. La sagesse & la puissance de Dieu y brillent de toutes parts. Voilà une machine qui envoye le sang dans toutes les parties pour les arroser ; elle le reçoit alternativement, quand il revient de porter la vie par tout, & qu'il a besoin d'être renouvellé. Des esprits éclairez peuvent-ils donner au hazard une si belle machine ? donneront-ils tant de lumiere à une cause qui marche dans l'aveuglement ?

Description du cœur.

Le cœur a deux cavitez séparées l'une de l'autre par une cloison charnuë d'une épaisseur considérable. Le cœur est épais dans sa partie supérieure A (planche 11. fig. 3.) mais beaucoup

LIVRE I. CHAPITRE IV.

plus menu dans sa partie inférieure B; sa figure ressemble à une pyramide émoussée & renversée; il est attaché à ses veines & à ses arteres E F G H J; E est la veine cave par où le sang descend; G est la veine arterielle ou l'artere pulmonaire, par où il passe du ventricule droit aux poulmons; H est l'artere veineuse ou la veine pulmonaire, par où le sang revient des poulmons au ventricule gauche du cœur, de-là il est transporté par l'aorte ou la grande artere J dans toutes les parties du corps. C'est l'oreillette droite du cœur dans laquelle le sang passe de E & F, avant d'entrer dans le ventricule droit; D est l'oreillette gauche qui fait la même fonction que la droite; K K sont les arteres coronaires & la veine coronaire qui nourrissent le cœur, & lui fournissent du sang.

De plus, le cours du sang qui passe continuellement à travers les veines A A, semble avoir besoin d'un lieu de repos ou d'un réservoir dans le temps que le cœur se contracte pour pousser le sang, & que les valvules de l'orifice du ventricule droit sont fermées; par-là il peut s'y ramasser en même-temps, pour se vuider promptement dans le cœur, d'abord que les petites soupapes se sont rouvertes: c'est à quoi l'oreillette C (planche 11. fig. 3.) sert dans le côté droit du cœur, de même que l'oreillette dans le gauche. Ces sacs, dans le temps que les valvules sont fermées, sont pleins de sang qui s'y décharge, & sont pourvûës de muscles qui rendent leur contraction très-prompte, lorsque la nécessité le demande; ces instrumens poussent le sang tout d'un coup dans le ventricule droit du cœur & dans le gauche.

Les oreillettes du cœur.

Le sang étant rentré dans les ventricules ouverts & relâchez, le cœur se contracte violemment tout d'un coup; alors les côtez du ventricule droit se rapprochent l'un de l'autre par le moyen de cette contraction: la pointe s'éloigne de la base, cela fait qu'il ne reste presque plus de cavité en quelque façon, ainsi le sang est poussé avec une grande vitesse dans les poulmons à travers l'artere pulmonaire ou la veine arterielle G, (planche 11. fig. 3.) de-là il passe dans la veine pulmonaire ou l'artere veineuse H; il se jette enfin dans le ventricule gauche du cœur, après s'être distribué dans les poulmons.

L'action du cœur.

On peut se faire une idée grossiere de l'action du cœur, en le comparant à un soufflet rempli d'eau, dont l'extrémité seroit percée de deux trous ronds: que l'un soit fermé par une soupape lorsqu'on souffle, & que l'autre reste ouvert; si l'on

E ij

pressoit avec beaucoup de promptitude & de violence les côtez
du soufflet, de sorte que dans un moment il ne restât plus de
cavité dans le soufflet, à peine peut-on s'imaginer la grande vîtesse avec laquelle sortiroit l'eau contenuë dans le soufflet, à travers l'orifice ouvert : ce n'est qu'une idée grossiere de la maniere
dont le sang est poussé tout d'un coup hors du ventricule droit,
du cœur pour aller dans les poulmons.

La route des fibres musculeuses.

Mais, afin de produire dans le cœur une contraction si
prompte & si violente, les fibres musculaires dont il est composé, sont disposées dans cette vûë d'une maniere si merveilleuse & si singuliere, qu'à moins que de vouloir se plonger dans
un aveuglement affreux, on doit de toute nécessité appercevoir
ici la main d'un Créateur sage, qui ne fait rien sans des vûës
particulieres. On le verra clairement, si l'on se donne la peine
de considerer attentivement la route de ces fibres.

On peut voir en premier lieu les fibres A & B (planche 11.
fig. 5.) qui vont obliquement de la pointe à la base, & d'autres
par C D qui croisent les précédentes; ces deux plans de fibres
obliques étant contractées dans le temps de leur action, les cavitez du cœur doivent se rétrécir, & ses deux extrémitez doivent
en quelque sorte se rapprocher. Outre ces fibres il y en a encore d'autres sur celles-ci, qui montent en droite ligne (planche
11. fig. 6.) & qui appartiennent uniquement au ventricule droit;
celles-ci en se contractant racourcissent ce ventricule. Mais la
route des fibres qui servent au même usage dans le ventricule
gauche, est merveilleuse & surprenante; car les fibres A B (planche 11. fig. 7.) se répandent de tous côtez depuis le sommet jusqu'à la base, & elles environnent le cœur à l'endroit C: quand
elles sont en contraction, elles font monter C vers A; on peut
voir dans la planche 11. fig. 8. la représentation de ces fibres.

Qu'on observe un autre plan de fibres A C B (planche 11.
fig. 9.) situées sous les obliques, elles aident à la contraction
laterale, & elles embrassent transversalement le cœur pour le
resserrer; de sorte qu'on trouve ici en quelque façon la même
disproportion que dans les muscles de l'abdomen: le sçavant
D. Lower a traité au long toute cette matiere dans une dissertation courte, mais éxacte.

Qu'un homme qui voit ces merveilles se demande sérieusement à lui-même, si des rangs de fibres si différens, & dont la
force est si grande, comme M. Borelli l'a démontré, & qui ser-

LIVRE I. CHAPITRE IV.

vent toutes précisément à l'usage pour lequel le cœur semble être uniquement formé, c'est-à-dire, pour pousser dans les arteres le sang qu'il reçoit; qu'il se demande, dis-je, si ces fibres ont pû s'arranger d'une maniere si merveilleuse, sans le dessein ni le secours d'un Etre plein de sagesse?

Or comme l'on n'a pas découvert jusqu'à présent dans le cœur aucun autre muscle que ceux qui servent à rétrécir ses cavitez, le hazard fera-t-il aussi que ses fibres étant une fois contractées, se dilatent d'abord, au lieu de rester toûjours resserrées, & ouvrent leurs cavitez pour recevoir le sang qui revient par les veines, & pour le distribuer sans interruption par les contractions réiterées du cœur dans les poulmons & les autres parties du corps; ce méchanisme, merveilleux ouvrage d'une cause qui ne reconnoîtroit aucune regle, subsisteroit-il régulierement une longue suite d'années?

Il reste encore une autre difficulté par rapport à l'usage du cœur; chaque ventricule a deux orifices, l'un pour recevoir le sang, & l'autre pour le laisser sortir: mais il semble que le sang devroit par conséquent tout à la fois s'échapper par l'artere, & ressortir par le même orifice qu'il seroit entré dans le ventricule; la contraction soudaine & violente des fibres paroît devoir produire cet effet; mais pour prévenir cet inconvenient, notre sage & puissant Créateur a donné au cœur une autre espece de valvules, elles ont une figure triangulaire, & sont appellées triglochines par les Anatomistes, elles sont situées dans les oreillettes qui déchargent le sang dans le cœur, & bouchent éxactement le passage dans le temps que le cœur se contracte, & que le sang est poussé vers l'orifice, dans la circonference duquel elles sont placées. Ces valvules que nous ne sçaurions considerer sans étonnement, si nous ne pensions aux vûës du Créateur, sont attachées aux parois des ventricules par un grand nombre de fibres tendineuses qui sont très-fortes, par-là elles sont affermies lorsqu'elles sont fermées; ces fibres ont le même usage que les chaînes & les barreaux d'une porte: par cette méchanique toute merveilleuse la force avec laquelle le sang est poussé hors des ventricules, venant à agir contre ces valvules N, ne peut les rompre, ni s'ouvrir aucun passage; précautions d'autant plus nécessaires, que ces petites écluses sont composées de membranes minces & fléxibles, & non pas d'une matiere solide & dure comme des os.

L'action des valvules & des veines.

E iij

Ces fibres tendineuses ont d'ailleurs les usages suivans qui sont fort remarquables; premierement, comme le cœur après la contraction se relâche de nouveau & se dilate, & que par conséquent les parois qui étoient affaissées, s'élevent, je dis que les fibres étant attachées aux parois retirent les valvules (de même que les cordes des portes de certaines Eglises) pour permettre au sang qui revient de rentrer : secondement ces fibres sont attachées à certaines petites éminences des parois du cœur, & même au côté opposé, par-là elles peuvent empêcher que ces valvules ne tombent immédiatement sur les parois du cœur; cela fait que le sang, dans la contraction du ventricule, peut pousser continuellement ces valvules par derriere, & les élever pour fermer les orifices du cœur.

J'ai décrit tout ce qu'il y a de plus remarquable dans ces matieres, sans y ajoûter de figure; j'ai remarqué dans les livres d'Anatomie que les figures les plus exactes ne sont pas capables de donner un grand éclaircissement, cela vient d'une infinité de particularitez qu'on y doit observer, & qui ne s'offrent pas à ceux qui ne les ont pas vûës dans le cœur de quelque animal : il faudroit plus d'étude & d'application pour les entendre que pour connoître la structure du cœur; pour se convaincre de cela, on n'a qu'à consulter la quatriéme figure dans la quatorziéme planche de M. Verrheyen, & la premiere figure dans la cinquiéme planche du D. Lower.

Si l'on connoissoit quelque machine dont les ressorts eussent quelque rapport avec ceux du cœur, la description de cette machine pourroit peut-être fournir quelque éclaircissement à cette matiere; mais ni les pompes, ni les jets d'eau ne présentent rien de semblable : les machines même nouvellement inventées pour éteindre le feu (quoique la maniere de s'ouvrir & se refermer de leurs valvules semble en quelque façon imiter le cœur) ne peuvent en aucune maniere en approcher; enfin toutes les subtilitez de l'art ne peuvent imiter la grande sagesse qui brille dans la structure du cœur. Quelqu'un pourra-t-il donc s'imaginer que c'est le hazard qui a formé ce grand ouvrage, lorsque personne n'oseroit donner une telle origine aux machines imparfaites dont nous venons de parler; ? Non. La justesse qui regne dans ces valvules, ne peut venir que d'un Etre infiniment industrieux; pour qu'elles empêchassent le retour du sang dans les oreillettes, il a fallu qu'elles s'élevassent : mais

LIVRE I. CHAPITRE IV.

si elles étoient montées trop haut, elles auroient laissé un espace entr'elles, ainsi le sang se seroit échappé; de même si elles ne s'étoient pas élevées jusqu'à un certain point, elles ne se seroient pas appliquées l'une à l'autre, & le sang auroit trouvé un passage entr'elles. Est-ce donc le hazard qui donne une mesure juste aux filets qui retiennent les valvules?

Ce que nous venons de dire ne regarde que les orifices par où le sang passe dans les deux ventricules du cœur; examinons ceux qui lui donnent passage, quand il en sort. Il y en a deux, l'un est à l'entrée de l'artere pulmonaire, l'autre est l'ouverture de l'aorte. Le cœur en se resserrant se décharge de son sang dans ces tuyaux; mais quand il vient à se dilater tout à coup, n'y a-t-il pas à craindre que le sang poussé dans ces arteres ne revienne dans le cœur, & n'interrompe la circulation?

Le Créateur a pourvû à cet inconvenient, il a placé d'autres valvules à l'entrée de ces deux arteres dont la fonction est précisément opposée à celle des valvules veineuses, qui se ferment lorsque le sang fait effort pour monter & sortir hors du cœur; pour celles-ci elles se ferment, lorsqu'il descend vers le cœur: & enfin les unes sont ouvertes par le sang qui entre dans le cœur, & les autres le sont par le sang qui en sort.

Afin de comprendre ceci plus clairement, a a (planche 11. fig. 10.) représenteront la partie ouverte ou l'orifice du ventricule gauche du cœur; c la grande artere coupée selon sa longueur; b b b les trois valvules semilunaires qui sont fermées par le sang qui s'en retourne: elles paroissent ici couchées, au lieu que dans d'autres temps elles occupent tout l'orifice de l'artere; f f sont les trois valvules triangulaires ou triglochines renversées, afin qu'on puisse mieux observer b b b: dans les valvules f f f on peut observer les fibres f g qui y sont encore attachées; leurs extrémitez g g qui sont coupées, étoient attachées aux parois du cœur dans leur état naturel.

On peut observer dans c c c (planche 11. fig. 2.) de quelle maniere le sang, lorsqu'il tâche de revenir, dispose ces petites valvules b b b, & de quelle maniere elles bouchent l'artere. On voit la même chose, si l'on souffle l'artere A; B B sont les arteres coronaires qui nourrissent le cœur, & lui fournissent du sang: on représente dans l'endroit d d (planche 11. fig. 10.) leurs orifices qui s'ouvrent dans l'aorte, exactement au-dessus de ces valvules.

Les muscles lateraux du cœur.

Les merveilles qui se présentent dans le cœur sont trop nombreuses pour les éxaminer ici en détail. Les muscles lateraux du ventricule droit du cœur (pour ne rien dire d'un grand nombre d'autres machines merveilleuses qui se trouvent dans cet organe) semblent mériter ici une attention plus particuliere; ces muscles en s'attachant aux paroits du cœur, empêchent que le sang qui y entre à chaque dilatation n'écarte trop les paroits; ils servent ainsi de mesure à la quantité de sang qui y doit entrer, ils rapprochent encore les paroits du cœur dans la contraction. C'est pour la même raison que nous observons aussi que le ventricule gauche est environné de muscles beaucoup plus forts, & que ses paroits sont beaucoup plus fortes que dans le ventricule droit; on apperçoit cela, quand on coupe transversalement le cœur: la raison de cette différence est que le ventricule droit n'est obligé de pousser le sang qu'à travers les poulmons, dont la distance n'est rien en comparaison de celle où il est poussé par la force du ventricule gauche du cœur; ce dernier le pousse dans toutes les parties. Cette force consiste-t-elle uniquement dans la contraction des muscles du ventricule? ou les arteres y ont-elles quelque part? quelques expériences prouvent qu'elles y contribuent: ce sont de vrais muscles qui se dilatent, & se contractent comme le cœur; mais leur contraction arrive pendant la dilatation du cœur, & leur dilatation pendant sa contraction. Ce qui doit surprendre ici est qu'une petite machine de chair molle donne au sang une si grande vîtesse, afin de lui faire parcourir un si grand espace dans si peu de temps.

La force du cœur représentée par des comparaisons.

Un homme qui douteroit si le resserrement du cœur est une force suffisante pour faire circuler le sang, peut observer, sans le secours des Mathématiques, la grande force & la vîtesse qu'on produit par la compression de deux corps: on prend, par éxemple, un noyau de cerise, on le presse tout d'un coup entre l'index & le pouce, il s'échappe avec beaucoup plus de vîtesse que ne pourroit s'imaginer une personne qui n'auroit jamais fait cette observation. Voici un autre éxemple remarquable: l'on prend une poignée de terre-glaise moüillée, & on la comprime tout d'un coup de même que le cœur comprime le sang; si la terre-glaise sort avec rapidité par l'espace que laissent les doigts entr'eux, comme il y a cinq doigts, il se trouve quatre ou cinq interstices qui permettent à cette terre de sortir: mais, s'il n'y en avoit qu'un, la vîtesse qu'auroit cette terre en sortant,

seroit

LIVRE I. CHAPITRE IV.

seroit cinq fois plus grande ; on n'a qu'à appliquer cela à la vîtesse du sang qui sort du cœur, & on verra que sa force peut être fort considérable : on en trouve encore une image dans la salive qu'on pousse hors de la bouche avec effort ; on ramasse cette liqueur dans la bouche entre la langue & les lévres, on pousse après cela la langue contre les lévres pour remplir cette cavité, & on oblige ainsi la salive de sortir. On pourroit rapporter d'autres comparaisons, mais celles-ci suffisent pour représenter en quelque façon ce que nous nous proposons.

Ajoûtons à tout ceci, que le cœur est enveloppé d'un petit sac membraneux appellé péricarde ; ses glandes fournissent toûjours une liqueur, (voyez Bergerus & Malpighi, &c.) qui mecte continuellement le cœur, & le rend plus propre aux mouvemens prodigieux qui l'agitent continuellement, car elle empêche que sa membrane externe ne se ride par une trop grande sécheresse, elle donne de la souplesse aux fibres musculaires, & c'est ce qui met cette machine merveilleuse en état de faire ses fonctions nécessaires, qui sans cela seroient interrompuës. *Le péricarde.*

Après avoir contemplé le cœur dans toutes les circonstances que nous venons de rapporter, peut-il y avoir des esprits assez aveugles & assez endurcis pour ne pas reconnoître dans une structure si merveilleuse le caractere d'une intelligence qui dirige tout ? Osera-t-on rapporter à des causes aveugles ces ressorts ? Un homme qui attribueroit aux caprices du hazard une pompe à éteindre le feu, seroit regardé comme un extravagant : bien plus, lui-même douteroit de son bon sens, si une telle imagination lui venoit dans l'esprit ; & on osera s'applaudir, quand on ne reconnoîtra dans le cœur qui est mille fois plus merveilleux que l'effet d'une cause qui agit sans avoir aucune connoissance ? Que les esprits aveuglez de tels préjugez, s'éxaminent eux-mêmes ; c'est une cause étrangere qui a mis le cœur en mouvement leurs corps sans l'ordre de leur volonté, sans qu'ils connoissent & sans qu'ils sentent une telle action : ne verront-ils pas que c'est un autre Etre qui conserve cette vie qui leur est si chere & si précieuse, & dont la durée offre de tous côtez mille marques brillantes de la sagesse de celui qui en est le soûtien ? Pour le mouvement du cœur, il faut, selon le calcul du fameux Mathématicien M. Borelli, une force capable à chaque battement de surmonter plusieurs milliers de livres ;

ce battement se fait environ deux mille fois par heure, sans jamais cesser, soit que nous dormions ou que nous veillions, durant cinquante ou soixante années. Les autres muscles se lassent & s'affoiblissent si fort, après des efforts beaucoup moindres qui ne durent souvent qu'un jour, mais les muscles du cœur ne s'affoiblissent pas dans une longue suite d'années. Hé! quoi, un ouvrage aussi grand, exécuté par des instrumens si merveilleux & d'une maniere si surprenante, ne pourra pas convaincre un homme raisonnable, & le porter à conclure qu'on voit ici les effets d'une Puissance qui excede de beaucoup les connoissances de l'homme? Non, un athée, toutes les fois que tenant sa main sur sa poitrine, il sent le battement de son cœur, ne sçauroit nier, après ce que nous venons de faire voir, que ce mouvement ne se fasse sans qu'il y contribuë en rien, & que ce ne soit par conséquent une autre cause qui le produit.

CHAPITRE V.
De la Respiration.

L'air est nécessaire au sang.

NOus venons de voir que le sang passe des veines C & F, (planche 11. fig. 3.) dans le ventricule droit du cœur; que de-là il passe dans les poulmons par la contraction du ventricule droit à travers la veine arterielle ou l'artere pulmonaire G; & que des poulmons il revient au ventricule gauche du cœur, par l'artere veineuse ou la veine pulmonaire H.

Sçavoir si le sang passe immédiatement de l'artere dans la veine, ou, s'il passe à travers la substance des poulmons qui ressemblent à un soufflet, c'est une chose que nous n'éxaminerons point ici; ce qui est certain, c'est que l'air qui entre durant l'inspiration dans les poulmons remplis de sang, entre & sort continuellement pendant tout le temps que la vie dure; & quelque soit son usage, il est si grand, qu'un homme ne sçauroit s'en passer un moment sans mourir subitement: que d'art n'a-t-il pas fallu pour former tous les instrumens qui conduisent l'air dans les poulmons?

Les vaisseaux sanguins des poulmons, & la trachée-artere.

Si quelqu'un doute de cet art, il n'a qu'à prendre les poulmons & la trachée-artere d'un agneau ou de quelque autre animal; on y peut observer, 1°. Que l'orifice supérieur de la trachée-

LIVRE I. CHAPITRE V.

artere est fermé par un petit cartilage appellé épiglotte, dans le temps que les alimens descendent dans l'œsophage pour se rendre dans l'estomac. 2°. Que, quoique les branches de la trachée-artere qui se distribuent dans les poulmons, soient cartilagineuses & rondes, ou de figure cylindrique, afin qu'elles restent toûjours ouvertes; néanmoins la trachée-artere proprement dite, forme par le moyen de ses cartilages un canal en partie circulaire dans sa face antérieure; par-là il donne toûjours un passage à l'air, mais sa partie postérieure est membraneuse, non pas afin que l'œsophage ne soit pas pressé, comme l'on a dit, mais afin que la trachée-artere puisse se rétrécir. 3°. Il faut observer la structure admirable des branches de la trachée-artere (planche 11. fig. 12. A E) qui se répandent dans la substance des poulmons, entre les deux vaisseaux sanguins B E & C E, parmi lesquels B E sert pour laisser passer le sang qui entre dans les poulmons, & C E pour celui qui en coule dans l'oreillette gauche du cœur. On observe que la même chose arrive constamment dans les branches laterales; les vaisseaux sanguins étant coupez, elles paroissent plus fines, & leurs ramifications; c'est-à-dire, les bronches qui s'entrelacent avec eux, sont beaucoup mieux décrites.

Mais s'il a fallu apporter beaucoup de soin dans la formation de quelque partie de notre corps, c'est assurément dans celle de cette partie; car, comme il faut qu'il y ait dans ce conduit un flux & reflux continuel d'air, durant toute la vie, soit que nous veillions, soit que nous dormions, il étoit nécessaire de prévenir la sécheresse que cet air auroit pû y causer. Est-ce donc sans aucun dessein que notre Créateur qui n'ignore rien, a revêtu sa surface interne d'une membrane glanduleuse, qui filtre continuellement une humeur ? Ce n'est pas tout; outre les glandes appellées communément amygdales, il y en a deux autres appellées tyroïdes d'une grosseur considérable, elles humectent le pharynx continuellement. Bien plus, l'Etre suprême, pour faire voir plus clairement les vûës qu'il se proposoit, a placé dans tous les endroits où les branches de la trachée-artere se divisent, des glandes très-sensibles. Je n'éxamine point ici si elles ont d'autre usage que d'humecter les parties où elles se trouvent. Comme il paroit presqu'impossible que l'épiglotte, à cause de l'air qui passe & repasse continuellement, ne se dessé-che; & que, si elle étoit séche, elle ne seroit pas capable des

Les glandes de la trachée-artere.

F ij

mouvemens qu'elle doit avoir, est-il quelqu'un qui ne soit surpris d'étonnement à la vûë du grand nombre de petites glandes, dont le grand & sage Ouvrier a pourvû cet organe dans sa partie supérieure & inférieure, afin de lui donner de l'humidité. La trachée artere est composée de cerceaux cartilagineux qui peuvent s'approcher, s'éloigner, & se racourcir par l'action des fibres musculaires qui les joignent; elle sert à conduire l'air dans les poulmons, mais il ne sçauroit y entrer, si la cavité de la poitrine ne se dilatoit. Pour faire une telle dilatation, il y a un double rang de muscles entre les côtes; les fibres qui les composent en se racourcissant tirent les côtes & les écartent: par cet écartement il se forme une cavité plus considérable, ainsi l'air peut s'y insinuer, dès que les muscles agissent. Je ne parle pas des autres muscles auxquels on a attribué la respiration. Pour réfuter ce qu'on a dit là-dessus, on n'a qu'à dépoüiller les côtes d'un chien de tous les muscles externes, on verra que la respiration se fera tout de même qu'auparavant.

L'air qui entre dans les poulmons.

Mais si le méchanisme des instrumens de la respiration dont nous venons de parler, doit paroître merveilleux à tout le monde, un athée ne sera-t-il pas surpris à la vûë de la sagesse du grand Etre qui dirige toutes choses? Il n'y a qu'à considerer que tous ces instrumens si bien concertez, seroient néanmoins absolument inutiles, si nous n'étions environnez d'air. Ce fluide, entr'autres proprietez, a la force de se dilater, c'est-à-dire, le ressort & la pesanteur d'où dépendent son action & sa dilatation; de-là vient que, d'abord que la poitrine est dilatée par les muscles dont nous avons parlé, l'air coule immédiatement dans la trachée-artere & dans les poulmons: on peut supposer à présent cette proprieté; mais nous en parlerons plus au long dans la suite, lorsque nous examinerons l'air: nous prouverons par des expériences que dans un air qui n'auroit perdu qu'une partie de son ressort, presque toutes les créatures périroient dans l'instant.

Les proprietez de l'air dilaté.

Cependant, pour nous former une idée de la respiration, il sera nécessaire de remarquer en premier lieu, que, lorsqu'on aggrandit le lieu où l'air est renfermé, cet air trouvant un plus grand espace, se dilate, mais en occupant une plus grande étenduë il perd une partie de sa force. Secondement, si l'air affoibli de cette sorte a quelque communication avec l'autre air dont la force est supérieure, & s'ils ont la liberté d'agir l'un sur l'au-

LIVRE I. CHAPITRE V.

tre, le plus fort entrera d'abord dans l'espace qu'on aura aggrandi, & dans lequel étoit contenu le plus foible.

Pour prouver cela par une comparaison, nous n'avons qu'à nous représenter le soufflet (planche III. fig. 1. A E F) dans lequel nous voyons qu'il ne faut autre chose pour faire entrer l'air par l'orifice A, ou le trou A B, qu'écarter les côtez E D & F G l'un de l'autre ; par ce moyen on aggrandit l'espace E D F G : & ainsi l'air qui y est contenu, étant affoibli, & n'ayant pas assez de force pour balancer l'air extérieur, avec lequel il communique par le tuyau A B, ce dernier étant devenu le plus fort, se glisse par sa force élastique dans l'orifice du soufflet.

La respiration comparée à l'action d'un soufflet.

La même chose arriveroit, si l'on supposoit que la vessie B C étoit attachée au tuyau A B au-dedans du soufflet ; dans ce cas-là l'espace K étant dilaté, l'air qui y est contenu seroit trop foible pour résister à l'air qui communique avec la cavité de la vessie B C à travers le tuyau A B ; ainsi la vessie se gonfleroit, & se dilateroit par l'air extérieur qui y entreroit.

Or, si vous supposez que le tuyau A B est la trachée-artere, la vessie B C les poulmons, & l'espace E D G F la cavité du thorax ou de la poitrine, vous verrez la raison pour laquelle l'air entre dans les poulmons par la trachée-artere, à laquelle ils sont attachez de même que la vessie l'est au soufflet ; il doit entrer, lorsque le diaphragme en s'abaissant dilate & aggrandit la poitrine avec les autres muscles.

Si quelqu'un est curieux de voir comment l'air peut dilater ou gonfler les poulmons, dans le temps qu'ils sont encore attachez à la trachée-artere, il n'a qu'à se donner la peine de souffler fortement dans une trachée-artere de mouton ou de bœuf nouvellement tué, il verra que les poulmons se gonfleront, comme un soufflet, par le vent qui y entre.

Si j'ai représenté ces phénoménes d'une maniere si grossiere, c'est afin que ceux qui n'ont pas l'occasion de se servir d'une machine pneumatique, puissent s'en former une idée. Pour ceux qui ont entre les mains cette machine merveilleuse & si nécessaire, quand on éxamine les ouvrages du Créateur, ils peuvent s'en former une idée beaucoup plus claire.

Expérience faire sur les poulmons dans le vuide.

Couvrez avec le couvercle O P le vase de verre O P F (planche III. fig. 2.) placé sur la machine pneumatique, qui a un petit tube A N B, lequel la traverse par le centre, & un petit robinet dans N, qui paroît à présent ouvert, mais qu'on peut fermer; sous le couvercle, à l'extrémité du petit tube A N, il y a un autre tube dans B C qui y entre en tournant, & dont l'extrémité est attachée à la trachée-artere d'un morceau de poulmons D.

1°. Le robinet H G étant ouvert, de même que celui qui est en N, il faut que le piston L M soit en I K. 2°. Il faut observer l'espace qu'occupe le morceau de poulmon D dans la capacité du vase O P F. 3°. Il faut fermer ensuite le robinet N, afin que l'air externe ne puisse plus entrer 4°. Il faut que le piston L M soit retiré de J K dans l'endroit L M; c'est ce qui fait que l'espace qui contenoit l'air intérieur augmente: & à mesure que la distance entre J K & L M devient plus grande, l'air intérieur se dilate, remplit ces deux espaces, & perd ainsi une grande partie de son ressort; pour voir cela, ouvrez de nouveau le petit robinet N, & vous verrez que l'air extérieur entrera dans le morceau de poulmons D par le tuyau A B, & qu'il le gonflera, cela vient de ce que le ressort de cet air n'ayant rien perdu agit extérieurement sur les poulmons avec plus de force que l'air intérieur dans E qui le presse intérieurement, & qui ne peut pas lui résister à cause que son ressort est affoibli.

Pour démontrer la vérité de ce fait, l'on n'a qu'à pousser le piston L M vers J K, & renfermer l'air intérieur dans un plus petit espace, il se dilatera avec beaucoup de force dans E ; & pressant avec plus de violence le poulmon D, il en diminuera le volume en forçant l'air qui y étoit, ou le fera sortir par le conduit B A: vous pourrez faire la même chose toutes les fois que vous répeterez l'expérience, en retirant ou en poussant le piston. Mais supposons présentement que le conduit A B soit la trachée-artere, l'espace O P K J la cavité du thorax, & le piston L M le diaphragme, cette expérience approchera beaucoup de la respiration: toute la différence qu'il y aura c'est que la cavité du thorax qui renferme les poulmons, a des muscles & d'autres organes pour la dilater & pour la contracter; au lieu que dans la machine pneumatique le piton L M produit lui seul le même effet.

Si l'on ne vouloit pas se donner la peine de faire cette expérience, ou, si l'on n'avoit pas la commodité de la faire sur le poulmon de quelque petit animal, on peut se servir de la vessie D qu'on attache à l'extrémité du petit conduit B C, on aura le plaisir d'y observer d'une maniere très-aisée tous les phénomé-

LIVRE I. CHAPITRE V.   47

fies dont je viens de parler; il suffit de faire faire un demi-tour d'un côté ou de l'autre, à cause de la machine pneumatique, pour remplir la vessie d'air ou pour la vuider.

Faisons voir à préfent de quelle maniere & avec quelle violence l'air entre dans les poulmons, d'abord que la cavité de la poitrine est dilatée; pour cet effet, prenons une petite phiole de verre qui contienne une once d'eau ou environ, plaçons-là sous le tuyau A N B, fermons le robinet N, & retirons après cela, comme ci-devant, le piston L M pour augmenter l'espace; ouvrons ensuite le robinet N, l'air extérieur entrera par le moyen de son ressort, & nous aurons le plaisir de voir l'eau extrêmement agitée par ce même air, de même que si quelqu'un souffloit dans l'eau par l'autre extrémité du tube A aussi fort qu'il lui seroit possible.

Expérience faite avec une petite bouteille d'eau.

Voici une expérience qui prouve qu'il ne suffit pas d'augmenter les dimensions d'un espace, comme il arrive dans le thorax, dans le temps de l'inspiration, ou dans une seringue en retirant le piston; & il y a certains cas où la matiere, si elle n'a point de ressort, ou si elle n'est pas pressée ou mûë par quelque autre maniere, ne se répand point dans les espaces vuides pour les remplir. On n'a qu'à jetter pour un moment les yeux sur cette petite machine F H J (planche 11. fig. 3.) qu'on trouve communément dans les boutiques de ceux qui font des machines pneumatiques, & on verra que, si l'on retire le piston F A de la seringue H B, après avoir fait sortir par G l'air du recipient de verre A B J, l'eau qui est dans le vase de verre D E, & dans laquelle tombe le tuyau de la seringue B C qui est ouvert dans C, ne montera point dans le tuyau, & elle ne remplira point la seringue, comme à l'ordinaire; cela vient de ce que l'eau D E n'a aucun ressort sensible, & qu'il n'y a pas de corps élastique qui agisse sur elle, ce qui seroit pourtant nécessaire dans cette circonstance. De-là nous pouvons conclure ce que nous venons de dire au sujet de la respiration, sçavoir, que, quoique le thorax soit assez dilaté dans l'inspiration, l'air ne pourroit pourtant pas y entrer dans beaucoup d'occasions; si ce fluide n'avoit point de ressort ni assez de pesanteur, il n'y entreroit jamais : ce qui rend encore la chose plus évidente, c'est que, si l'on permet à l'air de rentrer dans le recipient H J B, il agit d'abord sur l'eau D E par sa pesanteur, & l'oblige par son élasticité de monter & de remplir l'espace

Expérience faite avec une seringue dans le vuide.

A B, à travers le tube B C, dans lequel il n'y a point de résistance, à cause qu'il n'y reste plus d'air.

Que l'homme, cette créature orgueilleuse, réfléchisse enfin sur lui-même; qu'il imagine, s'il peut, quelque faux-fuyant, pour ne pas remonter à son Créateur: n'est-il pas obligé en lui-même de reconnoître sa misere & son impuissance devant cet Etre suprême? chaque instant qu'il respire n'est-il pas un aveu de ce qu'il lui doit? L'homme superbe osera-t-il donc se dispenser de lui rendre ses hommages, de lui demander de le soûtenir dans les besoins qui l'environnent? Notre corps ne peut subsister, si les poulmons ne se dilatent, s'ils ne se remplissent d'un air frais à chaque instant. Créatures misérables referons-nous d'adorer la main qui nous continuë ses bienfaits depuis si long-temps? Esprits incrédules, ne faites attention qu'à la seule respiration. Quelle obligation n'a pas l'homme à celui qui l'a conservé un million de fois, en lui donnant de l'air pour respirer pendant tant d'années, & pour conserver par conséquent une vie qui est si chere? Peut-il, encore une fois, faire toutes ces réfléxions, & payer ce Bienfaiteur non-seulement d'ingratitude, mais même nier tous ses attributs adorables & ses perfections, même celles dont il reçoit de si grands avantages? Peut-il porter son audace jusqu'à vouloir les anéantir, s'il étoit possible? Que dira-t-on de ces opinions déraisonnables & impies? On dira qu'il n'est point de personne capable d'un peu de reconnoissance qui ne doive les détester.

L'usage de la respiration. Nous venons de parler de la maniere dont la respiration se fait; &, quoique nous allions traiter à présent de son usage, nous n'entrerons pas ici dans un plus grand détail touchant les avantages que les animaux en reçoivent. Les Physiciens les plus habiles ne sont pas encore entierement d'accord sur cette matiere, & ils n'ont pas déterminé si cet organe sert à rafraîchir le sang, si l'air en s'insinuant dans les bronches ne sert point à augmenter la fluidité & le mouvement du sang, d'où il doit résulter un mélange plus parfait des matieres qui le composent sçavoir du chile & de la limphe; quelques-uns prétendent qu'il lui communique des corpuscules nitreux très-subtils; ces derniers se fondent sur l'expérience suivante: On prend du sang en sortant de la veßie, on le mêle avec de l'eau imprégnée de salpêtre, & sa couleur obscure se change en un rouge brillant; la sérosité devient claire comme de l'eau, quoiqu'elle contienne

beaucoup

LIVRE I. CHAPITRE V.

beaucoup de fuc nourricier, comme on l'obferve, en y verfant quelques goutes d'efprit acide de nitre ou d'eau-forte, qui fépare de cette férofité une fubftance blanche & ferme comme du caillé; le fang arteriel a la même proprieté, il eft noirâtre avant d'entrer dans les poulmons : mais après qu'il a paffé dans ce vifcere, & qu'il a été expofé à l'action de l'air (de quelque maniere qu'il agiffe) il paroît d'un rouge brillant; il conferve la même couleur en entrant dans le ventricule gauche du cœur, & en fortant du même ventricule pour entrer dans les arteres : ce qu'il y a de plus certain, c'eft qu'on a obfervé que l'air change le fang, après qu'il eft forti des veines, & que de noirâtre il devient rouge & brillant ; il lui donne exactement la même couleur que le falpêtre. Cette opinion qui paroît confirmée par l'expérience, eft combattuë par quelques Philofophes ; ils ne conviennent pas que l'air foit chargé de nitre : ils difent que le fang peut prendre la couleur rouge fans aucun mélange; qu'il fuffit pour cela qu'il paffe par des filieres fort étroites : dans ces filieres les globules du chile s'uniffent les uns avec les autres par la preffion du cœur ; cette union de plufieurs globules donne au fang la couleur rouge. Lewenhoek a remarqué avec le microfcope que la partie rouge ne différoit de la partie blanche qu'en ce que les parties rouges font compofées de plufieurs globules ; fuivant cette idée, les poulmons fervent à former le fang, à unir les parties huileufes, à les rendre propres à fe durcir & à nourrir les parties folides ; l'air qui defcend dans les bronches, rafraîchit le fang, lui donne plus de facilité à couler dans les poulmons. Nous ne dirons plus rien là-deffus ; les difputes que ces matieres ont excitées parmi les fçavans, ne nous permettent pas de rien décider : c'eft à la poftérité qu'il faut laiffer l'éclairciffement de ces matieres; pour nous, nous ne ferons aucune recherche, fans avoir l'expérience pour guide; c'eft elle feule qui détermine quels font les avantages que le fang reçoit de l'air.

Une chofe dont on ne fçauroit douter, c'eft que la refpiration eft d'une fi grande néceffité, que l'on ne fçauroit s'en paffer durant un temps confidérable, fans mourir ; d'ailleurs notre Créateur dont la fageffe eft infinie, a fi bien difpofé notre cœur & nos vaiffeaux, que tout le fang de notre corps fe trouve obligé de paffer durant une heure plufieurs fois à travers les poulmons où il eft expofé à l'action de l'air.

G

50 L'EXISTENCE DE DIEU.

De la nature de l'air dans les temps de peste.

Le ressort & la pesanteur de l'air sont nécessaires pour la conservation de la vie des hommes & des animaux ; il se trouve aussi dans ce fluide des dispositions particulieres qui ne le sont pas moins : c'est ce que les saisons nous prouvent d'une maniere évidente. Il y a des temps où l'air est corrompu, cela cause des maladies pestilentielles où l'on voit périr les hommes sans distinction ; on ne doit point attribuer à aucune autre cause ces sortes de maladies, puisqu'elles sont inconnuës à toute sorte de personnes : elles doivent, selon toutes les apparences, avoir toutes la même cause & la même source ; cette cause ne sçauroit être que l'air qui est commun à tout le genre humain. Le fameux Professeur Schacht nous a donné un exemple terrible de cette infection pestilentielle de l'air, dans la relation de la derniere peste de Leyde. Il exposoit à l'air une nuit entiere un vaisseau rempli d'eau, dans quelque endroit de la maison ; on y voyoit le matin une espece de crême ou d'écume qui nageoit, elle avoit différentes couleurs qui ne pouvoient sans doute venir que de l'air : on ramassoit cette écume doucement avec une cuëillere, & on la donnoit à un chien ; le poison étoit si violent, que cet animal mouroit quelques heures après. Ce qui prouve encore combien l'air est pernicieux, ce sont les tristes expériences qu'on en a fait ; on a vû des personnes qui ont eu le malheur d'être suffoquées, & de périr dans un air où elles avoient accoûtumé de passer toute leur vie, d'abord que cet air s'est trouvé infecté & empoisonné par la fumée du charbon de bois.

Si l'air laisse quelque chose dans le sang.

Il y a quelques expériences qui semblent prouver que l'air en entrant dans les poulmons y dépose quelque matiere ; de quelque maniere que cela arrive, il paroit encore par ces expériences que l'air n'en sort pas dans le même état qu'il y étoit entré : on peut voir cela parmi mes remarques de l'année 1695. Il semble que l'air dépose dans les poulmons les matieres qui servent à maintenir la flamme ; pour cet effet le lecteur peut avoir recours à ce que j'ai dit dans le chapitre du feu, l'expérience y est fort détaillée. Outre cela on trouve dans les Mémoires de l'Academie Royale des Sciences, de l'année 1707. page 113. une remarque de M. Homberg, où il dit que, si quelqu un reste dans un endroit où il y ait une forte odeur d'huile de thérébentine, son urine aura une odeur de violette, comme on l'éprouve après avoir avalé de la thérébentine. Il semble que les particu-

LIVRE I. CHAPITRE V.

les subtiles de l'huile de thérébentine ne sont entrées dans le corps que par la respiration ; il est très-probable par l'odeur de l'urine, qu'elles se sont mêlées avec le sang : de-là M. Homberg conclut que l'air dépose quelques particules qui se glissent dans le sang ; mais ne nous étendons pas sur des choses que beaucoup de personnes tiennent encore pour incertaines.

Voilà les merveilles surprenantes qui méritent toute notre reconnoissance. Que l'homme orgueilleux avoüe que sa vie est entre les mains d'un Etre infiniment puissant, qui le conserve par sa bonté infinie. C'est cet Etre qui soûtient ce vaste océan d'air, où les hommes vivent comme les poissons dans l'eau. C'est lui qui lui donne la disposition que demande la conservation du genre humain, & de tant d'autres créatures vivantes qu'il anime par l'air qu'il leur fait respirer. L'industrie des hommes est-elle capable de le rendre à son premier état, après qu'il s'y est répandu un venin également fatal aux riches & aux pauvres? Si c'est le hazard qui produit tout cela, sans le secours d'un Etre puissant & plein de bonté qui gouverne tout, je ne sçai pas comment il est arrivé que depuis tant de siécles l'air souffre de si grandes révolutions causées par des tempêtes, par le tonnerre, par les éclairs, par un mélange de vapeurs empoisonnées qui s'exhalent des cavernes soûterraines, des cadavres pourris, & que rien de tout cela n'ait été capable d'en changer à jamais la constitution? Si tout est accidentel, & s'il n'y a pas un Etre sage qui gouverne toutes choses, l'un pouvoit arriver aussi-bien que l'autre ; mais ce sera dans un autre endroit où nous parlerons expressément de cette proprieté de l'air, de même que des autres.

Que tout homme qui reconnoît dans son cœur un Etre auquel il est redevable de sa création & de sa conservation, rappelle sérieusement tout ce qui a été dit au sujet de la respiration ; qu'il se retire dans un lieu secret, pour adorer son bienfaiteur ; que l'incrédule se demande s'il peut raisonnablement soûtenir que l'air n'a pas été créé pour conserver la vie de toutes les créatures qui respirent, puisque lui seul dans le monde a toutes les qualitez qu'un tel effet demande? Qu'il dise, s'il ose, que le hazard a formé les muscles de la poitrine, dont la structure est si surprenante, que la main dont ils sont sortis, n'a eu aucun égard à la respiration? que leur nombre si grand & leur disposition si merveilleuse n'ont pas de même une cause

G ij

intelligente ? Dira-t-il que les poulmons ont été faits & placez aveuglément dans la poitrine, de la maniere que nous venons de le marquer ? S'ils avoient été difposez de quelque autre maniere, toutes les proprietez de l'air, & la difpofition des mufcles qui fervent à la refpiration, auroient été abfolument inutiles, & la terre feroit à préfent entierement dépoüillée. Peut-on s'imaginer que les côtes & les cartilages qui compofent la poitrine, les mufcles qui en font les mouvemens, le diaphragme & les poulmons fe font rencontrez enfemble dans un fi petit efpace par un pur hazard, & que l'air s'eft trouvé autour de ces organes fans aucun deffein ? cependant que le moindre des refforts dont nous avons parlé vienne à manquer, on verra finir tout-à-coup la refpiration, & par conféquent la vie de tous les animaux. Quelle abfurdité de croire que, lorfqu'un fi grand nombre de chofes différentes concourent à une feule & même fin, elles n'ont pas été faites pour agir & s'aider mutuellement ? On auroit honte de foûtenir qu'une ferrure & une clef ajuftées à un coffre qu'il feroit impoffible d'ouvrir fans elles, ne feroient pas l'ouvrage d'un ouvrier; on n'oferoit les attribuer au hazard. Malheureux l'homme qui foûtient des opinions fi contraires au bon fens, après avoir contemplé tous les jours & durant fi long-temps les ouvrages de la création dans lefquels la fageffe du Créateur fe manifefte d'une maniere fi vifible !

CHAPITRE VI.

De la ftructure des Veines.

CE que nous venons de dire fuffiroit fans doute pour ramener un efprit flotant dans le vrai chemin. Il ne faudroit même autre chofe pour convaincre le pyrrhonien le plus obftiné, que c'eft un Etre fage qui doit avoir formé nos corps, & qu'on n'en fçauroit attribuer l'origine à une caufe accidentelle & ignorante ? cependant, s'il fe rencontroit encore quelque perfonne dont le cœur fût affez endurci pour n'être pas touchée ni convaincue de ce que nous venons de dire, qu'elle vienne contempler & admirer avec nous la ftructure merveilleufe des conduits par où le fang paffe en circulant, & dont les ufages font fi nombreux; qu'elle s'imagine après cela, s'il

LIVRE I. CHAPITRE VI.

est possible, que celui qui nous a formez, ne se proposoit pas quelque fin en les formant, qu'il ne connoissoit pas ce qu'il étoit, ni ce qu'il avoit créé.

Pour convaincre entierement les athées & les pyrrhoniens, je n'ai qu'une chose à leur demander, c'est de vouloir considerer sérieusement avec nous, si l'on peut s'imaginer que le vaisseau (planche II. fig. 3.) appellé aorte ou grande artere, se trouve disposé, sans aucun dessein, de la maniere que M. Verheyen nous le représente, dans la planche III. fig. 4. conformément à la situation qu'il a dans le corps humain ?

La route des arteres.

Outre une infinité d'autres choses merveilleuses dans lesquelles je n'entre pas ici, nous sçavons que dans le corps jusqu'à présent on n'a point découvert des parties, où le sang ne soit porté par des branches de l'aorte, pour les nourrir, pour les mettre en mouvement, pour faire la séparation des humeurs, & pour servir à d'autres usages. Quelqu'un croira-t-il donc que c'est le hazard ou des causes incertaines & ignorantes, qui ont ainsi arrangé toutes les arteres ?

Donnons-en une idée grossiere & imparfaite, qui paroîtra d'abord un peu obscure aux personnes qui ne sont pas instruites de ces matieres ; représentons-nous le principe A O de l'artere A B C coupée & séparée du cœur dans O, & nous verrons deux petites arteres, a a, appellées coronaires, qui sortent de la grande artere, & qui vont au cœur ; elles sont représentées un peu plus grosses qu'il ne faut dans la planche II. fig. II. B B.

Ensuite, en montant presque en droite ligne, vous pouvez voir la planche III. fig. 4. les carotides b b qui sortent de ce vaisseau ; on en apperçoit le battement, en appliquant le doigt à côté de la trachée-artere ; elles donnent en montant quelques branches à la trachée-artere, & aux parties des environs ; elles se divisent ensuite chacune en deux branches : l'une va à la tête, à la dure mere, aux glandes mucilagineuses, aux yeux, aux parties internes de l'oreille, & dans la substance du cerveau ; l'autre branche d d se distribuë dans les parties qui composent l'extérieur de la tête, c'est celle dont on sent le battement aux tempes.

Il faut encore observer que la grande artere se courbe à l'endroit A, afin de descendre par le côté gauche ; qu'il paroît de chaque côté deux grosses branches D & L, appellées souclavieres; elles se divisent dans F en deux grosses branches, dont l'une semble se terminer au coude, & l'autre E porte le sang dans le reste du bras & dans la main jusques dans les doigts. Avant que la souclaviere se divise en FE, elle envoye plusieurs branches; comme la branche m qui descend dans la poitrine, & n dont les branches laterales forment les intercostales supérieures; les cervicales c c appellées vertebrales, dont les branches laterales i i déchargent le sang dans le vaisseau commun h qui descend le long des vertebres. Après cela les vertebrales vont se rendre au cerveau. Nous ne dirons rien ici des petits rameaux comme k, qui se distribuë dans les muscles du col; o p vont dans l'épaule intérieurement & extérieurement, ni de tous les autres qui sortent des arteres du bras.

La grande artere, après avoir formé un arc en se courbant, se tourne en bas dans B & C, produit en premier lieu la bronchiale b b qui paroît servir à la nourriture des poulmons; après celle-ci naissent les intercostales inférieures: on voit quelqufois naître sous celles-ci la diaphragmatique d, ensuite la cœliaque e qui se partage en deux branches; la droite va à l'estomac, à l'omentum, au pancréas, au duodenum, à la vesicule du fiel, & à la membrane qui couvre le foye: & la gauche, après avoir donné quelques petites branches à l'estomac, à l'omentum, & au pancréas, va se terminer à la rate.

On trouve sous la cœliaque la mesenterique supérieure M, qui part de la grande artere, & va se rendre dans les intestins grêles, de même que l'artere n va se rendre dans les gros. S S marquent les arteres qui vont aux reins & aux lombes; v v sont les arteres spermatiques.

L'aorte, après avoir donné toutes ces branches, se partage dans w en deux grosses branches appellées iliaques; après avoir donné des rameaux à la vessie, à la matrice, & aux autres parties de la génération, au rectum, &c. elles vont se rendre aux jambes, aux pieds & aux extrémitez des doigts, de même que la souclaviere dans le bras.

La route des veines. Nous venons de voir de quelle maniere l'aorte se distribuë dans toutes les parties du corps; croira-t-on à présent que ses branches répondent chacune à une veine, de quelque petitesse qu'elles soient? la chose est pourtant vraye; & la petite veine qui répond à l'artere, rapporte le sang au cœur, d'où les arteres le reçoivent pour le distribuer dans toutes les parties.

LIVRE I. CHAPITRE VI.

Pour se former une idée de cela, on n'a qu'à jetter les yeux sur la planche III. fig. 5. & observer la route que les veines tiennent dans le corps, & qui rapportent le sang au cœur; par exemple, dans la figure 4. le sang qui a été porté du cœur par l'artere souclaviere D, aux extrémitez des doigts 7. 8. 9. est repris par les petits rameaux de la veine AN, fig. 5. de-là il passe à travers Q O M G, pour s'aller rendre dans le gros vaisseau E appellé veine souclaviere, d'où il passe à la veine-cave C, & ensuite il se décharge dans le cœur à travers l'orifice A.

Les veines jugulaires, fig. 5. dd, ee, & les vertebrales ff, en font de même; elles rapportent le sang qui avoit été porté dans la tête, fig. 4. & dans les autres parties par les arteres bb, cc, & elles le versent dans la veine-cave C, & celle-ci dans le cœur A.

Nous devons supposer que le sang qui est porté dans les parties inférieures par l'artere T. fig. 4. jusques dans les extrémitez des doigs du pied, est reçû en premier lieu par les veines capillaires; que de-là il passe dans la veine J G, fig. 5. & dans E B, qu'on appelle veine-cave ascendante, à cause que le sang monte en passant dans cette veine qui le décharge dans le cœur A.

Si l'on observe les mêmes phénoménes dans toutes les arteres & toutes les veines de notre corps, osera-t-on dire qu'il n'y a aucune intelligence qui ait présidé à la formation de l'aorte & des veines ? ou bien, que les unes n'ont pas été destinées à transporter le sang, & les autres à le rapporter ? Comment convaincre un homme qui oseroit soûtenir une pareille chose ? S'il voyoit les conduits & les aqueducs d'une fontaine, où il n'y a pas la milliéme partie de l'art ou de l'industrie qui se voit dans les vaisseaux sanguins, oseroit-il soûtenir de bonne foy qu'ils ont été faits sans le secours d'un Ouvrier sage & industrieux ? & s'il soûtenoit une chose de cette nature, trouveroit-il des approbateurs parmi les personnes raisonnables & de bon sens ?

Un homme qui n'est pas instruit dans l'Anatomie, auroit peut-être de la peine à comprendre ce que nous venons de dire ; pour lui rendre la chose plus facile, & lui donner une idée de la circulation du sang, supposons que dans la planche II. fig. 3. les veines E & F sont les mêmes qui sont représentées dans la planche III. fig. 5. par C & B, par où le sang

Représentation grossiere de la circulation du sang.

monte & defcend dans le ventricule droit du cœur, & de-là à travers le vaiffeau G planche 11. fig. 3. dans les poulmons, d'où il revient par la veine H dans le ventricule gauche du cœur: H & G font repréfentez dans la planche 11. fig. 12. par C E & B E, entre lefquels fe trouve une branche de la trachée-artere A E : fuppofons enfin que le fang eft pouffé hors du ventricule gauche par la contraction ou fyftole du cœur dans l'aorte J planche 11. fig. 3. dont nous avons fait voir la diftribution dans la planche 111. fig. 4.

Cela nous fait voir la maniere dont fe fait la fameufe circulation du fang; ce liquide paffe du cœur dans les arteres qui le diftribuent dans toutes les parties du corps, d'où il revient au cœur par les veines; de-là il paffe dans les deux poulmons, enfuite dans le cœur d'où il fort pour entrer dans l'aorte & reprendre la même route.

Quand on a vû la circulation du fang dans la queüe d'une anguille par le moyen du microfcope, on comprend fans peine ce mouvement, fans qu'on ait befoin d'avoir recours à d'autres preuves dont le nombre eft très-grand; & on n'eft pas moins convaincu de la grande vîteffe du mouvement du fang, quand on a vû avec quelle rapidité il fort lorfqu'une artere eft piquée.

Combien de fois le fang circule dans une heure.

Avant d'éxaminer combien de fois le fang circule dans le corps d'un homme dans l'efpace d'un jour, il faut convenir avec le célébre Harvée des fuppofitions fuivantes.

1. Que le ventricule gauche du cœur peut contenir environ deux onces de fang, quoique Lower ait fouvent obfervé que fa capacité étoit plus grande.

2. Qu'à chaque contraction du cœur cette cavité fe vuide entierement, & qu'ainfi à chaque fois le cœur pouffe deux onces de fang dans l'aorte, qui en fe gonflant produit le battement.

3. Si nous fuppofons à préfent que le cœur bat une fois à chaque feconde qui eft la foixantiéme partie d'une minute, le cœur battra 3600 fois par heure, & il paffera par conféquent 7200 onces de fang à travers le cœur dans l'efpace d'une heure.

4. 7200 onces feront 600 livres de fang (fuppofant avec les Medecins la livre de 12 onces) qui pafferont dans le cœur dans l'efpace d'une heure.

LIVRE I. CHAPITRE VI.

5. C'eſt l'opinion commune des Anatomiſtes, qu'un homme a rarement plus de 24 livres de ſang, ni moins de 15 ; mais ſuppoſons avec Lower que la quantité du ſang monte à 25 livres, il eſt clair que toute la maſſe du ſang paſſe dans le cœur 24 fois par heure, c'eſt à-dire, 576 fois durant 24 heures.

Si nous ſuivions l'opinion de Liſter, page 47. qui prétend qu'il arrive 75 battemens dans une minute, ou 4500 dans une heure, & que ce qui eſt purement du ſang & qui circule, ſans y comprendre les autres humeurs, comme la bile, la ſalive, &c. qui s'en ſéparent, & qui ne circulent pas avec lui, ne monte qu'à ſept livres, comme quelques-uns le prétendent ; alors le ſang devra paſſer par le cœur pour le moins 80 fois par heure, ſuppoſé que la livre ſoit de 16 onces ; & plus de 100 fois, ſi elle n'eſt que de 12 onces : mais laiſſons la différence à part ; il eſt certain qu'il y paſſe beaucoup de fois.

Qu'un incrédule éxamine à préſent en lui-même la vîteſſe du ſang. Qu'il conſidere la force prodigieuſe du cœur & des arteres ; & ſi cette force ne doit pas être immenſe, pour durer pendant toute la vie, & communiquer un ſi grand mouvement au ſang ? Qu'il ſe repréſente les différentes poſitions d'un nombre infini de rameaux, d'arteres & de veines par où le ſang coule. Qu'il réfléchiſſe ſur les malheurs auxquels un homme eſt expoſé, lorſque cette circulation eſt interrompuë, même dans les plus petites branches, & ſur le peu de part qu'il a dans ce grand ouvrage qui eſt abſolument indépendant de ſa volonté. Qu'il faſſe réfléxion ſur l'ignorance où il eſt ſur tout ce qui ſe paſſe dans ſon corps, où il ſe fait une infinité de choſes ſans qu'il s'en apperçoive ſeulement. Qu'il nous diſe après cela ſi ſa conſcience lui permet de ſoûtenir que ce n'eſt pas un Ouvrier infiniment ſage qui eſt l'auteur de la ſtructure du cœur, des poulmons, des arteres & des veines ; & s'il eſt poſſible que le ſang puiſſe paſſer tant de millions de fois durant 40, 50, 60 années ou davantage à travers des vaiſſeaux ſi étroits, ſans aucune interruption ? Ne faut-il pas en tout cela la direction d'un Etre puiſſant qui gouverne toutes choſes, qui conſerve & ſoûtient notre vie, ſans le ſecours d'aucune créature ?

Il y a une infinité d'autres particularitez, mais dont le détail pourroit devenir ennuyeux au Lecteur ; ainſi nous les paſſerons ſous ſilence. Il eſt vrai qu'elles prouvent l'éxiſtence d'un Etre puiſſant, ſage & bon ; & un aveugle même les comprendroit :

Quelques particularitez ſur les arteres.

mais nous n'en rapporterons que quelques-unes pour achever de convaincre des cœurs obstinez.

Qu'on ouvre une artere ou une veine, selon sa longueur, & qu'on observe la position régulière de leurs orifices: les orifices des arteres donnent passage au sang qui passe dans leurs branches; & ceux des veines le reçoivent, lorsqu'il revient de leurs rameaux.

Les arteres vont toûjours en diminuant.

Peut-on s'imaginer que c'est par un pur hazard que les arteres se trouvent plus grosses auprès du cœur, qu'elles vont en se rétrécissant par degrez, & qu'elles se partagent en une infinité de branches à mesure qu'elles s'en éloignent? Cette structure merveilleuse sert à distribuer le sang dans les branches laterales; si le sang ne passoit que dans les gros vaisseaux, les parties qui sont situées à côté, ne recevroient pas assez de sang pour leur nourriture, ce qui causeroit le desséchement ou la mortification de ces parties. Ce rétrécissement des arteres est cause que le sang en sortant du cœur, pousse rapidement tout celui qu'il trouve dans l'artere, pour se faire place; mais ne pouvant pas passer avec facilité à cause du rétrécissement des arteres capillaires, il presse de toutes parts la surface interne de l'artere, il cause le battement en la dilatant, il passe dans les branches laterales avec plus de force que si l'artere avoit été par tout également grosse, ou plus grosse que dans son origine.

Il y a tant d'art dans les orifices des arteres d'où naissent les branches laterales, qu'il faut absolument avoüer que l'Auteur de notre création se proposoit quelque fin en les formant; pour être convaincu de cela, on n'a qu'à voir les observations de M. Lower, planche III. fig. 6. o b c d marquent la grande artere qui sort du cœur à l'endroit o, & a u a les branches qui en naissent, & qui forment les cervicales & l'artere souclaviere. Si le sang étoit poussé de o à travers b & c vers d, il n'en passeroit guere par ces branches à cause de la largeur de l'artere, au moins il y passeroit moins de sang qu'il ne leur en faudroit; de-là vient que l'Auteur de notre être a placé une éminence dans c, à côté de l'orifice, pour arrêter en quelque façon le sang lorsqu'il passe de o à travers c vers d, & pour l'obliger de diriger sa course vers les branches laterales. Osera-t-on dire encore que tout ceci ne dépend que du hazard? pourquoi la même chose ne se rencontre-t-elle pas dans toutes les autres branches où elle manque?

LIVRE I. CHAPITRE VI.

Quoique la contraction du cœur communique assez de mouvement au sang, il semble pourtant qu'il étoit dangereux que la dilatation du cœur ne fût suivie de deux fâcheux inconveniens. 1°. Il étoit à craindre que le sang ne retombât dans le cœur par son propre poids. 2°. Que la force qui fait contracter le cœur venant à cesser, la circulation du sang ne fût aussi interrompuë.

La contraction des arteres.

Nous avons déja fait voir comment les valvules ont prévenu le premier de ces inconveniens; quant à l'autre, s'imaginera-t-on que c'est par un pur hazard que les arteres ont la tunique C, composée de fibres annulaires placées à côté l'une de l'autre ? Cette tunique est sensible par tout où elles ont tant soit peu de grosseur; elles ont encore la tunique A, planche III. fig. 7. qui sert à soûtenir les nerfs & les vaisseaux sanguins, qui donnent la nourriture à l'artere; la tunique B, qui est garnie de glandes; la tunique D, qui est membraneuse & pourvûë de fibres longitudinales, qui sont plus grosses & plus charnuës auprès du cœur: cette derniere tunique est placée sous la tunique C.

Lorsque l'artere est pleine du sang qui vient de sortir du cœur, la circulation s'arrêteroit sans les fibres annulaires : ces fibres se contractent, & rétrécissent par conséquent l'artere; ce qui empêche le sang de se ramasser à la sortie du cœur, & le force de continuer son cours, & de passer dans toutes les arteres du corps; c'est ce qui conserve la circulation du sang, même dans le temps que le cœur est ouvert, & qu'il ne peut plus lui communiquer aucun mouvement.

Après cela peut-on douter que cette disposition admirable des arteres, ne prouve l'intelligence de celui qui en est l'auteur, qui a si bien sçû les adapter à des fins si sages ?

D'ailleurs, les arteres se distribuent dans tout notre corps, elles se dilatent avec beaucoup de violence toutes les fois que le cœur se contracte, & elles battent nuit & jour avec beaucoup de force, ainsi qu'on peut s'en convaincre par leurs pulsations; cependant nous ne nous appercevons pas de leur battement, lorsque nous sommes en santé, si ce n'est que nous appliquions la main ou les doigts en certains endroits, alors nous nous appercevons de la violence avec laquelle elles battent : qu'on nous dise la raison de ce phénoméne ?

Pourquoi le battement des arteres ne se fait pas sentir.

Il est vrai que quelques-uns alléguent la maxime suivante :

H ij

De consuetis non judicat anima; Notre esprit ne sent point les choses auxquelles il est accoûtumé. Mais si cette maxime étoit véritable, nous ne serions pas plus en état de juger de notre respiration que du battement des arteres; car nous sommes aussi accoûtumez à l'un qu'à l'autre: quoique souvent nous respirions sans y penser, cependant pour peu d'attention que nous fassions, nous pouvons appercevoir l'agitation de l'air dans notre bouche, dans nos narines, dans la trachée-artere, & dans les poulmons, & découvrir par l'action même que nous respirons; au lieu qu'un homme qui se porte bien, a beau faire attention au battement de son cœur & de ses arteres, il ne l'appercevra jamais.

Cela ne nous démontre-t-il pas d'une maniere toute particuliere la sagesse & la bonté du grand Etre qui nous a créez? Il nous a rendu ces battemens insensibles, afin que l'attention que nous sommes obligez d'avoir à d'autres choses, ne fût troublée ni interrompuë. Je sçai qu'un impie ne sçauroit ou ne voudroit faire aucun cas de cela; cependant tout homme qui reconnoît un Dieu, apprend par-là l'obligation où il est de diriger toutes ses pensées vers son Créateur, & de le chercher dans ses ouvrages; un Créateur, dis-je, qui a daigné produire un phénoméne si merveilleux, afin que le battement continuel du cœur & des arteres n'interrompît point l'attention que nous devons donner à d'autres choses.

On ne sçauroit attribuer ce phénoméne à aucune proprieté particuliere des arteres; nous ne nous appercevons de ces battemens que lorsque notre machine se dérange, comme dans une fiévre ou dans quelque autre maladie, où les fibres se trouvent plus tenduës qu'à l'ordinaire par le sang. On peut observer la même chose dans de grands désordres, & dans les grandes frayeurs; car alors les fibres se contractent plus qu'à l'ordinaire, à cause des mouvemens irréguliers des nerfs qui meuvent les arteres: comme ces vaisseaux se rétrécissent, cela fait que la violence que le sang leur fait en sortant du cœur, est plus sensible qu'à l'ordinaire. C'est une chose connuë de ceux qui ont été témoins des plaintes de certaines femmes, qui étant sujettes à des désordres soudains dans le moindre accident, sentent souvent le battement de leurs arteres dans tout leur corps.

Je ne sçais si l'on ne pourroit pas ajoûter ici que les effets produits par la frayeur, semblent confirmer en quelque façon

LIVRE I. CHAPITRE VI.

la contraction des arteres & des autres parties de notre corps ? Nous voyons que durant les grandes frayeurs notre corps est couvert d'une sueur froide, qui vient de la contraction des glandes de la peau, qui se trouvent par-là forcées de se dégorger ; & lorsqu'il y a des poils dans ces glandes, ils se dressent entierement par leur contraction : c'est ce qu'on observe souvent durant la frayeur non-seulement dans notre corps, mais même dans les animaux.

Si l'on ose avancer que c'est par un pur hazard que toutes les parties du corps ont des arteres pour leur apporter du sang, & des veines pour le reporter lorsqu'il revient de ces parties, & que tout cela se trouve ainsi disposé sans le secours de la sagesse infinie de notre Créateur, comment arrive-t-il que les arteres rencontrent les arteres, & que les veines rencontrent les veines, & qu'elles déchargent leur sang l'une dans l'autre, afin que, si quelqu'une venoit à se boucher, à être coupée, &c. le sang pût passer par un autre conduit & en revenir ? *De l'union & du concours des veines.*

On peut encore observer deux choses touchant la circulation du sang ; la sagesse de notre adorable Créateur n'y brille pas moins que dans ce que nous venons de rapporter, cela est aussi clair que le jour. *La division des arteres en conduits capillaires.*

1°. Comme le mouvement du sang est fort violent dans les grosses arteres, il semble qu'il y ait du danger que le sang ne contribuë en rien à la nourriture des vaisseaux à travers lesquels il passe ; sa rapidité conduit à cette pensée. Pour obvier à cet inconvenient, dans les endroits où la nutrition doit se faire, les arteres sont divisées en une infinité de conduits très-fins auxquels les Anatomistes ont accoûtumé de donner le nom de vaisseaux capillaires à cause de leur petitesse ; ce nom marque des vaisseaux aussi fins que des cheveux, & si petits, qu'on ne sçauroit les décrire parmi les arteres dans la planche III. fig. 4 : mais ce qu'il y a encore de plus merveilleux, c'est que cela ne sert qu'à rallentir le mouvement du sang ; car par ces défilez il heurte contre les parois de ces petits vaisseaux, ce qui diminuë nécessairement son mouvement dans les endroits où il doit être fort lent ; au lieu que celui qui est contenu dans les gros vaisseaux, continuë son cours avec plus de vitesse.

Qu'un fluide poussé avec la même force, coule plus lentement dans un petit conduit que dans un grand, c'est une chose qu'on peut voir dans la construction des fontaines. On fait des *Si la petitesse des conduits diminuë la vélocité du sang.*

conduits si étroits, que l'eau ne monte pas de beaucoup si haut, que si elle passoit par des conduits d'un diametre plus grand; cela vient de ce que les parties de l'eau heurtent contre les parois du conduit, & qu'elles trouvent par conséquent plus de résistance dans un petit canal que dans un grand : si quelqu'un doute de ceci, il n'a qu'à faire l'expérience suivante qui lui démontrera la chose à l'œil.

Qu'il prenne les tubes de verre E F G, qui ont un diametre différent (planche IV. fig. I.) de celui de ceux dont nous nous sommes servis; le tube E n'étoit que le tube d'un barometre rompu; le second F étoit un peu plus gros que ne l'est un tube de barometre ou le tuyau d'une plume à écrire; le troisiéme G étoit assez gros pour y introduire le doigt. Il faut attacher un morceau de fil autour d'un chacun à l'endroit H, K, M, afin que H J, K L, M N, soient d'une égale longueur; on les mettra dans un long vase de verre A B C D rempli d'eau jusqu'à A B, il faut plonger bien avant leurs extrémitez J L N, sans pourtant les faire toucher au fond C D, en sorte que les morceaux de fil soient à niveau de la surface de l'eau : il faut après cela boucher ces tubes avec le doigt, les enfoncer l'un à côté de l'autre perpendiculairement dans l'eau, & retirer promptement le doigt de l'orifice. Dans le tube E qui est le plus étroit, l'eau ne montera visiblement que jusqu'à H à niveau de l'eau du vase; au lieu que dans le tube F l'eau montera jusqu'à O, & dans le tube G encore plus haut jusqu'à P. Or ceux qui sont instruits des loix de l'hydrostatique, sçavent que la même quantité d'eau se trouve comprimée avec la même force sous la superficie horisontale Q R située sous les orifices des tubes J, L, N; il faut donc que, si l'eau monte avec moins de force dans le plus étroit des tubes, cela vienne uniquement de ce que le tube est plus étroit que les autres.

Nous n'éxaminerons point ici si la courbure des angles que forment ces petits rameaux d'arteres, & si leur grand nombre (car tous les rameaux pris ensemble ont plus de diametre que l'aorte) contribuë en aucune maniere à rallentir le mouvement du sang.

Les veines vont toûjours en grossissant.

2°. Si le sang qui coule avec rapidité dans les grosses arteres, avoit la même vîtesse dans les veines qui servent à le rapporter au cœur, il y auroit du danger que le cœur n'en reçût une

LIVRE I. CHAPITRE VI.

trop grande quantité, & que le ventricule droit ne se trouvât trop rempli, ce qui pourroit l'empêcher de se contracter avec la même facilité.

Peut-on imaginer un expédient plus sage pour prévenir cette rapidité pernicieuse, que celui dont l'Auteur de la nature s'est servi ? Il a voulu que les veines grossissent de plus en plus en approchant du cœur, comme on le peut voir dans la planche III. fig. 5.

On sçait assez qu'une liqueur en passant d'un vaisseau étroit dans un plus large, coule plus lentement pendant le même espace de temps; il n'est pas nécessaire de recourir à aucune expérience pour le prouver : cependant, si l'on en souhaite quelqu'une, on prendra un tuyau qu'on remplira d'eau, on le plongera dans un bacquet qui sera aussi rempli d'eau à une certaine hauteur, ensuite il faut faire sortir le plus promptement qu'il est possible, l'eau du tuyau; on verra que l'eau du bacquet ne montera que très-peu, quoique celle du tuyau soit sortie toute à la fois & en même-temps : cela fait voir que l'eau du tuyau se mouvoit avec plus de vîtesse que celle du bacquet ; mais cela est si évident, qu'il n'est pas nécessaire de s'y arrêter davantage.

Si la vélocité du sang diminuë dans les veines (planche III. fig. 5.) sa pesanteur, sur-tout dans celles où il monte directement, pourroit l'obliger de revenir sur ses pas; peut-être aussi que des tuyaux d'une longueur si considérable lui font quelque résistance. N'avons-nous pas sujet ici d'admirer la providence du Créateur, qui a jugé à propos de placer de petites valvules dans ces veines pour prévenir ces inconveniens ? On en trouve quelquefois une seule, comme dans la planche IV. fig. 2. A ; quelquefois deux ensemble, comme B B : leur usage est d'arrêter le sang, lorsqu'il fait effort pour s'en retourner, & d'empêcher que par sa pesanteur il ne presse trop celui qui le suit, & qu'il n'en retarde ainsi le mouvement ; peut-être aussi que ces valvules sont de petits muscles, qui en se contractant diminuent le diametre de la veine, & accelerent ainsi la vîtesse du sang.

Les valvules des veines.

Est-ce le hazard qui a fait tout cela ? Pourquoi les valvules se trouvent-elles dans les veines où elles sont d'un si grand usage ; & non pas dans les arteres, où loin d'être nécessaires, elles ne seroient que préjudiciables ?

Il nous reste encore une chose à ajoûter, après cela nous finirons ces remarques qui pourroient devenir trop longues. Il faut une plus grande force pour faire passer le sang qui coule dans les arteres par leurs rameaux capillaires, de-là vient que ces vaisseaux sont pourvûs de fibres musculaires très-fortes qui servent à les contracter; au lieu que dans les veines qui vont toûjours en grossissant, & dans lesquelles la contraction de leurs tuniques & la vélocité du sang seroient nuisibles, les fibres ne sont ni si nombreuses, ni si fortes. Un homme raisonnable se persuadera-t-il que tout cela n'est que l'effet d'un pur hazard, & que notre Créateur ne s'est proposé aucune fin dans ces choses ? Il nous fait toucher au doigt sa sagesse dans les fibres de la veine-porte, qui sont plus fortes que dans les autres veines, quoique moins nombreuses que dans les arteres; c'est la seule veine qui fait l'office d'artere en entrant dans le foye : de-là vient aussi qu'elle a besoin d'une plus grande force que les autres veines, afin que, de même que les arteres, elle puisse obliger le sang de passer dans toutes ses petites ramifications.

Les fibres des veines & des arteres.

Laissons présentement à part les autres particularitez qui regardent le sang & les vaisseaux sanguins dont nous venons de parler assez au long, & passons aux usages & aux différens mouvemens du sang où le fil de notre discours semble nous conduire.

L'usage du sang en general.

Il y a trois usages particuliers qui en dépendent entierement ou en partie. Le premier est la séparation des différentes humeurs qui sont nécessaires au corps, ou qui en doivent être déchargées. Le second, c'est de nourrir le corps. Le troisiéme, de servir au mouvement des muscles.

Nous allons parler d'abord du premier, sans nous amuser à rapporter toutes les différentes opinions que les Sçavans ont eues sur ce sujet; nous nous contenterons d'en rapporter quelques-unes, & nous traiterons la chose le mieux que nous pourrons : il est impossible d'épuiser cette matiere. Les hommes n'ont pas pû encore pénétrer tout ce qui regarde les secretions, outre qu'il étoit contraire à notre dessein, & impossible même de traiter ici cette matiere au long. C'est assez que nous donnions ici une idée grossiere & generale des usages des différentes humeurs qui se séparent dans notre corps ; nous n'ayons d'autre vûë que de convaincre un esprit qui fait profession de douter

LIVRE I. CHAPITRE VI.

douter de tout : je ne veux que lui faire voir que c'est un Dieu sage & bon qui nous a formez.

Nous ne dirons rien de la limphe qui se filtre en beaucoup d'endroits ; de la bile qui sort du foye, du suc pancréatique qui se sépare dans le pancréas, des liqueurs qui découlent dans l'estomac & dans les intestins, dans les yeux, dans le nez, dans les oreilles, dans la bouche, & dans d'autres parties ; car on est encore partagé touchant leur nature & les différens usages qu'on leur attribuë. Parlons à présent des esprits animaux qui se séparent dans le cerveau, & dont la force est prodigieuse. Les nerfs servent à les porter dans toutes les parties ; ils ont tant d'usages considérables, qu'ils sont la cause de tous nos mouvemens. N'oublions point cette vapeur invisible & continuelle qui s'échappe par les pores de la peau, & par la respiration, & dont la quantité est si prodigieuse (supposé qu'on soit en santé) ; car Sanctorius a découvert qu'elle excede chaque jour toutes les autres évacuations grossieres & visibles : cependant nos yeux sont-ils capables d'appercevoir cette liqueur ?

Enumeration des différentes humeurs qui se séparent du sang.

Peut-on réfléchir sur la séparation de l'urine dans les reins, où le sang se dépoüille de ses sels, sans découvrir dans toutes ces choses la main de Dieu qui conduit cette machine admirable ? Ce que nous en disons pourroit peut-être passer dans l'esprit de certaines personnes pour une pure déclamation ; pour prévenir cette idée, entrons un peu plus dans le détail, éxaminons les dispositions que les parties solides de notre corps ont reçüës pour la secrétion des trois dernieres humeurs dont nous venons de parler, sans chercher d'où ni comment elles ont reçû chacune leurs différentes proprietez : c'est un mystere qui reste encore caché parmi les secrets de la nature, & qu'il ne nous est pas permis de pénétrer.

La route de l'urine.

Imaginons-nous que nous parlons à une personne qui n'a absolument aucune connoissance de ces matieres ; supposons que dans la planche IV. fig. 3. le sang descend de D vers u par l'aorte D u qui le reçoit du cœur : or comme cette artere est plus petite dans u, & que sa grosseur diminuë dans ses branches, le sang se trouve contraint de passer dans ses branches laterales, c'est ce qui fait qu'il entre dans la branche F, & de-là dans le rein B où il se dépoüille de ses sels pour revenir du rein par la veine W, & de-là passer dans la veine C pour rentrer au cœur.

I

Voici un rein dont on peut voir la structure intérieure dans la planche IV. fig. 4. Il semble que la liqueur qui forme l'urine, se sépare dans la substance glanduleuse A A qui occupe l'extérieur du rein, sans aller plus avant. Qui est celui qui ne voit pas que tout ceci part de la main de Dieu, qui fait descendre dans les petits conduits BB cette liqueur qui se ramasse dans des parties que les Anatomistes appellent mamellons ? C'est de ces mamellons que distille l'urine avec les sels dans des vaisseaux membraneux plus gros ccc, qui la déchargent à leur tour dans de grands tuyaux qui en forment un grand C appellé bassinet, lequel s'ouvre & verse la liqueur dans le conduit D, ou dans l'uretere qui avec le bassinet ressemble parfaitement à un entonoir ; le conduit qui en vient s'insere dans la vessie H, à l'endroit YY, planche IV. fig. 3. Il y en a un de chaque côté GY, pour conduire l'urine.

Voici deux choses qui semblent ici nécessaires. La premiere, que l'urine qui va se rendre à la vessie, pût en sortir par quelque endroit. La seconde, qu'afin de prévenir les inconveniens que pourroit causer l'écoulement continuel, l'urine ne coulât qu'en certain temps selon l'ordre de la volonté. C'est dans cette vûë que l'Auteur de la nature a placé des muscles dans la vessie pour la contracter, & pour obliger l'urine de sortir ; les muscles du ventre y contribuent aussi par leur pression. Dira-t-on que c'est l'effet du hazard ? La contraction de la vessie ne suffisoit pas, elle auroit pû en se contractant chasser l'urine par quelque orifice que ce fût ; mais elle se trouve disposée de maniere que la liqueur ne sçauroit rentrer dans les orifices YY, par où elle descend des ureteres G, ainsi elle ne sçauroit sortir que par le passage que la nature lui a prescrit ; de-là vient qu'il est aisé d'enfler la vessie H par un des ureteres GY; mais si l'on souffle par l'uretre, il ne sortira rien de la vessie, comme l'expérience de tous les jours nous l'apprend.

Quant à l'écoulement involontaire ou continuel de l'urine, l'Auteur de la nature y a pourvû en plaçant un muscle à l'extrémité de la vessie pour empêcher que l'urine ne s'échappe ; il tient la vessie fermée, jusqu'à ce qu'une force plus grande l'oblige de ceder, & de permettre à l'eau de sortir.

On peut ajoûter à cela, que, comme l'urine est toûjours salée & souvent âcre, notre Créateur, par un effet de sa bonté, a placé une espece de mucosité sur la surface interne de la

LIVRE I. CHAPITRE VI.

veffie, afin qu'elle ne corrode point la membrane interne qui eft extrêmement fenfible, ce qui occafionneroit de grandes douleurs.

On voit regner par tout la même fageffe; chaque partie eft deftinée à un ufage particulier; par éxemple, les conduits falivaires, à verfer la falive dans la bouche; le conduit du foye & de la veficule, à conduire la bile dans les inteftins; les vaiffeaux des autres parties, à la fecretion des humeurs. Les mammelles.

Mais ne fuffit-il pas de voir les glandes AA dans la mammelle d'une femme (planche iv. fig. 5.) après avoir levé le tégument extérieur? Dans ces réfervoirs le lait fe fépare du fang; les petits conduits bb où le lait entre, & où il fe conferve, s'ouvrent dans le mamellon C, & le lait n'en fort que dans le temps que les enfans tétent. Ne fuffit-il pas, encore un coup, de voir ces chofes pour être convaincu de l'éxiftence d'un Dieu? Peut-on s'imaginer qu'un Etre tout-puiffant qui agit toûjours en conféquence d'une fin, n'eft pas l'auteur de cette partie qui eft deftinée à des ufages fi importans pour toutes les créatures dans leur âge le plus tendre?

On a fait des volumes entiers pour faire voir uniquement les particularitez de ces parties; ainfi nous n'entrerons point dans un plus grand détail, ce que nous en avons dit fuffit : on n'a qu'à le lire, pour voir s'il eft poffible de croire que la fageffe d'un Créateur n'a aucune part dans la préparation de la matiere feminale, dans la ftructure de la veffie & des mammelles, &c. parmi une infinité de combinaifons différentes toutes également poffibles. Eft-ce le hazard qui a produit tout fans le fecours d'un Etre intelligent? Peut-on foûtenir que ces affemblages rapportez à une fin, ne réfultent que des caprices d'une caufe aveugle? Il me refte encore quelque chofe à dire à certains Philofophes, c'eft que, puifque la veine fpermatique gauche n ne prend pas la route la plus courte & la plus fimple pour fe rendre à la veine-cave C u, comme la fpermatique droite O; qu'elle fait au contraire un tour pour s'inferer dans la veine émulgente W, il eft inutile d'affurer que les hypothèfes qui nous paroiffent les plus fimples font les plus vrayes; il peut y avoir des raifons inconnuës, comme ici au fujet de l'aorte D u, qui, pour certaines vûës, peuvent obliger l'Etre fuprême de s'éloigner de cette méthode qui feroit autrement la plus fimple & la plus courte, s'il ne s'agiffoit que d'une feule fin.

I ij

68 L'EXISTENCE DE DIEU.

On n'a pas encore une connoissance parfaite du mouvement du sang, ni de la nutrition.

Il seroit temps à présent de passer aux autres usages du sang, c'est-à-dire, à la nutrition & au mouvement ; mais jusqu'à présent il a été impossible de pénétrer ces matieres : la structure même des parties solides n'est pas encore parfaitement connuë ; tout y est un sujet de disputes. Nous croyons donc qu'il est plus sûr de n'en rien dire, que de ne proposer que des conjectures ou des hypothèses qui ne sont pas encore parfaitement reçuës des sçavans, quelque probabilité qu'elles puissent avoir ; cela n'empêche pas que Dieu n'ait gravé des marques de sa sagesse & de ses autres attributs pour tous ceux qui le cherchent dans une infinité de choses dont on ne sçauroit révoquer la certitude en doute.

CHAPITRE VII.

Des Nerfs, des Vaisseaux limphatiques, des Glandes, & des Membranes.

EN traitant de la séparation des humeurs d'avec le sang, il étoit nécessaire de faire mention des humeurs du cerveau & des nerfs ; mais il n'en falloit parler que par rapport à notre dessein, à leur usage important, au tissu merveilleux des nerfs, qui, de même que les arteres, servent de vaisseaux : les humeurs sont d'un trop grand usage pour n'en parler qu'en passant.

Veut-on convaincre un esprit incrédule des perfections & de la sagesse des desseins de son Créateur, il ne faut que l'obliger de jetter les yeux sur les recherches & les observations des Anatomistes, sur-tout de Willis & de Vieussens ; il faut qu'il se fasse une idée juste de l'enchaînement des parties qui se trouvent dans l'admirable structure du nombre infini de petits rameaux de nerfs, dont il n'y en a pas un seul qui ne soit d'un grand usage à notre corps.

Pour se représenter tout cela, qu'il jette les yeux sur la planche IV. fig. 6. & qu'il considere que, si quelques-unes de ces petites branches venoient à interrompre leur action, la mort seroit inévitable ; qu'il se demande si ces nerfs si irréguliers en apparence & si confus, mais si admirablement bien disposez, que le moindre petit rameau a son usage, sont l'ouvrage du

LIVRE I. CHAPITRE VII.

hazard? Pour être convaincu de ce que je dis, l'on n'a qu'à consulter les figures de M. Vieussens.

Les Anciens croyoient que les nerfs étoient des vaisseaux qui servoient à donner passage à une matiere qui descendoit du cerveau dans les muscles, & qui étoit la seule cause du mouvement des muscles, ou du moins qui y concouroit ; parce que, lorsqu'un nerf est coupé, bouché, &c. le muscle auquel il s'insere, reste immobile, malgré tous les efforts qu'on peut faire pour le mouvoir.

La matiere qui passe dans les nerfs.

Tout le monde convient que cette matiere est liquide, mais quelques-uns supposent que c'est un air ou un esprit, de-là vient qu'on lui a donné le nom d'esprit animal ; on croit qu'elle parcourt les nerfs avec la même vitesse qu'un éclair : autrement il est impossible, selon quelques Philosophes, de concevoir la rapidité inconcevable des mouvemens des animaux ; c'est ce qui a donné occasion à la supposition des valvules & à beaucoup d'autres choses qu'on supposoit dans les muscles ; hypothèses qui seroient assez ingénieuses, si elles étoient conformes à la vérité.

Mais on révoque ces opinions en doute : premierement, parce qu'on a suffisamment prouvé par des expériences chymiques, que, pour produire un mouvement rapide & violent, il ne faut pas toûjours une liqueur extrêmement volatile. On a vû qu'en mêlant ensemble de l'huile de vitriol & du sel de tartre, il se fait d'abord une grande fermentation, quoique l'huile de vitriol ne soit pas fort volatile, & que le sel de tartre ne le soit pas du tout, pour ainsi dire. On fait encore une autre expérience avec du salpêtre, du soulphre, & du charbon de bois, qui ne sont pas des matieres volatiles ; on forme avec ce mélange la poudre à canon, qui produit des mouvemens si rapides & si violens, qu'on n'a trouvé rien jusqu'à présent qui en approche. La même chose se voit dans le verre d'antimoine, qui étant un corps fixe, ou du moins si peu volatile, qu'il est en état de résister long-temps à un feu très-violent, a pourtant la faculté de produire des agitations & des contractions si violentes dans le corps humain, que ceux qui en ont fait l'épreuve, en sont surpris ; & ce qu'il y a d'admirable, c'est qu'une très-petite dose suffit. D'autres ont recours aux loix de l'Hydrostatique pour expliquer le mouvement des muscles ; ceux-ci ne sont pas par conséquent obligez de supposer une si grande vitesse dans les esprits animaux.

I iij

Secondement, la route des nerfs étant présentement mieux connuë des Anatomistes, les plaintes des malades leur ont fait découvrir, que, selon les apparences, la matiere qui coule dans les nerfs, se meut lentement; ce qui paroît en quelque maniere plus croyable, quand on considere que la substance qui compose le cerveau & les nerfs, est molle & humide, & qu'elle ne sçauroit donner un passage libre à une liqueur qui seroit mûë avec la rapidité & la violence qu'on attribuë aux esprits animaux.

Expérience qui prouve qu'il y a un suc nerveux. Les expériences que Messieurs Bellini & Malpighi ont faites, ne nous laissent plus aucun lieu de douter, selon les apparences de l'éxistence d'une humeur épaisse, qu'ils ont appellée suc nerveux pour la distinguer des esprits animaux ; c'est de cette humeur que les nerfs sont imbibez : car, qu'on ouvre la poitrine d'un animal qui ait encore quelque reste de vie, ou qui vient de mourir, & qu'avec les doigts d'une main on comprime le nerf diaphragmatique avec assez de force pour empêcher que rien ne descende par ce nerf du cerveau dans le diaphragme, si l'on serre ensuite avec l'autre main la partie de nerf qui est entre l'endroit comprimé & le diaphragme; par-là on fait descendre dans le diaphragme tout ce qui est contenu dans le nerf, & le diaphragme reprend son mouvement qui continuë jusqu'à ce qu'il n'y ait plus rien dans le nerf. Mais, si l'on retire les doigts qui comprimoient le nerf, & qu'on ouvre ainsi à la liqueur qui descend du cerveau son premier passage, on verra quelque temps après, que, d'abord que cette humeur arrive au diaphragme, son mouvement se renouvelle. Consultez là-dessus Bergerus, page 260. Le suc nerveux n'est point un esprit ou un air, c'est une matiere liquide; le fameux Malpighi l'a prouvé d'une maniere très-solide. Qu'on presse l'extrémité du nerf de la queüe d'un bœuf, il se gonflera; & si l'on y fait une incision, il en sortira une liqueur qui approche de la thérébentine. Bergerus a fait plusieurs fois cette expérience, & elle lui a toûjours réussi, ce qui met cette hypothèse hors de doute.

On sçait qu'il y a un nombre infini de conduits qui servent à porter dans toutes les parties du corps une liqueur pour produire du mouvement dans les endroits où il est nécessaire, & que cette liqueur se sépare dans le cerveau d'où ces conduits prennent leur origine. Où est l'homme à présent qui instruit de tout

LIVRE I. CHAPITRE VII.

ceci, ose avancer que c'est l'effet du hazard ? Je ne dirai rien ici de la digestion des alimens, de la nutrition, & de tant d'autres usages qui rendent le cours des esprits animaux absolument nécessaire. Peut-on encore n'être pas surpris de voir que cette humeur se trouve en état de produire conjointement avec le sang des arteres le mouvement des muscles ? peut-être qu'elle a encore d'autres proprietez que nous ignorons ?

Que le sang arteriel contribuë beaucoup au mouvement des muscles, c'est ce que les expériences de Bartholin font voir. Si on lie l'artere qui s'insere dans un muscle, & qu'on empêche ainsi que le sang n'y entre, le muscle devient paralytique, de même que on lie les nerfs. Quoi de plus merveilleux que les effets que ces deux liqueurs produisent dans les hommes & dans les animaux ? Sans elles pourrions-nous nous promener ? Les poissons pourroient-ils nager ? Les oiseaux voleroient-ils ? Non certainement. N'est-ce pas elles qui produisent le mouvement du cœur, celui des arteres, celui de l'estomac, des intestins, & celui de tant d'autres parties qui servent à la conservation & à la propagation des animaux ? Dira-t-on, après cela, que tout ceci ne dépend que du hazard & de certaines causes aveugles ? Un homme qui oseroit avancer une pareille extravagance, ne craindroit-il pas de passer pour fol & pour opiniâtre ?

Voici trois choses qui prouvent d'une maniere évidente que la vûë de notre Créateur étoit de nous donner tout ce qui nous est nécessaire ; un incrédule n'a qu'à les considerer avec attention pour en être pleinement convaincu.

Le nerf auditif fournit des rameaux à la langue.

1°. Le nerf auditif donne des branches aux muscles qui servent au mouvement de l'oreille, afin que, d'abord que nous sommes avertis par le bruit qui agite le nerf, les autres instrumens de l'ouïe se mettent en état de faire leur fonction, pour que nous entendions mieux ; c'est ce qu'on peut observer dans plusieurs animaux qui dressent les oreilles, lorsqu'on parle ou qu'on les appelle : pour la même raison on voit aussi des rameaux aux yeux. Par-là, dès que nous entendons quelque bruit extraordinaire, nous pouvons regarder d'abord autour de nous, & nous pouvons être prêts à parler ou appeller à notre secours, s'il est nécessaire ; c'est dans cette vûë que le nerf auditif communique avec ceux de la cinquiéme paire, & qu'il donne des branches aux organes de la parole.

2°. Les nerfs qui servent au goût, & qui, selon Willis, viennent de la cinquiéme & de la sixiéme paire, donnent aussi des rameaux aux organes qui servent à broyer les alimens dans la bouche; par-là leur action est plus forte, & la délicatesse du goût s'augmente: de ces mêmes nerfs il vient aussi des rameaux au nez & aux yeux; c'est par leur action que nous pouvons nous servir de l'odorat & de la vûë dans le choix des alimens. Enfin, outre les rameaux dont nous venons de parler, il y en a d'autres qui vont aux glandes salivaires, pour exprimer une quantité considérable de salive, pendant que les alimens se brisent dans la bouche.

Les organes du goût.

3°. Quoique tous les nerfs paroissent formez de la même matiere, & nourris du même aliment, ils ont pourtant des usages très-différens. N'est-il pas merveilleux que la troisiéme paire qui vient de la moële de l'épine, de même que cette moële vient du cerveau, dépend entierement de notre volonté dans tous les mouvemens qu'elle fait faire au bras, & qu'elle fait agir les muscles ou interrompre leur action selon notre volonté? Mais ceux qui tirent leur origine du cervelet, meuvent continuellement & sans interruption les parties auxquelles ils s'inserent; ce mouvement dure pendant toute la vie de l'animal, sans qu'ils soient en aucune maniere sujets à notre volonté.

Les nerfs qui agissent dépendamment ou indépendemment de notre volonté.

Nous en allons donner un exemple dans la planche IV. fig. 6. dont la petitesse ne nous permettra de voir la chose qu'en partie: AB est la paire-vague, ainsi nommée par les Anciens, à cause qu'elle se distribuë dans un nombre considérable de parties; Willis lui a donné le nom de huitiéme paire. Je fais voir le premier plexus A qu'elle forme, & le plexus B qui suit immédiatement après: après avoir donné quelques ramifications aux muscles du gosier & du col, il en sort à l'endroit H une branche a, qui va à la partie supérieure de la trachée-artere; il en sort aussi plusieurs du plexus B, qui vont au cœur, au péricarde, aux oreilles du cœur, & aux vaisseaux sanguins; il en sort une qui est plus grosse que les autres, & qui va se rendre au plexus nerveux du cœur F: le nerf recurrent vient aussi du plexus B du côté droit D, & du côté gauche E du nerf même; il sert aux mouvemens de la trachée-artere.

La paire-vague & le nerf intercostal.

On observe outre cela dans l'endroit e une grosse branche de nerf qui va à la veine des poulmons & au cœur dans D; le

plexus

LIVRE I. CHAPITRE VII. 73

plexus nerveux du cœur F fournit aussi une branche e pour l'artere des poulmons, & un grand nombre d'autres rameaux f pour le cœur.

Outre cela ce nerf envoye un grand nombre de branches g, qui vont aux poulmons, aux veines, aux arteres des poulmons, & aux bronches; il y en a qui vont à l'œsophage, par éxemple, h.

Enfin ce nerf se partage en deux branches GH de chaque côté, qui après s'unissant dans I, distribuent une infinité de rameaux dans l'estomac; & après avoir envoyé quelques rameaux au plexus nerveux qui est dans le ventre, elles finissent là, autant qu'il nous a été possible de le découvrir.

La cinquiéme & la sixiéme paire 5 & 6, dont le premier donne des nerfs aux parties de la face & de la bouche, donnent des branches qui forment un gros nerf appellé intercostal, quoiqu'improprement; ce nerf après avoir fait un plexus dans i, d'où part une branche pour le muscle qui contracte l'œsophage, va se rendre au second plexus K situé dans le col : ce plexus fournit quelques fibres à l'œsophage & à la trachée-artere, & l'intercostal après cela donne les grosses branches L au plexus nerveux du cœur; ensuite il forme un troisiéme plexus dans N, d'où il descend dans la poitrine où il reçoit les nerfs n n, qui viennent de la moële de l'épine : en arrivant au ventre il donne deux gros rameaux p p qui descendent & forment un autre plexus à l'endroit S T v v, qui fournit des nerfs à tous les intestins; voyez W.

En un mot, il n'est point de partie dans la poitrine ni dans le ventre qui ne reçoive des rameaux des deux nerfs que nous venons de décrire; c'est-à-dire, de la paire-vague & de l'intercostal. Pour en voir une description parfaite, on peut consulter Messieurs Willis & Vieussens: les figures de ces deux Auteurs doivent être éxactes, car elles ont été comparées avec le naturel par un grand Anatomiste qui en a éxaminé jusqu'à la moindre branche; il fut occupé plus de quinze ans à cet éxamen, & il disséqua plus de 400 cadavres durant ce temps-là.

On pourroit faire ici un nombre infini d'observations, sur chaque fibre nerveuse, sur la route que les nerfs tiennent, sur leur communication mutuelle, sur les différentes parties qui reçoivent des nerfs de ces branches, sur les plexus qu'on y voit, & qui sont formez par le concours d'un grand nombre de

K

nerfs qui ont une différente origine; comme dans F, par éxemple, qui eft formé par des rameaux qui viennent de la paire-vague & de l'intercoftal; afin que le cœur qui fe meut par le moyen de ces nerfs, puiffe recevoir des efprits de l'un, fi l'autre vient à manquer: pour ne rien dire d'une infinité d'autres, s'imaginera-t-on que tout cet arrangement n'a pas été conduit par une intelligence?

Je demanderois préfentement à un homme qui feroit affez malheureux pour ne pas reconnoître dans toutes ces chofes la fageffe infinie du Créateur, s'il oferoit regarder, fans trembler, la route & la difpofition du nerf de la paire-vague & de l'intercoftal, comme un effet du hazard, ou comme des chofes auxquelles il n'a point de part, & qui font indépendantes de fa volonté? Cependant c'eft à ces nerfs que le cœur, les poulmons, les arteres, les veines, l'eftomac, les inteftins, le foye, les reins; en un mot toutes les parties qui contribuent à la confervation de la vie, c'eft à ces nerfs, dis-je, qu'elles font redevables de leurs mouvemens & de l'éxercice de leurs fonctions. N'eft-il pas furprenant que l'homme n'ait prefqu'aucun pouvoir que celui de commander aux nerfs qui fervent aux fonctions extérieures, & qu'il ne foit pas en état de prolonger un feul inftant l'action des nerfs d'où fa vie dépend? Un athée ou un efprit fort (nom que les incrédules ont accoutumé de fe donner) a beau chercher, il ne fçauroit fe perfuader qu'il eft abfolument indépendant d'un autre Etre dont fa vie dépend continuellement; il ne fçauroit, dis-je, fe le perfuader, & avoüer en même-temps, contraint par fa propre expérience, que tous les mouvemens qui contribuent à la confervation de fa vie, fe font, fans fa volonté, & même contre fa volonté, par le moyen des nerfs dont il ne fçauroit ni hâter ni interrompre l'action.

Qu'on eft bien plus heureux, lorfque la contemplation de la difpofition & de la ftructure des nerfs & des effets qui en dépendent, conduit l'efprit à la connoiffance de foi-même, jufqu'à être convaincu par l'expérience, que notre Créateur a marqué une fin à tous les nerfs qui fervent à la confervation du corps; qu'il a, par éxemple, deftiné les uns pour les mouvemens du cœur, les autres pour l'action des poulmons, de l'eftomac, &c. qu'il y en a qui fervent à la circulation & à la fecrétion des humeurs, & aux autres néceffitez de la vie: c'eft

LIVRE I. CHAPITRE VII.

la puissance de l'Etre suprême qui les fait agir, non-seulement sans que l'homme y ait aucune part, mais même sans qu'il le connoisse! Peut-on faire quelque réfléxion sur le grand nombre de nerfs que notre Créateur nous a laissé à notre disposition, par un effet admirable de sa providence, pour mouvoir les autres parties à notre gré? Peut-on, dis-je, considerer tout cela, & ne pas se sentir obligé de ne s'en servir qu'à l'honneur & à la gloire de son Créateur adorable?

Si ceci ne suffit pas pour convaincre tout homme raisonnable des vûës que notre Créateur sage & miséricordieux s'est proposées dans la disposition des nerfs, il n'a qu'à jetter les yeux sur la planche IV. fig. 7. où il trouvera la représentation du diaphragme. *Les nerfs du diaphragme.*

Nous ne dirons rien pour le présent du muscle circulaire A A, ni du muscle B, ni de sa partie tendineuse, ni des passages D pour l'œsophage, & E pour la veine-cave, ni des vaisseaux G H qui nourrissent le diaphragme ; tout homme qui sçait les usages de ces choses, peut en dire beaucoup plus pour prouver la sagesse des vûës du Créateur : ne considerons que les mouvemens du diaphragme. Un homme qui sçauroit combien il est nécessaire que les mouvemens du diaphragme dépendent de notre volonté dans les grandes inspirations, dans le temps qu'on chante, qu'on parle, &c. & qui observeroit que le diaphragme reçoit deux nerfs K K, qui viennent des nerfs du col ; que ceux-ci sortent de la moële de l'épine, & qu'ils appartiennent par conséquent à ceux qui dépendent de notre volonté; un homme, dis-je, qui observeroit tout cela, seroit-il assez aveugle pour n'y pas reconnoître la main d'un Etre infiniment sage? Il est nécessaire que la respiration continuë durant le sommeil ; le plus grand inconvenient qui peut nous arriver, ce seroit d'être obligé dans le temps que l'on ne dort point, & qu'on applique son esprit à quelqu'autre chose, de faire attention à tous momens à la respiration, & de ne penser à autre chose qu'à cette fonction. Un homme pourroit-il s'empêcher de reconnoître en cela les vûës infiniment sages de notre Créateur à la vûë des nerfs L L qui naissent de l'intercostal pour aller au diaphragme, & qui en continuent le mouvement indépendemment de notre volonté?

On peut observer la même chose dans le rectum qui a besoin de deux mouvemens: l'un spontanée & indépendant de *Les nerfs du rectum.*

K ij

notre volonté, pour faire sortir ce qu'il contient ; l'autre volontaire, pour agir avec plus de force dans le temps qu'il pousse en dehors les matieres.

Les expressions dont M. Verrheyen se sert à ce sujet, sont très-remarquables : *Parmi les nerfs que les intestins reçoivent, il s'en trouve qui viennent du grand plexus nerveux du mesentere ; tous ces nerfs servent aux mouvemens qu'ils font indépendemment de notre volonté, c'est-à-dire, aux fonctions involontaires ou naturelles. Mais l'intestin droit, & selon les apparences cette partie des intestins qui est immédiatement jointe avec lui, reçoit encore d'autres nerfs de la partie inferieure de la moële de l'épine, qui servent à faire sortir les matieres qui sont dans le ventre, suivant l'ordre de notre volonté.*

Les vaisseaux limphatiques.

On sçait que le sang que les arteres distribuent dans tout le corps, est rapporté par les veines ; ceux qui s'appliquent aux recherches de la nature, ont aussi conjecturé avec beaucoup de vraisemblance, que la liqueur qui se sépare du sang dans les arteres, & qui se communique par les nerfs à toutes les parties, revient au sang par une autre espece de vaisseaux appellez limphatiques, & qu'elle a aussi une espece de circulation.

Que la limphe ou cette liqueur transparente provienne de branches laterales des arteres capillaires, dans lesquelles se décharge en même-temps un rameau de nerf, c'est une chose que nous n'éxaminerons pas ici ; mais nous renvoyons ceux qui souhaiteront d'en être éclaircis, au second Ouvrage de M. Vieussens : ce qu'il y a de vrai, c'est qu'on voit naître des vaisseaux limphatiques dans toutes les parties, même dans le cerveau, où l'on a douté long-temps qu'il s'en trouvât, & que cette liqueur dans qq (planche 1. fig. 6.) dirige son cours vers le canal torachique O rr, de-là à la veine souclaviere u x, & ailleurs directement dans les veines ; qu'ils ont un nombre infini de petites valvules, pour empêcher le retour de cette liqueur, & qu'ainsi ces vaisseaux ressemblent à de petites chaînes ou à des chapelets ; qu'ils communiquent avec plusieurs glandes en passant, & qu'il y en a qui naissent de ces glandes. Si l'on veut se former quelque idée de cette matiere, on n'a qu'à consulter la planche 1v. fig. 8. où l'on voit la route que tiennent les limphatiques L L L qui viennent des reins B B, & des autres parties du corps, la communication qu'ils ont avec les glandes F, G, H, I, K, leur insertion dans le réservoir du chile D, pour porter leur liqueur dans le sang par le conduit du chile E qu'on représente ici coupé, & où cette liqueur sert en même-temps à faciliter la circulation du chile.

La source ou l'origine de ces vaisseaux est fort inconnuë ; presque toutes les expériences ont été faites sur les bêtes, & la description qu'on en a donné a été tirée de l'Anatomie comparée : il y a cependant des Anatomistes qui les montrent dans le corps humain ; mais toutes les recherches qu'on a faites là-dessus, nous ont laissez dans de grandes ténébres. En vain de grands Anatomistes ont tâché d'en démontrer la route, en y injectant du mercure préparé pour cela ; mais ce qu'il y a de vrai c'est que ces vaisseaux déchargent tous leur liqueur dans les veines, & qu'ils aident à la circulation du chile.

Nous ne parlerons point de la disposition ni de la structure des glandes, cette matiere servant encore de sujet à un trop grand nombre d'opinions différentes, mais elle pourra peut-être fournir à la postérité de nouvelles preuves pour convaincre les incrédules de la sagesse de leur Créateur ; on ne sçauroit attribuer cela à un pur hazard ou à des causes aveugles. La nécessité des glandes pour plusieurs, pour ne pas dire, pour toutes les secrétions des humeurs, est évidente ; leurs effets merveilleux se renouvellent continuellement dans notre corps ; le sang qui en lui-même est en quelque maniere insipide, étant porté dans les glandes par les vaisseaux sanguins, les humeurs qui s'en séparent dans ces glandes reçoivent tous les goûts différens & toutes les différentes proprietez qu'on y rémarque ; de-là vient que la liqueur qui se sépare dans les reins, est salée, de même que les larmes qui sortent des glandes des yeux & la sueur qui sort des pores de la peau. La bile qui est amere, vient du foye : le lait qui est une liqueur douce, vient des mammelles ; la salive découle des glandes salivaires, &c.

Les glandes.

Tout le monde sçait que, si une de ces humeurs s'arrête, ou qu'elle cesse de se séparer, cela cause souvent de fâcheuses maladies, & la mort même ; la plûpart de ces liqueurs, quelque différence qu'il y ait entre-elles, sont absolument nécessaires à la santé ou à la vie. Les nerfs & les arteres qui portent dans les glandes le sang & les esprits animaux, ou qui s'y déchargent ; les veines & les vaisseaux limphatiques qui rapportent le sang & la limphe, ou ce qui s'en sépare, & qui contribuë au passage des humeurs qui se filtrent continuellement

K iij

par tout le corps dans tant de vaisseaux particuliers qu'on vient de découvrir ; toutes ces choses, dis-je, nous apprennent assez que les glandes ont une fin particuliere, & qu'elles sont placées éxactement dans l'endroit où elles peuvent avoir le plus d'utilité : pour mieux dire, les Anatomistes ayant découvert que, quoique le mouvement n'y soit presque pas sensible, & qu'elles ne paroissent pas être fort sensibles ; cependant, eu égard à leur grosseur, on y trouve plus de nerfs que dans aucune autre partie du corps.

La dure-mere. Il y auroit à dire au sujet des membranes beaucoup de choses qui seroient d'un grand secours pour notre dessein, sur-tout si nous rapportions ici toutes les nouvelles découvertes qui semblent être encore dans leur enfance ; ce qui est certain, c'est qu'elles ont les usages suivans.

1. Elles servent à couvrir certaines parties, comme on peut l'observer dans la plévre qui enveloppe les visceres de la poitrine, & dans le péritoine qui couvre ceux du ventre.

2. Elles servent à former les conduits & les vaisseaux, comme ceux du sang, les veines limphatiques, & les intestins.

3. Elles servent à unir ou attacher certaines parties les unes avec les autres ; de-là vient que les intestins sont joints l'un à l'autre par le moyen du mesentere, & l'un & l'autre vont au sang.

4. Elles partagent en plusieurs parties les cavitez ; c'est ainsi que le mediastin divise la poitrine en deux : on peut dire la même chose des valvules du cœur, des veines, des vaisseaux limphatiques, &c.

5. Il y a beaucoup de gens qui les prennent pour les véritables organes du toucher, & peut-être le sont-elles aussi des autres sens extérieurs.

6. Elles ont encore un autre usage plus considérable, c'est qu'il y en a plusieurs qui sont composées de fibres musculaires qui par leur contraction, comme dans les tuniques des conduits & d'autres cavitez qu'elles forment, sont en état de chasser ce qu'elles renferment ; c'est ce qui arrive dans l'estomac, les intestins, la vessie, les arteres, &c.

Les membranes. M. Pacchioni fait voir que, selon les observations anatomiques & pratiques, la dure-mere en se contractant fait entrer dans les nerfs les esprits animaux qui se séparent dans le cerveau ; & comme cette membrane revêt tous les nerfs, sans

LIVRE I. CHAPITRE VII.

exception, il croit que, selon toutes les apparences, ses fibres font mouvoir les esprits animaux par le moyen de leur contraction qui approche en quelque façon du mouvement péristaltique des intestins. Je laisse à d'autres l'éxamen de cette matiere; mais, si l'on me demandoit ce que j'en pense, je répondrai qu'il y a grande apparence qu'à moins de supposer quelque chose de cette nature pour pousser les esprits animaux, on ne sçauroit en aucune maniere déduire leur mouvement de celui du cœur tout seul; car la matiere qui compose la moële de l'épine & les nerfs, ne semble pas propre à donner un mouvement si prompt & si rapide aux esprits. D'ailleurs il semble, selon les apparences, que, si le cœur étoit la seule ou principale cause du mouvement des esprits animaux, un nerf étant lié, devroit se gonfler au-dessous, comme les arteres liées, mais cela n'arrive point; c'est ce qu'on peut voir dans ceux qui en ont fait l'expérience.

Pour donner un plus grand jour à cette matiere, j'aurois pû ajoûter quelques cas de pratique, qui, sans supposer le mouvement des esprits animaux dans les membranes nerveuses, paroîtroient inintelligibles, mais qui dans cette supposition trouvent des éclaircissemens qu'on ne rencontre pas dans les autres systêmes. Mais il n'est pas temps à présent d'expliquer ces choses: qu'on considere & qu'on réfléchisse sur les usages connus & incontestables des membranes; je suis persuadé que tout homme raisonnable doit être convaincu de la sagesse de son Créateur qui les a formées.

Il étoit nécessaire, pour la conservation de notre vie, que le sang & les esprits animaux fussent distribuez dans toutes les parties de notre corps, & qu'ils revinssent de nouveau; il n'étoit pas moins nécessaire qu'il y eût des vaisseaux, comme des arteres, des veines, des nerfs, & des tuyaux limphatiques, pour servir à cet usage : mais d'ailleurs, comme il falloit que notre corps fist beaucoup de différens mouvemens, & qu'il formât par conséquent des infléxions & des angles dans les jointures, il semble aussi que les conduits devoient être fléxibles, afin que le sang pût passer; par éxemple, par les arteres du bras & de la main, lorsque nous les plions, de même que lorsque nous les étendons.

La fléxibilité des membranes.

Nous ne dirons rien des autres observations qui ont été faites sur les glandes & sur les membranes, c'est un sujet sur lequel nous nous sommes arrêtez assez long-temps ; nous ne dirons rien non plus de ce qu'on pourroit avoir ajoûté sur d'autres matieres, comme sur les ligamens qui joignent les os, sur la graisse, la peau, la cuticule, &c. Ceux qui voudront se donner la peine d'éxaminer ce qu'on a découvert là-dessus, trouveront assez de matiere pour élever la sagesse & la bonté infinie du Créateur.

CHAPITRE VIII.
Des Muscles.

SI ce que nous venons de dire ne paroît pas suffisant pour convaincre entierement un homme des grands desseins que notre Créateur s'est proposez, & de la maniere infiniment sage dont il les éxecute ; il suffit d'éxaminer simplement la composition merveilleuse des muscles de notre corps, pour ne douter en aucune maniere de cette vérité. Mais pourroit-on supposer que ceux qui ont bien compris ce que nous avons dit, en doutent ? Les muscles, comme nous le ferons voir, sont dans un sens les instrumens de tous les mouvemens de notre corps. Et si un homme d'esprit observe avec attention l'insertion des muscles dans les os, leur conformation qui est si propre pour former les parties & les articulations, afin que le mouvement se continuë sans interruption, leur tissu admirable, & la force prodigieuse qui leur est communiquée, quoique leurs fibres soient si délicates & si tendres ; tout homme, dis-je, qui réfléchira sur quelqu'une de ces particularitez, sera obligé de reconnoître dans tout la main de notre grand, puissant & sage Créateur ; & cela d'autant plus facilement, qu'il a un éxemple de cela dans les plus grands Philosophes & Mathématiciens qui ont été portez à reconnoître un Dieu, en contemplant ces merveilles, & la sagesse qu'on y voit briller par tout. Pour en trouver un éxemple parmi beaucoup d'autres, on n'a qu'à lire la Dédicace du Livre que M. Borelli a publié sur le mouvement des animaux.

Les muscles en general. Je ne demanderai point si un homme qui n'auroit pas la moindre connoissance de la structure des muscles, seroit assez fol pour croire que ceux qui meuvent la langue ou la main,

pour

LIVRE I. CHAPITRE VIII.

pour ne rien dire des autres parties, ont été faits sans deffein & sans sageffe ; que c'est le hazard qui les a formez, & que toutes les fonctions néceffaires auxquelles ces organes fervent, font produites par des caufes ignorantes ? Peut-on s'imaginer que notre grand Créateur ait pouffé si loin en notre faveur fa puiffance & fa bonté, qu'il ait ajufté les mufcles du pied, pour nous fervir dans l'occafion à la place des mains ? Quelque étrange que ceci paroiffe, nous avons vû depuis peu un homme, qui étant né fans bras, fe fervoit de fes pieds prefque pour toute forte d'ufages ; & entr'autres chofes, il écrivoit très-bien en Italien, auffi-bien & auffi éxactement qu'un bon Ecrivain avec fes doigts; pour ne rien dire de beaucoup d'autres mouvemens, il joüoit aux cartes, il les mêloit, & il en manioit un grand nombre avec tant d'adreffe, qu'il n'auroit pas pû les mieux mêler s'il avoit eu l'ufage de fes mains : or fi la ftructure des mufcles qui fervent aux mouvemens des pieds, n'avoit pas été propre à cela, il lui auroit été impoffible de faire tout cela avec fes pieds.

Cependant, pour éxaminer un peu plus à fond la ftructure & la difpofition des mufcles, & pour nous repréfenter la fageffe merveilleufe de notre adorable Créateur, par quelques obfervations que nous allons faire fur ce fujet, éxaminons la planche v. fig. 1. 2. 3. qui repréfentent d'une maniere groffiere la ftructure externe de certains mufcles qui font les principaux inftrumens de nos mouvemens, & dans lefquels confifte toute notre force.

Defcription des mufcles.

1. Le mufcle eft compofé d'un certain nombre de fibres charnuës B, la plûpart paralleles l'une à l'autre, & à une diftance égale l'une de l'autre ; elles font attachées par leur extrémité à une partie appellée tendon A & C. Je ne dirai rien ici de fes arteres, de fes veines, ni de fes vaiffeaux limphatiques qui font repréfentez dans la planche v. fig. 1. a b c.

Il y a d'autres fibres E F qui croifent les fibres B, elles font tendineufes, nerveufes, ou membraneufes ; mais toutes minces qu'elles font, elles font très-dures & difficiles à rompre, elles font entrelacées avec les fibres charnuës d'une maniere réguliere.

Suppofons à préfent que le tendon A, dont les fibres paroiffent ici fort peu diftantes l'une de l'autre, foit attaché à un os immobile, & que l'autre tendon C tienne à un autre os mobile qui cede dans le temps que l'articulation ploye, & qu'il y ait une force qui contracte chaque fibre musculaire B; il est évident que le tendon C tirera l'os mobile vers le tendon A, & que la jointure qui est entre A & C ployera.

Les Anatomistes ont accoûtumé de donner le nom de tête au tendon A, qui est attaché à l'os immobile, & vers lequel le mouvement se fait ; au tendon C qui est attaché à la partie mobile, celui de queüe ; & aux fibres charnuës B & aux transverses F E, celui de ventre.

2. Cela fait voir, que plus il y a de fibres dans B, ou dans le ventre du muscle qui agit en se contractant, plus l'action du muscle est forte ; ce qui se trouve encore vrai par l'expérience.

Les muscles doubles.

Afin qu'un muscle agisse avec plus de force, il est nécessaire qu'il soit composé d'grand'un nombre de fibres B, qui en puissent augmenter considérablement la grosseur, & lui faire remplir l'endroit où d'autres muscles auroient pû être placez pour le même usage.

Peut-on réfléchir, sans être surpris d'étonnement, sur la maniere admirable & ingénieuse dont il a plû à notre Créateur de disposer beaucoup d'autres fibres dans le même endroit, pour rendre le muscle d'autant plus fort, sans qu'il soit nécessaire d'augmenter de beaucoup l'espace pour y placer ces fibres ? Il ne fait occuper à certains muscles qui doivent faire des mouvemens plus violents que les autres, que l'espace qu'occupent des muscles moins forts, mais ils remplissent cet espace de la maniere que nous le voyons dans la planche v. fig. 2. dans laquelle A B C est la tête du muscle, attachée à la partie immobile A, & représentée dans cette figure comme coupée ; E D est la queüe ou le tendon qui tire la partie mobile, & au milieu on observe deux plans de fibres F & G attachées à la tête A B C, elles vont obliquement jusqu'à la queüe E D où elles s'inserent ; cela fait voir que ces deux plans de fibres musculaires F & G étant contractez par quelque force, le tendon E D & l'os auquel il est attaché & qui est mobile, doit être tiré vers A : il a un avantage par-dessus celui que nous venons de faire voir dans la planche v. fig. 1. c'est que dans celui-ci (planche v. fig. 2.) il y a beaucoup plus de fibres, comme F & G, qui sont presque transversales, & qui peuvent agir dans le même espace, à cause de leur situation oblique ; au lieu que, si elles étoient si-

LIVRE I. CHAPITRE. VIII.

tuées en ligne droite, comme dans la figure 1. & à une égale distance l'une de l'autre, le nombre de celles qui pourroient agir ne seroit pas si grand.

Nous pouvons encore observer dans la planche v. fig. 3. que le nombre des plans des fibres musculaires se trouve beaucoup plus grand dans certains muscles : A est la tête, B la queüe du muscle, divisée en deux tendons qui s'étendent jusqu'à l'endroit A, ce qui fait qu'un nombre de fibres beaucoup plus considérable se peuvent arranger éxactement, de sorte que les fibres C & D étant attachées à G A H ou à la tête du muscle qu'on suppose immobile, tirent chacune la branche F, lorsque quelque force les contracte; & les deux branches F & F tirent le tendon B, & tout ce qui s'y trouve attaché & en état d'être mû, vers A. S'il falloit que cela se fist par des fibres longitudinales qui allassent depuis A jusqu'à B, comme dans la planche v. fig. 1. il en faudroit un si grand nombre, qu'elles formeroient un muscle presqu'aussi gros que le muscle de la planche v. fig. 3. est long. Si ce que nous avons dit ici n'est pas assez clair pour être bien entendu, le Lecteur peut consulter la Démonstration de la force des Muscles.

Les muscles composez de plusieurs autres.

3. Faisons encore une observation sur quelques-uns des muscles qui fléchissent les doigts, elle ne laissera pas d'être convaincante : nous allons considerer le muscle A B planche v. fig. 4. dont la tête est attachée auprès du coude K, & dont les fibres charnuës qui s'étendent depuis B jusqu'à A, composent le tendon inférieur C, divisé en quatre autres tendons qui s'inserent chacun à l'extrémité de chaque doigt à l'endroit D; dans le temps que les fibres charnuës A B se contractent, le muscle étant immobile dans K, il est aisé d'observer que la troisiéme articulation des doigts DDDD s'approche de B, & que tous les doigts sont fléchis : ce sera la même chose, si vous supposez que les fibres F G du muscle G F (qu'on represente ici hors de sa place & situé par-dessus A B) sont en contraction, & que les quatre tendons G E tirent vers K la seconde articulation des quatre doigts.

Les muscles des doigts.

Quelqu'un supposera-t-il à présent que c'est le hazard qui fait premierement, que ces muscles A B & G F qui fléchissent les dernieres articulations des doigts, se trouvent placez à une si grande distance des doigts, & que cependant leurs tendons C D & G F s'étendent jusqu'aux jointures qu'ils font mouvoir ?

L ij

car s'ils avoient été placez dans la main même, il l'auroit mise hors d'état de nous servir, quand il se seroit agi de prendre ou de tenir quelque chose. Ces muscles étant obligez d'agir avec beaucoup de force, ils ont besoin d'un grand nombre de fibres charnuës, qui, lorsqu'elles seroient en contraction, auroient grossi considérablement la main.

Car, que ces muscles & ceux que l'on nous décrit, comme AB, deviennent beaucoup plus gros dans le temps de leur contraction, c'est une chose qu'un chacun peut observer, si, après avoir fermé la main avec un peu de force, on empoigne avec l'autre main le bras au-dessous du coude; en faisant cela il remarquera que les muscles sont gonflez: si ce gonflement continuoit d'augmenter dans des muscles aussi considérables que ceux de la main, il est clair que dans beaucoup d'occasions cela embarasseroit l'exercice de ses fonctions.

Secondement, ne doit-il pas reconnoître que ce n'est pas par un pur effet du hazard, que les tendons GE du muscle FG forment une espece de porte ou d'ouverture dans E ? De cette maniere-là les tendons CD du muscle AB passent de même que le fil à travers le trou d'une aiguille, afin d'empêcher que, dans le grand nombre de mouvemens que les doigts font en beaucoup d'occasions, ces tendons ne changent point de place; ou du moins, afin que les mouvemens de tous les tendons placez auprès l'un de l'autre ou l'un sur l'autre, ne soient ni si foibles ni si incertains.

Troisiémement, à cause qu'il y auroit du danger durant la contraction du muscle AB, que les tendons CD, qui vont dans toutes les jointures des doigts, ne s'écartassent l'un de l'autre lorsqu'ils sont fléchis en-haut, & qu'ils n'occasionnassent plusieurs inconveniens en étendant trop la peau. N'est-il pas étonnant de voir que chaque tendon est environné d'une espece de guaine membraneuse très-forte, qui, sans interrompre du tout leur mouvement, empêche qu'ils ne s'éloignent de l'os; pour ne rien dire d'une grande bande ou d'un ligament situé immédiatement au-dessus de la main, qui environne le bras dans cet endroit comme un anneau, & qui lie tout ensemble tous les tendons de ces muscles qui vont aux extrémitez des doigts, & qui empêche dans les grandes fléxions qu'ils ne s'éloignent trop de leur place; peut-on, dis-je, voir tout cela, sans reconnoître les desseins que Dieu s'est proposez dans cet admirable arrangement ?

LIVRE I. CHAPITRE VIII.

Voici la structure ordinaire des articulations qui sont nécessaires dans l'homme pour faire les mouvemens entre les deux os CDE, & IB, planche v. fig. 5. Il y a dans le premier CGE une grosse ou petite cavité CDE, dans laquelle s'emboëte l'éminence CDEF ou I de l'autre os, de maniere pourtant que tous les deux peuvent se mouvoir : or, si l'éminence CDEFA étant sphérique ou ronde, s'ajuste éxactement à la cavité CDE, il est aisé de voir que l'os BA pourra se mouvoir en-haut ou en-bas, & de tous côtez ; mais si cette partie I n'étoit pas parfaitement ronde, mais ronde & plate, comme un morceau de roüe, & qu'elle s'inserât dans une cavité, il est clair que l'os BA pourroit se mouvoir en-haut & en-bas, & non de côté.

Les articulations.

On peut observer un mouvement qui approche du premier dans l'épaule ; & dans le coude ou dans le genou il y en a un qui approche du second, excepté quelques petites circonstances qui en general n'altérent point la chose, mais qui servent à prouver d'autres choses.

Où est le Méchaniste capable de composer, d'unir ensemble des parties, ou de faire une autre espece d'articulation, qui puisse agir avec une si grande force, qui soit si commode, & si peu sujette à se déranger dans les mouvemens ordinaires ? Nous sçavons qu'un os qui tourneroit sur un autre avec une pointe aiguë, & qui agiroit avec tant soit peu de force ou de violence, ne se soûtiendroit point dans beaucoup d'occasions, & que la pointe risqueroit de se rompre, ou du moins de changer de place. Il auroit été encore impossible qu'un os d'une grosseur ordinaire formât un angle aigu, comme le coude avec l'os du bras ; jamais les deux os n'auroient pû se disposer de cette maniere, l'un par rapport à l'autre, ni être paralleles au corps de l'homme, comme tout le bras se trouve souvent lorsqu'on le laisse descendre à côté du corps, ou qu'on l'éleve pour le placer à côté de la tête. Il en résulteroit encore d'autres inconveniens, outre ceux qui arriveroient dans les animaux, si les articulations se faisoient de quelqu'autre maniere.

Pour prévenir tout cela, pouvoit-on se servir d'une articulation plus sûre pour faire par deux os tant de différens mouvemens, que celle qu'on représente dans la planche v. fig. 5 ? Elle ne se fait point par le moyen d'une pointe, qui auroit pû

L'EXISTENCE DE DIEU.

se rompre facilement, mais par le moyen d'un centre I que vous devez supposer dans le milieu de l'éminence spherique CDEFA de l'os AB; ou, si elle est cylindrique, c'est autour de la ligne qui passe selon sa longueur par son centre, & don tI est l'extrémité, ainsi que cela arrive dans nos articulations.

L'insertion des tendons.

Supposons 1° que AB & FG dans la planche v. fig. 6. soient deux os articulez ensemble dans AF; & que, si l'on vouloit ployer l'os AB dans H, l'on se servît pour cela de l'effort & de la contraction du muscle DRE qui s'attache à l'endroit immobile D, & qui agit comme celui qui meut l'avant-bras, en ployant la jointure du coude; supposons encore en second lieu, que le tendon de ce muscle s'insere dans E, ou tout auprès de la main à l'extrémité de l'os AB, dans ce cas-là il nous sera facile de ployer les deux os en contractant le muscle DE dans l'articulation AF: mais si l'os AB est porté à l'endroit AH, dans ce côté-là le muscle DE doit se contracter vers MD; si l'on veut faire approcher davantage la partie H de l'endroit D par le moyen du même muscle, le muscle entier DE qui est à présent en contraction entre DM, perdra en quelque façon sa longueur, & il deviendra rond dans l'épaule D: outre cela, lorsque l'os AB est élevé jusqu'à AH, là peau doit occuper d'autant plus d'espace pour couvrir le triangle AHD, à moins que le muscle ne fût tout nud, comme il est représenté dans cette figure.

Si la même chose arrivoit en beaucoup d'endroits de notre corps, & que les autres muscles qui sont plus gros & situez de la même maniere, dilatassent ainsi la peau; s'ils prenoient une figure ronde en se contractant, la dilatation de la peau qui arriveroit à chaque mouvement, feroit changer de figure à notre corps; & d'abord que cette dilatation cesseroit, & que le muscle auroit repris sa longueur, la peau qui viendroit d'être dilatée, pendroit sur notre corps tout plein de plis ou de rides, car sans cela il lui seroit impossible de prêter assez dans tous les mouvemens de nos muscles.

Il est vrai qu'il semble que l'on auroit pû obvier à cet inconvenient, pour conserver la beauté & la noblesse de la structure du corps humain, car on pouroit placer une bande ou ligament dans R, pour empêcher que le muscle ne s'éloignât de l'os; de sorte que le corps ne s'étendant que

LIVRE I. CHAPITRE VIII.

jusqu'à DR, il n'auroit fallu qu'un long tendon ER qui s'étendît jusqu'à E, & qui s'attachât aussi à l'articulation par le ligament R, comme dans la planche v. fig. 4. où cela se trouve nécessaire, afin que la main ne soit pas chargée d'une trop grande quantité de chair.

Mais dans ce cas-là on ne sçauroit aussi nier que, si tous les tendons étoient attachez à l'extrémité E de l'os AB, planche v. fig. 6. quoiqu'ils fussent retenus par le ligament R, ils n'eussent cependant, à cause de leur longueur, rempli & occupé beaucoup plus de place que dans la situation où ils sont, ce qui auroit été non-seulement inutile, mais auroit encore fait changer de place à quelqu'autre partie.

Je ne dirai point que dans ce cas-là le tendon RE qui seroit parallele aux os GF & AB, ou qui formeroit un angle fort aigu dans E avec l'os AB, n'agiroit qu'avec très-peu de force pour élever l'os (pendant que l'angle seroit si petit) quoiqu'il fût tiré avec beaucoup de violence. Que la chose soit ainsi dans les forces qui tirent obliquement, c'est ce que les Méchanistes n'ignorent point; & il est aisé de le faire voir par une expérience dans la planche v. fig. 7. Si à l'extrémité du levier BC qui peut tourner sur un axe dans C, il y a une force A qui tire selon la ligne oblique BA, elle n'élevera pas si facilement le poids D que lorsque la force tire par une ligne moins oblique BE le même poids; ainsi le muscle, planche v. fig. 6. qui agit dans l'angle DMC sur l'os à l'endroit H, fera peut-être avec la même force huit ou dix fois plus que s'il agissoit dans l'angle DEC.

Qu'on fasse présentement un peu de réfléxion sur la maniere sage dont notre Créateur a inseré les tendons de nos muscles, & sur les grands avantages qu'a cette insertion sur toutes les autres; elle prévient non-seulement tous ces inconveniens, mais elle empêche que les muscles n'occupent point des espaces si considérables qu'ils auroient rempli sans cela, à cause de la longueur excessive de leurs fibres; au lieu que par cette situation ces espaces se trouvent occupez par d'autres parties qui servent à d'autres usages.

C'est dans cette vûë que le Créateur a placé de petites éminences aux extrémitez des os; il les a rendus aussi plus gros dans ces endroits, afin d'inserer les tendons dans les animaux, ou tout auprès des jointures de la maniere suivante.

Suppofons que A B & F G, planche v. fig. 8. foient deux os articulez enfemble dans A F G, & que cette articulation foit mobile dans le point C, & que leurs extrémitez I K A F foient rondes & plus groffes que le corps de l'os, le mufcle D E K I s'infere dans I au-deffus de la groffe éminence de l'os B A; de forte qu'il tourne autour de l'éminence K I, comme une corde autour d'une poulie, s'il eft permis d'en donner une idée fi groffiere.

Les inconveniens que prévient cette infertion du tendon.

Il n'eft pas néceffaire que nous nous donnions beaucoup de peine pour faire voir que de cette maniere on prévient tous les inconveniens dont nous venons de faire mention; car premierement, le tendon étant inferé fur C, planche v. fig. 6. & non dans E, il ne fçauroit jamais faire le triangle M C D, en fe contractant vers D, & il n'a pas befoin par conféquent d'un fi grand efpace ou d'une fi grande dilatation dans la peau pour faire fon mouvement. Secondement, le mufcle D E K I, planche v. fig. 8. s'inferant fur la tête de l'os ou tout auprès, afin de produire un mouvement rapide dans B qui eft l'extrémité de l'os A B, pour faire aller cet os, par éxemple, de B vers M; il n'a qu'à ployer le point I dans un très-petit fegment du cercle K; de-là vient auffi que la contraction du mufcle ne doit être que très-petite, & il n'eft pas néceffaire que tout le mufcle devienne rond: ainfi comme le mufcle ne groffit que fort peu dans fa contraction, la beauté ni la figure de notre corps ne changent point; au lieu que, fi le tendon s'inferoit à l'extrémité de l'os, comme dans E, planche v. fig. 6. notre corps, fuppofé que la même chofe arrivât par tout ailleurs, deviendroit monftrueux. En troifiéme lieu, nous voyons auffi, planche v. fig. 8. que tout l'efpace refte libre depuis I jufqu'à B, fans être rempli par le tendon du mufcle D E K I, & qu'il fert à d'autres ufages. En quatriéme lieu, les Mathématiciens fçavent que, lorfque le mufcle qui eft attaché à l'éminence de l'os F A I K; fait dans K fa fonction de même qu'une corde fur une poulie, la ligne K C qui s'étend depuis le centre C jufqu'à K, fe trouve toûjours de la même longueur, à caufe de la rondeur de l'éminence; ainfi, toutes les fois que le mufcle eft contracté avec la même force, il agit toûjours avec le même dégré de force, lorfqu'il continuë d'élever l'os A B; au lieu qu'il y avoît une grande inégalité dans cette force, comme nous venons de le faire voir dans les planches v. vi. vii. à caufe du changement

LIVRE I. CHAPITRE VIII.

ment de l'obliquité des angles, si l'insertion ne se faisoit pas de cette maniere.

Il est est vrai que le muscle DK, planche v. fig. 8. agissant plus près du centre comme dans la distance CK, & que CB se trouvant plus long, la force du muscle doit être d'autant plus grande que celle du poids; cela semble contredire l'usage des hommes dans les Instrumens qu'ils font, car ils élevent un grand poids avec une petite force; toutes les découvertes qui ont été faites dans la Méchanique, dans toutes les différentes Machines qu'on a inventé pour le mouvement, comme les Balances, les Leviers, les Poulies, les Rouës, les Plans inclinez, les Vis &c. semblent avoir une vûë toute contraire, qui est de lever avec une petite force un poids considerable qu'on attache pour cet effet à la branche la plus courte.

La proportion de la force des muscles avec les fardeaux qu'ils doivent élever.

Mais personne ne sçauroit nier premierement, que par cette disposition qui demande une plus grande force dans les Muscles, on prévient tous ces inconveniens dans le mouvement des muscles.

Secondement, que dans les Instrumens ordinaires de Méchanique qui servent à lever un poids considerable avec une petite force, le mouvement du poids est toûjours beaucoup plus lent que celui de la force, & que s'il falloit lever le même poids avec une plus grande vîtesse, le moyen le plus court, ce seroit d'appliquer la force à la branche la plus courte, & de l'augmenter à proportion, sans qu'on fût obligé d'en augmenter la vélocité, ce qui seroit pourtant nécessaire dans une autre occasion.

Pour achever d'éclaircir cette matiere, imaginons-nous que le muscle DKI, planche v fig. 8. meut l'éminence de la tête de l'os KIAF depuis V jusqu'à K, de cette maniere l'extrémité B s'éleve en même temps jusqu'à M, & elle surpasse par consequent d'autant plus en vélocité l'extrémité V ou I sur laquelle la force du muscle agit, que l'arc BM ou l'os BC surpasse en longueur l'arc KV ou la ligne KC; ainsi le muscle ne se contractera que fort peu, comme cela paroît évident à tous ceux qui examinent cette matiere.

Un homme qui aime à juger de tout sans prévention, peut-il faire un peu de réflexion sur la force prodigieuse dont les muscles ont besoin pour faire leurs mouvemens, & n'être pas persuadé en même tems de la sagesse infinie de notre Créateur?

M

Combien d'actions de graces ne lui devons-nous pas, de ce qu'il a voulu disposer ainsi ces choses? Car en augmentant la force des muscles, il en a rendu l'action aisée & presque insensible, & leurs contractions fort petites; cependant n'est-ce pas une chose surprenante qu'ils fassent mouvoir nos membres avec une vitesse incomparablement plus grande?

CHAPITRE IX.

De la force prodigieuse des Muscles.

Faites venir un Athée, faites venir un Pyrrhonien, faites venir un Mathematicien, un Philosophe, un homme de quelque condition qu'il soit: interrogez-le & demandez-lui comment il peut se faire que des parties aussi tendres que les fibres des muscles, c'est-à-dire, comme celles qui composent la chair des hommes & des bêtes, aient la proprieté ou le pouvoir d'agir, en se contractant avec une force si prodigieuse?

Nous ne disons rien ici qui ne soit réel & positif; nous ne nous servons point d'hyperboles ou de fleurs de Rhétorique pour éxagerer la chose ou pour exciter de l'étonnement: car

Premierement, pourroit-on croire, si la chose n'avoit été démontrée par le fameux Mathématicien M. Borelli, dans les parag. 87, 88, & 127, que lorsqu'un homme leve avec sa bouche un poids de près de deux cens livres avec une corde attachée aux dents machelieres (expérience qui a été faite, selon lui-même, jusqu'à lever trois cens livres) le muscle temporal & le masseter qui agissent dans la mastication, & qui servent dans cette occasion, agissent avec une force de plus de 15000 livres de poids?

Secondement, peut-on voir sans être surpris d'étonnement, que lorsque le coude B du bras AB, tient en équilibre le poids R de cinquante-cinq livres, planche v. fig. 9. le muscle deltoïde DC qui leve le bras dans cette occasion, agit avec une force équivalente à plus de 60000 livres de poids. Voyez Borelli parag. 124. vers la fin.

Troisiémement, si quelqu'un en tenant le bras baissé directement en bas leve un poids de vingt livres avec la troisiéme articulation ou l'extrémité du pouce, ne seroit-il pas surpris

LIVRE I. CHAPITRE IX.

d'apprendre que le muscle qui fléchit le pouce & soûtient ce poids agit avec une force équivalente à plus de 3000 livres? Si quelqu'un doute de cela, il n'a qu'à consulter là-dessus M. Borelli, parag. 86 & 126.

Quatriémement, un homme qui verroit que les muscles fessiers qui composent la plus grande partie des fesses, & qui se meuvent en arriere sur l'extrémité superieure de l'os des hanches, agissent avec une force équivalente à plus de 300000 de poids, lorsqu'ils levent un poids de 65 livres, en étendant horizontalement les os de la jambe & de la cuisse, selon l'expérience de M. Borelli parag. 125. Encore un coup un homme qui voit & qui comprend ceci, doit nécessairement admirer la puissance de son Créateur qui a donné aux muscles une force si prodigieuse. Voyez M. Borelli parag. 125.

Sur-tout si nous ajoûtons en cinquiéme lieu, qu'en calculant la force de tous les muscles qui agissent, lorsqu'un homme se tenant sur ses pieds s'éleve en sautant à la hauteur de deux piés ou environ; si cet homme pese cent cinquante livres, les muscles qui servent dans cette action, agissent avec deux mille fois plus de force, c'est-à-dire, avec une force équivalente à 300000 livres de poids ou environ. Borelli parag. 175 la fait monter plus haut.

En sixieme lieu, le cœur à chaque battement ou contraction durant laquelle il pousse le sang dans les arteres & des arteres dans les veines, agit avec une force équivalente à plus de 100000 livres pesant: voyez encore Borelli parag. 76, p. 11. Nous aimons mieux nous servir de nombres ronds ou entiers en parlant de ces choses, que suivre éxactement ses calculs (qui sont tous d'une longueur très-grande), afin que personne ne se mocque de ces choses admirables & surprenantes: il y a pourtant quelques changemens à faire en tout cela. M. Borelli attribuë aux muscles des usages qu'ils n'ont pas: le deltoïde par éxemple, n'est pas le seul qui éleve le bras, les fessiers ne servent pas aux fonctions qu'il leur donne, mais cela ne touche en rien à la force prodigieuse dont parle cet Auteur.

Quand même la force des muscles seroit en effet plus petite, ne devons-nous pas en être surpris? Ne découvrons-nous pas dans nos Corps la puissance de notre Créateur, qui fait produire des effets si surprenans à une matiere aussi délicate & si fragile que la chair d'un animal, effets qui tendent tous à des fins si régulieres & si sages? Quoi de plus admirable que l'art avec lequel nos articulations se trouvent formées? On y voit des sources d'huile & de lymphe dont nous parlerons plus au long dans un autre endroit, lesquelles afin de faciliter les mouvemens humectent ces endroits & entretiennent la souplesse de ces parties. Mais sur-tout n'avons-nous pas sujet d'être surpris de voir que cette force surprenante nous obéit si promptement dans un si grand nombre de muscles; c'est-à-dire, que ces muscles se meuvent ou restent en repos selon notre volonté? Pouvons-nous voir sans admiration qu'il y en ait d'autres dont le mouvement soit spontanée & indépendant de notre consentement; qu'outre cela les muscles ayent le pouvoir ou la propriété de se contracter, quoique leur mouvement cesse, & que cette force soit balancée par une force contraire, de maniere que les parties de notre corps peuvent aussi garder une juste proportion sans que nous y puissions contribuer en rien; par exemple la bouche reste exactement au milieu du visage, à cause de deux muscles opposez qui la tirent de chaque côté & qui se balancent mutuellement: c'est une chose fort ordinaire, que quand l'un de ces muscles a perdu sa force par quelque maladie, l'autre tombe en convulsion & fait aller la bouche toute d'un côté; sans l'équilibre de ces muscles, le visage seroit privé de sa beauté réguliere & uniforme.

Dans le tems que je travaillois sur cette matiere, un sçavant me fit une objection sur la force des muscles: il me disoit que ce que je venois de dire sur la force des muscles paroîtroit à beaucoup de personnes non-seulement merveilleux, mais même incroïable, puisqu'il est difficile que personne convienne si on ne donne d'autres preuves, qu'un morceau de chair puisse agir avec une force équivalente à des poids si prodigieux. Ainsi pour ne pas donner occasion aux Pyrrhoniens de croire que nous affectons ici de dire plûtôt quelque chose d'extraordinaire, que de véritable, nous avons crû qu'il étoit nécessaire de faire voir en quelque maniere les raisons qui nous servent de fondement dans ce que nous avançons. A la verité il avouoit que j'avois renvoyé ceux qui en douteroient à M. Borelli, mais il disoit que tout le monde n'étoit pas en état de le lire, & qu'il faut être bon Mathématicien pour le bien entendre; & que comme la plûpart ne s'accordent point dans les recherches qu'ils font, les incrédules que nous voulons convaincre, prétendroient par

LIVRE I. CHAPITRE IX.

là éviter la force de cette preuve évidente de la puissance, de la sagesse & de la bonté d'un Dieu.

C'est pourquoi, ajoûtoit-il, il seroit très-utile, de démontrer la force des muscles laquelle surpasse si fort tout ce qu'on en peut croire, & de le faire, s'il étoit possible, d'une maniere qui fût à la portée d'un Lecteur attentif, quoiqu'il ne fût pas bien versé dans les Mathématiques.

Cette raison m'a déterminé a faire la digression suivante, qui peut servir à ceux qui n'ont pas une connoissance fort étendue des Mathématiques, à donner une idée claire des découvertes de Borelli; j'y ai representé la force prodigieuse des muscles d'une maniere aussi claire que j'ai pû, sans y ajoûter ces démonstrations mathématiques, si ennuyeuses pour certaines personnes, & inintelligibles pour d'autres; ceux qui liront ceci, outre la connoissance d'un petit nombre d'Instrumens de Méchanique qui sont communs, n'ont besoin que d'entendre tant soit peu l'usage de la Table des Sinus & la mesure des Triangles Plans rectangles, qu'on peut apprendre avec un bon Maître dans une semaine, ou même en moins de temps, supposé qu'on juge à propos que cette preuve convaincante des perfections de Dieu merite qu'on prenne cette peine. Cependant si quelqu'un n'a pas envie de se donner cette peine, il est le maître de passer par dessus ces démonstrations, & de continuer de lire ce qui suit.

1. Notre dessein est de donner ici une idée claire & distincte de la force prodigieuse des muscles à un esprit d'une capacité ordinaire, & de lui faire comprendre tout ce qui regarde cette force, en le conduisant comme par degrez; pour cet effet nous supposerons que le muscle KDQP planche VI. fig. I. est le deltoïde dont nous avons déja parlé ci-dessus, & dont l'usage est d'élever le bras. *Démonstration de la force des muscles.*

2. Ce muscle, selon Borelli §. 82. est un muscle penniforme, c'est-à-dire, composé de plusieurs muscles qui ressemblent à des plumes, comme HZQL & GVPW.

3. Imaginons-nous ici pour rendre la chose plus claire & plus aisée, que ce muscle n'est composé que de ces deux muscles en forme de plume, HZQL & GVPW.

4. Nous ferons voir dans la suite, comment on calcule la force lorsque le muscle est composé de plusieurs autres muscles plumiformes.

5. Ces muscles sont appellez penniformes, à cause que dans GVPW le tendon mobile DGP reçoit de chaque côté un grand nombre de fibres charnuës, de même que GVPW qui sont arrangées de même que les petites barbes d'une plume d'Oie; elles sont toutes parallelles l'une à l'autre, & attachées au tendon opposé VPW, qui étant immobile, ne sçauroit suivre ou changer de place.

6. Or puisque ces fibres charnuës GV & GW se trouvent attachées dans VW & immobiles; & puisque chacune en particulier doit se contracter par une force, il s'ensuivra qu'elles devront nécessairement se porter toutes ensemble depuis G jusqu'à N.

7. C'est de la même maniere aussi que l'extremité H est tirée vers O dans l'autre muscle plumiforme HZQL par la contraction de toutes les fibres laterales, comme de HZ & HL.

8. Nous voyons que les extremitez HG, ou plûtôt les tendons DH & DG étant poussez jusqu'à O & N, l'extrémité D, & par consequent le tendon DK doivent nécessairement suivre directement, & monter en ligne droite jusqu'à X.

9. Si les forces qui tirent les extrémitez H & G vers Q & P sont égales, les obliquitez ou les angles HDX & GDX doivent certainement être égaux aussi; si on suppose cela comme accordé, ainsi que nous croïons que cela l'est, il s'ensuit qu'il y a une égalité dans le fibres musculaires, non-seulement quant à leurs angles NGM, NGR & OHL, OHZ que ces fibres & les autres forment avec leurs tendons mobiles HQ & GP, mais il y aura même une égalité de forces.

10. Les angles HDX & GDX, de même que VGN & WGN, & dans l'autre muscle ZHO & LHO, qui avec la direction de la force DX qui tire perpendiculairement, forment les directions des forces DG ou DH qui tirent obliquement, & ceux des fibres musculaires GV, GW ou HZ HL avec leurs tendons mobiles, sont des angles ausquels nous donnerons le nom d'angles d'obliquité, afin d'abréger.

11. Continuons: supposons que B soit le coude auquel est attaché le poids T; que BIA soit l'humerus; KEFA la tête ronde de cet os qui peut tourner dans la cavité EF dans l'épaule autour du centre C, & que le tendon DKI qui s'insere dans l'os à l'endroit I, touche la tête de l'os dans K à son extrémité.

LIVRE I. CHAPITRE IX.

12. Cela fait voir que lorsque le tendon D K I est tiré vers X selon la ligne K X, l'os entier I B A tourne autour du centre C, & K se meut vers n, & B vers m; il est clair que le poids T doit s'élever par le moyen de la contraction des deux muscles penniformes.

13. Voilà une description courte de l'action du muscle Deltoïde, lorsqu'il leve le poids T attaché au coude B, ou plûtôt lorsqu'il le met en équilibre.

Pour entrer plus avant dans l'examen de la force des muscles, commençons par le poids T, & ensuite nous passerons aux muscles.

15. Le poids T selon M. Borelli (§. 84.) étoit de 55 livres qui est inclusivement avec le poids du coude, tout le poids qu'on doit soûtenir avec le coude.

16. Le poids T tire en bas l'os du bras B A I, & le tendon I K D le tire en haut par le moyen de la force du muscle DQP.

17. Il est aisé de voir par là que (& c'est ce que nous avons déja observé) ces deux forces résistent ici l'une à l'autre, de même que dans la balance B C K, fig. 2.

18. Nous voyons aussi que les bras de cette balance B C & K C, sont d'une longueur très-inégale.

19. Or tout le monde sçait qu'un poids, comme t, par exemple, qui tire la corde t r D K attachée au bras le plus court C K, doit être beaucoup plus grand que le poids T qui est attaché à la plus longue branche C B, pour être en équilibre avec l'autre.

20. Ainsi nous voyons que par le moyen de ces bras inégaux D C K, la force du muscle D Q P qui tire le bras K C à la place du poids t, doit être plus grande que la pesanteur du poids T, ou de 55 livres.

21. Faisons voir à présent de combien la force de ce muscle doit être superieure au poids T. C'est une regle connuë dans les Méchaniques, que si le poids T & t sont attachez à une balance qui tourne dans C, & dont les bras inégaux forment ou une ligne droite comme dans la planche VI fig. 2. ou un angle dans C, comme dans la planche VI. fig. 3. ils tirent chacun à angles droits le bras de la balance auquel il est attaché; ainsi le poids t qui est attaché au bras le plus court K C, doit pour faire équilibre, surpasser autant de fois en grandeur le poids T attaché à l'autre bras qui est plus long, que ce bras B C surpasse en longueur le plus court B C.

22. Si quelqu'un doute de ceci, on peut l'en convaincre par l'expérience en prenant une balance dont il faut tellement disposer le bras, que sa pesanteur fasse équilibre avec le poids.

23. A présent la regle (21) étant supposée vraye, comme elle paroît l'être selon les apparences, M. Borelli (§. 84.) trouve après une recherche éxacte, que la longueur du coude BC planche VI. fig. 1. depuis B où le poids T est suspendu jusqu'à C, qui est la partie moïenne de la tête de l'os ou de l'articulation, (laquelle longueur BC représente la plus longue branche de la balance), fait quatorze fois celle de KC qui est la moitié de la grosseur de cette tête KEFA, & dont le demi diametre représente la branche la plus courte de la balance.

24. Ainsi selon la regle (21.) le tendon KD qui tire la plus courte branche KC, doit avoir quatorze fois plus de force que le poids T, pour mettre le tout en équilibre. Or le poids T selon l'observation de Borelli (15.) est de 55 livres; donc la force avec laquelle le muscle ou le poids t doit tirer en haut le tendon KD pour garder l'équilibre, est égale à 14 fois 55 ou à 770 livres.

25. Ainsi nous sçavons de combien la force avec laquelle le muscle DQP agit, doit être supérieure au poids T qu'elle éleve uniquement de la Romaine BCK, à cause qu'elle tire la plus courte branche KC.

26. Par éxemple, imaginons-nous que le tendon KD soit continué jusqu'à r, & que le poids t qui est suspendu à une Poulie dans l'endroit r d'où il pend perpendiculairement, & attaché de maniere au tendon KD que la Poulie puisse joüer ou tourner; il est évident que le poids t doit monter à 770 livres, s'il soûtient le poids T, ou s'il fait équilibre avec lui.

27. Mais s'il falloit que deux forces qui agiroient obliquement selon les lignes DG & DH (à la place du poids t qui agit selon la ligne KDR), produisissent une force de 770. livres, nous trouverions que ce mouvement seroit le même que celui que produiroient les deux muscles penniformes HZQL & GVPW, par le moyen de leurs tendons QD & DP.

28. Il est donc clair que les muscles penniformes HZQL & GVPW doivent lever chacun la moitié de 770 livres ou 385 livres; car on convient que les forces de même que les angles d'obliquité HDX & GDX (10) de chaque penniforme, sont égales à celles de l'autre.

29.

LIVRE I. CHAPITRE IX.

29. On trouve encore une autre machine, ou plûtôt une poulie dans la ſtructure des muſcles, ce qui nous fait voir que la force de chaque muſcle penniforme peut exceder 385 livres, 770 tout à la fois; & ils ne ſont redevables de ce ſurcroît de force qu'au changement de la ligne de direction dans la force qui tire ici obliquement par le moyen de deux muſcles ; elle s'écarte en même temps de la ligne droite K D X r, & forme les angles K D G & K D H.

30. Pour prouver ceci, ſuppoſons planche VI. fig. 4. que le poids K de 770 livres ſoit attaché à la corde K D r qui tourne ſur la poulie r, & qui a à ſon autre extrémité un autre poids égal t, c'eſt-à-dire, de 770 livres capable de ſoûtenir le premier poids K.

31. Imaginons-nous à préſent que le poids t ſoit ôté, & qu'on ait mis à ſa place deux autres poids, comme P & Q, les cordes auſquelles ces poids ſont attachez, c'eſt-à-dire, P n D & Q b D roulent autour des poulies n & b, & elles ſont attachées toutes les deux à la corde X D à l'endroit D, & forment les angles n D X & b D X.

32. Il eſt clair que ſi les poids P & Q ſont également peſans, & les angles de leur obliquité (10) G D X & b D X égaux, chacun levera la moitié du poids K qui eſt de 770 livres, c'eſt-à-dire, chacun devra lever 385 livres.

33. C'eſt ce que nous avons déja obſervé au ſujet des deux muſcles penniformes Q Z L & V P W (28.) ſans qu'il y ait aucune différence; on n'a fait que ſubſtituer à la place des deux muſcles penniformes les poids P & Q, pour rendre la démonſtration plus intelligible.

34. Mais une autre vérité très-connuë dans la Méchanique, c'eſt que ſi deux poids égaux P & Q, tiennent en équilibre un troiſiéme poids K par le moyen des cordes qu'on repréſente ici dans la planche VI. fig. 4. & qu'on décrit (81.), chacun de ces deux poids P & Q doit être autant de fois plus peſant que la moitié du poids K ou de 385 livres, à proportion que la ligne D G excede en longueur D X.

35. Il faut obſerver en même temps, que la raiſon des lignes D G & D X (ou la longueur apparente de l'une par rapport à l'autre) ſe trouve en prenant arbitrairement un point, comme X dans la ligne K D, & en tirant de ce point la ligne X G marquée par des points, & formant l'angle droit G X D.

36. Pour sçavoir donc combien de fois les poids P & Q font chacun en particulier plus grands que la moitié du poids K ou 385 livres, il nous suffit de chercher combien de fois la ligne D G est plus longue que D X.

37. On sçaura ceci, si on sçait la longueur de la corde de l'angle d'obliquité G D X (ou le nombre des degrez formez par une ligne soûtendante qui tombe à angles droits dans X, & qui coupe dans les points X ou G, une partie de l'arc d'un cercle qui a son centre dans D; c'est pourquoi ayant trouvé l'angle G D X, l'angle D G X sera d'abord connu; car le triangle étant rectangle, les deux angles G D X & D G X doivent être égaux à un angle droit, ou à l'angle D X G.

38. Après cela (35) tirez la ligne arbitraire d x planche VI. fig. 5. de maniere pourtant qu'elle puisse être divisée en 385 parties par le moyen d'un Compas, & tirez du point x une autre ligne x m qui fait l'angle d x m, tirez du point d encore la ligne d u qui doit couper x m en g, & former avec x d l'angle connu d'obliquité x d g.

39. Alors si vous mesurez la ligne d g avec le Compas, & si vous observez combien il y a de parties de 385. qui composent la ligne d x dans cet exemple dans la ligne d g, nous trouverons dans ce cas-ci que les parties de la ligne d g montent à 442, 4 ou environ. Par là l'on connoîtra que la ligne d x dans la fig. 5. ou D X dans la fig. 4. est à D g ou D G, comme 385 à 442.

40. Ce qui est évident par la regle (34) qui fait voir que le poids P ou Q où chacun de ces poids montera à 442 livres, & qu'ils excederont de beaucoup par conséquent la moitié du poids K qui est de 385 livres. De cette maniere, même ceux qui n'entendent pas les Mathématiques, pourront comprendre ces démonstrations.

41. Mais ceux qui ont fait le moindre progrès dans cette science, & qui n'ont même qu'une connoissance superficielle de la Trigonometrie plane, peuvent sans cette mesure ou sans faire le nouveau triangle rectangle d x g planche VI. fig. 5. avoir recours aux Tables des Sinus, des sécantes & des tangentes, avec la même facilité que si la ligne D X fig. (4.) étoit réellement divisée en 10, 000 000 ; parties; ou s'il n'est pas nécessaire d'une si grande éxactitude, on peut la diviser en tel nombre plus petit qu'on voudra.

LIVRE I. CHAPITRE IX.

42. Car si vous cherchez dans ces Tables la sécante d'un nombre de dégrez pareil à celui que l'angle oblique G D X contient, vous aurez éxactement le nombre des parties qui composent la ligne D G.

43. En comparant les 10.000,000 parties avec le nombre trouvé dans la sécante qui y répond, vous aurez la proportion de D X à D G; c'est-à-dire vous sçaurez combien de fois le nombre des parties de D X excede celui de D X, & par consequent de combien le poids P excede en pesanteur la moitié du poids K.

44. Il paroît par là que comme le rayon où 10.000,000 est à la sécante de l'angle d'obliquité G D X, de même D X est à D G ou *(36)* la moitié du poids K au poids P.

45. Mais pour faire l'application de ceci, Borelli trouve (§. 82.) que les obliquitez que les tendons D G & H D planche vi. fig. 1. forment sur le tendon K D X, c'est-à-dire, les angles X D G & X D H sont égaux chacun à 30 degrez ; & la sécante de 30 dégrez, comme il paroît par les Tables que je viens de citer, est de 11,547,005.

46. mais comme il y a un inconvenient dans la grandeur de ces nombres, & que ce calcul ne semble pas demander une si grande exactitude, on peut assez bien exprimer ce qu'on cherche, quoiqu'on retranche autant de lettres ou de chiffres de chacun de ces nombres (sçavoir 100.000,00 & 11.547,005) qu'on le jugera convenable : si de cinq chiffres on en laisse un à part, la proportion 100 & 115 qui restera exprimera la chose d'une maniere assez claire : ainsi s'il falloit diviser D X en 100 parties, D G excedera autant D X, que 115 excedera 100.

47. Supposons que la chose soit ainsi : ces 100 parties ou le rayon selon (34.) sont à 115. ou la sécante de 30 degrez (ou D X à D G) comme 385 livres, ou la moitié du poids perpendiculaire K à 442 livres, ou au poids oblique suspendu P. planche vi. fig. 4.

Voici le tout en peu de mots; D X, G D, $\frac{K}{1}$ P, ou bien en nombres, 100 : 115 : 385 : 442.

48. Le poids P représente la force du muscle penniforme G V, P W planche vi. fig. 1. qui doit être par consequent de 442 livres.

49. Ainsi nous voyons comment la force musculaire qui se trouvoit augmentée auparavant (24 & 25,) à mesure que le

bras de la balance étoit plus court, augmente encore ici par l'obliquité des deux directions qui tendent vers D G & vers D H; sçavoir, de 385 à 442 livres.

50. Ainsi supposé que le tendon D P s'allongeât jusqu'à s & qu'il se mût autour d'une Poulie, il faudroit qu'il tînt suspendu le poids q; il faudroit aussi qu'un autre poids de même grosseur tirât le tendon D Q, afin qu'en faisant tous les deux ensemble un poids de 884 livres, ils pussent lever directement ou perpendiculairement le tendon D K par le moyen de leurs directions obliques, dont la force, selon la direction D X, est seulement égale à 770 livres.

51. Mais si outre cela nous ôtions le poids q comme auparavant, & si on levoit le tendon D G selon la direction D P avec la même force de 442 livres par le moyen de deux forces qui agiroient obliquement selon G V & G W.

52. On trouve encore ici les mêmes machines ou poulies que cy-devant (29 &c.) planche VI. fig. 4. avec les mêmes proprietez dans les circonstances.

53. Et il s'ensuit (32 & 33) que les forces S V & G W agissant selon (planche VI. fig. 1.), elles devront lever chacune jusqu'à la moitié de 442 ou 221 livres.

54. Il s'ensuit aussi que la force G W pour agir comme nous venons de dire, doit surpasser autant de fois le poids de 221 livres, ou la moitié du poids q, que G W surpasse G S en longueur supposant encore (35) que G S W est un angle droit.

55. On trouvera les proportions des lignes G S & G W, si on connoît l'angle d'obliquité S G W, de la même maniere que nous venons de faire voir cy-dessus, depuis la proposition 35 jusqu'à 44.

56. C'est-à-dire, (par la regle 44.) comme le rayon ou 100,000 est à la sécante de l'angle d'obliquité S G W (ou par la regle 34.); de même aussi la moitié de 242 ou 221 livres, est à la force qui doit agir selon G W.

57. A présent pour découvrir la puissance de cette derniere force, Borelli trouve (§. 82), que l'angle d'obliquité S G W formé par la contraction des fibres charnuës G W avec leur tendon mobile G P, est un angle de huit degrez dont la secante (en ôtant les deux derniers chiffres), paroît être selon les Tables 100, 982, 58.

58. Ainsi selon la 47 comme 100,000 où le radius est à la

LIVRE I. CHAPITRE IX.

sécante de huit degrez ou 100, 982, de même la force de 221 livres qui tire directement, est à 223 livres ou la force qui tire obliquement selon G W, lorsqu'elle leve le poids de 221 livres perpendiculairement selon la direction G S.

Voici la chose d'une maniere plus courte : 100000 : 100982 : 221 : 223.

59. Par consequent la fibre charnuë GW agit avec une force de 223 livres dans ce cas-ci, lorsqu'elle agit toute seule, & lorsque le muscle penniforme G V P W agit, il n'a pas plus de force que cette seule fibre mobile G W de ce côté-ci.

60. Nous supposerons que la chose est en effet de la sorte, afin de la rendre plus intelligible aux personnes qui ne sont pas versées dans ces matieres ; & après cela nous ferons voir en peu de mots, ce qui arriveroit si dans chaque moitié GPW du muscle penniforme, il y avoit autant de fibres qu'on pourroit encore y en imaginer.

61. En même temps, comme selon cette supposition il y a deux muscles penniformes, par exemple G V P W & H Z Q L qui composent le muscle deltoïde ; & comme chaque muscle penniforme a deux côtés dont chacun (59) agit avec une force séparée de 223 livres, & ensemble avec une force de 446 livres, c'est-là la force de tout le muscle penniforme G V P W.

62. Ainsi tout le muscle deltoïde étant composé de deux muscles penniformes ou de quatre moitiez de penniforme, nous voyons par la force de la balance B C K (25), qu'il soûtient avec le premier plan oblique des fibres musculaires GV GW & HZ, HL, une force ou un poids de quatre fois 223 livres, ou de 892 livres.

De sorte que si au lieu de la force de chaque fibre charnuë G W &c. on attachoit à chacune un poids P. de 223 livres ; quatre poids comme celui-là doivent agir avec la même force que les quatre côtez des deux muscles penniformes, & ainsi le poids T qui est attaché au coude B se trouveroit en équilibre.

63. Mais allons plus loin : examinons de combien la force des muscles peut augmenter par le moyen de la structure des fibres charnuës G V, G W, Z H, H L &c. qui sont mobiles, & par le tissu des muscles mêmes.

64. Nous trouvons, après une recherche des plus éxactes, que les fibres musculaires W G (planche VI. fig. 1.) ont plusieurs

petites cavitez qui dans le temps que les fibres sont allongées comme ABCDE (planche VII. fig. 1.) forment des lignes droites; mais lorsque la force qui allongeoit ces fibres vient à cesser, ces interstices ou cavitez paroissent circulaires, comme w g &c. ou G M W, planche VI. fig. 1.

65. Si à présent par le moyen de la fibre W G, qui est immobile dans G, il falloit lever le poids T qu'elle tient suspendu, il est clair que de quelque force qu'on se serve, la grosseur ou l'épaisseur de ladite fibre augmentera, & la longueur devra en même temps diminuer nécessairement.

En sorte que les parties ABCDE (fig. 1. planche VII.) étant dilatées ou élargies, prennent les figures a b c d e: cela fait voir clairement que les fibres W G se raccourcissent, sçavoir depuis W G jusqu'à w g, & le poids T s'éleve en même temps jusqu'à t.

66. Ce gonflement des fibres qui composent le corps du muscle, est fort sensible en beaucoup d'endroits dans notre corps, & dans beaucoup de muscles en particulier qui se contractent dans l'exercice de leurs fonctions.

L'on n'a qu'à empoigner avec une main le bras au-dessous du coude précisément, l'on s'appercevra bientôt que les muscles du bras se gonflent & se contractent lorsqu'on ouvre & qu'on ferme les doigts de la main.

67. Sçavoir, si la figure de ces petits interstices ou cavitez ABDDE (planche VII. fig. 1.) est ronde comme a b c d e, ou si on peut les supposer quarrées comme a b c d e pour pouvoir mieux déterminer leur action lorsqu'elles agissent avec d'autres fibres; c'est une chose que nous ne déciderons pas ici, elle est étrangere à notre sujet.

68. Nous n'éxaminons pas ici non plus la maniere ni les causes qui élargissent les cavitez A B C &c. ni comment elles prennent la figure de a b c, &c. Nous laissons à un chacun la liberté d'en penser ce que bon lui semble, jusqu'à ce qu'on ait donné une démonstration claire & incontestable.

69. Ce qui est certain, c'est que chaque fibre charnuë, comme W G, est composée d'un grand nombre de machines semblables à A B C D E, & qu'elles se gonflent & se racourcissent toutes dans le mouvement.

70. Cela se voit par l'expérience que nous avons rapportée ci-dessus (66), il ne reste donc qu'à faire voir ces petites machi-

LIVRE I. CHAPITRE IX.

nes a, b, c, d, e, f &c. (planche VII. fig. 2.) il y en a beaucoup dans chaque fibre a p, où il arrive une contraction, (& où la grosseur doit par conséquent augmenter), & elles sont d'une petitesse extrême.

71. Supposons dans la planche VII. fig. 3. que a e soit une fibre pleine de cavitez, qui dans sa plus grande étenduë s'allonge jusqu'à e, ou bien qui est de la longueur a e le poids q étant attaché à son tendon, il se tient en équilibre; mais d'abord que a e se contracte jusqu'à a d, le poids q s'éleve jusqu'à P.

72. Si on imagine que cette fibre a e n'ait qu'une seule machine ou vesicule, sçavoir a b c d, elle pourroit lever le poids q jusqu'à P; parce que la ligne a e se contracteroit par ce moïen toûjours jusqu'à a d.

73. Mais ceci ne répond pas au mouvement des fibres musculaires. Premierement, à cause que lorsque la machine a e est si longue, la grosseur b c seroit incomparablement plus grande qu'elle ne l'est à présent pendant la contraction des muscles.

74. Car si une double fibre a e avoit deux pouces de longueur, comme durant sa contraction ou son gonflement, elle devroit prendre la figure circulaire a b c d, ce cercle auroit quatre pouces & son diametre b c plus d'un pouce un quart; ce qui est une chose évidente pour ceux qui sçavent que la circonference est à son diametre, comme 22 à 7 ou environ.

75. Nous avons mieux aimé représenter ici une fibre allongée par une longue ligne, & une fibre contractée par un cercle, que par un conduit & par un globe avec lequel elle a plus de conformité, à cause que nous voulons rendre la chose aussi intelligible qu'il est possible.

76. Secondement, si toute la fibre n'étoit qu'une seule de ces machines comme a b c d, & qu'on la coupât en travers dans b c, la fibre ne seroit plus en état de se contracter ou d'agir, de sorte qu'elle ne sçauroit jamais s'approcher ou se retirer vers a, sur-tout si la contraction se fait en remplissant la machine, ou par la raréfaction de quelque matiere contenuë dans la petite vesicule; mais dans un muscle coupé en travers, l'expérience fait voir que ces fibres se contractent, même lorsqu'elles sont coupées par morceaux.

77. Si la fibre étoit composée de deux machines a k g m &

g h d i, qui fuſſent ſéparées l'une de l'autre dans b c à travers g, la premierè machine ſe contracteroit du côté a, & la ſeconde du côté d.

78. Mais ſi on les ſéparoit dans k m, la partie a k m étant coupée, en travers, elle ne ſeroit point en état de ſe contracter vers a; pour ne rien dire de la trop grande groſſeur de k m (comme nous l'avons déja obſervé ci-devant au ſujet de b c) car ceci ſeroit également contradictoire à l'experience de même que l'autre.

79. Cela nous apprend, que (planche VII. fig. 2.) lorſque la fibre eſt coupée en travers dans b ou g, ou k ou l ou en quelque endroit que ce ſoit, chaque partie ſe retire vers le tendon auquel elle eſt attachée, c'eſt-à-dire, vers a & vers p, par éxemple, ſi la fibre eſt coupée dans g, les machines ou veſicules qui ſont entre a & f ſe retirent vers a, & celles qui ſont entre g & l vers p: nous voyons auſſi que l'inciſion qu'on fait dans un muſcle, eſt plus large que le couteau qui l'a faite.

80. De-là nous pouvons conclure, qu'à chaque côté de l'inciſion, ſoit dans g b ou ailleurs, il doit reſter quelques veſicules ou machines entieres qui ont la faculté de ſe contracter malgré la ſéparation, & c'eſt ce qui fait que les fibres ſe retirent en dedans lorſqu'elles ſont coupées en travers, en quelque endroit que ce ſoit.

81. Car ſi un côté étoit dépourvû de ces machines en ſorte qu'il n'y en eût aucune qui n'eût été coupée, il s'enſuivroit que ce côté-là ne pourroit pas contenir la matiere qui eſt la cauſe du gonflement de la fibre, & il n'auroit par conſéquent aucune force qui pût pouſſer la fibre vers ſon tendon.

82. Mais comme il eſt preſque impoſſible de couper une fibre en travers ſi près de a ou de p (c'eſt-à-dire, dans m ou n) ſans que les parties ſe retiraſſent de chaque côté vers leurs tendons comme l'expérience nous le montre, que ces partie ſoient longues ou courtes.

83. Il s'enſuit donc que quelque petite que ſoit la partie, par éxemple comme a & l qui ſe trouve ſéparée du reſte de la fibre, parce qu'elle ſe retire, elle doit néceſſairement contenir quelques-unes de ces machines qui ſoient entieres, du moins une ſeule.

84. Nous pouvons par conſéquent inférer de là, que les machines dont les fibres ſont compoſées, doivent toûjours être

chacune

LIVRE I. CHAPITRE IX.

chacune en son particulier plus petite que la partie coupée, & par conséquent d'une petitesse prodigieuse.

85. Il s'ensuit de-là donc que le nombre de ces vesicules doit être en même temps très-grand, si la fibre est d'une longueur un peu considérable.

86. Borelli qui peut satisfaire le Lecteur au sujet du nombre & de la petitesse de ces machines admirables, §. 115. dit que puisque chaque fibre est plus petite qu'un cheveu; chaque cavité A B C D E, planche VII. fig. 1. qui en se contractant forme une machine a b c d e, doit être plus petite que ce cheveu.

87. Or si chaque fibre est aussi large que longue, chaque fibre en contiendra autant selon sa longueur, qu'on pourroit placer de cheveux en travers sur ladite fibre selon toute sa longueur.

88. Mais selon le calcul du même Borelli, §. *ibid.* cinquante fibres placées à côté l'une de l'autre, ne font pas un espace d'un pouce de largeur.

89. Ainsi selon ce calcul, il faut cinquante de ces machines pour composer un morceau de fibre de la longueur d'un pouce.

90. Mais pour ne pas se tromper, & de crainte d'éxagerer la chose, cet Auteur n'en suppose pas plus de vingt dans son calcul, pour chaque morceau de fibre de la longueur d'un pouce.

91. Nous pouvons lui accorder sans rien craindre ce calcul, parce que si quelqu'un s'imagine qu'il vaut mieux ne pas supposer ces fibres aussi longues que larges, on pourra admettre ses conjectures; car de cette maniere la longueur de ces machines excedera leur largeur de $\frac{1}{2}$, c'est-à-dire, elles seront plus de trois fois aussi longues que larges.

92. Revenons à présent à la force des muscles, il paroît qu'il y a dans chaque fibre un nouvel instrument dont la structure paroît être telle que nous l'allons décrire.

Premierement, nous voyons dans la planche VII. fig. 1. une grande machine W G, composée de plusieurs petites machines, comme A B C D E, &c.

Secondement, elles sont faites de maniere, que chaque petite machine A ou B venant à se contracter par le moyen d'une force particuliere, elles forment par leur dilatation des cercles, ou des quarrez, ou d'autres figures, comme dans A & B &c. ou des machines d'une autre forme, comme dans a ou b &c. par là elles contribuent chacune de son côté à soulever le poids T.

En troisiéme lieu, ces machines étant jointes ou enchaînées les unes avec les autres dans a, b; c, &c. elles s'aident mutuellement lorsqu'il s'agit de lever le poids dont nous venons de parler.

En quatriéme lieu, lorsque la machine w g est composée de plus ou moins de ces petites machines, comme a, b, c, &c. qui agissent ici tout à la fois, le poids T doit être élevé à proportion à une hauteur plus ou moins grande, selon que le nombre des machines se trouve plus ou moins grand, & par consequent le même poids T sera mû avec plus ou moins de vitesse : par éxemple, s'il y a dix fois autant de petites machines qui se contractent, le poids T s'élevera dix fois plus haut, & en même tems il aura dix fois plus de vîtesse.

93. Toutes ces proprietez qui sont une suite nécessaire de la structure du muscle, sont d'une si grande utilité & si nécessaires pour bien entendre les mouvemens des muscles, que nous tâcherons de les démontrer par le moyen d'une machine que les Méchaniciens appliquent à d'autres usages, & qui semble avoir assez de ressemblance avec la nature & l'usage des muscles en géneral, & qui dumoins est la plus propre à éclaircir cette matiere.

94. Supposons donc une machine, planche VII. fig. 4. dans laquelle le poids T est attaché à une corde qui tourne autour des poulies 1 a, 2 a, &c. & 1, 2b, &c. de la maniere décrite dans la figure, & qui va se terminer & s'attacher au clou d. Qu'ensuite chaque poulie dans 1b, 2b, 3b, 4b, tienne suspendu un poids égal g h m n, & que ces quatre poids égaux en pressant ensemble en bas, élevent le poids T & le tiennent en équilibre.

95. Cette machine composée de poulies, peut nous faire voir les mêmes phénoménes que nous avons démontré dans les fibres des machines (92) comme elle est formee de plusieurs petites poulies, chacune contribuë de son côté par sa propre force à lever le poids t : comme toutes ces poulies sont unies ensemble, elles joignent leurs forces & s'aident mutuellement l'une à l'autre.

96. Car si la corde ne commence que dans t, & si elle passe par dessus 1 a, 1b, & qu'elle se termine dans e où elle soit attachée à un clou, nous aurons une machine qui n'agissant que par la seule force de g, leve le poids T ; & si la corde continue depuis le clou e sur les poulies 2a, 2b, & qu'elle aille s'attacher à un autre clou f, ce sera une seconde machine qui agira par la force h, laquelle étant jointe à la premiere, aidera à lever le poids T.

LIVRE I. CHAPITRE IX.

97. Si on multiplie ces machines & ces poids en continuant la corde plus loin par dessus les poulies 3a, & 3b jusqu'à i, & de là par dessus 4a, & 4b jusqu'à d ainsi de suite; enfin si on attache à chacune un poids particulier, comme m & n, nous aurons une grande machine composée de toutes ces petites machines, dans laquelle on trouvera les trois premieres choses exprimées dans la proposit. 92. & répetées dans la proposit. 95.

98. Nous voyons aussi que la quatriéme chose qui a été décrite dans la prop. 92. & qui paroît être d'une très-grande importance dans la démonstration de la force musculaire, trouve ici quelque chose qui lui ressemble parfaitement, c'est-à-dire, qu'à mesure qu'on multiplie les petites machines, on augmente à proportion la velocité avec laquelle le poids T est levé.

99. Ceci ne demande pour être compris que de l'attention, il n'est pas nécessaire d'y joindre une démonstration; car si g agit tout seul sur la premiere machine qu'on suppose se terminer dans e, (96) & que le centre de la poulie 1b qui étoit en premier lieu dans r, descende dans 1b, de sorte qu'on ajoûte deux fois 1 b r à sa longueur dans un espace de temps déterminé : (par exemple supposons que dans l'espace d'un battement d'artere ou d'une seconde, le poids t soit levé jusqu'à T) dans le même espace de temps, la hauteur t T est égale à deux fois 1b r.

La poulie 1 b ayant descendu depuis r jusqu'à 1 b, toute la corde 1 a, 1 b, e, passe dans la poulie 1a, & cette corde retient, comme nous voyons de chaque côté, (sçavoir du côté 1 a, 1b & du côté 1 b e) la longueur 1 b r, & c'est par conséquent deux fois la longueur 1 b r.

A présent à proportion de la longueur de la corde qui passe dans la poulie 1 a, le poids t devra monter depuis t jusqu'à T, ce qui fera nécessairement deux fois la longueur 1b r.

100. Si à la premiere machine nous en joignons une seconde dont la corde se termine au clou f avec son poids h, il est aisé d'inferer (96) que lorsque les deux forces g & h concourent dans leur action à tirer en bas les poulies 1b & 2b depuis r & r qui surpassent dans ce cas-ci la longueur de 1 b r ou 2 b r qui ne different point : il est, dis-je, aisé d'inferer que la longueur 1 b r passe quatre fois dans la poulie 1a exactement dans le même espace de temps, comme on le peut voir par les quatre cordes A B C D, & que par conséquent le poids t s'éleve jusqu'à T qui est la hauteur 1br multipliée par 4 dans le même espace de temps.

O ij

101. Si on multiplie encore ces machines & les forces m n,&c. & qu'on tire tous les poids ensemble dans une seconde, il est évident que le poids t selon le nombre des machines, doit toûjours monter plus haut dans le même espace de temps, & se mouvoir par consequent avec une plus grande velocité.

Ainsi ce que nous avons dit (92) concernant la force des fibres musculaires, se trouve encore démontré dans cette machine.

102. Supposé donc que cette machine composée de poulies agisse de la maniere que nous disons, voici les proprietez qu'elle doit avoir, & qui ne sont pas ignorées de ceux qui sont versez dans les Méchaniques.

Premierement, quand nous prendrions un plus grand nombre de petites machines ou poulies avec les poids g h m n qui les tirent, & que nous les joindrions ensemble, elles ne pourroient pas lever ou mettre en équilibre un plus grand poids que t ou T, tandis que g agissant tout seul, pourroit l'y mettre.

En second lieu, la velocité avec laquelle le poids t monte jusqu'à T, augmentera à proportion par la multiplication de ces poulies, c'est-à-dire, à mesure que le nombre des poulies augmentera, le poids montera à proportion plus vîte jusqu'à T.

103. Pour prouver ceci, supposons que les poids T T en tombant vers t t, tirent en dedans par leur pesanteur les poulies 4b, 3b, 2b, 1b (planche VII. fig. 5.) vers r, r, r, r, de sorte que les Poulies de chaque côté, sçavoir, 1 a, 2 a, 3 a, 4 a puissent être dans la même ligne droite commune d Q indifferemment égales aux autres 1b, 2b, 3b, 4b; la ligne droite r, r, r, r passant directement dans le centre 1 a, de là dans le centre de 1b, &c ainsi du reste; alors il faut concevoir que la fibre musculaire d Q est étenduë selon toute sa longueur, & qu'elle est par conséquent sans action, & chaque petit espace d d R R, R R S S, S S B B, & B B Q Q representera parfaitement les petites machines ou vesicules de la fibre qui est en repos.

Mais si le côté d R s'étend de deux côtés vers d D R, l'espace d D R R D d représentera en quelque façon les petites machines d'une fibre musculaire gonflée dans le tems de son action, à cause que la corde qui soûtient le poids T T se racourcit en même temps en dessous à proportion qu'elle s'éleve par le moïen du gonflement; cela nous donne une idée en gros de l'action des fibres.

LIVRE I. CHAPITRE IX.

104. Puifque les proprietez que nous avons rapportées (102.) peuvent parfaitement bien s'appliquer à cette machine compofée de poulies, auffi bien qu'à chaque fibre que nous avons voulu repréfenter par le moïen de ces poulies, nous pourrions faire ici une application de la fixiéme obfervation.

105. Il s'agit de fupputer la force d'une fibre charnuë; pour cet effet nous devons, felon ce que nous avons déja prouvé, multiplier la force d'une feule machine, de quelque fibre que ce foit, par le nombre de toutes les petites machines de la même fibre.

106. Selon le calcul de Borelli (§. 124.) les fibres charnuës du mufcle deltoïde, planche VI. fig. 1. ont chacune deux pouces de lôngueur, comme G W.

107. Et felon la prop. 90. chaque pouce contient 20 petites machines; on n'en a marqué ici que cinq pour fervir d'éxemple dans la fibre G W; toute la mufculaire G W étant de deux pouces, contient par conféquent quarante de ces petits cercles, ou plûtôt globes.

108. Ces petites machines rondes G M (59) ont chacune une force équivalente à 223 livres, lorfqu'elles levent le poids T ou un poids de 55 livres qui eft attaché au coude, parce que par les prop. 102. & 104. une feule machine G M peut agir avec autant de force que quarante en faifant équilibre.

109. Ainfi en multipliant la force de 223 livres (qui eft celle d'une feule machine G M) par 40 ou par le nombre des petites machines qui fe trouvent dans chaque fibre du deltoïde, nous découvrons la force de toute la fibre mufculaire G W, qui eft de 40 fois 223 ou 8920. livres.

110. Or aïant fuppofé que le deltoïde eft compofé de deux mufcles penniformes qui contiennent chacun deux plans diftincts de fibres, comme G V P & G P W dans le mufcle G V P W, & H Q Z & H Q L dans l'autre mufcle penniforme H Z Q L, il nous faut multiplier (109.) dans ces quatre plans qui font repréfentez ici par une fimple * fibre G W la fomme de 8920 par 4 pour trouver la force du mufcle deltoïde tout entier, dont la force fera égale à 35680 livres.

* Voyez prop. 102. où une feule machine tient le poids T en équilibre, & 100 machines n'en feroient pas plus.

111. Or quoique ceci prouve dans ce mufcle une force fi prodigieufe qui paroîtra incroïable à une perfonne qui ne concevroit pas la démonftration; & quoique cette force foit plus que fuffifante pour notre deffein, nous y joindrons pourtant

la démonstration par laquelle Borelli fait voir la nécessité qu'il y a de doubler cette force.

112. Les personnes versées dans la Méchanique, sçavent fort bien qu'une corde K T dont une des extrémitez (planche VI. fig. 6.) qui soûtient le poids K, & l'autre extrémité est attachée à un clou T qui la rend immobile dans cet endroit, soûtient, en soûtenant uniquement le poids K, un poids aussi grand, que si elle portoit le double du poids K.

113. Ceci est tout-à-fait évident, parce que si le clou T en retenant la corde K T, contribuë autant à l'augmentation de sa force, que si elle avoit un autre poids m égal à K en pesanteur & attaché à l'autre extrémité qu'on suppose rouler sur la poulie r; car il est aisé de voir que ce dernier poids K se trouve aussi bien équilibre par le moyen du clou T, que par un autre poids m qui lui seroit égal.

114. Ceux qui souhaitent de voir cette matiere démontrée plus au long, peuvent consulter Borelli *De motu Animalium*, dans le 10ᵉ chapitre de la premiere partie; cela suffira pour notre dessein, pourvû que ces matieres soient intelligibles en faveur de ceux qui ne sont pas fort versez dans les Mathématiques.

115. Faisons présentement une application de ceci aux muscles (planche VI. fig. 1.) Il est clair par ce que nous venons de dire, que les muscles dont nous avons donné la description, représentent une espece de machine composée de poulies, les fibres G V, G W, Z H, H L étant attachées par un bout aux tendons V P W & Z Q L qui sont adhérans aux os, leur insertion est immobile, aussi bien que les extrémitez des cordes qui s'attachent aux cloux d d, tandis que les autres extrémitez mobiles, de même que celles des fibres G V, G W, Z A, H L, agissent chacune avec une force (62.) égale à 223 livres, ou ce qui revient au même, la force de chaque extrémité mobile est égale au poids q, qu'on suppose être de 223 livres: mais si ces quatre fibres agissent tout à la fois, elles soûtiendront un poids 892 livres.

116. Si suivant la prop. 112. on double cette force, la force du deltoïde, selon la position de ses fibres, montera à 446 livres; & si les forces des quatre agissent tout à la fois, elle montera à 1784 livres, sans compter la multiplication de ce nombre par 40 dont nous allons parler, & dont nous avons déja dit quelque chose prop. 63.

LIVRE I. CHAPITRE IX.

117. Et comme jufqu'ici nous avons fuppofé dans ces démonftrations, que chaque fibre eft pourvûe d'une ou de plufieurs veficules, comme G M, & que felon les prop. 102. & 104. une de ces veficules, par exemple G M, peut foûtenir un poids auffi grand que les quatre veficules dont toute la fibre G W eft compofée; on voit par là que la force de chaque veficule étant égale, nous devons pour calculer ou fupputer la force totale de tout le mufcle deltoïde, (ou des quatre fibres-mufculaires qui le compofent) multiplier le nombre 1784 par 40 ou par le nombre des veficules de chaque fibre; & le produit fera 71360 livres, ce qui eft la force avec laquelle felon les prop. 102. & 104. le deltoïde eft capable d'agir.

118. Ceci (planche VI. fig. 1.) peut auffi fervir en quelque façon à démontrer par les principes précedens, la force des mufcles feffiers, lorfqu'ils agiffent pour lever des poids attachez au talon.

119. Le grand feffier qui eft le mufcle dont nous allons parler, eft, felon Borelli (§. 83.), compofé de même que le deltoïde, d'autres petits mufcles penniformes.

120. Suppofons que B foit le talon, d le genou; K E F A la tête du femur, & que le poids qu'on doit lever avec le talon, foit felon Borelli de 65 livres.

121. Il eft aifé de voir que la peau & l'os de la cuiffe tout enfemble (qui font reprefentez par B C), comprennent en longueur 31 fois le demi diametre de K C ou de la tête du femur.

122. S'il falloit à préfent établir un équilibre entre le tendon D K I & le poids T, ledit tendon ne fçauroit s'élever jufqu'à X, fans une force égale à 31 fois 65 ou à 2015 livres.

123. Et fi c'eft les deux tendons D H & D G qui doivent agir avec cette force, il eft fûr que la force d'un chacun foûtiendra non-feulement la moitié de 2015 livres, mais même qu'il excedera cette moitié ou 1007 $\frac{1}{2}$ autant que D G excedera D X en longueur.

124. Mais Borelli dit (§. 83.) que les angles d'obliquité X D G & X D H font chacun de 45 dégrez.

125. Il s'enfuit de là (par les tables des Sinus, & en retranchant les cinq derniers chiffres), que comme le rayon 100 eft à la fécante de 45 dégrez 141, de même 1007 $\frac{1}{2}$ eft à 1420 livres.

126. De forte que les tendons D G & D H étant tirez obliquement, doivent agir chacun de même que s'il étoit queftion

d'elever un poids de 1420 livres, comme D P ou D Q avec la poulie P, autrement leur force ne feroit pas égale au poids qui tire K D felon la direction de la ligne K X.

127. Outre cela, il y a dans D G deux autres fibres obliques G W & G V, qui en agiffant de la même maniere avec les précedentes, auront chacune une force capable de lever la moitié de 1420, c'eſt-à-dire, 710 livres qui pefent perpendiculairement felon la direction G P.

128. Mais comme elles tirent obliquement, la force qui tire felon la direction de G W excedera autant de fois 710 livres, que G W excede G S en longueur.

129. Selon le §. 83 de Borelli, l'obliquité de cet angle eft de 8 dégrez.

130. Ainfi felon la prop. 58. comme le rayon 100000 eft à la fecante de 8 degrez, 100952 :: de même 710 :: eft à 716 $\frac{9}{10}$ livres.

131. C'eſt pourquoi chaque fibre G W qui repréfente ici le côté entier G P W de ce mufcle penniforme, doit dans le cas préfent lever un poids de 716 $\frac{9}{10}$ livres.

132. D'ailleurs felon la fupputation de Borelli (§. 125.) chaque fibre eft longue de trois pouces, elles contiennent par confequent chacune 60 veficules.

133. Qu'on multiplie 716 $\frac{9}{10}$ (qui eft la force trouvée felon la prop. 130.) par 60.

134. Le produit de 716 $\frac{9}{10}$ multiplié par 60, c'eſt-à-dire, 43014 livres eft égal à la force avec laquelle la feule fibre mufculaire G W (ou même le côté entier d'un mufcle penniforme, auquel o fuppofe cette fibre égale), agit en levant un poids.

135. Suppofons qu'on nous ait accordé que le mufcle DQP eſt compofé de deux mufcles penniformes G W P V, & H L Q Z qui ont quatre côtez, il s'enfuivra que la force de ces mufcles qui agiffent enfemble (par le moyen de leurs côtez ou de leurs fibres G W), eft égale à quatre fois 43014 ou 172056 livres.

136. Mais comme ce mufcle eft adhérant à un os par une extrémité, c'eſt-à-dire, par fon tendon immobile qui s'attache à l'os; comme fi c'étoit à un clou T (planche vi. fig. 6.) fon extrémité eft mobile & en état de lever un poids comme K; il faut par confequent doubler encore cette force, parce que ce mufcle étant attaché par une extrémité, fouffre un auſſi grand effort, que fi fon autre extrémité foûtenoit un autre poids égal fur une poulie.

LIVRE I. CHAPITRE IX.

137. Ainsi en doublant 172056 (qui est la grande force de ce muscle), nous trouvons que 344112 livres répondent à la force avec laquelle le grand fessier peut agir dans ses fonctions.

138. Nous croyons que ceci suffit pour donner une idée generale de ces matieres; si on souhaite de les voir traitées d'une maniere plus éxacte & plus détaillée, on n'a qu'à lire le livre de M. Borelli que nous avons cité. Nous avons été plus courts en rapportant l'éxemple du grand fessier, ayant crû qu'il seroit inutile de se donner la peine de repeter mot à mot ce qui vient d'être démontré plus au long, au sujet du deltoïde.

139. Nous pourrions finir la démonstration de la force des muscles, s'il ne restoit quelques objections qui pourroient embarrasser des personnes qui ne seroient pas bien versées dans la Méchanique : nous avons bien voulu en leur faveur entrer dans cette longue maniere de démontrer, & les mettre en état de ne pas se rendre sans connoissance aux preuves qui sont établies sur des observations mathématiques & méchaniques. Nous allons donc répondre à ces objections, en faisant quelques remarques.

140. La premiere difficulté qu'on peut objecter, c'est que dans la planche VI. fig. 1. nous avons représenté une simple fibre à la place d'un nombre innombrable de fibres qui composent le côté du muscle penniforme GWP; d'ailleurs il semble que le muscle penniforme, représenté par GVPW, n'est pas renfermé dans deux côtez planes GWP & GVP : mais ses fibres charnuës partent en grand nombre d'un seul point en maniere de pyramide, comme du point G, par éxemple, formant une espece de rouë autour de l'extrémité de la pyramide renversée VGW : ceci se rencontre dans tous les points GN &c. de la partie moyenne du tendon GD; il est donc certain que ces fibres ne représentent en aucune maniere un plan; elles forment plûtôt la figure parfaite d'un corps long, large & gros.

141. Pour répondre à ceci, nous allons faire voir qu'en supposant que ces muscles sont composez de côtez planes (nous avons jugé que cette methode étoit la plus propre pour faire entendre ces démonstrations) : nous ne diminuons en rien la force des démonstrations, & nous prouverons que la même force prodigieuse se manifesteroit dans chaque fibre musculaire, quoiqu'au lieu des fibres GW & GV, on eut fait le calcul

P

sur un plus grand nombre de fibres, dans un corps difposé de la maniere que nous avons dit (140.)

Pour cet effet, il faut confiderer premierement, qu'en prenant les deux fibres G W & G V pour les deux côtez du mufcle, fçavoir G P W & G P V (foit folides ou planes), nous n'avons attribué que la moitié de la force de tout le mufcle G V P W à chacune de ces deux fibres, comme cela paroît par (61.) où nous avons trouvé que la force d'une fibre charnuë qui agit felon la prop. 59. eft égale à un poids de 223 livres. Pour repréfenter la force de tout le mufcle G V P W, nous avons été obligez de doubler 223 livres; de forte que la force totale du mufcle fe trouve exprimée par la force de deux fibres, ou 446 livres.

142. Mais en faveur de ceux qui ne font pas Mathématiciens, nous comptons que la force d'un mufcle eft la même, foit qu'on imagine cette force dans deux fibres, comme G W ou G P; ou foit que la force fe trouve diftribuée dans un nombre infini de fibres contenuës dans l'efpace G V W P, qu'on peut fort bien fuppofer occupé par un corps long, large & gros, au lieu d'une figure plane.

Dans cette vûë, fuppofons 1°. planche VII. fig. 6. que le poids D (ce qui ne differe point de la planche VI. fig. 4. & prop. 48.) de 442 livres eft attaché à la corde D O S, & qu'il eft foûtenu par un autre poids égal q. 2°. Retranchons le poids q, & à préfent, tenons en équilibre le poids D par plufieurs autres poids attachez aux cordes obliques G, A, P, &c. dont chacune foûtient un poids m, h, g, p, n, &c.

Concevons à préfent les cordes difpofées de maniere que nous puiffions y imaginer 100 points, comme G A P, &c. dans l'étenduë de la corde G O aufquels les cordes obliques G W, G Q, A B, A E, &c. font attachées, & que d'ailleurs il y ait autour de chaque point, comme G, ou A, ou P, &c. non-feulement deux cordes, comme autour de G & de A, mais imaginez-en 10 difpofées en cercle comme les rayons d'une rouë, c'eft-à-dire, comme les quatre cordes que nous avons repréfenté fig. VI. planche VII. & qui fortent du point P, fçavoir P V, P T, P H, P R.

Enfin il faut encore fuppofer que les poids g, h, m, n, p font égaux entre eux, & que les angles obliques M G N B A P, R P O, &c. que chaque corde oblique fait avec G O, font auffi égaux, & chacun de 8 degrez.

LIVRE I. CHAPITRE IX.

On demande donc à combien montent les poids g, h, m, &c. qui tirent obliquement, & avec quelle force ils doivent agir tous ensemble, pour tenir en équilibre le poids D dont nous avons parlé?

143. Pour trouver ceci, il faut considerer que nous avons supposé qu'il y a mille poids aussi pesans l'un que l'autre, qui tirent le poids D: nous avons aussi remarqué, selon la prop. 142, qu'il y en a 10 qui tirent obliquement, & nous avons supposé 100 points comme P.

144. Ainsi chaque petit poids g, h, m, &c. doit lever la milliéme partie du poids D, ou bien, selon la prop. 142, un poids de $\frac{442}{1000}$ livres qu'un chacun étoit capable de soûtenir dans la ligne perpendiculaire G O.

145. Mais comme ils tirent obliquement, chacun de ces poids comme m par éxemple, doit agir avec une force qui surpasse autant $\frac{1}{1000}$ de D ou $\frac{442}{1000}$ que la ligne M G surpassera en longueur N G.

146. Cela supposé l'angle oblique NGM de chaque corde, étant selon Borelli (57) de 8. degrez; il est certain par la prop. 58. que si GN 100000, GM devra être 100982: il s'ensuit donc (s'ils agissent à proportion) que comme GN est à GM, de même $\frac{442}{1000}$ sera à $\frac{445}{1030}$.

147. De sorte que chaque petit poids comme m, doit peser $\frac{446}{1000}$, ce qui est la premiere chose qu'on demandoit (142).

148. La methode dont nous nous servons pour découvrir la force de tous ces petits poids lorsqu'ils agissent pour lever le poids D ou 442 livres, est la chose du monde la plus claire: car multipliez seulement la force avec laquelle un de ces corps, m par éxemple, agit, sçavoir $\frac{446}{1000}$ par le nombre de tous les petits poids, c'est-à-dire, par 1000, & le produit sera la force de tous pris ensemble laquelle paroît être de 446 livres, & qui est la même que celle qui a été démontrée par l'action de deux fibres.

149. Vous pouvez vous imaginer par le moyen de ces poids & de ces poulies, toute la force avec laquelle chaque fibre du muscle penniforme agit, par éxemple dans le muscle GVPW (planche VI. fig. 1.)

150. Car vous pouvez observer, que le poids de 446 livres est aussi éxactement équivalent à la force avec laquelle tout le muscle GVPW agit, lorsqu'on le suppose composé de mille fibres, que lorsque suivant la proposition (61) on l'imagine composé de deux fibres G V & G W.

P ij

151. On voit par là qu'un peu d'attention suffit pour comprendre facilement ce que nous avons dit dans la prop. 141, sçavoir que quoiqu'on suppose dix fibres dans un muscle, cent même, mille ou un plus grand nombre si vous voulez, vous pouvez supposer que par cette maniere de calculer, il en résultera toûjours la même force de 446 livres.

152. Bien plus, nous trouverons que le deltoïde agit avec la même force, quoique dans la planche VI. fig. 1. nous supposions que cet éxemple n'est pas juste, à cause du nombre des muscles penniformes ; car le muscle deltoïde, par éxemple, n'est pas composé de deux muscles penniformes, comme GVPW, & HZQL, au contraire nous avons supposé qu'il est composé de plusieurs autres ; cependant il n'est pas difficile de voir qu'en calculant sa force par les regles précedentes, elle sera éxactement égale à la force que nous venons de démontrer.

153. Ainsi cette objection qui paroissoit si raisonnable & si forte en apparence s'évanoüit, & il ne reste plus aucune difficulté à concevoir que deux fibres comme GW & GV, soient capables de soûtenir ensemble un poids de 446 livres, ou chacune en particulier la moitié de ce poids ; & ce qui ne laisse pas de diminuer les difficultez, c'est que nous n'avons fait que supposer ces choses ; cependant par le moyen de ces suppositions on parvient à la supputation éxacte de la force totale d'un muscle ; car la conséquence prouve toûjours la même chose, soit que nous supposions le muscle composé d'un million de fibres (dont le nombre est prodigieux selon les apparences), ou de deux seulement.

Quelque varieté qu'il y ait dans la figure ou dans la structure des muscles, cette methode peut servir d'éxemple, pour faire voir de quelle maniere on doit chercher leur puissance & leur force.

154. Quand on réflechit sur le nombre prodigieux des fibres, sur la forme curieuse & singuliere des muscles qui ressemblent à des plumes : (voyez la planche V. fig. 10. où l'on voit la représentation du deltoïde tirée de la Myologie de Stenon) & sur leur force prodigieuse & presque incroyable ; & quand on réflechit, dis-je, sur toutes ces choses, on ne sçauroit s'empêcher d'admirer la sagesse surprenante de notre Créateur.

Stenon represente le muscle deltoïde composé de 12 muscles simples, c'est-à-dire, de six muscles penniformes de chaque

LIVRE I. CHAPITRE IX. 117

côté; & si on suppose que les espaces vuides soient remplis de fibres charnuës, comme Stenon l'assûre page 53. le nombre en sera immense. Quant à la force que Stenon leur attribuë, elle ne sçauroit être gueres moindre qu'il la fait; mais nous avons mieux aimé suivre Borelli planche VI. fig. 1. parce que de cette maniere nous trouvons que ces démonstrations sont plus à la portée de ceux qui ne sont pas versez dans les Méchaniques.

155. Mais disons encore quelque chose du nombre prodigieux des fibres, afin de découvrir, autant qu'il est possible, le dessein admirable du Createur: nous n'avons qu'à observer planche VI. fig. 1. que les deux fibres G W & G V tiennent en équilibre séparément un poids de 223 livres (59.) & ensemble 446 livres, & alors elles représentent un muscle penniforme entier G V P W.

Cela supposé, si au lieu de deux fibres nous supposons (143. &c.) que ce muscle est composé de 1000 fibres, chacune soûtiendra $\frac{446}{1000}$ d'une livre: ce qui n'est pas demie livre pour chaque fibre.

Et s'il falloit imaginer le nombre des fibres plus grand, le poids que chacune soûtiendroit seroit beaucoup plus petit; ou bien si le deltoïde au lieu de deux muscles en comprenoit six, (154) selon la planche VI. fig. 10. chaque muscle ne soûtiendroit alors que $\frac{1}{3}$ de 446 livres, ce qui ne fait pas tout-à-fait 150 livres chacun; ainsi les 1000 fibres charnuës qui composent chaque muscle, ne soûtiendroient pas chacune plus de $\frac{150}{1000}$ ou $\frac{3}{20}$ d'une livre.

156. Peut-on parvenir à la connoissance de cette admirable structure des muscles, sans reconnoître la sagesse infinie du Créateur qui a fait les tendons assez gros & assez forts pour soûtenir sans se rompre, la violence de la force qu'ils sont obligez de supporter dans l'exercice de leurs fonctions, & qui en même temps a pourvû à la sûreté des fibres qui sont si fines & si délicates? Leur nombre prodigieux fait qu'elles ne se trouvent pas trop chargées, & qu'elles peuvent agir sans aucun inconvenient.

157. Car le poids que chaque fibre soûtient, sera beaucoup plus petit que $\frac{3}{20}$ d'une livre (155) si dans chaque muscle penniforme le nombre des fibres excede de beaucoup (comme cela paroît probable) celui de 1000 qui est celui que nous avons supposé (155).

Il seroit donc à souhaiter qu'on se donnât la peine de rechercher le nombre des fibres dans chaque muscle autant qu'il est possible, non seulement pour déterminer le nombre des fibres qui composent chaque muscle, mais même pour sçavoir combien il y a de fibres placées transversalement dans l'espace d'un pouce. C'est ce que les Anatomistes pourroient entreprendre. Borelli dit (§. 115.) qu'à peine 50 fibres placées de la sorte, occuperoient l'espace d'un pouce.

158. L'on cessera d'être surpris de ce que nous avons avancé dans la planche VI. fig. 1. lorsque nous avons dit qu'une seule vesicule GM de la fibre GW (de même que dans l'autre fibre GV), est capable de soûtenir un poids de 446 livres, si nous considérons ce qui suit.

On a fait voir dans les propositions précedentes, que la force de chaque vesicule, comme de G M, ne pouvant pas soûtenir un plus grand poids que la fibre G W, ne montera pas à $\frac{3}{20}$ ou deux onces & demie.

159. Ainsi la vîtesse qui est communiquée au poids T par la contraction des vesicules A B C &c. planche VII. fig. 1. où elles prennent chacune la forme a, b, c, &c. ne paroîtra pas si difficile à prouver ; car il est tout-à-fait évident que si le poids n'y étoit pas, la fibre qui tient le poids T suspendu, devroit se lever avec le degré de vîtesse que nous avons dit cy-dessus : la raison de cela, c'est que dans la proposition précedente, nous avons représenté le poids T si petit, qu'une fibre n'a pas besoin de beaucoup de force pour le soûtenir, sur-tout si on considere que lorsque nous avons attribué (59) le poids de 223 livres à une seule fibre (qui est la seule chose qui puisse trouver quelque difficulté), nous n'avons fait que le supposer, afin de donner une idée juste de cette matiere, & de ne pas exposer le calcul à aucune erreur.

160. Nous avons fait voir (109); il est vrai, que quoique la force du muscle augmente si fort en multipliant ces vesicules, cependant leur disposition est si admirable, qu'on prouve que lorsqu'elles agissent ensemble, elles ne sçauroient lever le poids qui est attaché au coude, si sa pesanteur augmentoit seulement d'une livre, & que le nombre des vesicules ne sert qu'à augmenter ou à multiplier la vîtesse du mouvement.

Les personnes qui ne sont pas bien versées dans la Méchanique, pourroient demander, comment est-il possible que la

LIVRE I. CHAPITRE IX. 119

force des muscles augmente réellement, lorsque le poids qu'on leve n'augmente en aucune façon.

A cela je réponds, qu'il est aussi nécessaire qu'une force augmente réellement pour augmenter la vîtesse du mouvement, que pour lever un plus grand poids avec la même vîtesse. C'est une chose connuë de tous les Mathématiciens.

On fait voir la même chose dans une poulie, planche VII. fig. 4. où l'augmentation de la vîtesse avec laquelle le poids T est levé, demande à chaque fois plus de force & de nouveaux poids, comme m, n, &c. Voyez la cinquiéme remarque 102.

161. Que cela soit de même dans les autres instrumens de Méchanique, c'est une chose dont ceux qui s'appliquent aux Méchaniques sont convaincus; & il n'est pas difficile de s'en convaincre par l'experience; car supposé, planche VI. fig. 7. que A B soit une balance qui tourne autour du poids D, & que les bras A D & A B soient égaux, de même que les poids A & B, il est très-clair que si on met la balance A B dans la situation M K, le poids A descendra en décrivant l'arc A M, & le poids B en décrivant l'arc B K dans le même espace de temps, & les arcs étant des parties égales d'un cercle, ces poids doivent par consequent se mouvoir avec une vîtesse égale.

Ainsi s'il falloit contrebalancer le poids B lorsqu'il seroit trois fois aussi pesant qu'il étoit, ou bien lorsqu'au poids B on ajoûteroit les deux poids égaux G & H, il faudroit nécessairement en ajoûter au poids A deux autres de même pesanteur, ou sa force devroit être multipliée par trois, comme cela arrive lorsqu'on y joint les poids E & F : outre cela, si nous voulions faire mouvoir B avec trois fois autant de vîtesse qu'auparavant, il faudroit transporter le poids B dans le point C, en sorte que D C se trouvât trois fois aussi long que D B; ainsi lorsque la machine tourne & que A décrit l'arc A M, le poids C décrira dans le même espace de temps l'arc C L, lequel étant trois fois aussi grand que A M, le poids C devra par consequent se mouvoir avec trois fois autant de vîtesse que A ou B.

Veut-on contrebalancer le poids C lorsqu'il se meut trois fois aussi vîte que B, il est évident qu'il faut multiplier le poids A par trois, ou bien y ajoûter deux autres poids égaux aux poids A, comme E & F ; sans cela il ne sçauroit lever le poids B, qui étant placé dans C est égal à B G H; cela vient de la vîtesse qui se trouve deux fois plus grande, ainsi l'objection qu'on forme dans la prop. 160. se trouve détruite.

162. J'espere que les Mathématiciens voudront bien excuser la longueur de mes démonstrations & le temps que j'ay employé à répondre aux objections frivoles que les personnes qui ne sont pas verséés dans ces sortes d'études peuvent faire; cependant si on considere que ce calcul est entierement destiné pour ces personnes, & non pour les Mathématiciens qui sont trop bien instruits de ces matieres, pour avoir besoin d'un pareil secours; j'ai tout lieu d'esperer qu'on voudra bien m'excuser.

Ceux qui souhaiteront de voir cette matiere traitée & démontrée plus au long & avec plus d'éxactitude, peuvent avoir recours au Traité *De motu Animalium*, fait par le fameux Mathématicien Borelli. Nous nous sommes servis ici de ses principes, & nous avons tâché en même temps de rendre intelligibles ses démonstrations, par la méthode la plus courte & la plus aisée que nous ayons pû imaginer en faveur de ceux qui n'ont que très-peu de connoissance dans les Mathématiques.

De la différente route des fibres musculaires.

Pour donner une idée juste & veritable de la differente route que les fibres musculaires tiennent, nous en donnerons quelques exemples dans la planche VIII. fig. 1. où l'on peut observer dans le muscle deltoïde A, que les fibres s'attachent à l'omoplate C dans un point immobile & à l'os du bras, à l'endroit D, en couvrant l'articulation de l'épaule avec l'humerus: elles sont représentées dans leur relâchement, ou dans leur plus grand degré d'extension. Mais si entre C & D il y a quelque force qui contracte les fibres, comme on le peut voir à l'autre épaule dans B; alors le bras doit se lever comme dans BE.

Le muscle pectoral K s'insere par une extrémité à la poitrine dans l'endroit F, & par son autre extremité à l'endroit mobile D de l'os du bras qui est mobile; il paroît que ces fibres pendant leur contraction, tirent le bras & le fléchissent en l'approchant de la poitrine.

Si nous jettons les yeux de chaque côté sur la route que tiennent les fibres du muscle A A, appellé le grand dorsal, planche VIII. fig. 2. on verra qu'elles tirent le bras en bas & en arriere; de là vient que les Anatomistes lui donnent le nom d'Aniscalptor.

On peut observer dans les jumeaux B B qui sont placez au gras de la jambe, & qui s'attachent par une extrémité derriere

la

LIVRE I. CHAPITRE IX. 121

la tête du tibia, & par l'autre à l'os du talon par un fort tendon C; on peut, dis-je, obferver dans ces mufcles que leurs fibres defcendent en ligne droite; ainfi, lorfqu'elles fe contractent, l'os du talon doit fe mouvoir en arriere & en-haut en même-temps, & le pied en-bas. Si on leve le talon, & fi en même-temps on met la main fur le gras de la jambe, on fentira le gonflement & la contraction des mufcles dans cet endroit. Ces exemples fuffifent pour donner une idée generale des mouvemens des mufcles, par la defcription de la route des fibres qui les compofent.

La ftructure merveilleufe des mufcles me paroît de trop grande importance, pour ne pas en donner une idée aux perfonnes qui ne font pas au fait de l'Anatomie; j'ai pour cet effet ajoûté la première & la feconde figure de la planche VIII. tirées de Brown, où l'on a par-devant & par-derriere la reprefentation des mufcles.

CHAPITRE X.

Des Os.

Quelque art & quelque fageffe qu'il y ait dans notre corps; quelque beauté qu'il y ait dans fes parties; quelques utiles & néceffaires que foient les veines, les nerfs, & les autres parties; cela n'empêcheroit pas que toute cette ftructure admirable ne fût inutile, & que tout le corps ne s'affaisât, & ne fe ramaffât comme en une efpece de peloton; s'il ne s'y trouvoit pas de foûtien, cela le mettroit prefque hors d'état de faire aucun mouvement régulier; nous ne ferions pas même capables de changer de place. Il eft vrai que notre corps auroit été une machine belle & bien compofée, mais en même-temps il auroit été fort inutile, foible, & un objet de compaffion. Pour prévenir ces inconveniens, le Créateur a daigné la foûtenir par le moyen des os, qui par leur dureté & leur force la mettent en état de faire fes fonctions.

Les remarques que les Anatomiftes ont faites fur les os, font fans nombre; mais nous nous contenterons de ne rapporter que les principales,

Le crâne & les os de la tête.

1. Peut-on confiderer que la fubftance du cerveau étant molle, auroit été expofée à mille accidens fouvent funeftes, & capables de nous priver de la vie, & ne pas admirer la fageffe furprenante du Créateur, qui, afin de les prévenir, l'a revêtuë & couverte d'une fubftance dure, je veux dire, une boëte offeufe que nous appellons crâne?

2. Ce crâne n'eft pas compofé d'une feule piéce, il y en a plufieurs qui fe joignent l'une avec l'autre, & qui font féparées par des futures, afin qu'elles foient mobiles, & qu'elles puiffent ceder dans les enfans lorfqu'ils viennent au monde; fans cela la mere & l'enfant périroient enfemble.

3. Ces piéces ceffent d'être mobiles, à mefure que l'âge augmente dans les enfans; fans cela ils feroient expofez à divers accidents; & alors le principal ufage de ces futures, c'eft d'établir une communication entre la dure-mere qui environne le cerveau, & le péricrâne qui couvre le crâne, & de donner iffuë à la matiere qui tranfpire du cerveau. Il y a un autre ufage, c'eft que ces futures permettent au crâne de ceder, & empêchent que les fractures ne fe continuent pas d'un os à l'autre au fommet de la tête, où fe croifent la future fagittale & la future coronale : on y trouve une ouverture, qui dans les nouveaux nez eft couverte d'une membrane ; fi on y applique le doigt, on apperçoit le battement de la dure-mere, mais cet endroit s'offifie, & devient folide avec le temps.

4. Le crâne, quoyque très-folide par tout, fe trouve pourtant percé en beaucoup d'endroits, pour donner paffage à la moële de l'épine, aux nerfs, & aux vaiffeaux fanguins. Mais fur-tout combien d'angles & de cavitez dans les oreilles, dont les os font durs comme des pierres ! Quel art n'a-t-il pas fallu pour y placer les inftrumens admirables de l'ouïe, de la maniere que nous les y voyons difpofez ?

5. La mâchoire fupérieure a un trou par où paffe l'air pour entrer par le nez dans les poulmons, & fans lequel les enfans ne pourroient pas facilement téter ; & les adultes ne fçauroient tenir dans leurs bouches aucune liqueur.

En un mot, un chacun voit affez les grands inconveniens où nous ferions réduits, fi nous étions obligez de refpirer par la bouche & non par le nez.

Ceux qui voudront fe donner un peu plus de peine en éxa-

LIVRE I. CHAPITRE X.

minant les os de la tête avec toute l'éxactitude possible, & d'apprendre par l'Anatomie les usages que les habiles Anatomistes leur attribuent; ceux-là, dis-je, verront sans peine qu'il n'est point de partie, point de cavité, point de trou quelque petit qu'il soit, qui ne soit nécessaire, non-seulement pour notre commodité, mais même pour la conservation de notre vie précieuse.

Nous venons de voir que le cerveau est contenu dans une boëte osseuse, pour n'être pas exposé aux accidens extérieurs : il semble que la moële de l'épine avoit aussi besoin d'être à l'abri de mêmes accidens ; car étant composée de la substance molle du cerveau, elle étoit obligée de demeurer le long du dos, pour fournir aux parties des nerfs & des esprits. *L'Epine du dos.*

Pour cet effet il ne falloit qu'un long canal osseux, semblable à l'os de la jambe, parce qu'il auroit renfermé & mis à couvert des injures externes la moële de l'épine ; mais d'un autre côté il y avoit un inconvenient qu'il falloit prévenir, c'est que le corps auroit été immobile, & il nous auroit été impossible de nous baisser en aucune maniere.

D'ailleurs, si on avoit fait dans cet os qui renferme la moële de l'épine, des articulations semblables à celles du coude, des doigts, &c. voicy les inconveniens que cela auroit eu :

Premierement, les parties de canal formant des angles très-petits, ou venant à s'approcher fort près l'une de l'autre, la moële de l'épine auroit été comprimée dans la concavité du pli, & elle se seroit rompuë dans la convexité, ou du moins elle se seroit trop étenduë, ce qui auroit interrompu le cours des esprits animaux; il est aisé de voir de quelle conséquence cela auroit été par les fâcheux accidens qu'on en voit arriver: les obstructions de la moële de l'epine nous privent non-seulement de l'usage de plusieurs parties, elles causent même des maladies aiguës, la carie des os, & souvent la mort.

Secondement, quoyque ces inconveniens ne fussent pas survenus, & que le corps eût pû se ployer en devant & en arriere en quelque façon, il auroit pourtant été impossible de le ployer vers les côtez, comme cela paroît dans l'articulation du coude & des doigts.

D'ailleurs, s'il falloit que les articulations fussent semblables à celles de l'omoplate ou de la hanche, & que la tête d'une partie de ce canal osseux se mût dans la cavité d'une autre por-

Q ij

tion du même canal, il eſt aiſé de voir que l'infléxion ſe feroit de tous côtez; mais il eſt auſſi certain que la moële de l'épine ſouffriroit plus de cette maniere que de toute autre; car étant contenuë dans ce conduit oſſeux, il eſt impoſſible qu'elle ne fût comprimée dans les mouvemens qu'il feroit.

S'il étoit queſtion de prévenir tous ces inconveniens, de rendre le corps fléxible de tous côtez, ſans que la moële fût comprimée, en formant des angles ſi petits, & de le défendre par tout contre les injures externes; je demande à un Mathématicien des plus habiles, s'il réſoudra d'une maniere plus aiſée & plus convenable ce problême de Méchanique, & s'il remplira toutes ces intentions par une ſtructure plus parfaite que celle que l'Auteur de la nature met en uſage icy? Pour s'en former une idée, on n'a qu'à jetter les yeux ſur la planche ix. fig. 1. où l'on repréſente l'épine du dos compoſée d'un grand nombre de vertebres placées l'une près de l'autre; elles ont chacune un grand trou dans la partie moyenne, pour donner paſſage à la moële de l'épine; elles compoſent de cette maniere un long canal, qui peut ſe ployer ou en-avant ou vers les côtez, à cauſe de la petiteſſe des vertebres, ſans preſque former aucun angle: en voicy un éxemple dans la figure à pluſieurs angles A E B, F, C, G, D, planche ix. fig. 2. dans laquelle nous ne voyons que des angles ou courbures petites & inſenſibles; & ſi les côtez étoient encore un peu plus petits, ou ſi à la place de A on mettoit deux autres côtez ou davantage, la figure ſeroit preſque circulaire, c'eſt-à-dire, ſans aucun angle, du moins qui fût perceptible.

Il paroît par-là que, ſi nous inſcrivons dans un cercle un polygone qui ait moins de côtez, mais plus grands, comme A B, B C, C D; les angles A B C, B C D, &c. ſont beaucoup plus petits & moins aigus que les angles A E B, E B F, &c. qui ſont formez, lorſque les parties qui compoſent la circonference d'un polygone, ſont en plus grand nombre & plus petites; nous voyons auſſi que pour prévenir ces angles aigus, il étoit néceſſaire que les vertebres fuſſent fort petites, & en grand nombre par conſéquent.

<small>Les uſages de l'épine du dos.</small> Où eſt l'homme aſſez extravagant pour avancer que la diviſion de ce canal en vertebres, n'eſt pas l'effet d'une Sageſſe infinie? D'où vient qu'elle ſe rencontre icy où elle eſt préciſément néceſſaire, & non ailleurs?

LIVRE I. CHAPITRE X.

D'ailleurs, comme l'épine ne devoit pas se mouvoir en formant un angle, mais en se courbant, nous voyons dans la figure dont nous venons de parler, la maniere admirable dont elle est disposée pour cet effet ; chaque vertebre est articulée avec deux autres par le moyen d'un cartilage ; d'où résultent les trois usages suivans, qui sont d'une nécessité très-grande.

1. Le cartilage empêche que les vertebres ne se froissent, & ne s'usent l'une contre l'autre.

2. Lorsque nous ployons l'épine du dos (vers le côté droit, par éxemple) les vertebres s'approchent du même côté l'une de l'autre ; & du côté gauche & opposé elles doivent nécessairement s'éloigner l'une de l'autre : sans le cartilage qui a la proprieté de ceder & de prêter, cela n'arriveroit jamais ; car dans le temps que l'épine se courbe du côté droit ; le cartilage étant pressé par les vertebres devient mince dans le côté droit, & permet aux vertebres de se rapprocher, mais dans le côté gauche il prête en même-temps à proportion, & devient plus épais.

3. Ce qui étoit sur-tout nécessaire icy, c'est que le cartilage eût aussi du ressort, ou la proprieté de se dilater, afin qu'après avoir été comprimé il pût se remettre dans l'état précédent, & qu'après la dilatation il se contractât de nouveau.

Ce cartilage sert non-seulement à rendre la fléxion de l'épine plus aisée & plus commode, mais il sert aussi par son élasticité à la rétablir après l'infléxion dans son état naturel. Les plus grands Mathématiciens après avoir éxaminé cecy avec toute l'éxactitude possible, ont été obligez d'avoüer qu'on ne peut voir rien de plus admirable ; Borelli *par. 58. De motu animalium*, l'appelle *Artificium structuræ spinæ dorsi*, & il commence ses recherches en attribuant cecy & les autres choses de cette nature à la sagesse d'un Architecte Divin.

Nous passerons sous silence les merveilles qu'on pourroit observer dans les éminences des vertebres, auxquelles les muscles vont s'inserer ; nous ne dirons rien des trous qui y sont creusez pour donner passage aux vaisseaux sanguins, ny des échancrûres qui forment les trous par où passent les nerfs qui sortent de la moële de l'épine : la moindre de toutes ces choses nous fournit assez dequoy être surpris des desseins sages du Créateur.

Mais ce qui est particulierement admirable, c'est la structure des deux premieres vertebres du col ; leur figure est différente, afin que le mouvement de la tête ne fût pas interrompu ; &

Les deux premieres vertebres.

la seconde a une éminence autour de laquelle tourne la premiere vertebre qui soûtient la tête. Si on souhaite de sçavoir la chose plus au long, on n'a qu'à lire un livre d'Anatomie; & si on veut sérieusement diriger ces recherches pour la gloire & la grandeur du Créateur, l'usage que l'on en fera ne sera pas infructueux.

Les côtes. Pour ne pas nous arrêter trop long-temps à l'usage des côtes qui forment la cavité de la poitrine, afin que le cœur & les poulmons puissent s'y mouvoir librement, & afin de défendre cés organes contre les injures externes; je veux que quelqu'un se demande à lui-même, si c'est par un pur hazard que l'extrémité des côtes qui s'attache au sternum se trouve cartilagineuse, afin que dans le temps de la respiration les muscles puissent les mouvoir ou les élever avec plus de facilité; & qu'après que l'action des muscles a cessé, elles puissent revenir dans leur état précédent, & contribuer ainsi à la respiration.

On peut consulter au sujet de leur force & de leur action ce que le sçavant Borelli en a dit dans la seconde partie de son Ouvrage.

Les os innominez. Nous ne parlerons des autres os qu'en passant, sur-tout des os innominez; les services que ceux-cy nous rendent, seroient assez grands, quand ils n'auroient d'autre usage que de défendre & mettre en sûreté durant la grossesse la matrice des femmes où tous les hommes prennent naissance; outre cela, ils servent & dans les hommes & dans les femmes de point fixe & immobile, aux cuisses, aux jambes, & aux pieds qui soûtiennent l'édifice de notre corps: il ne reste donc plus à présent qu'à parler de la structure des extrémitez supérieures & inférieures; nous en avons déja dit quelque chose dans le chapitre des Muscles, de même que des Articulations; car il étoit impossible de traiter les muscles d'une maniere un peu claire, sans connoître les articulations: nous renvoyons donc le Lecteur à ce chapitre-là, s'il le juge à propos.

Les os de la cuisse. Qu'un Philosophe qui cherche la vérité, prenne entre les mains un femur tel que celuy que nous avons décrit, planche IX. fig. 3. A E, il verra dans ce seul os dont je suppose qu'il n'ait jamais eu de connoissance, les marques de la sagesse admirable du Créateur, qui l'a destiné à tant d'usages si nécessaires.

LIVRE I. CHAPITRE X.

Car il trouvera 1°. Qu'il eſt très-dur & très-fort, afin qu'il ſoit en état de ſoûtenir le corps ; mais qu'en même-temps il eſt creux, afin qu'il n'embarraſſe pas notre corps par ſa trop grande peſanteur, & par les différens mouvemens qu'il eſt obligé de faire ; ſa cavité a encore un autre uſage, c'eſt de contenir de la moële qui eſt ſi néceſſaire, & de la tenir prête pour les uſages auxquels elle ſert, & dont nous parlerons bien-tôt.

2°. Que dans la planche ix. fig. 4. la tête de l'os A eſt ronde, & ſi bien ajuſtée à la cavité de l'iſchium B, qu'elle peut s'y mouvoir en rond.

3°. Donnons par le moyen de la figure une legere deſcription de cette articulation ; je ſuis perſuadé que nous y découvrirons une ſageſſe infinie. 1. La tête A eſt couverte d'un cartilage égal & poli, afin que ſes mouvemens ſoient aiſez, prompts, & ſans douleur. 2. Il ſe trouve un ligament à la tête du femur ; il paroît d'abord qu'il affermit l'articulation, mais il n'y contribuë en rien. 3. Il y a une eſpece de capſule, a, qui environne toute l'articulation (mais dans cette figure on la repréſente coupée en travers) elle attache le femur à l'iſchium, pour en modérer & borner les mouvemens.

4°. Le femur a deux éminences ou têtes DD, dans l'extrémité qui s'articule avec l'os de la jambe ou le tibia ; elles ſont toutes deux couvertes d'un cartilage, pour rendre leurs mouvemens plus aiſez & plus commodes. Ces deux têtes DD ou bb, dans la planche ix. fig. 5. ſont ſéparées l'une de l'autre par une cavité aſſez grande, e, & elles ſont reçûës dans deux cavitez, cc, qui ſont à l'extrémité ſupérieure du tibia k ; ce dernier os a encore une éminence entre les cavitez cc, qui eſt auſſi reçûë dans l'angle interne e, entre les têtes du femur bb. A préſent en faut-il davantage pour prouver d'une maniere très-évidente les deſſeins admirables de l'Architecte ſuprême ? Un homme qui comprendroit cecy, ne devroit-il pas être convaincu que cette articulation differe de celle de l'extrémité ſupérieure de l'os de la cuiſſe ? & que cela doit être ainſi, car le tibia ne doit ſe ployer qu'en avant & en arriere, & non vers les côtez, comme le femur.

Nous ne dirons rien des ligamens qui de même que dans l'articulation du femur avec l'iſchium, empêchent la luxation & le deboitement de ces parties : nous ne dirons rien de la rotule, dont on connoît parfaitement bien l'uſage, quand on a le malheur de l'avoir rompuë ; car alors cette articulation devient presque inutile : il suffit de faire réfléxion sur les éminences des B & C planche IX. fig. 3. qui sont d'un si grand usage pour l'insertion des tendons des muscles, qu'on ne sçauroit supposer sans absurdité que cet os a été fait par le hazard : on ne sçauroit y trouver une éminence, une seule cavité qui n'eût causé de grands inconveniens, si elle s'étoit trouvée disposée d'une autre maniere.

<small>Les dents.</small> Nous pouvons ajoûter à ce que nous venons de dire des proprietez des os, quelque chose au sujet des dents, & faire voir en quoy elles different des autres os, afin qu'elles soient plus en état de remplir les usages auxquels elles doivent servir ; si c'est le hazard qui les produit, ou des causes qui agissent sans aucune intelligence, pourquoy ces os sont-ils pourvûs des différentes proprietez qu'ils doivent avoir ? & pourquoy paroissent-ils si rarement dans la bouche des enfans dans les premiers mois de leur naissance, qui est un temps auquel ils causeroient des inconveniens ? Les enfans ne sçauroient alors téter, sans causer de grandes douleurs à leurs meres. Pourquoy les dents naissent-elles dans le temps que l'estomac des enfans est capable de digerer des alimens plus solides ?

Si on souhaite d'être instruit plus au long des proprietez des dents, on peut avoir recours à ce que nous en avons dit en parlant de la bouche, de la mastication, &c.

<small>De l'état des os avant la naissance.</small> Les Anatomistes ont découvert beaucoup de choses sur l'état des os avant la naissance, & ils ont fait voir clairement la différence qu'il y a entre ceux des nouveaux nez & ceux des personnes avancées en âge ; on ignore pourtant encore de quelle matiere ils sont composez dans le commencement, & dans les changemens qu'ils souffrent jusqu'à ce qu'ils ayent acquis leur solidité ; on ignore sur tout les causes de tout cela.

Les recherches que le célébre Malpighi a faites en traitant de la formation admirable des os de poulet dans l'œuf, méritent d'être lûës ; mais sans aller si loin, le peu d'observations que nous avons pû faire dans les hommes, confirment évidemment ce qu'a dit Salomon ; lorsque nous voyons Harvée si fameux par ses découvertes, qui parle en ces termes dans son Traité *De ord. part. generat.* » Dans les premiers mois » il y a quelques os qui sont mous, d'autres cartilagineux ; les
bras

LIVRE I. CHAPITRE X.

bras font fi courts, qu'il eft impoffible que les doigts d'une « main puiffent toucher ceux de l'autre ; & les jambes, quoyque « repliées fur le ventre, ont de la peine à attraper le nombril, & « cela vient de ce que l'embryon entier eft à peine de la lon- « gueur d'un ongle, jufques à ce qu'il foit parvenu à la groffeur « d'une grenoüille ou d'une fouris. «

La premiere chofe qui fe forme, ce font de petites fibres ou « filets de confiftence glaireufe, qui enfuite font nerveux, après « cela cartilagineux, & à la fin durs comme des os. Dans le fe- « cònd mois (felon les différentes expériences de l'Auteur que « nous venons de citer) la tête de l'embryon eft fort groffe, & « les jambes font très-courtes ; & toutes fes parties font fi molles « & fi tendres, qu'on a de la peine à les manier fans les gâter ; « & pour l'éxaminer, il faut le mettre tremper dans de l'eau, & « fes os n'ont aucune folidité. «

Qui croira à préfent que toutes ces merveilles arrivent de la forte, fans que la toute-puiffance & la providence divine y ait eu aucune part? Eft-ce par un pur hazard que les os qui tirent leur origine d'une matiere glaireufe, laquelle n'a pour principe que du pain & de l'eau, deviennent fi durs pour fervir à tant de différens ufages ? *Les os fe forment d'une matiere fluide.*

Car que les os, quelque durs qu'ils foient, tirent leur origine d'un fluide, c'eft ce que les Chymiftes ont fuffifamment prouvé ; ils ont pris des os fecs, & ils en ont fait l'analyfe, fans y ajoûter aucune matiere liquide ; ils en ont retiré une grande quantité d'huile, & beaucoup plus d'eau, (leur fel volatile fe convertit en eau, & de-là vient qu'ils luy ont donné le nom d'*Efprit.*) On peut confulter là-deffus ceux qui en ont fait l'expérience.

Les os n'ayant point de fentiment, felon M. Verrheyen, ils doivent par conféquent être privez de nerfs, que tout le monde prend pour les inftrumens de la fenfation ; il y a apparence que le périofte eft l'organe du fentiment dans les os. Le Docteur Clopton Havers fameux Anatomifte Anglois, foûtient la même chofe, quoyqu'il ne differe pas beaucoup du premier ; cependant dans fon *Ofteologia nova*, ou fa nouvelle Defcription des Os, page 29. il affure qu'ayant fait des recherches auffi éxactes qu'il luy a été poffible au fujet de cette matiere, il ne put jamais découvrir des nerfs dans les os, mais il tâche de faire voir ce qui fupplée aux nerfs ; enfuite page 102. il dit qu'il y a *Les os n'ont pas de nerfs.*

R

d'autres os qui paroiſſent n'avoir pas des nerfs.

La moële des os. Avant de finir nos remarques ſur les os, il nous faut dire quelque choſe de la moële. Dira-t-on que c'eſt ſans aucun deſſein que les os ſe trouvent creuſez, & que leurs cavitez ſervent de réſervoirs à une eſpece d'huile ou de matiere graſſe, qui rend les parties ſouples & propres aux mouvemens qu'elles ſont obligées de faire?

Il n'y a rien de plus merveilleux que la ſtructure des vaiſſeaux qui renferment la moële; la cavité des os eſt traverſée par une infinité de petits filets qui forment un réſeau; dans les aires de ce réſeau s'inſinuë une membrane qui forme une infinité de veſicules qui reſſemblent à une grape de raiſin; c'eſt dans ces veſicules que les vaiſſeaux ſanguins dépoſent l'huile qui compoſe la moële; tous les petits filets ſont deſtinez à ſoûtenir les veſicules, qui dans les ſauts tomberoient immanquablement. Nous voyons que les animaux qui ſautent, ont beaucoup de ces filets; mais ceux qui ne ſont ſujets qu'à des mouvemens peu rapides, comme le bœuf, ont des cavitez inégales dans leurs os; par ces inégalitez la moële eſt un peu ſoûtenuë.

L'eau & l'huile ſervent à polir les parties. Ceux qui ſont verſez dans les expériences qu'on fait avec la machine pneumatique, (les perſonnes qui en ignorent la conſtruction doivent s'imaginer qu'elle reſſemble à une grande ſeringue,) ſçavent fort bien qu'il faut tremper le piſton dans de l'eau, pour le faire gonfler juſqu'à un certain point; après on l'enduit d'un peu d'huile, afin de le pouſſer & de le retirer avec plus de facilité & plus promptement; cela nous fait voir clairement que lorſque le piſton imbibé & gonflé d'eau, eſt pouſſé avec quelque force dans le tube de la machine pneumatique qui ſe trouve un peu plus étroit que le piſton, l'eau dont le piſton étoit imbibé, eſt obligée de ſortir & de ſe mêler avec l'huile qui couvroit la ſuperficie du piſton.

Ajoûtons encore ici une choſe très-remarquable: Un homme qui n'auroit jamais vû cette expérience, pourroit-il s'imaginer à préſent que l'eau & l'huile mêlées enſemble ſont plus propres que l'huile toute ſeule, pour faire mouvoir deux corps qui ſe frottent l'un contre l'autre avec plus de facilité & plus vîte? Et cependant l'expérience que nous venons de rapporter, nous apprend que cela eſt véritable; il eſt auſſi bon de plonger encore une fois le piſton dans de l'eau, après l'avoir

LIVRE I. CHAPITRE X.

frotté d'huile avant de la pousser dans le tube de la machine pneumatique.

Celui qui a le premier observé cecy, c'est M. Boyle qu'on ne sçauroit jamais assez loüer sur les recherches qu'il a faites; cet Auteur, dans son Introduction aux Expériences Physico-méchaniques, page 7. édition de Cologne, parle ainsi du mélange de l'eau & de l'huile, pour rendre le mouvement du piston plus aisé : » Nous ne devons pas oublier de dire ici (parce que « la chose paroît très-admirable) que ni l'huile, ni l'eau toute « seule ne sçauroit rendre le mouvement du piston plus aisé, ni « plus prompt; mais en mêlant ensemble ces liqueurs, elles ont « produit l'effet que nous souhaitions, & l'expérience a été répé- « tée plusieurs fois à notre grand étonnement. «

Ainsi nous voyons que cet Auteur qui, s'il ne mérite pas le nom du plus grand Philosophe du monde, mérite au moins avec raison d'être placé dans la premiere classe des grands hommes, reconnoît luy-même qu'il n'auroit jamais pû découvrir cela par le raisonnement; mais qu'il ne l'avoit appris que par l'expérience, à son grand étonnement, qui est une chose qu'on doit bien observer.

L'huile & l'eau mélées ensemble s'insinuent dans ses jointures.

Où est l'Athée assez prévenu de lui-même, ou cet esprit fort, (car c'est ainsi qu'ils veulent être nommez,) qui mettant à part tout esprit d'opiniâtreté & de passion, seroit assez extravagant pour attribuer tout ceci à un pur hazard ou à des causes ignorantes ? Pourroit-il considerer des choses si admirables, sans aucun préjugé, & leur attribuer une origine si absurde ? Ne voit-il pas de ses propres yeux, qu'afin de rendre les articulations plus souples & plus mobiles, & avoir un mélange d'huile & d'eau propre à ce dessein, il y a dans les articulations des sources qui ne tarissent jamais : il découle de quelques-unes entre les cartilages qui se frottent l'un contre l'autre, une espece d'huile qui vient, à ce qu'ont prétendu quelques Auteurs, de la moële dont nous avons déja parlé; des autres il sort une humeur glaireuse & épaisse, que le Docteur Clopton Havers appelle mucilage. Le même Auteur fait voir par l'expérience que ce n'est pas sans une juste raison qu'il donne à ces liqueurs le nom d'humeurs aqueuses, car il prouve qu'après l'évaporation de l'eau il reste à peine la trentiéme partie de cette matiere.

Encore un coup, je voudrois qu'un incrédule se retirât dans

R ij

quelque endroit pour rentrer en lui-même; je voudrois que de-là il considerât cette humeur mucilagineuse & aqueuse qui est d'un si grand usage: ce grand appareil de glandes qui sont dans les articulations, & qui étant comprimées par le mouvement des os, se dégorgent comme autant d'éponges; diroit-il après cela que tout cela n'est que l'effet du hazard, & que cela a été disposé de la sorte sans aucun dessein? Ne devroit-il pas au contraire, à la vûë de toutes ces choses, être pleinement convaincu de la sagesse & des fins du Créateur?

1º. Ces glandes (on en représente quelques-unes de celles qu'on trouve dans l'articulation du coude planche ix. fig. 6. & quelques unes de celles qui sont à la rotule C, tirées de l'endroit du genou a a a, fig. 7. avec la membrane 666.) ces glandes, dis-je, sont placées de maniere qu'elles ne peuvent être froissées par les os; c'est dans cette vûë que le Créateur les a mises dans une cavité qui les met à couvert pendant les mouvemens de l'articulation. 2º. Elles sont pourtant disposées de maniere, que lorsqu'il est question de faire de grandes infléxions, & d'agir beaucoup, elles peuvent être comprimées d'une maniere douce, pour qu'il s'en exprime une plus grande quantité de liqueur qui se trouve alors plus nécessaire; lorsque l'articulation est en repos, ces glandes sont plus pleines qu'à l'ordinaire, & elles ne versent point leur liqueur inutilement. Ceux qui souhaitent de voir la chose plus au long établie sur plusieurs expériences nouvelles, peuvent consulter le traité que nous venons de citer, depuis la page 227. jusqu'à la page 232.

Si on lit cet Auteur, on verra combien on peut tirer de preuves de la description de la moële & des glandes mucilagineuses, pour faire voir la sagesse & la bonté du Créateur; voici
» les termes dont cet Auteur se sert, page 238. Nous ne sçaurions
» nous empêcher de voir ici des marques évidentes d'une Intel-
» ligence infinie; on en voit des traces dans l'univers en gene-
» ral, mais elles paroissent d'une maniere beaucoup plus particu-
» liére dans la maniere sage dont les mouvemens des animaux se
» font. Nous ne sçaurions non plus jamais assez admirer la sa-
» gesse & la providence de Dieu, qui a communiqué à toutes ces
» créatures non-seulement les proprietez nécessaires pour faire
» commodément tous les mouvemens & toutes les fonctions
» qu'elles sont obligées de faire; mais outre cela il leur a donné
» tout ce qu'il falloit pour se soûtenir, & éxecuter leurs fonctions
» d'une maniere très-aisée.

CHAPITRE XI.

De la Vision.

Nous allons préfentement traiter des fens extérieurs, & avant toutes chofes nous éxaminerons les inftrumens de a vûë; il paroîtra incroyable qu'un fi grand nombre de particularitez & de circonftances fi néceffaires dans une matiere de fi grande conféquence que la vûë, ayent pû fe rencontrer & s'unir enfemble par un pur hazard, ou par le moyen de certaines caufes néceffaires, fans le confeil du Créateur, dans un endroit auffi petit que celui qui contient l'œil.

1°. Croira-t-on que c'eft fans aucun deffein que nous pouvons baiffer la paupiere avec une vîteffe inconcevable, pour défendre l'œil lorfqu'il eft en danger d'être offenfé? car comme il eft fort délicat, la moindre chofe pourroit le bleffer ; & pour empêcher durant le fommeil l'action de la lumiere qui interromproit ce repos qui nous eft fi néceffaire, dira-t-on que c'eft par un pur hazard que nous pouvons lever la paupiere avec la mième vîteffe pour recevoir la lumiere, & qu'elle ait pour cet effet des mufcles? *La ftructure externe de l'œil.*

2°. Les paupieres ont chacune un arc cartilagineux, qui s'adapte éxactement fur la convexité de l'œil, afin d'empêcher qu'elles ne foient flafques, & afin de rendre leur mouvement plus prompt.

3°. L'œil eft renfermé dans une efpece de boëte offeufe qui le défend contre les accidens externes; car s'il avoit été tant foit peu comprimé, il auroit changé de figure ; & pour ne rien dire de la douleur que cela auroit caufé, la vûë auroit été confidérablement dérangée. Si quelqu'un doute de ceci, il n'a qu'à fermer un œil, & preffer l'autre un peu fort avec fon doigt, il fera d'abord convaincu de cette vérité par la différence confidérable qu'il appercevra dans les objets.

4°. Rien de plus admirable que la ftructure des fourcils qui font garnis de poils, pour empêcher que la fueur du front ne coule dans les yeux.

5°. On trouve au coin externe de l'œil & dans les paupieres, des glandes dont les conduits excretoires fourniffent continuellement une humeur, pour humecter la membrane externe de l'œil, & empêcher que l'air ne la fasse vuider, que les mouvemens des paupieres ne soient interrompus, & que la vûë même n'en souffre; elle rend les membranes souples & lisses.

6°. Pour éviter que nos yeux ne soient continuellement couverts de larmes, qui couleroient en même-temps sur nos joües, il y a deux conduits à chaque œil, & c'est par là que cette humeur se décharge ordinairement dans le nez. Il y a certains temps que cette humeur se sépare en grande quantité, par éxemple, lorsqu'on pleure; nous nous appercevons alors d'une maniere bien plus sensible qu'elle coule dans le nez.

7°. L'œil a plusieurs muscles qui le tournent dans un instant de tous côtez, afin que nous ne soyons pas obligez de tourner continuellement la tête vers les différens objets que nous devons voir.

8°. Afin qu'il n'y ait rien d'inutile dans la structure de ces muscles, la figure de l'œil est ronde, de-là vient qu'il roule indifféremment de tous côtez dans une cavité où il est ajusté, & sa partie est couverte de graisse pour rendre son mouvement plus prompt & plus aisé.

Les proprietez de la lumiere.

Si tout cela ne suffit pas pour convaincre un Athée obstiné & endurci, qu'il se donne la peine d'éxaminer avec nous ce qui suit; je ne doute point qu'il ne soit contraint d'avoüer que celuy qui a formé l'œil devoit avoir une connoissance des loix les plus secretes de l'Optique & des Mathématiques, avant de produire une machine si merveilleuse.

Il est nécessaire de faire voir en premier certaines proprietez de la lumiere, en faveur de ceux qui ne sont pas versez dans les sciences dont nous venons de parler, afin qu'ils en ayent une idée assez claire.

1°. La lumiere, soit qu'elle émane du Soleil, ou d'une chandelle K, planche x. fig. 1. en tombant sur l'extrémité ou la pointe d'une aiguille, la rend visible à l'œil placé dans C C C, &c. & dans R, en quelqu'endroit qu'elle soit; d'où il s'ensuit que les rayons de lumiere P C, P C, &c. se répandent en rond de tous côtez, ou plûtôt qu'ils forment une espce de boule, & qu'ainsi on ne sçauroit assigner un seul point sur la superficie de la sphére C, C, C, C, R, &c. où il n'y ait quelque rayon, comme P c, en supposant l'œil dans quelqu'un des points C C C, &c. ou en quelqu'autre endroit que ce soit de cette sphére.

LIVRE I. CHAPITRE XI.

Les rayons se répandent toûjours en ligne droite, c'est ce qu'on peut observer en plaçant le corps opaque S entre l'œil qui est dans R & le point P, dans la ligne droite PR; ce corps empêchera de voir le point P.

2°. On a donné le nom de divergence à l'écartement ou séparation qui arrive dans les rayons Pc, Pc, &c. ainsi nous voyons que tous les rayons de lumiere qui partent du point P, font ce que les Sçavans appellent rayons divergens; au lieu que les rayons qui sortent, par éxemple, de plusieurs points CC, &c. sont appellez convergens, lorsque par le moyen d'un miroir ardent, ou de quelqu'autre maniere, on les ramasse dans le point P.

3°. La divergence des rayons supposée, il s'ensuit (planche x. fig. 3.) que si de tous les points, par éxemple des points A, N, L, M, B, de la ligne AB (ou plûtôt de tous les points qu'on peut assigner dans la ligne AB) il part des rayons qui vont tomber sur la ligne ST, les rayons qui viendront de tous les points de la ligne AB, pour se rendre chacun à un point de la ligne ST, ne sçauroient s'écarter sans une grande confusion selon les apparences.

4°. Il est évident que si les rayons en s'écartant de cette maniere, tomboient directement dans l'endroit de l'œil où la vûë doit se former, les rayons qui partent de chaque point de l'objet visible AB, rempliroient suffisamment toute la surface de cet endroit, & ils se confondroient les uns avec les autres, comme on le peut voir dans S, T, O.

5°. C'est une loy connuë dans l'Optique, qu'afin de voir distinctement un objet, tous les rayons qui partent d'un de ses points, du point B par éxemple, doivent se ramasser au fond de l'œil dans le point b; il en est de même de ceux qui viennent du point A, & des autres points du même objet, qui se ramassent dans tout autant de points, comme dans a, &c. ils forment ainsi au fond de l'œil dans ab l'image renversée de l'objet AB.

6°. Comme ceci ne sçauroit arriver, à moins que les rayons qui, selon le cours naturel de la lumiere, partent du point B, en s'écartant l'un de l'autre, ne se rapprochent de nouveau au point b, l'Auteur de la nature a déterminé par d'autres loix le mouvement de la lumiere, selon les différens milieux ou les différentes matieres à travers lesquelles elle doit pénétrer.

L'EXISTENCE DE DIEU.

La réfraction des rayons.

Les loix par lesquelles l'Auteur de la nature a reglé les mouvemens de la lumiere, lorsqu'elle passe à travers différentes matieres, sont celles qu'on connoît dans l'Optique sous le nom de réfraction; voici ce qu'on y observe:

1°. Les rayons de lumiere se rompent ou plûtôt se plient en sortant d'une matiere transparente, de l'air par éxemple, pour entrer dans une autre, comme dans l'eau, dans le verre, le crystal, &c. soit que cette matiere soit plus dense ou plus rare.

2°. Lorsqu'ils tombent obliquement sur ces dernieres matieres; car s'ils tombent à angles droits, ou perpendiculairement, l'on observe qu'ils passent en ligne droite, & qu'il ne leur arrive aucune réfraction.

Expérience sur les rayons qui passent de l'air dans l'eau.

Si vous en voulez faire l'expérience, mettez une chandelle dans une chambre obscure (planche x. fig. 2.) sur une table, & un bassin vuide & net; par éxemple N K L M, à une petite distance de la table; disposez le bassin de maniere que l'ombre du bord M L du bassin, s'étende depuis M jusqu'à D; on verra que le rayon A M D, qui sépare à l'endroit D l'ombre d'avec la lumiere, est le dernier rayon qui tombe sur la partie éclairée au-dedans du bassin N B D.

Mettez ensuite une piéce d'argent E, par éxemple une piéce de vingt sols, dans la partie qui n'est pas éclairée, de maniere pourtant qu'elle tombe presque avec le bord, le point D ne change pas de place; ensuite remplissez le bassin jusqu'à B C avec de l'eau, vous verrez alors que l'ombre ne s'étendra pas au de-là du point f, & la piéce de vingt sols E sera entierement éclairée, de sorte qu'alors H F sera le dernier rayon qui sépare l'ombre d'avec la lumiere.

Or il est clair qu'il ne sçauroit aller aucun rayon en ligne droite du point A au point F, à cause du bassin qui empêche cela.

Cependant vous voyez que la lumiere va du point A au point F.

Il s'ensuit de-là que le rayon qui décrit une ligne droite dans l'air depuis A jusqu'à H, au lieu de continuer en ligne droite jusqu'à D, se rompt, & forme l'angle A M F, sur la surface de l'eau H, & qu'il va de l'endroit H à l'endroit F.

Nous venons de donner un éxemple de la réfraction que la lumiere souffre; par éxemple, le rayon A H, en passant par
un

LIVRE I. CHAPITRE XI.

un milieu rare, comme l'air, pour entrer dans un autre milieu plus denſe, comme dans l'eau ; on peut encore obſerver qu'il ſe rompt alors en approchant de la ligne perpendiculaire GHQ, qui forme un angle droit ſur la ſurface B C, qui eſt l'endroit où l'air & l'eau ſe ſéparent.

Faiſons voir à préſent ce qui arrive à un rayon, lorſque d'un milieu plus denſe, de l'eau, par éxemple, il paſſe dans un plus rare, comme dans l'air.

Expérience ſur la réfraction des rayons qui paſſent de l'eau dans l'air.

Pour cet effet, mettez la piéce de vingt ſols E dans le vaiſſeau vuide N K L M (planche x. fig. 4.) de ſorte qu'un homme qui ſeroit dans A S, ne pût pas voir la piéce E à cauſe du bord T M, parce qu'on ne pourroit pas tirer une ligne droite A E depuis E juſqu'à l'œil A, à cauſe de l'interpoſition du bord M L.

Vous attacherez avec quelque choſe la piéce E, au fond du vaiſſeau, afin qu'elle ne change pas de place lorſqu'on y verſera de l'eau ; il faut y en verſer juſqu'à B C ; alors celui qui étoit à l'endroit A S, & qui ne pouvoit pas voir auparavant la piéce, l'appercevra auſſi clairement que ſi elle étoit dans F.

Il s'enſuit évidemment de-là que la piéce de vingt ſols ſe trouve réellement à l'endroit E, & qu'il eſt impoſſible de la voir par le rayon droit E A.

Et cependant on la voyoit clairement dans F.

Cela prouve qu'on ne la voit que par le moyen de la réfraction du rayon E H, qui au lieu d'aller directement dans T, forme l'angle E H A, & s'étend ainſi juſqu'à l'œil A, qui voit la piéce comme ſi elle étoit à l'endroit F, parce que nous rapportons toûjours ce que nous voyons par une lunete droite qui s'étend depuis l'œil juſqu'à l'objet.

Pour prouver que cela n'arrive que par le moyen de la réfraction, faiſons placer une autre perſonne dans I Q, dont l'œil I ne peut pas voir la piéce E, tandis que le vaſe eſt vuide, à cauſe du bord N K qui interrompt le rayon droit I E ; cependant lorſqu'on y verſe de l'eau, il la verra dans l'endroit P, par le moyen du rayon E R I rompu dans R, de ſorte qu'à l'œil A la piéce de vingt ſols paroîtra avoir quitté l'endroit pour aller dans F ; mais à l'œil I elle paroîtra avoir quitté E pour aller dans P ; il arrivera ainſi deux mouvemens contradictoires : la même choſe arriveroit s'il y avoit un grand nombre de ſpectateurs autour du vaiſſeau, chacun verroit l'objet dans un endroit différent.

S

Il paroît par-là que le rayon E H fe rompt en paſſant d'un milieu plus denſe dans un plus rare, comme en ſortant de l'eau pour entrer dans l'air, & qu'il ne va pas en ligne droite depuis H juſqu'à T, mais qu'il va à l'endroit A, & qu'ainſi il s'écarte un peu de la perpendiculaire G H Q.

Expérience qui prouve que les raions qui tombent à angles droits, ne ſe rompent pas.

Il eſt encore clair qu'un rayon qui tombe perpendiculairement d'un milieu tranſparent dans un autre, ne ſouffre pas de réfraction, comme le rayon précédent qui tombe obliquement; pour vous en aſſûrer, regardez la piéce E qui eſt dans un vaſe vuide, à travers le tube étroit & perpendiculaire D U; après cela rempliſſez d'eau le même vaiſſeau juſqu'à B C, prenant bien garde de ne pas faire changer la piéce de place, & tenant toûjours le tube dans la même poſition; à travers le tuyau on verra la piéce de même qu'auparavant: au lieu que ſi vous la regardez à travers le tube ſitué obliquement ſelon la poſition H T, on ne la verra pas dans E, comme dans le temps que le vaiſſeau eſt vuide, parce qu'afin de la voir de nouveau après que le vaiſſeau eſt plein d'eau, on doit baiſſer le tube depuis H T juſqu'à H A, à cauſe de la réfraction des rayons; c'eſt ce qu'un chacun peut eſſayer.

Maniere de rapprocher les rayons qui s'écartent, & de leur faire repréſenter une image renverſée.

Il naît de ces deux loix une regle generale qui s'obſerve toûjours, comme cela paroît par une infinité d'expériences, dans le mouvement de la lumiere; ſçavoir, que (planche XI. fig. 1.) les rayons B H, B H, qui s'écartent du point B, peuvent ſe rapprocher l'un de l'autre par la réfraction, & devenir convergens ou s'unir au point b.

1º. Cela arrive, lorſque d'un corps plus rare ils paſſent dans un plus denſe qui ſoit convexe & ſphérique. 2º. Lorſqu'ils tombent ſur un objet de même figure, en paſſant d'un milieu plus épais dans un plus rare.

Par éxemple, ſuppoſons que K F ſoit un verre poli des deux côtez, & que les côtez de K M F & K N F ſoient convexes & ſphériques; lorſque B H tombe en ſortant de l'air ſur cet objet, il n'ira point juſqu'à R, mais il ſe rompra en approchant de la perpendiculaire G H, & il décrira la ligne H P; mais en ſortant du verre P pour entrer dans l'air, il n'ira pas vers S en décrivant la ligne H P, mais il s'éloignera de la perpendiculaire P Q pourſuivant ſa route vers b.

Comme cela arrive à tous les rayons qui viennent de B, & tombent ſur le verre entre H M, ils ſe réuniront tous au

LIVRE I. CHAPITRE XI.

même endroit prefque vers b ; il n'y a que le rayon du milieu B M N b, qui fort en ligne droite & fans réfraction, parce qu'il tombe toûjours perpendiculairement fur le verre.

De forte que fi nous fuppofons (planche x. fig. 3.) que dans ST il y ait un verre placé de maniere que les rayons en paffant de l'endroit A vers a, & de l'endroit B vers b, & des points N, L, M, vers n, l, m, foient unis enfemble, ils formeront dans b a l'image renverfée A B.

On peut encore démontrer la même chofe d'une maniere très-aifée : Mettez, lorfqu'il eft nuit, une chandelle dans une chambre, & vous retirant à quelque diftance de la chandelle, expofez un verre de lunete à la lumiere en plaçant un papier blanc derriere ; alors après avoir auffi mis le papier à une certaine diftance du verre, vous verrez l'image parfaite de la chandelle fur le papier, mais renverfée, c'eft-à-dire, à l'endroit b a, où tous les rayons qui viennent de chaque point de la chandelle dans A B, fe ramaffent dans tout autant de points par le moyen de deux réfractions qu'ils fouffrent (de même que dans la planche xi. fig. 1.) en paffant à travers le verre à lunete qui eft convexe des deux côtez, c'eft ainfi qu'ils forment l'image dont nous venons de parler.

Expérience qui fait voir la même chofe.

Il y a une autre maniere de prouver la même chofe par la fameufe expérience de la chambre obfcure, qu'on fait de cette maniere : Il faut rendre la chambre auffi obfcure qu'il eft poffible, laiffant dans une fenêtre un trou rond, un peu plus petit que la circonference d'un verre de lunete ; enfuite placez un de ces verres éxactement devant le trou, prenant bien garde de ne pas laiffer entrer dans la chambre la lumiere par quelque autre endroit.

Seconde expérience faite dans un œil artificiel.

A préfent fi vous fufpendez un morceau de drap blanc ou du papier, devant le verre, à une certaine diftance, en forte que les rayons qui partent de chaque point de l'objet puiffent fe ramaffer chacun dans un autre point ; vous verrez que l'image de tout ce qui eft hors de la chambre, fe peindra parfaitement fur le papier, jufqu'aux couleurs même, fur-tout fi le Soleil éclaire les objets extérieurs, & que le verre foit dans l'ombre ; comme il arrive, lorfque, par éxemple, le Soleil eft au méridien, & que la fenêtre dans laquelle le verre eft, eft tournée de telle façon, que les rayons n'y tombent pas en ligne droite.

S ij

Nous venons de voir une des proprietez de la lumiere, c'est que ses rayons en partant d'un point, s'éloignent & s'écartent l'un de l'autre, & qu'ensuite ils se réunissent de nouveau dans un point, afin de former l'image de l'objet, & de rendre par-là la vûë distincte : Quelqu'un après cela s'imaginera-t-il que toutes ces loix de la lumiere, cette disposition admirable qui se trouve dans l'œil, les rapports de la structure avec les rayons, & tant d'autres circonstances nécessaires; quelqu'un, dis-je, s'imaginera-t-il que toutes ces choses ont concouru dans un espace aussi petit que celui qui renferme l'œil, sans le conseil ou la sagesse du Créateur ?

L'œil est une chambre obscure.

Pour donner une satisfaction entiere sur cette matiere, & faire voir à un chacun d'une maniere évidente que les images des objets visibles sont réellement peintes sur le fond de l'œil par la lumiere, de la même maniere qu'elles le sont dans la chambre par le moyen d'un verre convexe, l'on n'a qu'à prendre (car c'est ainsi que l'expérience fut faite l'an 1696.) l'œil d'un bœuf récemment tué, tandis qu'il est encore chaud (voyez la planche XI. fig. 2. C G R H) après en avoir ôté la chair & la graisse, sans rien laisser que les membranes & le nerf optique; ensuite dans les membranes qui enveloppent l'œil, faites un petit trou avec la pointe d'un canif aux environs de b ou a, dans la partie postérieure de l'œil, vous en couperez un petit morceau de la largeur d'un doigt, avec des cizeaux, le laissant encore attaché à l'œil à l'endroit x, en sorte qu'on pourra tenir l'œil suspendu par l'endroit x t, & on pourra de cette maniere tourner du côté qu'on voudra l'orifice C C N.

Ensuite en plaçant la flamme d'une chandelle, dans une chambre obscure, devant l'œil dans A B, vous verrez clairement l'image éxacte de la chandelle renversée dans a b, & la flamme paroîtra descendre.

Mais pour faire cette expérience comme il faut, on doit prendre garde de ne pas endommager dans a b la membrane qui enveloppe l'humeur vitrée, & qui est très-délicate & très-tendre; car alors il est bien vrai que vous verriez à découvert cette humeur qui est transparente, & vous verriez peut-être quelque lumiere, mais l'image ne seroit pas si bien représentée.

Cependant si cela arrive, comme cela se peut très-bien, on peut couvrir l'humeur vitrée dans a b, avec un morceau de pa-

LIVRE I. CHAPITRE XI.

pier fin; de cette maniere vous verrez la figure exacte & le mouvement de la chandelle & de la flamme, vous verrez même le sommet ou la pointe de la chandelle.

Il vaut mieux faire l'expérience de cette maniere, que de placer l'œil devant le trou d'une chambre obscure, pour recevoir les images des objets extérieurs; on fait la même chose ainsi, mais avec beaucoup moins d'embaras.

Car de cette maniere on peut voir 1° que, lorsqu'on approche l'œil de la chandelle, l'image grossit sensiblement; & lorsqu'on l'éloigne, elle devient petite de plus en plus; 2° qu'en transportant la chandelle à droite ou à gauche, le mouvement de l'image est directement opposé à celui de la chandelle.

Il semble par-là que notre Créateur se sert de ces moyens, afin qu'en augmentant ou diminuant les images qui se forment dans l'œil, nous puissions juger de la distance des objets par leur grandeur apparente, de même qu'il nous fait connoître le mouvement des choses qui sont éloignées de nous, par le mouvement de leurs images.

Que ces images ne se forment pas dans nos yeux, sans faire quelque impression sur les membranes de cet organe, c'est ce qu'on peut inferer selon les apparences dès qu'un homme sort; après avoir resté quelque temps dans l'obscurité, il entre tout d'un coup dans un grand jour, & ouvre les yeux pour regarder autour de lui.

Ayant fait voir que l'œil est une vraie chambre obscure, voici une vérité qui se présente; sçavoir, que l'image de l'objet A B, par exemple, ne sçauroit se former sur le fond de l'œil dans a b, par des rayons qui viendroient du point B, tandis qu'ils seroient divergens, comme dans B C, B C; mais il est absolument nécessaire qu'ils se rapprochent & se réunissent de nouveau par la réfraction, afin qu'ils puissent se ramasser dans le point & former l'image. *Les rayons divergens ne forment aucune image.*

Nous nous contenterons de ne rapporter ici que quelques-unes des circonstances qui peuvent servir de conviction, crainte d'embarasser les personnes qui ne sont pas bien versées dans l'Anatomie, par le grand nombre de noms étranges que les Sçavans ont donné aux membranes de l'œil, que quelques Anatomistes mettent au nombre de trois; d'autres en reconnoissent quatre, cinq, six, sept, même huit & neuf, comme on le peut voir dans Verheyen: supposons que le petit corps rond, *La transparence de la cornée.*

G C H R. planche xi. figure 2. soit l'œil.

Tout le monde conviendra à présent avec nous, 1°. Que si toutes les membranes qui couvrent l'œil, étoient opaques, comme celles qui sont dans les autres parties du corps, la lumiere ne seroit point en état d'entrer dans l'œil, ou du moins ce ne seroit qu'en petite quantité.

Supposera-t-on donc que c'est sans aucune vûë que, quoique l'œil soit environné d'une membrane opaque GRH, il y a cependant à l'endroit où la lumiere tombe dans NCC, une membrane sphérique, mince, brillante & fort transparente, semblable à de la corne ou à du verre, afin de laisser passer la lumiere ? C'est à cause de ce rapport qu'on luy a donné le nom de cornée.

L'humeur aqueuse.

2°. Si les rayons de lumiere BC, BC, qui viennent de l'air, & du point B, par éxemple, après avoir passé à travers la membrane GNCH, rencontroient de nouveau le même air placé dans la cavité de l'œil GSDTHCG, comme cela arrive dans les cavitez de l'oreille où cet air est nécessaire, ils se separeroient les uns des autres, & ne pourroient pas former l'image dans b, qui est pourtant nécessaire pour voir distinctement le point B : Où est l'homme encore assez insensé pour oser prétendre que c'est par un pur hazard que cet espace GSDTHCG est rempli d'une liqueur qui a toutes les qualitez nécessaires pour réunir les rayons ? 1°. Elle est tout-à-fait claire & transparente pour recevoir la lumiere. 2°. Elle est plus dense que l'air, & de la nature de l'eau ; & c'est ce qui lui a fait donner le nom d'humeur aqueuse. 3°. Elle est convexe, comme cela paroît par la figure extérieure de l'œil ; il s'ensuit de-là que les rayons BC, BC, qui viennent du point B en s'écartant, ne sçauroient aller jusqu'à gg ; mais ils souffrent nécessairement une réfraction en s'approchant l'un de l'autre, & ils poursuivent leur route jusqu'à DD, selon les lignes CD, CD.

Le cryftallin.

3°. Si nous supposions à présent que les rayons qui décrivent les lignes CD, CD, avançoient directement vers dd, nous verrions en même-temps qu'ils ne se réuniroient jamais dans un point, ou du moins ils ne se réuniroient que dans un point fort éloigné derriere le fond de l'œil.

Il s'ensuit de-là qu'il faut nécessairement une nouvelle réfraction pour les rapprocher l'un de l'autre, afin de les ramasser dans b, ou dans un point beaucoup plus proche.

LIVRE I. CHAPITRE XI.

Pour que cela arrivât éxactement, il falloit placer après l'humeur aqueuse une autre matiere STDES; cette matiere, ou plûtôt ce corps devoit être 1° tranfparent: 2° plus denfe que l'humeur aqueufe; 3° convexe en quelque maniere.

En effet, tout cela fe trouve dans l'œil avec les mêmes circonftances; car il fuffit d'ouvrir l'œil, pour faire voir que l'humeur STDES eft non-feulement claire, mais même plus denfe que l'humeur aqueufe; de-là vient qu'on lui a donné le nom de cryftallin, & elle reffemble plûtôt à un corps folide qu'à une liqueur; bien plus, elle eft convexe dans SDDT.

Voilà donc ce qui empêche que les rayons CD, CD n'aillent directement vers dd, & ce qui les oblige felon les loix de la réfraction de fe rompre une feconde fois en fe ramaffant, & de prendre leur route vers DE, DE.

4°. Encore un coup, fi les rayons de lumiere avoient paffé directement vers ae, ils fe feroient encore rencontrez au point k, mais ç'auroit été trop loin & derriere l'œil; en tombant fur le fond de l'œil ils auroient occupé trop de place dans mn, & un feul point de l'objet B auroit été repréfenté avec une furface trop grande mn; la même chofe devant arriver à tous les points de l'objet AB, les rayons des différens points étant voifins l'un de l'autre, feroient tombez au fond de l'œil dans le même endroit, ainfi l'image auroit été confufe de même que la vifion. *L'humeur vitrée.*

Si quelqu'un avoit de la peine à concevoir ceci, il faut qu'il fe repréfente en premier lieu éxactement, par le moyen d'un verre convexe placé dans ST, dans une chambre obfcure (planche x. fig. 3.) l'image ab de l'objet AB, fur un morceau de papier blanc rs; enfuite tranfportant le papier dans pq ou plus près du verre ST, il appercevra la confufion de l'image, pour les raifons que nous avons déja alléguées.

Il étoit donc néceffaire, pour prévenir cet inconvenient, qu'il fe fift une feconde réfraction, par le moyen de laquelle les rayons puffent fe ramaffer au point b, au lieu du point k.

Afin que ceci fe faffe d'une maniere aifée, le cryftallin ST doit être convexe dans SET, & l'humeur fuivante SGRHTES doit être moins denfe & tranfparente.

Or toutes ces circonftances fe rencontrent ici, puifque le cryftallin (comme on peut l'obferver en l'ôtant de l'œil) eft non-feulement convexe par derriere dans SEET, mais il l'eft beaucoup plus même que dans sa partie antérieure SDDT; on observe aussi que toute la cavité de l'œil SGRHTES derriere le cryſtallin ST, eſt entierement remplie d'une humeur fort claire & luiſante, dont la conſiſtence approche de celle du verre fondu ou du blanc d'œuf, ſelon d'autres; & (ce qui eſt néceſſaire) elle eſt moins épaiſſe que le cryſtallin ; c'eſt ce qui lui a fait donner le nom d'humeur vitrée : cela étant ainſi, ceux qui ont entendu ce que nous venons de dire, doivent auſſi ſçavoir que les rayons qui viennent de DE, ne ſçauroient paſſer directement à travers e vers k; mais ſe rompant de nouveau dans E, ils doivent ſe ramaſſer; & pourſuivant leur route ſuivant Eb, Eb, ils doivent ſe réunir dans b.

Comment l'image ſe forme dans l'œil.

5°. Ayant fait voir comment les rayons de lumiere qui partent, en s'écartant l'un de l'autre, du point B de l'objet AB, doivent ſe réunir au fond de l'œil dans le point b; ſi vous ſuppoſez à préſent que les rayons qui viennent de tous les points de AB ſe ramaſſent auſſi de la même maniere dans un point viſible de ab, vous verrez auſſi de quelle maniere les images ſe forment par la lumiere, au fond de l'œil, comme ſi c'étoit dans une chambre obſcure.

Peut-on demander encore quelqu'autre choſe, lorſqu'on recherche ſincerement la vérité, pour prouver la ſageſſe du Créateur, que la ſtructure admirable de l'œil, & les réfractions repétées de la lumiere qui arrivent trois fois l'une après l'autre ? ſans cela, ou ſi les rayons s'étoient écartez l'un de l'autre, il leur auroit été non-ſeulement impoſſible de former une image éxacte, mais leur mouvement auroit été directement oppoſé à celui qui eſt néceſſaire pour la vûë.

Le dedans de l'œil eſt noir.

Nous pourrions faire une infinité de remarques ſur les choſes admirables qu'on trouve dans l'œil. 1°. On obſerve que l'œil doit être noir ou obſcur en dedans, pour repréſenter les images comme dans une chambre obſcure ; en effet, ne l'eſt-il pas? Il eſt même ſi obſcur, que ſes membranes, ou pour mieux dire, la choroïde, ſont à cauſe de cela, de couleur noirâtre : une circonſtance auſſi néceſſaire que celle-ci, ſera-t-elle l'effet du hazard ?

Le cryſtallin eſt un microſcope.

2°. Ne falloit-il pas, pour rendre les images nettes & éxactes, que dans l'œil il y eût un corps tranſparent, convexe des deux côtez, & que la partie la plus convexe fût en deſſous? Ces deux choſes ne ſe rencontrent-elles pas dans le cryſtallin, qui reſſemble

LIVRE I. CHAPITRE XI. 145
ble à une boule de verre polie par-devant & par-derriere, & qui en a auſſi toutes les proprietez?

Car ſi vous ôtez le cryſtallin de l'œil d'un animal nouvellement tué, & ſi vous le mettez devant une chandelle, tenant un morceau de papier blanc derriere, vous verrez ſur le papier une image auſſi éxacte d'une flamme renverſée, que ſi vous vous ſerviez d'un verre. Si vous le placez devant votre œil, en mettant une épingle derriere ; & ſi vous regardez à travers, vous obſerverez le même effet que ſi vous regardiez à travers un vrai microſcope, qu'on fait ainſi convexe des deux côtez pour le même deſſein.

A-t-on jamais vû perſonne qui ait prétendu que c'eſt d'une matiere opaque, qu'un bon microſcope a reçû ſa figure & ſa tranſparence, & cette diſpoſition admirable qui le rend ſi utile, ſans que celui qui l'a fait eût aucune vûë ? Oſera-t-on à plus forte raiſon aſſûrer une choſe ſemblable du cryſtallin, où toutes ces proprietez ſe trouvent dans un degré bien plus parfait ? Ou bien, où eſt l'ouvrier aſſez habile qui pût conſtruire quelque choſe de ſemblable avec les alimens dont nous uſons? Hé quoi ! un incrédule n'y trouvera donc aucun art, ni aucune marque qui ſuppoſe un Etre intelligent ? Si cela ne ſe rencontroit qu'une ſeule fois dans un œil, on pourroit peut-être l'attribuer au hazard ; mais il n'eſt rien de plus conſtant, rien de plus commun : on voit des millions d'yeux dans les hommes & dans les animaux, & ils ont tous la même ſtructure.

3°. On peut encore voir par le moyen de l'expérience de la chambre obſcure, que la diſtance de l'objet AB (planche x. fig. 3.) du papier blanc rs, & du verre ST, doit être limitée, pour former une image diſtincte dans a b ; de ſorte qu'en tenant le papier dans pq, trop près du verre ST, ou dans d e, trop loin du même verre, ſi l'objet AB & le verre ST ne changent pas de place, l'image ſera très-confuſe ; parce que les rayons venant des points A & B, au lieu de ſe ramaſſer dans les points a & b, occupent un grand eſpace dans p & q, ou dans d & e ; de ſorte que ceux qui viennent des différens objets doivent ſe mêler & ſe confondre l'un avec l'autre.

Cela fait voir que les images ne ſe forment jamais bien, lorſque la réunion des rayons qui viennent de A ou de B, arrive dans a ou b ; l'endroit de la réunion a b, étant ou devant le pa-

Comment on voit à différentes diſtances.

T

pier que je suppose alors dans d e, ou derriere le papier, lorsqu'il est dans p q.

Cela nous fait voir encore que, si l'objet A B se trouve trop éloigné du verre S T; ou, si le verre lui-même est plus rond que dans le temps que l'image étoit distincte dans a b, l'image ne sera éxacte & distincte que dans un endroit plus proche du verre, par éxemple, dans p q ; ainsi il est nécessaire, à cause de cela, de porter le papier dans p q, & de l'approcher du verre.

Le contraire arrive, si l'objet A B approche du verre S T; ou bien, si le verre n'est pas si convexe, que nous venons de le rapporter ; car alors l'image ne sera pas distincte, à moins qu'on ne recule le papier vers d e, & qu'on ne l'éloigne du verre.

Quoique tout cela arrive dans nos yeux, notre vûë pourtant, à cause de toutes ces circonstances, ne nous seroit pas d'un grand usage ; elle seroit même imparfaite, par rapport aux objets qui sont auprès de nous : par éxemple, un homme qui voit un objet distinctement à trois pieds de distance, ne seroit pas en état de le distinguer ou à un pied & demi, ou à quatre pieds & demi de distance, ou dans quelqu'autre endroit que ce fût, plus près ou plus loin, à moins que ce que nous venons de dire de la chambre obscure ne se passe dans notre œil : mais cela peut se faire, ou en rendant plus ou moins convexes les humeurs, ou en augmentant ou diminuant la distance entre le crystallin & le fond de l'œil (qui tient lieu de papier) selon l'éloignement ou la proximité de l'objet.

Ceci pourroit n'être pas assez intelligible pour une personne qui ne seroit pas versée dans les expériences d'Optique, ainsi on n'a qu'à se servir dans une chambre obscure d'un verre plus ou moins convexe ; ou, pour parler selon le vulgaire, d'un verre de lunete de jeune homme ou de vieillard, & mettre l'objet à différentes distances ; l'expérience, après un peu d'attention, rendra la chose assez évidente.

Faisons présentement l'application de tout ceci à notre dessein ; Qui est l'homme qui ne sera pas surpris de la sagesse & de la bonté du Créateur, s'il se donne la peine d'observer que tout cela se trouve dans l'œil ? Car lorsqu'un objet est éloigné de l'œil (planche xi. fig. 2.) & qu'ainsi le point a ou b (qui est l'endroit où les rayons qui partent du point A ou B se ramassent) au lieu de toucher le fond de l'œil X m, se trouve

LIVRE I. CHAPITRE XI.

plus près du cryſtallin S T ; l'image, comme nous l'avons déja dit, ſeroit confuſe, & la vûë ne ſeroit pas diſtinĉte: de ſorte que, pour prévenir cela, il eſt néceſſaire que la diſtance entre le fond de l'œil X m & le cryſtallin S T diminuë ; ou bien, ſi cette diſtance demeure la même, il faut que l'une des humeurs de l'œil ne ſoit pas ſi convexe qu'auparavant, afin que l'image ſe forme plus loin, dans a b, par éxemple.

Il ſemble qu'afin que ces deux choſes arrivent, les quatre muſcles de l'œil E F G H (planche x. fig. 5.) ſont néceſſaires pour le mouvoir en-haut & en-bas du côté gauche & du côté droit, lorſque l'un ou l'autre vient à ſe contraĉter; & lorſqu'ils agiſſent tous enſemble, ils tirent en arriere la partie antérieure de l'œil, de même que le cryſtallin, car l'aĉtion de ces muſcles diminuë la diſtance qui eſt entre cette humeur & le fond de l'œil : mais il eſt ſur-tout évident que c'eſt eux qui rendent l'œil qui eſt fort convexe & rond, beaucoup plus plat & moins rond; ce qui fait que les rayons ſe ramaſſent dans un endroit plus éloigné, afin que leur réunion arrive au fond de l'œil.

Que l'image que les rayons qui viennent d'un objet & forment en paſſant à travers un verre plat, ſoit plus éloignée du verre que lorſque le même verre eſt plus convexe, c'eſt ce que nous avons déja fait voir dans l'expérience de la chambre obſcure.

A préſent que l'objet (planche xi. fig. 2.) eſt trop près de l'œil; & que la réunion des rayons qui partent du point B, n'arrive pas dans b, mais dans k, derriere le fond de l'œil X m: il eſt évident que pour prévenir cela, le contraire doit arriver; c'eſt-à-dire, que l'eſpace entre le cryſtallin & le fond de l'œil X m, doit augmenter, & que l'humeur aqueuſe doit devenir un peu plus ronde dans m c c.

*Que les images ſoient plus proches du verre lorſqu'il eſt rond, c'eſt ce qu'on peut prouver fort aiſément dans une chambre obſcure.

Les Anatomiſtes font voir deux muſcles dans I H K M (planche x. fig. 5.) qui font ces deux effets, & qui ont reçû le nom d'obliques; lorſqu'il n'y en a qu'un qui eſt en contraĉtion, il tire l'œil de ſon côté; lorſqu'ils ſe contraĉtent tous les deux, ils le tirent vers le nez en le comprimant : ainſi l'humeur aqueuſe étant preſſée, devient plus convexe qu'à l'ordinaire, l'œil s'arrondit dans N C C (planche xi. fig. 2.) & l'humeur

T ij

vitrée étant poussée en arriere, la distance entre le fond de l'œil & le crystallin devient plus grande.

Je sçai fort bien qu'il y a des Sçavans qui ne croyent pas que ces muscles sont destinez à cet usage particulier, ou du moins qui en doutent jusques à ce qu'on l'ait prouvé plus au long ; mais nous n'entrerons point dans cette dispute : nous n'éxaminerons pas non plus si ceux qui soûtiennent que les fibres G S & H T (que les Anatomistes appellent production ciliaire) peuvent faire changer de figure le crystallin, ou le rendre plus ou moins convexe, ou le rapprocher, & l'éloigner du fond de l'œil, lorsqu'il est nécessaire que cela arrive, ont mieux rencontré la vérité que les autres.

Cependant l'expérience semble prouver l'une ou l'autre de ces deux actions; l'inquiétude, souvent même la douleur que l'on sent dans l'œil, lorsque nous faisons quelque effort pour voir distinctement un objet qui est éloigné de l'œil, ou pour lire un écrit de trop près, en est une preuve.

Mais c'est une chose incontestable, qu'il arrive quelque chose dans l'œil lorsqu'il est question de voir les objets à différentes distances, sans le concours de notre volonté, ou sans que nous sçachions ce que c'est; les plus grands Mathématiciens n'ont pû encore imiter cela par le moyen des instrumens qu'ils ont inventé pour la vûë; il faut nécessairement que la disposition de l'œil change, à mesure que les objets sont plus ou moins éloignez.

Ceci suffit pour nous convaincre (quoique nous ignorions de quelle maniere la chose arrive) qu'il y a un Dieu, qui nous a faits, & qui s'est proposé une vûë sage en formant l'œil.

La dilatation & la contraction de la prunelle prouvée par une expérience.

4°. Si la structure admirable de l'œil qui nous met en état de voir d'une maniere si aisée & si distincte, à des distances si différentes, n'est pas encore suffisante pour convaincre un Pyrrhonien de la sagesse de son Créateur, nous ne lui demandons qu'un peu de réfléxion sur ce qui suit ; car si nous voulions parler de tout ce qui regarde l'œil, il y auroit dequoi faire un livre.

Premierement, si dans une chambre obscure on fait le trou si petit, qu'il ne puisse admettre que très-peu de rayons, les images des objets extérieurs seroient imparfaites, & elles n'auroient pas la force, ni la vivacité qu'elles doivent avoir.

Secondement, si le trou étoit si grand, qu'il pût admettre

LIVRE I. CHAPITRE XI.

l'entrée à une trop grande quantité de lumiere, les images seroient encore plus imparfaites; & plus foibles pour d'autres raisons. Ce trou, par où les rayons passent, doit donc avoir une proportion éxacte, afin que chaque chose soit dans sa perfection, & que le nombre des rayons ne soit ni trop grand, ni trop petit. On ne sçait que trop bien la peine qu'il y a de trouver la juste proportion de ces trous lorsqu'on fait des telescopes, des microscopes, & d'autres instrumens d'optiques ; ce qui arrive à l'œil est la même chose que ce qui arrive dans une chambre obscure : & il est aisé de découvrir par l'expérience, que le défaut de rayons rend foible la vûë d'un objet ; si avec une épingle vous faites un trou dans un morceau de papier blanc, ce trou sera beaucoup plus petit que la prunelle à travers laquelle les rayons entrent dans l'œil.

Or si à travers ce petit trou (sur-tout dans un endroit où la lumiere n'est pas trop forte) vous regardez un morceau de papier marbré, où il y ait beaucoup de couleurs, on sçait assez qu'en le tenant fort près de l'œil il n'y sçauroit avoir aucun rayon, excepté ceux qui passent à travers ce petit trou ; ainsi le nombre en est beaucoup plus petit, que s'ils entroient immédiatement dans la prunelle sans passer dans ce petit trou : mais nous trouverons aussi en même-temps que les couleurs du papier marbré paroîtront beaucoup plus foibles & plus obscures à travers le petit trou, que si elles étoient exposées à l'œil tout nud.

Mais si la prunelle étoit trop grande, & si elle admettoit trop de rayons, comme cela arrive lorsqu'on passe d'un endroit fort obscur dans un autre fort éclairé ; il est certain que dans ce cas-là la vûë se dérangeroit.

Voici encore une autre preuve de la sagesse merveilleuse & de la miséricorde de Dieu : Où est l'homme assez fol pour supposer que c'est l'œil lui-même, sans la direction d'un Créateur, & même sans que l'homme dans lequel la chose se passe s'en apperçoive, qui fait ici ce que les ouvriers font avec tant de peine dans les instrumens d'optique ? & qu'il le fait d'une maniere qui surpasse infiniment les plus belles & les plus parfaites machines que l'art ou l'industrie humaine ait inventé jusqu'à présent ?

De-là vient que l'ouverture FF (planche XI. fig. 2.) à travers laquelle les rayons de lumiere passent, ou plûtôt ce petit cercle noirâtre qui fait que nos yeux sont appellez noirs, gris, ou d'une autre couleur, devient plus petit dans le grand jour lorsqu'un homme se porte bien, & plus grand à l'instant même lorsqu'on passe dans un endroit moins éclairé, afin d'admettre plus ou moins de rayons, selon que les circonstances des choses le demandent.

Je sçai fort bien qu'un homme qui n'a jamais vû ceci, a de la peine à le croire d'abord ; mais pour l'en convaincre par l'expérience, conduisez-le dans un endroit bien éclairé, par éxemple, dans une chambre directement opposée au jour, dans un temps serain : si vous vous donnez la peine d'éxaminer la prunelle de son œil, vous trouverez qu'elle est très-petite dans un si grand jour, afin que l'œil ne soit pas incommodé par la force de la lumiere ; ensuite menez-le dans un endroit obscur, & faites-lui tourner le dos à la lumiere, alors vous vous apperce-vrez clairement que la prunelle devient plus grande, afin de laisser entrer une plus grande quantité de lumiere ; de sorte qu'a-près ces expériences, personne ne sçauroit douter de ce qui vient d'être dit.

N'est-ce pas par un effet tout particulier de la bonté de Dieu, que toutes ces choses se passent dans notre œil, sans que nous en sçachions rien ? Et cela n'arrive-t-il pas afin que nous ne soyons pas distraits, lorsque nous jettons la vûë sur quelque objet pour l'éxaminer ; nous aurions été dans une distraction continuelle, si nous avions été obligez d'ajuster chaque fois notre prunelle avec différens degrez de lumiere.

Où est donc l'homme raisonnable, qui ayant bien compris tout ce que nous avons dit de l'œil, ne doive être surpris qu'il y ait eu un Lucrece parmi les Anciens, & qu'il y ait encore de notre temps des hommes qui prétendent être Philosophes, & rechercher la vérité, sans vouloir cependant reconnoître un Créateur auteur de toutes ces choses, qui conserve dans un bon état les organes de notre vûë, & qui avoit des desseins si sages en les formant ?

Cependant si ces personnes voyoient un bon microscope ou un beau telescope, ou un œil artificiel avec tout ce qu'il accompagne, aucun d'eux n'oseroit dire que ces choses ont été faites par le hazard. Comment osent-ils donc dire cela de l'œil, dont la structure est si surprenante, qu'ils sont obligez d'avoüer, quelque chose qu'ils disent, qu'elle est infiniment plus délicate

LIVRE I. CHAPITRE XI.

que tous les inſtrumens d'optique que l'induſtrie humaine ait inventés juſqu'à préſent?

Qu'on demande donc à un Mathématicien des plus habiles & des plus verſez dans l'optique ou dans la méchanique, s'il ſeroit en état de faire un œil artificiel qui pût ſe tourner du côté qu'on voudroit avec la même vîteſſe & la même facilité que l'œil; & qui, lorſqu'on le tourneroit du côté des objets éloignez, pût ſe racourcir & faire changer de figure ſon verre afin de l'applatir, & qui allongeât & rendît le même verre plus rond, lorſque l'objet ſe rapprochetoit, ſans avoir beſoin d'autre ſecours? Un œil artificiel qui pourroit ſe diſpoſer ſelon les différentes diſtances des objets, & fournir ainſi à chaque fois un différent objet; qui, lorſque la lumiere ſeroit trop foible, pourroit dilater ſon ouverture, & la rétrécir ou la contracter, lorſqu'elle ſeroit trop grande, ſans le concours d'autre choſe que de la ſeule diſpoſition & des loix qui animent la machine; un œil, dis-je, de cette eſpece n'eſt-il pas impoſſible à toute l'induſtrie humaine, & ne demande-t-il pas un Etre dont la puiſſance eſt infinie?

N'avons-nous pas tout lieu de reconnoître la bonté & la puiſſance du Créateur, qui a formé un corps immenſe comme le Soleil (pour ne rien dire de la Lune, ni des Etoiles) qui eſt deſtiné à des uſages ſi grands? Cet Etre ſuprême, afin d'accomplir ſon deſſein, & de rendre l'œil utile, a voulu que la lumiere découlât de cet aſtre en ſi grande quantité, qu'elle pût remplir l'eſpace immenſe qui eſt entre nous & le firmament, il a donné à cette lumiere la force de ſe porter juſqu'à Saturne même qu'on ſuppoſe éclairé par le Soleil avec raiſon; il fait deſcendre juſqu'à nos yeux la lumiere avec une vîteſſe inconcevable, afin qu'elle ne vienne jamais à manquer; la vîteſſe & les autres proprietez de la lumiere, dont nous venons de parler, & dont nous parlerons ailleurs d'une maniere plus particuliere, ſont démontrées, ainſi on n'a pas raiſon d'en douter.

Peut-on réfléchir ſur tant de choſes admirables qui ſont néceſſaires pour nous faire voir, & qui coopérent tant en-dedans que hors de l'œil, & ne pas reconnoître l'obligation qu'on a à celui qui a répandu ſur nous toutes ces bénédictions? Lui qui nous avertit à temps & d'avance de tout ce qui peut nous être utile ou préjudiciable; qui nous rend ſenſibles aux plaiſirs; qui offre à notre vûë & à notre admiration une varieté prodigieuſe de créatures; qui a semé pour nous la terre d'arbres & de plantes; qui a émaillé la campagne de fleurs, pour égayer nos yeux; qui enfin nous a donné des organes merveilleux, d'où notre esprit comme d'un théâtre élevé contemple la nature, suit les astres dans leur course, parcourt les espaces qui l'environnent, rapporte à leur place tous les objets par des rayons ramassez le long de l'axe des yeux. L'assemblage de ces rayons est des rayons représentez dans la planche x. fig. 3. par B S T b, de même que dans la planche xi. fig. 2. par B, C C, D D, E E, b; qui partant du point B par exemple, après avoir souffert les réfractions nécessaires, se réunissent dans un autre point b: c'est par ce moyen-là que ces ouvrages magnifiques comme le Soleil, la Lune, les Etoiles, la terre, la mer, les montagnes, les arbres, les fleurs, les hommes, les bêtes, & tout ce qui est corporel & visible, se peignent éxactement au fond de l'œil, sans perdre leurs couleurs naturelles.

Ouvrage merveilleux! les rayons qui s'écartent sont incapables de peindre dans l'œil l'image des objets; par des loix constantes ces rayons se ramassent en entrant dans les yeux: ces loix qui sont nommées réfractions, si elles venoient à être interrompuës, plongeroient tous les êtres animez dans des ténèbres éternelles; est-ce donc par les caprices du hazard que cet océan de lumiere s'assujettit à ces regles inviolables? Autre merveille; toutes les parties de notre corps croissent depuis l'enfance jusqu'à un âge avancé, une seule en est exceptée, c'est le cryftallin, on l'apperçoit toûjours dans le même volume, soit dans les hommes, soit dans les enfans; pourquoi? c'est que si sa masse avoit augmenté, elle n'auroit pû réunir les rayons qu'au de-là de la rétine. Esprits insensez, endurcis dans l'incrédulité, le hazard peut-il faire éclater en nous toute l'industrie & la prévoyance d'un Etre intelligent?

CHAPITRE XII.
De l'Ouïe.

APrès avoir traité de la Vûë, nous allons éxaminer l'Ouïe, afin de voir le peu de progrès que les Anatomistes ont fait pour pénétrer dans la véritable maniere qui nous transmet
les

LIVRE I. CHAPITRE XII.

les sens ; il suffit de rapporter les expressions de ce fameux Anatomiste M. Duvernay qui parle en ces termes dans la Préface de son Traité des Instrumens de l'Ouïe : « Parmi tous les « instrumens dont les animaux se servent, ceux des sens extérieurs « sont les moins connus de tous ; mais cependant les moins con- « nus de tous sont les instrumens de l'ouïe. Valsalva reconnoît « aussi la même chose ; ainsi on ne doit pas s'attendre que nous mettions dans tout son jour, ou que nous démontrions aussi clairement que nous l'avons fait en parlant de la vûë, la sagesse avec laquelle il a disposé cet organe ; ceci servira d'occupation aux siécles à venir, lorsqu'il plaira au Créateur d'introduire nos neveux dans ce labyrinthe, de benir leurs recherches, & de les conduire à de nouvelles découvertes touchant les instrumens de l'ouïe, du son, & de la musique.

Quoique l'industrie humaine ne suffise pas pour découvrir les véritables usages de tous les instrumens qui appartiennent à l'ouïe, cependant ce que nous connoissons de sa structure suffit pour prouver la sagesse admirable du Créateur à un homme qui s'applique sérieusement à la recherche de la vérité, & même pour convaincre un athée, s'il n'est plus obstiné qu'ignorant : comme nous n'avons pas entrepris de donner ici l'Anatomie complete de ces parties, il ne sera pas inutile de mettre ici quelques figures tirées des planches de Valsalva, qui représentent au naturel la structure des instrumens qui servent à l'ouïe ; de sorte qu'avec ces figures, & quelques autres que nous y joindrons pour une plus grande clarté, le Lecteur pourra s'en former une idée generale.

Commençons donc par la structure externe de l'oreille qu'un chacun peut voir dans d'autres Traitez.

La structure de l'oreille.

Quelqu'un oseroit-il supposer que c'est par un pur hazard & sans aucune vûë, que nous avons deux oreilles, qui servent à recevoir les sons par le moyen de l'air, comme on le peut voir dans les animaux, qui, lorsque le son vient de certains endroits, ont accoûtumé de tourner leurs oreilles de ce côté-là ? La même chose arrive aux hommes, qui, lorsqu'ils sont sourds d'une oreille, tâchent de réparer ce défaut en tenant le creux de la main derriere cet organe : peut-on observer, sans reconnoître la vûë du Créateur, que, lorsque l'air est entré dans la cavité de l'oreille externe, il rencontre à l'entrée du conduit auditif une éminence mobile, que les Anatomistes appellent

V

Tragus ? elle détermine l'air à entrer dans ce conduit.

L'oreille pourroit tomber, couvrir l'orifice du conduit auditif, & interrompre l'ouïe, si elle étoit composée d'une matiere molle & flasque comme les membranes ; & si elle étoit plus dure & osseuse, elle nous incommoderoit lorsque nous serions couchez & autrement. N'avons-nous pas sujet d'admirer la sagesse du Créateur, qui a voulu qu'elle fût composée de membranes soûtenuës par des cartilages? De-là vient qu'elle est élastique (comme on le peut observer en ploïant l'oreille avec la main, & en l'abandonnant ensuite à elle-même,) afin qu'elle se redresse, & se remette dans l'état naturel; peut-être aussi que cette élasticité lui est donnée, comme quelques-uns le croyent, pour augmenter le trémoussement de l'air : ce qui est certain, c'est que le commencement du conduit auditif est cartilagineux, & une production du cartilage de l'oreille ; le reste est osseux, comme les Anatomistes le démontrent.

Le conduit auditif & la membrane du tambour.

Pour entrer un peu plus dans le détail, supposons que L L (planche xi. fig. 3.) soient la circonference de l'extrémité de l'oreille, & K la cavité circulaire (qu'on appelle la conque) & qu'on voit en dehors, & dans laquelle se trouve l'orifice du tube A G creusé dans l'os pierreux, & auquel on a donné le nom de conduit auditif.

Ce conduit est cartilagineux jusqu'à l'endroit A ; & la partie C est osseuse ; il est revêtu intérieurement d'une membrane qu'on représente dans cette figure détachée de l'os & du cartilage. Il est fermé dans son extrémité F par une membrane qui est ronde, séche, fine, solide & transparente, & qui a reçû le nom de membrane du tambour. Quelques-uns croyent qu'il y a un petit orifice, ce qui paroît vraisemblable en quelque façon, parce qu'il se trouve des personnes qui font sortir la fumée du tabac par l'oreille.

Ainsi nous voyons de quelle maniere l'air après être entré dans la partie de l'oreille L L, se ramasse dans l'endroit K, pour entrer de-là dans le conduit auditif ; il passe par A & C, va frapper la membrane du tambour, & la met en mouvement.

Derriere la membrane du tambour, un peu plus avant dans l'os pierreux, il y a une cavité que les Anatomistes appellent la quaisse; elle est séparée du conduit auditif par la membrane du tambour.

Les Anatomistes observent dans cette cavité plusieurs choses

LIVRE I. CHAPITRE XII.

merveilleufes; il y en a une partie dans la cavité même, & les autres font à la circonference: la premiere chofe qu'on trouve dans la cavité, font les offelets de l'ouïe, & un petit nerf appellé la corde du tympan; nous ne dirons rien ici des mufcles & des autres particularitez qui s'y rencontrent: le refte fe réduit principalement à des ouvertures qui fe trouvent dans l'os qui forme la circonference du tambour ou de la quaiffe, qui communique ainfi avec d'autres cavitez.

Les offelets de l'ouïe font au nombre de quatre (planche xi. fig. 4.) CS eft le marteau, BP l'enclume, PV l'étrier; & entre l'enclume & l'étrier dans P, il y a un petit os rond qui fait le quatriéme.

La petite branche de nerf EO, ou la corde du tympan, fe trouve entre deux de ces offelets (planche xi. fig. 3.)

Si nous fuppofons à préfent que le manche S du marteau CS s'attache à la membrane du tambour, il eft aifé en même-temps de voir que cette membrane étant agitée par l'air, qui entre dans le conduit auditif, & frappe cette membrane, agitera auffi le marteau CS, & celui-ci l'enclume BP; ce dernier avec le quatriéme offelet P (planche xi. fig. 4.) fera auffi mouvoir l'étrier VP: ainfi le petit nerf EO (planche xi. fig. 3.) lorfque la membrane du tambour agite le marteau CS & l'enclume BP, fuivra toûjours fes mouvemens; il s'enfuit de-là que le mouvement de la membrane du tambour fe communique aux quatre offelets, & à la corde du tympan.

Le mouvement de ces inftrumens.

Pour avoir une véritable idée de la circonference de cette cavité, qu'une perfonne qui ne feroit pas bien verfée dans ces matieres doit diftinguer avec foin de la membrane du tambour, Valfalva n'ayant repréfenté que les ouvertures qui s'y trouvent; vous devez fuppofer que c'eft une cavité placée derriere cette membrane (planche xi. fig. 3.) qui renferme les quatre offelets; ou bien, vous pouvez confulter les figures de M. Duverney qui demanderoient trop de temps, s'il falloit en donner l'explication.

Ouvertures qui font dans la circonference de la quaiffe.

Les Anatomiftes trouvent dans la circonference de cette cavité:

1º. L'ouverture de l'extrémité interne du conduit auditif AC (planche xi. fig. 3. C) qui eft fermée par la membrane du tambour F.

2º. L'ouverture H du conduit HGI appellé la trompe d'Eu-

V ij

ſtachi, qui ſe termine dans I, au fond de la bouche; de ſorte que l'air de la bouche y entre par I, & va dans H, d'où il paſſe dans la cavité du tympan: le même conduit ſert auſſi à le laiſſer ſortir. On voit des marques éclatantes de la ſageſſe divine dans la formation de l'extrémité de ce conduit qui communique avec la bouche; on y obſerve une petite éminence qui détermine l'air frais qui entre par le nez, à paſſer dans ce conduit, mais qui l'empêche d'y entrer du moins ſi facilement, lorſqu'il revient des poulmons chargé de vapeurs.

Valſalva fait voir par l'expérience que ce conduit étant bouché, l'oreille du même côté devient immédiatement ſourde, mais qu'en l'ouvrant de nouveau on recouvre l'ouïe.

C'eſt, ſelon les apparences, par le moyen de ce conduit que des perſonnes entierement ſourdes peuvent mettre d'accord un inſtrument de muſique, & que d'autres entendent par la bouche; de-là vient qu'en tenant un petit bâton entre les dents, ſi on appuye d'un bout contre les dents, & qu'on applique l'autre ſur l'inſtrument, on communique à l'oreille les trémouſſemens de l'air; il ſe trouve que la fumée qui ſort par l'oreille, tient la même route.

3°. La petite portion de l'os D n'eſt autre choſe que le côté d'une eſpece de baye ou enfonçûre, qui rend la cavité du tympan plus grande, & qui ſe continuë juſqu'à la cavité d'un autre os appellé apophiſe mamillaire ou maſtoïde; l'extrémité pointuë de l'enclume ſe trouve à l'entrée de cette baye, comme on le peut voir dans D.

4°. Valſalva a découvert à la partie ſupérieure de cette baye pluſieurs trous, qui établiſſent une communication entre la cavité du tympan & celle du crâne.

5°. Il y a encore deux ouvertures dans la circonference du tambour; la premiere ſe nomme la fenêtre ovale (planche XI fig. 5. o) qui eſt fermée par l'étrier.

6°. L'autre ſe nomme la fenêtre ronde p, qui eſt fermée par une membrane ſemblable à celle du tambour; il faut que vous ſuppoſiez que ces deux ouvertures o & p ſont dans un ſeul os qui fait une partie de la circonference de la cavité du tambour, & que tous ces traits & ces petits conduits 1, 2, 3, 4, ſont abſolument hors de la cavité du tympan, que nous n'avons pas voulu repréſenter, afin qu'elle ne cachât pas les parties dont nous venons de parler.

LIVRE I. CHAPITRE XII. 157

La fenêtre ovale & la fenêtre ronde ont conduit les Anatomiſtes dans le labyrinthe qui a reçû ce nom à cauſe de ces détours admirables; quand on l'a dépoüillée de l'os qui l'environne, elle reſſemble à celle qui ſe trouve dans la planche; il n'y a que l'extrémité du limaçon 4 qu'il faut ſe repréſenter un peu plus élevée que le papier, & les détours qu'elle forme ne ſont pas dans le même endroit de même préciſément que dans les limaçons, leur pointe eſt un peu élevée. J'ajoûte cette obſervation qui eſt tirée de Valſalva; vous en pouvez voir la repréſentation dans la planche XII. fig. 1. où cela eſt mieux repréſenté qu'ailleurs, avec le même défaut cependant que dans la planche XI. fig. 6. Et afin de mieux découvrir toutes les parties, on a repréſenté le labyrithe dans une ſituation différente.

Le labyrinthe ſe diviſe ordinairement en trois parties; la premiere comprend trois conduits ſemicirculaires 1, 2, 3 : la ſeconde, le limaçon 4; & la troiſiéme, c'eſt le veſtibule qui eſt entre les deux premieres; & qu'on repréſente ouvert pour une plus grande clarté (planche XI. fig. 6.)

Les conduits ſemicirculaires 1, 2, 3, s'ouvrent par les extremitez dans le veſtibule; il y en a deux, 1 & 2, qui ne s'ouvrent que par trois ouvertures; & le troiſiéme s'ouvre par ſes deux extremitez, ce qui fait cinq ouvertures en tout : outre cela du côté oppoſé on y voit le limaçon 4, qui eſt partagé ſelon ſa longueur en deux conduits par une eſpece de cloiſon, qui, ſelon l'obſervation de Valſalva, eſt compoſée dans toute ſa longueur de deux ſortes de matiere : l'une eſt membraneuſe; & Valſalva (voyez ſa planche VIII. fig. 7.) croit qu'elle eſt probablement formée d'une branche e, de la portion molle du nerf auditif qui forme une expanſion membraneuſe (planche XI. fig. 7.) L'autre eſpace de matiere eſt ſéche, mince & rude, ſelon M. Duverney; & un peu plus ſolide qu'une membrane, & plus molle qu'un cartilage, ſelon Valſalva : il paroît au moins que cette matiere rend la cloiſon très-propre à la propagation du ſon.

Ce qui eſt encore admirable, c'eſt que l'un de ces deux conduits que cette cloiſon forme dans le limaçon 4, ſe trouve fermé par une membrane (planche XI. fig. 5.) qui pouſſe la fenêtre ronde p; ainſi entre le premier conduit du limaçon & la cavité du tympan il n'y a rien qu'une membrane.

Le labyrinthe de l'oreille.

158 L'EXISTENCE DE DIEU.

Dans la planche XI. fig. 6. r est l'orifice d'un autre conduit, qui s'ouvre dans le vestibule.

Les Anatomistes ont donné à ces deux conduits qui sont formez par la division du limaçon 4, le nom d'échelles.

Enfin on observe que le vestibule, outre les cinq orifices des conduits semicirculaires, ceux du limaçon, & ceux par où le nerf auditif passe, en a encore un autre représenté (planche XI. fig. 5.) par o, & dans la figure 6 par q ; je veux dire, la fenêtre ovale qui est fermée par l'étrier; de maniere pourtant que la membrane qui est entre cet os & le bord de cette fenêtre ovale, permet à l'étrier de se mouvoir en-haut & en-bas, & lateralement.

Le nerf auditif. Avant d'aller plus loin, il nous faut dire quelque chose du nerf auditif, dont la portion molle A (planche XI. fig. 7.) après s'être divisée en cinq branches, passe par les ouvertures ci-dessus dans le vestibule, où ils forment une expansion membraneuse qui tapisse le vestibule; il en part encore cinq autres de cette membrane, qui entrant dans les conduits semicirculaires, viennent l'un avec l'autre de chaque côté, & s'unissent ensemble pour former une membrane; vous pouvez les voir dans la fig. 6. où elles sont assez bien représentées, si au lieu de ces conduits vous supposez qu'on voye les membranes qui les tapissent, & qui se forment de l'expansion membraneuse du nerf auditif.

Valsalva prétend aussi que la petite branche de nerf e produit dans le limaçon la membrane g, qui, comme nous avons dit ci-dessus, forme une partie de la cloison qui divise cette cavité en deux conduits ou rampes.

Les instrumens de l'ouïe. Ici nous allons représenter la structure entiere des instrumens de l'ouïe considrez tous ensemble, & nous exposerons en peu de mots les opinions des plus fameux Anatomistes touchant leurs différens usages; vous pouvez voir tous ces instrumens dans la planche XII. fig. 1. qui n'ont pas coûté peu d'embarras à Valsalva, comme il le dit lui-même, pour les arranger dans l'ordre où ils sont.

On trouve ici l'oreille représentée non pas dans le même point de vûë qu'elle se présente, mais un peu repliée vers la partie postérieure de la tête, afin de voir d'une maniere plus distincte toutes ses parties.

A A est l'oreille dans laquelle le son où l'air sonore est en-

LIVRE I. CHAPITRE XII.

fermé, & B la conque où l'air se ramasse; de-là passant dans le conduit auditif C C, il frappe la membrane du tambour cgO, & communique ainsi un trémoussement à la même membrane.

Il ne faut pas s'imaginer que nous disions sans fondement, que le conduit auditif augmente le son, car il est très-probable que l'air en passant par la conque B & par le conduit auditif C C (qui forment ensemble un porte-voix naturel) frappe avec beaucoup plus de force sur la membrane du tambour qui ferme ce canal, que s'il frappoit sur cette membrane sans passer par ce conduit.

Le conduit auditif augmente le son.

Ceci paroît évident dans les sourds, & dans ceux qui sont quelquefois obligez de mettre à leur oreille un conduit courbe ou droit, qui soit large par un bout & étroit par l'autre, afin de mieux entendre.

Si une personne qui n'est pas sourde a envie d'en faire l'essai, qu'il prenne un de ces portes-voix qui ont été inventez dans le siécle dernier (voyez la planche XII. fig. 2.) A E ; qu'il approche de l'oreille le bout le plus étroit, & qu'ensuite quelqu'un parle tout bas dans l'endroit E; il entendra, quoique la trompette soit d'environ six pieds de long, très-distinctement tout ce qu'on dira, même dans le temps qu'une autre personne se tenant beaucoup plus près de la bouche de celui qui parle, n'entendra rien, quoiqu'elle écoute fort attentivement.

Nous découvrons de la même maniere que le son qu'on produit en soufflant du cor, se fait entendre beaucoup plus loin que celui qu'on produit avec la bouche toute seule.

Pour faire voir que l'air qui agit avec plus de force sur la membrane du tambour cgO, en passant par le conduit auditif A A B C C (planche XII. fig. 1.) y produit des agitations ou trémoussemens, il suffit d'alléguer premierement pour exemple la maniere dont tous les corps qui résonnent, se meuvent; ces corps étant poussez réviennent par leur ressort, frappent les parties de l'air qui les environne, & lui communiquent du mouvement. On peut encore appercevoir le même trémoussement dans les cloches où il est très-sensible, dans les cordes des instrumens, &c. en y mettant le doigt ou quelqu'autre chose, lorsqu'on les excite à des vibrations : la chose est très-évidente dans l'expérience familiere d'un verre à boire où il y ait un peu d'eau, on moüille son doigt, & ensuite on le fait

Les sons résultent des trémoussemens de la membrane du tambour

tourner en rond sur le bord du verre en pressant ; & dans le temps qu'il résonne, si vous mettez votre autre main sur le pied du verre, vous sentirez le trémoussement du verre.

Servons-nous d'une comparaison, pour faire voir que le verre en résonnant met l'air en mouvement ; vous n'avez qu'à y verser encore de l'eau presque jusqu'au bord : si vous pressez le bord du verre avec le doigt en tournant, vous verrez que l'eau sera dans une agitation sensible occasionnée par le verre ; l'air est précisément agité de la même maniere.

Il n'est pas nécessaire d'entrer si avant, ni dans un si grand détail touchant la nature du son qui ne vous est pas encore bien connu ; ce qu'il y a de certain, c'est que de quelque maniere que l'air soit agité pour produire les sons, il est en état d'ébranler les corps contre lesquels il frappe.

Nous ne dirons rien non plus des mouvemens que le bruit du canon produit dans l'air, & qui non-seulement ébranlent les portes & les vitres, mais même les cassent & les mettent en piéces ; il est certain que si vous frappez avec le doigt sur la corde d'un instrument de musique, par éxemple, d'un violon, l'autre main avec laquelle vous tenez l'instrument, sentira en quelque façon le trémoussement du violon.

Faisons voir présentement l'analogie de tout cela avec l'oreille, dont nous venons de parler : Prenez le porte-voix A, B, C, (planche XII. fig. 2.) & couvrez l'orifice d'une vessie de cochon qui soit fine & séche, & aussi lisse & polie qu'il se peut ; ou bien, si le bord du porte-voix B C est armé d'une espece de dent, qu'on y met quelquefois pour servir d'ornement, ce qui paroît déchirer la vessie, on peut mettre un papier en quatre doubles percé d'un grand trou dans le milieu, sur ces dents, avant d'y appliquer la vessie ; après cela placez perpendiculairement le porte-voix sur le dos de deux chaises ; en sorte que l'embouchûre soit en haut, & que la vessie soit à l'extrémité B C.

Si vous mettez deux ou trois petites plumes sur la vessie, & si quelqu'un couché le dos sur le planché, la tête entre les deux chaises, & la bouche directement sous le conduit E, parle un peu haut, vous verrez que le son ou l'air en frappant sur la vessie, y produira des trémoussemens, & les petites plumes seront agitées ; vous sentirez le même tremblement, en tenant le tube avec votre main, & en mettant le doigt sur la vessie

dans

LIVRE I. CHAPITRE XII.

dans BC, si quelqu'un placé dans E parle.

Ainsi nous voyons (prenant le porte-voix pour le conduit auditif A A B C C (planche XII. fig. 1.) & la vessie pour la membrane du tambour, qui ferme l'extrémité du conduit auditif e g l O,) que cette membrane doit être agitée par les trémoussemens de l'air, lorsqu'il entre dans l'oreille ; la même chose doit arriver au marteau n, dont le manche est attaché à la membrane du tambour.

Le marteau doit aussi mettre en mouvement le petit nerf c 7, qui paroît ici entre le marteau n & l'enclume m, & dont nous dirons encore quelque chose ; mais entr'autres choses il est évident que le marteau n étant mû par les vibrations de la membrane du tympan, il communique son mouvement à l'enclume m, & celui-ci à l'étrier. *Le trémoussement des osselets de l'oreille.*

L'étrier P qui ferme la fenêtre ovale du vestibule 4, fig. 1. planche XII. (cet orifice ne paroît pas bien ici, mais vous le pouvez voir dans la planche XI. fig. 5. dans o, & fig. 6. dans q) étant mis en mouvement par l'air de la caisse, & par les vibrations de la membrane du tambour, la même chose arrive aux autres osselets de l'oreille ; nous voyons aussi que l'air du vestibule 4, des conduits semicirculaires 1, 2, 3, & de la moitié ou de la rampe supérieure du limaçon 5, sera mis en mouvement, de même que celui de l'autre rampe, à travers l'orifice rond p, (planche XI. fig. 5.) par l'agitation de celui de la caisse qui se trouve entre la membrane du tambour & la fenêtre ronde ; au lieu que le précédent est agité par les osselets de l'oreille, ou par le marteau n, l'enclume m, & l'étrier p : l'air de la caisse étant mis en mouvement par la membrane du tambour, de même que par la membrane qui ferme la fenêtre ronde p (planche XI. fig. 5.) & par l'air (planche XII. fig. 2.) celui qui est derriere dans l'autre moitié du limaçon 5, sera mis en mouvement ; c'est-là l'opinion de M. Duverney au sujet de la fenêtre ronde ; Valsalva differe en cet endroit un peu de lui : on peut les consulter tous les deux, ou attendre que l'usage de la fenêtre ronde soit déterminé par l'expérience.

L'air contenu dans le labyrinthe 1, 2, 3, 4, 5, (planche XII. fig. 1.) étant agité, les membranes qui le tapissent, & qui sont représentées dans la figure 7. planche XI. ou plûtôt le nerf auditif 6, planche XII. fig. 1 doit nécessairement être mû ; ce nerf entre dans le labyrinthe par cinq orifices : on en voit trois *Le même mouvement se communique à la membrane du labyrinthe.*

X

de ce côté du veſtibule marquez par trois points ; étant entré il ſe dilate, & forme des expanſions membraneuſes dans le labyrinthe, dans le veſtibule, & dans le limaçon : nous appercevons le ſon, lorſque l'air agite ces membranes.

Enfin il ſemble que ces membranes nerveuſes qui tapiſſent les cavitez & les conduits du labyrinthe 1, 2, 3, 4, 5, ſont les inſtrumens de l'ouïe, & le labyrinthe le lieu où elle ſe forme, à cauſe que le ſon agit ici ſur le nerf auditif, ou ſur les membranes qu'il forme.

Ce n'eſt pas ſans de bonnes raiſons que beaucoup de gens ſont de ce ſentiment; l'obſervation que Valſalva fit ſur une perſonne ſourde, paroît en quelque maniere le prouver, chap. 11. §. 10. La membrane qui enveloppe l'étrier & ferme la fenêtre ovale, étoit entierement oſſeuſe, ce qui rendoit l'étrier immobile; & cela, ſelon lui, étoit la cauſe de cette maladie; à quoi nous pouvons ajoûter que la membrane du tambour étant rompuë, l'ouïe ne ſe perd pas pour cela entierement; ce n'eſt que quelque temps après, lorſque les autres inſtrumens de l'oreille après avoir reſté découverts & expoſez à l'air, viennent peut-être à ſe corrompre ou gâter; de ſorte qu'à proprement parler, il ſemble que la membrane du tambour n'eſt pas l'inſtrument de l'ouïe.

Un athée peut juger à préſent combien il y a encore de choſes cachées dans l'uſage des inſtrumens de l'ouïe; ou bien, ſi tous ceux que nous connoiſſons, ſe ſont formez & placez dans l'endroit où nous les trouvons par un pur hazard, ou ſans aucun deſſein.

Oſeroit-il attribuer au hazard ou à des cauſes ignorantes, la figure de ces petites trompettes ou cors dont les perſonnes ſourdes ſe ſervent? Avec quelle apparence de raiſon oſeroit-il avancer une pareille opinion au ſujet de celle qui ſe trouve dans notre oreille LL, & qui eſt repréſentée dans la planche XI. fig. 3. par la conque K, & le conduit auditif ABC?

Pour être convaincu du contraire, il ſuffit de faire réfléxion ſur les inconveniens que cauſent les corps étrangers, ou les petits inſectes qui entrent dans ce conduit ; il ſuffit d'obſerver que ce conduit eſt garni de petites glandes dans A, qui ont auſſi leurs petits conduits d'où coule continuellement une matiere épaiſſe & jaune: ſon uſage eſt de tenir le conduit dans un certain degré d'humidité, afin que l'air ne le deſſéche point

LIVRE I. CHAPITRE XII.

trop, fans pourtant qu'il foit trop humide, ni trop mol, comme cela arriveroit fi cette matiere étoit trop fluide ; elle fert principalement à empêcher que ni les mouches, ni les autres infectes ne fe gliffent dans l'oreille ; les petits poils dont ce conduit eft garni, ont le même ufage ; & fi par hazard quelque infecte y entre, l'amertume de cette matiere les empêche d'avancer.

Pour voir les merveilles de la ftructure de l'oreille fur tout ce qui regarde fes mufcles, l'on peut avoir recours aux Traitez de M. Duverney & de Valfalva, qui en ont traité parfaitement : il eft un des mufcles de l'oreille repréfenté dans la planche XII. fig. 1. comme féparé du conduit offeux, dans lequel il eft contenu; fon ufage eft de tirer le marteau, & de tendre ou relâcher par ce moyen la membrane du tambour, & d'ouvrir avec l'autre mufcle ff, lorfqu'il le faut, le conduit H I, qui part de la cavité du tambour pour s'aller terminer au fond de la bouche : dans g nous voyons un petit mufcle qui s'implante dans la tête de l'étrier, & qui peut étendre plus ou moins la petite membrane qui ferme la fenêtre ovale, afin de la rendre plus utile au mouvement du fon.

Ne voit-on pas dans tout ce que nous venons de dire, des marques fenfibles de la fageffe du Créateur ? Pour en juger, c'eft affez de voir que dans la planche XII. fig. 1. les offelets de l'oreille n, m, p, & ceux qui compofent le labyrinthe 1, 2, 3, 4, 5, font précifément de la même groffeur dans les enfans que dans les adultes, tandis que tous les autres os croiffent la plûpart avec le corps; pourquoi cela ? C'eft, felon les apparences, parce que fi les inftrumens de l'ouïe venoient à changer, la voix des enfans, celle des parens, & les autres fons connus des enfans, leur deviendroient étranges & fauvages, fi ces inftrumens groffiffoient & croiffoient comme les autres parties ; combien d'erreurs, & quelle confufion cela ne cauferoit-il pas ?

La différence des inftrumens de l'ouïe dans les enfans & les adultes.

Et pour être convaincu que cela a été fait avec deffein, & par un effet de la fageffe du Créateur, il fuffit de fçavoir que là où il eft néceffaire que toutes ces chofes demeurent dans le même état dans les enfans & dans les perfonnes âgées, la chofe arrive en effet de la forte; mais s'il faut qu'il y ait des changemens, il en arrive auffi : il eft néceffaire que dans une perfonne âgée le conduit auditif B C C foit entierement ouvert jufqu'à la membrane du tympan c, g, o, la membrane du tambour

X ij

féche, sans être trop molle ; si la même chose arrivoit dans les enfans, l'humidité ou l'eau dans laquelle ils nagent avant la naissance, rendroit la membrane du tambour trop molle & trop humide, ce qui pourroit être nuisible dans la suite : de-là vient, comme les Anatomistes l'observent, que le conduit auditif se trouve plus étroit dans les nouveaux nez, & bouché par une autre espece de matiere qui empêche que l'eau n'y pénétre; cette matiere disparoît d'elle-même en peu de jours après la naissance, afin que les enfans s'accoûtument par degrez à l'impression de l'air sur la membrane du tambour, & par conséquent au sens de l'ouïe, dont ils sont privez même après leur naissance, pendant tout le temps que cette obstruction dure dans le conduit auditif.

Sans l'air les instrumens de l'ouïe sont inutiles. La structure admirable des instrumens de l'oreille seroit inutile, de même que l'œil sans la lumiere, si celui qui prend tant de soin de toutes ses créatures, n'avoit pas environné le globe sur lequel elles vivent, d'un vaste océan d'air ; cela ne nous fournit-il donc pas une occasion de loüer la bonté & la sagésse du Créateur, qui a bien voulu ajuster si bien les instrumens de l'oreille, que pendant que les hommes vivent & respirent dans l'air, ils sont en état de découvrir avec cet organe admirable, ses mouvemens, par le moyen d'une impression que le son produit dans nous, & qui ne se fait sentir qu'à l'oreille ?

Quelqu'un oseroit-il soûtenir, s'il voyoit voguer un vaisseau avec tous ses cordages, que les cables, les voiles, les poulies, & tout ce qui est nécessaire pour le mettre en état de voguer, n'ont été arrangez & disposez que par un pur hazard, ou sans conseil, & que cependant il n'y a rien dans tout cela qui ne soit très-utile pour mettre en mouvement le vaisseau ? N'est-ce pas une chose beaucoup plus déraisonnable d'affûrer cela des instrumens de l'oreille qui sont beaucoup plus merveilleux, & dont la maniere d'agir a resté jusqu'à présent impénétrable ? Car ce n'est pas un grand mouvement de l'air qui les met en mouvement, comme le vent, par exemple, le mouvement qui les fait agir, est beaucoup plus secret & moins sensible; ils ont plusieurs muscles qui les dilatent ou les resserrent : & cependant il faut avoüer que les usages & les avantages de ce mouvement sont beaucoup plus grands que ceux du vent dans un vaisseau dans lequel il y a peu de personnes interessées, au

LIVRE I. CHAPITRE XII.

lieu que le premier interesse toutes les créatures vivantes & animées.

Passons à présent aux autres matieres dont nous avons promis de dire quelque chose: Nous venons de faire voir dans la planche XI. fig. 3. un petit nerf E O, qui est représenté dans la planche XII. fig. 1. par c 7; on observe qu'il passe sur la membrane du tambour en croisant, entre deux osselets ; sçavoir, entre le marteau C S & l'enclume B P : & comme le marteau C S s'attache à la membrane du tambour, il est assez clair que cette membrane étant agitée par l'air, le mouvement doit nécessairement se communiquer au marteau & à la corde nerveuse E O ; de sorte qu'à chaque mouvement ou vibration de la membrane du tambour, c'est-à-dire, toutes les fois que nous entendons quelque chose, ce petit nerf E O est mis en mouvement.

Les nerfs qui sont mis en mouvement dans l'oreille.

Les sentimens des Anatomistes sont partagez au sujet de l'usage de ce petit nerf; tous le regardent comme une chose assez obscure: ils lui ont donné le nom de corde du tambour, & ils ont cru qu'elle a le même usage que les cordes des vrais tambours.

L'usage de cette corde nerveuse.

Maurice Hoffmann, dans son Livre intitulé *Idea Machinæ*, page 232. a ramassé les différentes opinions des Auteurs touchant cette corde nerveuse. Fallope, dit-il, ignoroit ce qu'elle étoit ; Eustache la prend pour une branche de la quatriéme paire de nerfs : nonobstant cela, Gaspard Hoffmann avoüe ingénûment qu'il ne sçait quelle espece de corps c'est, ni à quel usage, ni dans quel endroit elle s'insere ; & il a cru que ce pouvoit être une erreur ou un ouvrage incertain de la nature qui se joüe, & que plusieurs s'y sont trompez. Riolan, qui lui répondit, assûre que c'est une fibre nerveuse dérivée du nerf auditif. Enfin M. Duverney a prouvé évidemment que cette corde nerveuse est une branche de la cinquiéme paire, qui sort & va se joindre à la portion dure du nerf auditif.

Le même M. Duverney établit l'usage de cette partie dans son Traité de l'organe de l'Oüie, pages 12, 13, disant qu'elle communique des rameaux aux muscles des osselets, & à tout ce qui se trouve dans la cavité du tambour, afin d'y produire du mouvement.

M. Hoffmann suppose qu'elle sert à communiquer le mouvement & la sensation à la membrane du tambour, du moins à lui donner le degré de tension qu'il lui faut.

Le Lecteur peut, au sujet de cette corde, consulter Valsalva, qui ayant écrit après tous ces Messieurs, a déclaré son opinion avec un peu de chaleur dans sa description éxacte de l'oreille, cap. 11. §. 22. Voici les termes dont il se sert : » Ce nerf est » nud, caché, simple & seul, sa route est réguliere & con- » stante dans la cavité du tambour; on observe particulierement » qu'il est placé entre les osselets, qui ne sont pas plûtôt en » mouvement qu'il se trouve aussi agité; tout cela fait voir qu'il » y a quelque grand mystere de caché dans cette branche de » nerf, c'est ce qui m'a porté souvent à l'éxaminer de mes yeux, » & à faire des réfléxions; car je souhaitois de trouver quelque » chose de nouveau dans la dissection. Après cela il nous dit ce qu'il en pense lui-même, & ce qu'il avoit commencé d'y décou- » vrir, & il conclut en ces termes : » Mais comme je n'ai pas » eu encore l'occasion de me donner les peines que je souhai- » tois, & qu'il falloit se donner dans cette matiere, je me con- » tenterai de faire connoître mes intentions, & de n'en rien dire davantage pour le présent.

Cet Auteur avoüe aussi que ce nerf se trouve entre la cinquiéme paire & le nerf auditif; mais il ajoûte qu'il ne sçauroit voir pourquoi nous ne devons pas le prendre aussi-tôt pour une branche du nerf auditif, qui va se rendre à la cinquiéme, que pour une branche dérivée de la cinquiéme paire? mais soit que nous soûtenions le premier ou le second sentiment avec M. Duverney, il est certain que cette corde communique aussi avec la cinquiéme paire; & qu'étant agitée par le son, il faut qu'elle communique son mouvement à la cinquiéme paire & au nerf auditif.

Je me suis un peu étendu en rapportant les sentimens des principaux Anatomistes sur cette matiere, pour faire voir que cette petite corde nerveuse a donné occasion à des réfléxions très-sérieuses parmi beaucoup de personnes; & que plusieurs ont soupçonné qu'il y a quelque chose d'extraordinaire : & je n'aurois pas proposé mon opinion touchant l'usage & l'action de cette corde, si je n'avois eu dessein de faire voir aux athées & aux incrédules, ou du moins aux Chrétiens foibles & chancellans, qu'ils trouveront quelque chose dans la structure & l'artifice de cette corde, qui peut leur donner non-seulement de l'admiration, mais même du respect pour celui qui en est l'auteur.

LIVRE I. CHAPITRE XII.

Pour voir combien la cinquiéme paire de nerfs contribuë à exciter nos passions, sans en exclure le nerf intercostal, qui sortant souvent avec une double branche de la cinquiéme paire, donne un grand nombre de rameaux à toutes les parties du corps, & y excite des mouvemens ; on n'a qu'à lire le sçavant Traité que M. Vieussens a donné sur les nerfs ; voici ses termes, page 236. in-8. « Il dit que cette paire va non-seulement aux yeux, au nez, au palais, à la langue, aux dents, & à toutes les parties de la bouche & de la face, mais qu'il envoye aussi des branches à toutes les parties qui sont dans la poitrine & dans le ventre, & qu'il communique même aux pieds par le moyen de l'intercostal ; il ajoûte plus loin, page 327. que cette communication des branches de la cinquiéme paire est entr'autres choses la cause pourquoi, selon les différens mouvemens qui sont produits dans le cerveau, toutes les parties du corps & sur-tout celles de la poitrine sont affectées, & que les signes de nos passions sont peints sur notre visage, qui s'accommodent aussi aux passions qui nous occupent ; de-là vient que, selon les différens changemens de contenance, les différentes émotions, l'amour, la haine, la joye, le chagrin, la crainte & la hardiesse, s'expriment clairement sur le visage. »

La cinquiéme paire de nerfs sert à exciter les passions.

2°. Combien les mouvemens de la dure-mere qui enveloppe les nerfs, contribuent-ils aussi à produire les passions & les mouvemens de l'ame, c'est une chose assez connuë par la phrénésie dont le siége est dans cette membrane, & par les playes de tête où l'on est souvent obligé de la toucher. On observe dans cette membrane, que l'irritation qui la dilate & dérange ses mouvemens, occasionne une grande confusion dans les pensées, & des passions extravagantes, quelquefois des pleurs, un moment après des ris immoderez, quelquefois de la frayeur, un moment après de la hardiesse & de la colere, & une infinité d'autres mouvemens irréguliers dans les actions & les paroles, sans aucune cause externe ni apparente. La dure-mere, ce grand instrument de tant d'actions, reçoit plusieurs nerfs de la cinquiéme paire, comme M. Vieussens l'a fait voir en plusieurs endroits ; ces nerfs lui donnent du mouvement.

La dure-mere produit le mêmes mouvemens.

3°. On peut aussi voir dans le même Traité de M. Vieussens, page 347. que les nerfs de la huitiéme paire que les Anciens nommoient paire-vague, environnent souvent ceux de la cinquiéme paire, & qu'ainsi il y a beaucoup d'endroits où par l'en-

La huitiéme paire de nerfs produit les mêmes effets.

tremife des branches nerveufes, l'action des nerfs de la huitiéme paire fe communique aux intercoftaux qui viennent de la cinquiéme paire. Le même Auteur fait voir combien les nerfs de la huitiéme paire contribuent auffi à exciter les passions, pages 347. & 348. où il dit, » que puifque la huitiéme paire
» communique avec le nerf auditif vers fon origine, nous trou-
» vons la raifon pourquoi la différence des fons excite des paf-
» fions différentes dans notre ame, & pourquoi le cœur, & les
» autres parties, même tout le corps, s'en trouvent affectez dif-
» féremment.

Le nerf auditif produit le même effet.

4°. Voici de quelle maniere le même Auteur s'exprime en parlant du nerf auditif: » Les nerfs auditifs naiffent précife-
» ment de la racine de la huitiéme paire ou de la paire-vague,
» avec laquelle la portion molle de ce nerf fort ; de-là vient
» qu'il y a une fi grande fympathie entre l'oreille & les inteftins,
» qui reçoivent des nerfs de la huitiéme paire ; & que, felon la
» varieté des fons, il arrive des mouvemens différens non-feule-
» ment dans le cerveau, mais même dans la poitrine, & fouvent
» dans tout le corps; & de-là vient qu'à l'occafion de ces mouve-
» mens, notre ame a des idées différentes.

Outre tout cela, on trouve auffi que la portion dure du nerf auditif s'infere auffi à la huitiéme & à la cinquiéme paire, & qu'elle envoye auffi une branche à la dure-mere, outre celles qu'elle donne aux inftrumens de l'ouïe. Voyez Vieuffens, pages 340. & 341.

Le mouvement de la corde du tambour excite auffi les paffions.

Il eft donc évident, par tout ce que nous venons de dire, que par le mouvement de la cinquiéme paire, & par celui du nerf auditif, nos paffions font excitées ; & que la cinquiéme paire produit le même effet par elle-même, en tant qu'elle envoye plus de rameaux à la dure-mere, & un grand nombre à la huitiéme paire, qui excite auffi les paffions : le nerf auditif produit encore le même effet, parce qu'il s'infere à la cinquiéme & à la huitiéme paire, & à la dure-mere.

Nous avons déja fait voir que la membrane du tambour que les fons mettent en mouvement, ne fçauroit recevoir aucun mouvement, fans le communiquer en même-temps aux offelets de l'ouïe, & fans que ceux-ci le communiquent en même-temps à la corde du tambour EO (planche XI. fig. 3. & C. 7. planche XII. fig. 1.) Meffieurs Duverney & Valfalva ont auffi prouvé tous les deux que ce nerf eft placé entre la cinquiéme paire

LIVRE I. CHAPITRE XII.

paire, & la portion dure du nerf auditif, & qu'il s'infere à toutes les deux. Il s'enfuit de là que cette corde ou nerf étant continuellement agitée par les fons, ces deux nerfs doivent auſſi participer dans ces mouvemens. Ainſi il eſt évident, que l'action de cette corde ſert auſſi, entr'autres choſes, à exciter les mouvemens ou les paſſions dans notre ame, par le moyen de ces nerfs, ou au moins à la diſpoſer & à l'y préparer.

C'eſt peut-être là la raiſon qui fait que l'ouïe ſeule, par le moyen de ſa ſtructure, même ſans le ſecours de la vûe, ſuffit pour exciter des paſſions & des mouvemens dans notre ame. La vûe paſſe communément pour le plus excellent de tous les ſens; & l'expérience en a même fait un proverbe, qu'un témoin qui a vû une choſe, eſt beaucoup plus à croire que dix qui l'ont entendue. *Pourquoi l'organe de l'ouïe eſt plus propre que les autres à ce deſſein.*

Mais lorſque je conſidere, que Dieu, par un effet de ſa ſageſſe & de ſa miſéricorde infinie, a jugé à propos d'établir la Foi par le moyen de l'ouïe, & que c'eſt par ce moyen-là qu'il nous a fait connoître ſon Fils adorable, avant & après l'Incarnation, de même qu'après qu'il eût quitté ce monde, & qu'il fût entré dans ſa gloire; cela m'a fait croire, (s'il eſt permis de rien dire des deſſeins de Dieu, lorſqu'ils ne ſont pas entierement revelez) que les inſtrumens de l'ouïe ont reçû pour cela cet arrangement, & cette diſpoſition ſi differente de l'arrangement des autres ſens. Car pour les rendre propres pour un ouvrage ſi grand, voici les proprietez ou qualitez qui leur étoient néceſſaires.

1°. Il falloit que l'ouïe pût repréſenter à l'eſprit les choſes abſentes, ſoit futures ou paſſées, par le moyen du ſon des paroles, & nous les faire comprendre comme ſi elles étoient préſentes; au lieu que la vûe & les autres ſens, ne ſont affectez que par les objets qui leur ſont préſens.

2°. Il falloit que les inſtrumens, qui appartiennent à l'organe de l'ouïe, fuſſent diſpoſez de maniere qu'ils puſſent exciter toutes nos paſſions & nos penchans, & réveiller les puiſſances de notre eſprit.

3°. La premiere proprieté ſe prouve par l'expérience; nous avons fait voir la ſeconde par la deſcription que nous avons donnée de la corde du tambour, & des autres inſtrumens de l'ouïe, à quoi l'on pourroit peut-être ajoûter comme une autre cauſe ce qui ſuit: 1°. On obſerve que la membrane du tambour eſt compoſée de trois petites membranes; il y en a une qui

Y

est au milieu, les deux autres sont formées, l'une par la membrane qui revêt le tambour, & l'autre par la membrane qui revêt le canal auditif. 2°. Que l'air mis en mouvement par le son, peut faire impression immédiatement sur la dure-mere à travers les petits trous de la cavité du tambour, & à travers le conduit qui va de cet endroit au palais. Nous devons ces découvertes à Valsalva ; mais nous laissons l'examen de ces choses aux Sçavans ; c'est assez que nous aions prouvé d'une maniere assez claire, que les instrumens qui appartiennent à l'organe de l'ouïe, sont propres à exciter les passions.

La force de la musique.

Dans l'Histoire de l'Académie Royale des Sciences de l'année 1717. *au Chapitre des Observations sur la Physique en general*, il est parlé d'un grand Musicien ; & dans l'année 1708. d'un fameux Maître à danser ; le premier fut attaqué d'une fiévre continue accompagnée de délire, & l'autre d'une fiévre très-violente, accompagnée d'une espece de léthargie qui fut suivie d'une vraie folie, & tous les deux revinrent dans leur bon sens par le moyen de la musique.

On trouve aussi beaucoup d'observations qu'on a fait sur des personnes piquées de la tarantule, qui est une espece d'insecte en Italie, de la forme & de la grosseur d'une grosse araignée ; ce petit animal produit dans l'esprit des désordres extraordinaires, & des mouvemens tout-à-fait surprenans dans le corps : dans quelques-uns le visage devient noir, les pieds & les mains sont immobiles ; d'autres ne parlent point, ou sont plongez dans une profonde mélancholie, ils cherchent les lieux solitaires & les cimetieres ; il y en a qui creusent la terre, & font des trous qu'ils remplissent d'eau pour se jetter dans la bouë. Enfin après avoir souffert une infinité de maux, ils meurent de cette maladie.

Je ne chercherai pas les causes de tous ces effets, l'expérience nous apprend que cette grande maladie pour laquelle on n'a connu jusqu'à présent d'autre remede qui puisse la guérir que la musique, on est obligé de joüer sur des tons differens, selon la difference de la nature, & de la couleur de la tarantule qui a piqué le malade.

Si on veut s'instruire plus au long sur cette matiere, qu'on se donne la peine de consulter ce que Baglivi en a dit.

Dans le tems que j'écrivois ceci, il y eut un savant très-versé dans la musique, qui m'honora d'une visite ; notre conversation roula par hazard sur cette matiere ; il m'apprit l'histoire suivante.

qu'*Angelo Vitali*, fameux Muficien Italien, lui avoit racontée, en l'affûrant qu'elle étoit vraie : Un homme qui jouoit du luth à Venife, fe vantoit de priver, en jouant de fon inftrument, les auditeurs de l'ufage de l'entendement ; là-deffus le Doge l'envoia querir, & lui ordonna de mettre fon art en ufage en fa préfence ; après avoir joué pendant quelque tems avec toute la perfection poffible, & au grand étonnement des auditeurs, il commença à la fin un ton lugubre, à deffein, autant qu'il lui étoit poffible, de jetter le Doge dans un accès de mélancolie, & immédiatement il entonna un air gay, pour le difpofer à rire & à danfer ; & après avoir repeté plufieurs fois les deux tons tour à tour, le Doge qui paroiffoit ne pouvoir plus être le maître des mouvemens qu'il fentoit dans fon ame, lui ordonna de ne plus jouer.

Que ces changemens de ton, qui rendent dans un inftant les hommes fort triftes, & immédiatement après fort gays, font de grandes impreffions dans notre efprit ! c'eft ce qui eft aifé de concevoir quand on a une fois entendu ou fenti la force de la mufique d'un habile maître ; au moins cela nous fait voir, de même qu'une infinité d'autres exemples, combien le fon de l'ouïe contribue à exciter les paffions.

Il ne faut pourtant pas croire qu'il n'y ait qu'une bonne mufique qui puiffe exciter des paffions & des défordres dans l'efprit de l'homme, puifqu'on voit que d'autres fons produifent les mêmes effets. Un chacun peut nous fournir des exemples des émotions extraordinaires & des paffions que le bruit d'un tambour & les coups de canons excitent dans l'ame de ceux qui ont été dans les fiéges, ou dans des combats fur mer ou fur terre.

La force & la nature des fons.

Les Médecins en trouvent auffi beaucoup d'exemples dans leur pratique. Nous voyons qu'il fuffit quelquefois de fermer une porte, de laiffer tomber un livre, ou de produire à l'imprévû quelqu'autre fon, pour troubler & effrayer les femmes fujettes aux paffions hyftériques ; ces bruits les agitent jufqu'à les faire treffaillir ou fauter.

J'en ai vû qui étant fujettes à cette fâcheufe maladie, étoient non-feulement dans des fraieurs continuelles, mais elles fe plaignoient de ce qu'il leur fembloit d'entendre le fon d'une grande cloche, lorfqu'elles entendoient la voix ordinaire d'un homme, & peu s'en falloit qu'elles ne fe trouvaffent mal.

CHAPITRE XIII.
Du Goût, de l'Odorat, & du Tact.

La nécessité du goût.

SI le Créateur donne des marques merveilleuses de sa sagesse & de sa bonté, en nous mettant en état de nous servir de la vûe & de l'ouïe, celles qu'il donne dans la maniere dont il nous a disposez pour nous rendre agréables les alimens & la boisson, qui sont les deux soûtiens de notre vie fragile, ne sont pas moins remarquables.

Ce seroit être bien déraisonnable, que de négliger l'assaisonnement & le choix des alimens dont nous usons; mais si la bonté de Dieu envers le genre humain ne nous avoit pas donné le sens du goût, & si par là il ne nous avoit pas rendu agréable l'embarras de manger & de boire, où nous sommes tous les jours, il semble qu'il y auroit eû beaucoup de personnes qui auroient regardé ces fonctions comme onereuses, & comme une espece d'esclavage, & s'en seroient par consequent dispensées fort souvent, au moins n'auroient-elles jamais assez bû ni mangé, ni dans le tems requis. Ceci ne paroîtra pas étrange à ceux qui ont observé avec quelle aversion, & souvent avec quel dégoût nous prenons des médecines, qui sont souvent beaucoup plus nécessaires que les alimens.

Que le siége du goût est dans la bouche.

Croira-t-on que ce n'est pas par un effet de sagesse que le sens du goût se trouve dans la bouche, où tous les alimens sont d'abord reçûs, brisez, réduits en petites parties, & humectez par la salive?

Les instrumens du goût.

L'on n'a qu'à lire la lettre de Malphigi *de linguâ*, pour voir les ténèbres où les Anciens se trouvoient au sujet de la véritable origine du goût, & les doutes & la varieté des sentimens des Modernes qui en ont écrit; quelques-uns plaçoient l'instrument du goût dans la membrane exterieure de la langue; d'autres dans les nerfs qui se distribuent dans la langue, d'autres dans les glandes amygdales, & dans les membranes qui les couvrent; quelques-uns trouvoient dans le gosier le siége du goût, & d'autres dans le palais; ces derniers ont été entierement refutez depuis quelques années par le sçavant Bohn, *Circul. Anat.* pag.

LIVRE I. CHAPITRE XIII.

575. à préfent la plûpart le placent dans les petites éminences, qu'on appelle mammelons, & qui ne font autre chofe que les houpes nerveufes.

Sans nous engager trop avant dans cette matiere, qu'on trouvera peut-être le moyen d'éclaircir dans la fuite par d'autres expériences, nous nous contenterons de dire, que la derniere de ces opinions paffe pour la plus vraie parmi les plus fçavans des Modernes. En effet, on obferve que la ftructure des mammelons de la langue differe de ceux des autres endroits, & qu'ainfi ils peuvent fervir à former un fens particulier ; car il eft probable, que les trous qui font dans le tégument extérieur de la langue, ont été faits exprès, afin d'admettre les particules des alimens humectez par la falive, & de les conduire aux mammelons qui font fous ce tégument : ce qui produit la fenfation du goût.

Malpighi & d'autres, ont fait voir dans leurs diffections exactes, que les nerfs de la cinquiéme & neuviéme paire, qu'on prend pour les nerfs du goût, fe terminent dans ces mammelons, qui femblent n'être autre chofe qu'une production de ces nerfs ; le même Malpighi a obfervé, que les nerfs qui fervent à un fens extérieur, fe dilatent vers leur extrémité, & forment une efpece de membrane. *De linguâ, pag. 10.*

Malpighi, qui a pénétré fi avant dans les fecrets de la nature, découvrit des mammellons dans le palais, & dans la partie interne des joues ; de forte que, felon fon hypotèfe, le palais étant pourvû de mammellons, qui font les véritables inftrumens du goût, doit auffi néceffairement être fufceptible de cette fenfation. *Le fiége du goût eft auffi dans le palais.*

Nous pouvons ajoûter à ceci, que Bergerus & Hoffmann, dans leurs ouvrages qui paroiffent depuis 1700. affurent pofitivement, que le palais fert au goût ; & ils difent que Pline dit la même chofe dans fon Hiftoire Naturelle ; mais ce qui les a déterminez à embraffer ce fentiment, ce font les obfervations de Malpighi, furtout la relation que nous lifons dans la troifiéme année des Journaux d'Allemagne, au fujet d'un enfant d'environ huit ou neuf ans, originaire du bas-Poitou, lequel dans la petite-vérole perdit fa langue par la gangrene, & la cracha par morceaux ; en forte qu'il ne lui refta pas un morceau, ni même aucune marque de langue. Malgré cela, non feulement cet enfant parloit, crachoit, mâchoit & avaloit les alimens, mais il avoit aussi le sens du goût; & comme l'Auteur de la relation qui est un Chirurgien de Saumur, le rapporte chap. 8. il distinguoit fort bien toute sorte de goûts; d'où le Journaliste infere sur le témoignage de Pline, que le palais est aussi l'organe du goût.

Mais comme ce fait est une chose dans laquelle, de même que dans les autres, l'expérience doit être juge; & comme il est facile d'en faire l'essai, l'on n'a qu'à prendre un peu de sucre en poudre, du syrop, ou quelqu'autre chose de doux, & le mettre sur la langue, & d'abord que ces matieres commenceront à se fondre, il les goûtera; apparemment, parce que pour lors elles commencent à pénétrer dans les trous du tégument extérieur de la langue, par le moyen de la salive, & qu'elles irritent les mammellons nerveux qui sont placez sous ce tégument.

Mais si on avale le sucre, &c. lorsqu'il est fondu, & qu'afin de l'avaler, on le pousse avec la langue contre le fond du palais, on s'appercevra d'abord qu'on sent aussi dans cet endroit la douceur du sucre, & sur tout, si après l'avoir avalé il retire à l'instant la langue en l'approchant du fond du palais, sans pourtant y toucher, il trouvera que lorsque le sucre agit sur la langue d'une maniere un peu plus sensible, il agira aussi sur le palais pendant un tems d'une maniere plus sensible; d'où il s'ensuit, quelque peu de cas qu'on fasse de cette expérience, que toutes les opinions que nous avons rapporté au commencement, sont renversées, & que ceux qui prétendent que le palais sert au goût, ont raison.

L'organe de l'odorat.

Passons présentement au sens de l'odorat; c'est ici où tout le monde est obligé de reconnoître la sagesse & la bonté de Dieu, on observe que les nerfs de l'odorat ont un os, qui pour leur donner passage est percé de petits trous, comme un crible, & qu'on appelle pour cette raison os spongieux ou cribleux; c'est à travers cet os que les rameaux du nerf olfatif passent pour se rendre à la mambrane qui tapisse les cavitez de l'os spongieux, & de la partie supérieure des narines, où ils forment des expansions, pour y servir, selon les apparences, d'instrumens à l'odorat. Il est certain que cet organe, qui produit l'odorat n'est pas en bas, mais au sommet des narines; ce qui prouve cela, c'est qu'afin de flairer, il faut tirer l'air par le nez en respirant; alors les parties des corps odiferans étant mêlées avec l'air

LIVRE I. CHAPITRE XIII.

frappent nécessairement avec quelque force le nerf olfatif, & produisent des sensations dans l'odorat. Lorsqu'on retient la respiration, comme il est aisé d'en faire l'expérience, quelque odeur qu'on approche du nez, on ne sent pourtant rien, jusqu'à ce qu'on respire de nouveau.

J'avoue que cette expérience me paroissoit trop puérile & trop commune pour en parler ici, si un Auteur savant ne s'étoit avisé de la nier. Tout cela, de même que ce que nous avons dit du goût, nous fait voir la foiblesse de tout ce qui est humain.

Où est l'homme qui faisant usage de sa raison, ose nier qu'il n'y ait de la sagesse dans la structure, & dans la disposition de ces organes? Car puisque c'est l'air qui doit porter les corpuscules odoriferans, les instrumens de l'odorat devoient se trouver exactement dans un endroit où l'air passe & repasse continuellement pour la respiration, aussi sont-ils précisément placez au-dessus de la bouche, afin de nous donner premierement par le moyen de ce sens, quelque connoissance des qualitez des alimens & de la boisson que nous devons prendre; les narines sont plus larges en bas, afin de recevoir beaucoup plus de corpuscules odoriferans; elles sont plus étroites en haut, afin qu'en poussant ces particules, ou en les rapprochant, elles fassent une plus forte impression sur les nerfs olfatifs.

Outre les sens précedens, dont les instrumens sont tous placez chacun dans leur place, nous en avons encore un autre qu'on appelle le toucher, & qui est en quelque façon répandu dans tout le corps, surtout si nous y comprenons la sensation de la douleur: mais si par ce sens nous n'entendons autre chose que la faculté que nous avons de découvrir les surfaces raboteuses ou polies des corps, la solidité ou la fluidité, &c. nous pouvons alors supposer que le siége de ce sens n'est que dans la peau: c'est, selon cette idée, que les Latins le distinguent par le mot *Tactus*, ou toucher; & lorsque nous voulons parler de la douleur, nous l'exprimons par le mot *Sensus*, & non par celui-ci, *Tactus doloris*.

Le sens du toucher.

Que la peau seule, qui se trouve exposée aux objets qui nous environnent, soit le siége de ce dernier sens, je veux dire du toucher, c'est une chose assez connue des Anatomistes modernes; ils sçavent aussi qu'il y a dans la peau une structure ou quelque chose d'analogue à la langue; d'où il s'ensuit, que la sur-

Les instrumens du toucher.

face extérieure de la peau est garnie de petites éminences pyramidales, semblables à des mammellons qui sont environnez d'un corps réticulaire placé entre la peau & la surpeau.

Ce sont ces mammellons qui ont passé en ces derniers tems, & avec beaucoup d'apparence, pour les instrumens du toucher : les microscopes semblent nous faire voir, qu'ils tirent leur origine des nerfs, qui se distribuent en grand nombre dans la peau, où ils sont plus nombreux à proportion que dans les muscles, ou dans les autres parties, comme M. Vieussens l'a fait voir dans sa Préface. On observe aussi, lorsqu'on se sert du microscope, que ces mammellons forment en beaucoup d'endroits des élevations dans la cuticule, afin qu'ils soient en état de recevoir plus facilement les impressions des objets extérieurs.

On sçait assez de quelle utilité est le sens du toucher dans une infinité d'occasions, sur-tout, parce que ceux qui en sont privez sont hors d'état dans beaucoup d'occasions de prévenir leur ruine, comme cela est arrivé à une personne qui aiant perdu le sens du toucher, avec le mouvement d'un côté du corps, & se trouvant trop près du feu, se brûla malheureusement avant qu'il s'en apperçût le moins du monde. Un Athée osera-t il donc dire, qu'il n'est pas obligé d'avoir de la reconnoissance pour un si grand bienfait ? Ce sens nous met d'abord en état de nous appercevoir d'une chaleur trop vive, & de l'éviter par conséquent, de même que beaucoup d'autres inconveniens. Pourra-t-il dire que c'est une cause ignorante qui lui a donné le sens du toucher, non seulement à lui seul, mais à tous les hommes, & qu'il ne réside pas dans une seule partie, mais dans tout le corps.

Les sensations sont plus vives dans la paume de la main, & à l'extrémité des doigts. Est-ce sans dessein, que ce sens se trouve beaucoup plus délicat dans ces parties, dont nous nous servons pour examiner les objets externes, que dans celles dont nous ne nous servons que rarement pour cet effet ? car tout le monde sçait, qu'on sent plus vivement les impressions des objets dans la paume de la main, ou au bout des doigts, que dans la plûpart des autres endroits.

Et c'est-là une raison d'où l'on conclut, que les mammellons qui sont placez entre la peau & la cuticule, sont le véritable organe du toucher; puisque l'expérience (selon le témoignage de Malpighi, & après lui de Bohn, Bergerus, &c.) fait voir que

LIVRE I. CHAPITRE XIII.

que dans ces endroits, c'est-à-dire, à la paume de la main, & à l'extrémité des doigts, dont nous faisons plus d'usage pour toucher, que des autres parties, il y a aussi beaucoup plus de mammellons que dans les autres parties du corps. Bergerus a observé, que ces mammellons sont beaucoup plus nombreux & plus gros à la pointe de la langue & aux lévres, & que le sentiment de ces parties est beaucoup plus délicat : aussi étoit-il nécessaire qu'il le fût, afin qu'on pût découvrir à l'instant si les alimens sont trop chauds, ou s'ils sont préjudiciables en quelqu'autre maniere que ce soit.

Que ceux qui ont les yeux fermez aux rayons de sagesse que le Créateur fait éclater dans tous ses ouvrages, suivent un moment avec nous les traces que la Puissance Divine a laissé dans la structure surprenante des sens extérieurs, quels grands avantages n'en résulte-t-il pas, sans exception, pour tous les hommes qui se portent bien ? Qu'on nous dise après cela, si l'on peut encore soûtenir, en conscience, que la grandeur ni la bonté de celui qui a formé ces organes, n'y brillent point, beaucoup plus même que l'industrie d'un ouvrier n'éclate dans la construction d'une machine curieuse ?

Lorsqu'on considere que l'odorat & le goût servent, non seulement à nous faire connoître les bonnes ou les mauvaises qualitez des alimens, mais que le plaisir que ces sens nous procurent nous porte à souffrir l'embarras & le trouble continuel où nous jette la nécessité de manger & de boire ; un Athée dira-t-il que c'est le hazard qui fait tout cela, & qu'il n'est en aucune façon redevable à la Providence pour tous ces bienfaits ? Que ces parfums que les plantes exhalent ne méritent pas qu'il leve les yeux vers un Etre bien faisant, dont les mains nous prodiguent tant d'agrémens ? Que tant de divers alimens, dont les impressions sont si agréables par leur varieté, n'ont d'autre origine qu'une cause, à laquelle nos maux & nos biens sont également indifférens ? Condition misérable de l'homme ! La raison peut-elle se livrer à tant de contradictions ?

Lorsqu'on considere que beaucoup de parties de notre corps, comme les os, les ongles, les cheveux, les dents, n'ont point de sentiment, & que cependant tout notre corps se trouve couvert extérieurement d'un tégument, qui nous avertit si quelque chose nous touche & s'approche de nous, croira-t-on que tout ceci s'est fait sans aucun dessein ? & tout homme rai-

Z

sonnable ne regardera-t-il pas une pareille opinion comme absurde ?

Lorsqu'on considere que la vûe transporte notre esprit au Soleil, à la Lune, aux Etoiles, qui sont séparées de nous par des espaces immenses; qu'elle lui découvre la grandeur & le mouvement de ces corps merveilleux ; qu'elle lui en fait connoître les proprietez & les loix qui les gouvernent ; qu'elle lui présente une infinité d'objets qui ne sont pas du ressort des autres sens; que la structure des organes qui la composent est si merveilleuse, qu'afin que rien ne manque pour rendre ce sens entierement utile, l'étendue immense des Cieux se trouve par tout remplie de lumiere : Qu'on considere surtout qu'afin que la vûe fût accompagnée de plaisir, la figure où les mouvemens des rayons de lumiere sont diversifiez en une infinité de manieres, pour nous représenter les objets sous des couleurs qui flattent nos yeux si agréablement ; dans ce concours de tant d'objets merveilleux, n'y a-t-il ni vûe ni dessein ? Quoi ? ce ne seroit pas un art merveilleux conduit par une sagesse infinie qui auroit établi l'ordre & la régularité de tant de mouvemens ? L'œil s'ouvre à la lumiere ; les rayons prennent la forme que demande l'œil : ces deux causes qui s'ajustent l'une à l'autre, m'offrent le spectacle immense de l'Univers ; me raprochent ce qui est éloigné ; me transportent dans des lieux inaccessibles ; tout cela, encore une fois, ne viendroit que d'une cause aveugle ? Qu'on examine l'ouïe ; la vûe ne nous présente que les objets qui sont devant nous ; tout le reste ne nous frappe pas les yeux, parce que les rayons ne marchent qu'en ligne droite. Je veux même, que tout ce qui nous environne, soit dans la Sphere de nos yeux : le choc des corps qui résulte souvent de plusieurs causes insensibles à nos yeux, nous seroit inconnu, si l'Etre suprême n'avoit façonné un organe qui pût nous rendre sensibles aux moindres mouvemens des corps qui se heurtent.

Sans cet organe merveilleux, comment pourrions-nous nous communiquer nos pensées ? Dans quels embarras ne seroit-on pas réduit, lorsqu'il faudroit apprendre les Arts & les Lettres ?

Qu'on nous fasse venir à présent un Philosophe des plus orgueilleux, un de ces prétendus *Esprits forts*, ou plûtôt un Athée des plus dignes de compassion ; & qu'il nous dise, si privé par malheur, dès sa naissance, de quelqu'un de ses sens ; par exem-

LIVRE I. CHAPITRE XIII.

ple, de la vûe, il auroit jamais connu, avec toute fa philofophie, quelle efpece de fenfation c'étoit, & ce que le fens de la vûe occafionne dans l'homme?

Il est certain que c'est le même pain, la même eau, les mêmes alimens qui forment & réparent les organes de tous nos fens : qu'on nous dife donc pourquoi la main n'a pas la faculté de voir de même que l'œil ? pourquoi le pied n'entend auffi-bien que l'oreille, quoique la lumiere & l'air puiffent agir de la même maniere fur ces parties ? Croira-t-on que c'est leur différente configuration qui produit ces fenfations ? Qu'on nous faffe donc voir comment cela fe fait ? Qu'on examine les alimens & la boiffon de toutes les manieres imaginables, & qu'on nous rende raifon pourquoi le même pain devient dans l'oreille l'inftrument de l'ouïe ; dans la langue celui du goût ; dans le nez celui de l'odorat ; & dans la peau celui du toucher ? Il faut qu'on renvoie tout cela à la volonté abfolue du Créateur, qui eft impénétrable dans fes voies, & qui nous communique la connoiffance de ces chofes d'une maniere fi admirable. Il faut donc abfolument être aveuglé, pour ne pas découvrir un Dieu dans la ftructure & dans la nature de nos fens.

Dira-t-on donc, que tout cela a été fait fans aucun deffein ? Qu'un Athée nous dife donc, s'il avoit envie de fe rendre lui-même, ou quelqu'autre, heureux ; & s'il avoit le pouvoir de le faire, s'il ne donneroit pas toutes ces facultez à nos fens ; & en cas qu'il eût produit quelque chofe de femblable, quoique dans un degré de perfection beaucoup moindre, s'il ne prendroit pas pour un grand affront, fi quelqu'un voiant fon ouvrage, ne remarqueroit point l'induftrie de l'ouvrier ? Après cela, ne s'appercevra-t-il point de fon aveuglement, lui qui refufe de reconnoître la même chofe dans une machine auffi furprenante que le corps humain, fur-tout, lorfqu'il voit, qu'afin de rendre nos fens parfaits, l'air, la lumiere, les plantes, les animaux & prefque tout l'Univers, y doit contribuer ?

Si la vûe de toutes ces chofes ne peut pas porter un efprit incrédule, à reconnoître la bonté de celui qui l'a créé, les obligations qu'il lui a, & la reconnoiffance qu'il lui doit ; il n'a qu'à confidérer en lui-même l'état déplorable où il fe trouveroit, fi les hommes étoient privez de ces effets de la bonté du Créateur, qui fe manifefte dans tous fes fens. Qu'il fuppofe pour un inftant, qu'il y a un homme privé de tous les fens extérieurs, qu'il n'a jamais vû, ni entendu, ni goûté, ni touché. Quand même un tel homme jouiroit toûjours d'une santé parfaite, pourroit-on assez exprimer les malheurs où il se trouveroit par sa condition ? Un homme qui péseroit bien ceci, n'aimeroit-il pas mieux être mort, ou n'être jamais venu au monde, ou d'avoir été un morceau de bois, ou une pierre, que d'être dans cet état ? Or, si sans un effet de la bonté de Dieu, la condition d'un particulier avoit été si malheureuse, à quoi comparerons-nous celle de ce nombre prodigieux d'hommes, qui forment ensemble toutes les Nations de la terre, s'il n'y avoit eû que des créatures aveugles, sourdes, insensibles, &c ?

Est-ce donc nous qui nous sommes donné les perfections de nos sens ? Non certainement. Est-ce le hazard qui en est l'auteur ? Nullement. Car le hazard peut aussi-bien agir d'une maniere que d'une autre ; & cependant nous voyons que la plûpart, ou pour mieux dire, toutes les personnes qui se portent bien, naissent avec tous les sens.

Il faut donc qu'un Athée avoue, que non seulement il ignore à présent, mais même qu'il ignorera toûjours, la maniere dont nos sens sont formez, & comment ils agissent. On n'y voit que du mouvement & des impressions de la part des objets extérieurs : on n'y voit que du mouvement & quelque chose de passif de la part de notre corps : on n'y voit que des organes formez des mêmes alimens & de la même boisson ; & selon la meilleure philosophie, que résultera-t-il d'un pareil systême de matiere du mouvement ?

D'où viennent donc ces differentes impressions que nous sentons dans nous-mêmes, lorsque nous voyons, que nous entendons, que nous goûtons, que nous flairons, & que nous touchons quelque chose ? Il faut donc qu'un Athée reconnoisse absolument qu'il y a quelque chose d'immateriel dans nous, qui en est la cause. Quoi qu'il en soit, si c'est quelque chose qui n'est pas corps, comment est-ce qu'un corps pourra lui communiquer du mouvement ? Car je ne conçois rien que de matériel, & du mouvement dans les choses qui nous environnent, & dans les instrumens de nos sens. Dira-t-on donc, que l'ame ne sçauroit recevoir aucune impression, parce qu'elle n'est pas matérielle ? Comment arrive-t-il donc qu'une substance que les corps ne sçauroient mouvoir ni toucher, soit cependant affectée par le mouvement des corps, & qu'elle ait la faculté

LIVRE I. CHAPITRE XIII.

de voir, d'entendre, de goûter, de flairer ou de toucher? Car ce sont des faits qu'on ne sçauroit nier.

Je crois qu'il n'est pas nécessaire de nous servir d'autres preuves pour faire avouer à un Athée son ignorance. Et s'il ne sçait pas comment toutes ces choses se passent, comme il en est convaincu dans l'intérieur de son cœur, comment osera-t-il, à moins de vouloir passer pour un fol, soûtenir qu'une chose, dans le tems qu'il ignore de quelle maniere elle arrive, est produite par les loix aveugles & nécessaires de la nature? Qu'il fasse réflexion en lui-même sur toutes ces choses, avant de passer plus loin.

Mais si tout ce que nous avons dit concernant les sens, ne suffit pas pour convaincre un incrédule, avançons encore un peu, & faisons voir que les bornes mêmes, dans lesquelles l'étenduë du pouvoir de nos sens extérieurs se trouve renfermée, contribue aussi à nous rendre plus heureux, que si leur pouvoir s'étendoit beaucoup plus loin, comme cela s'est trouvé dans ces derniers siécles, avec le secours de certains instrumens.

Supposons que nos yeux aient le pouvoir de distinguer les objets qu'ils ne sçauroient voir, sans le microscope, il est vrai qu'ils nous feroient voir un monde de créatures nouvelles; une goute d'eau dans laquelle on auroit fait tremper du poivre, ou une goute de vinaigre, ou de matiere séminale, nous paroîtroit comme un lac, ou une riviere pleine de poissons; l'écume des liqueurs puantes & corrompues nous paroîtroit un champ couvert de fleurs & de plantes; le fromage nous paroîtroit un composé de grosses araignées couvertes de poil; il en seroit de même à proportion d'une infinité d'autres choses; mais il est aussi aisé de concevoir le dégoût, que la vûe de ces insectes produiroient pour beaucoup de choses, qui d'ailleurs sont très-bonnes & très-utiles en elles mêmes. J'ai vû des personnes faire des éclats de rire à la vûe des petits animaux qui s'offrent dans un morceau de fromage, par le moyen d'un microscope, & retirer vitement leurs mains, lorsque quelqu'un de ces insectes venoit à tomber, de crainte qu'il ne tombât sur eux; mais d'autres faisoient des réflexions plus sérieuses sur la sagesse de Dieu, qui a bien voulu cacher ces choses aux yeux des ignorans & des personnes craintives, & les manifester à d'autres par le moyen des microscopes, afin que les moyens nécessaires ne manquassent point à ceux qui tâchent de pénétrer dans ces merveilles.

Les Philosophes incrédules, oseroient-ils jamais souhaiter que leurs yeux eussent les proprietez des meilleurs microscopes, supposé qu'ils en connussent la nature & le fondement ? Et se croiroient-ils plus heureux, en voyant des objets si petits, qui grossiroient jusqu'à ce point-là ? tandis qu'en même tems, tout ce qui leur tomberoit sous les yeux, n'occuperoit pas plus d'espace qu'un grain de sable ; ils ne sçauroient voir aucun objet distinctement, à moins qu'ils ne fussent à une très petite distance de l'œil, à un ou deux pouces, par exemple : quant aux autres objets plus éloignez, comme les hommes, les bêtes, les arbres & les plantes, pour ne rien dire du Soleil, de la Lune & des Etoiles, ces corps où brille la Majesté de l'Etre suprême, ils leur seroient entierement invisibles, ou ils ne les verroient que dans une grande confusion ; si tout cela se trouvoit ainsi ; & si nos yeux tous seuls pouvoient pénétrer aussi avant que lorsqu'ils sont armez de bons microscopes. Tous ceux qui en ont fait l'expérience, conviennent que par leur moyen, on peut voir des corps composez d'un millier de petites parties ; d'où il s'ensuit, que pour bien voir chaque chose jusqu'à ses particules primitives, la vûe doit encore s'étendre infiniment plus loin qu'elle ne s'étend, avec le secours des meilleurs microscopes.

D'un autre côté, supposons que nos yeux soient de grands télescopes, semblables à ceux dont nous nous servons pour observer tant de nouvelles Etoiles dans les Cieux, & pour faire tant de nouvelles découvertes dans le Soleil, la Lune & les Etoiles ; ils seroient encore sujets à cet inconvénient, c'est qu'ils ne seroient presque d'aucun usage pour voir les objets qui nous environnent, & ils nous priveroient aussi de la vûe des autres objets qui sont sur la terre, parce que nous verrions les vapeurs & les exhalaisons qui s'élevent continuellement, & qui, comme des nuages épais, nous cacheroient tous les autres objets visibles ; cela n'est que trop connu de ceux qui se servent de ces instrumens.

De même, si l'odorat étoit aussi fin & aussi délicat dans les hommes, qu'il paroît l'être dans de certains chiens de chasse, il n'est personne, il n'est aucune créature qui pût nous joindre ; & il nous seroit impossible de passer par les endroits où elles auroient passé, sans ressentir de fortes impressions des corpuscules qui en partent ; mille distractions partageroient, malgré

LIVRE I. CHAPITRE XIII.

nous notre attention; & lorsque nous serions obligez de nous appliquer à des objets plus relevez, nous serions obligez de nous fixer à des choses méprisables.

Si notre langue étoit d'un tissu si délicat, qu'elle nous fist trouver autant de goût dans les choses qui n'en ont presque pas, que dans celles dont le goût est aussi fort que celui des ragoûts ou des épiceries, il n'est personne qui n'avouât, que cela seul suffiroit pour nous rendre les alimens très-désagréables, après que nous en aurions mangé seulement deux ou trois fois.

L'oreille pourroit-elle distinguer tous les sons avec la même exactitude qu'elle les distingue à présent, lorsque par le moyen d'un porte-voix quelqu'un parle doucement dans son extrémité la plus évasée, on feroit plus d'attention à un grand nombre de choses? On n'en feroit certainement pas plus, que lorsque nous nous trouvons au milieu d'un bruit confus, & d'un grand nombre de voix, au milieu du bruit des tambours, & du canon. Ceux qui ont été témoins des inconvéniens que souffrent les malades qui ont l'ouïe trop fine, n'auront pas de peine à être convaincus de cette vérité.

Si dans toutes les parties de notre corps, le toucher étoit aussi délicat que dans les endroits extrêmement sensibles, & dans les membranes des yeux, ne faut-il pas avouer que nous serions bien malheureux, & que nous souffririons de grandes douleurs, lors même qu'une plume très-legere nous toucheroit?

Enfin, peut-on réfléchir sur tout cela, sans reconnoître la bonté de celui qui en est l'Auteur, qui non seulement nous a donné des organes aussi nobles que nos sens extérieurs, sans quoi il ne seroit pas à préférer à un morceau de bois ; mais qui a même par un effet de son adorable sagesse, renfermé nos sens dans certaines bornes, sans lesquelles ils ne nous auroient servi que d'embarras, & il nous auroit été impossible d'examiner mille objets de plus grande conséquence.

Si quelqu'un croit que nous nous sommes arrêtez trop long-tems sur cette matiere, qu'il se souvienne que notre principal dessein dans cet ouvrage, c'est de faire voir aux Infideles & aux Athées la sagesse & la bonté de leur Createur, qui brille avec tant d'éclat dans nos sens extérieurs, & dans leurs proprietez.

CHAPITRE XIV.

De l'union de l'Ame avec le Corps ; de l'Imagination, & de la Mémoire.

L'union de l'ame avec le corps nous est inconnue.

LEs sens extérieurs nous conduisent naturellement à l'ame, qui se trouve unie avec notre corps d'une maniere tout-à-fait admirable ; y a-t-il quelqu'un assez malheureux pour réfléchir sur cette union, qui s'est toûjours cachée à la pénétration de tous les Philosophes, sans être convaincu de la puissance & de la sagesse de celui qui les a formez ? De celui qui s'est manifesté dans cette union, même beaucoup plus que dans d'autres choses, d'une maniere glorieuse & surprenante ; qui, lorsqu'il agit par des voies impénétrables aux hommes, oblige même ses ennemis d'en être les témoins ?

Et quoiqu'il y ait des gens qui prétendent pouvoir s'en former quelque idée, un Athée est pourtant obligé d'avouer qu'il y a en cela quelque chose qu'il ne sçauroit absolument comprendre.

Car, supposons qu'il soutienne hardiment, que la matiere dans laquelle il ne sçauroit nous faire voir que du mouvement, ait la proprieté de penser & d'entendre ; qu'il nous dise, & qu'il nous fasse voir la combinaison des parties, la force, la vîtesse, les limites & la direction du mouvement que la matiere doit avoir, soit en ligne droite, soit en ligne courbe, pour être capable de raisonner & de comprendre ; qu'il nous donne là-dessus une démonstration mathématique ? Il n'est pas nécessaire de lui demander si ceci surpasse son entendement.

Supposons enfin qu'un incrédule se rende à l'expérience, & à la raison qui lui montre continuellement la distance infinie qui se trouve entre l'ame & le corps ; l'ame n'est point materielle, elle ne sçauroit donc, selon nos idées, ni agir sur les corps, ni s'en approcher, ni s'en éloigner ; cependant les mouvemens, qui agitent la matiere, passent dans notre ame, y portent des impressions plus ou moins vives, suivant leur degré, y laissent des vestiges ineffaçables, y excitent des troubles, y font naître des sentimens de plaisir : mais si les corps ont un si grand empire sur l'ame, il y a en elle un principe qui leur commande à son tour ; par sa volonté seule tous les ressorts qui composent le corps humain entrent en jeu à l'instant : Veut-elle que certains corps s'approchent de nous, elle ordonne, & la main s'étend pour les prendre ? Veut-elle que notre corps s'approche d'eux, elle commande, & nos pieds avancent pour nous transporter du lieu où nous sommes dans un autre endroit ? Veut-elle mettre en mouvement des corps étrangers, elle parle à nos mains qui leur transmettent d'abord les impressions qu'elles ont reçûes d'elle ? Nous les regarderions toutes ces merveilles comme des songes, si l'expérience ne nous les présentoit à chaque instant. Ainsi, quelque chose qu'un Incrédule imagine, on ne découvrira jamais la maniere dont l'ame se trouve unie avec le corps.

La diversité des sentimens touchant la maniere dont notre corps se meut à l'occasion de la volonté, a donné occasion à plusieurs sçavans Traitez ; elle demanderoit qu'on en parlât, mais ce n'est ici ni le lieu, ni le tems, parce que nous n'écrivons que pour convaincre les Athées ; au lieu que les autres, quelques opposez qu'ils soient dans leurs opinions, s'accordent tous à croire qu'il y a un Dieu. *Des bornes de cette union.*

Si l'union de l'ame avec le corps est merveilleuse en elle-même, & dans la maniere dont elle se fait, elle ne l'est pas moins dans les bornes qui lui ont été prescrites. On observe en premier lieu, que l'ame n'opere pas (de quelle maniere que cela soit) par sa volonté sur toutes les parties de notre corps ; ou plûtôt, que toutes les parties de notre corps ne sont pas sujettes à l'ame, quant à leurs mouvemens. Il n'y a que les parties qui reçoivent leurs nerfs du cervelet & de la moüelle de l'épine : il n'y aura donc que les bras, les mains, les jambes, & tous les autres membres dont les mouvemens soient libres, dont les mouvemens dépendent de notre ame ; au lieu que les autres parties qui reçoivent leurs nerfs du cerveau, & qui ne servent qu'à la vie & à la conservation de l'animal, comme le cœur, les arteres, l'estomac, les intestins, &c. ne dépendent en aucune maniere de notre volonté, & nous ne sçaurions les mouvoir ou les arrêter comme les autres.

2°. L'ame ne sent point lorsqu'on agit ou qu'on touche sur certaines parties de notre corps. Ainsi on observe, qu'outre les

186 L'EXISTENCE DE DIEU.
poils & les ongles, les os font encore infenfibles, & toutes ces parties ne laiffent pas de faire une bonne partie de notre corps, pour ne rien dire des poulmons qui fe gâtent fouvent fans douleur; & les obfervations de Chirurgie nous apprennent, que la fubftance du cerveau peut être bleffée, fans communiquer aucun fentiment de douleur à l'ame.

Où eft à préfent l'Incrédule, qui croit avoir raifon d'accufer les Chrétiens de crédulité, lorfqu'il leur entend tirer la conclufion fuivante des propofitions précédentes? Que puifque perfonne ne fçauroit raifonnablement attribuer tout cela au pur hazard, qui agit indifferemment d'une maniere ou d'une autre, c'eft une preuve convaincante que ce ne fçauroit être une fuite de loix néceffaires de la nature, qui agit toûjours de la même maniere. Que fi l'ame n'a que certains rapports avec le corps, il faut qu'il y ait un Etre fuprême qui ait limité les actions de l'ame; que la dépendance de certaines parties, & l'indépendance des autres, en font une preuve, qu'il n'y a rien dans la nature de l'ame qui lui donne plus d'empire fur une partie que fur l'autre.

Un Incrédule, qui n'a pas renoncé à la raifon, eft obligé de juftifier un Chrétien qui embraffe cette conclufion, puifqu'il eft jufte, que fi les parties qui fervent à la confervation de notre vie, comme le cœur, l'eftomac, & les autres vifceres, font indépendantes de notre volonté, & que même notre ame en ignore les mouvemens, nous reconnoiffons notre dépendance du Créateur, qui a voulu que cela fût ainfi. Mais le mouvement & le repos de certaines parties, comme celui de la langue, des mains, font à la difpofition de notre volonté, afin de nous faire reconnoître & glorifier ce grand Bienfaiteur dans nos corps; c'eft-là un hommage qu'il demande avec juftice, & que nous ne fçaurions lui refufer fans crime.

De l'imagination & de la mémoire.

Il auroit encore manqué quelque chofe à la perfection de l'homme, nonobftant l'union merveilleufe de l'ame avec le corps, fi nous n'avions pas eû l'ufage de l'entendement & des autres facultez de notre ame; & nos jugemens n'auroient pas eû beaucoup de poids, fi nous n'avions pas pû comparer les chofes préfentes, avec celles qui font déja paffées, ou à venir. Comment aurions-nous porté nos découvertes fi loin; donner des regles au mouvement du Soleil; fuivre les variations des autres Astres, s'il n'y avoit jamais eû qu'un objet présent à notre esprit ? Les sens extérieurs nous avertissent de ce qui se passe au tour de nous ; mais leur action finit avec celle des corps qui les frappent : nous n'aurions donc jamais pû faire de comparaison, si notre ame au dedans, n'écrivoit comme dans un livre ; qu'elle consulte quand il lui plaît, ce qui a été porté jusqu'à elle par les sens.

Notre Créateur, afin de multiplier ses merveilles dans l'homme, & de nous rendre entierement heureux, a voulu suppléer à ce défaut des sens, & nous donner le pouvoir de nous représenter les choses qui sont passées, celles qui doivent arriver & celles qui sont absentes. Les Philosophes ont appellé la premiere de ces facultez, *Mémoire*, & l'autre *Imagination*.

De quelle maniere les objets absens se représentent-ils à mon esprit ? S'est-il formé des traces dans mon cerveau, qui m'avertissent de mes anciennes idées, lorsqu'elles reçoivent une matiere qui circule ? Est-ce mon ame seule qui renferme en elle même les vestiges des idées qu'elle a eû autrefois ? En tout cela notre esprit, qui connoît ce qui est au dehors, ne trouve que des ténébres. Ce qui est du moins certain, c'est que cette faculté excede de beaucoup les plus belles découvertes qu'on ait pû faire. Et si nous n'en étions pas assûrez par l'expérience, qui pourroit croire qu'on seroit assez habile pour se représenter des choses qui n'existent pas comme si elles étoient existantes ? des choses mortes, comme vivantes ? & de rendre ainsi un objet present dans le tems qu'il est absent, ou qu'il n'existe en aucun endroit ?

CHAPITRE XV.
Des Passions humaines, & de la Génération en peu de mots.

L'Homme pourvû, par un effet singulier de la bonté de son Créateur, de toutes les facultez dont nous venons de parler, sembloit être placé dans le plus haut degré de félicité. Son ame unie d'une maniere si admirable avec son corps, reçoit les impressions des objets qui se présentent, & juge de ces mêmes

Les passions.

A a ij

objets ; les sens extérieurs lui donnent la connoissance des êtres matériels ; l'imagination & la mémoire lui représentent tout ce qui est absent, soit passé ou à venir ; le cœur & les artéres battent ; les intestins & les autres parties nécessaires à la vie, exercent continuellement leurs fonctions, sans lui causer le moindre embarras durant le cours de sa vie ; & les autres membres obéissent à sa volonté, & le mettent en état de glorifier celui qui en est l'Auteur, & de se rendre utile à lui-même & aux autres hommes.

Il semble que ce que nous venons de dire en dernier lieu, devroit l'incommoder ; c'est-là le seul mouvement qui puisse lui causer quelque embarras ou quelque ennui : mais afin qu'il ne tombât en foiblesse, ou qu'il ne se décourageât dans le tems qu'il travaille à son bonheur, ou à celui des autres auxquels il est attaché, le même Dieu a jugé à propos d'y faire non seulement concourir toutes les facultez de l'homme ; mais il a voulu outre cela, par un effet particulier de sa bonté, qu'elles y contribuassent avec plaisir : ainsi il a mis en lui une source de passions ou d'inclinations, pour l'exciter à faire avec ardeur ce qu'exige son devoir.

Nous trouvons donc en nous-mêmes un desir qui nous porte à ce qui nous est utile ; une espérance qui nous anime à le poursuivre ; une joie qui charme nos sens, quand nous l'avons obtenu ; un attachement qui en accompagne la possession ; une crainte qui nous glace à la vûe du mal ; une tristesse qui nous accable, quand il nous arrive, une haine qui nous anime contre ce qui en est la cause. Quel est l'homme qui pourroit inventer des moyens plus efficaces pour nous porter à rechercher ce que nous croyons utile pour nous, & pour ceux que nous aimons, & à éviter tout ce que nous croyons mauvais ? L'expérience nous apprend tous les jours avec quelle force les passions peuvent agir sur l'homme ; nous en avons même de tristes exemples dans ceux qui sont assez malheureux, & qui ont le jugement assez corompu, pour embrasser le bien pour le mal, & le mal pour le bien, & faire ainsi un mauvais usage de leurs passions.

Encore un coup, est-ce le hazard, ou quelqu'autre cause sans connoissance, qui nous a donné ces penchans & ces inclinations ? qui pour rendre notre bonheur plus parfait, nous portent à agir non seulement avec plus d'ardeur, mais qui dans

LIVRE I. CHAPITRE XV.

beaucoup d'occasions, & indépendemment de notre volonté, donnent aux instrumens de nos mouvemens plus de force & de vigueur : où est l'homme raisonnable qui ne se croie pas obligé ici d'avoir de la reconnoissance pour les bienfaits qu'il reçoit du Créateur, qui en nous considérant comme le principal de ses ouvrages, ne veut pas que nous soyons privez de ces avantages, qui nous mettent en état d'avancer notre bonheur & celui de nos semblables, même avec plaisir ?

Si quelqu'un s'imaginoit que cette question suppose trop pour démontrer que c'est la sagesse & la bonté du Créateur, & non des causes accidentelles ou ignorantes qui ont part à ces passions, qu'il fasse réflexion avec nous sur ce qui suit, où il semble que la Providence Divine & ses sages desseins brillent avec tant d'éclat, qu'un infidéle ou quelqu'un qui en douteroit, n'en sçauroit souhaiter une plus grande preuve ; pourvû qu'il voulût seulement faire usage de sa raison. *La différence des passions.*

Car s'il n'y a pas un Dieu qui dirige toutes les choses selon les loix de sa Providence, comment peut-il se faire que les hommes (dont les corps sont formez des mêmes alimens, & par conséquent de la même matiere) s'accordent dans toutes les occasions où les interêts de la societé humaine le demandent, different si fort les uns des autres dans leurs passions & leurs inclinations ; ensorte qu'un chacun embrasse avec plaisir quelque affaire particuliere, dans la vûe d'en retirer lui-même quelque avantage, ou afin de rendre quelque plaisir & quelque bienfait à ses semblables ?

Or, comme la vie de l'homme n'est pas assez longue, & que personne n'a le pouvoir de se procurer tout ce qui lui est nécessaire pour sa conservation & sa félicité, nous sommes tous portez, quoique nous aions pour but principal notre profit, à y concourir, autant qu'il nous est possible, indépendemment de notre choix & de notre inclination : n'est-ce pas là l'effet d'une Providence, qui fait que les hommes s'assistent & s'entraident mutuellement dans leurs besoins particuliers ? Que nous arrive-t-il dans nos inclinations particulieres ? l'un se sent du penchant pour la Théologie, l'autre pour la connoissance des loix & des coûtumes ; celui-ci pour la médecine ; celui-là pour la recherche de la nature & des ouvrages de Dieu ; d'autres pour l'histoire des révolutions, & de ce qui est arrivé au monde pendant les siécles passez, les hommes s'appliquent à ces connoissances pour s'en servir dans la conduite des affaires de leur tems. Il y en a beaucoup qui sont portez pour d'autres occupations, tout-à-fait differentes; ceux qui ne se soucient pas beaucoup de la spéculation, trouvent plus de plaisir dans le négoce & le commerce des marchandises; ils choisissent un état selon les differentes passions qu'ils sentent. D'autres s'appliquent aux arts, à la peinture, à l'architecture & aux manufactures, dont les especes sont encore differentes, & très-nombreuses.

Où sera l'homme assez fol, pour s'imaginer que c'est par un effet du hazard, que les hommes ont des inclinations si différentes; il semble à cause de la ressemblance, de la structure & des alimens qu'on ne devroit attendre que les mêmes inclinations, cependant ils s'appliquent à des affaires & à des emplois si differens? Et quelque étrange que ceci paroisse du premier abord, l'expérience pourtant ne nous apprend-t-elle pas, qu'il est absolument nécessaire pour le genre humain que cela soit ainsi? S'ils étoient tous portez à la même chose, par exemple, si les gens de lettres s'appliquoient tous à une même espece d'étude, les marchands à une seule marchandise, les artisans à une seule espece d'ouvrage, non seulement on manqueroit, mais même on seroit privé d'une infinité de commoditez dont les hommes jouissent à présent.

L'accord des passions & des inclinations.

Un Incrédule, qui n'appréhende rien tant que de se voir forcé de reconnoître un Etre suprême qui gouverne toutes choses, & de trouver par conséquent un jour la punition inévitable de ses blasphêmes, pourroit trouver contre ceci un subterfuge; il dira que l'expérience nous apprend, que nous naissons avec cette diversité de passions, & que tout cela est naturel aux hommes, & que ce n'est par conséquent qu'une suite de la structure particuliere des corps, &c.

Mais pour convaincre ces personnes, & leur faire voir que ceci, de même que tout le reste, est plûtôt l'effet d'une sage direction, que celui d'un pur hazard ou des loix ignorantes de la nature, qu'elles répondent aux questions que je vais leur proposer: Si la varieté des passions dépend uniquement de la structure des hommes, comment se peut-il, que le contraire se trouve où la diversité des inclinations seroit préjudiciable au public? Pourquoi tous les hommes ont-ils le même desir de manger avec plaisir? Pourquoi tous les hommes, même tous les animaux, sont-ils portez à une même passion, dont on n'est pas souvent le maître ; je veux dire, à la génération ? Enfin, pourquoi ont-ils tous le même amour pour leurs enfans ?

Certainement personne ne niera cela, à moins qu'on ne trouve que ces passions sont les mêmes dans tous les hommes, & qu'il y eût lieu d'admettre ici une aussi grande différence que dans les autres ; où pour nous servir de la même comparaison, si le penchant pour les alimens ne se trouvoit que dans certaines personnes, il y en auroit beaucoup qui regarderoient les alimens comme des médecines qui seroient nécessaires, pour nous faire éviter la mort. Or, on sçait assez l'aversion & le dégoût que beaucoup de malades ont pour les alimens, même dans le tems qu'ils devroient en prendre : il est encore aisé de conclure la même chose de ce que beaucoup de personnes s'abstenant trop long-tems de l'usage des alimens, perdent à la fin leurs forces, & que la digestion se dérange. Si le nombre de ceux qui sont portez à la génération, n'étoit pas plus grand que celui de ceux qui choisissent le même genre de vie, & la même occupation, ne faut-il pas avouer que le monde finiroit bientôt, & que la terre deviendroit déserte ? Et si l'amour des parens envers leurs enfans n'étoit pas plus commun, que l'inclination des hommes pour un certain genre de négoce, combien de pauvres créatures ne verroit-on pas périr à l'instant même de leur naissance, faute de secours ?

En un mot, qu'un Incrédule des plus endurcis, se fasse cette question à lui-même, & qu'il y réponde s'il peut ; sçavoir, si dans tout cela il ne découvre pas la sagesse d'un Etre suprême ? Et s'il est pleinement convaincu dans l'intérieur de son cœur, que cela lui paroît purement accidentel, & que c'est par un pur hazard qu'il y a une si grande variété dans les inclinations des hommes, là où cette variété est si nécessaire ; & qu'au contraire, les passions & les inclinations sont uniformes là où cette uniformité est nécessaire, où la variété dépeupleroit toute la terre & y causeroit une désolation generale ? Au moins, qu'il nous dise, si c'étoit lui qui eût dû regler ces choses pour le bien du monde ; & avec toute la prudence imaginable, s'il auroit pû trouver une meilleure méthode ?

Où sont les causes naturelles & ignorantes d'où nous puissions inférer nécessairement, que tous les hommes sentent en eux-mêmes une inclination invincible pour le païs qui leur a donné naissance ? Et comment se peut-il que les païs froids

L'amour de la patrie.

& stériles du Nord, où l'on ne voit la plus grande partie de l'hyver que des ténébres affreuses, ne soient pas abandonnez de leurs habitans? ou pourquoi ces habitans ne se sont-ils pas emparez des beaux païs du Midi, où l'air est plus doux, & où il y a une plus grande abondance de tout ce qui est nécessaire à la vie? Bien plus, pourquoi une infinité de personnes, qui après avoir goûté les plaisirs de ces derniers climats, s'en retournent-elles pourtant de bon cœur dans les premiers? Comment rendre raison de tout ceci, sans le rapporter à la volonté de Dieu, qui veut que ces climats soient aussi habitez?

Le mépris des dangers.

Si tout ceci ne suffit pas pour convaincre un Athée, qu'il nous dise, après une réflexion sérieuse, si dans ses principes il peut nous rendre raison de cette soif insatiable d'honneur & de gloire, qui a toûjours regné parmi les hommes dans les actions des héros, & qui porte les hommes à s'exposer courageusement aux plus grands dangers, même à la mort, pour laquelle la nature humaine a une si grande aversion?

Laissons à part ceux que la nécessité contraint d'embrasser le parti de l'armée, & faisons réflexion sur le courage de ces illustres personnages, d'ailleurs d'une condition à leur procurer toutes sortes de plaisirs en abondance, & qui pourroient au moins mourir tranquillement dans un âge avancé, où ils s'exposent pourtant avec tant de zéle & de valeur à tous les dangers de la guerre, où par une triste expérience ils voient arriver aux autres tous les jours le même sort qui peut leur arriver demain, ou peut-être plûtôt; qu'ils s'exposent à être tuez, ou du moins estropiez & misérables le reste de leur vie, par des blessures, ou par la perte de quelque membre.

D'attribuer au hazard ce grand courage & cette valeur, ce seroit en agir d'une maniere bien indigne & bien ingrate à l'égard de ces grands hommes, dont la sagesse a inspiré autant d'admiration que de courage. En rapporter la source à une plus grande force dans les passions, c'est aussi une chose impossible; parce que la crainte de la mort, supposé qu'ils puissent vivre sans deshonneur ou sans peine, est la plus forte des passions humaines. Quelle raison donc donner de tout ceci, si ce n'est la volonté souveraine de celui qui gouverne toutes choses? qui a transmis dans l'ame de certains personnages, que sa Providence destinoit à de grands événemens, les principes de la générosité & du courage; qui les a

choisis

LIVRE I. CHAPITRE XV.

choisis parmi une infinité d'autres hommes, & les a chargez de s'opposer à la tyrannie & au pouvoir absolu, de rendre à leur patrie & à leurs amis, la religion & la liberté, même au péril de leurs vies; il en forme d'autres, qui, quoi qu'en se proposant pour but l'accomplissement de leurs inclinations, ou du moins l'acquisition des richesses & de sa gloire, comme beaucoup de païens, méprisent la mort & les dangers avec une intrépidité inconcevable, il les a ramenez par-là, quoiqu'à leur insçû, aux desseins de sa Providence?

Un homme qui n'est pas insensible à la force de la raison, n'a qu'à réfléchir sérieusement sur cette grande merveille, pour voir s'il peut rapporter ce que l'expérience lui apprend, à la nature des passions & des inclinations humaines, à un concours accidentel de nerfs ou de fibres, ou de liqueurs; ou à quelque loi de la nature, qui ne sçauroit se proposer le moindre dessein dans ses ouvrages; & qu'il nous dise après cela, comment il se peut, que des fonctions si nécessaires & si utiles au genre humain, & en même tems si merveilleuses, dépendent de ces principes & soient si constantes; & qu'on y ait remarqué de tout tems la même constance & la même uniformité, qu'on ne pourra jamais attribuer au hazard?

Comme on sçait à present par l'expérience, que presque toutes les plantes qu'on a examiné, tirent leur origine des graines, & que les animaux viennent du germe, & non de certaines causes purement accidentelles, comme de la corruption, &c. il faut qu'un Incredule réfléchisse sérieusement sur toutes ces choses, & nous dise après cela, si c'est le hazard ou d'autres causes ignorantes qui agissent sans sçavoir ce qu'elles font, & qui produisent tous ces germes dans les animaux, pour ne rien dire ici des semences des plantes ni des œufs de certains animaux? Sera-ce le même hazard ou les mêmes causes ignorantes qui ont ramassé & replié tous les membres d'une machine aussi merveilleuse que le corps humain dans un si petit endroit, où elle est pourtant si bien arrangée, que les liqueurs peuvent y pénétrer & la nourrir; ou pour nous servir du terme de l'art, la développer & lui donner toutes les conditions nécessaires pour les fins ausquelles il a été destiné?

L'incredule ne sçauroit ignorer, qu'une infinité de Sçavans, ont ouvertement reconnu dans leurs écrits, la Toute-puissance du Créateur, en examinant ses ouvrages, & sur-tout la production

Bb

des hommes, des animaux, & des plantes, dont le principe paroît si peu de chose & si méprisable. Il faut donc avouer de deux choses l'une ; ou que cela est une démonstration incontestable de l'existence d'un Dieu, ou bien que tous ces grands hommes ignorent entierement en quoi consiste la force de cette preuve, & qu'on les doit regarder par conséquent comme de véritables visionnaires, pour ne pas dire des fols. Il faut que l'Athée dise cela des plus fameux Sçavans du siécle passé, ou il faut qu'il abandonne ses principes. Pour qui passera-t-il donc parmi toutes les personnes raisonnables ? Qu'il y fasse bien réfléxion.

Réponse aux difficultez.   Qu'un germe, qui d'abord n'est peut-être pas plus gros qu'un grain de sable, ou encore plus petit, se puisse développer & parvenir à la grandeur de six pieds de long, qui est celle du corps humain, c'est une chose qu'un Mathématicien peut facilement démontrer; & qu'un Athée, s'il entend quelque chose dans les Mathématiques, est obligé d'avouer. Mais comme il y a des esprits qui ne conçoivent pas aisément ce développement prodigieux d'un germe si petit, & qu'ils pourroient ainsi le prendre pour une chose impossible, il ne sera pas inutile de répondre à cette difficulté, en faisant voir la possibilité de la chose.

Il faut donc supposer, 1°. que Dieu peut diviser une quantité déterminée de matiere ; par exemple, un petit grain de sable, ou quelqu'autre corps plus petit, en tant de parties, qu'un homme ne sçauroit les exprimer par un nombre défini. Personne ne peut nier ceci; un Athée même doit avouer, que cette division ne renferme aucune contradiction ou impossibilité à l'égard de ce petit grain de sable.

2°. Qu'un pied étant divisé en six parties, chacune de ces parties peut contenir 100 grains de sable, qui est une chose qu'on admettra facilement avec nous.

3°. Qu'on peut supposer, que le corps d'un homme qui a six pieds de haut, contient six pieds cubiques ; ce qui sera assez juste, en y comprenant les cavitez.

4°. Puisque cent grains font la dixiéme partie d'un pied, & que dix pouces font un pied, mille grains feront un pied ; ainsi en supposant, pour éviter l'embarras, que les grains de sable soient autant de petits cubes, 1,000,000,000, ou pour exprimer ce nombre d'une maniere plus courte, & l'unité avec

LIVRE I. CHAPITRE XV.

neuf chiffres, 10^9 de fable font un pied cubique, qui multiplié par fix, fait monter le nombre entier du fable qui peut être contenu dans un corps humain de fix pieds de haut, à 6,000,000,000, ou 60^9; d'où il s'enfuit, que fi un germe qui n'eft pas plus gros qu'un petit grain de fable, étoit divifé en 6,000,400,000, de parties, on pourroit placer un particule de fable dans chaque endroit de ce corps.

5°. On fçait à préfent par la XXVI obfervation, §. 16. de M. Leuwenhoek, que $\frac{1}{1000}$ de la longueur d'un grain de fable, eft tout ce qu'on peut diftinguer avec un microfcope (nous ne voulons prendre aucune quantité qu'on puiffe foupçonner n'être pas vifible d'une maniere diftincte;) prenons donc $\frac{1}{1000}$ de cette longueur; auffi $\frac{1}{1000}$ de la longueur d'un grain de fable ne fçauroit être vûe avec le microfcope, du moins diftinctement. Comme il entre 10^{18} de ces particules dans la compofition d'un grain de fable, il y aura 60^{27} petits efpaces cubiques dans un corps humain de fix pieds de haut; mais il fera impoffible de les diftinguer, à caufe de leur petiteffe, même avec le fecours des meilleurs microfcopes.

A préfent, fi nous fuppofons, que dans chacun de ces petits efpaces il y a un million de parties dans un grain de fable, il entrera alors dans la compofition de ce corps 60^{33} de ces particules de fable.

6°. Si le germe d'un homme, que nous avons fuppofé de la groffeur d'un grain de fable, étoit divifé en 60^{33} parties; ces parties, qu'on n'a pû encore diftinguer à caufe de leur petiteffe avec les meilleurs microfcopes, pourroient être difpofées de maniere, que chaque petit efpace du corps humain de fix pieds de haut, pourra contenir un million de ces particules de fable : & comme les inteftins, qui font entre les particules du germe, font encore beaucoup plus petits que ces petits efpaces, ils feront encore moins vifibles avec les microfcopes, & prefque invifibles par conféquent à l'œil tout feul; & il eft au moins certain, qu'on ne fçauroit les diftinguer en aucune maniere.

7°. On voit par-là qu'un petit germe, qui peut fe développer & former un corps humain de fix pieds de haut, peut n'avoir contenu en tout que la groffeur d'un grain de fable de matiere ; de maniere pourtant qu'il n'y avoit pas le moindre petit efpace qui ne contînt plus d'un million de particules dans ce petit germe : il reste encore entre ces parties tant d'interstices ou d'espaces, que ce corps, qui à cause de sa legereté ne pésoit presque rien, peut tellement se remplir de particules qui se glissent & placent dans ces interstices, au tour des particules du germe, qu'à la fin il parvient au poids & au volume du corps ordinaire d'un homme.

8°. Et si quelqu'un est surpris de la division d'un grain de sable en tant de petites parties, il trouvera dans l'*Introduction* du Professeur Keil, p. 55. quelque chose qui lui paroîtra beaucoup plus surprenant, dont on démontre pourtant la possibilité : il sçait comment un grain de sable pourroit non seulement former un corps de six pieds de haut, mais même remplir & obscurcir cet espace immense, dont la circonference est terminée par les Etoiles; ou si vous voulez un espace beaucoup plus grand, sans qu'il fût permis, pas même à un rayon quelque petit qu'il fût, de passer entre les parties de ce grain de sable. Imaginez-vous donc combien cela surpasse tout ce que nous avons supposé du corps humain.

9°. Pour prouver la chose par l'expérience, nous ferons voir en parlant de la lumiere, qu'une particule de suif de chandelle, de la grosseur d'un grain de sable, se trouve actuellement divisée en beaucoup plus de parties que le germe que nous avons supposé divisé en 60^{31} parties.

Pour démontrer ceci en peu de mots, vous trouverez dans le chapitre de la Lumiere, qu'un pouce cubique d'une chandelle de suif renvoie ou laisse échaper 269617040^{40} particules de lumiere. Or selon la proposition 4°. ci dessus, il y a 1000,000 grains de sable dans un pouce cubique, il sort par conséquent d'une particule de suif de la grosseur d'un grain de sable, 269617040^{34} particules de lumiere.

Par le nombre 6°. on a supposé que le germe qui étoit aussi de la grosseur d'un grain de sable, étoit divisé en 60 parties.

Il paroît par ce nombre de particules, qui sont contenues d'une particule de matiere de la grosseur d'un grain de sable, qui se trouve divisé en 269617040^{34} parties, qu'il y en aura 44936173 avec une petite fraction : d'où il s'ensuit, que chaque particule du germe, quelque petite qu'elle puisse être, peut être divisée en 44 ou près de 45 millions de parties, avant qu'elle parvienne à la petitesse d'une particule

LIVRE I. CHAPITRE XV. 197

de lumiere, qui sort sans interruption d'une chandelle allumée.

Nous ferons voir ailleurs que ces particules, quoiqu'extrêmement petites, ne sont pas inutiles, à cause de leur petitesse; mais qu'elles sont d'un grand usage dans l'Univers; le feu qu'on trouve par tout dans le monde visible, & dont le Gouverneur de l'Univers fait de si grands usages, en est une preuve évidente.

Il est donc assez clair, à mon avis, que dans le développement du germe, nous ne supposons pas ses particules si petites que celles de la lumiere, par exemple, celle du grain de sable, qui selon le calcul de M. Keil, rempliroit par sa division l'orbe de Saturne. Pour se former une idée de cette merveille qui surprend les esprits qui ne sont pas mathématiciens, on n'a qu'à faire réflexion à la fumée; il ne faut que peu de matiere pour former un nuage épais. Si toutes les parties de ce nuage étoient liées & qu'il s'insinuât une autre matiere dans les interstices, il est certain que d'un petit corps, il s'en formeroit un fort étendu.

Nous ne prétendons pas déterminer ici la maniere dont Dieu se sert pour faire le développement du germe, il faut laisser cela à sa sagesse infinie, dont les voies, sur-tout ici, sont impénétrables; & nous n'avons eû d'autre vûe dans ce que nous avons dit sur ce sujet, que de convaincre les Athées, de leur faire reconnoître qu'il y a un Etre qui les a formez, & d'exposer les choses dans un plus grand jour aux yeux des Chrétiens, qui ne sont pas bien accoûtumez à supputer ces matieres à la maniere des Mathématiciens, & qui par conséquent pourroient trouver quelques difficultez dans le développement du germe.

Il faut que l'incrédule renonce à sa raison, s'il ne reconnoît pas dans la structure du corps humain une Puissance infinie; les ressorts d'une montre ne peuvent partir que d'une main intelligente; mais peut-on les comparer avec la machine animale ? Non seulement l'art qui brille dans ses ressorts nous présente par tout l'Etre qui l'a formée; mais le nombre des enfans qui naissent, nous donne une démonstration qui exclut tout hazard; elle appartient au Docteur Arbuthnot, fameux Mathématicien, membre de la Societé Royale de Londres, & Médecin ordinaire de la feuë Reine d'Angleterre.

L'EXISTENCE DE DIEU.
TABLE
Des Enfans Mâles & Femelles, qui ont été baptisez à Londres pendant 82 ans.

Années.	Mâles.	Femelles.	Années.	Mâles.	Femelles.
1629	5218	4683	1670	6278	5719
30	4858	4457	71	6449	6061
31	4422	4102	72	6443	
32	4994	4590	73	6073	6120
33	6158	4839	74	6113	5821
34	5035	4820	75	6058	5738
35	5016	4928	76	6552	5717
36	4917	4605	77	6423	5647
37	4703	4457	78	6568	6203
38	5359	4952	79	6147	6033
39	5366	4784	80	6548	6041
40	5518	5332	81	6022	6299
41	5470	5200	82	6909	6533
42	5462	4910	83	7577	6744
43	4793	4617	84	7575	7158
44	4107	3997	85	7484	7127
45	4047	3919	86	7575	7246
46	3768	3995	87	7737	7119
47	3796	3536	88	7487	7101
48	3363	3181	89	7604	7167
49	3079	2746	90	7909	7302
50	2890	2712	91	7662	7392
51	3231	2840	92	7602	7316
52	3220	2908	93	7676	7483
53	3196	2959	94	6985	6647
54	3441	3179	95	7263	6713
55	3655	3349	96	7632	7229
56	3668	3382	97	8062	7767
57	3396	3289	98	8426	7626
58	3157	3018	99	7911	7452
59	3209	2781	1700	7578	7061
60	3714	3247	1	8102	7514
61	4748	4107	2	8031	7656
62	5216	4803	3	7765	7683
63	5411	4881	4	6113	5738
64	6041	5681	5	8366	7779
6	5114	4858	6	7952	7417
6	4678	4319	7	8379	7687
67	5616	5322	8	8239	7623
68	6073	5560	9	7840	7380
69	6566	5829	10	7540	7288

LIVRE I. CHAPITRE XV.

Il faut obferver dans cette Table, 1°. que dans Londres, pendant 82 ans, le nombre des enfans mâles excéda chaque année celui des femelles.

2°. Que cette différence s'eft toûjours trouvée entre deux termes, peu éloignez l'un de l'autre.

3°. De forte que le nombre des enfans mâles a toûjours excedé la moitié des enfans de l'un & de l'autre fexe qui naiffoient dans une année.

4°. Et que quoique le nombre des enfans mâles ait excedé de beaucoup celui des femelles, il n'eft jamais arrivé que prefque tous les enfans fuffent mâles.

Réflexions fur cette Table.

Lorfqu'on confidere le grand nombre d'hommes que les guerres enlevent, qui périffent fur mer, & de cent autres manieres, fur-tout par la maniere irréguliere de vivre qui eft plus commune parmi les hommes que parmi les femmes en général; où fera l'homme affez fol pour ofer dire, que c'eft par un pur hazard, fans le fecours de la Providence, que le nombre des enfans mâles excede celui des femelles?

Et ce qui eft admirable, c'eft qu'il refte toûjours pour chaque femme un homme de fon âge, de fon païs, & afforti à fa condition; c'eft une chofe que l'expérience confirme tous les jours, à la fatisfaction de tous ceux qui font ufage de leur raifon.

Venons enfin à la principale preuve qu'on en peut porter contre les caufes accidentelles; comme les affaires du Docteur Arbuthnot ne lui permettent pas d'entrer dans le détail de toutes les particularitez de cette Table, & de former un calcul, qui felon la maniere ordinaire auroit demandé un travail de plufieurs mois, comme le fçavent très-bien ceux qui font verfez dans les calculs des jeux de hazard; il fuppofe donc, pour rendre la chofe plus facile;

Démonftration mathématique, qui prouve que le monde n'eft pas gouverné par le hazard.

1°. Que fi on jettoit dans l'air un nombre égal de piéces d'argent, le jeu feroit égal pour ceux qui parioient *croix* ou *pile*, felon la maniere ordinaire de parler; de même auffi dans un nombre égal d'enfans, il naîtroit tout autant d'enfans mâles que de femelles, fi c'étoit le pur hazard qui fût l'auteur de leur naiffance.

2°. Il fait voir, que fi une perfonne, que nous appellerons A, avoit mis le pari D, qu'en jettant mille piéces d'argent, il auroit autant de *croix* que de *piles*, la perfonne A n'auroit pas grand lieu d'efpérer de gagner la gageure D, & que la valeur de sa chance n'auroit pas égalé de beaucoup $\frac{1}{2}$ de D.

3°. Mais comme dans la supposition, que le nombre des enfans mâles & femelles est égal chaque année, la chance de A qui fait ce pari, diminue trop ; le Docteur Arbuthnot avance, qu'afin de faire bonne cette diminution, la chance de A (qu'on a supposé d'ailleurs être beaucoup moindre que la $\frac{1}{2}$ du pari D , chaque année ou chaque fois) est à présent réellement d'autant plus grande , & elle vaut précisément $\frac{1}{2}$ de D.

4°. Cela supposé, si une personne, dont la chance est $\frac{1}{2}$ de D, parioit que cela arriveroit 82 fois pour une ; ou plûtôt , que pendant 82 ans il naîtroit chaque année autant d'enfans femelles que de mâles, comme il avoit parié auparavant que cela arriveroit dans une seule, ceux qui entendent le calcul des jeux de hazard, sçavent parfaitement que cette chance seroit comme $\frac{1}{2}$ multiplie 82 fois par lui-même, & ensuite avec D ; ou qu'il y a un nombre de cette valeur contre un (comme cela est nécessaire lorsque le double du nombre 82 fois est multiplié par lui-même, & que l'unité est ôtée) , que la même chose n'arriveroit pas par hazard de cette maniere 82 fois tout ensemble ; ce qui fait par conséquent un nombre de 25 figures qui se suivent mutuellement, dont les cinq premieres sont 48357, comme il est facile de le prouver par les Logarithmes. Ceux qui voudront en avoir une connoissance plus exacte, peuvent en faire la supputation par les Logarithmes ; ou bien multiplier le double du nombre de 82 fois par lui-même, & ôter & souftraire l'unité.

Or, s'il y a tant contre un, que cela n'arriveroit pas à Londres durant 82 ans tout ensemble ; que les personnes versées dans les calculs considerent combien il y a à parier contre un, que la même chose n'arrive pas dans tout le monde , & si souvent dans 82 de suite ; & qu'on juge après cela, si on peut croire que le hazard a ici aucune part ; car on peut , avec beaucoup d'apparence, soûtenir que cela est en effet arrivé durant plusieurs siécles , & dans tous les endroits du monde, parce qu'en tout tems & par tout , les hommes sont plus exposez aux dangers que les femmes ; & cependant dans tous les païs on trouve assez d'hommes pour les femmes , & assez de femmes pour les hommes, de même âge & de même condition.

Réponse aux difficultez. Les observations que le Docteur Arbuthnot a faites sur ce qui est arrivé, selon cette Table , fournissent une preuve si forte

LIVRE I. CHAPITRE XV.

forte du gouvernement du monde, qu'elle devroit donner une entiere satisfaction à tous ceux qui entendent les calculs. Mais il y a des Athées, qui afin d'éluder la force de cet argument, pourroient opposer l'objection suivante ; sçavoir que le sieur Arbuthnot, pour éviter l'embarras, suppose la chance de celui qui fait un pari ; qu'il arriveroit une pareille chose dans une année d'être $\frac{1}{2}$ D, ce qui ne s'accorde pas à la lettre avec la Table : mais voici l'unique erreur dans laquelle on peut tomber ici ; C'est que le Docteur accorde trop à ceux qui assurent qu'il y a du hazard dans ces choses, en supposant que les paris sont $\frac{1}{2}$ D, & qu'ainsi le nombre, qui selon son hypotèse est opposé à un, est beaucoup plus petit qu'il ne le seroit selon les mêmes principes, si la supputation étoit plus exacte, supposé qu'il eût accordé un tems nécessaire pour la faire. Ceci est évident pour tous ceux qui entendent ce calcul ; puisqu'en accordant à son adversaire la moitié des chances il gagnera, s'il y a plus de croix que de piles, ou plus de mâles que de femelles, sans qu'il y ait rien de l'unité lorsque le nombre des piéces d'argent ou des enfans est inégal ; & dans un nombre égal d'enfans ou de piéces d'argent, l'adversaire auroit de surplus pour lui, la moitié de toutes les chances que donneroit un nombre égal de croix & de piles, ou de mâles & de femelles ; au lieu que, selon la Table, à raison des bornes entre lesquelles le surplus des enfans mâles se trouve, il y auroit un grand nombre de chances dans lesquelles il y a plus de mâles que de femelles qui leur feroient perdre ; de même que toutes les chances que produiroit le nombre égal des uns & des autres : ce qui n'a pas besoin d'être démontré pour ceux mêmes qui ne font que commencer d'apprendre ces calculs. Je me suis crû obligé de joindre ceci, afin d'éclaircir ce calcul, qui est véritablement assez fort ; mais il n'étoit pas fait de maniere à prévenir toutes les objections des Incrédules qui pourroient s'en moquer.

Ce que nous venons de dire est vrai ; sçavoir que le sieur Arbuthnot, pour éviter l'embarras & abreger le tems que ce calcul auroit demandé, a accordé à ses adversaires beaucoup plus qu'il n'étoit nécessaire : Pour s'en convaincre, il suffit de voir le calcul que M. Sgravesande fameux Mathématicien à Leyden en a fait ; il a suivi une méthode qui abrege extremement la méthode qu'on est obligé de suivre nécessairement dans cette ma-

L'EXISTENCE DE DIEU.

tiere, & dans laquelle on emploie beaucoup, de tems, & on se donne beaucoup de peine.

Seconde démonstration.

Mr Sgravesande aiant résolu de ne se borner à aucune hypothèse particuliere, & de s'attacher plus exactement aux nombres de la Table, pour trouver celui qui est opposé à un, ou combien il y a à gager contre un, que ce qui est arrivé dans Londres pendant 82 ans, ne seroit pas arrivé si cela avoit un pur effet du hazard, met dans une somme tous les enfans nez durant ces 82 ans, & il trouve que la 82e partie de ce nombre monte à 11429; ce nombre est par conséquent le nombre moyen, qui supposé qu'il en naquît autant chaque année, produiroit derechef dans 82 ans le même nombre d'enfans que le total de la Table contient.

Aiant observé outre cela dans la Table, que dans l'année 1703. la difference du nombre des mâles & des femelles est la plus petite de toutes, & que dans la même année il ne vint au monde que 15448 en tout, parmi lesquels il y eut 7765 mâles, & 1683 femelles; il suppose que le nombre moyen est de 11429, & selon cette supputation il suppose qu'il y a 5745 mâles & 5684 femelles.

Il observe aussi que la plus grande difference du nombre des mâles & des femelles se rencontra en 1661; & si on fait le calcul selon le nombre moyen 11429, les mâles de cette année monterent à 6128, & les femelles à 5301.

Voici ce qu'on peut proposer ici en premier lieu: A parie avec B, que si on jette 11429 écus dans l'air, on n'aura pas moins de 5745 croix, ni plus de 6128 piles; ou bien que parmi 11429 enfans qui naîtront chaque année selon ce nombre moïen, il n'y aura pas moins de 5745 mâles, ni plus de 6128 femelles.

Il s'agit donc de la valeur de la chance de A, ou plûtôt de savoir combien il y a à parier contre un, que ce que A a gagé n'arrivera pas si tout dépend du hazard?

On fait ce calcul selon la maniere ordinaire.

Pour répondre à cette question, il faut supposer que C est la croix, & P la pile, ou bien les mâles & les femelles; alors si on entend le calcul moderne des jeux de hazard, on sçaura:

1°. Que le binome CP, ou MF, doit monter à la puissance dont l'exposant est 11429, ou bien la somme de 11429 doit être multipliée par elle-même.

2°. Que tous les coefficiens des termes pris ensemble, ou la puissance de deux nombres dont 11429 est l'exposant, produit la quantité de toutes les chances qui peuvent arriver au sujet de 11429 écus: nous l'appellerons p † q.

LIVRE I. CHAPITRE XV.

3°. Que tous les coefficiens, tant des deux termes dans lesquels nous trouvons $k^{6128} m^{5201}$, & $k^{5745} m^{1684}$, que de tous les termes qui sont ces deux-ci étant ajoûtez ensemble, font le nombre de toutes les chances qui feront gagner A; nous l'appellerons p.

4°. Que toutes les autres chances possibles, excepté celles qui font gagner A, sont à l'avantage de B, & nous les appellerons q.

5°. Ainsi la chance du pari de la personne A, qui prétend que cela arrivera ainsi contre celui de B qui a parié le contraire, (supposant que tout n'est que hazard) est comme $p^{82}\overline{ap \mp q^{82} - p^{82}}$, ou pour se servir de l'unité, de la maniere qu'elle est exprimée dans la question précédente, comme 1 à $\overline{p \mp q}^{82} - 1$, c'est-à-dire, comme un à un nombre qu'on trouve en divisant la quantité de toutes les chances possibles $p \mp q$ par p, ou par la quantité de toutes celles qui font gagner A, en ôtant l'unité du quotient multiplié 82 fois par lui-même.

Moien pour abréger ce calcul.

Ceux qui sont versez dans le calcul des chances des jeux de hazard, sçavent parfaitement bien tout ceci; cependant il est très-certain, que quelque courte & aisée que paroisse la solution de cette question par l'Algebre, le plus habile Arithméticien considérant la grandeur des nombres qu'il faut trouver, auroit besoin de quelques mois pour le faire, s'il vouloit l'exprimer par des nombres, & faire voir aussi qu'il n'y a aucune erreur dans le calcul: c'est ce qui a obligé M. Sgravesande, qui est très-versé, comme tout le monde sçait dans les Mathématiques, d'abreger beaucoup cette matiere, & de retrancher la plus grande partie de cet ouvrage si ennuieux quand on suit la méthode ordinaire; il fait voir démonstrativement, & avec beaucoup moins de peine, que la raison de la chance de A est à celle de B qu'on a trouvé plus haut, comme 1 à $\overline{\frac{p+q^{82}}{pR^2}} - 1$ (ce qui est très-éxact; on y a même compris plusieurs fractions très-petites qui tendent à l'avantage de A, & qu'on auroit négligé sans cela, on ôte par-là toute contradiction): il a, dis-je, démontré que cette *raison* peut être exprimée par la *raison* de l'unité à un nombre, qu'on trouve en multipliant $\frac{1,1568000}{3849250}$ 82 fois l'un par l'autre, & en ôtant l'unité; de sorte qu'avec très-peu de peine, & avec le secours des Logarithmes, nous pouvons voir qu'il y a une chance de 44 figures (dont les cinq premieres sont 75598) contre une; que ce qui est arrivé à Londres durant 82 ans, ne seroit pas arrivé, si le hazard seul en avoit eû la direction.

C c ij

M. Sgravesande, qui a calculé la même chose par les Tables des Logarithmes, trouve que c'est 75,598,215,229,552,469, 135,802,469,135,802,469,469,135,802,469, contre un.

Qu'un homme se représente à présent la grandeur de ce nombre, & qu'il juge après cela si c'est la Providence ou le hazard qui a part dans ceci; sur-tout, qu'il considere de combien le nombre seroit plus grand, si la même chose arrive, non-seulement à Londres, mais même dans toute la terre; ce qui paroît très-probable pour les raisons que nous avons déja alléguées.

Ce qui est de certain, c'est que cette somme étant plus grande que le nombre de tous les grains de sable qui pourroient être contenus dans plusieurs globes semblables à celui de la terre; celui qui croit que ce qui est arrivé à Londres, s'est rencontré par un pur hazard, doit aussi soûtenir qu'il est aussi probable qu'une personne privée de la vûe & du toucher dans un amas immense de sable, en choisiroit un grain dès le premier instant qu'elle y mettroit sa main.

Avant de quitter ce sujet, comme parmi ces Philosophes qui attribuent tout au pur hazard, il s'en trouve qui n'étendent pas leurs spéculations jusqu'à l'Arithmétique, & pour lesquels les expressions communes de Billions, Trillions & semblables, sont des noms inintelligibles, incapables par conséquent de faire aucune impression sur eux; il ne sera peut-être pas inutile de leur donner une idée plus convaincante du nombre que n'a fait M. Sgravesande, & de l'expliquer pour cet effet en des termes entendus de tout le monde.

Voici ce qui donnera une idée plus claire du nombre de M. Sgravesande; l'on sçait que lorsque le nombre de 54 figures est divisé par l'unité avec 39 chiffres (§. XIX) on aura un dividende de 75598, & outre cela une fraction. Il s'ensuit de-là, que si nous multiplions le nombre de cent mille fois cent mille millions premierement avec cent mille fois cent millions, il faut que nous prenions dix millions de ce nombre prodigieux, soixante-quinze mille cinq cens vingt-huit fois, avant que nous puissions parvenir au nombre de chances contre une; lequel prouve que ce qui est arrivé à Londres durant 82 ans ne seroit pas arrivé de la sorte, si la naissance des mâles & des femelles n'étoit qu'une suite du hazard.

Fin de la Premiere Partie.

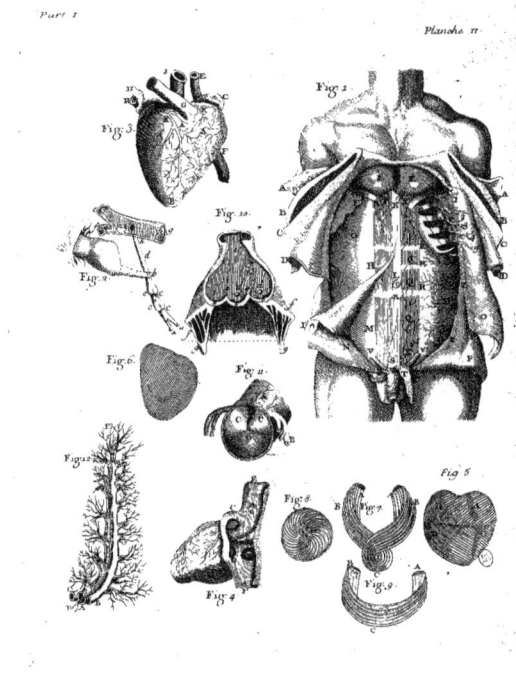

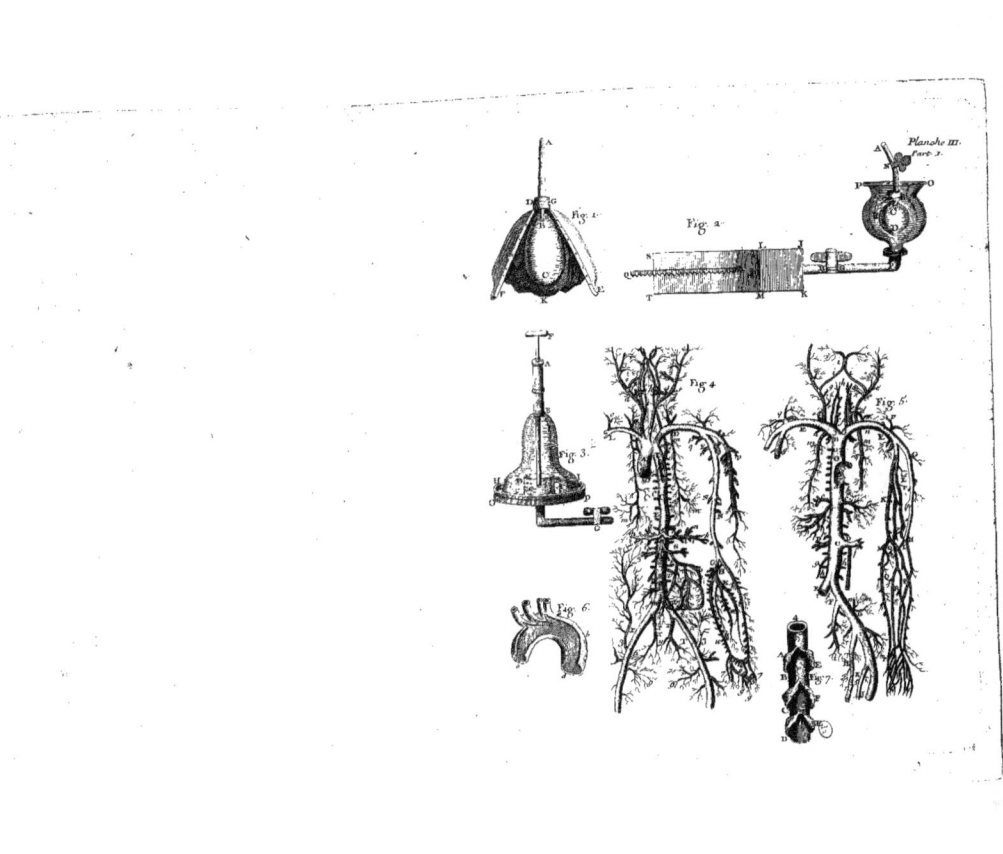

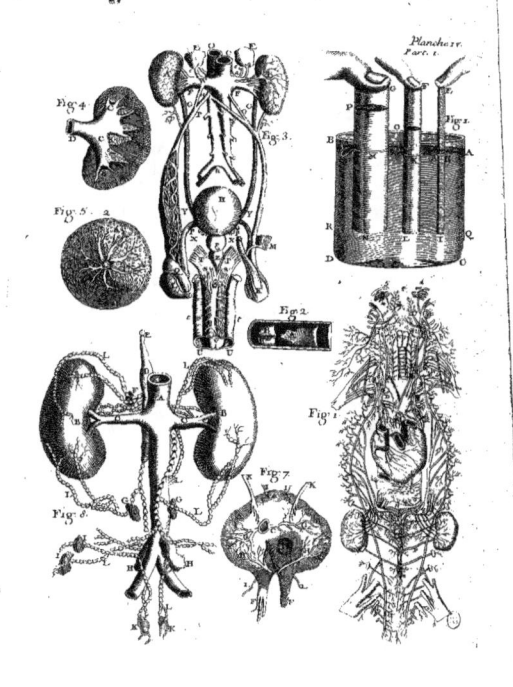

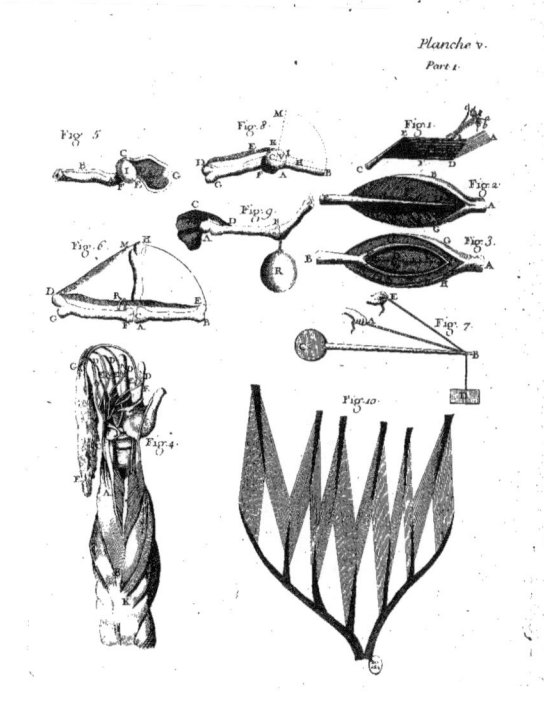

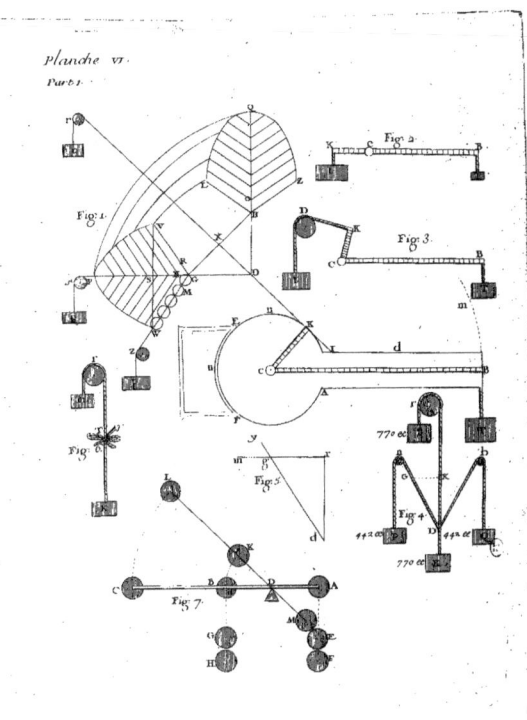

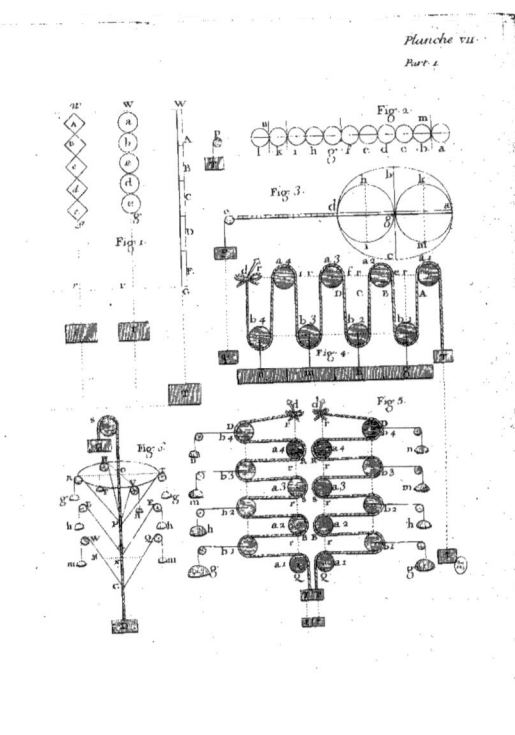

Planche VII.
Part. I.

Fig. 1. Fig. 2.

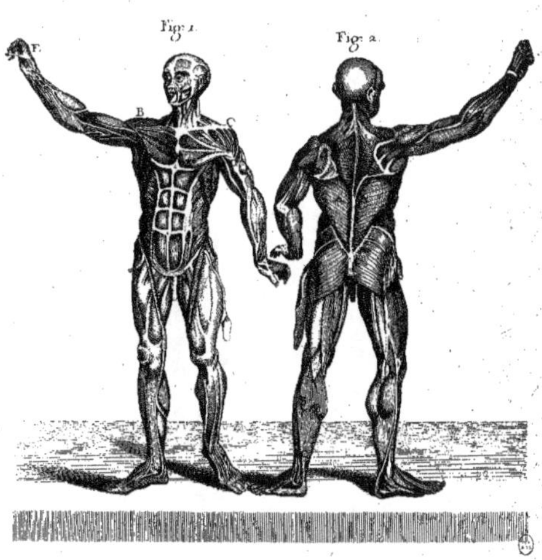

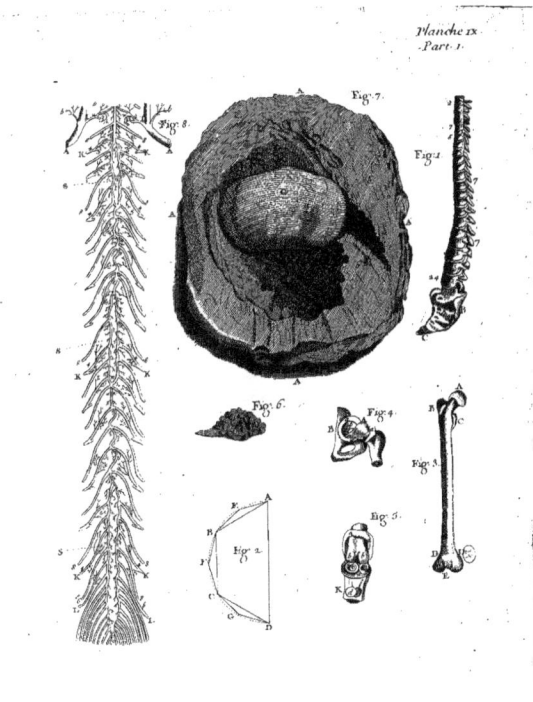

Planche x.
Part 1.

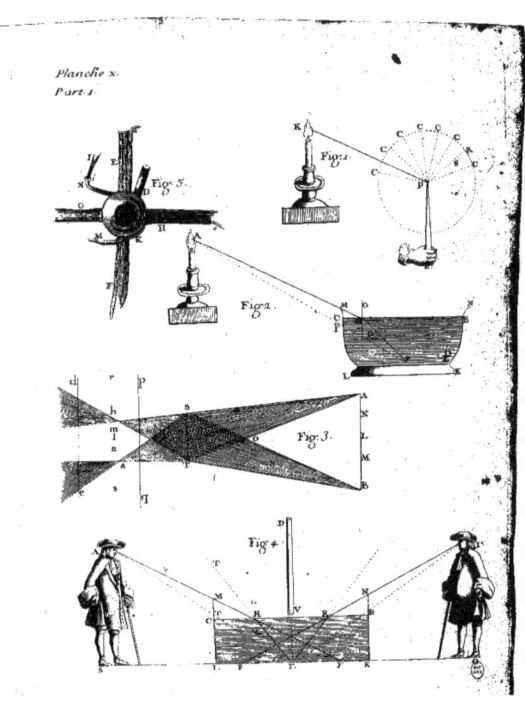

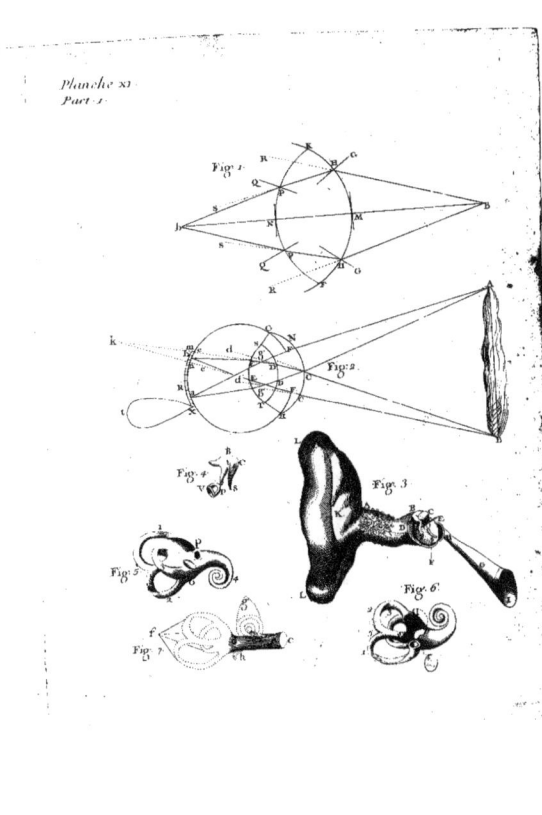

Planche XI.
Part 1.

Planche XV.
Part. 1.

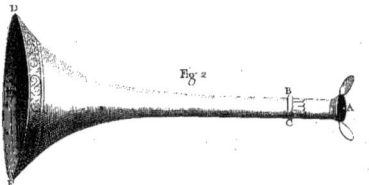
Fig. 2.

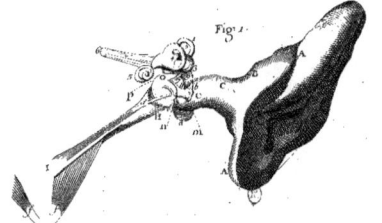
Fig. 1.

L'EXISTENCE DE DIEU,

DÉMONTRÉE

PAR LES MERVEILLES DE LA NATURE

SECONDE PARTIE.

Des Elemens, & de leurs divers effets.

CHAPITRE PREMIER.

De l'Air.

OUS avons développé la structure admirable de nos corps; nous avons rendu sensible par tout la puissance & la sagesse de l'Etre suprême qui nous a formez, & qui soûtient sans cesse par sa bonté la fragilité de nos corps : Portons à présent nos yeux sur le vaste spectacle de l'Univers; pénétrons dant cet assemblage de corps & de mouvemens qui a

lassé les esprits les plus infatigables, & qui fournira aux recherches de tous les siécles de nouveaux secrets qui sont cachez à nos yeux.

Afin d'éviter la confusion en examinant cette foule d'objets qui se présente à nos yeux, nous commencerons à parler de ceux qui sont absolument utiles & nécessaires pour l'entretien & le bonheur des hommes ; nous donnerons le premier rang à l'air, qui est pour ainsi dire, l'ame de toutes choses : nous parlerons d'abord de quelques-unes de ses proprietez, & ensuite des avantages que les hommes, les bêtes, les plantes & les autres êtres en reçoivent : nous allons faire voir tout cela en peu de mots.

La pésanteur & les ressorts de l'air. Les soins heureux des Philosophes du dernier siécle nous ont donné sur la nature de l'air, deux découvertes remarquables, qui étoient entierement cachées à tous les Anciens ; sçavoir sa *pésanteur* & son *ressort*.

On a cru durant plusieurs siécles que l'air étoit un corps si leger, qu'il ne pourroit jamais descendre comme les autres corps; l'invention des barométres donna pour la premiere fois occasion de penser que l'air pouvoit aussi être un corps pesant. Le mercure demeure suspendu dans les barométres ; c'est cette supposition qui prouve principalement la pesanteur de l'air, qu'on ne doit attribuer en premier lieu qu'à la vertu élastique, & ensuite à la gravité de l'air, qui met en action la premiere de ces proprietez, comme cela va paroître par ce qui suit.

Pour prouver donc directement la pésanteur de l'air, voici une méthode de le faire, qui semble fournir la preuve la plus forte ou du moins la plus claire & la plus simple qu'on en puisse souhaiter. Prenez une bouteille de verre remplie d'air, & pésez-la dans une balance qui soit exacte ; ensuite pompez-en l'air le mieux que vous pourrez, & pésez de nouveau la même bouteille, vous trouverez que son poids diminuera à proportion que l'air en sera pompé. Les bouteilles qu'on vend communément avec les grandes machines pneumatiques sont très-propres par leur figure pour faire cette expérience.

Je trouve dans mes Remarques, qu'une bouteille avoit perdu, avec l'air qu'elle contenoit, soixante-deux grains de sa pésanteur ; ce qui est plus que suffisant pour nous convaincre de la gravité de l'air. Selon que les bouteilles dont on se sert, seront plus ou moins grandes, cette différence paroîtra aussi plus ou moins sensible.

LIVRE II. CHAPITRE I.

La seconde propriété dont nous devons la connoissance aux découvertes de ces derniers tems, est la *vertu élastique* ou le *ressort* de l'air, par le moyen duquel ses parties tâchent continuellement de s'étendre, de même que les ressorts d'ozier qu'on ploie avec force, & qui en se rétablissant, tâchent d'occuper un plus grand espace, en poussant de tous côtez tout ce qui leur résiste.

Expérience sur l'élasticité de l'air.

Le fameux M. Boyle, & d'autres Philosophes, ont fait beaucoup d'expériences pour prouver cette proprieté de l'air. Communément on se sert pour la démontrer d'une petite vessie E (planche XIII. fig. 1.) qui par l'air dont on la remplit en soufflant, acquiert une certaine grosseur, par exemple, comme celle d'un gros œuf d'oye; il en faut faire sortir tout l'air, & n'en laisser qu'une très-petite quantité au fond, de sorte qu'elle soit affaissée, ou que ses parois puissent se toucher; ensuite liez-en exactement l'ouverture avec une ficelle, avec laquelle vous l'attacherez au petit crochet D dans la cloche de verre A B C, semblable au récipient de la machine pneumatique; après cela pompez l'air de cette cloche dans l'endroit F, cela fera que le peu d'air qui étoit resté dans la vessie E ne se trouvera plus pressé par l'air qui est dans F autour de la vessie, & qui en comprimant celui de la vessie E, empêchoit qu'elle ne se gonflât : alors la force élastique de ses parties ne trouvant point de résistance, se manifeste dans le moment même en dilatant la vessie précisément, de même que si avec beaucoup de force on y insinuoit l'air par le moyen d'un tuiau.......

Pour prouver plus amplement la force élastique de l'air, on peut se servir de plusieurs autres expériences, que nous rapporterons dans leur lieu.

L'action ou l'effet que l'air produit sur les autres corps, par le moyen de sa gravité, jointe à la force élastique de ses parties, est ce que les Modernes appellent *pression* de l'air; sa force prodigieuse paroît incroiable à beaucoup de personnes.

La pression de l'air.

Il semble d'abord que cette pression n'offre rien de fort merveilleux, elle ne produit qu'un repos ou un mouvement fort lent autour de nous.

Lorsqu'on suppose quelque chose sans mouvement, il semble qu'il ne faut pas beaucoup de sagesse ni de puissance pour la conserver dans l'état où elle est, à cause qu'on sçait qu'un mouvement lent & languissant n'a pas besoin d'une puissance

Erreur des incrédules.

qui le dirige, pour l'empêcher de causer ses désordres comme un mouvement accompagné d'une plus grande vitesse & d'une plus grande force. Si on accorde cette derniere proposition, la premiere devient très probable, au moins dans l'esprit des ignorans : car beaucoup de personnes étant, par exemple, assises dans une chambre ne sentent aucun effet des forces qui agissent extérieurement sur elles ; les vitres qu'on sçait être si fragiles, restent dans le même état ; la tapisserie ou tenture de la chambre est immobile ; pas un cheveu de leurs têtes ne branle ; en un mot, tout leur semble, avec assez d'évidence, être dans un parfait repos. Qu'ils sortent pour s'aller promener, à moins que le vent ou une tempête ne mette l'air en mouvement, ils ne trouvent aucun mouvement violent, mais tout leur paroît tranquille & calme ; de-là ils concluent, que dans ce temps-là ils sont assez en sûreté, & qu'ils n'ont pas besoin d'un pouvoir supérieur à celui qu'ils ont, pour leur défense ou pour leur conservation.

Cette erreur rend souvent les Athées fort tranquilles pour un tems, & les porte à se flater qu'ils n'ont rien à appréhender autour d'eux. Mais pour leur donner des pensées toutes différentes, & leur faire concevoir une idée des choses telles qu'elles sont réellement, qu'ils viennent & qu'ils contemplent avec nous, ces grandes & terribles puissances, qui dans le moment même qu'ils se croient dans le calme & dans la tranquillité la plus sûre, sont dans un mouvement continuel autour d'eux, & qui si elles n'étoient retenues d'une maniere miraculeuse par un équilibre ou ballance, qui les empêche de nous faire aucun mal, & les rend par conséquent insensibles à nos sens, nous écraseroient & nous réduiroient en poussiere dans un instant.

Description du barométre. Pour faire voir que ce phenomène n'est pas plus merveilleux que véritable, prenez un tuiau de verre A O (planch. XIII. fig. 2.) d'environ trois pieds de longueur, & de la grosseur d'une plume d'oye, fermé à l'endroit A, & ouvert dans l'endroit O, remplissez-le de mercure ; ensuite bouchant l'orifice O avec votre doigt, renversez-le, & plongez cet orifice dans un autre vaisseau où il y ait du mercure, semblable à celui que nous avons représenté par les lettres B O D, ensuite en retirant votre doigt, le mercure qui est dans la Table aura la liberté de descendre, & il y en aura une partie qui s'écoulera dans celui qui est dans le vase. Ceux qui se sont donné la peine de faire

quelque

LIVRE II. CHAPITRE I.

quelque recherche dans la Philosophie moderne sçavent, que le mercure du tuiau s'arrêtera aux environs de F, à la hauteur F I de 28, 29, 30, ou 31 pouces au-dessus de la plus haute surface B D du mercure qui est dans le vase : que cela arrive, parce que l'air presse sur la surface B D, qui est hors du tuiau, avec la même force que le vif argent renfermé dans le même tuiau presse sur la partie C I, qui est directement sous le tuiau; c'est une chose qui va paroître évidente par les raisons suivantes.

I. Parce que dans le tems que la pression de l'air sur le mercure B D, qui est hors du tuiau, est plus ou moins grande, celui qui est dans le tuiau monte ou descend, comme cela est évident dans tous les barométres qui sont faits de cette façon.

II. On peut encore inferer ceci, de ce que, supposé que nous versions de l'eau de lessive, ou de quelqu'autre liqueur pesante à la hauteur de W K sur le mercure, & qu'ainsi nous augmentions la pression en ajoûtant ce nouveau poids, le mercure montera à proportion dans l'endroit F, & il baissera de nouveau si nous en retirons l'eau avec un tuiau ou un siphon, parce que par là nous diminuons la pression sur B D.

III. Voici encore un fait qui rend la chose évidente : si nous couvrons le tout avec un long récipient de verre H G L, placé sur la machine pneumatique ; & si nous pompons l'air qui est dans P ou dans le récipient, la pression de cet air sur le mercure B D cessera ; car alors nous verrons que celui qui est dans le tuiau entre I & F, descendra jusqu'à C I, ou environ aussi bas que celui qui est dans le vase hors du tuiau, & qu'il montera de nouveau à la même hauteur F, lorsque nous permettrons à l'air de rentrer dans le récipient ; parce que cet air peut augmenter la pression sur la surface B D.

Il est évident par là, que lorsque le mercure demeure ainsi tranquille dans le barométre, & dans le vase qui est exposé à l'air, chaque particule de la superficie horizontale du mercure Y X (qu'on peut supposer passer à travers par dessous l'orifice du tuiau O M) souffre le même degré de pression ; parce qu'autrement le mercure ne resteroit pas en repos, & les parties qui seroient les plus pressées descendroient, & celles les moins pressées seroient contraintes de monter ; ce qui est assez connu par les principes de l'hydrostatique. C'est pourquoi, si on suppose que la partie N Q est égale à O M, toutes les deux se trouveront également pressées ; car les parties du mercure R N Q S &

D d

COMI, étant à la même hauteur, doivent aussi être de même poids; & puisqu'elles sont en repos, elles doivent recevoir la même pression perpendiculaire. La partie RS qui est exposée à l'air, se trouvera aussi pressée par la colonne perpendiculaire d'air TRSV, que la partie CI, qui est dans le tuiau, par la colonne de mercure ZFCL. Et pour conclusion chaque partie de ce qui est comprimé par l'air, souffre une pression aussi grande que si c'étoit une colonne de mercure de 28, 29, ou 31 pouces qui le pressât, suivant la hauteur où il se trouve en ce tems-là dans le baromètre.

Selon nos expériences, aussi-bien que selon celles des autres, le mercure est environ quatorze fois aussi pesant qu'une semblable quantité d'eau; ainsi l'air presse les substances auxquelles il touche aussi fortement que quatorze fois vingt-huit pouces, ou (en réduisant ces pouces en pieds) trente-deux pieds d'eau, (à prendre la chose sur le pied le plus bas).

Un baromètre d'eau & de lessive, avec quelques expériences.

Il arrive souvent qu'on se trompe dans les recherches qu'on fait en Physique, en tirant de fausses conséquences; parce que lorsque nous croions avoir déduit par de bons raisonnemens un second phénomène d'une expérience qui n'aura été faite qu'une seule fois, nous ne trouvons pas toûjours que le fait s'accorde avec nos idées; puisque dans un second essai il peut intervenir d'autres causes auxquelles nous ne pensions pas en tirant nos conséquences, comme cela n'arrive que trop souvent à ceux qui s'appliquent à ces recherches. Pour éviter donc cette erreur, j'ai pris un tuiau d'étain de trente-six pieds de longueur; mais je trouvai quoiqu'il eût été fait avec une grande exactitude, qu'il n'étoit pas exactement fermé, cela m'obligea de faire faire un autre tuiau de verre, environ de la même longueur, pour en faire un baromètre d'eau. Je fis attacher ce tuiau à une piece de bois; ensuite je fis attacher le tout à l'aîle d'un moulin-à-vent, où je le laissai dans une situation perpendiculaire, aiant eû le soin de fermer en premier lieu son extrémité inférieure avec un bouchon de liége, & un morceau de vessie; après on le remplit entierement d'eau par l'extrémité supérieure, en la bouchant à chaque fois jusqu'à ce que l'air eût gagné le dessus de l'eau: quand il fut rempli, je le fis boucher de même exactement avec un bouchon de liége, & un morceau de vessie. Après quoi l'orifice inférieur du tuiau, qui étoit placé dans de l'eau étant ouvert, l'eau descendit dans le tuiau immédiatement, mais elle

LIVRE II. CHAPITRE I.

s'arrêta à la hauteur d'environ trente-trois pieds, de même que le mercure dans le baromètre, jusqu'à ce que l'orifice supérieur fût ouvert, & que par conséquent l'air extérieur vînt à presser; alors toute la masse de l'eau qui étoit dans le tuiau, baissa tout d'un coup, & tomba dans la cîterne. Cette expérience nous fait voir le rapport qu'il y a entre le fait & les conséquences que nous avons tirées ci-devant, touchant la gravité proportionnelle de l'eau & du mercure; sçavoir, que l'air presse sur tous les corps, avec la même force que feroit l'eau à trente trois pieds de hauteur au-dessus de ces corps.

Si quelqu'un avoit envie d'essaier la même expérience, mais qu'il n'eût pas l'occasion de trouver des verriers capables de faire un tuiau de trente-six pieds de longueur, on vend à Amsterdam des goulots de bouteilles cassées, ou de petites phioles dont se servent les Chymistes, à un sol la piéce, & dont il pourra se servir, comme nous avons fait. Après les avoir fait entrer l'un dans l'autre, on peut les souder avec l'emplâtre *de Minio*, mêlé avec de l'huile d'olives, & qu'on fera boüillir jusqu'à ce que tout ait acquis la consistance d'onguent; & l'aiant couvert d'un morceau de vessie mouillée, attachez-y tout autour un bout de ficelle: ceci fera un tuiau aussi bon pour le dessein auquel on le destine, que s'il étoit d'une seule piéce.

Il y a une autre chose, qu'il ne faut pas oublier ici, qui est, que dans le tems que l'eau descendoit il paroissoit un nombre infini de petites bulles qui montoient à travers l'eau; elles ne venoient pas de l'air extérieur, mais c'étoit celui qui étoit dans l'eau qui causoit cela: comme il y avoit un espace vuide au-dessus du tuiau par la descente de l'eau, le fluide n'étoit plus pressé; alors l'air qui étoit dans l'eau venant à se dilater, montoit justement de même que nous le voions monter de l'eau dans le récipient de la machine pneumatique, lorsque l'air qui la pressoit est pompé.

Ceux qui souhaitent avoir une satisfaction entière sur ce que nous disons ici, peuvent remplir le tuiau d'un baromètre (planche XIII. fig. 2.) A O M d'eau à la place du mercure, & le placer dans le vase de verre qui est aussi rempli d'eau jusqu'à B D; ensuite en pompant l'air du récipient H G L, ils verront descendre l'eau depuis A jusqu'à F, & plus bas; & en même tems un nombre infini de petites bulles d'air monteront dans l'eau pour les raisons rapportées ci-dessus; ces bulles sont réellement de l'air,

212   L'EXISTENCE DE DIEU.
non pas de l'eau ; cela paroît premierement, si on fait rentrer l'air de nouveau dans le récipient, à cause que cet air restant dans l'espace A F, empêchera que l'eau ne soit pressée par l'air P, & qu'elle ne monte plus haut que F dans le tuiau. Secondement, parce que si vous continuez de faire sortir l'air qui est dans le récipient à l'endroit P, l'air se dilatant dans A F, pressera l'eau beaucoup au-dessous de C I ou B D, où il se seroit arrêté de lui-même par son propre poids. Troisiémement, pour prouver plus amplement ce que nous venons de dire, vous pouvez voir en ôtant le récipient H G L, & en tenant un charbon de feu proche l'air dans A F, que l'eau étant rarefiée par la chaleur du charbon, sera pressée vers Z F ; & d'abord que l'air se rafraichira dans A F, elle remontera.

J'avois écrit ces particularitez parmi mes remarques, touchant cette expérience, pour prouver qu'il n'est pas possible de faire un barométre d'eau qui dure, quoique d'ailleurs il y eût beaucoup plus de grands avantages que dans ceux du mercure. Mais si au lieu d'eau on prenoit de la lessive (qui quoiqu'elle eût resté six années exposée à l'air, ne s'étoit imprégnées d'aucun air, du moins autant qu'il étoit possible de le découvrir avec le secours de la machine pneumatique) elle pourroit peut-être nous fournir un barométre utile, &, à mon opinion, meilleur même qu'un barométre d'eau dont on auroit ôté l'air par l'ébullition, parce que peu de tems après l'air se remêle avec l'eau.

J'espere que ceux même qui n'entendent pas les véritables proprietez du barométre, entreront dans ce que je dis, principalement après que ce que nous avons dit ci-dessus ; (sçavoir, que la force avec laquelle l'air presse sur tous les corps, est égale à celle d'une colonne d'eau d'environ trente-trois pieds de hauteur) a été démontré dans toutes ses circonstances, & qu'ainsi tous ceux qui se représentent la chose, peuvent considérer les forces terribles qui, bien qu'ils ne s'en apperçoivent pas, agissent continuellement sur eux, & autour d'eux.

La pression terrible de l'air sur un homme.   Pour faire voir la force incroiable avec laquelle l'air agit sur nos corps, supposons pour un moment, qu'un homme de six pieds de haut n'ait qu'un pied de largeur depuis la tête jusqu'au pied, en comptant les endroits où il est plus ou moins large ; de sorte que les surfaces de son corps, tant antérieures que postérieures, ont chacune six pieds, en y comprenant la rondeur des côtez, si la suputation paroissoit aller trop loin.

LIVRE II. CHAPITRE I.

A préfent, felon notre fuppofition, chaque pied en quarré foûtient autant de poids, que s'il étoit preffé par une colonne d'eau de trente pieds pour le moins ; nous mettons ici trente pieds au lieu de trente-trois, parce que la pefanteur de l'air varie en differens tems, & que le plus petit degré de fa pefanteur fervira de preuve fuffifante à notre hypothèfe.

Nous avons trouvé par des experiences qu'un pied cubique d'eau, péfe environ foixante-trois livres, quoique d'autres lui donnent un peu plus de pefanteur, ce qui peut provenir de plufieurs caufes ; comme de la différence des eaux, des faifons, & de l'air qui s'y mêle dans une quantité plus ou moins grande ; mais cela n'eft pas de conféquence, car la plus petite pefanteur fert ici d'une preuve très forte.

Aiant donc fuppofé cela, quoique la preffion de l'air fur notre corps, fi on excepte le deffus de la tête, foit plûtôt laterale que perpendiculaire, néanmoins ceux qui entendent l'hydroftatique fçavent fort bien, qu'à raifon de la pefanteur de l'air, & du peu d'étendue d'un pied, il y a peu de différence entre la preffion latérale & la perpendiculaire ; & un homme qui ne feroit pas mathématicien peut éprouver la même chofe ; parce que foit qu'il foit debout, foit qu'il foit couché de fon long fur la terre, il ne s'apperçoit pas de la moindre différence, quoique dans le tems qu'il eft couché l'air preffe perpendiculairement fur toutes les parties de fon corps ; il s'enfuit de-là, que fur chaque pied de la furface de notre corps, il y a continuellement un poids de trente fois foixante-trois ; c'eft-à-dire, de 1890 livres ; & fuivant cela, il y aura fur fix pieds fix fois 1890, c'eft-à-dire, 11340 livres de péfanteur, lequel poids ne preffe uniquement notre corps, que par devant ou derriere; de forte que fi vous prenez la force totale de la preffion, tout le poids montera à 22680 livres. Mais pour éviter toute erreur, & pour faire un nombre rond, nous fuppoferons que cette preffion n'eft que de 20000 livres, ce qui n'eft pas certainement trop.

Quelqu'un auroit-il pû s'imaginer, fi cette vérité inconteftable n'avoit été démontrée par des expériences très-claires, que lorfqu'il fe croioit libre & qu'il ne fentoit rien autour de lui, fon corps étoit dans toute fa furface antérieure & poftérieure, chargé d'un fardeau de 20000 livres pour le moins, & que rien n'auroit pû le garentir d'être écrafé & mis en piéces par une force fi terrible, qu'un équilibre juste qui ballance cette force? Ainsi l'une agit précisément autant en notre faveur, que l'autre agit à notre préjudice.

Personne ne peut douter, que cette force si étonnante ne fût plus que suffisante pour écraser notre corps, à cause, que si la pression de 10000 livres qui pésent sur un côté cessoit de résister ou de contreballancer le même poids qui presse de l'autre côté, notre corps sentiroit ce poids, précisément de même que si un fardeau de 10000 livres le pressoit par devant, & cette pression ne se feroit pas lentement ni par degré, ce qui seroit encore suffisant pour nous priver de la vie; mais elle feroit le même effet qu'un fardeau de même poids qu'on jetteroit soudainement contre notre corps : car la force élastique de l'air, si elle cessoit d'être contreballancée, agiroit avec une vîtesse plus terrible qu'on ne sçauroit s'imaginer. A présent chacun étant contraint de reconnoître ici une Puissance qui le préserve à tous momens d'une entiere destruction, & que cette même Puissance agit selon les regles d'une sagesse merveilleuse. Pouvons-nous nous dispenser d'attribuer cela à un Etre infiniment sage qui dirige tout? Et si on ne peut pas attribuer ces merveilles à une cause ignorante, qu'un Athée considére en lui-même ce qu'il doit attendre d'un Etre si sage & si puissant, qu'il blasphême en niant son existence?

Expériences sur la pression de l'air.

Quelque étrange que tout ceci paroisse, ceux qui connoissent la machine pneumatique, sçavent qu'il n'y a rien que de vrai dans ce que nous disons. Car (planche XIII. fig. 3.) si vous appliquez au haut d'un vaisseau de cuivre, lequel soit rond & ouvert à l'endroit C D, un morceau de verre plat A B, qui soit ajusté à son orifice supérieur; & que pour empêcher que l'air extérieur N n'y entre en aucune maniere, & ne se mêle avec celui de l'endroit K dans le petit vaisseau, le passage qui est entre le verre A B, & la circonférence du vaisseau soit bouché avec un mélange de suif de mouton & de cire; & qu'en cet état le tout soit placé sur la planche de cuivre H I de la machine pneumatique & sur son cuir : alors le verre A B (de même que tout ce qui est dans l'air) restera entierement immobile, étant pressé également par les deux masses d'air N & K opposées l'une à l'autre, comme cela est assez connu.

Que ceci n'arrive uniquement qu'à raison de l'éxact équilibre

LIVRE II. CHAPITRE I.

qui eſt entre ces deux colonnes d'air, par le moyen duquel l'air K preſſe en haut le verre, préciſément avec autant de force, que ce même verre ſe trouve preſſé en bas par l'air qui eſt en N; c'eſt ce qu'on peut voir par la même obſervation, parce que d'abord qu'on diminue tant ſoit peu la force de l'air qui eſt dans K en le pompant, on verra que la colonne E A B I de l'air extérieur N qui preſſe ſur l'autre côté du verre, le fera non-ſeulement baiſſer, mais le rompra en piéces, avec un bruit ſemblable à un coup de fuſil; ſi on vouloit faire la même choſe avec un marteau, il faudroit accompagner le coup d'une force & d'une viteſſe très-grande.

Cette force de l'air paroît auſſi lorſqu'on fait ſortir le mieux qu'il eſt poſſible l'air qui eſt dans le globe de verre A B (planche XIII. fig. 4.) & qu'enſuite aiant tourné le robinet E, on l'ôte pour le placer dans un vaſe rempli d'eau L F G M, qui a ſon orifice D tourné en bas; & en ouvrant enſuite de nouveau le robinet E, dans le tems qu'il trempe dans l'eau, de maniere que l'eau entre dans le globe par la partie D B; alors immédiatement d'abord que le robinet eſt ouvert, l'air des endroits H & K péſe ou preſſe la ſurface de l'eau L M qui eſt hors du tuiau D B, & met en action ſa force, en faiſant monter l'eau dans le tuiau d'où elle tombe dans le globe qui eſt vuide, avec autant de violence & de viteſſe que l'eau d'une fontaine; de ſorte que cela ſurprendra beaucoup ceux qui n'ont jamais vû rien de ſemblable.

L'obſervation ſuivante fait voir que cela n'arrive, que parce qu'en faiſant ſortir l'air du globe A B, on en ôte auſſi la réſiſtance, laquelle lorſque le globe eſt rempli d'air, s'oppoſe avec une force égale à l'eau qui eſt pouſſée dans le tuiau D B, par la preſſion de l'air extérieur dans H & K. Car nous ſçavons qu'en permettant à l'air de rentrer dans le globe, & remettant toutes les choſes dans l'état où elles étoient, on n'appercevra pas le moindre mouvement dans l'eau, car elle eſt preſſée en haut & en bas avec une force égale dans le tuiau B D, puiſqu'elle eſt entre la force de l'air intérieur du globe & celle de l'air qui l'environne, ainſi ces deux forces agiſſant réciproquement l'une ſur l'autre, l'eau reſtera tranquille, & ſelon toute apparence, ſans aucun trouble ſenſible.

Je laiſſe à penſer à ceux, qui par ce que nous venons de dire, ſe ſont formé une idée véritable & une connoiſſance de ces forces terribles de l'air; je leur laisse à penser, si au lieu de croire que tous les corps qui les environnent, & dans lesquels ils ne peuvent découvrir aucun mouvement, restent dans le repos : Ils ne sont pas convaincus qu'ils sont environnez durant toute leur vie d'une force qui agit sur eux & sur tous les autres corps ; force dont la moitié seroit suffisante pour les écraser eux & tous les autres êtres vivans, si la sagesse du grand Etre qui dirige cette force ne l'empêchoit, par un équilibre, d'agir sur eux avec violence. Je leur laisse par conséquent à penser s'ils peuvent s'imaginer, que c'est uniquement par un pur hazard & sans aucune sagesse, qu'ils se trouvent préservez de ses funestes effets dans le tems qu'ils s'y trouvent au milieu, principalement s'ils font la moindre réflexion sur la maniere merveilleuse dont ils en sont préservez. On observe premierement, qu'une très-petite portion d'air, & qui à peine mérite qu'on la nomme, est capable d'en arrêter & d'en contreballancer une quantité inexprimable, & d'empêcher qu'il n'écrase la plûpart des êtres qu'il environne. Secondement, qu'outre cette résistance qui se trouve dans cette petite portion d'air elle agit & pése également avec tout le reste de l'air répandu même jusqu'aux nuées & plus haut. Comme la premiere proprieté empêche que tout ne soit détruit, de même la seconde n'est pas moins utile aux hommes, quoiqu'ils ne soient capables d'en faire qu'un très-petit usage.

Une petite quantité d'air résiste à une plus grande.

On peut voir un exemple de cette premiere proprieté dans la planche XIII. fig. 3. où le verre A B, que l'air ne sçauroit pénétrer, est appliqué sur un petit vaisseau A B C D ; ce vaisseau est placé sur une planche de cuivre, & son cuir, qui est mouillé, se trouve par ce moyen bouché dans le fond, quoiqu'on pourroit le boucher d'une autre maniere si on vouloit ; de sorte que la petite portion d'air de l'endroit K s'y trouvant enfermée, fait une résistance si égale à l'air E A B F, que le verre A B, quelque mince & fragile qu'il soit, n'en reçoit aucun dommage ; sans cela cet air, comme nous l'avons fait voir ci-dessus, rompt le verre, & s'étendant depuis les nuages les plus élevez jusqu'ici bas sur la terre, il surpasse mille fois en quantité & en pésanteur l'air de l'endroit K.

La pesanteur d'une petite masse d'air égale le poids d'un plus gros volume.

La seconde proprieté de l'air par laquelle nous voyons qu'une petite quantité d'air (outre la résistance ci-dessus), pése & presse également ou autant que tout l'air extérieur, se peut prouver en premier lieu par la planche XIII. fig. 2. dans laquelle le vif-argent

LIVRE II. CHAPITRE I. 217
argent du baromêtre AI, qui eſt expoſé à l'air, avec ſon petit vaiſſeau de verre BX, monte & reſte ſuſpendu à la hauteur FI; ſi vous couvrez le tout avec le recipient HGL, de ſorte qu'il n'y ait que l'air contenu dans le recipient qui puiſſe agir ſur le mercure BD, vous verrez néanmoins que celui qui eſt dans le tuïau, conſervera la même hauteur FI: de ſorte que cette expérience prouve d'une maniere à n'y point répondre, que l'air contenu dans le recipient, quelque peu qu'il y en ait, peſe avec autant de force, & même davantage, ſur le mercure, que tout l'air extérieur peſoit auparavant.

Vous pouvez encore trouver dans la planche XIV. fig. 5. la même choſe démontrée à l'œil: Placez un long tuïau FO, (ſemblable à celui du baromêtre, mais qui ſoit ouvert dans ſes deux extrémitez) dans un petit vaſe de verre GKPQ; faites entrer ce tuïau à travers le couvercle de ce vaſe GK dans l'endroit I, mais aïez le ſoin de le boucher tout autour: verſez enſuite dans ce petit vaſe à travers le petit trou N, (qui étoit auparavant fermé avec une vis) du mercure juſqu'à la hauteur BD, de ſorte qu'il monte au deſſus de l'extrémité du tuïau O, tandis que le reſte du vaſe BDGK ne contient autre choſe que l'air; enſuite vous fermerez de nouveau le petit trou N, avec la vis; & vous mettrez le tout dans le recipient HSL; & faiſant ſortir l'air VV, vous verrez que la petite portion d'air renfermée dans GBDK, perdra ſa réſiſtance; qu'en ſe rarefiant & en ſe dilatant, elle preſſera ſur BD, & obligera le mercure de monter dans le tuïau à la hauteur F, hauteur à-peu-près la même que celle à laquelle le mercure ſuſpendu par la preſſion de toute la maſſe de l'air extérieur, montoit dans le baromêtre.

La premiere proprieté (c'eſt-à-dire, la réſiſtance qu'une petite quantité d'air oppoſe à une plus grande quantité) eſt commune à tous les autres liquides, conformément aux loix ſurprenantes de l'Hydroſtatique; & ſelon ces loix, la peſanteur de tous les fluides agit dans les effets qu'elle produit: auſſi voions-nous que toutes liqueurs qu'on preſſe, preſſent réciproquement, ſi elles ont du reſſort, ou qu'autrement elles réſiſtent comme des corps ſolides: on en peut faire l'expérience dans une ſeringue bouchée, ou dans la machine pneumatique, où il y ait de l'eau ou de l'air. Ce dernier effet devroit pourtant être attribué plûtôt, ſelon notre ſentiment, au reſſort de

Différence de la peſanteur & du reſſort de l'air.

E e

l'air, qu'à sa pesanteur; ce qui paroît vraisemblable, à cause que la pesanteur de l'air renfermé dans GBDK n'a presqu'aucune proportion avec celui du mercure dans le tuïau FI: & de plus, si nous remplissions l'espace GBDK, où se trouve l'air, d'une matiere plus pesante, ou de mercure, le mercure ne monteroit pas plus haut dans le tuïau, quoique l'air du recipient fût pompé.

L'action du ressort de l'air par le moïen de la pesanteur.

Maintenant, pour entendre en quelque maniere comment la gravité & le ressort de l'air produisent ensemble leurs effets, nous devons nous représenter que dans la planche XIV. fig. 6. il y a une colonne d'air AH, composée depuis le sommet jusqu'à la base d'un grand nombre de particules d'air, comme A, B, C, D, E, F, G, P, &c. & qu'elles ont chacune une certaine pesanteur, ce qui fait qu'elles pesent sur celles qui sont au dessous.

Nous devons aussi supposer que chaque particule (de quelque figure qu'elles soient) a une force élastique; force semblable à celle du ressort d'une montre, & qui fait que ces particules étant ploïées, elles tâchent de s'étendre de nouveau avec autant de force qu'il en a fallu pour les ploïer.

Il s'ensuit de-là que les particules d'air les plus inférieures, G & P, &c. soûtenant le poids de toutes celles qui sont au dessus d'elles, doivent être plus bandées que celles qui sont plus haut, & qui soûtiennent un fardeau plus petit, par éxemple, ABC; c'est pour cette raison que les plus inférieures P, G, tâchant avec plus de force de se rétablir, presseront le corps IK, qui les soûtient avec plus de violence, de même que celles qui sont placées au dessus du corps NO, qui font la même chose.

Le point H soûtient le poids de toutes les particules d'air, A, B, C, D, E, F, G, P, &c. qui sont placées l'une sur l'autre, sans que leur ressort reçoive aucune altération remarquable.

Mais si nous allons plus loin, & si nous plaçons un autre corps solide entre ces particules d'air, en en rompant la colonne à l'endroit P & G, & que nous environnions cet endroit LIKM de corps solides, de façon que les particules d'air P & G soient entierement séparées des autres; (par éxemple, dans l'eau qui n'a qu'un peu ou point du tout de ressort) si les particules P & G portoient uniquement par leur pesanteur sur le corps IK à l'endroit H, le

LIVRE II. CHAPITRE I.

corps IK sera moins pressé qu'auparavant, c'est-à-dire, que dans le temps que le corps LM n'étoit point placé au dessus de G, parce que IK ne soûtient présentement que le poids de P & de G, tandis qu'auparavant il portoit le poids de toutes les particules de l'air qui composent toute la colonne d'air AP.

Mais si au contraire on suppose que les particules A, B, C, D, E, F, G, P, avoient toutes du ressort, de même que l'air, & qu'elles tâchassent encore de s'étendre à proportion de la pression de celles qui sont au dessus, le corps IK seroit alors aussi fortement pressé par ces deux particules P & G, qu'il l'étoit avant par toute la colonne d'air depuis A jusqu'à P; car puisque les particules P & G, qui sont retranchées, sont retenuës par la résistance du corps solide LM, dans le même degré de fléxion qu'elles avoient acquis par la pesanteur des particules A, B, C, D, E, F, qui pesoient sur elles, il s'ensuivra que la force qu'elles ont de se rarefier, & par conséquent leur pesanteur ou pression sur le corps IK à l'endroit H, resteront dans le même degré.

C'est ainsi que nous voyons que la pesanteur des particules d'air qui se soûtiennent l'une & l'autre depuis A jusqu'à P, pressent les plus inférieures de toutes PG; & en les ploïant, elles augmentent leur vertu élastique; de sorte que de quelque petitesse qu'elles puissent être, tandis que la résistance d'un corps solide ILMK les empêchera de se dilater, ce peu de parties PG, qui sont retranchées & séparées des autres, pressent le corps IK sur lequel elles agissent avec autant de force que si toute la colonne d'air AP avoit toûjours resté sur elles.

Nous avons démontré par les effets de l'air renfermé dans l'endroit GBDK, que les parties de l'air, quoique séparées du reste de la masse, conservent cette proprieté.

Nous venons de dire que les parties les plus inférieures de l'air P & G, étant pressées par celles qui sont au dessus, se trouveront plus serrées l'une contre l'autre que celles de D & E, qui soûtiennent une colonne d'air AC plus courte, & par conséquent plus legere; l'expérience suivante qui est facile à faire, prouve parfaitement cette vérité: Prenez un tuïau de baromètre (planche XIII. fig. 1.) qui soit ouvert à l'endroit I, & bouché à l'endroit F; remplissez-le de mercure, jusqu'à ce qu'il ne reste qu'un peu d'air à son extrémité supérieure; après cela fermez l'orifice I, avec le doigt H, & renversez-le tout-

L'air qui soûtient le plus de poids, est le plus comprimé.

E e ij

d'un-coup, de maniere que le doigt qui étoit auparavant à l'extrémité supérieure, soit présentement à l'extrémité inférieure du tuïau : ceci étant fait, vous verrez que l'air qui étoit resté dans le tuïau ; & qui, après que le tuïau a été renversé, soûtient la pression de toute la colonne de mercure, se condensera dans le moment même, & qu'il occupera un espace beaucoup plus petit qu'en I, & qu'à mesure qu'il monte à travers le mercure depuis I jusqu'à F, il occupera continuellement des espaces plus grands, à cause que la hauteur du mercure au dessus de l'air diminuë continuellement : c'est pourquoi plus ces bulles montent, moins elles trouvent de poids ; c'est aussi pour cette raison qu'elles nous paroissent plus grosses vers A que vers I, vers B que vers A, vers C que vers B, & ainsi de même, jusqu'à ce qu'elles parviennent à la hauteur F, où cessant d'être pressées, elles se dilatent extrêmement.

Nous pouvons encore voir les mêmes phénoménes, quoique la différence de la grosseur des bulles ne soit pas si sensible, en remplissant le tuïau avec de l'eau au lieu de mercure; ainsi nous pouvons conclure de-là que l'air qui soûtient le plus de poids, est le plus comprimé.

<small>Plus l'air est comprimé, plus il est élastique.</small> Que les efforts que l'air fait pour se dilater ou s'étendre de nouveau, soient d'autant plus grands qu'il est comprimé, & que par conséquent il presse avec plus de force tous les autres corps qui l'environnent, c'est ce qu'on peut prouver par une expérience très-facile (planche XIII. fig. 2.) Outre cela, la même chose paroît dans les fusils à vent, & dans les petites fontaines de heron.

Prenez une seringue SD ; (celles dont on se sert dans l'Anatomie pour les injections, sont très-propres pour cela, à cause de la petitesse du tuïau :) retirez le piston SC à moitié jusqu'à C, de maniere que l'endroit AB reste plein d'air ; mettez le bout de la seringue D dans de l'eau, qui y entrera quand vous tirerez le piston vers FG ; ensuite y aiant ajusté par dessus en tournant un petit tuïau DE, qui a un petit orifice à l'endroit E, si vous placez la seringue horizontalement, en sorte que l'eau A couvre le trou D, & que l'air B soit au dessus de l'eau, vous ne sçauriez y appercevoir le moindre mouvement ; mais si tout-d'un-coup vous poussez le piston depuis FG jusqu'à C, en sorte que l'eau jaillisse par l'orifice E, & que l'air qui est dans B se trouve par-là plus comprimé, quand même vous arrêteriez

LIVRE II. CHAPITRE I.

immédiatement de nouveau le piston, vous trouverez pourtant que l'air qui est dans B étant plus comprimé, tâche aussi de s'étendre avec plus de force, & presse davantage sur l'eau A, de sorte que l'eau EK continuë par ce moien de jaillir durant long-temps par l'orifice E, même quoique le piston soit arrêté dans C, & qu'il ne presse plus; c'est ce qui sert à prouver ce que nous avons dit plus haut.

Si quelqu'un vouloit à présent contempler les loix dont nous venons de parler, & comment si peu d'air peut contrebalancer d'une maniere si merveilleuse, la force formidable de toute la masse de ce fluide, pourroit-il s'imaginer que le hazard ait produit tout cela, sans le dessein ou la sagesse du Créateur?

Sans une semblable loi, & supposé que le peu d'air qui est dans une chambre, ne fût pas suffisant pour balancer ce vaste océan d'air extérieur, comment se pourroit-il faire que toutes les vitres de nos fenêtres ne fussent dans le moment même réduites en cendres, de même que le verre dont nous avons parlé, à cause que, selon le calcul que nous avons fait, il y a plus de 18000 livres qui pressent continuellement sur chaque pied quarré de leur superficie, sans cette loi les édifices les plus assurez pourroient-ils se soûtenir? car si on les prend dans toute leur étenduë & toute leur circonference, par exemple, un appartement qui n'ait que dix pieds de longueur, autant de largeur & de hauteur, en un mot semblable à un dez, les quatre côtez avec le plancher aiant chacun 100 pieds en quarré, & soûtenant chacun la pression d'un poids de 189000 livres, il s'ensuivra que tout l'appartement sera pressé par cinq fois autant de poids dans tous ses côtez sur lesquels l'air agit, c'est-à-dire, par un poids de 945000 livres; tandis que dans l'espace de 1000 pieds que sa circonference contient, toute la masse de l'air qui résiste à cette pression extérieure, ne peseroit pas plus de 63 livres; supposant avec beaucoup de Philosophes qu'un pied quarré d'eau pese 63 livres, & qu'il est mille fois plus pesant qu'un pied quarré d'air. Sans cette loi, comment peut-on concevoir qu'étant continuellement pressez par un fardeau de plus de 2000 livres qui nous environne, nous n'ayions été écrasez depuis long-temps, la troisiéme partie de ce poids étant capable de le faire? Et supposé que notre poitrine soit en état de faire quelque résistance par le moien de la rondeur des côtes & des cartilages, comment se peut-il qu'une semblable force n'applatisse & ne resserre l'un contre l'autre notre ventre & nos lombes, si ce n'étoit un peu d'air élastique que ces endroits contiennent, & qui, quoiqu'en très-petite quantité, est néanmoins capable de balancer une pression si terrible? C'est par le moien de cet air renfermé que nous voions que les animaux qui sont dans le recipient de la machine pneumatique dont l'air est pompé, se gonflent & grossissent d'abord que cet air intérieur se dilate, faute d'une résistance extérieure pour le contrebalancer. Je trouve dans mes remarques que cette expérience a été faite sur une souris, sur un chat, & sur d'autres petits animaux.

Quelqu'un peut-il s'imaginer à présent, que puisque sans ce contrepoids ou cet équilibre merveilleux (par le moien duquel une petite partie d'air est en état de résister à une puissante colonne d'air, qui s'étendra jusqu'aux nuës & même plus haut) il n'y auroit point de maison habitable, point de créature qui pût vivre, tout ce qui est dans le monde seroit écrasé; quelqu'un, dis-je, peut-il s'imaginer que c'est par un cas fortuit, sans l'intention du Créateur, que cet équilibre surprenant a été établi pour balancer ces grandes forces, & que l'air & les autres fluides ont certaines loix qui les retiennent, & où l'on observe tant de différences quand on les compare avec celles des corps solides? Tandis que ces derniers ne pressent qu'à proportion de leur pesanteur: on observe que dans l'air & dans les autres corps fluides, comme cela est déja démontré, une petite portion, par éxemple, d'air de 63 livres de poids, peut empêcher l'action de la pression perpendiculaire de 180000 livres de poids, & celle de la pression laterale de 900000 livres ou environ.

Quel est donc l'aveuglement de ces incrédules, qui se trouvant préservez d'une maniere si surprenante à chaque minute de leur vie d'une mort soudaine, & de plusieurs accidens effroiables, ne veulent reconnoître ni la sagesse, ni la puissance, ni la bonté de leur Créateur, & qui aiment mieux attribuer tout au pur hazard qui agit sans aucune loi ni aucune raison, ou bien à des causes qui ignorent entierement ce qu'elles font? Supposons qu'il y eût une chambre longue de dix pieds, & large d'autant, dont le plancher qui seroit fait avec du plomb ou des pierres qui pesassent 180000 livres, étant détaché de tous côtez, ne fût soûtenu que par une simple balance, & qu'il n'y eût que cela qui l'empêchât de tomber par terre, & de mettre en

LIVRE II. CHAPITRE I.

piéces tout ce qu'il rencontreroit dans son chemin ; supposons qu'après cela on mît entre les mains d'un de ces misérables Philosophes, un poids de 63 livres, & qu'on lui ordonnât de contrebalancer ce grand poids par le moien de celui qu'on lui auroit donné, & sans le secours d'aucun autre instrument de Méchanique (du moins d'aucun qui fût fait d'une matiere solide) dans cette supposition pourroit-il en entrant dans cette chambre s'attendre à autre chose qu'à périr d'une maniere misérable ? Mais si une autre personne trouvoit le moien de prévenir & d'empêcher la chûte de ce poids terrible & menaçant avec une balance ou contrepoids seulement de 63 livres, sans le secours d'aucun instrument de Mathématique ; ne reconnoîtroit-il pas, s'il n'étoit point entierement aveuglé, la sagesse de l'Inventeur, (quoiqu'il ne pût pas découvrir la maniere dont il feroit la chose) & ne s'éleveroit-il pas au dessus de lui ? Et s'il ignoroit la maniere de le faire, & qu'en même-temps il s'apperçût que sa force étoit de beaucoup trop petite pour se garantir du danger en la mettant en usage, ne se sentiroit-il pas obligé de confesser avec reconnoissance la puissance & la bonté de son Conservateur ? & pourroit-il après cela vivre tranquille dans ces circonstances, & sans y faire aucune réfléxion ? Un incrédule qui connoît la grandeur terrible de ces forces qui l'assiégent, & qui, si l'équilibre venoit à cesser, le menaceroient des mêmes dangers, & même d'une destruction aussi inévitable que s'il lui avoit fallu attendre la chûte de ce plancher si pesant, peut-il, dis-je, encore persister à désavouer en blasphemant un Etre qui le conserve, d'une maniere si surprenante ? Bien plus, s'il entend l'usage du barométre, cela lui apprendra que ces forces qui agissent par la pesanteur, augmentent & diminuent tous les jours, de même que leurs contrepoids, & que ni lui ni personne ne sçauroit prévenir l'effet des causes de cette augmentation & de cette diminution, quand même il les connoîtroit, de maniere qu'il lui est impossible de se mettre à couvert des loix fixes & immuables de la nature, qui observent toûjours le même cours ; on est donc contraint d'avouer, si on réfléchit sur ce qui suit, que la gravité & le ressort de l'air sont absolument si nécessaires pour la conservation & la commodité des hommes, des bêtes, des poissons, des plantes, que sans ces deux proprietez tout ce qui vit sur ce globe périroit dans un instant : & parmi tous ces avantages que la pression de l'air apporte, elle renferme aussi ce grand désavantage, qui est qu'elle est capable de mettre toute la terre, & tous les corps qui y sont, dans la derniere confusion, en mettant avec sa force infinie tout en piéces, comme si elle alloit anéantir tout ce qu'elle environne. Peut-on donc croire que c'est par hazard, & sans le secours d'aucune sagesse, qu'on a trouvé un moien par lequel il est permis à un chacun de joüir des avantages de l'air ; que c'est le hazard qui nous préserve si bien de ses funestes effets, & que les personnes même les plus délicates ne sçauroient dans un sens sentir ni observer cette grande pression, ni ce terrible poids?

Encore un coup, si toutes ces expériences touchant la gravité & le ressort de l'air, touchant sa force prodigieuse & son équilibre merveilleux, qui empêche que cette force ne détruise tout, ne sont pas suffisantes pour convaincre un incrédule de l'éxistence d'un Dieu, dont la sagesse a réglé tout ce qui nous environne ; qu'il considere encore avec nous, & qu'il réponde avec sincérité, si en réfléchissant sérieusement sur tout ceci, il parle selon sa conscience, lorsqu'il assure qu'il lui semble que tout cela arrive par hazard, & sans aucune direction sage ; que cette vaste mer ou étenduë d'air s'est elle-même placée autour du globe de la terre ; lequel, si on en peut juger selon les opinions les plus probables à quelques milles de hauteur, & sans lequel tout ce qui respire viendroit à mourir. Et qui est celui qui peut avancer ou dire par aucune expérience combien les hommes & les autres créatures dépendent de l'air ? Quoiqu'elles puissent se passer de sommeil & de nourriture pour quelques jours, elles ne sçauroient néanmoins être privées d'air pour quelques minutes, car elles périroient infailliblement. On verra particulierement par ce qui suit combien l'air leur est nécessaire : on observe que durant toute leur vie elles sont continuellement occupées à le faire entrer & sortir de leur corps par la respiration, de sorte qu'il est nécessaire que ces deux fonctions se fassent continuellement, même dans le temps du sommeil, (qui les délivre d'ailleurs de leurs travaux) sans un seul moment de relâche, si elles veulent vivre.

N'est-ce donc pas là visiblement l'ouvrage de la main d'un Créateur sage, qui a formé l'air pour le soûtien des hommes & des bêtes ? A quel propos leurs corps sont-ils pourvûs d'instrumens qui ne servent uniquement qu'à cette fin, qu'afin de les mettre en état de joüir de l'usage de l'air ? Et, pour ne

pas

LIVRE II. CHAPITRE I. 225

pas répéter tout ce que nous avons déja dit touchant la respiration, pourquoi ont-ils des poulmons, à moins que ce ne soi pour recevoir l'air ? Pourquoi les poulmons sont-ils dans la poitrine, & disposez de sorte que toute la masse du sang y passe si souvent ; n'est-ce pas afin que le sang soit exposé à l'action de l'air ? D'où vient que le diaphragme, les côtes & les cartilages de la poitrine sont façonnez de sorte, que leur principal, ou peut-être leur unique usage, est d'attirer l'air & de le faire sortir des poulmons ? A quelle fin est-elle destinée cette structure tout-à-fait ingénieuse, qui afin de n'être pas facilement interrompuë dans un ouvrage si nécessaire, emploie tant de muscles à la respiration ? Pourquoi la plûpart des instrumens qui y sont utiles, sont-ils déja formez dans un enfant avant qu'il soit né, & dans un temps où il n'en a pas le moindre besoin, n'est-ce pas afin qu'à chaque instant lorsque la petite créature vient au monde, elle soit en état de s'en servir pour le soûtien de sa vie ?

Si l'air est produit par le hazard, si c'est par hazard qu'il a de la force élastique, ce sera le même hazard qui fera qu'un enfant pourra sucçer le lait du sein de sa mere ; car supposé que l'air ne pressât pas par son ressort sur toutes les parties de la mammelle, & qu'il n'obligeât pas le lait d'en sortir dans le temps que l'enfant forme un espace vuide dans sa bouche devant les orifices du mamellon, comme si c'étoit une machine pneumatique naturelle, il n'en sortiroit pas la moindre goute de lait : les enfans & les autres créatures qui tétent, se trouveroient par ce moien privez de la meilleure & de la plus agréable nourriture qu'ils puissent souhaiter. Quelqu'un peut-il s'imaginer à présent que c'est par hazard qu'on auroit trouvé dans la structure des mammelles des femmes, & dans celle de la langue, des lévres & des joues des enfans, cette disposition & cette proprieté qui font que les nouveaux nez se servent du ressort de l'air dans une nécessité aussi indispensable que celle de téter, tandis qu'il n'y a pas d'autre méthode si propre ni si convenable pour faire cette fonction ? Pourra-t-il s'imaginer que cette force de l'air, & l'application que les enfans en font aux instrumens dont ils se servent en tétant, ne sont autre chose qu'une production d'une cause ignorante qui agit sans avoir aucun égard à cette fonction ?

Si un homme vouloit faire réfléxion sur la planche xiv. fig. 4. & lire d'un bout à l'autre encore une fois ce que nous

F f

avons dit ci-devant p. 214. en voiant dans le globe A B dont l'air est pompé, jaillir l'eau B C par la pression de l'air extérieur H K qui presse sur l'eau L M, il pourroit alors observer une opération analogue & conforme à celle d'un enfant qui téte : sur-tout s'il suppose que le globe A B soit la bouche de l'enfant, avec le vuide qu'il y forme en tétant, & que la superficie de l'eau L M soit la mammelle de la mere ; & afin qu'il soit plus pleinement convaincu de la conformité de cette opération avec celle d'un enfant qui téte, qu'il ferme avec le pouce l'orifice D du globe dont l'air est pompé, & il sentira quelque chose qu'il ne fera pas difficulté de nommer *suction*, supposé qu'il ignore de quelle maniere cela arrive.

Faisons voir, avant de quitter ce sujet, la pression ou la force que l'air éxerce sur les mammelles dans le temps que l'enfant téte ; les pompes qui sont en usage pour éteindre le feu, font monter l'eau en la pressant à travers un long tuïau de cuir : on ne sçauroit soûtenir, que l'adresse de l'Artiste n'ait ajusté les parties de cette machine ; mais ne doit-on pas assurer avec plus de raison que l'air qui en pressant les mammelles force le lait d'en sortir, n'a pas reçû du pur hazard cette proprieté pour servir à un usage aussi considérable que celui de fournir de quoi nourrir un nouveau né ? Cela n'arrive pas une seule fois (car alors on pourroit peut-être assurer que cela n'est qu'accidentel) mais c'est la même chose dans tous les endroits de la terre où il naît des enfans, & tant de milliers d'autres créatures.

Encore un coup, si on ne doit attribuer le ressort & la pression de l'air qu'au hazard, ceux qui défendent cette hypothèse comme vraie, doivent vivre dans une appréhension continuelle, ils doivent craindre que le même hazard n'altére aussi l'air & ne le prive de ces forces, cela feroit qu'eux & les autres créatures vivantes seroient suffoquées à l'instant faute de respiration ; en effet, si tout cela arrive par hazard, & que ce soit par le même hazard que cela ait continué de même jusqu'ici, il y a tout lieu de croire que le même hazard peut changer en un instant, puisque le propre du hazard est de n'avoir rien de certain.

<small>Expérience qui prouve que les animaux peri-</small> Il est clair que cette crainte seroit très-raisonnable ; premierement, parce que nous sommes instruits par le barométre que le ressort de l'air (comme nous l'avons déja fait voir une fois)

LIVRE II. CHAPITRE I.

peut souvent diminuer d'une maniere visible, soit que cela procede du ressort même, ou du changement de la pesanteur de l'air, & à ce compte-là le mercure baissera. En second lieu, parce qu'une diminution considérable du ressort de l'air est fatale à tous les animaux, du moins à la plûpart sur lesquels on en a fait l'expérience jusqu'ici : car on observe que les chiens, les chats, les rats & les souris, étant placez dans le récipient de la machine pneumatique, tombent tout-d'un-coup malades, d'abord que le ressort de l'air qui les environne se trouve tant soit peu diminué, & à mesure qu'on le pompe ils périssent en peu de temps : mais si vous les retirez avant qu'ils aient expiré, & si vous les placez dans un autre air qui ait plus de ressort, ils se remettent quelquefois, principalement si on n'a pas trop diminué la force de l'air dans le récipient ; ordinairement les oiseaux ne peuvent pas supporter si long-temps ce changement dans l'air, mais generalement ils tombent en convulsions qui sont immediatement suivies de la mort. Les mouches & les araignées, selon mes observations, paroissent entierement privées de tout mouvement après trois ou quatre coups de pompe ; mais lorsqu'on les expose à l'air extérieur, ou à un air plus pesant, elles commencent à donner de nouveau quelques signes de vie.

Il s'ensuit évidemment de ces observations, & de beaucoup d'autres que vous trouverez parmi les Naturalistes modernes, que si Dieu par sa bonté ne conservoit l'air dans l'état & la disposition qu'il a présentement, les créatures qui respirent seroient exposées à une mort soudaine ; & supposé que tout dépende du hazard, que ce soit par lui que le ressort de l'air, sans être assujetti à aucune loi plus puissante, augmente dans un temps & diminuë dans un autre ; il s'ensuit, dis-je, de tout cela que nous serions, avec tous les autres êtres qui respirent autour de nous, dans une appréhension continuelle de nous voir périr sans ressource dans un instant ; d'autant plus qu'il arrive souvent que plusieurs choses, comme l'acier, &c. où l'on découvre une force élastique, viennent à la perdre entierement, si on les tient long-temps ploïées : la même chose arriveroit à l'air, qui, après un certain degré d'extension, ne seroit plus en état de se rétablir dans son élasticité précédente.

Cela étant prouvé par un si grand nombre d'expériences, il s'ensuit absolument de deux choses l'une, ou que plongez dans

roient dans un lieu privé d'air.

l'aveuglement il est impossible aux incrédules de voir les conséquences de leurs opinions, & qu'ainsi ils agissent dans cette grande affaire qui leur est de la derniere conséquence contre les lumieres de la raison; quelques hardis que soient quelques-uns d'eux à assurer le contraire, il faut qu'ils soient convaincus dans leurs propres consciences de la fausseté de leurs sentimens, & par conséquent persuadez que c'est une autre Puissance, non pas des causes ignorantes, qui a soin de leur conservation, même indépendamment d'eux & contre leur propre volonté; & ainsi ils nient leurs principes.

Expérience faite sur les grenoüilles.

Ce n'est pas une loi établie dans la nature, que tout ce qui vit dans un air élastique & propre à se dilater, doive mourir immédiatement d'abord que le ressort en est ou affoibli ou totalement détruit; c'est donc en vain que les incrédules se tourmentent à vouloir déduire ce phénoméne des lois inconnuës de la matiere & du mouvement, ou d'une nécessité qui détermine toutes choses, c'est ce qu'on pourra voir, puisque le contraire, ainsi que d'autres l'ont observé, est vrai dans une grenoüille sur laquelle je trouve dans mes remarques qu'on a fait l'expérience suivante : Si on met une grenoüille dans le recipient de la machine pneumatique, & qu'on en pompe l'air, on verra que non-seulement son ventre, dans lequel on peut croire qu'il y avoit de l'air, mais toutes ses autres parties, comme la tête, les jambes, les muscles, &c. se gonflent jusqu'à une grosseur considérable; mais tout ce gonflement cesse de nouveau, quand on fait rentrer de l'air extérieur, & l'animal revient dans sa premiere grosseur : mais ce qui fait plus pour nous, c'est que la grenoüille reste un quart d'heure dans le récipient dont l'air est entierement pompé, sans qu'il paroisse qu'elle en soit aucunement incommodée; & quand on vient à la lâcher, elle saute immédiatement après, comme si elle sortoit de l'eau.

Puis donc que le ressort & la gravité de l'air ne font pas la même impression sur toutes les créatures, peut-on s'empêcher de convenir que ce qui vient d'être dit ne doit pas être admis pour une loi generale de la nature, qui étant placée entre l'air & toutes les créatures, produit ces effets sans aucune intelligence ? & ne doit-on pas convenir que cet homme-là raisonne beaucoup plus juste en reconnoissant ici la main & l'ouvrage d'un sage Ouvrier ? Ouvrier, qui, afin que nous n'attribuïons pas ce qui arrive dans la plus grande partie des créatures

LIVRE II. CHAPITRE I.

qui font animées, aux suites nécessaires & inévitables des mouvemens des corps, a bien voulu nous faire voir par une exception comme celle-ci, & peut-être par beaucoup d'autres, que tout doit se rapporter à sa bonne volonté & à sa sagesse, qu'il a jugé à propos que l'air parmi ses autres proprietez conservât toûjours un certain degré de force dans son expansion, sans laquelle toute la terre seroit pour ainsi dire, privée de toute créature vivante ; & qu'aussi lorsqu'il jugeroit à propos de regler la chose autrement, il en pourroit toûjours conserver quelques-uns en vie sans l'air.

Pour prouver cette derniere proposition, il sera aussi avantageux de faire voir que le ressort de l'air est véritablement nécessaire à la vie, mais que tout seul il n'est pas suffisant pour cela ; c'est ainsi que dans les tems de peste l'air est assez élastique, mais neanmoins contagieux & funeste. Et M. de Stair, ce grand naturaliste rapporte que non-seulement beaucoup d'animaux, mais que même une grenouille qui peut vivre dans l'air, dans l'eau, & sans air, mouroit pourtant en peu de tems à l'odeur ou à l'air qui sortoit de la pâte. Et l'expérience nous apprend qu'un animal qui seroit renfermé dans un même air, sans que cet air puisse circuler ou se renouveller, ne sçauroit subsister long-tems, quoique le ressort ou l'élasticité de l'air ne fût pas si fort affoibli, que nous pussions attribuer à son peu de force la cause de la mort de l'animal ; parce qu'il paroît par le baromêtre, que l'air qui nous environne peut souffrir de grandes altérations dans sa force élastique, sans causer aucun préjudice aux créatures qui respirent. Mais en parlant de la respiration, nous avons déja dit quelque chose de cette proprieté de l'air, qui, outre la gravité & le ressort, est nécessaire pour le soûtien des créatures.

Le ressort de l'air fait vivre les poissons dans l'air.

Mais avant de quitter les créatures vivantes, peut-on observer sans étonnement que c'est la pression & le ressort de l'air qui font vivre les poissons dans l'eau ? En effet, quand on retire de l'eau l'air qu'elle contient, à peine s'en trouve-t-il un seul qui puisse se tenir sous l'eau, mais ils sont contraints de monter & d'aller vers sa surface.

L'élasticité de l'air n'est pas suffisante pour conserver la vie.

Ceux qui voudroient voir l'expérience, n'ont qu'à mettre de l'eau, & un goujon, ou quelqu'autre petit poisson dans le récipient de la machine pneumatique, & en ôtant la pression de l'air, ils trouveront que le poisson montera immédiatement vers la surface; mais qu'en laissant rentrer de nouveau l'air, il se plonge & retourne au fond. Lorsque nous viendrons à examiner la nature des animaux, &c. nous traiterons plus amplement de la raison de ce phenomène, & nous expliquerons comment se fait la dilatation des vessies qui sont dans leur corps, par la diminution de la pression de l'air, & comment le gonflement de ces vessies rend le poisson beaucoup plus leger que l'eau.

La plûpart des poissons sont d'une structure si merveilleuse, qu'ils peuvent & doivent se servir de la pression de l'air pour pouvoir rester dans l'eau, & dans les endroits qui leur conviennent le plus, sans être contraints de monter ou de descendre contre leur gré, ils se trouveroient tous forcez, sans cette pression de l'air, de monter vers la surface de l'eau, où ils périroient en peu de tems; cela se trouvant ainsi, tirons seulement cette conclusion qui est, qu'il faut être tout-à-fait aveugle pour soûtenir que l'air & sa pression, qui sont si nécessaires dans cette occasion, sont une production que le pur hazard a fait sur la terre, sans avoir en vûe en aucune maniere un usage si utile, & que les poissons se sont formez exactement pourvûs des instrumens par lesquels ils peuvent augmenter ou diminuer la quantité de l'air, dans les occasions que nous venons de rapporter.

Les plantes vivent par le moyen de l'air.

Ce n'est pas seulement aux hommes, aux bêtes, & aux poissons que l'air est d'une si grande utilité, il est encore utile aux plantes qu'il fait tellement vegeter, qu'une grande partie de la séve qui leur sert de nourriture, en est composée. Ainsi supposé que les hommes eussent pû se passer de l'air pour vivre, ils n'auroient pû neanmoins trouver assez de nourriture sur la terre sans son secours, parce qu'il fait la fertilité; c'est ce qui est bien connu des laboureurs, qui pour cette raison labourent leurs terres si souvent, afin de les exposer à l'influence de l'air.

Quoiqu'il en soit, si quelqu'un trouve que ce que nous avons dit ici n'est pas assez clair, sçavoir, que l'air s'insinue dans les plantes, & qu'elles ne sçauroient croître sans lui, il peut consulter les observateurs de la nature des plantes, Messieurs Malpighi & Grew, au sujet des trachées qu'ils y ont découvert par le moyen des microscopes; & Messieurs Boyle & Stair touchant les observations qu'ils y ont fait dans la machine pneumatique; ces Messieurs ont fait voir qu'on peut tirer de l'air des plantes

LIVRE II. CHAPITRE I.

qui sont placées dans le vuide. Mais celui qui voudra voir la chose démontrée à l'œil, n'a qu'à prendre un petit morceau de rejetton d'un arbre qui croît, ou des feuilles vertes coupées par morceaux, & les attacher à un clou ou à quelqu'autre chose de pesant, puis les mettre dans un vase où il y ait de la lie, faite avec du sel de tartre, pour les faire précipiter; qu'il les mette après cela toutes ensemble dans le récipient de la machine pneumatique, & en pompant l'air du récipient il verra d'abord l'air sortir des extrémitez coupées de la plante, sous la forme d'une infinité de bulles qui s'élevent jusqu'à la surface de la lie; du moins cela est arrivé ainsi dans toutes les expériences que j'ai eû occasion de faire sur cette matiere : & j'ai observé qu'il sortoit de quelques-uns de ces rejettons (par exemple, des rejettons d'un orme) beaucoup plus d'air que ne pourroient s'imaginer ceux qui n'ont jamais vû la chose.

La raison pourquoi nous nous servons de lie plûtôt que d'eau dans ces expériences, c'est parce que l'air ne se mêle pas avec la premiere, quand même on la tiendroit très-long-tems exposée dans un vaisseau ouvert. Vous pouvez aussi vous servir de l'eau, après l'avoir fait bouillir jusqu'à ce que tout l'air en soit évaporé, en la laissant reposer jusqu'à ce qu'elle soit refroidie.

Ajoûtez à ce qui a été dit, que l'air, outre ces proprietez a encore celle d'entretenir le feu qui périroit sans lui, & qui est, sans contradiction, une chose des plus utiles que les hommes connoissent, du moins sert-il à entretenir cette espece de feu dont nous nous servons communément; de sorte que sans l'air. le feu s'éteindroit presque tout. Combien d'inconvéniens ne surviendroit-il pas, auxquels le monde seroit sujet, si nous n'avions pas l'usage de cet être si beau, & que nous fussions privez de sa chaleur dans le froid, de sa clarté dans l'obscurité, & de tant d'autres avantages qu'il apporte avec lui ? Mais nous n'en dirons plus rien ici, parce que notre dessein est d'en traiter d'une maniere plus particuliere dans un discours que nous donnerons sur cet élement. *Le feu est entretenu par l'air.*

C'est une chose certaine, que si la pression de l'air ne faisoit pas monter la fumée de tout ce qu'on brûle, de même que l'huile monte dans l'eau; les exhalaisons, toutes les matieres corrompuës, & les vapeurs désagréables qui transpirent des corps solides ou fluïdes, tout cela rempliroit l'air qui nous environ- *L'air fait monter la fumée.*

ne & le rendroit mal-fain. Comment pourroit-il rafraîchir le genre humain avec cette vafte quantité de fleurs & de plantes odoriférantes & aromatiques qui exhalent des parfums fi agréables, fi le Créateur n'avoit donné à l'air une proprieté qui le rend propre à conduire dans l'organe de l'odorat toutes ces exhalaifons dont nous voulons flater notre odorat?

L'air eft la caufe des fons. Mais ce qui fait voir de la maniere la plus claire la reconnoiffance que nous devons à notre grand Créateur, c'eft que ces inftrumens admirables de l'ouïe, quoique formez avec un artifice des plus ingenieux, euffent été placez en vain & fans aucun avantage dans l'homme & dans les autres animaux, fi l'air n'avoit eû la proprieté de produire les fons par fon mouvement; & nous avons déja fait voir en parlant des fens, dans quelle miférable condition auroient été les hommes fans les fens, & par conféquent fans l'ouïe.

Experiences fur les fons. Notre deffein n'eft pas préfentement de rechercher ici quelle efpece de mouvement, ou quelles parties de l'air produifent le fon. Il paroît certain que ce n'eft autre chofe qu'un mouvement de particules élaftiques de l'air; car dans le tems qu'on faifoit fortir tout d'un coup du globe de verre A (planche xiv. fig. 4.) les parties élaftiques de l'air, & qu'elles fe pouffoient mutuellement les unes les autres vers l'efpace vuide de la machine pneumatique, nous entendions un bruit qui étoit très-fort lorfque la cloche étoit pleine d'air, & que le reffort de l'air fe dilatoit avec plus de force; c'eft-à-dire, au commencement; mais dans le tems qu'on vuidoit le récipient, & que par conféquent on affoibliffoit le reffort de l'air, ou peut-être auffi qu'on diminuoit le nombre des parties qui étoient en mouvement, le fon diminuoit par degrez.

C'eft ainfi que nous trouvons, qu'en fufpendant une petite cloche dans le récipient, & en pompant l'air qu'elle contient, le fon de cette cloche s'affoiblit. Une montre à répétion renfermée dans le récipient de la machine pneumatique, & attachée à une corde, ne fe fait pas fi bien entendre que lorfqu'elle eft hors de la cloche; mais en pompant l'air, le fon diminuoit fi fort & d'une maniere fi fenfible, qu'à peine pouvoit-on l'entendre. Je n'ai jamais pû encore apprendre que perfonne ait fçû fi bien pomper l'air, que le fon d'une montre ou d'une cloche, ne fe fît plus entendre du tout; à moins que ce ne foit M. Huygens

LIVRE II. CHAPITRE I.

gens tout seul qui nous dit dans son *Traité de la Lumiere*, p. 10. avoir placé une montre sur de la plume ou du cotton, afin que son trémoussement ne pût pas se communiquer au verre où elle étoit.

On a aussi observé qu'il se fait un grand bruit dans un endroit où la force élastique de l'air est fort affoiblie, ou d'où l'air se trouve chassé, cet endroit doit être au milieu de l'air commun ; & il faut que cet air y puisse être poussé de tous côtez par sa vertu élastique ; ensorte que ses parties viennent heurter l'une contre l'autre. Car supposé qu'on mît l'un sur l'autre les deux hémispheres du globe de cuivre, dont on se sert communément dans la machine pneumatique, qu'on le collât bien exactement l'un avec l'autre, qu'on pompât l'air qu'ils contiennent, & qu'ainsi leur cavité ne renfermât que très-peu d'air qui eût un ressort trop foible ; si alors on séparoit tout d'un coup avec un grand poids ces deux hémispheres, & qu'ainsi on donnât aux parties de l'air extérieur l'occasion de heurter l'une contre l'autre, on entendroit un bruit semblable à un coup de fusil.

On a remarqué ci-devant la même chose dans la rupture du verre (planche xiv. fig. 3.) causée par la violence & la pression rapide de l'air en entrant dans le vase de cuivre A B C D, à cause qu'on avoit fait sortir une partie de l'air renfermé dans K, & que par conséquent le ressort de celui qui étoit resté avoit diminué à proportion. La même chose arriva encore, lorsqu'à la place du vaisseau de cuivre on eut placé une bouteille de figure octogône contenant demie pinte, sur l'orifice O, de la planche de cuivre H I, & qu'on eut fait sortir un peu d'air ; alors la pression de l'air extérieur fit casser le verre en petits morceaux avec un grand bruit. Pour prévenir le danger qui pourroit s'en ensuivre, le meilleur moyen ce sera de couvrir la bouteille avec une vessie attachée autour de son col.

Nous n'examinerons plus quelles conclusions on peut tirer de ces expériences, & de plusieurs autres concernant les corps qui produisent du son, par le moyen d'un mouvement particulier des parties de l'air ; mais on peut assurer sans crainte, que sans l'air, il ne résulteroit aucun mouvement des corps, & qu'il n'y auroit pas de son. Ceux qui sçavent la nécessité du son, peuvent-ils à présent soûtenir une philosophie comme celle qui enseigne que la propriété que l'air a de conduire les sons & les

Gg

odeurs dans nos oreilles & nos narines, ne vient que du hazard qui en est l'auteur, sans aucune intention de la rendre utile aux hommes?

Les pompes. Outre tous ces usages merveilleux, & les services que l'air rend tous les jours aux habitans du monde, on en pourroit encore rapporter un grand nombre d'autres; & ne devons-nous donc pas, si nous avons quelque sentiment de générosité, reconnoître combien nous sommes obligez de remercier notre Créateur, lorsque sans y contribuer en rien de notre part, nous nous trouvons environnez de la force & de la pression extraordinaire de l'air, dont nous pouvons nous servir selon notre plaisir dans toute occasion, & pour notre propre commodité?

Tous ceux qui sçavent que les pompes, les fontaines & autres instrumens d'hydrostatique ne deviennent utiles que par la pression, c'est à-dire, par la pesanteur & le ressort de l'air, que l'art des hommes a sçû y appliquer, seront pleinement convaincus de la vérité de cette proposition.

Et ceux qui ignorent cela, n'ont qu'à considérer le jet ou la seringue A, BC, (planche XIII. fig. 3.) dont nous avons déja parlé; l'eau D C E ne sçauroit monter dans la pompe, comme cela a été démontré, quoiqu'on retirât le piston S, à moins que l'air n'agisse par sa gravité sur l'eau DE. Il n'y a présentement personne qui ne sçache qu'on doit dans cette occasion regarder une pompe comme une seringue.

L'air retient dans leurs vaisseaux les liqueurs qui fermentent. Que s'il y a un si grand nombre de liqueurs qui fermentent dans leurs vaisseaux, & dont beaucoup de Nations se servent pour leur plaisir & pour leur nécessité, il faut avoüer que nous n'en sommes redevables qu'à la bonté de notre Créateur, qui en plaçant l'air sur ce globe, & lui donnant de la pesanteur & du ressort, oblige ces liqueurs de s'arrêter & de rester dans leurs vaisseaux; car sans cela elles les mettroient en pieces, & elles en sortiroient par leurs orifices. Ceux qui ont envie d'en faire l'épreuve, n'ont qu'à prendre un verre de notre bierre commune, qui n'ait pas encore travaillé, & le placer dans le récipient de la machine pneumatique, & en pompant l'air ils la verront à l'instant monter, former de l'écume, & couler par dessus les bords du verre, comme le fait la bierre qui est en bouteille: mais si on laisse rentrer un peu d'air, elle baissera dans l'instant, & cessera d'écumer.

Je ne dirai pas, que si la pression de l'air n'arrêtoit pas cette

LIVRE II. CHAPITRE I.

fermentation, la boisson perdroit sa force & sa qualité, comme le sçavent ceux qui ont goûté la bierre après cette fermentation qui la rend aussi insipide, que si elle avoit resté long-tems exposée à l'air.

Autre avantage que nous retirons de la pression de l'air, que sans la pression de l'air, l'eau bouillante ne sçauroit rester dans les pots ni dans les chaudrons. Ceux qui doutent de ceci n'ont qu'à mettre une petite tasse à thé pleine d'eau chaude dans le récipient de la machine pneumatique, & en pompel'air, ils verront que l'eau coulera par dessus les bords, & qu'elle se dilatera presque comme de la poudre à canon où l'on a mis le feu.

La plûpart des effets que nous avons déja rapportés concernant l'air, sont produits par sa gravité & par son élasticité ; de-là dépend la respiration des animaux, la fertilité de la terre, & la nourriture des plantes ; mais on remarque encore dans l'air des proprietez surprenantes, qui sont indépendantes de sa fluidité ; il produit, par exemple, la réfraction des rayons du Soleil dans l'air, & de-là viennent les crépuscules du soir & du matin : c'est ce qui empêche qu'un grand jour & clair ne se tourne souvent sur le soir dans très-peu de tems en une nuit tout-à-fait obscure, & qu'à son tour une nuit obscure ne se tourne tout d'un coup en un grand jour, ce qui affoibliroit les yeux des hommes & des autres animaux, on sçait par l'experience combien ces changemens grands & soudains d'une épaisse obscurité, à un jour grand & clair, sont fâcheux & incommodes.

La réfraction & le crépuscule.

C'est cette proprieté de l'air qui fait que les climats, qui sont auprès des poles, joüissent pendant leurs longues & terribles nuits, de la lumiere consolante du Soleil pendant plusieurs jours avant qu'il se leve sur l'horison ; d'où il s'ensuit aussi, que les nations qui sont éloignées des poles, & sur lesquelles le Soleil se leve & se couche chaque jour, découvrent, avant que le Soleil paroisse, la clarté du jour qu'on reçoit avec tant de plaisir ; elles sont les dernieres qui en sont privées, ainsi elles jouissent beaucoup plus de tems qu'elles n'auroient fait, si l'air ne s'étoit pas trouvé placé autour de la terre.

Pour en donner quelque idée au Lecteur, supposons que N Z S soient le globe de la terre (dans la planche XIII. fig. 3.) E W A T l'air qui l'environne, & E Y l'horison sensible des peuples qui habitent F : à présent, si entre l'air & le Soleil A, il n'y avoit pas une matiere épaisse comme l'air, & que le rayon du Soleil A H y passât, les Mathematiciens sçavent, 1° qu'on doit la regarder comme tombant sur la ligne B C, qui touche l'air dans H, & par conséquent la partie supérieure ; 2° qu'il doit être oblique, parce qu'il fait l'angle A B C.

On a démontré ci-devant, en traitant de la vûe, dans le chapitre XI. qu'un rayon (planche X. fig. 2.) qu'un rayon, dis-je, qui entre dans une matiere plus épaisse qui soit aussi transparente, ne va point en ligne droite vers D, il est réfléchi vers la perpendiculaire G Q, & étant ploié ou rompu dans H, il suit une autre route H F ; de sorte que dans la planche XIII. fig. 3. le rayon du Soleil A H va se rendre par le moyen de cette inflexion à l'œil du spectateur qui est en F, tandis qu'autrement il auroit passé par D à une grande distance au-dessus de lui.

Il y a encore beaucoup d'expériences d'optique, qui font voir évidemment, que lorsqu'un rayon tombe dans l'œil, selon la ligne droite H F, la personne qui voit, s'imagine toûjours que l'objet est dans le rayon F H. C'est ce qui fait que lorsque le Soleil A est réellement sous l'horizon E F Y, ceux qui habitent l'endroit F croient le voir dans la ligne prolongée F H ; c'est-à-dire en R, & au-dessus de l'horizon.

Ainsi on a déja fait voir cela en peu de mots, & de-là on peut en quelque maniere connoître par comparaison, comment les rayons de lumiere qui sont rompus dans le crépuscule du soir & du matin, éclairent la terre, & nous font voir le Soleil avant qu'il soit véritablement levé, & après qu'il est couché.

Un Incrédule peut-il encore s'imaginer que cette proprieté de l'air, par rapport à la lumiere, soit aussi un effet du hazard; tandis pourtant qu'il est forcé de reconnoître qu'elle lui est d'un si grand avantage, de même qu'au reste des habitans du monde ? S'il en avoit sçû même la direction, il jugeroit que l'utilité qu'il auroit reçû de cette seule proprieté de l'air, meriteroit toute seule qu'on environnât la terre de ce corps.

Avant que je quitte ce sujet, je ne sçaurois m'empêcher de dire quelque chose de très-remarquable : la gravité & le ressort de l'air sont de nouvelles découvertes faites par M^{rs} de l'Académie Roiale de France, dans leur Histoire de l'année 1702. on les nomme, *les premieres découvertes faites par les Philosophes Modernes touchant la nature de la lumiere ;* elles ont été inconnues jufqu'au dernier fiécle aux Philofophes qui connoiſſoient le mieux la nature. Car tous les Anciens ont regardé l'air comme un corps leger, qui pouvoit monter de lui-même, ou du moins qu'il étoit fans pefanteur; cette erreur a duré jufqu'à ce que l'invention du barométre, les expériences de la machine pneumatique, le feu, &c. aient prouvé d'une maniere inconteftable que l'air eft un corps pefant, & que nous pouvons déterminer fa pefanteur. Ajoûtez à cela, que le barométre qui eft le premier inftrument qui ait donné aux hommes la connoiſſance de la gravité de l'air, ne fut découvert ni par l'étude, ni par la pénétration de fon inventeur Torricelli; mais pour me fervir des paroles de M. Stair, *Phyſiolog. Expl. xix fect.* 41. ce fut le hazard qui le lui révéla dans l'année 1643. fans qu'il s'y attendît en aucune maniere.

Avant de quitter ce qui concerne l'air, il eft néceſſaire de dire quelque chofe touchant les Météores; fçavoir les nuages, les broüillards, le vent, la pluie, le tonnerre, les éclairs, &c. parce que de tout tems on y a obfervé un nombre infini de merveilles, & que Dieu s'en eft fouvent fervi pour manifefter fa puiſſance redoutable à ceux qui le méconnoiſſent; mais parce que ces mêmes Météores ne nous offrent pas des expériences qui puiſſent nous déterminer fur leurs caufes & fur la certitude de quelques opinions, on ne peut pas pénétrer aſſez loin dans ces matieres, pour pouvoir dire avec aſſez de certitude comment ils fe produifent, & comment ils opérent.

Il paroît vrai, felon les apparences, que l'air de l'atmofphére a le même pouvoir, & produit les mêmes effets fur beaucoup de corps, que ce que les Chymiftes appellent menftrues ou liqueurs diſſolvantes; il agit, fans doute, de la même maniere que l'efprit de vin; par exemple, fur les épiceries qu'on y fait tremper, d'où il extrait quelques parties qui s'incorporent avec lui.

L'air eft indiſſolvant.

C'eft ainſi que nous voyons que les écoulemens d'une infinité de corps, que toutes les odeurs, que la fumée & la vapeur des fubftances qu'on brûle ou qui fe pourriſſent, que les vapeurs & les broüillards de tant de mers, de rivieres, de lacs, d'étangs, que les parties de tant de feux, celles du nitre & du fouphre, des fubftances acides ou alcalines qui ont fermenté; en un mot de tout ce qu'on appelle volatil: c'eft ainſi, dis-je, que tout cela fe mêle avec l'air, & s'y ramaſſe comme dans un magafin com-

Les parties de differentes efpeces dans l'air.

mun. Ajoûtez à tout ce mélange les rayons infinis du soleil, qui se meuvent avec une vîtesse si inconcevable, comme nous le ferons voir dans la suite, & qui sont réverberez. Nous ne dirons rien des planettes ni des étoiles; car quelque petit qu'on suppose l'effet qu'elles produisent à raison de leur distance immense, cependant puisque ces corps célestes sont vûs au travers de l'air, & que leurs rayons sont transmis jusqu'à nous avec une vîtesse prodigieuse, ils méritent que nous nous y arrêtions. Il seroit impossible d'examiner tout en détail; mais ceux qui se sont un peu occupez aux expériences de la Philosophie naturelle, conviendront d'abord de ce mélange formé par une infinité de differentes particules, dont nous venons de parler.

Nous allons donner une preuve de tout cela, en faisant observer, que l'odeur du souphre qui suit quelquefois après un éclair, fait voir qu'il y a des parties sulphureuses mêlées avec l'air. Je ne dirai rien des vapeurs qui s'élevent de l'eau, tout le monde sçait que l'air en est rempli : beaucoup de relations nous apprennent que les vapeurs sulphureuses s'élevent en grande quantité des volcans ou des montagnes enflammées; ces vapeurs sortent par le moyen des feux soûterrains, qui sont allumez par les opérations de la chymie naturelle; cela est encore évident, parce que même dans notre païs marécageux, il y a des cîternes ou des puits, dont l'air qui est au-dessus, s'enflamme d'abord qu'on y tient une chandelle allumée; ensorte qu'il y a des maisons entieres qui ont été consumées de cette maniere; & il n'y a pas long-tems qu'une personne se brûla misérablement dans le païs que nous appellons *Beemster*, situé au Nord de la Hollande, païs qui n'est autre chose qu'un marais, ou une espece de lac.

Mélange du feu avec l'air.

Que le feu se mêle avec l'air, c'est ce que beaucoup d'expériences font voir, comme les éclairs; & cette matiere que les Chymistes appellent phosphore, qui aiant resté plusieurs années dans l'eau, brille dans l'obscurité d'abord qu'on le retire de l'eau, & sans qu'on y apperçoive qu'une chaleur si petite, qu'à peine peut-on l'appeller chaleur. Le phosphore se fait de l'urine humaine, qu'on distile après qu'elle a resté exposée à l'air jusqu'à ce qu'elle soit corrompue; & quelques-uns de ceux qui en ont fait l'expérience disent, que supposé qu'on pût garder cette urine dans un endroit où l'air ne pût pas y communiquer, elle ne brille ni ne brûle, quoique préparée selon les regles de la chymie,

Ceux qui ont senti l'odeur des sels alcali-volatils, par exemple, de ceux qu'on tire de la suie, de la corne de cerf, &c. & qui ont souvent appris à leurs dépens, que ces sels ne peuvent se conserver long-tems, sçavent fort bien que la dissolution s'en fait dans l'air ; des phioles qui étoient remplies de ces sels, sans être bouchées, se sont souvent trouvées vuides entierement, ou du moins il s'étoit dissipé une bonne partie de ces sels. On a observé la même chose dans les liqueurs acides par l'odeur qui s'en exhale, comme dans le vinaigre, &c. de sorte que si vous mettez quelque liqueur acide sous une planche de cuivre ou d'airain, les vapeurs qui s'en exhalent & se mêlent avec l'air, rougiront le cuivre, & le changeront en verd-d'Espagne. De plus, nous sçavons qu'en distillant l'esprit du salpêtre, qui monte sans aucun mélange d'eau, tous les bouchons dont on se sert pour boucher les bouteilles qui le contiennent, sont rongez par les particules qui montent pour s'aller répandre dans l'air, & que ces mêmes sels, lorsqu'on les met dans une bouteille ouverte, s'évaporent d'une maniere sensible à la vûe.

Mélange des acides & des alkalis avec l'air.

Les esprits ardens s'incorporent aussi avec l'air ; cela est connu de tous ceux qui ont fait chauffer de bon esprit-de-vin, & tenu du papier allumé auprès de ses vapeurs, celles qui sont dans l'air s'allument à l'instant. Les Chymistes font la même expérience dans leurs distilations, lorsqu'ils essaient si leurs luts ; c'est-à-dire, les corps dont ils se servent pour joindre les vaisseaux, sont aussi serrez qu'ils peuvent l'être ; car si on en approche une chandelle, & qu'il en sorte des vapeurs, ces vapeurs qui se répandent dans l'air prennent feu à l'instant.

Mélanges des esprits ardens avec l'air.

Les huiles se mêlent aussi avec l'air : ainsi sans parler de l'huile de poisson dont l'odeur se fait sentir si loin, de sorte qu'on peut douter si c'est les parties oléagineuses qui font impression dans les narines : prenez de l'huile d'olives mêlée avec du sel, & distilez-la dans un pot de fer ardent, & couvert d'un chapiteau de fer, percé à la partie supérieure, de sorte qu'on puisse le fermer avec un couvercle de fer, vous trouverez après avoir levé le couvercle, pour prendre de cette matiere avec une cuilliere de fer, & pour en mettre de nouvelle, que les vapeurs (qui étant ramassées dans le récipient, forment ce qu'on appelle huile des Philosophes) s'enflamment d'abord qu'elles entrent dans l'air, & la flamme continue jufqu'à ce que l'orifice du vaiffeau foit fermé de nouveau.

Plufieurs autres mélanges qui fe font avec l'air.

On trouve un nombre infini d'autres particules, outre celles que nous avons rapportées ci-deffus, qui s'incorporent avec l'air comme dans un menftrue ou diffolvant commun. M. Varene a obfervé dans fa Geographie (lib. I. cap. XIX. §. 41.) que lorfque les épiceries font dans leur maturité aux ifles des Indes, les matelots le connoiffent par l'odeur à trois ou quatre lieues de diftance; que dans les ifles Açores, l'air eft imprégné de tant de particules acides, qu'il corrode tellement le fer & les pierres des maifons, jufqu'à les réduire en pouffiere en peu de tems; au lieu qu'au contraire dans l'Amérique dans la province du Chili, l'air eft fi doux, que quoiqu'on tienne une épée hors du fourreau fans la nettoier, on n'y verra jamais la moindre rouille. Ceux qui demandent une inftruction plus ample fur cette matiere, peuvent confulter l'Auteur dans l'endroit que nous avons marqué.

Beaucoup de matieres confervent leur proprieté dans l'air.

Après tout cela, perfonne ne fera à mon avis, difficulté d'avouer que l'air eft un menftrue imprégné d'une infinité de particules; il femble feulement néceffaire, avant que nous paffions plus loin, de faire voir premierement, que les exhalaifons d'un fi grand nombre de fubftances folides & fluides, quoique diffoutes dans l'air, peuvent encore conferver les mêmes proprietez qu'elles avoient avant qu'elles s'y fuffent mêlées. Si on en demande des preuves fuffifantes, qu'on voie ce que le grand naturalifte M. Boyle en a dit dans fon difcours de *la nature déterminée des écoulemens ou exhalaifons*. Quoiqu'il en foit on a obfervé ce qui fuit dans les expériences, premierement, dans un grand nombre de fluides tirez par la diftilation, comme dans les eaux, les efprits ardens, les efprits acides, les efprits qui contiennent un fel volatil, le mercure; on a obfervé, dis-je, que prefque toutes les liqueurs de cette nature, lorfqu'elles s'évaporent par la chaleur, confervent fi bien leur figure, qu'étant reçûes dans un récipient & changées de nouveau en une matiere liquide, la plûpart d'elles produifent le même fluide qu'elles compofoient avant qu'elles fuffent mêlées avec l'air.

On peut obferver la même chofe dans beaucoup de corps folides, que les Chymiftes ont l'art d'élever, ou (pour me fervir de leur expreffion) de fublimer par le moyen du feu. C'eft ainfi

qu'au

LIVRE II. CHAPITRE I.

qu'au rapport de M. Boyle, le souphre, le camphre, le benjoin, le sel ammoniac, & même tous les métaux peuvent se sublimer & se mêler avec l'air par la chaleur du feu, & que leurs parties peuvent être changées de nouveau en un corps solide, qui a les mêmes proprietez qu'il avoit auparavant.

Et que personne ne s'imagine que nous étendons trop loin cette analogie; parce que dans ces climats on ne s'apperçoit pas d'une chaleur ou d'un feu qui soit capable de dissoudre ces corps, & de les faire monter dans l'air par l'évaporation; en un mot, de faire ce qu'une chaleur si violente fait dans la chymie; car quiconque aura lû quelque chose sur les feux souterrains qui s'elevent des montagnes ardentes; quiconque aura lû de quelle quantité de souphre, de cendres, & d'autres matieres elles ont rempli l'air, même jusqu'à des lieux très-éloignés, il trouvera qu'on n'a pas le moindre sujet de douter de ce que j'ai avancé.

De tout ce que nous venons de faire voir, il s'ensuivra en second lieu, que celui qui sçait la varieté & la force avec laquelle ces particules, qui flottent dans l'air agissent l'une sur l'autre, concevra aisément que les différentes qualitez de l'air résultent des différentes combinaisons & séparations de ces particules; de sorte que quelques parties incapables de nuire de leur nature, peuvent devenir nuisibles & même fatales, par leur union & leur mélange mutuel; & au contraire, d'autres qui sont préjudiciables, peuvent aussi devenir salutaires; c'est ainsi que dans beaucoup de cas elles peuvent souffrir plusieurs changemens.

Ces mélanges rendent l'air sain ou mal sain.

C'est ainsi que nous voions (pour donner un exemple de ce que nous avons avancé) que l'esprit de sel commun & de mercure, qui ne sont des poisons ni l'un ni l'autre en particulier, étant sublimez par le feu, s'unissent dans l'air, & deviennent ensuite un poison si mortel (auquel on donne ordinairement le nom de sublime corrosif), que s'il ne surpasse pas l'arsenic même, on doit du moins le regarder comme aussi funeste. Nous n'examinerons pas ici si on peut supposer, que ce que Diemerbroek a observé, *de peste lib. II. cap.* 3. soit arrivé comme il le dit sçavoir, que les vapeurs du savon avec lequel on lave le linge avoient porté la peste dans les maisons de Nimegue, & avoient rendu l'air de cette ville contagieux, quoiqu'on sçache fort bien que les ingrédiens dont cette matiere est composée, n'ont rien de pestilentiel. A peine doit-on douter de ceci,

H h

qui est que, lorsque les feux soûterrains pendant les tremblemens de terre ont rempli l'air d'une grande quantité d'exhalaisons, ces exhalaisons ont produit souvent des maladies contagieuses & épidemiques, ou par elles-mêmes, ou en s'unissant & en agissant avec d'autres particules de l'air.

C'est ainsi que nous voions que les poisons violens perdent leurs qualitez pernicieuses en se joignant avec d'autres substances ; & les Chymistes sçavent très-bien qu'on a beau faire exhaler ou élever dans l'air le sublimé dont nous avons fait mention ci-dessus, il conserva toûjours les qualitez d'un poison mortel : mais si on prend du sel de tartre, qu'on le mêle avec une quantité égale de sublimé, & qu'ensuite on fasse évaporer le tout, les parties de ces corps viendront à se joindre dans l'air ; & perdant leurs qualitez de poison, elles produiront un remede appellé *mercure doux*, qui est très-bon dans beaucoup d'occasions. Quelques-uns attribuent à la même cause l'extinction de la peste au grand Caire, qui cesse d'abord que le Nil commence à monter ; de sorte qu'on a observé que le jour même devant que le Nil montât, il y mouroit 500 personnes, au lieu que le lendemain il n'y en mouroit peut-être pas une, selon la relation de M. Sandi dans ses voiages, liv. II. M. Boyle confirme la même chose par plusieurs exemples.

Le même M. Boyle nous a appris que les fluides peuvent se changer en solides dans l'air, en mêlant de l'esprit d'urine corrompuë ou fermentée avec de l'esprit-de-vin qui n'ait pas encore été séparé entierement de son eau, & en le mettant sur la flamme d'une lampe ou de quelque autre feu plus fort ; les vapeurs qui s'en élevent, se changent dans l'air en un corps solide, qui paroît au haut du verre, comme de beau sublimé blanc, quoiqu'avant la distillation ces deux substances fussent liquides.

Ce n'est pas notre dessein d'éxaminer ici, si les faits arrivez à Nimegue & au Caire, & dont nous avons fait mention ci-dessus, devroient être attribuez à la précipitation ou coagulation, que peuvent causer dans l'air quelques-unes des particules qui y montent ; or que quelque chose de semblable puisse arriver dans l'air, soit par l'union ou la séparation des particules, c'est ce qui paroît soûtenable en quelque façon, par l'observation que fit le Professeur Schagt dans le temps de la maladie de Leïde, dont on a parlé ailleurs. Ce qu'un Gentilhomme curieux & observateur éxact m'a rapporté, semble confirmer cette

LIVRE II. CHAPITRE I.

opinion: C'étoit, à ce qu'il dit, une chose connuë communément de tous les habitans de Londres, sçavoir, que dans la terrible peste de l'année 1665, il n'y eut presque que les Caffez qui étoient continuellement remplis de fumée de tabac, qui fussent préservez de l'infection.

Je ne prétends pas déterminer, si pour expliquer ce que nous venons de rapporter, il faut dire que la chose arrive de même que lorsqu'après avoir dissout une bonne quantité de sublimé dans de l'eau, on verse dans la même liqueur qui est un poison très-violent, une solution de sel de tartre dans cette eau, jusqu'à ce qu'on voie paroître une poudre rougeâtre & qu'elle descende au fond; ou, selon le terme des Chymistes, qu'elle soit précipitée; car alors on voit que ces deux substances en agissant l'une sur l'autre, ont détruit toute la qualité venimeuse du sublimé: ou bien, si on peut supposer que cela arrive conformément à ces autres expériences qu'on fait en préparant le mercure doux, & aux conséquences qui en suivent, comme nous l'avons observé ci-dessus. Nous nous sommes principalement proposé dans tout ceci de faire voir uniquement que, tout bien consideré, nous devons supposer que le globe de la terre, avec l'air qui l'environne, est non-seulement une machine mathématique, ce qu'on peut prouver par d'autres expériences, mais qu'il est outre cela comme un grand laboratoire de Chymie, dans lequel l'air représente le récipient, où il se ramasse des milliers d'especes de particules toutes différentes, que les feux soûterrains, la chaleur du Soleil, & quelques autres causes font exhaler: ou bien, on doit regarder l'air comme un menstruë ou dissolvant, qui étant répandu sur un nombre infini de substances, en extrait plusieurs especes de particules, & se les unit à lui-même; & ces particules étant mêlées avec l'air, peuvent agir d'une maniere différente l'une sur l'autre, selon leurs différentes natures & leurs proprietez.

Si l'on se forme une idée juste de la constitution de l'air, & si l'on connoît le nombre infini de particules de différente espece qui se rencontre dans ce fluide; de combien de manieres différentes elles s'unissent l'une avec l'autre; comment il résulte de leur union, de leur division ou de leur séparation; tant d'effets si pernicieux, ou si salutaires; si outre tout ceci, dis-je, on est assuré que les animaux ne sçauroient vivre, ni les plantes croître sans l'air; peut-on aisément se persuader que tout cela se passe ainsi, ou par un effet du hazard, ou par des causes méchaniques, qui ignorent entierement ce qu'elles font, & qui agissent sans sagesse ? Sans une Providence & une Puissance infinie qui regle tout, ce véritable chaos, ou ce mélange confus, sujet à un nombre inexprimable de changemens ; auroit-il pû s'ajuster pour si long-temps, & continuer encore dans le même état, conserver la vie de tant de milliers d'animaux & de plantes, leur fournir à un chacun en particulier ce qui leur est nécessaire en tant de différentes manieres ? Et si l'on voit que tant de matieres différentes ne tombent pas dans la derniere confusion, peut-on attribuer une telle merveille à une autre cause qu'à la providence d'un Dieu, laquelle est au-dessus de tout entendement ? Oüi, peut-on avec toute la sagesse s'en former une juste idée ? Dans ce mélange si confus de toutes sortes de choses, comme l'air, il y en a véritablement beaucoup d'utiles ; mais il s'y en trouve aussi qui sont contagieuses & même funestes, comment se peut-il, dis-je, que chaque matiere agisse dans sa place, & que celles qui sont pernicieuses, ne puissent pas nuire ? N'est-ce pas là un effet de la volonté suprême de l'Etre adorable qui nous gouverne, & qui manifeste en cela sa sagesse & sa puissance ?

Pourquoi l'air est insipide & invisible.

Surpris d'un grand étonnement, j'ai reconnu souvent cette sagesse & cette bonté de Dieu, lorsque je consideroit qu'il a bien voulu présenter à notre vûë, le feu, l'eau, la terre, le Soleil, la Lune, les Etoiles, & presque toutes les autres créatures, excepté l'air qu'il a jugé à propos de rendre invisible, quoique nous puissions le sentir assez bien pendant les vents & dans d'autres occasions. Est-il personne qui ne tremble, lorsqu'il voit que les vapeurs & les autres particules actives contenuës dans l'air, s'assemblent dans des nuages obscurs, & nous menacent avec des éclats de tonnerre, des éclairs, des orages & des tempêtes ?

De plus, si quelqu'un étoit obligé de boire de l'eau bourbeuse & marécageuse, remplie de boüe & d'ordure, avec quel dégoût ne regarderoit-il pas cette eau, quoique peut-être elle ne fût pas d'ailleurs pernicieuse ? Ou bien, s'il y rencontroit quelque œuf de serpent ou de crapaut, quoiqu'il n'y en eût pas assez pour l'empoisonner, cependant avec quelle crainte & quelle apprehension ne prendroit-il pas le verre dans ses mains ? Et quelles peines ne se donneroit-il pas pour séparer de ce mé-

LIVRE II. CHAPITRE I.

lange terrible ce qui feroit pur & falutaire? Mais fi on lui expofoit de la même maniere toutes les impuretez qu'on pourroit trouver dans l'air, toutes les exhalaifons qui partent des endroits marécageux, toutes les vapeurs qui fortent des bourbiers puans, & des cadavres, toutes celles qui s'élevent des mineraux venimeux, des animaux contagieux, ou des plantes, tous ces corpufcules défagréables qui tranfpirent des corps des hommes ou des bêtes, & toutes les autres impuretez de l'air, de quelque nature qu'elles puiffent être; fi on lui expofoit, dis-je, aux yeux tout cela, n'en feroit-il pas dégoûté, & n'auroit-il pas mal au cœur à la feule vûë de ces objets? Cela lui arriveroit affurément, s'il étoit capable de voir de fes yeux, que l'air qu'il eft obligé de refpirer fans interruption, eft rempli d'une quantité fi grande de particules impures & mal faines; il vivroit dans une appréhenfion continuelle de fe voir empoifonné; il agiroit pour trouver, s'il étoit poffible, dans cet amas dégoûtant de chofes défagréables, quelque chofe qui fût moins défagréable, & qu'on pût refpirer, fans que cela fift foûlever le cœur. Nous verrions les riches offrir plus d'argent pour les endroits où l'air feroit pur & fain, qu'ils n'en dépenfent à préfent pour des édifices ftables & des maifons de campagne. Il a plû cependant à l'Etre bienfaifant qui dirige toutes chofes, de nous garentir d'une maniere fi foigneufe de tous ces inconveniens, (afin que cette fonction qui ne doit ceffer aucun moment de notre vie, fçavoir, l'infpiration & l'expiration de l'air, pût fe faire avec plaifir, ou du moins fans produire aucune fenfation défagréable,) pour cela il a rendu invifible l'air, qui fans cela offriroit à nos yeux un effain continuel d'objets infupportables; n'y aiant d'autre moïen pour nous délivrer (quoique ces objets ne foient pas dangereux pour la fanté ou pour la vie) des foins & des craintes continuelles que nous aurions eu d'attirer par la bouche & la trachée-artere dans les poulmons, cette quantité de chofes odieufes.

Cette quantité prodigieufe de particules flotantes dans l'air, nous cauferoit la même averfion & la même fraieur, mais dans un degré beaucoup plus grand, fi elles devenoient fenfibles au toucher. Tout homme ne doit-il donc pas reconnoitre les obligations qu'il a à la fageffe & à la miféricorde du grand Etre, qui gouverne cet univers? Qui, quoiqu'il nous faffe entendre cet air compofé dans les flûtes, qu'il nous le faffe fentir dans les vents & les orages, & qu'il nous le fasse aussi flairer dans beaucoup d'occasions, l'a façonné de maniere que nonobstant qu'il soit impregné & chargé de tant de particules différentes, on ne sçauroit ni le voir, ni le goûter, si ce n'est dans quelques cas particuliers & très-rares ; cela peut convaincre un incrédule, que l'Auteur de tout ceci agit d'une maniere libre & selon son bon plaisir : mais on ne sçauroit en aucune maniere avancer que ceci soit reglé par des causes nécessaires, & beaucoup moins par le hazard. Nous voions que, lorsqu'un Apoticaire a pesé de l'aloës, & que ses parties les plus subtiles s'envolent & se mêlent avec l'air, leur amertume se fait sentir au goût de ceux qui respirent cet air : & pour faire voir que l'air est aussi visible dans sa propre nature, il ne faut qu'en comprimer une bonne quantité dans la machine pneumatique, ensuite le laisser sortir aussi-vîte que nous pouvons, & il se montrera dans le moment à nos yeux comme un broüillard.

CHAPITRE II.
Des Météores.

MAis pour venir aux météores, si nous entreprenions d'en faire voir clairement & au long les causes, il faudroit que nous le fissions par beaucoup d'expériences naturelles & chymiques, entre lesquelles & ces causes on pourroit trouver quelque peu d'analogie & de conformité ; mais ceci nous engageroit dans un champ trop vaste. Nous en rapporterons néanmoins quelques-unes, pour faire voir comment les météores se forment dans l'air, sans pourtant prétendre que cela ne puisse se faire en beaucoup d'autres manieres ; car comme il est des choses parmi celles qui nous sont à présent connuës, qui étoient cachées aux Anciens, de même peut-être nôtre postérité pourra découvrir des choses que nous ignorons jusqu'à présent.

Des broüillards. Disons en premier lieu quelque chose des broüillards. Il est évident par ce que nous avons dit, qu'il y a une quantité extraordinaire de vapeurs aqueuses & d'autres exhalaisons qui se mêlent avec l'air, & qui le rendent ainsi épais & obscur ; comme, par éxemple, lorsqu'elles s'élevent en trop grande quan-

LIVRE II. CHAPITRE II. 247

rité, & qu'elles se trouvent si fortement pressées l'une contre l'autre, jusqu'à remplir l'air, & empêcher le passage libre de la lumiere. C'est ainsi que nous voions que dans les chambres, où la fumée ne monte pas directement par la cheminée, l'air devient en quelque façon opaque & plein de broüillard ; les vapeurs épaisses de l'eau qu'on fait boüillir dans les chaudieres, font la même chose, c'est ce qui arrive encore par la grande quantité de vapeurs qui s'elevent de l'eau froide durant l'hyver, & ici en Hollande lorsque la glace vient à se rompre & à s'ouvrir, ou bien dans le temps du dégel.

La seconde maniere de produire des broüillards & des vapeurs, c'est lorsque l'air est plus rarefié qu'à l'ordinaire, & que devenant par conséquent plus leger, il n'est plus en état de balancer & de retenir les vapeurs de l'eau qui pesent davantage ; on en peut voir un exemple évident dans la planche XIII. fig. 5. en faisant sortir l'eau du globe de verre A B, d'où l'on a pompé l'air auparavant (comme on l'a deja fait voir ailleurs) & en l'attachant après cela, ou en le faisant entrer en tournant dans la machine pneumatique à l'endroit D, de sorte que la petite quantité d'air qui est restée dans S, paroîtra au-dessus de l'eau N P R ; après quoi l'air de la machine pneumatique étant pompé, il faut ouvrir les robinets E & K, par ce moien l'air qui pesoit dans S sur l'eau N P, ne trouvant point de résistance, la fera descendre vers la machine ; & l'espace A N P devenant plus grand, l'air qui y est, s'y dilatera aussi, ou s'y rarefiera davantage. Or comme il devient aussi par là plus leger, les vapeurs de l'eau devront aussi se précipiter, & produire dans le globe un broüillard visible & blanchâtre, & souvent de petits nuages qui imitent éxactement ceux que nous voions dans l'air de l'Atmosphere ; mais ces broüillards & ces nuages, lorsqu'on laisse rentrer l'air Q W R à travers l'eau, & que la quantité & la condensation de l'air qui est dans S augmentent, disparoissent de nouveau immédiatement, & l'air de l'endroit S recouvre sur l'instant sa transparence précédente : & ainsi toutes les fois qu'il peut se dilater, & chasser l'eau hors du globe, dans le temps qu'on pompe l'air de la machine, il se remplit de broüillards & de nuages ; & il s'éclaircit de nouveau & reprend sa transparence, lorsqu'on permet à l'air de l'Atmosphere d'y entrer.

Nous avons fait très-souvent ces expériences, & nous y avons observé ; premierement, que ces vapeurs, lorsque l'air paroissoit pesant dans un baromètre, ne se voioient pas au premier coup de pompe, & qu'elles ne se montroient qu'après une dilatation considérable de l'air renfermé qui devenoit par conséquent plus leger & plus rare. Secondement, cette expérience n'a pas bien réussi, lorsque l'eau & l'air étoient froids; apparemment, à cause qu'il n'y avoit pas assez de vapeurs aqueuses mêlées avec l'air : de-là vient que l'eau chaude qui est dans le vase de verre (planche XIII. fig. 4.) MN, étant placée sous le recipient, remplissoit sur l'instant l'air de vapeurs qui s'en élevoient, & qui disparoissoient comme auparavant par l'introduction de l'air frais.

On a aussi observé dans un autre temps, qu'il ne paroissoit aucun broüillard dans le globe de verre pendant le froid, mais qu'après avoir fait du feu dans la chambre, l'air paroissoit plus chaud dans le Thermometre : quand peu de temps après on pompe l'air de nouveau, le broüillard devient visible. Troisiémement, nous avons aussi trouvé, que le broüillard qui avoit été produit de cette maniere dans le verre, baissoit par degrez, & que le verre devenoit plus clair, sans l'introduction de l'air nouveau. Et en quatriéme lieu, ces broüillards étant mis en mouvement par l'introduction de l'air extérieur, & par le vent que cet air produisoit, occasionnerent une agréable représentation de la route irréguliere que tiennent les nuages dans l'air dans le temps des orages & des tempêtes.

En faisant le rapport de cette expérience, je suis entré un peu plus dans le détail, parce qu'elle ne m'a pas toûjours réussi, & qu'elle semble nous donner de grands éclaircissemens touchant la nature des broüillards & des nuages.

Il semble que les broüillards & les nuages naturels sont de la même espece que ces broüillards & ces nuages artificiels; parce que très-communément, lorsque l'air cesse d'être serain, & qu'il devient plus obscur, le mercure baisse dans le baromètre, & fait voir par-là que l'air est devenu plus leger.

J'ai aussi observé souvent avec surprise, que dans le temps que l'air paroissoit clair au-dessus & aux environs de nous, tout le ciel devenoit dans très-peu de temps obscur & couvert de nuages; sçavoir, si on doit inferer ceci d'une rarefaction soudaine de l'air, (à cause que nous ne connoissons pas d'autre cause qui puisse en si peu de temps agir si promptement dans toute l'étenduë des cieux;) c'est ce que je laisse à rechercher.

On

LIVRE II. CHAPITRE II.

On peut comparer avec cela le barométre.

En troisiéme lieu, on verra une autre maniere de produire des broüillards par une expérience faite avec deux petites phioles contenant chacune une once, dont l'une est presque remplie d'esprit de salpêtre ou d'eau-forte, ou bien d'esprit de sel commun, & l'autre d'esprit de sel ammoniac : approchez l'un de l'autre les goulots de ces deux phioles, & vous trouverez que les exhalaisons qui en partent étant mêlées dans l'air, produiront une fumée ou un broüillard visible, qu'on ne sçauroit observer dans ces phioles, si elles sont placées assez loin l'une de l'autre.

Il n'est personne qui, après avoir vû l'effervescence ou fermentation qui se fait, lorsqu'on verse ces liqueurs l'une sur l'autre, ne convienne d'abord que cette effervescence, comme les Chymistes l'appellent, ne soit causée par l'action réciproque des particules de ces liqueurs lorsqu'elles sont dans l'air.

En quatriéme lieu, nous apprenons des Chymistes une autre maniere de changer souvent par la précipitation ou la séparation, des liqueurs claires & transparentes en une matiere épaisse & trouble : c'est ainsi qu'une dissolution de sublimé ou de vitriol dans de l'eau, étant filtrée à travers un papier, donne une liqueur claire ; mais mettez-y ou du sel de tartre ou de la potasse que vous aurez fait aussi dissoudre dans de l'eau, vous verrez dans le moment quelques parties de la premiere liqueur se précipiter ou se séparer du reste ; de-là vient que les liqueurs perdent leur clarté, & qu'elles se convertissent en une substance obscure & épaisse.

Sçavoir, si ceci a aussi lieu dans quelques broüillards auxquels le vulgaire donne le nom de *broüillards puans*, c'est une chose dont je ne veux pas pousser ici plus loin l'éxamen ; ce qu'il y a de certain, c'est que ces puanteurs ont souvent une grande affinité avec celle que nous appercevons en faisant le lait de soulphre ou le soulphre doré d'antimoine.

Si l'on fait boüillir dans de l'eau les escories de régule d'antimoine, ou bien, selon les Chymistes, son soulphre mêlé avec du sel de tartre dans le feu, & qu'on filtre le tout à travers un papier, on en voit sortir une liqueur claire de couleur rougeâtre & sans aucune odeur ; mais si on y met quelques goutes de vinaigre, il en sort une puanteur insupportable, & les liqueurs deviennent épaisses & opaques ; jusqu'à ce qu'une poudre de

I i

couleur d'orange & jaunâtre se précipite au fond, c'est ce qu'on nomme *poudre d'or*, & après cela les deux liqueurs recouvrent leur clarté.

J'ai souvent douté en moi-même, s'il n'y auroit pas dans l'air quelque chose de semblable, qui par la précipitation peut produire ces broüillards puans; premierement, à cause de la ressemblance de l'odeur; & secondement, à cause que j'ai observé plusieurs fois, dans les jours qui succedoient à ces broüillards, une écume rougeâtre ou de couleur d'orange, sur les eaux dormantes, cette matiere ressembloit extrêmement au soulphre doré; & elle ne paroissoit pas avant que les broüillards survinssent. Mais je laisse cette matiere pour qu'on l'examine plus au long.

Les broüillards sont des nuages.

Après avoir traité des broüillards, il semble qu'il n'est pas nécessaire de rien dire touchant les nuages, parce qu'il est très-croiable que ce que nous appellons ici-bas *des broüillards*, composent la matiere des nuages, lorsqu'ils sont plus élevez dans l'air; de sorte qu'une nuée n'est autre chose qu'un broüillard élevé: or que ceci soit quelque chose de plus qu'une pure supposition, cela se voit par l'expérience de beaucoup de personnes; qui aiant monté au haut des montagnes, trouvoient dans leur chemin des broüillards épais; mais étant parvenus au sommet, ils observoient que ces broüillards flotoient au-dessous d'eux, comme de grandes nuées blanches. M. Varene nous en donne une relation particuliere dans *sa Geographie lib. 1. cap. 19. §. 41.*

M. Mariotte ce grand Observateur de la Nature, nous assure la même chose dans son Discours *Du mouvement des Eaux*, pag. *19*. Il dit qu'en montant sur une montagne, il se trouva dans un endroit au milieu d'un broüillard, qui lui paroissoit comme un nuage, lorsqu'il étoit au pied de la même montagne.

On peut faire une autre expérience commune: dans le temps que les Canoniers éprouvent leurs canons, & déchargent plusieurs piéces à la fois; tout le monde sçait que la fumée de la poudre paroît comme un broüillard dans l'air à ceux qui sont au-dessous d'elle; & cela me parut de même à moi & à ceux qui étoient avec moi dans un bateau entre Amsterdam & Buiksflot, où nous vîmes comme un nuage obscur qui avançoit doucement, principalement, après qu'il fut survenu un vent assez fort qui l'emportoit, sans la dissiper, assez loin de l'endroit où la décharge se fit, ce vent l'éleva plus haut dans l'air;

en sorte qu'il semble qu'on pourroit encore inferer de-là que ce n'est pas toûjours des vapeurs aqueuses, mais qu'il y a d'autres particules & d'autres exhalaisons qui composent les nuages : à ce sujet nous ferons bien-tôt mention de quelque chose de plus convenable à notre dessein dans le *Chapitre de l'Eau* ; nous parlerons aussi des pluies, des rosées qui en tirent leur origine, & des autres méteores qui appartiennent proprement à l'eau.

CHAPITRE III.

Du Vent & de son utilité.

LE vent tient le premier rang parmi les mouvemens les plus communs de l'air, mais ces mouvemens ne sont pas pourtant des moins merveilleux. Il n'est personne qui ne sçache que le vent n'est autre chose qu'un flux ou un courant d'air mis en mouvement, de sorte que cela ne demande pas de plus grandes preuves après tant d'expériences ; observons seulement ici en premier lieu en general, que c'est quelque chose qui manifeste la puissance & la bonté du Créateur d'une maniere très-sublime.

Ceux qui ont lû ou éprouvé la force terrible des orages & des tempêtes, des ouragans & des tourbillons, seront assez convaincus de la force infinie du vent ; mais la coûtume nous fait regarder cette grande merveille sans aucune émotion : cependant s'il se trouvoit encore quelque homme assez ingrat pour ne pas connoître ce qu'il doit aux ouvrages du Créateur, qu'il suppose avec nous pour un moment qu'il n'y ait aucun vent ou mouvement dans l'air, mais que l'air reste dans un repos perpétuel & absolu autour de notre globe, comme si c'étoit un lac ou un étang d'eau rarefiée & dormante. Ne sera-t-il pas alors obligé d'avoüer ce qui suit ?

Premierement, supposé que les particules qui se sont élevées dans l'air, restassent dans le même endroit, sans être transportées ailleurs, ou du moins qu'elles y restassent jusqu'à ce qu'elles fussent plus legeres pour monter, ou plus pesantes pour descendre ; ces grandes Villes négociantes & remplies d'habitans (pour

ne rien dire des Villes & des Païs, que la corruption de l'air
pourroit rendre sujets à des maladies fâcheuses & funestes) où
la fumée de tant de feux de charbon, de tourbe & de bois,
les vapeurs de tant d'eaux croupissantes, la puanteur de tant de
lieux impurs, & mille autres especes d'exhalaisons qui sortent
des hommes, des bêtes, &c. rempliroient continuellement l'air;
ces grandes Villes, dis-je, & même le monde entier ne seroient
dans peu de temps qu'un cimetiere universel pour tous ceux qui
y habitent, c'est sans doute le secours des vents qui fait continuellement descendre l'air frais du haut des montagnes, & des
endroits sains qui les environnent; ils chassent les vapeurs mal-
saines & contagieuses, ils les dissipent dans la vaste étenduë de
l'air. Peut-on observer tout ceci, & se persuader que le hazard tout
seul produise les vents, & qu'on ne doit pas remercier d'un si
grand bienfait celui qui est l'auteur des vents?

Secondement, il est du moins assuré que s'il falloit que les
vapeurs qui s'élevent de l'eau, tombassent dans le même endroit d'où le Soleil les auroit élevées; comme la plûpart montent de la mer, elles y retomberoient aussi; & les païs secs, les
arbres fruitiers & les plantes se trouveroient sans humidité. De
plus, les rivieres dont la source est bien avant dans les terres &
dans les païs éloignez de la mer, où elles se déchargent à la
fin, târiroient avec le temps en partie ou tout-à-fait; de sorte
que les rosées, les pluies & les inondations des rivieres qui rendent les champs fertiles, venant à manquer tout ensemble, cela
rendroit à la fin la terre incapable de nourrir & de conserver la
vie par ses productions aux hommes & aux autres animaux qui
habitent sur la terre.

Il n'y a absolument que les vents qui préviennent cette destruction totale de presque tout ce qui respire sur la terre; c'est
par leur moien que les vapeurs aqueuses qui s'élevent pour la
plûpart de la mer, sont transportées dans les lieux secs, pour
s'y convertir & tomber en pluies, en rosées, en neiges, & autres méteores, & pour fournir continuellement des eaux rafraîchissantes des ruisseaux & des rivieres.

Cette multitude d'hommes, de bêtes, d'oiseaux, de poissons,
& tant de milliers d'arbres & de plantes, n'ont pas reçû l'existence
sans sagesse & sans aucune vûë: est-il quelqu'un qui puisse dire,
sans que sa conscience s'y oppose, que les vents, sans lesquels
toutes ces créatures que les vents entretiennent, périroient en

LIVRE II. CHAPITRE III.

peu de temps, doivent leur origine non aux desseins déterminez du grand Etre qui nous conserve, mais au hazard ? Oseroit-on jamais assurer la même chose d'un instrument aussi vil qu'un arrosoir, dont nous nous servons pour rafraîchir les plantes & les fleurs de nos jardins ? Et voiant que cet instrument seroit propre pour puiser un peu d'eau dans un puits ou dans un ruisseau, à la transporter dans un jardin, & à l'y répandre d'une maniere réguliere; oseroit-on soûtenir que ce vaisseau si méprisable, auroit été formé sans le secours d'aucun ouvrier ? Mais si l'on n'ose pas soûtenir une pareille chose, comment peut-on, sans contredire les principes de la raison attribuer au hazard les vents, ces grands aqueducs qui portent les eaux sur toute la terre, & qui pour cette raison nous conservent la vie, de même qu'à toutes les autres créatures ?

En troisiéme lieu, je ne dirai rien pour le présent des obligations qu'ont à l'Etre suprême ces hommes, qui font un si grand usage de la force des vents pour leur utilité & leur plaisir tout ensemble; dans les endroits où il n'y a point de riviere pour faire moudre des moulins, on peut mettre pour cet effet en usage les courans d'air. Peut-on s'imaginer que les vents soient une production du hazard, lorsque sans leur secours les habitans du monde ne tireroient aucun avantage des païs dont ils sont séparez par de grandes mers, ni n'auroient aucune communication avec eux ?

Si cette force du vent qui transporte avec tant de vîtesse d'un endroit à l'autre un grand vaisseau, & qui peut mouvoir de grandes machines capables par le travail de peu de personnes dessécher tant de païs pleins d'eaux, de scier & de préparer tant de bois pour les bâtimens, pouvoit s'achetter avec de l'argent, pourra-t-on croire qu'outre les Marchands presque tout le monde ne fût prêt à contribuer & à paier son contingent, afin de pouvoir aussi participer à ce qu'il y a de bon dans les autres païs, & aux avantages qu'on retire des vaisseaux & des moulins ? Cependant l'Etre qui regle & entretient toutes choses, tient toûjours prête cette force si grande & si utile, je veux dire, le vent, en faveur de ceux qui veulent en profiter, & cela pour rien, & sans s'attendre qu'à des actions de graces : & il daigne faire tout cela, pour déploier ses merveilles même, à ses propres ennemis; en sorte que si quelqu'un avoit toûjours vécu dans un endroit où l'usage du vent n'auroit jamais été connu, on auroit de la peine à lui persuader par les preuves les plus fortes une chose si étrange & si inconcevable.

    Un incrédule peut-il donc demeurer tranquille & satisfait, lorsqu'il refuse de reconnoître le bienfait dont lui & le genre humain joüissent par le secours des vents, & qu'il nie l'éxistence de l'Etre qui nous donne tout cela ? Certainement, s'il n'y avoit pas pour produire les vents d'autres causes que le hazard, qui opére tantôt d'une maniere, tantôt d'une autre, un homme qui oseroit avancer une chose semblable, devroit craindre continuellement que l'air ne contractât une disposition funeste & pestilentielle, en demeurant toûjours dans le même endroit & en se pourrissant, que la terre entiere ne devînt un desert faute de pluie, & que lui & les autres animaux ne vinssent à mourir de faim & de soif : & si le Créateur n'avoit pas accordé les vents au genre humain comme un gage de sa bonté, l'incrédule ne concluroit-il pas qu'il ne sçauroit échapper à la force des vents qui agit d'une maniere si terrible, & qu'enfin il en ressentiroit très-justement les effets, comme un juste châtiment de tous ses blasphêmes ?

    Il faut en vérité convenir que, s'il y a quelque chose dans le monde que les incrédules puissent attribuer au hazard avec quelque apparence de vérité, c'est le vent, principalement à cause de la maniere dont il se meut & dont il souffle dans ces païs-ci; en sorte qu'il donne même lieu à ce proverbe duquel nous nous servons, lorsque nous voulons exprimer de la maniere la plus forte l'inconstance & la legereté de quelqu'un, *Il est aussi changeant que le vent* : mais afin de convaincre les incrédules, que les vents sont bien éloignez d'être gouvernez par un pur hazard qui varie; qu'ils éxaminent ce que les personnes qui voiagent sur mer ont accoûtumé d'éprouver, & ils verront que la providence de ce grand Etre qui gouverne tout, limite ces vents, qui nous paroissent venir de tous les coins du monde d'une maniere si irréguliere, par des loix aussi fixes & déterminées que peuvent l'être celles d'une montre.

    Je ne rapporterai plus rien pour confirmer ce que nous venons de dire concernant ces vents de terre & de mer qui se meuvent comme le balancier d'une montre, soufflent de vingt-quatre en vingt-quatre heures sur certaines côtes, tantôt par-

LIVRE II. CHAPITRE III.

devant, tantôt par-derriere; fans eux il feroit impoffible à beaucoup de païs de fubfifter, ni de faire en fureté & commodément plufieurs voiages; car outre les vents variables qui regnent chez nous & dans d'autres endroits du monde, il y en a encore deux principaux qui font réguliers & très-connus: l'un obferve durant toute l'année, pour ainfi dire, le même cours, foufflant toûjours du même endroit, fans qu'on ait jamais obfervé aucun vent contraire, ou qui aie tenu une toute oppofée; les Mariniers & les Geographes les nomment *Vents du paffage*. Ceux de la feconde efpece, font ceux qu'ils appellent *Mouffons*; ceux-ci foufflent d'un feul endroit pendant la moitié de l'année, & durant l'autre moitié du côté directement oppofé au précédent.

Sans ces vents alizés, comment pourroit-on faire voile fur le grand Ocean? comment un vaiffeau arriveroit-il aux Indes Orientales? puifqu'à quelques degrez du Nord de l'Equateur on rencontre un vent Sud-Eft ou vent alizé qui étant, pour ainfi dire, directement contraire, regne continuellement dans cet endroit; & pour peu qu'un vaiffeau approche de ce vent, il dérive vers les côtes de l'Amerique & vers les *Abrolhos*; & dans le temps qu'on tâche de faire voile à l'Eft en cotoyant, on eft contraint de porter toûjours à l'Ou-Eft, jufqu'à ce qu'on attrappe ces vents alizés; les vaiffeaux s'étant ainfi éloignez, ils trouvent des vents variables qui les menent au Cap de bonne Efperance; d'où ils font voile jufqu'au 38, 39, ou 40e degré de latitude meridionale, où ils rencontrent un autre vent alizé prefque contraire au précédent, il fouffle vers le Nord-Oueft (c'eft ce qui l'a fait nommer vent alizé occidental) & fait marcher le vaiffeau pendant tout le voiage, & fouvent avec une force fi grande, que, fuivant les obfervations qui m'ont été communiquées par un homme de mer très-curieux, ce vent faifoit faire à fon vaiffeau environ 50 lieuës vers l'Eft dans l'efpace de 24 heures; & lorfque les vaiffeaux reviennent des Indes Orientales, le premier vent Sud-Eft leur eft favorable pour les tranfporter à quelques degrez de latitude feptentrionale.

J'ai fouvent confideré en moi-même les grands avantages que les Hollandois retirent de la coûtume qu'ils ont de voiager dans des bateaux traînez par un ou plufieurs chevaux; ils peuvent fupputer, pour ainfi dire, éxactement le temps qu'il faut pour aller d'un endroit à l'autre, dans tout leur païs, que la diftance foit telle qu'on voudra.

Peut-on foûtenir que ceux qui joüiffent de cette commodité, n'ont pas la moindre obligation à la prudence ni à la prévoiance de leurs Gouverneurs, qui ont bien voulu faire cet établiffement pour le bien public, dans le deffein de donner aux habitans la correfpondance d'une Ville à l'autre facilement & à peu de frais? Oferoit-on avancer que la plus grande apparence de raifon feroit du côté de ceux qui affureroient que c'eft par un pur hazard ou du moins fans aucune vûë, qu'on a à chaque fois auffi fouvent qu'il le faut, des chevaux frais pour traîner les bateaux?

Si nous ne voulions pas nous fervir d'autres preuves, cette circonftance ne pourroit-elle pas dans des mouvemens auffi incertains & variables que font les vents, convaincre un efprit raifonnable, que l'Etre qui a créé & gouverne toutes chofes, s'eft propofé par-là certaines fins principales? car fi les vents variables & les calmes regnoient indifféremment dans toutes les parties de l'Ocean, comment pourroit-on compter de finir un voiage? & comment tant de miférables matelots détenus par les calmes ou par les vents contraires dans de longs voiages, voudroient-ils courir rifque de périr de faim & de foif?

Pour preuve de cela, nous nous fervirons des paroles de ce grand & habile Mathématicien à préfent Profeffeur de Geometrie; le D. Edmond Hallei, qui après avoir refté long-temps entre les Tropiques dans l'Ifle de fainte Heleine, & fait des recherches exactes fur la nature des vents, nous apprend qu'il a obfervé aux environs de la côte de Guinée beaucoup de calmes & de tourbillons, qui ne font autre chofe que des vents terribles qui tournent en rond. Et après il continuë, fect. 7. difant » qu'entre le quatriéme & le fixiéme degré de latitude feptentrionale, entre le Cap-vert & les Ifles Orientales de
» même nom, il y a une grande étenduë de mer où on peut
» dire qu'il n'y a aucun vent, pas même variable, qui y fouffle en
» aucune maniere, & que la mer fembloit être condamnée à un
» calme perpétuel accompagné de terribles coups de tonnerre,
» d'éclairs & de grands orages de pluies. Les vents qu'on obferve
» dans cet endroit, ne font proprement que de petites bouffées
» qui changent à toute heure, & qui ceffent avant de changer;
» de forte que plufieurs vaiffeaux font obligez de s'arrêter des
» mois entiers (Varene dans fa Geographie, liv. 1. chap. 21. §. 16.)
» faute de vent, avant qu'ils puiffent faire 6 degrez ou 120 lieuës.

Ceux

LIVRE II. CHAPITRE III.

Ceux qui voudront être informez plus au long des proprietez de ces vents, pourront trouver sur ce sujet un grand nombre d'observations & de discours dans les Ouvrages de Messieurs Verulam, Varene, Mariotte, & dans l'Ouvrage intitulé *Atlas*, ou *Cartes Marines*, mais le sçavant M. Hallei a décrit en particulier très-éxactement tout ce qui regarde les vents alizez & les moussons.

Que celui qui voudra se faire une idée generale de ces vents, place devant ses yeux un globe ou une carte generale du monde, & qu'il observe que la Zone torride est renfermée entre les Tropiques, de chaque côté de l'Equateur, comme l'a représenté le D. Hallei; on l'appelle Zone torride, à cause de la chaleur. Il verra qu'on y peut considerer les eaux du grand Ocean comme divisées en trois parties par les terres. La premiere est la mer Ethiopienne & Atlantique qui est entre l'Afrique & l'Amerique: la seconde ou l'Ocean Indien est situé à l'Est, entre l'Afrique, les Indes Orientales, & la nouvelle Hollande; la troisiéme est la grande mer du Sud ou la mer pacifique, qui s'étend depuis les côtes Occidentales de l'Amerique, tout le long de l'autre côté du globe, jusqu'aux Isles Philippines.

Or, selon les observations de M. Hallei & d'autres, nous trouvons:

I. Qu'entre les Tropiques dans l'Ocean Atlantique & Ethiopien, de même que dans toute l'étenduë de la mer du Sud, il regne toûjours un vent d'Est qui au Sud de l'Equateur, est tant soit peu Sud-Est, & au Nord tant soit peu Nord-Est.

II. Que ces vents ne soufflent que jusqu'au 30ᵉ degré ou environ de chaque côté de l'Equateur.

III. Que néanmoins il y a un vent d'Est qui souffle continuellement vers la terre aux environs de la côte de Guinée.

IV. Que dans la partie meridionale de l'Ocean Indien il y a un vent qui vient de l'Est ou des environs, & qui est aussi constant que dans les autres mers; de sorte qu'on trouve en tout temps dans tous ces endroits un vent d'Est continuel qui environne la terre.

V. Mais ce qu'il y a de fort surprenant, c'est qu'au Nord de l'Ocean Indien les vents d'Est qui soufflent continuellement la moitié de l'année, de même que dans les autres mers, chan-

K k

gent l'autre moitié de l'année, & soufflent de l'Ouest à l'Est d'un endroit directement opposé. Ces vents se nomment *Moussons*. Quant aux autres particularitez qu'on a marqué au sujet de ces vents, nous les passerons sous silence ; nous allons seulement rapporter quelques expériences, pour donner une idée de la maniere dont se forment les vents.

Expériences sur la production des vents.

Puisque l'essence des vents ne consiste que dans un mouvement ou une impulsion qui fait aller l'air d'un endroit à l'autre, il est certain que tout ce qui est capable de chasser l'air de cette maniere, est propre à causer les vents ; ainsi nous observons :

I. Que l'air peut produire un courant, & par conséquent un vent, lorsqu'il est renfermé dans quelque endroit, & que l'endroit qui le contient vient à être rétréci ; c'est pourquoi lorsqu'il est pressé, il tâche de sortir par toutes les ouvertures qu'il rencontre, & forme par-là du vent.

C'est ce qu'on peut observer, lorsqu'un homme souffle avec sa bouche, ou qu'il comprime un soufflet, ou dans la chûte soudaine des choses qui ont une surface un peu large ; car l'air qui est entr'elles & la terre se trouvant pressé, il s'échappe de tous côtez, & produit une espece de vent. Il y a déja plusieurs siécles que Heron d'Alexandrie connoissoit cette maniere de produire du vent. Il se servoit d'un vaisseau vuide qui avoit deux tubes, un grand & un petit : il faisoit descendre de l'eau avec quelque vîtesse par le plus grand ; cette eau étoit reçûe dans un vaisseau ou dans une citerne, où elle montoit & diminuoit l'espace où l'air étoit contenu, & forçoit par-là cet air de sortir par le petit tube avec quelque bruit ; c'est par-là que les flutes, les tuiaux des orgues, & certaines figures d'oiseaux produisent du son. Nous ne parlerons pas des méthodes dont on se sert pour souffler le feu, & fondre les métaux dans quelques endroits ; elles se réduiront à la même méchanique.

II. On observe que si l'on fait chauffer un globe de cuivre creux & percé d'un petit trou, & qu'après l'avoir rempli d'eau, on le fasse chauffer de nouveau, les vapeurs produisent en sortant une espece de vent violent : cette expérience a fait croire à quelques Philosophes que le vent ne consiste pas tant dans le mouvement de l'air que dans les vapeurs de l'eau, ce que l'expérience de l'æolipile ou du globe dont nous parlons semble confirmer ; ils ont voulu inferer de cette expérience la plûpart

LIVRE II. CHAPITRE III.

des proprietez de l'air. Mais nous n'éxaminerons pas ici les pro-babilitez, ni les difficultez de leur hypothèse. (Voiez la figure de l'æolipile, planche XXII. fig. 3.)

III. On n'a qu'à pousser un corps avec rapidité, on aura une autre maniere de mettre l'air en mouvement, ou d'y produire une espece de courant; parce que par ce moien l'air suit ce corps avec beaucoup de vîtesse, & excite du vent derriere lui.

Pour en faire un essai très-facile, il ne faut qu'étendre la main, en tenant les doigts serrez l'un contre l'autre, & pousser avec beaucoup de vîtesse l'air d'un côté à l'autre; par-là on s'appercevra sensiblement que l'air qui suit est poussé contre la main, principalement si on a soin de se moüiller la main avec un peu d'eau, car alors vous appercevrez la chose d'une maniere beaucoup plus sensible.

Mais pour donner une preuve visible de ceci, on n'a qu'à jetter de la hauteur qu'on voudra quelques petites balles dans un baquet plein d'eau; & d'abord qu'elles arrivent au fond, vous verrez monter du fond vers la surface de l'eau quelques bulles d'air qui avoit suivi ces balles; de sorte que souvent si les bulles descendent d'une hauteur considérable, & par conséquent avec plus de vîtesse, les bulles seront aussi grosses que les balles.

On observe la même chose dans la force du vent, & quelques-uns l'ont ressenti à leur préjudice, dans le temps qu'un boulet de canon passoit fort près d'eux, quoique sans les toucher.

Quelques-uns croient que le vent qui accompagne la chûte d'une grosse grêle, tire son origine de la même cause, parce que la grêle tombe avec beaucoup de rapidité.

IV. Nous voions encore que par le mélange de deux liqueurs fermentatives on produit du vent; la même chose arrive, soient qu'elles soient liquides toutes les deux, ou qu'il y en ait une de solide.

Ainsi si vous jettez de la limaille de fer ou d'acier dans l'esprit de salpêtre, ou dans de l'eau forte; ou si vous mêlez avec l'esprit de soulphre, de sel marin, de couperose, ou avec quelqu'autre esprit acide, une liqueur alkaline, comme l'esprit de sel ammoniac imprégné, de la potasse, ou l'esprit de corne de cerf, le sel de tartre, ou la potasse dissoute dans l'eau, ce mélange produira une fermentation très-violente, & il sortira un torrent

K k ij

d'air & de vapeurs par l'orifice de la bouteille ou du vaisseau où vous l'aurez mis; vous sentirez beaucoup plus la force de cette fermentation, si vous bouchez l'orifice de la bouteille pour un peu de temps, lorsque ces liqueurs travaillent; mais il ne faut pas le tenir bouché trop long-temps, car à moins que le vaisseau ne soit très-fort, il se rompra en piéces, de même que si on y avoit allumé de la poudre à canon.

Nous n'éxaminerons pas ici de quelle maniere se produit ce vent, puisqu'il suffit pour notre dessein qu'on puisse produire ainsi du vent; & on a prouvé en quelque façon ci-dessus au sujet des broüillards, qu'une pareille effervescence peut arriver entre des particules de même nature, même dans l'air.

V. Quelques Naturalistes ont accoûtumé de mettre parmi les vents le mouvement violent & impétueux qu'on observe dans l'air & la fumée, lorsqu'on mêle du nitre avec des matieres sulphureuses, & qu'on ne fait que les toucher avec un peu de feu.

Vous en verrez un éxemple en mêlant de l'antimoine avec du nitre; ou, si vous appréhendez la fumée, en mêlant du sel de tartre pilé avec une quantité égale de nitre; ensuite enflammez le mélange avec un charbon ardent, ou un fer rouge. L'effet sera principalement sensible, si vous brûlez ces matieres renfermées dans un vaisseau pourvû d'un tuiau pour donner passage à la fumée, ainsi que font les Chymistes dans certaines occasions, car alors vous verrez avec quelle force & quelle vîtesse le vent sortira.

Quelques uns supposent que les ouragans se forment de la même maniere, lorsque des matieres semblables s'enflamment dans la terre. Premierement, à cause de leur grande force & de leur impétuosité, qui doit provenir de la vîtesse extrême & de la violence avec laquelle un torrent d'air est agité, ce qui est très-remarquable dans cette occasion. Secondement, à cause qu'ils ne durent pas long-tems, & pour l'ordinaire que sept ou huit heures. Troisiémement, à cause qu'ils ne regnent pour la plûpart que dans certains endroits. En quatriéme lieu, à cause que (comme cela se voit dans les matieres combustibles dont nous venons de parler) les torrens de fumée se répandent de tous côtez, & que le vent souffle aussi de toutes parts. Cinquiémement, parce qu'on a souvent apperçû les tremblemens de terre dans le même temps dans les lieux voisins, & qu'on

LIVRE II. CHAPITRE III.

a trouvé des poissons morts dans les mers voisines.

Les feux d'artifice qui font leurs effets même dans l'eau, où ils peuvent rester long-temps sans s'éteindre, & dont on peut voir monter la fumée, prouvent que ces feux produits par le nitre & le soulphre, quoiqu'allumez au fond de la mer, ne sçauroient s'éteindre par ses eaux, & que leur fumée s'ouvre en chemin en montant. On verra aussi clairement la même chose, en allumant une petite fusée qu'on jette après cela dans un verre rempli d'eau, & vous verrez parfaitement bien la fusée qui brûlera, & toute la fumée qui s'élevera à travers l'eau, en sorte que s'il s'y rencontroit des poissons, il est probable qu'ils y mourroient tous.

Nous allons finir d'éxaminer si c'est-là la seule cause véritable ou probable de ces terribles vents qu'on appelle *ouragans*.

VI. Outre les causes que nous venons de rapporter touchant la production des vents, une des principales proprietez de l'air nous en fournit encore une autre, qui, quoiqu'inconnuë jusqu'à ces dernieres années, passe à présent pourtant parmi beaucoup de personnes, & avec une grande apparence de vérité, pour une des causes du vent. Ceci a été déja démontré dans le Traité particulier que nous avons donné de la force élastique de l'air, par laquelle il tâche continuellement de se dilater vers les endroits où il ne trouve pas assez de résistance, & sort avec beaucoup de force & de vîtesse ; en sorte que quand nous ôtons l'équilibre des forces, en rendant l'un des deux airs circonvoisins plus fort, ou l'autre plus foible, le plus fort se dilate toûjours vers le plus foible ; & en le pressant en avant, produit ce mouvement que nous appellons *vent*.

Les particules d'air se pressent mutuellement dans un canon à vent, de-là vient que leur élasticité augmente ; & on voit que ce ressort augmenté est capable de pousser un boulet, nonobstant la résistance de l'air extérieur, avec une vîtesse surprenante.

De même si vous faites entrer de l'air en soufflant fortement dans une petite bouteille dont l'orifice soit étroit, & qu'ensuite vous le laissiez sortir, vous verrez qu'il en sortira avec une grande vîtesse, quoiqu'on ait été long-temps à le faire entrer en soufflant, & cela uniquement parce qu'il étoit fortement comprimé dans ce petit espace. A présent sçavoir si c'est demême que certains vents très-violens qui se font sentir soudainement comme des tourbillons & des bouffées, parce que deux autres vents plus moderez chaffent au devant d'eux les vapeurs & les nuages qui font dans l'air, les pouffent les uns contre les autres, compriment l'air du milieu, & le difpofent à s'échapper avec une grande rapidité, faute d'une réfiftance fuffifante; c'eft une chofe dont nous laiffons l'éxamen à ceux qui croient qu'elle mérite qu'ils y donnent leur temps, & qui ont le loifir de s'y appliquer.

VII. Nous venons de faire voir avec quelle grande vîteffe il peut être pouffé à mefure que fa vertu élaftique augmente, à caufe qu'il eft pour lors plus épais & plus comprimé dans le même endroit; la même vîteffe fe fait auffi voir, lorfqu'on ôte uniquement l'équilibre de l'air qui réfifte foit en entier, foit en partie, en diminuant fa quantité en quelque endroit que ce foit.

De cette maniere nous voyons que, lorfqu'on a pompé ou vuidé l'air de quelque endroit, la force commune de l'air extérieur l'oblige d'y entrer avec une très-grande vîteffe. Nous avons déja rapporté au fujet de la refpiration beaucoup d'expériences qui prouvent ce que nous venons de dire.

Ceux qui fouhaitent d'avoir plus de preuves là-deffus, n'ont qu'à confulter les Machines de Meffieurs Guerik & Papin, par le moien defquelles, en préfence de la Societé Roiale de Londres, on produifit par l'infinuation de l'air dans le vuide la même force & le même bruit que produit ordinairement l'air comprimé dans un canon à vent, quand on vient à le lâcher.

Cependant, fi les perfonnes qui n'ont ni une machine pneumatique, ni de ces machines, defirent de faire cette expérience qui prouve que l'air entre de lui-même, comme un vent violent dans un endroit ou l'air intérieur eft ou fort diminué, ou n'a que peu de reffort; ils n'ont qu'à prendre une bouteille de verre où l'on verfera d'abord un peu d'eau, & après cela on fermera l'ouverture avec un morceau de veffie moüillée; qu'on faffe enfuite avec une épingle ou une aiguille une petite ouverture au milieu de la veffie, à travers laquelle il faudra pomper l'air en fuçant à différentes reprifes le plus fortement qu'on pourra, aiant foin de fermer à chaque fois l'ouverture avec le doigt pour empêcher l'air d'y entrer.

Quand on aura fait ceci le plus éxactement qu'il eft poffible, renverfez la bouteille, de maniere que l'eau defcende

LIVRE II. CHAPITRE III.

au col, & sur la vessie dont l'ouverture sera bouchée avec le doigt ; d'abord qu'on ôtera le doigt, l'air extérieur entrera dans la bouteille, comme un vent, par l'ouverture de la vessie, & à travers l'eau placée au-dessus de cette ouverture, & il montera vers la partie supérieure où l'air intérieur a été diminué & affoibli.

A présent, si, selon le calcul des Mathématiciens, l'air en entrant dans le vuide, se meut avec une si grande velocité, jusqu'à parcourir 1305 pieds dans l'espace d'un battement ou d'une seconde ; & comme, selon l'observation du sçavant M. Mariotte, il est très-difficile de résister ou d'avancer contre un vent qui parcourt 24 pieds dans une seconde ; & qu'un vent qui parcourt 32 pieds dans le même espace de tems, excite une tempête capable de déraciner les arbres, & d'abattre les maisons[*] ; à quelle ruine & à quelle destruction universelle ne devrions-nous pas nous attendre de la part d'une force aussi terrible que celle d'un vent, qui seroit 40 fois aussi violent ? Ce vent, supposé que les corps qu'il mettroit en mouvement, eussent la même vitesse, éxerceroit 40 fois autant de violence que la tempête dont nous venons de parler, principalement si l'air qui environne toute la terre, pouvoit par sa vertu élastique se répandre dans quelque grand espace qui fût presque ou entierement privé d'air. Notre sujet n'est point d'éxaminer ici si on peut supposer qu'il soit jamais arrivé rien de pareil, ni si les vents ont été poussez avec ce degré de violence dans un air libre.

On peut cependant inférer clairement ce qui suit de ce que nous venons de dire, sçavoir, que la pression de l'air pouvant agir avec toute sa force, produiroit des effets des plus terribles par sa violence excessive ; elle détruiroit en très-peu de tems tout ce qui se trouveroit sur la surface de la terre, comme nous l'avons déja démontré par l'expérience de l'air qui casse un verre, quoiqu'il s'en faille de beaucoup que le verre soit entierement vuide d'air.

VIII. Nous avons remarqué que l'agitation de l'air dont nous venons de parler, où le vent se pouvoit produire en diminuant la quantité ou la force de l'air ; mais il est encore un

Vent produit par le froid.

---

[*] Voiez son discours du mouvement des eaux, pag. 67. & 78. Voiez aussi le même Traité traduit depuis peu en Anglois par le sçavant M. Desagnliers,

autre cas, dans lequel quoique la quantité de l'air ne soit diminuée, son ressort ne laisse pourtant pas d'être affoibli; sçavoir, lorsque l'air d'un endroit se trouve plus froid que celui d'un autre qui n'est pas différent; par ce moien le vent peut être produit lorsque l'air qui se trouve le plus échauffé & par conséquent le plus fort, se dilate, & qu'il presse sur l'air le plus froid, & par conséquent le plus foible.

Les Naturalistes sont instruits par beaucoup d'expériences de la vérité de ce fait; & les Thermométres dont le mouvement est causé par la rarefaction ou la condensation de l'air, nous font voir souvent la même chose.

Mais si on en veut donner une preuve fort aisée, vous n'avez qu'à essaier l'expérience suivante: attachez une vessie moüillée à l'embouchûre CD de la bouteille de verre FGCD (planche XIII. fig. 6.) aiant eu soin d'y verser en premier lieu de l'eau dans une quantité suffisante pour remplir la plus grande partie du goulot lorsque la bouteille est renversée; prenez après cela une autre vessie HKLI, dont vous couperez le col, faisant en sorte que l'orifice HI soit plus grand; ensuite y aiant fait une ouverture à l'endroit KL, le goulot KLCD y passera sans peine, & il faudra qu'à l'endroit KL la vessie soit parfaitement bien attachée ou collée tout-autour; après quoi il faudra jetter dans la vessie HIKL autour du corps de la bouteille, une poignée de sel, & une ou deux de neige, qu'on aura soin de remüer avec un petit bâton ou une cueillere; alors la neige, comme tout le monde sçait, commencera à fondre, & l'air de la bouteille qui est environnée de ce mélange, deviendra extrêmement froid; l'eau même, si elle montoit dans le goulot de la bouteille plus haut que KL, se glaceroit facilement, ce qui embarasseroit l'expérience; c'est pour cette raison que l'eau ne doit monter que jusques AB ou au-dessous de la vessie KL. Or pour faire voir que le ressort de l'air renfermé dans le corps de la bouteille FGKI a été affoibli par le froid, & que l'air extérieur qui est moins froid pouvant alors agir sur le précédent, se dilatera avec plus de force, & produira un vent, lequel soufflera vers P où l'air est & plus froid & plus foible, on n'a qu'à piquer dans E la vessie CD avec une grosse épingle; alors on pourra voir l'air entrer de force à travers l'eau ABCD, qui remplit le goulot de la bouteille, & il montera avec une vîtesse considé-

LIVRE II. CHAPITRE III. 265

dérable, comme fi c'étoit un vent, jufqu'au corps de la bouteille FGKL.

Le 12. Janvier 1709. dans un tems qu'il geloit fortement, on fit cette expérience, & on a obfervé que, quelque froid que fût alors l'air, celui de la bouteille perdit encore davantage de fon reffort, par le moyen du mélange ci-deffus, & d'un froid plus violent. Et l'air extérieur aiant plus de force fit voir, en s'infinuant comme un vent, qu'une grande quantité d'air peut fe ferrer ou condenfer dans un endroit froid. Nous traiterons bientôt des conféquences probables qu'on peut tirer par rapport aux vents; de l'effet que le froid produit dans l'air.

IX. L'effet de la chaleur eft directement oppofé au phenomène précédent; elle dilate l'air avec plus de force, & produit par ce moyen un vent qui fouffle vers les endroits où il ne trouve point de réfiftance. *Le vent produit par la chaleur.*

C'eft ce qu'on peut encore faire voir par les thermomètres, dans lefquels la chaleur dilate l'air; mais afin de rendre la chofe fenfible à ceux qui n'ont point de thermomètres, on n'a qu'à placer une bouteille où il n'y ait que de l'air, le goulot tourné en deffous, fur une affiette ou fur un plat, dans lequel il faut verfer de l'eau jufqu'à ce qu'elle monte au-deffus des bords de l'orifice de la bouteille, afin d'empêcher par-là la communication de l'air extérieur avec l'intérieur. Après cela, fi vous prenez de la braife, & que vous l'approchiez du corps de la bouteille en tournant tout autour, afin d'échauffer l'air qu'elle contient, vous verrez ce même air rarefié produire un petit vent doux, qui fort en petites bulles entre la bouteille & le plat.

Voulez-vous voir cette expérience confirmée par un vent plus fort, fervez-vous d'une chaleur & plus prompte & plus violente; ce qui eft aifé à faire, fi vous vous férvez d'une bouteille environnée d'une veffie (planche XIII. fig. 6.) & laiffant une ouverture entre CD, placez-là fur un plat où il y ait de l'eau, enfuite verfez de l'eau chaude fur le fond de la bouteille FG, & tout autour, mais avec précaution de peur de la caffer; ce furcroît de chaleur produira dans l'air un mouvement plus rapide ou un vent caufé par l'air, qui fort dehors à mefure qu'il fe dilate.

Il eft certain qu'à mefure que la chaleur oblige l'air de fortir, fa quantité diminue dans la bouteille; par conféquent lorfque la chaleur qui le faifoit fortir vient à ceffer, le reffort de cet air doit devenir plus foible qu'il n'étoit dans le tems qu'il y avoit *Vent produit par la ceffation de la chaleur.*

L l

une plus grande quantité d'air dans la bouteille, & qu'il communiquoit avec l'air des environs : il s'ensuivra de-là, que l'air extérieur étant froid ou chaud dans le même degré, que celui qui étoit renfermé dans la bouteille, & la quantité de celui-ci étant diminuée par la chaleur, se portera avec plus de force vers ce dernier, s'ouvrira un passage dans la bouteille, & y rentrera comme si c'étoit un vent. Une personne qui entend l'hydrostatique peut démontrer la même chose dans les expériences précédentes; car l'air de la bouteille venant à perdre sa chaleur, l'eau montera dans le goulot de la bouteille par la pression de l'air extérieur : mais comme ceci est écrit pour ceux-là même qui n'ont pas approfondi les matieres, si on veut même leur faire voir le vent ci-dessus lorsqu'il rentre dans la bouteille, on n'a qu'à mettre dans une bouteille autant d'eau qu'il en faut pour remplir son goulot lorsqu'elle est renversée, afin de rendre par-là visible la sortie du vent à travers l'eau; après cela tenez durant quelque tems la bouteille exposée aux vapeurs de l'eau bouillante, afin qu'elle ne se casse par une chaleur trop violente, ensuite vous la mettrez dans l'eau bouillante; & quand elle aura acquis un degré très-considérable de chaleur, & que l'air commencera à sortir par son orifice qui est ouvert, comme on a dit ci-devant page 258. vous prendrez une vessie trempée dans de l'eau chaude, & vous l'attacherez le plus exactement qu'il vous sera possible au trou de la bouteille que vous renverserez, afin que l'eau qu'elle contient, se trouve sur la vessie; ôtez-la après cela de l'eau, & laissez-la pendant un peu de tems dans la même situation, jusqu'à ce que l'air intérieur ait perdu sa chaleur, & qu'il soit aussi froid que l'extérieur. Or si la vessie se trouve bien attachée, la vertu expansive de l'air qui est dans la bouteille au-dessus de l'eau, deviendra plus foible que celle de l'air extérieur, à cause que l'air est diminué, & qu'il est par conséquent plus rarefié; ainsi supposons que l'air extérieur, qui est le plus fort, puisse agir sur l'autre, il sera chassé comme un courant vers l'air rarefié. C'est une chose qu'on peut appercevoir en faisant, avec une épingle, une ouverture à la vessie, en même tems on verra l'air extérieur s'élever comme un vent à travers l'eau.

Vent produit par le mouvement de l'air en haut.

Est-on curieux de sçavoir, si par le moyen de toutes ces proprietez de l'air, & par la chaleur du Soleil qui opere sur ce fluide, les Naturalistes modernes donnent la véritable explication des vents d'Eſt réguliers, & en quelque maniere celle de ceux qui ſoufflent du Sud pendant le printems & l'été, & celle de ceux qui ſoufflent du Nord durant l'automne & l'hiver ? on n'a qu'à conſulter ces Auteurs pour s'en inſtruire.

Le Docteur Halley, dans ſon diſcours touchant les vents, fait mention d'un autre mouvement de l'air (*voyez Act. Lipſ. anno* 1687,) dans ce mouvement l'air eſt porté vers la région ſupérieure; ſçavoir, lorſqu'étant raréfié par la chaleur ou par quelqu'autre cauſe, il devient moins denſe, & par conſéquent plus ger dans le même endroit qu'il ne l'étoit lorſqu'il étoit comprimé & augmenté par le froid, ainſi qu'on l'a fait voir dans d'autres occaſions; il s'enſuit par conſéquent, que ſuppoſé que la chaleur vienne perpendiculairement du Soleil, il y aura directement ſous lui une colonne d'air qui montera en droite ligne; l'air de cette colonne ſera plus leger de beaucoup que celui qui l'environne, & qui n'eſt pas ſi chaud. Maintenant ſi nous conſidérons cet air ſubtil comme de l'huile, & l'air des environs qui eſt le plus froid, comme de l'eau, un chacun doit avouer que comme une colonne d'huile placée au milieu de l'eau eſt chaſſée & contrainte de monter au-deſſus, & de ſe répandre, ſelon les loix de la peſanteur, ſur la ſurface de l'eau, la même choſe devra auſſi arriver dans l'air raréfié. Le Docteur Halley ſe ſert de cette comparaiſon pour nous donner quelque eſpéce de notion, quoique très-imparfaite, comme il l'avouë lui-même, touchant le mouvement de l'air dans les mouſſons.

On peut confirmer ces raiſonnemens par des expériences, & rendre en quelque maniere ſenſible aux yeux le vent dont nous parlons; prenez, par exemple, un petit vaſe de verre, E F K L, (planche XIII. fig. 7.) d'environ ſix doigts de profondeur, & dont l'orifice ſoit de deux ou trois travers de doigt de largeur; mettez-le ſur une table, enſuite prenez une pipe de tabac allumée, & mettez l'endroit le plus évaſé à votre bouche, aiant ſoin de le couvrir de papier s'il eſt trop chaud; appuiez ſon petit bout à l'endroit I ou K au fond du vaiſſeau, & ſoufflez la fumée le plus fort que vous pourrez pour la faire entrer dans le vaiſſeau, à travers l'orifice E F, juſqu'à ce qu'elle ſorte en grande quantité, & qu'elle obſcurciſſe ou rende entierement le vaiſſeau opaque en le rempliſſant, ce qu'elle fera en très-peu de tems : après cela ôtez la pipe, & vous attendrez que la fumée qui eſt dans le vase ait perdu, en quelque façon, la plus grande partie de son mouvement, qu'elle soit tranquille comme une eau dormante, ou qui se meut doucement, & qu'elle représente une espece de surface au-dessus de A B; après cela prenez un cloud G C, d'environ la longueur du poing, & tenez-le avec des pincettes par la pointe C, ou un peu plus haut, (aiant eû soin de le faire rougir avant toutes choses), & placez-le perpendiculairement comme à l'endroit G C; ensuite en commençant à l'endroit H, vous ferez descendre doucement le cloud, dont la situation est perpendiculaire depuis H jusqu'à C, & vous verrez que d'abord qu'il sera arrivé à l'endroit C, ou à la superficie de la fumée A B, l'air & la fumée monteront le long du cloud en droite ligne depuis C jusqu'à L; & on verra principalement cette derniere monter en droite ligne depuis C jusqu'à D, & pendant tout le tems qu'elle sera au-dessous du bord de l'orifice du vase; & elle monte jusqu'à L, lorsque l'air est fort tranquille dans la chambre; car quand il est en mouvement il écarte & disperse pour l'ordinaire cette colonne de fumée d'abord qu'elle monte au-dessus du bord du vase. Il faut avoir toute l'attention possible à toutes ces circonstances, quelques petites qu'elles soient, si vous souhaitez de faire l'expérience avec toute l'exactitude requise. Cette expérience prouve ce que nous avons dit ci-dessus.

Quelqu'un niera-t-il à présent, que la sagesse de notre grand Créateur ne surpasse de beaucoup tout ce que les hommes en peuvent penser? Il a voulu, durant tant de siecles, se servir de ces différens moyens, & peut-être de plusieurs autres, pour changer l'air en vent; les hommes lui étoient redevables de ce bienfait: dans le tems que la connoissance de la plûpart de ces espéces de vents, celle de tout ce qui doit son origine à la pesanteur & au ressort de l'air, & peut-être aussi celle de ce que la chaleur & le froid produisent, étoit absolument cachée à tous les hommes. Et qui est celui qui ne conviendra que la découverte de ce que nous ignorons, est réservée à notre postérité?

Du moins ceci doit apprendre à un Philosophe, à avoir des sentimens très-humbles de son sçavoir, & à voir l'illusion & l'erreur de ces *esprits forts*, qui s'imaginent pouvoir approfondir toutes choses. Premierement, à cause que nous avons vû dans ces tems-ci tant de fameux Naturalistes qui ont traité des vents, avec tant d'assurance, & même avec l'approbation de tous les

Sçavans, & qui malgré cela auroient eû honte de l'idée qu'ils avoient de leur sçavoir, s'ils avoient eû connoissance des expériences des années suivantes, touchant les mouvemens de l'air. Secondement, à cause que, comme nous venons de le donner à entendre, même dans ces derniers tems, dans lesquels ces principes de la science des vents ont été poussez si loin par de nouvelles expériences. Les plus célebres d'entre les Mathématiciens & les Naturalistes qui parlent sincérement, ont avoué ouvertement combien ils sont encore éloignez de parvenir à la vraie théorie de tout cela.

Ces marques éclatantes de la grandeur de Dieu sont certainement suffisantes pour ramener un malheureux incrédule, & l'obliger de reconnoître de son propre aveu la puissance de cet adorable Créateur ; mais on n'a qu'à contempler le globe de la terre Z F G, (planche XIII. figure 3.) & observer, qu'il y a sur ce même globe un nombre prodigieux d'hommes à l'endroit F ; un nombre prodigieux d'animaux à l'endroit M ; un nombre prodigieux de poissons dans V ; un nombre prodigieux d'oiseaux dans X ; un nombre prodigieux d'arbres & d'autres plantes à l'endroit O ; un grand nombre de superbes palais & d'autres bâtimens dans les citez, & les villes situées dans P ; une quantité prodigieuse de feux, pour l'usage & l'utilité du genre humain, à l'endroit Z ; des vaisseaux à l'endroit N, qui peuvent passer d'une extrémité du monde M, à l'autre extrémité G : en un mot, qu'on examine sérieusement la sagesse & l'art avec lequel toutes ces choses ont été faites d'une maniere si merveilleuse : bien plus, qu'on suppose que tous les hommes & les animaux sont privez de vie ou de mouvement ; que les poissons n'ont pas le pouvoir de nager, les oiseaux de voler, le feu de brûler, les arbres & les plantes de croître ; qu'il s'imagine que les villes sont inhabitées, & qu'il n'est point de communication entre les contrées les plus éloignées faute de vaisseaux ; dans cette supposition ne regarderoit-il pas le globe de la terre, avec tout ce qui est dessus, comme un desert des plus tristes & des plus affreux ? Mais si quelqu'un venoit lui dire, & le convaincre en lui démontrant la chose à l'œil, qu'on pourroit donner à une certaine matiere fluide & invisible qui environne la terre de certaines qualitez si merveilleuses, qu'elles fourniroient les moyens de vivre à tant de millions d'hommes, & à tant d'autres créatures, & que les poissons qu'il voit présentement floter sur la surface de l'eau, pourroient par leur moyen subsister dessous les eaux; que les oiseaux pourroient voler; les arbres & les plantes croître pour l'entretien de ces créatures; le feu brûler pour la préparation des alimens, pour nous éclairer, & pour mille autres usages; que les vaisseaux, quoique chargez d'un fardeau d'une pesanteur prodigieuse, pourroient être transportez jusqu'aux endroits les plus éloignez de la terre, par la force de cette matiere invisible; & sans parler de tous les autres avantages que les habitans de ce globe en retirent, n'avouera-t-on pas, après avoir pesé sérieusement tout ceci, que l'Auteur de cette matiere, ou celui qui en auroit fait la découverte, devroit être d'une sagesse admirable, ou bien, pourroit-on s'imaginer que cette matiere destinée à des fins si différentes, & de si grande importance, seroit capable d'acquérir par le hazard & sans aucune sagesse, les proprietez nécessaires pour produire uniquement tant d'effets surprenans, pour se placer & se répandre d'elle-même, tout autour de la terre?

CHAPITRE IV.

De l'Eau.

QUe le Philosophe qui prétend encore douter de toutes ces véritez importantes, passe à l'examen de l'eau; & sans faire d'autre préambule, nous pouvons avancer qu'il conviendra du moins avec nous, sans qu'il soit nécessaire de confirmer cette vérité par beaucoup d'expériences, que supposé qu'il n'y eût pas d'eau dans le monde, lui, & tout le genre humain, & la plûpart de toutes les autres créatures vivantes, même au milieu d'une grande quantité d'air & de nourriture, périroient infailliblement en très-peu de tems, puisque la soif, si on ne l'éteint point, n'est pas moins fatale que la faim, & que tous les hommes & toutes les bêtes, à l'exception d'un très-petit nombre d'animaux, ne sçauroient subsister sans boire, s'il est rien de vrai dans les expériences.

Ceci étant supposé, si c'est au hazard que nous sommes redevables de l'eau, qui est l'unique boisson, ou du moins la base de toutes les autres boissons, il est indubitable, que si un homme ou quelqu'autre animal ne vit qu'un an, ou beaucoup moins

LIVRE II. CHAPITRE IV.

de tems après fa naiffance, c'eft le hazard qui en eft la caufe? Et comme le plus endurci des incrédules eft obligé de reconnoître que toutes les créatures vivantes, de quelque efpéce qu'elles foient, font formées & ont les parties de leurs corps difpofées, par rapport à l'eau, de maniere qu'elles peuvent en prendre & en faire ufage; qu'elles s'y trouvent excitées par la foif lorfqu'elles en ont befoin; qu'elles ne fçauroient fe rafraîchir que par le moyen de l'eau, foit qu'elles la boivent pure, ou qu'elles fe fervent d'autres liqueurs, dont l'eau eft la bafe, & qu'ainfi fi elles fe fervoient de toutes les autres liqueurs, elles ne leur fuffiroient pas; de forte que fi la mer entiere & toutes les rivieres n'étoient formées que par des efprits féparez de leur eau, ou par quelqu'autre liqueur où l'eau ne feroit pas mêlée en affez grande quantité, tout périroit de foif. Peut-on donc croire, que fi les créatures peuvent conferver leur vie par le moyen de l'eau, c'eft au hazard qu'elles en font redevables; que c'eft encore au hazard que l'eau doit toutes les proprietez qui lui font néceffaires pour fervir à cette fin?

A ceci, nous pouvons encore ajoûter, que fans le fecours de l'eau la terre ne feroit point fertile, & il n'y auroit point d'arbre ou de plante qui pût pouffer; de forte que la condition du monde feroit encore très-malheureufe, fi tous les hommes, & les autres créatures qui l'habitent, pouvoient fubfifter fans eau; puifqu'il n'eft point d'être vivant qui ne fût privé de fa nourriture, de même que de fa boiffon, fans être expofé à une mort infaillible. *Sans l'eau tout mourroit de faim.*

Que perfonne ne s'imagine que nous pouffons la chofe trop loin, en faifant l'éloge des ufages de l'eau; la fameufe expérience de Vanhelmont fait voir, combien l'eau contribue à l'accroiffement des vegetaux. Il prit deux cens livres de terre, & la fit bien fecher au four, après quoi il l'arrofa avec de l'eau de pluie, & y planta une branche de faule qui péfoit cinq livres; il trouva cinq ans après, qu'il s'étoit formé de cette branche un arbre qui pefoit 169 livres trois onces, fans compter les feuilles qui étoient tombées durant quatre automnes; mais que la terre étant bien deffechée, avoit à peine diminué d'une maniere vifible, ou du moins elle n'avoit perdu qu'environ deux onces de fa fubftance; cependant on n'y fit autre chofe que l'arrofer d'eau diftillée ou de pluie; c'eft auffi pour cette raifon que le pot étoit couvert d'un couvercle mince, & percé de beau- *Les plantes font compofées d'eau.*

coup de trous, pour empêcher le mieux qu'il étoit poſſible, l'augmentation ou la diminution de la terre par le moyen des vents, &c.

On peut voir la même expérience dans la ſeconde partie du *Chymiſte Sceptique* de M. Boyle, où vous trouverez que cet Auteur fait mention d'une citroüille d'une peſanteur très-grande qui n'avoit été produite qu'avec de l'eau de ſource ou de pluie, ſans aucune diminution de la terre durant toute une année, ou du moins ſans aucune diminution qui méritât qu'on en parlât.

Le même Auteur parle auſſi d'autres expériences faites avec des petites plantes, comme la menthe, la marjolaine, le pourpier, &c. expériences que j'ai ſouvent répété avec plaiſir & avec admiration, en les mettant dans de petites phioles de verre, où je pouvois les obſerver lorſqu'elles pouſſoient leurs racines, que les feuilles commençoient à paroître, & que leur groſſeur & leur longueur augmentoient. Le même M. Boyle dit, qu'aiant diſtillé ces plantes dans une petite retorte, quoiqu'elles n'euſſent été produites que par l'eau, elles ne laiſſerent pourtant pas de donner, de même que les autres plantes de même eſpéce qui croiſſent ſur la terre, un peu d'eau, un eſprit fétide & de l'huile, & le reſte n'étoit autre choſe qu'une *tête morte* ou du charbon.

Dans la Norwege, combien d'arbres ne voit-on pas qui croiſſent (ſelon le rapport des voyageurs) dans des endroits où il n'y a que très-peu de terre, & à peine autre choſe que des rochers ſtériles? D'où vient tout ce bois, (qu'on aura de la peine à attribuer aux rochers) que de l'eau de pluie qui l'humecte? Dans le tems que j'écris ceci, il me vient dans l'eſprit un exemple de cette nature, touchant un ſureau qui ſortit d'une petite cavité qui étoit entre deux pierres dans une muraille, & qui s'étoit formée par la chûte du mortier. Ce ſureau, qui n'étoit d'abord qu'une petite plante, pouſſa dans l'eſpace de deux ou trois mois pluſieurs branches plus longues que le bras d'un homme; & cependant quand on l'eut arrachée, afin de découvrir la communication de ſes racines avec la terre, il fut impoſſible d'y en trouver. Je ne veux point déterminer, ſi c'eſt la ſemence des ſureaux du voiſinage emportée par le vent, & jettée dans cette cavité, qui a occaſionné la production de celui-ci; il ſuffit, pour mon deſſein, qu'il ait crû ſans aucune apparence de terre.

Qui

LIVRE II. CHAPITRE IV.

Qui est-ce qui fourniroit aux fruits qui ont tant de suc, par exemple, aux raisins, aux cerises, aux groseilles, aux raisins de Corinthe, & à mille autres fruits, ces liqueurs agréables, si ce n'est l'eau, qui par le concours des autres parties, contracte toutes ces différentes saveurs, & qui, comme nous l'avons insinué ci-dessus, produit tant de boissons & de vins agréables?

Cette vérité est parfaitement bien connuë des Chymistes, qui par la distillation non-seulement de ces fruits, mais de toutes les autres plantes, depuis les bois les plus durs jusqu'au plus petit arbrisseau, en retirent des liqueurs; ils en retirent même, sans rien ajoûter, des cornes, des os, de l'yvoire, & d'autres substances, pour ne rien dire des parties des animaux qui vivent de plantes, quoiqu'il semble d'abord qu'on ne peut y soupçonner aucun liquide; tout cela fait voir clairement combien l'eau concourt à la composition des substances dont nous avons parlé.

Nous ne dirons rien ici de quelques Chymistes fameux, qui ont prétendu que la base des métaux & des mineraux n'est autre chose que l'eau; de-là vient que si on doit ajoûter foi à ce qu'ils disent, ces substances, de même que tous les animaux & toutes les plantes, peuvent être converties en eau par le moien de leur fameux alkaest; mais nous n'insisterons pas davantage sur cela, à cause que, quoiqu'il y eût beaucoup de raisons pour ne pas juger que ce sentiment est incertain, il est néanmoins encore fort obscur & caché. Quoiqu'il en soit, il est au moins incontestable que ni les plantes, ni par conséquent les hommes ni les bêtes qui s'en servent pour leur nourriture, ne sçauroient subsister sans l'eau, & que la plûpart sont composées d'eau.

Sçavoir si l'eau doit être considerée comme une simple substance, dont les parties soient toutes de même figure, & qui en se joignant, comme il arrive dans la glace & dans la neige, peuvent composer les corps solides des plantes; ou bien, si on doit assurer que l'eau est un fluide composé, où se trouvent nécessairement toutes les espèces de particules propres pour la composition des plantes, & qui après l'évaporation de l'eau restent dans les plantes, & contribuent à l'augmentation de leur volume & de leur poids; ce sont des questions que je n'agite point ici. M. Woodward a tenté de prouver la derniere de ces deux opinions, *Act. Lipf. anno* 1700. *pag.* 87. Ce qui est de certain, c'est que la Philosophie n'a pû fournir jusqu'à présent aucune hypothèse pour expliquer comment il est possible que l'eau produise des esprits, des sels, des huiles, de la terre, des cendres, &c. comme cela est démontré dans les expériences de Vanhelmont & de M. Boyle ; on ne sçait pas non plus comment l'eau peut produire une si grande diversité de saveurs, d'odeurs, & d'autres qualitez dans tant de différentes espèces de plantes, & les faire croître néanmoins régulierement & avec ordre selon leur nature.

Il est nécessaire que nous fassions voir ici plus évidemment de combien la sagesse l'Etre suprême, surpasse la capacité des plus grands Philosophes, qui n'auroient jamais cru ni imaginé que ce que nous venons de dire pût se prouver par leurs principes, s'ils n'en avoient été convaincus par des expériences incontestables. Si c'est le hazard seul qui a formé les parties de l'eau, ou celles qui y sont mêlées; si c'est le hazard qui les meut & les conserve, en agissant sans aucune regle, comment pourrions-nous esperer que les plantes crussent à l'avenir, elles, dont l'accroissement s'est fait avec tant d'ordre dans une infinité d'endroits, & depuis tant de siécles, & dont les habitans de la terre ont tiré de si grands avantages; comment pourrions-nous, dis-je, attendre aucun effet de l'eau, sans le secours d'une Providence souveraine qui dirige & gouverne toutes choses ? Je sçai fort bien ce qu'ont accoûtumé de dire dans cette occasion, les uns touchant la figure des pores qui sont dans les plantes, les autres touchant la fermentation; il y en a qui assurent que l'eau est disposée de maniere qu'elle contient en elle-même les semences de toutes choses. Mais il ne seroit pas difficile de faire voir ici que toutes ces hypothèses, & ces noms pompeux qui renferment si peu de vérité, sont de beaucoup trop foibles de toutes manieres pour manifester les voies de Dieu dans ces choses. Et supposé que quelqu'un croie qu'il peut attribuer ces choses, dont il n'a certainement aucune connoissance (par exemple, de la maniere que l'eau opére dans toutes ces occasions) à une nécessité naturelle & inconnuë, il ne faut point de raisonnement pour faire voir qu'il parle sans aucun fondement, puisqu'on ne sçauroit donner aucune démonstration d'une chose entierement inconnuë.

<small>Changement de l'eau en terre.</small> On sçait que l'évaporation de l'eau, de même que la distillation, n'est autre chose qu'un ouvrage continuel de la nature, du moins dans les rivieres & les mers où la chaleur du Soleil a tant

LIVRE II. CHAPITRE IV.

soit peu de force; car c'est la chaleur qui fait monter l'eau en vapeurs, laquelle tombe après cela en broüillards, en rosées & en pluies, la nature les fait monter de même que les Chymistes ont accoûtumé de faire leurs évaporations & leurs distillations par le moien du feu.

Or que l'eau se change en terre par ce moien, c'est ce que M. Boyle a démontré par des expériences; M. Newton en parle dans son livre sur l'Optique, pag. 319. Voici les termes dont il se sert: *L'eau se change en une terre solide par des distillations réiterées, comme M. Boyle l'a découvert dans ses expériences*: M. Hook ce Philosophe éxact, & d'autres, confirment la même chose, sçavoir que toutes les eaux se changent par de fréquentes distillations en une matiere blanchâtre & insipide, que l'eau ne sçauroit après cela dissoudre.

Quelque merveilleux que ce phénomene paroisse à quelques-uns, on peut pourtant le prouver sans cette expérience, qui ne nous laisse aucun lieu d'en douter.

I. Qu'on distille tant qu'on voudra une certaine quantité d'eau, elle laissera toûjours après elle quelque peu de terre, ce qui sert à prouver ce que nous venons de dire en faveur de ceux qui n'ont pas la patience de réiterer si souvent ces distillations l'une après l'autre.

II. On peut inferer la même chose de ce qui suit; chacun sçait que les plantes qui peuvent être uniquement produites par l'eau, comme nous l'avons déja démontré, sont sujettes à la putréfaction, & qu'à la fin elles se changent la plus grande partie en terre.

III. Cela paroît encore évident par l'observation de M. Hook qui dit que l'eau de la mer, quoique dépoüillée de tout son sable autant qu'il est possible, venant à s'évaporer, en laisse néanmoins toûjours au fond du vaisseau.

Le Docteur Robert Plot a communiqué à la Societé Roiale d'Angleterre une relation touchant cette matiere; le calcul qu'il en a fait dans les Salines de la Province de Stafford, est extraordinaire; & un certain M. Collin, écrivant sur le même sujet, dit que la grande quantité de sable qui se tire de tout ce qui est salé, soit que ce sable vienne des sels des sources qui sortent de la mer, soit de ceux qui sont dissous dans l'eau commune, ne paroissoit que dans le tems que l'eau boüilloit; car avant on n'observoit point qu'il y en eût du tout dans ces liqueurs, parce qu'après les avoir filtrées ou passées à travers un drap de Hollande à huit doubles, elles ne laissoient plus la moindre marque de sable. Cette expérience aiant été réiterée encore une fois avec une grande éxactitude pour satisfaire le Docteur Plot, elle occasionna quelque spéculation plus profonde, comme on le peut voir dans la relation dont nous venons de parler.

IV. Que l'art soit capable de convertir l'eau en un corps solide, le sel admirable de Glauber en est une preuve évidente, lequel, comme l'assure cet Auteur, peut congeler tous les liquides; & j'ai vû de l'eau-rose changée par le moien de ce sel, en une substance comme de la pierre, & si dure, qu'aiant secoüé la bouteille qui la contenoit, elle en cassa un des côtez. Je n'ai pas fait cette expérience sur d'autres liqueurs, parce que je n'avois pas de ce sel ; & que sa préparation demande trop d'embaras pour trouver le juste degré où il doit être, afin qu'il puisse se réduire en poudre sans se dissoudre, ce qui est pourtant nécessaire dans ce cas-ci.

J'ajoûterai ici une autre preuve dont je suis redevable à feu mon frere, après avoir séparé par la sublimation tout le sel volatile de la matiere liquide que les Chymistes appellent *Esprit*, & après l'avoir distillée dans du fumier de cheval ; il étoit sur le point de jetter le reste qui sentoit fortement le feu, & où il ne put découvrir aucune marque de sel volatile; cependant voulant satisfaire sa curiosité au sujet de cette liqueur, il jugea à propos de la distiller de nouveau sur des cendres, & il eut soin d'en couvrir entierement l'alembic jusqu'au sommet contre l'ordinaire, de sorte que le chapiteau étoit couvert de cendres : il y mit le feu, & il en sortit une liqueur fort claire, qui étoit fluide comme de l'eau, pendant tout le tems que les jointures furent fermées; mais lorsqu'on vint à la verser du récipient dans une bouteille ronde & épaisse qui contenoit une pinte, il trouva que d'abord qu'elle y étoit, elle s'y changeoit en un corps blanc, solide & dur comme du marbre, sans aucune apparence d'humidité ou de fluidité ; & ce corps solide prit éxactement la figure de la bouteille, précisément de même que le plomb fondu a accoûtumé de faire dans le moule où on le jette : je vis ensuite avec surprise plusieurs fois ce phénomene qui ne changea ni de figure ni d'état pendant plusieurs mois; mais à la fin, la bouteille n'étant pas bien bouchée, ce corps se convertit de nouveau peu-à-peu en une substance li-

LIVRE II. CHAPITRE IV.

quide, d'une odeur qui reſſembloit éxactement à celle du plus fort eſprit de corne de cerf ou de ſel ammoniac.

Or comme les Chymiſtes croient que cette liqueur, lorſque le ſel volatile en eſt ſéparé autant qu'il eſt poſſible, n'eſt autre choſe que du phlegme tout pur, ou de l'eau qui cóntient peut-être quelques particules oleagineuſes, j'ai cru qu'il étoit à propos de rapporter cette obſervation, afin que je puſſe faire voir le peu de connoiſſance où les plus grands Philoſophes ſont parvenus juſqu'à préſent, touchant la ſtructure intime & la diſpoſition de ce qu'ils appellent (& avec raiſon, ſelon toute apparence) *Eau* : & de combien de manieres on peut prouver que l'eau dont nous parlons préſentement, eſt capable de ſe changer en des corps ſolides; pour ne rien dire de la glace, qui par la diſſolution ſe convertit de rechef en eau, laquelle par conſéquent ne paroît avoir ſouffert aucun changement réel.

On demande ici aux Phyſiciens de faire voir comment leurs hypothèſes peuvent s'accorder avec les obſervations ſuivantes. *L'eau eſt l'origine de tout.*

I. On obſerve que l'eau produit non-ſeulement les plantes, mais qu'on retire encore de ces plantes par le moien de la Chymie, des eſprits, des huiles, des ſels, & une matiere terreſtre, ou des cendres.

II. Si les animaux ne ſont pas entierement redevables à l'eau de leur production, c'eſt elle du moins qui fournit une bonne partie de leur ſubſtance; ceci eſt évident, parce qu'ils ſe nourriſſent de plantes & d'eau; & la diſtillation de toutes les parties ſolides & fluides de leurs corps, même de celles qui ſont extrêmement dures, comme ſont les os, la corne & les dents, démontre que l'eau entre en grande quantité dans la compoſition de leurs parties.

III. Outre les plantes & les animaux, les mineraux & les métaux tirent auſſi leur origine de l'eau; ainſi nous voions par les expériences dont nous avons parlé, que la terre qu'on doit mettre auſſi entre les mineraux, en tire ſon origine; & cela paroît particulierement par les expériences rapportées dans l'*Hiſtoire de l'Academie Roiale des Sciences de France pour l'année* $170\frac{1}{6}$, où l'on fait voir qu'on peut toûjours tirer du fer avec l'aimant des cendres des plantes qui ſe nourriſſent d'eau, comme nous l'avons dit. Perſonne que je ſçache, n'a bien prouvé juſqu'à préſent la maniere dont tout cela ſe paſſe; mais il s'enſuit de-là clairement que la connoissance que nous avons de la véritable essence des choses, ne s'étend pas fort loin, & que l'esprit le plus superbe & le plus fort doit être contraint de reconnoître ici, que la nature agit d'une maniere secrete dans les plantes & dans les animaux par le moyen de l'eau, & cette action ne sçauroit s'expliquer par aucune de leurs hypothèses ou de leurs principes.

Il faut encore qu'ils examinent en eux-mêmes, s'ils ont aucun sujet de s'appuier si fort sur leur propre entendement qui n'a pas encore été capable de leur apprendre comment une plante croît, & dequoi elle est composée, & quels usages a dans le monde une matiere aussi commune que l'eau, dont on a examiné & recherché la nature de tant de différentes manieres; qu'ils nous disent s'ils peuvent croire que leur jugement est sage, lorsqu'ils assurent que leur raison peut non-seulement les instruire de la nature & de la disposition de cet univers qui renferme tant de choses qui leur sont inconnuës, mais qu'outre cela ils sont en état de déterminer si cet univers est éternel, & comment il a subsisté de toute éternité, ou s'il a eu un commencement; en quoi ils agissent aussi sagement que celui qui prétend entendre parfaitement toute la structure d'une montre, mais qui est forcé d'avoüer qu'il ignore la structure de la moindre des roües. Quoiqu'il en soit, la peine qu'on se donne dans le traité de l'eau, & de ce qui nous est inconnu, se trouvera abondamment compensée, pourvû que cela serve uniquement à convaincre les Philosophes de la foiblesse de leur raison, dont la grande présomption est souvent l'unique écueil où tant de personnes ont échoüées.

L'eau monte dans l'air.

Mais passons à quelqu'autre chose: Qui est celui qui sans l'avoir vû, pourroit croire que l'eau qui à raison de sa gravité plus grande que celle de l'air tombe en pluie, en rosée, en neige, & & en d'autres manieres, peut monter dans l'air, & composer les nuages? Il est vrai qu'en cela, de même que dans beaucoup d'autres cas, l'habitude de voir souvent arriver la même chose, la rend moins étrange ou merveilleuse; mais il faut néanmoins avoüer qu'on a raison de dire que ce phénomene est une des merveilles de Dieu, si on se donne la peine d'examiner les différentes opinions des Physiciens les plus célébres à l'égard de cette matiere. Nous n'avons qu'à lire ce que M. Mariotte *dans son Traité du mouvement des Eaux, page 96.* & M. Hallei, ont dit

LIVRE II. CHAPITRE IV. 279

sur ce sujet, pour nous convaincre qu'il n'est pas si aisé, que quelques-uns se le sont imaginé, de découvrir la cause qui fait monter ces vapeurs.

Je n'éxaminerai pas ici si l'opinion de M. Mariotte touchant cette matiere, est la plus probable ; sçavoir, que l'air est rempli de petites cavitez ou trous à travers lesquels les plus petites parties de l'eau peuvent passer en montant peut-être par la pression de l'air qui est à côté, mais que les plus grosses n'y sçauroient entrer ; je ne dirai pas non plus si nous avons plus de raison de supposer avec M. Hallei qu'une petite particule d'eau peut se rarefier jusqu'à un tel point par la chaleur & se gonfler comme une vessie, en sorte que son diametre devienne dix fois aussi grand qu'il étoit en largeur, en longueur & en épaisseur ; dans ce cas-là cette particule peut occuper mille fois plus d'espace qu'auparavant, & ne retenir néanmoins que la pesanteur d'une particule d'eau, dont on a trouvé que le volume égal à un pareil volume d'air est huit ou neuf cent fois aussi pesant que ce dernier. Il s'ensuit de-là, selon les loix de l'Hydrostatique, que durant tout le tems qu'elle seroit dans ce degré de rarefaction, elle continueroit de monter dans l'air, de même précisément qu'un morceau de verre solide qui dans cet état descend au fond, mais dont on peut former en soufflant une bouteille ronde, laquelle occupant un plus grand espace dans l'eau, sans changer de pesanteur, sera obligée de monter & de floter sur ce liquide.

De quelle maniere les vapeurs montent.

Je ne dis rien de la force des raisons qu'apportent ces grands hommes ; mais comme ces Auteurs avoüent qu'il peut y avoir d'autres manieres d'expliquer comment l'eau qui est plus pesante que l'air, peut monter dans l'air qui est moins pesant que l'eau, l'explication suivante que je prends la liberté de proposer ici, semble aussi en être du nombre, avec d'autant plus de raison qu'elle est plûtôt fondée sur l'expérience que sur une hypothèse.

On prouve ceci par les observations qui suivent.

L'air s'attache à d'autres matieres.

I. On observe que le feu est plus leger que l'air ; ceci n'a pas besoin de preuves, parce que nous voions la grande vîtesse avec laquelle la flamme monte dans l'air.

II. Que certaines substances peuvent s'attacher & s'unir à d'autres substances qui pesent davantage ; ceci se voit dans la plûpart des liquides, qui adhérent & s'attachent à d'autres substances plus pesantes.

Ainsi nous voyons que l'air (lequel, quoique fluide, est néanmoins fort humide) s'insinuë dans beaucoup d'autres substances. Pour prouver ceci, nous n'avons qu'à jetter quelques cloux roüillez dans un verre d'eau claire; & si vous les regardez de côté, vous verrez que beaucoup de bulles d'air s'y insinuent.

Et qu'on ne croie pas que cet air qui s'insinuë dans le fer, vienne de l'eau même; je trouve dans mes remarques du 21 Janvier 1696, qu'aiant jetté dans de la lie qui ne contient point d'air, quelques petits morceaux de fer roüillé & de cuivre, on y vit sur le champ des bulles tout autour; & en pompant l'air extérieur qui les pressoit, ces bulles devinrent plus grosses, & leur rarefaction fit voir que ce n'étoit que de l'air; & quand on eut frotté avec le doigt les bulles d'air qui étoient restées sur le fer, dans le tems qu'il trempoit dans la lie, on observa qu'on avoit beau pomper l'air qui pressoit, il n'y paroissoit aucune nouvelle bulle, ce qui rendit la chose d'autant plus évidente. Il s'ensuit par conséquent que l'air entre dans les corps solides, & même dans les métaux; c'est ce qui cause peut-être la roüille.

On est assez convaincu que l'air s'unit aussi & se mêle avec l'eau, quand on a vû la quantité de bulles d'air qui paroissent après qu'on a pompé l'air qui presse sur l'eau.

L'air s'insinuë dans les corps solides.

III. Le feu de même que l'air, peut entrer dans des corps solides & plus pesans; les pierres-à-feu en sont une preuve, de même que d'autres corps qu'on a de la peine à rendre fluides, quand ils sont extrêmement chauds. Or qu'on doive attribuer leur chaleur aux particules ignées qui s'y sont insinuées, & non comme quelques Philosophes s'imaginent, au mouvement rapide des petites parties dont ces substances & les autres corps sont composez, c'est une chose évidente d'elle-même; puisque, supposé que les parties d'une pierre-à-feu fussent mises dans un mouvement si violent, cette pierre perdroit sa solidité & se dissoudroit.

Mais pour s'assurer davantage de ceci, il ne faut que lire ce que M. Boyle dit dans son livre *De ponderabil. part. flammæ,* au sujet de plusieurs expériences qu'il y rapporte, & où il fait voir que le cuivre, l'étain fin, l'acier, l'argent, l'étain ordinaire, la corne de cerf brûlée, la chaux & le corail, deviennent plus pesans par les particules ignées qui s'y insinuent; & pour faire voir que cette augmentation de poids provient plûtôt des particules ignées que des parties des autres corps grossiers qui se mêlent avec le feu, on y peut voir que certains corps sont devenus plus

pesans

LIVRE II. CHAPITRE IV.

pesans qu'ils n'étoient, par la seule flamme du soulphre, ou de l'esprit-de-vin, quoiqu'ils fussent entierement renfermez dans des bouteilles de verre ; cela n'auroit jamais pû arriver, si les particules ignées n'avoient pénétré à travers les petits pores de verre. Voiez le même M. Boyle *de penetrabilitate vitri à ponder. part. flamm.*

IV. Le feu peut se joindre aussi avec l'eau, c'est ce qu'on peut démontrer, si on place un verre ou plûtôt une petite tasse à thé (afin qu'elle ne se casse point) remplie d'eau fort chaude, sous le récipient de la machine pneumatique ; alors vous verrez souvent après le premier coup de pompe si l'eau est assez chaude, ou du moins après le second ou le troisiéme, une si grande agitation dans l'eau, qu'elle sortira par-dessus les bords du vaisseau, comme si c'étoit de l'eau boüillante. Cette expérience est très-facile à faire, quand on sçait se servir de la machine pneumatique. *Le feu s'insinuë dans l'eau.*

Le 24 Décembre 1705, nous fîmes l'essai de cette expérience, & nous mismes en même-tems sous le récipient un petit verre plein d'eau froide ; il en sortit, il est vrai, comme à l'ordinaire, quelques bulles d'air, mais nous n'y apperçûmes aucune agitation qu'on pût comparer en aucune maniere à celle de l'eau chaude, de sorte qu'il semble que le mouvement qu'on remarque dans l'eau chaude doive plûtôt être attribué au feu qu'à l'eau.

Mais comme je voulois en être sûr, & répondre à une objection qu'on pouvoit me faire, sçavoir, si la chaleur de l'air ne pourroit pas être aussi la cause de cette agitation violente qui arrive dans l'eau chaude, le 21 Janvier 1706 nous fîmes chauffer de la lie qui est une liqueur privée d'air ; & après l'avoir versée dans un verre, nous la mismes sous le récipient ; & pour empêcher que la pompe ne se gâtât, au cas que la lie vînt à se répandre, nous mismes le premier verre dans un autre, & nous observâmes après le deuxiéme coup de pompe, que la lie se trouva tout-d'un-coup agitée, & sortit hors des deux verres ; ce qu'on ne sçauroit attribuer qu'aux particules ignées qu'elle contenoit, parce que l'air ne se mêle jamais avec cette liqueur.

Le 7 de Juin 1709, comme nous voulions encore réiterer la même expérience avec de l'eau, nous remplîmes en même-tems d'eau boüillante deux tasses à thé de même grandeur ; & en aiant

N n

mis une sous le récipient, nous observâmes qu'à mesure que nous pompions l'air, & que l'eau continuoit d'être agitée, le récipient étoit fort échauffé vers le sommet. Notre dessein n'est pas d'éxaminer ici si cela venoit de ce que les particules ignées n'étant plus pressées par l'air, se débarassoient de l'eau par leur mouvement, & passant à travers le verre l'échauffoit à la partie supérieure plus qu'ailleurs, peut-être aussi que cela doit être attribué aux vapeurs; quoiqu'il en soit il certain, que l'eau qui avoit été si fort agitée dans le récipient, se trouvoit hors du récipient beaucoup plus froide au toucher que celle qu'on n'y avoit jamais mise : si on supposoit que la chaleur n'est causée que par une plus grande agitation des parties de la liqueur, & que les particules ignées n'en soient pas l'unique cause, l'eau qu'on auroit mise dans le récipient, & qui auroit été si fort agitée, auroit dû être beaucoup plus chaude que celle qui n'auroit souffert aucune agitation.

D'où il s'ensuit, selon les apparences, que l'eau qui étoit sous le récipient, avoit plus perdu de sa chaleur que l'autre, à cause que les particules ignées ne se trouvant plus pressées par l'air, trouverent le moien de se débarasser de l'eau par leur propre mouvement; leur évaporation a rendu cette eau moins chaude que l'autre, dont les particules ignées n'ont pû se séparer si promptement à cause de la pression de l'air.

Ne pourroit-on pas supposer ici avec quelque fondement que cette union des particules ignées avec celles de l'eau est la cause unique ou conjointe de la proprieté que l'eau a d'éteindre le feu? c'est une chose pourtant que je n'éxaminerai point ici, parce que, pour donner la véritable raison de cette proprieté, quelque commune qu'elle paroisse à beaucoup de personnes (s'il m'est permis de parler librement sur cette matiere) la chose demande qu'on l'éxamine avec un grand soin.

J'ai remarqué trois choses qui paroissent être une suite de l'expérience précédente.

La premiere est, que de même que l'eau & l'air sont des substances, il semble que nous pouvons conclure de-là qu'on doit prendre aussi le feu pour une substance particuliere, & qu'on ne doit pas le regarder comme une agitation violente des parties des autres corps; c'est ce qu'on peut inferer de l'eau qui se refroidit immédiatement après qu'elle vient d'être agitée, comme nous venons de le faire voir. On observe que quand on met

LIVRE II. CHAPITRE IV.

en même-tems de l'eau froide & de l'eau chaude sous le récipient d'où l'air est pompé, l'eau chaude, immédiatement après sa grande agitation, ne marque en aucune maniere que ses parties sont en mouvement, au lieu qu'on observe long-tems après dans l'eau froide plusieurs soulevemens causez par la rarefaction de l'air; cette observation semble prouver la même chose. On sçait que par l'ébullition & par la chaleur l'air s'envole de l'eau, de sorte que, selon les apparences, on ne doit attribuer ce soulevement & ce boüillonnement à aucune autre cause qu'aux particules ignées qui entrent successivement dans l'eau, & qui en s'échapant laissent l'eau en repos.

Secondement, il semble qu'on peut encore inferer d'ici, que les parties ignées ont un très-grand ressort, & sont très-propres à se dilater, parce que nous voyons qu'en écartant seulement l'air qui les presse & les empêche de s'élever, elles se mettent d'elles-mêmes en mouvement, ce qui est encore une proprieté des corps élastiques.

Troisiémement, la derniere chose qu'on peut inferer de cette expérience, & qui peut avoir aussi son usage, c'est que le feu qui demeure caché dans l'eau, abandonne cette liqueur, & s'échape d'abord qu'il arrive dans un air moins pesant.

Il faut observer que le feu & l'eau forment par leur union & leur mélange mutuel un composé plus leger qu'un égal volume d'air, ce composé qui monte dans ce fluide, s'y soûtient précisément de même que deux morceaux de liége & de fer flottent sur la surface lorsqu'ils sont attachez l'un avec l'autre, quoique le fer soit plus pesant que l'eau. Je me souviens d'avoir vû une expérience qui approche beaucoup de celle-ci; on jette un morceau de soulphre dans la lie, & on le laisse descendre au fond pour sçavoir s'il contient autant d'air que le salpêtre, où nous en avons trouvé une grande quantité; après que nous eûmes ôté la pression de l'air, nous apperçûmes quelques petites bulles d'air qui grossissoient: mais ce qui est plus remarquable ici, c'est que ces bulles entraînerent en montant quelques parcelles de soulphre; mais d'abord qu'elles furent crevées, le soulphre se précipita de rechef. On observe là même chose en jettant de l'eau sur le sel, pourvû que l'air qui le presse soit ôté; on peut inferer de-là qu'un fluide plus leger peut se joindre avec une matiere qui sera plus pesante, former un composé avec elle, monter & flotter sur une liqueur dans laquelle il descen-

Si l'eau & le feu peuvent produire un composé plus leger que l'air

Nn ij

droit au fond, s'il étoit tout seul. L'expérience nous apprend aussi qu'un petit degré de chaleur, & par conséquent un petit feu, peut faire évaporer l'eau & la faire monter, même sans la faire boüillir ; c'est ainsi que nous voions monter tous les sels volatiles, par exemple, celui de sel ammoniac, de corne de cerf, &c. que la chaleur d'un feu à peine sensible fait monter : la même chose arrive dans les esprits ardens, & dans tout ce que les Chymistes appellent volatile.

Si les particules ignées qui se trouvent embarassées dans ces substances, ne sont pas l'unique cause de leur évaporation, ce qui précede nous donne au moins lieu de supposer qu'elles peuvent y contribuer; & il paroît même plus croiable que cette cause est plus commune que celle qui doit rarefier l'eau, jusqu'à un tel point qu'une particule soit neuf ou dix fois plus grosse en grandeur, en longueur & en largeur qu'elle ne l'est ordinairement, avant qu'elle soit en état de se changer en vapeur; c'est ce qu'on n'éprouve point, du moins que fort rarement, dans les substances qu'une chaleur si petite fait évaporer; & à peine peut-on supposer que cela arrive dans les autres, par exemple, dans les sels volatiles.

L'eau est divisée en des parties très-petites. Enfin il étoit sur-tout nécessaire que l'eau fût divisée en des particules d'une petitesse excessive, cette condition étant une des principales pour donner à l'eau la facilité de monter dans l'air, & la disposer d'autant plûtôt à former en s'unissant avec le feu, un corps composé plus leger qu'un égal volume d'air ; de-là vient que les goutes que nous voions s'élever dans les distillations, ne sont point grandes ni entieres, il ne s'éleve que des particules très-petites & très subtiles : la même chose paroît évidemment dans toutes les sublimations de la Chymie, de même que dans la fumée du feu de charbon, de bois, de tourbe, &c. Le feu divise ces matieres en des parties extrêmement petites, & les entraîne dans l'air à cause qu'il y est adhérant ; mais si après cela elles se ramassent, elles forment un plus grand corps, & se convertissent en suie ; elles deviennent si pesantes, qu'elles ne peuvent plus monter, jusqu'à ce qu'elles soient réduites par de nouvelles dilatations, par exemple, en des corps beaucoup plus petits.

La chaleur & le froid font monter les vapeurs. Disons, pour finir cette recherche, que quelle que soit la cause qui fait monter les vapeurs de l'eau, il est certain que l'eau étant échauffée soit par le Soleil, ou par le feu commun, montera dans l'air, quoiqu'elle soit plus pesante que l'air.

Nous n'éxaminerons pas ici s'il eſt certaines particules qui produiſent le froid, comme le feu produit la chaleur, & qui pénétrant dans l'eau compoſent un corps plus leger que l'eau, & l'obligent ainſi de s'élever en vapeurs ; ce qui eſt de certain, c'eſt que nous voyons qu'il s'éleve des vapeurs des lieux bas dans les plus grands froids, & dans le tems que l'eau eſt gelée, que même la glace & la neige peſent moins que l'eau dont elles ſont formées, & qu'elles doivent par conſéquent s'évaporer ; mais nous en parlerons ailleurs.

Ceux qui entendent les loix de l'Hydroſtatique, ſçavent que, *Les loix de l'Hydroſtatique.*

I. S'il faut qu'un corps monte dans quelque liqueur que ce ſoit, il faut qu'un volume de la liqueur égal à ce corps peſe plus que ce corps.

II. Qu'afin de faire deſcendre un corps au fond dans une liqueur, ce corps doit peſer plus qu'un volume égal de liqueur.

III. Si vous ſouhaitez qu'un corps ne monte ni ne deſcende, mais qu'il reſte dans la même place, dans quelque endroit de la liqueur que ce ſoit, il faut que ce corps peſe autant qu'une quantité égale de la liqueur, ce qui eſt aiſé à prouver par des expériences.

Suppoſons préſentement que W P Z Q S (planche xv. fig. 1.) repréſente le globe de la terre, environné de l'air juſqu'à la hauteur B A D ; cet air qui eſt peſant de ſa nature, & par conſéquent capable d'être comprimé, devient continuellement plus ſubtile depuis ſa partie inférieure P juſqu'à g, & depuis F juſqu'à B, & par conſéquent plus leger, à cauſe que ſa vertu élaſtique le dilate davantage, à meſure que la preſſion de l'air ſupérieur diminuë : & à meſure qu'elle écarte l'une de l'autre les parties de l'air, ſi nous ſuppoſons à préſent que ce même air peſe plus en-bas, dans cet endroit du globe qui eſt ſitué entre F & P, mais que dans ſa partie ſupérieure entre F & B il eſt plus leger que l'eau qui s'eſt évaporée ou mêlée avec le feu, en ſorte qu'aux environs de F G H l'air ſe trouve de même poids que l'eau ; il s'enſuivra de ce que nous venons de dire, que les vapeurs monteront entre F & P ; qu'étant arrivées à l'endroit F G H où elles ſont équilibres, elles devront floter dans les endroits F & I G ſous la forme de nuages, & elles ne ſçauroient monter ni deſcendre, parce qu'elles ſe trouvent contre-peſées ; mais s'il arrive qu'elles montent plus haut, par exemple, jusqu'à B F ou H D, elles descendront.

L'éxemple suivant nous donnera à-peu-près l'idée de la maniere dont tout cela doit arriver : Versez du mercure & de l'eau dans un verre, & ensuite jettez-y un morceau de fer, il descendra au fond de l'eau, mais il surnagera dans le vif argent, jusqu'à ce qu'il trouve un endroit entre ces deux substances, où il rencontre l'équilibre, & où il restera entre les deux fluides, dont le supérieur, masse pour masse, est plus leger que l'inférieur.

Il ne faut pas nous imaginer que ces notions de l'air ne sont fondées que sur de pures hypothèses; premierement, parce qu'on vient de prouver par des expériences, que l'air est disposé de maniere que lorsqu'un poids le presse, ses parties se resserrent, & occupant ainsi moins d'espace, la même quantité d'air devient plus pesante. Or comme nous avons déja prouvé par le moien d'un tube I F (planche XIII. fig. 1.) rempli de mercure, que le même air dont le volume est égal à F dans le tems qu'il n'est pas comprimé, venant à être resserré par la pesanteur du mercure, n'occupera plus que le petit espace d'en-bas I, & qu'ainsi sa gravité augmente à proportion de son volume; il s'ensuivra de-là, par exemple, supposé que F ait dix fois autant de volume que I, qu'un pouce cubique d'air devra presser ou peser dix fois autant à l'endroit I qu'à l'endroit F, puisque I où l'air se trouve comprimé, en contient dix fois autant que l'espace F.

Secondement, voici une expérience qui prouve ce que nous venons d'établir : Quand on monte au sommet des montagnes qui sont fort élevées, on trouve que ce que nous avançons est vrai; vous en pouvez voir entr'autres un éxemple remarquable dans Varenne, *Geograph. gener. lib. 1. cap. 19. §. 41.* où il rapporte qu'un homme aiant monté au sommet d'une montagne de celles qui forment le mont Carpath en Hongrie, & qui sont beaucoup plus élevées que celles des Alpes, voioit floter dans l'air au-dessous de lui des nuées blanches; il y en avoit de plus élevées les unes que les autres, selon que la matiere dont elles étoient composées, étoit ou moins ou plus pesante, & qu'elle les suspendoit dans un endroit plus ou moins élevé; car nous avons démontré ci-devant dans le discours sur les Méteores, que ce grand nombre de particules de différent poids s'éleve dans l'air sous le nom de *vapeurs d'eau* ou *d'exhalaisons*. Le même Auteur observe aussi que l'air où il étoit,

LIVRE II. CHAPITRE IV.

paroissoit si calme & si serain, qu'il ne s'apperceut d'aucun vent capable de mouvoir le moindre cheveu de sa tête, quoiqu'au bas de cette montagne il eut senti un vent violent. Mais ce qui parut être une preuve très-évidente de la rarefaction de l'air, ce fut un coup de mousquet qu'il tira sur le sommet même de la montagne; ce coup ne fit pas plus de bruit qu'on en fait en cassant un petit bâton. Il est aisé de voir combien la rarefaction de l'air contribuë à la diminution du son, si on suspend une sonnette dans le récipient de la machine pneumatique, & si on en pompe l'air; nous en avons parlé plus amplement ailleurs.

Concluons de tout ceci qu'il est aisé d'entendre comment l'eau (pour ne rien dire des exhalaisons qui s'élevent durant les grandes gelées) en s'unissant aux raions du Soleil ou à sa matiere ignée, peut monter dans l'air en vapeurs qui après s'être élevées, restent suspenduës selon les loix de l'Hydrostatique, dans une matiere plus legere, suivant l'état où l'air se trouve, sans que leur poids puisse les faire descendre: mais ces vapeurs auroient été presque inutiles aux habitans de la terre, tant aux hommes qu'aux bêtes, si elles avoient continué de floter toûjours dans l'air, sans jamais tomber sur la terre. Or afin de nous former une idée, comment les vapeurs peuvent floter dans l'air, supposons de nouveau qu'il s'éleve de la mer P des vapeurs qui montent dans l'air FP (planche xv. fig. 1) jusqu'à l'endroit F; que l'air à la distance F I G de la terre se trouve plus rarefié, mais qu'il conserve encore assez de densité ou d'épaisseur pour empêcher par-là qu'elles ne tombent, quoique ces vapeurs ne puissent pas monter jusqu'à l'endroit B, à cause qu'elles ne sont pas assez subtiles, elles s'y ramassent & forment des broüillards qui flotent au milieu de l'air, & qu'on appelle *Nuées*, quand on les regarde de la terre; c'est ce que nous avons déja fait voir par l'expérience: celles qui sont plus pesantes, ne sçauroient monter que jusques K d, à cause que si elles montoient dans un air plus élevé, qui seroit plus leger, elles retomberoient.

De quelle maniere les vapeurs flottent dans l'air.

I. S'il arrive que deux vents opposez poussent ces broüillards ou ces nuées avec quelque force que ce soit, par éxemple, I G ou F, & qu'ils les obligent ainsi d'avancer les uns contre les autres, il est facile de conclure qu'ils se ramasseront en goutes, & se rendant ainsi plus pesants qu'une égale quantité d'air, ils tomberont, cette pesanteur vient peut-être de ce que le feu qui les rendoit

La descente des vapeurs.

plus legers (de quelque maniere que cela arrive) trouve à s'en féparer par le moïen de ces vents.

On voit un éxemple de la premiere maniere dans les diftillations qu'on fait dans des retortes ou des alembics de verre, dont les cols qui font étroits fervent à refferrer les vapeurs; les cols étroits font que ces vapeurs tombent en goutes & qu'elles defcendent, quoiqu'un moment auparavant elles euffent affez d'efpace & de liberté pour monter, & qu'elles euffent continué de monter encore plus haut, fans ces défilez ou ces paffages étroits.

Un chacun fçait auffi qu'une liqueur chaude qui renferme beaucoup de feu, fe réfroidit quand on fouffle avec la bouche. Or que ceci n'arrive qu'à caufe que les particules ignées s'en féparent, c'eft ce qui paroît probable pour la raifon qui fuit ; fçavoir, que fans cela, fi la chaleur étoit d'autant plus grande que l'eft le mouvement des petites parcelles qui compofent une liqueur, elle devroit, felon cette hypothèfe, s'échauffer & non pas fe réfroidir en aucune maniere par le fouffle qui augmente le mouvement de la liqueur ; cependant l'expérience ordinaire nous apprend le contraire.

II. Suppofé qu'un vent tout feul fe trouvât affez fort pour être en état de faire avancer en foufflant depuis I jufqu'à G (planche xv. fig. 1.) la vapeur ou la nuée IG, felon la ligne droite IZ, & de la pouffer toute entiere ou en partie jufqu'en Z, il eft clair que cette nuée fe trouvera dans Z à une plus grande élevation de la terre, & par conféquent dans un air plus rarefié ; d'où il s'enfuivra, felon les expériences ci-deffus qui ont été faites fur l'eau chaude & fur la lie, dans la machine pneumatique, que le feu qui en s'attachant aux particules de l'eau, les rendoit plus legeres, s'en féparera, & qu'il montera à caufe de fa legereté ; alors l'eau fera trop pefante pour refter non-feulement dans cet air rare & leger, mais même dans celui qui eft plus épais & plus pefant proche de la terre, & elle fe changera en rofée ou en broüillard, ou en pluie ou en neige, &c. felon que les vapeurs feront plus ou moins rarefiées.

III. Nous venons de faire voir que l'air (qui d'ailleurs étant proche de la terre dans l'endroit P, fe trouve affez pefant pour foûtenir les vapeurs, & les obliger de floter aux environs de F) fe rarefie fouvent, & devient plus leger pour d'autres raifons, & que par-là il permet aux vapeurs de defcendre. Les barométres nous en donnent auffi en beaucoup d'occafions des preuves expérimentales,

LIVRE II. CHAPITRE IV.

rimentales, car le mercure descend communément dans le tems que le poids de l'air diminuë; ce qui prédit que les vapeurs aqueuses sont sur le point de descendre en broüillards ou en vapeurs, ou sous quelqu'autre forme.

IV. Outre cela il semble que la cessation subite de la chaleur de l'air, laquelle avoit fait monter les vapeurs en grande quantité, peut leur donner occasion de se précipiter par le froid, & de se changer en broüillards ou en pluies ; on peut voir un éxemple qui en approche dans les distillations qu'on fait avec le serpentin, & on trouve dans les cryſtallisations chymiques quelque chose de semblable ; car on voit que les sels qui nagent & qui sont dissous dans l'eau chaude, se coagulent & descendent d'abord que l'eau commence à devenir froide : mais sçavoir s'il arrive la même chose dans l'air, ou de quelle maniere cela se fait, c'est une chose que nous n'éxaminerons pas ici, puisque nous ne connoissons pas encore la nature du froid, comme quelques uns se l'imaginent. *Le froid peut produire le même effet.*

Quelque grand que soit le nombre des causes qui, outre celles que nous venons de remarquer, peuvent faire descendre les vapeurs qui sont élevées dans l'air ; ce qui est certain, c'est qu'elles ne sçauroient monter ni descendre qu'en observant les loix admirables de l'Hydrostatique.

Qui est celui qui pourra s'imaginer à présent, que tout cela se passe indépendamment d'une sage direction, & que c'est par un pur hazard qu'une si grande quantité de vapeurs répanduës dans ces espaces de l'air, se trouve par tout assujettie aux regles les plus éxactes de l'Hydrostatique dans un nombre infini d'occasions & de cas fortuits? Ne faut-il pas un Etre intelligent pour changer une masse si prodigieuse d'eau en nuées, pour les faire flotter dans l'air, afin qu'elles produisent en tombant des pluies abondantes, des sources & des moissons ? Nous ne dirons rien à présent des différentes manieres & des différentes formes qu'elles prennent en descendant; mais ce qui est bien plus considérable, c'est qu'elles causent les débordemens soudains de tant de grandes rivieres, qui sortant de leurs lits, inondent souvent des païs entiers.

Cependant si les vapeurs n'avoient d'autre proprieté que celle de monter précisément & descendre du même endroit, & que celles, par éxemple, qui sont représentées dans la planche XV. fig. 1. par la lettre F, & qui se feroient élevées de la mer P, *Il est nécessaire que les vapeurs soient transportées d'un endroit à un autre.*

O o

retombassent dans le même endroit, & si les habitans de la terre n'étoient arrosez que par celles qui s'éleveroient de l'endroit où ils seroient, ils n'en retireroient que très-peu d'utilité. Que de rivieres târiroient ? celles qui débordent présentement, ou du moins qui reçoivent une grande quantité d'eau des pluies & des neiges qui descendent des montagnes, seroient sans eau. Comment les bêtes sauvages dans l'Arabie & dans plusieurs Païs de l'Afrique, qui, à cause de la sécheresse, manqueroient absolument d'eau, pourroient-elles appaiser leur soif ardente ? Quels fruits produiroient des Païs qui sont présentement extrêmement fertiles, si l'eau ne leur étoit transportée des endroits où la chaleur du Soleil la fait évaporer ?

Quel esprit assez aveuglé pourra croire qu'il n'est pas obligé de remercier son Créateur, qui a la bonté de transporter par les moiens des vents qui poussent les nuages, les eaux qui s'évaporent dans la Zone torride, & dans d'autres Païs chauds, pour lui fournir dequoi boire, & pour fertiliser cette partie du monde qu'il habite ?

La plûpart des vapeurs qui sont si utiles à tout le monde, s'élevent principalement de la mer, & cependant ses eaux ne sont pas bonnes pour les desseins auxquels les vapeurs sont destinées, à cause du sel qu'elles contiennent; un homme mourroit de soif au milieu de la mer, & il n'est point d'herbe ou de plante qu'on arroseroit avec de l'eau salée, qui pût vivre ni croître avec cette eau; nous n'en voions que trop souvent la triste expérience dans les terres que la mer a inondées ; qui est donc celui qui pourra encore s'imaginer que c'est le hazard tout pur ou des causes ignorantes qui font que le Soleil n'éleve en vapeurs que l'eau douce de la mer, & qu'après il les ramasse pour en faire des nuées, tandis que le sel dont elles étoient auparavant impregnées, ne s'éleve point à cause qu'il se trouve beaucoup plus pesant que l'eau ?

L'eau se dépoüille des sels par l'évaporation.

Quoique la douceur de la rosée, de la pluie & de la neige prouve la vérité de cette observation, on en peut néanmoins voir une expérience toutes les fois qu'on voudra, en mettant de l'eau salée sur le feu, & en la faisant évaporer, ou en la distillant ; alors vous trouverez que le sel restera au fond. Nous voions arriver la même chose dans les Salines par la chaleur du Soleil, & du feu ordinaire ; de sorte que voilà la maniere dont se passent deux choses de très-grande conséquence, sans lesquelles toute

LIVRE II. CHAPITRE IV.

ce qui respire s'éteindroit en peu de tems : la premiere de ces deux choses est que l'eau de la mer se dépouille de ses sels, & devient propre à boire, & à tant d'autres usages ; la seconde, que ces sels deviennent fort utiles aux hommes.

On n'a qu'à jetter les yeux sur l'Isle de Saint Thomas, qui est sous la ligne ou sur celle de Sainte Heleine, qui est entre les Tropiques, & où la chaleur du Soleil est excessive ; car il semble que toutes les vapeurs qui s'élevent des mers des environs, devroient, selon toute apparence, tomber de nouveau plûtôt dans l'endroit d'où elles se sont élevées, que sur aucune de ces Isles, parce que les parties solides dont elles sont composées, réfléchissent les raions du Soleil avec une plus grande force que les parties fluides de la mer. Quelqu'un pourra-t-il s'imaginer que c'est indépendamment de la direction sage du Créateur, qu'il y a de hautes montagnes dans ces Isles où les vapeurs se ramassent dans une quantité si grande, qu'elles sont en état de former des ruisseaux & des rivieres pour fournir en abondance dequoi boire aux animaux, pour nourrir les plantes, & rendre la terre fertile dans des climats si brûlans ?

Les montagnes ramassent les vapeurs.

Il n'est rien de ce que nous disons ici qui ne soit vrai, quelques différens que soient les sentimens qu'ont certaines personnes au sujet des montagnes ; c'est ce qu'on peut confirmer par une foule de témoins, de même que par des essais & des expériences.

Ne nous servons que de la description de l'Isle de Saint Thomas, qui est dans le petit Atlas de Mercator où nous trouverons ces paroles : « Au milieu de cette Isle il y a une montagne où il y a beaucoup de bois, & qui est continuellement couverte de nuages si épais, qu'on voit sortir de ces bois des torrens & des ruisseaux suffisans pour fournir de l'eau au sucre de toutes les plantations ; & ce qui est très-remarquable, c'est que, lorsque le Soleil est dans son plus haut degré d'élevation, cette montagne est presque entierement couverte de nuages.

M. Robbe rapporte la même chose dans sa Geographie au sujet de Madagascar : « Quoique cette Isle, dit-il, soit exposée par sa situation à l'ardeur extrême du Soleil, lequel, de même qu'à Saint Thomas, y est deux fois l'année perpendiculaire sur la tête des habitans, & qu'on seroit par conséquent porté à croire que la chaleur & la sécheresse y détruisent tout ; cependant au milieu de l'Isle on trouve beaucoup de montagnes & de forêts, «

» d'où l'on voit sortir beaucoup de rivieres qui coulent de tous
» côtez.

Je trouve que M. Varene a remarqué la même chose ; il dit,
» que les nuages & les broüillards qui s'attachent au-dessus & au-
» tour de la montagne, qui porte le nom de *Pic de Tener ffe*, des-
» cendent tous les jours environ midi, en si grande quantité, qu'ils
» produisent des pluies abondantes dans cet endroit, tandis que
» dans le reste de l'Isle il ne pleut jamais.

Finissons nos citations par celle de la Geographie generale, chap. 9. sect. 9. de M. Varene, qui fait voir que ce phénomene est utile dans la Nature ; cet Auteur propose cette question : » Pour-
» quoi observe-t-on des pluies souvent au sommet des monta-
» gnes, tandis que dans les vallées voisines l'air est serain & clair,
» & qu'on n'y remarque aucun de ces meteores ? Et ensuite il continuë de dire : » Ceci se trouve confirmé par ceux qui ont voiagé
» sur les montagnes, dans l'Asie, dans le Perou, & dans d'autres
» Païs ; sçavoir, qu'on observe souvent des pluies, de la neige & des
» broüillards épais sur le sommet de ces montagnes ; mais quand
» ces voiageurs descendoient dans les vallées, ils trouvoient que le
» tems étoit beau par tout : Nous trouvons souvent la même chose
» dans les montagnes de notre propre païs. De-là vient que M. Isbrantz-Ides a observé dans un certain district sur les frontieres de la Chine, que les nuages paroissoient au-dessus des monta- gnes, non pas plus haut.

Les fontaines & les rivieres viennent des montagnes.

De plus, M. Hallei ce célébre Mathématicien, a prouvé fort ingénieusement que les fontaines & les rivieres tirent leur ori- gine des vapeurs qui se ramassent continuellement sur les mon- tagnes, & a donné une Dissertation sur ce sujet ; voici en peu de mots ce qu'elle contient : » Cette spéculation tou-
» chant les fontaines, n'est pas une supposition, mais elle est fon-
» dée sur des expériences. Le séjour que j'ai fait à Sainte Heleine,
» (qui est située sous la Zone torride, & un lieu des plus chauds
» de la terre) m'a fourni l'occasion de faire ces expériences ; j'étois
» au haut d'une montagne élevée de 2400 pieds plus que la mer, où
» j'observai que les vapeurs & la rosée même dans un tems serain,
» tomboient en si grande quantité & si vîte ; que j'étois de quart
» d'heure en quart d'heure obligé d'essuier le verre de mon teles-
» cope, & mon papier se trouvoit dans un instant si humide, qu'il
» m'étoit impossible d'y écrire. On peut conclure de-là que la quan-
» tité de l'eau qui se ramasse sur d'autres montagnes plus grandes

LIVRE II. CHAPITRE IV.

& plus hautes que celle-ci, doit être fort grande en fort peu de « tems, fur-tout fur celles qui forment de longues chaînes, dont « l'étenduë occupe des Païs entiers, par éxemple, fur les Pyrenées, « les Alpes, l'Apennin, & le mont Carpath en Europe ; le mont « Taurus, le Caucafe, & Imaüs, &c. dans l'Afie ; le mont Atlas, « les montagnes de la Lune, & beaucoup d'autres en Afri- « que, d'où viennent le Nil, le Niger & le Zaire ; dans l'A- « merique on trouve les Andes, & les montagnes d'Apa- « lache, chacune defquelles excede de beaucoup la hauteur or- « dinaire à laquelle les vapeurs montent d'elles-mêmes, & au « fommet defquelles l'air eft fi froid & fi rarefié, qu'il ne peut « foûtenir que très-peu de vapeurs qui y font tranfportées par les « vents. «

M. Hallei que nous venons de citer, croit, & ce n'eft pas fans de bonnes raifons, qu'un des principaux ufages des montagnes, c'eft de ramaffer les vapeurs, & de les changer enfuite en fon-taines & en fources, après cela en ruiffeaux, & en dernier lieu en rivieres, & de les faire ainfi defcendre felon leur pefanteur refpective.

Je ne ferai point ici le dénombrement des difficultez que M. Hallei a fait voir dans le fentiment de ceux qui prétendent déduire l'origine des fontaines de quelqu'autre caufe, où il fem-ble que cet Auteur veut établir la caufe à laquelle il s'eft arrê-té, comme fi c'étoit l'unique ; pour nous il nous fuffit que, quoi-qu'il y eût d'autres caufes, celle-ci puiffe paffer au moins pour une des principales : je me fuis étendu un peu trop fur cette matiere, à caufe qu'il femble qu'elle peut fervir à prouver la fageffe du Créateur à ceux qui voudront confiderer le tout fans préjugé.

Il femble d'abord que ces maffes énormes & irrégulieres qui forment les montagnes, ne font d'aucun ufage ; mais on n'a qu'à confiderer une feule fois avec attention les expériences que nous avons rapportées, on y apprendra certainement que ces éminences de la terre font d'une grande néceffité, & que fans elles le globe ou du moins la plus grande par-tie, feroit entierement privée de rivieres, qui font d'une utilité fi grande, & qui font des marques éclatantes de la bonté de notre Créateur ; qu'on fe demande donc à foi-mê-me, fi cela ne doit pas convaincre les incrédules qu'on ne fe trompe pas quand on affure que tous leurs raifonnemens tou-chant l'utilité de ces parties de la terre, n'ont aucun fondement dans les choses mêmes; & que s'ils connoissoient les fins que le Créateur s'est proposées, ce qu'ils objectent contre la grandeur de ce Directeur suprême, serviroit à démontrer sa bonté.

L'Egypte est arrosée par le Nil sans le secours des pluies.

Il faut avoüer que j'ai souvent regardé comme une preuve sensible & visible de la Providence, ce qu'on a publié & confirmé au sujet de l'Egypte par le témoignage universel de tous ceux qui y ont voiagé: Ce païs qui est uni par tout, & sans aucune montagne, comme Monconis & d'autres le rapportent, n'est que rarement ou jamais arrosé de pluies; il est environné de Païs secs, & presqu'entouré de déserts extrêmement arides, en sorte que de lui-même il est entierement stérile, ce qui le rendroit par conséquent inhabitable.

Est-ce donc par un pur hazard que les montagnes de la Lune sont placées dans ces parties de l'Afrique, dont les contrées sont brûlées par les ardeurs du Soleil? Est-ce un cas fortuit qui fait descendre de ces montagnes des torrens qui forment par leur réunion le lac ou la mer de Zaire, d'où le Nil tire sa source, lequel après avoir traversé toute l'Egypte, se décharge par plusieurs embouchûres dans la mer Méditerranée? Ce qui fait extrêmement pour nous, c'est qu'il grossit & sort de son lit pour inonder tout le Païs; de sorte que les Villes qui sont bâties sur des éminences, paroissent comme tout autant d'Isles, tandis que le plat Païs est couvert d'eau; & ce sont ces inondations qui rendent ce Païs aussi fertile qu'aucun autre qui soit ordinairement arrosé de pluies, sans cela l'Egypte seroit seche, & presque brûlée.

La fertilité de l'Egypte.

Les Geographes, & entr'autres M. Robbe, dans sa Description du Monde, nous disent des merveilles de la fertilité de ce Païs; les eaux du Nil qui inondent toute l'Egypte, ont accoûtumé de laisser une espece de limon & de boüe, qui, lorsqu'elle est seche, rend la terre si fertile, que les arbres sont entierement chargez de fruits; & si les Egyptiens n'étoient pas si paresseux, & qu'ils voulussent cultiver & ensemencer leurs terres après la premiere moisson & la récolte des fruits, elles produiroient la même année une seconde récolte: ce qui est certain, c'est qu'à cause de l'abondance de leur Païs, les habitans sont souvent obligez de mêler du sable avec la terre, de peur qu'elle ne soit trop grasse. Plusieurs attribuent aussi à la même cause la fertilité de leurs troupeaux qui sont beaucoup plus nombreux que dans les autres Païs, & c'est pour la même raison qu'ils multi-

LIVRE II. CHAPITRE IV.

plient deux fois l'année, &c. Quelques Auteurs disent la même chose des femmes, elles font souvent deux jumeaux, & quelquefois davantage d'une seule couche.

Revenons à la cause des rivieres, c'est-à-dire, aux amas de vapeurs aqueuses qui se forment sur les montagnes.

Supposons qu'il y a des hommes & d'autres créatures qui habitent sur le globe W K R S (planche xv. fig. 1.) & qu'on voit dans la structure & la composition de chacune de ces créatures une science & un artifice surprenant, comme nous l'avons déja démontré.

Il est certain qu'à moins que la terre C X Y T ne fût humectée d'eau douce, elle seroit entierement stérile, & toutes les créatures vivantes qui l'habitent, mourroient de faim & de soif; quoiqu'il semble qu'une grande fécondité pourroit réparer cette perte, cependant pas un seul animal ne pourroit vivre un mois après sa naissance.

On n'a qu'à considerer que ces grandes mers & ces grands lacs profonds C W S, quelque grande que soit la quantité d'eau qu'ils contiennent, ne seroient pas capables de fertiliser la moindre étenduë de terre, ni de fournir à un seul homme ou à une seule bête autant de boisson qu'il lui en faudroit, pour conserver leur vie, à cause du sel que leurs eaux renferment.

Pourroit-on être assez aveugle pour s'imaginer, que c'est par un pur hazard que le Soleil ce corps si brillant, outre la lumiere & la chaleur qu'il nous communique, nous rend encore un autre service considérable ? Ses raions rarefient l'eau de la mer P, la font évaporer & monter en vapeurs jusqu'à g & F ; & les vapeurs quittant leurs sels qui servent à d'autres usages, composent les nuées I G, K d qui sont élevées dans l'air ; elles tombent après cela en pluies ou en broüillards, en rosées, en grêle ou en neige, rendent la terre fertile en l'humectant, & servent de boisson aux hommes & aux animaux.

Les plus grands Physiciens conviennent que la maniere dont cela se fait, est tout-à-fait admirable ; par exemple, Messieurs Hallei & Mariotte deux personnes si sçavantes, n'ont pas honte d'avoüer la foiblesse de leur génie dans cette matiere, & c'est ce qu'un chacun doit faire ; & cependant tout ce grand appareil auroit été inutile, si la terre n'avoit été environnée dans l'étenduë B A D, du fluide que nous appellons *Air*.

Mais ce qui semble ici prouver d'une maniere incontestable

la providence d'un Dieu, c'est que, quoique le globe terrestre soit environné de l'air, & que le Soleil donne continuellement sur la mer & sur les rivieres, à peine il s'en éleveroit la moindre vapeur, si l'air étoit aussi rare & subtil en-bas vers F P qu'il l'est en-haut entre B & F ; & au contraire, si l'air dans sa partie supérieure entre B & F étoit aussi épais qu'il l'est présentement entre P & F, il ne tomberoit que peu ou point du tout de vapeurs en pluie ou en rosée, mais elles nageroient dans l'air de même que l'huile nage sur l'eau, & elles continueroient de rester dans cet état ; dans ce cas-là toute la terre seroit séche, & tout périroit de soif.

Encore un coup, peut-on s'imaginer que tout cela se soit ainsi disposé par un pur hazard, & sans qu'il y ait aucune vûë, & que l'air inférieur étant plus comprimé & plus épais que le supérieur, à cause de sa gravité & de son ressort, s'est trouvé ainsi disposé par rapport aux vapeurs de l'eau, afin que les vapeurs ne fussent que rarement ou jamais en équilibre dans l'air, avant qu'elles aient monté à la hauteur des nuées F & K ? Tandis que, supposé que l'air fût aussi leger dans P, ou immédiatement sur la surface de la terre que dans F où il est plus élevé, il auroit été continuellement nébuleux, plein de bruines & de broüillards, ce qui nous auroit privé de l'usage de la vûë, ou du moins nous aurions eu beaucoup d'embaras à nous en servir, pour ne rien dire des maladies que cela auroit occasionné.

Ajoûtons encore une chose : Est-ce sans connoissance & sans une puissance ? Est-ce par un effet des causes aveugles, que tandis que d'autres especes de sel pesent incomparablement moins que l'eau, celui de la mer se trouve néanmoins plus pesant ? Sans quoi ce sel montant avec les vapeurs, rendroit l'eau des pluies & des rivieres inutile, & nuisible même aux animaux & aux plantes. Est-ce par hazard que le Soleil est placé précisément à un certain degré de distance du globe, d'où il est en état par sa chaleur de faire monter l'eau en vapeurs, & où pourtant il n'est pas assez près de nous pour enflammer & brûler ces plantes tendres qui reçoivent leur nourriture & leur accroissement de ces vapeurs, & qui en sont composées pour plus grande partie ?

Est-ce le hazard qui a fait rencontrer le Soleil, la mer, l'air & le sel dans un si petit coin, qui n'est qu'un point par rapport à toute l'étendue de l'univers ? Est-ce, dis-je, le hazard qui a fait

que

LIVRE II. CHAPITRE IV.

que ces corps se sont ainsi trouvé disposez, pour fournir à tous les habitans de la terre des alimens & dequoi boire? Est-ce à des causes ignorantes qu'ils sont redevables de tout ce grand nombre de proprietez qu'on a déja rapporté, & qui ne servent qu'à cette seule fin? Si pour arroser la terre avec les vapeurs qui descendent de l'air, il n'y avoit pas d'autre cause que la legereté & la subtilité de l'air, ou les vents qui ramassent les nuages, on voit clairement que toutes les parties de la terre se trouveroient également arrosées sans aucune différence, & que la mer qui n'a pas besoin de ces vapeurs, de même que d'autres endroits du monde qui à leur défaut seroient inhabitables, en recevroient une partie, peut-être même que les endroits qui en auroient le moins de besoin, en recevroient plus que tout autre.

Encore un coup, que ces Philosophes qui éxaminent la matiere avec tant de soin, jugent eux-mêmes si c'est le pur hazard qui a placé ces grands corps, ces longues chaînes de collines & de montagnes aux environs, ou dans le païs qui ont besoin d'être arrosez, afin que par ce moien ils joüissent d'une plus grande quantité d'eau que les autres. L'usage de ces montagnes, comme nous l'avons dit ci-dessus, est d'arrêter les vapeurs aqueuses qui flotent dans l'air, de les ramasser sur leurs sommets, de les faire couler en-bas, de fournir ainsi assez d'eau pour former des ruisseaux & des rivieres qui contribuent si fort au bien de la terre & de ses habitans. Nous ne dirons rien ici de la quantité des poissons, ni des autres productions de ces eaux, par le moien desquelles les Peuples des Païs qu'elles arrosent, peuvent se communiquer les uns aux autres leurs fruits & leurs marchandises.

Nous croions qu'il est à propos de rechercher ici la maniere & les causes qui ramassent sur les montagnes une si vaste quantité d'eaux, afin qu'on puisse entendre plus clairement ce qu'on a dit ci-devant à ce sujet.

Les vents ramassent les vapeurs sur les montagnes.

Nous avons tâché de faire voir comment les vapeurs s'élevent de la mer, depuis P jusqu'à g & F (planche xv. fig. 1.) par le moien de la chaleur du Soleil (& peut être aussi par le froid sous les poles;) nous avons aussi tâché de faire voir comment elles peuvent floter dans l'air, & se soûtenir dans les différens degrez d'élevation comme dans g K, d & F, I, G; nous avons vû aussi comment ces mêmes vapeurs étant élevées jusqu'en Z, par

P p

les vents, ou pouſſées les unes contre les autres par des vents contraires, & par d'autres cauſes, deſcendent en pluie, en neige, &c.

M. Hallei ajoûte une autre maniere; il dit qu'un amas de vapeur, ou un nuage flotant dans F, étant pouſſé dans E par les vents contre la montagne Q N R, monte au ſommet N, & là ſe trouvant dans un air plus leger, elle ne ſçauroit être ſoûtenuë plus long-tems, mais elle tombe en petites goutes ſur le ſommet de la montagne, d'où elle deſcend & remplit d'eau les cavitez de la montagne (qu'on y ſuppoſe, & qu'on y trouve auſſi ſouvent.) Celle qui coule continuellement à travers l'orifice M, produit le petit ruiſſeau M e T, ou M e V, lequel ſe joignant avec d'autres de même nature, forment tous enſemble une grande riviere.

Ceci fait voir que les eaux ſe ramaſſent en plus grande quantité ſur le ſommet des montagnes, car leurs ſommets étant oppoſez depuis Q R juſqu'à N, aux vents qui pouſſent les nuages en E, K d, &c. elles ſervent de baricade, & forcent ainſi les vapeurs ou de monter dans un air plus leger, ou de ſe reſſerrer en approchant de ces ſommets, ce qui les rend peſantes & les fait tomber.

La fraîcheur de l'air des montagnes ramaſſe les vapeurs.

Comme il eſt croiable que ceci arrive ſouvent, il ſemble que les vents y ſont néceſſaires; & ſuppoſé que les vents n'y euſſent aucune part, la quantité d'eau qui s'y ramaſſe ne ſeroit pas ſelon toutes les apparences ſi grande: d'ailleurs les expériences rapportées ci-deſſus, nous apprennent qu'il regne en certains tems des vents, même dans les Païschauds, ſur les ſommets des montagnes, ces ſommets ſont continuellement couverts de broüillards & de vapeurs, de ſorte que ſelon toutes les apparences il faut qu'il y ait une autre cauſe plus conſtante, que celle-ci, & qui ne dépend pas toûjours de l'agitation des vents.

Sçavoir ſi on peut attribuer cela à la fraîcheur des montagnes, ou de l'air de la moienne région qui environne leurs ſommets, & auquel la réfléxion des raions du Soleil ne parvient point, ou s'il faut l'attribuer aux nuages qui cachent continuellement leurs têtes, c'eſt une queſtion dont je laiſſe l'éxamen à ceux qui voudront en faire une recherche plus éxacte; ce qui eſt certain, c'eſt qu'à raiſon du froid qui y regne, elles ſont ſouvent couvertes de neige; & M. Varene dit, qu'excepté les mois de Juillet & d'Août, le Pic de Teneriffe eſt toûjours couvert de

LIVRE II. CHAPITRE IV.

neige, quoiqu'il ne s'en trouve ni dans cette Isle, ni dans les autres Canaries.

Nous n'avons pas entrepris ici de rapporter l'Histoire entiere de la Nature, mais cependant nous ne sçaurions nous empêcher d'observer que les grands ombrages que ces montagnes produisent, occasionnent un froid continuel dans l'air du voisinage; de-là vient que nous lisons dans l'Extrait de l'Histoire de Boheme, *Act. de Leipsic an. 1684. page 244*, qu'il y a une certaine vallée qui est couverte de neige à une hauteur considérable dans le tems le plus chaud de l'année, & que cette neige dure depuis 16 ans; l'ancienne tire sur le brun, ce qui sert à la distinguer de la derniere, qui est blanche & claire.

Les vapeurs se ramassent à l'ombre.

A présent si nous supposons le Soleil à l'endroit O (planche XV. fig. 1.) & une montagne dans Q N R, dont l'ombre occupe, par exemple, Q E X, où les raions ne sçauroient parvenir, soit à cause des montagnes des environs, soit à cause que le Soleil donne rarement de ce côté, ni jamais échauffer l'air dans le même degré que celui des environs; il est évident que l'air renfermé dans l'ombre Q E X, sera beaucoup plus froid que celui qui environne la montagne hors de l'ombre. Or nous avons prouvé par l'expérience, que lorsqu'un air chaud peut communiquer avec un autre air plus froid, s'ils ne varient pas trop en densité, l'air chaud se rarefie, & se porte comme un vent vers l'air froid. Si on appliquoit ceci à l'air qui environne l'ombre, nous verrions comment cet air, avec toutes les vapeurs dont il seroit chargé, se porteroit vers l'ombre. Car les vapeurs qui flotent dans l'air, suivent continuellement son cours; c'est une chose dont on ne sçauroit douter, & qu'on peut observer dans un pot rempli d'eau boüillante, placé dans un endroit où il ne soit pas exposé au vent; d'où l'on peut inferer que l'air avec ses vapeurs, en arrivant dans cette ombre, où il est privé de son ressort par le froid, sera immédiatement suivi par d'autre air plus chaud, & dont par conséquent la force élastique est plus forte; ainsi il produira un vrai courant d'eau & de vapeurs, si d'autres vents ne l'arrêtent, & il humectera ces endroits avec les vapeurs qu'il transportera continuellement.

Il est aisé à ceux qui connoissent les proprietez de l'air, d'inferer de ce que nous venons de dire, la cause pour laquelle les vapeurs se portent continuellement vers les montagnes (quoiqu'en effet, à proprement parler, elles soient pressées de toutes parts) on peut voir aussi pourquoi les montagnes sont couvertes de nuages, nous en avons donné ci-dessus plusieurs éxemples. La nuit qui n'est autre chose que l'ombre de la terre, nous fait voir clairement que les vapeurs répanduës dans l'air se ramassent dans les ombres ; car on sçait que dans ce tems-là les vapeurs & les rosées tombent en plus grande quantité que durant le jour ; de-là vient que M. Hallei observa durant la nuit dans l'Isle Sainte Heleine la descente des vapeurs, & que nous trouvons dans les Mémoires de l'Academie Roiale de France, de l'année 1699, une méthode inventée par M. de la Hire, pour empêcher que la rosée de la nuit ne s'attache aux verres des lunettes de longue vûë. L'expérience nous apprend que même durant la matinée les vapeurs produisent de l'humidité sur les montagnes (*voiez la Geographie generale de M. Varene, lib. 1. sect. 5. pag. 157.*) à cause que les endroits qui sont couverts de l'ombre des montagnes, sont beaucoup plus froids durant la nuit que les autres endroits qui n'en sont point couverts ; de-là vient aussi que dans les Isles de Saint Thomas & de Madagascar, les montagnes qui ramassent les eaux d'où se forment les rivieres, étant couvertes de bois, & par conséquent plus ombragées, rendent l'air plus froid, & lui donnent moins de ressort : c'est ce qui fait que les eaux s'y ramassent en plus grande quantité. Et afin qu'on ne croie pas que ceci ne s'accorde point avec ce qui a été dit ci-dessus touchant le Pic de Teneriffe, d'où les eaux descendent à midi en plus grande quantité qu'en tout autre tems, on n'a qu'à considerer ce que nous avons déja dit au sujet de cette montagne, sçavoir, que la chaleur du Soleil fond à midi la neige qui en couvre le sommet, & fait descendre les eaux avec plus de violence durant ce tems-là.

Je crois que ces expériences peuvent servir à prouver que le froid que l'ombre des montagnes produit dans l'air, peut passer avec juste raison pour une de celles qui font que les vapeurs s'y portent continuellement.

Les vapeurs peuvent produire les rivieres.

La seule difficulté qui reste, c'est de faire voir comment il peut monter une quantité de vapeurs assez grande pour produire de grandes rivieres : Nous ne prétendons pas, avec quelques Pysiciens, que toutes les rivieres tirent leur origine de ces vapeurs, ou qu'elles en sont l'unique cause ; car peut-être selon l'opinion des autres Physiciens, la mer entre dans des cavernes

LIVRE II. CHAPITRE IV.

soûterrains où elle se filtre, & quitte ainsi ses sels pour produire après cela des fontaines d'eau douce ; d'ailleurs peut-être que les feux soûterrains font évaporer les eaux qui entrent de la mer dans les soûterrains, & les font monter en vapeurs, qui après cela se convertissant en eau par le froid qu'elles rencontrent en-haut, peuvent produire les fontaines. Mais quoiqu'il en soit, il est assez probable par ce que nous avons fait voir ci-dessus, qu'on peut mettre les vapeurs parmi les principales causes des rivieres ; car il s'éleve continuellement des vapeurs de la mer, & des autres eaux exposées au Soleil : ces vapeurs se ramassent sur les montagnes, & descendent après cela en pluie, en neige, ou en grêle ; c'est ce qui les rend propres à produire des rivieres qui peuvent couler pendant long-tems sans interruption, & composer de grands torrens. On peut en quelque maniere inferer ceci des observations de Mariotte *sur le mouvement des Eaux*, *page* 25, où il dit qu'il s'étoit fait un petit ruisseau d'eau sous un tas d'ordure qui avoit environ trois pieds de profondeur, & 500 brasses françoises de surface ; car la pluie qui tomboit dessus ce tas & sur le sommet des maisons voisines, n'y pouvoit point pénétrer à cause de la dureté de la terre.

Mais nous ferons voir bien-tôt la même chose avec plus d'évidence, en comparant le calcul que le même M. Mariotte a fait des eaux de la Seine, avec la quantité de pluie qui tombe dans les Païs d'où cette riviere tire son origine (*voiez le Traité ci-dessus*, *pages* 30, 31, 32, 33.) Ce calcul prouve, que supposé qu'il tombe chaque année dans ces Païs la même quantité de pluie qui pourroit monter à la hauteur de 15 pouces, si elle y restoit, il y auroit six fois autant d'eau qu'il en faut pour faire couler la Seine toute une année ; & supposé que la profondeur de cette eau de pluie montât jusqu'à 18 pouces, il y en auroit huit fois autant, de même que si vous supposiez qu'elle monte jusqu'à 20 pouces, il tomberoit dans ces endroits neuf fois autant d'eau qu'il en coule dans la riviere dont nous parlons.

M. Mariotte dit outre cela que cette expérience aiant été faite à Dijon, il trouva qu'elle montoit jusqu'à 17 pouces ; & une autre personne qui fit le même essai, observa qu'elle montoit à 19 pouces 2 ½ lignes. Mais ceux qui desirent d'en voir un calcul & une comparaison éxacte, n'ont qu'à lire les *Mémoires de l'Academie Roiale de France de* 1699, *page* 25, où ils trouveront l'un & l'autre pour six années de suite ; ce fut M. de Vauban

Supputation des eaux qui tombent en pluie.

qui calcula les pluies de Lille, & M. de la Hire celles de Paris, de la maniere suivante.

ANNÉES.	A LILLE.		A PARIS.	
	pouces.	lignes.	pouces.	lignes.
1689	18	9	18	11 $\frac{1}{2}$
1690	24	8 $\frac{1}{2}$	23	3 $\frac{1}{2}$
1691	15	2	14	5 $\frac{1}{2}$
1692	25	4 $\frac{1}{2}$	22	7 $\frac{1}{2}$
1693	30	3 $\frac{1}{2}$	22	8
1694	19	3	19	9
	133	6 $\frac{1}{2}$	121	9

Ainsi la pluie qui tombe à Lille chaque année, monte à la hauteur de 20 pouces & 3 lignes, & celle de Paris monte jusqu'à 20 pouces 3 $\frac{1}{2}$ lignes.

La pluie suffit pour produire les rivieres.

De-là il s'ensuit qu'on ne risque rien d'avancer, pour faire une supputation generale, que quoiqu'il soit évident qu'il tombe plus de pluie dans un endroit que dans un autre, dans le même espace de tems, il tombe sur la terre environ 20 pouces de pluie par an, & par conséquent 9 fois autant qu'il en faut pour remplir la riviere de Seine toute une année ; en sorte que, quoique nous puissions déduire de-là toute l'eau qui sert à d'autres usages, celle qui sert à humecter & à fertiliser la terre, & toute celle qui s'évapore d'abord qu'elle est tombée ; la pluie seule pourtant, sans le secours des autres vapeurs, fournit assez d'eau pour entretenir une riviere beaucoup plus grande que la Seine ; si cela arrivoit dans tous les endroits du globe terrestre, & si plusieurs de ces petits ruisseaux formoient en se réunissant un seul grand torrent, ils composeroient ensemble de grandes rivieres. Aussi nous voyons qu'après que les eaux se sont éloigneés de leur source, il se forme de fameuses rivieres par le concours de plusieurs autres rivieres plus petites, lesquelles sont formées par les pluies qui tombent en beaucoup d'endroits de la terre, & qui s'y déchargent.

Nous pouvons conclure à présent des observations précédentes, que les seules vapeurs qui tombent en pluie, paroissent plus que suffisantes pour former les rivieres ; mais outre cela, il est

LIVRE II. CHAPITRE IV.

aité de voir que l'air abonde aussi en une quantité prodigieuse de vapeurs.

I. Parce que ces eaux se manifestent dans les broüillards, les rosées & l'humidité de la nuit, & qu'elles descendent souvent en vapeurs invisibles.

II. De-là vient qu'en faisant les ygrometres, ou de ces machines avec lesquelles nous mesurons l'humidité de l'air, de même que nous mesurons sa pesanteur avec le barométre, & sa chaleur avec le thermométre, nous trouvons que les cordes des instrumens de musique, le fil, le bois, &c. souffrent des changemens continuels causez par les vapeurs qui flotent dans l'air, selon qu'elles sont plus ou moins abondantes.

III. Les Chymistes sur-tout s'en apperçoivent, car après avoir réduit leur sel lixiviel en pur & en vrai alkali, comme ils le nomment, à peine peuvent-ils, avec toutes leurs précautions, empêcher qu'ils ne soient dissouts par l'humidité des vapeurs.

Et j'ai souvent cru, lorsque j'ai trouvé que le bon sel de tartre, quoique renfermé dans la maison, ou dans un laboratoire, s'étoit changé en une liqueur claire, qu'il faut que l'air soit rempli d'une grande quantité de vapeurs invisibles qui flotent continuellement, puisque dans un endroit aussi petit, en si peu de tems, & dans un orifice aussi petit que celui de la bouteille qui contient ce sel, il se ramasse une si grande quantité d'eau; d'où vient que M. de la Hire (*voiez les Memoires de l'Academie Roiale pour l'année 1703, page 78*) semble soupçonner que les pierres où l'on trouve quelques sels propres à attirer les eaux, peuvent servir à ramasser les vapeurs dans les sources ou les ruisseaux: du moins l'expérience qu'il y rapporte, sçavoir, que même dans les endroits où il ne pleut point du tout, comme dans une cave, on trouve une quantité considérable de vapeurs, semble l'insinuer.

V. Mais ceci se voit encore mieux dans la page 77, où M. de la Hire dit qu'on avoit fait un grand nombre d'expériences qui prouvoient, que si on expose à l'air un vase plein d'eau & fort large, il s'en évaporera une plus grande quantité d'eau qu'il n'en descendra de l'air sur un espace de même largeur.

Comme je souhaitois quelque observation generale touchant cette évaporation, cela me fit demander à un certain Mûnier curieux, combien il croioit que l'eau pouvoit diminuer par la chaleur du Soleil durant tout un jour dans l'endroit où son

L'évaporation des eaux par la chaleur.

moulin étoit; il me répondit que dans un jour elle diminuoit, sans éxagerer, pour le moins jusqu'à un pouce de profondeur, principalement si la chaleur continuoit durant quelque tems, & qu'ainsi ses eaux ne pouvoient pas augmenter de beaucoup par celles qui descendoient des terres des environs; car autrement il ne lui paroissoit pas qu'il pût perdre tant d'eau : mais quand on aura vû la quantité d'eau qui s'évapore en très-peu de tems des canaux, principalement lorsqu'une chaleur continuelle desséche la terre, on ne jugera pas que nous passions les bornes de la vérité, en accordant qu'il s'évapore chaque jour un pouce d'eau dans le tems qu'il fait fort chaud.

C'est dans cette vûë qu'au commencement de Juin de l'année 1710, je remplis d'eau un poilon que je plaçai à l'air dans un tems clair & serain; 24 heures après je l'éxaminai & je trouvai qu'il avoit perdu un pouce entier d'eau en profondeur, par l'évaporation.

A présent, si nous supposons que l'eau s'évapore également dans toute l'étenduë de la terre, & qu'il s'en évapore un pouce par jour, selon ce calcul, il monteroit chaque année dans l'air par l'évaporation 365 pouces d'eau en profondeur; toute cette eau, supposé qu'elle retombe en pluie, seroit capable d'inonder dans une seule année toute la surface de la terre jusqu'à 365 pouces de hauteur.

L'évaporation des eaux par le froid.

Qu'on ne nous objecte point qu'il ne sçauroit s'évaporer une si grande quantité d'eau sous les poles & aux environs, à cause du froid qui y regne, parce que,

I. Dans le tems des froids les plus violens, il s'éleve continuellement des vapeurs des canaux & des bassins, lorsqu'il dégele : je voulus sçavoir si ceci provenoit, comme quelques-uns le croient, de la chaleur soûterraine; pour cet effet le 14 Janvier 1709 je pris un bassin de terre, dans lequel je versai 40 onces d'eau, je le mis après dans une balance en une chambre où il n'y avoit point de feu; tout le monde sçait que ce jour-là il faisoit un froid violent & extraordinaire; je trouvai que l'eau en se gelant avoit perdu dans 17 ou 18 heures environ un quart d'once de son poids; j'eus soin de prévenir la rupture du vase pendant la congelation de l'eau, en faisant une petite ouverture que je tins toûjours ouverte au milieu de la glace : l'eau qui étoit continuellement contrainte de sortir de-dessous la glace, forma une grande convexité ou éminence sur la surface

de

LIVRE II. CHAPITRE IV.

de la glace; marque évidente que le froid met en mouvement & rarefie l'eau. Le 8 de Janvier dans la même année, je mis aussi une certaine quantité de neige dans des balances, & son poids diminua considérablement, quoiqu'il y eût déja trois jours qu'elle étoit tombée, & qu'elle eût resté pendant tout ce tems-là exposée à l'air; bien plus, nous trouvons que la glace même s'évapore pendant les nuits les plus froides; c'est ce que M. Boyle a aussi observé dans son livre, *De Athmosph.er. corp. consist*.

Dans le tems que j'écrivois ceci une personne qui a été vingt-une fois en Groentlande, me disoit que lorsque l'air est calme & sans aucun vent, la mer fume souvent, & qu'on en voit sortir des vapeurs; ce que M. Varene confirme aussi, page 361, où il dit parlant des saisons de la Zone froide, qu'on voioit floter sur l'eau une vapeur pesante, grossiere & épaisse, de sorte qu'elle interceptoit la vûë; il s'ensuit de tout cela qu'il s'éleve une grande quantité de vapeurs aqueuses dans les régions les plus froides du monde.

Si on supposoit & si on accordoit que les eaux qui sont produites par l'élevation des vapeurs, ne montent pas jusqu'à un pouce par jour, comme dans nos climats qui sont plus temperez, on peut répondre à cela que la chaleur est beaucoup plus grande dans les Régions meridionales jusqu'à l'Equateur que dans les nôtres; d'ailleurs la surface de la terre qui est entre nous, (qui sommes environ le 52 degré de latitude) & le pole du Nord, est beaucoup plus petite que celle-ci qui est entre le parallele que nous habitons & l'Equateur; ainsi les parties de la terre où l'air est plus chaud que chez nous, sont incomparablement plus étenduës que celles où il est beaucoup plus froid; de sorte que, selon les apparences, nous ne nous sommes pas trompez de beaucoup, lorsque nous avons établi que generalement dans toute la surface de la terre, l'eau s'évapore dans la même quantité que chez nous, c'est-à dire, jusqu'à un pouce par jour.

Mais comme le globe terrestre ne se trouve pas entierement couvert d'eau, supposons encore, pour une plus grande certitude, que les mers, les rivieres & les lacs, ne font pas plus de la moitié de sa surface; alors les vapeurs qui montent jusqu'à un pouce de profondeur par jour, couvriront la surface de la terre jusqu'à la moitié de 365 pouces de hauteur dans une

Q q

année, c'est-à-dire, qu'elles auront jusqu'à $182\frac{1}{2}$ pouces de profondeur.

A présent si l'évaporation d'un pouce par jour paroissoit trop grande, supposons que ce n'est que la moitié.

Ceci paroit être plus probable à cause des raisons suivantes; premierement, parce que M. Halley en tenant continuellement un thermométre dans de l'eau salée au degré de chaleur où il avoit observé que l'air étoit dans un jour de chaleur, parce, dis-je, que M. Halley a trouvé par l'expérience & par la pesanteur, que la surface de cette eau dans l'espace de deux heures s'abaissoit de la $\frac{1}{16}$ d'un pouce, c'est-à-dire, de $\frac{3}{5}$, ou dans 25 heures de $\frac{3}{4}$ un pouce, supposé que l'évaporation soit toûjours la même.

D'ailleurs le Mûnier dont nous avons fait mention ci-dessus, avoit observé, à ma priere, avec une grande éxactitude, que depuis le 7 de Juin 1712 jusqu'au Vendredi suivant à la même heure qui étoit le 10, l'eau avoit perdu dans le lac $1\frac{1}{2}$ pouces de sa profondeur, c'est-à-dire, demi pouce par jour, quoique le tems fût alors beaucoup plus froid que les jours précédens; & il auroit continué ces observations, si le tems n'avoit commencé d'être pluvieux & sujet au vent: après quoi l'air étant devenu plus chaud & plus calme, il m'apprit que dans trois autres jours il s'en évapora deux pouces, ce qui fait beaucoup plus d'un demi pouce par jour; ainsi si nous supposons que la quantité de l'eau qui s'évapore, ne monte qu'à un demi pouce par jour, & que la surface de la terre & de l'eau sont éxactement égales, la pluie qui tombera sur toute la terre, montera à la moitié de $181\frac{1}{2}$, c'est-à-dire, environ 90 pouces en profondeur, supposé que tout ce qui se seroit évaporé retombât en pluie.

Mais l'expérience nous apprend que la quantité de l'eau de pluie ne monte qu'à 20 pouces ou environ, il faut par conséquent qu'il y ait $4\frac{1}{2}$ fois plus d'eau convertie en vapeurs qu'il n'en descend en pluie, car $4\frac{1}{2}$ fois font 90, en sorte que si on en soustrait la pluie, il restera encore $3\frac{1}{2}$ fois autant de vapeurs flotantes dans l'air, & destinées à descendre des montagnes, & à servir pour les plantes & pour d'autres usages nécessaires.

De sorte que par-là on peut voir en general, qu'outre la pluie il y a une grande quantité de vapeurs, c'est-à-dire, trois fois autant qui flotent continuellement dans l'air; cela nous fait voir

LIVRE II. CHAPITRE IV. 307

outre cela qu'il s'éleve de l'eau une quantité surabondante de vapeurs, qui ne montent qu'à la hauteur de 20 pouces, comme nous venons de le faire voir, & qui produisent neuf fois autant d'eau qu'il en faut pour faire couler la Seine; de maniere que ces vapeurs peuvent produire jusqu'à 90 pouces d'eau en profondeur, elles fourniront par conséquent plus de 40 fois autant d'eau qu'il en faut à la riviere ci-dessus.

Ainsi, quoique les plantes aient besoin d'une grande quantité d'eau, & d'une quantité beaucoup plus considérable qu'on ne sçauroit imaginer, & même au de-là de tout ce que les pluies peuvent fournir (comme M. de la Hire l'a fait voir par une expérience rapportée dans les *Mémoires de l'Academie de France de* 1703, *pages* 73 *&* 74) & que de plus l'eau de pluie, selon les observations de ce Philosophe, ne sçauroit pénétrer assez avant dans la terre, il semble que les montagnes sont destinées à suppléer à cela, & à entretenir les rivieres par ce surplus de vapeurs.

La circulation d'une si vaste quantité d'eau, qui s'élevant dans l'air des mers, des rivieres & des lacs, s'y soûtient en nuages; & qui passant une seconde fois à travers l'air, est obligée de descendre de nouveau, en brouillards, en grêle, en neige, &c. pour servir à differens usages : cette circulation, dis-je, est étonnante; il y a une partie qui en descendant des montagnes, compose ces grandes rivieres, qui déchargent après cela leurs eaux dans la mer, d'où ces mêmes eaux s'élevent de nouveau en vapeurs; elles suivent depuis tant de siecles toûjours la même route; elles fournissent par ce moyen de quoi boire à tous les animaux; enrichissent la terre de fruits, & procurent un nombre infini d'avantages à tout le monde. Peut-on s'imaginer encore que c'est sans aucun dessein, que les eaux de l'Ocean entier, qui à cause de ses eaux salées, ne sçauroit absolument fertiliser la terre, se divisent par la chaleur du Soleil (pour ne rien dire des autres causes qui peuvent aussi y concourir) en des particules d'une petitesse extrême dans le tems qu'elles montent, & qu'elles quittent leurs sels, qui servent à d'autres usages, & qui seroient préjudiciables à la plûpart des fruits de la terre, & rendroit l'eau inutile pour éteindre la soif ou pour servir de boissons aux animaux? Enfin, peut-on s'imaginer que ces eaux changées en pluie, en rosées, &c. en passant à travers l'air s'imprégneroient sans aucun

Q q ij

deſſein, de ſes ſels & de ſes autres particules, pour ſe rendre plus propres aux uſages dont nous avons parlé?

Nous n'examinerons point ici ſi ce ſel aërien eſt nitreux ou non, comme quelques-uns le prétendent, mais nous en parlerons bien-tôt : ce qui eſt certain, c'eſt que le ſalpêtre s'engendre auſſi dans l'air, & qu'il contribue premierement à rendre l'eau plus propre à faire fructifier ; ce que les Jardiniers tant anciens que modernes ont aſſez bien connu, & dont nous voions une expérience remarquable dans les *Mémoires de l'Académie Françoiſe*, *1699. pag. 74. & 76*. En ſecond lieu, le ſel nitre, quelque eloigné que cet effet paroiſſe de la nature du ſel, eſt un des moyens les plus efficaces pour éteindre la ſoif ; c'eſt ce que la plûpart des Médecins ſçavent parfaitement bien. Qu'un Incredule conſidere tout ceci en lui-même, & qu'il voie s'il peut, en conſcience, prétendre de le concilier avec le pur hazard, ou avec des cauſes ignorantes.

Les merveilles du Nil.

Pourra-t-on croire que c'eſt par hazard qu'en Egypte, le Nil, qui inonde & rend le païs fertile indépendamment des pluies, porte avec lui tant de ſalpêtre, qu'on en peut retirer une grande quantité en faiſant uniquement évaporer les eaux de cette riviere ; (voiez M. de Stair, *Phyſiologia de Nitro*) en ſorte que ce païs exceſſivement ſec devient ſi fertile, qu'il ſurpaſſe la plûpart des autres parties du monde? Or, ſi quelque Roy ou Prince avoit été ſi heureux que d'avoir été l'auteur de cette merveille, & d'avoir trouvé le moyen d'arroſer chaque année une ſi vaſte étendue de païs avec des eaux ſi fécondes, & ſans y employer le travail des hommes, n'en ſeroit il pas fait mention avec éloge dans la Poſtérité, comme de l'effet d'une ſageſſe merveilleuſe? Et à préſent que nous voions que cela arrive de la maniere du monde la plus ſurprenante, qui ſurpaſſe la puiſſance des plus grands ſouverains ; que les avantages qui en réſultent ſont ſi grands, que la vie de pluſieurs milliers d'hommes en dépend, & que ce païs, qui d'ailleurs étant des plus fertiles du monde, a ſervi ſouvent de magaſin & de grenier pour les autres nations, qui ont été accablées par la famine, ainſi que les hiſtoires nous l'apprennent : eſt-il quelqu'un qui puiſſe ſe contenter d'aſſûrer que ceci s'eſt fait ſans aucun deſſein, & par un pur hazard? Je veux que cet infidéle ou ce ſceptique, ne faſſe que calculer combien de choſes doivent concourir, pour rendre fertile & abondant à un ſi haut degré, un païs

LIVRE II. CHAPITRE IV.

aussi sec que l'Egypte, & qui n'est jamais humecté par la pluie. 1. Il faut qu'il y ait de l'eau; & dans un païs si chaud, il faut qu'elle y soit portée de quelqu'autre endroit. 2. Ce païs doit être par conséquent plus bas que tout le reste de l'Afrique, où est la source du Nil, afin que cette riviere puisse l'inonder. 3. Et dans quelques autres endroits, elle doit avoir des éminences & être plus élevée, afin que pendant l'inondation on puisse y habiter; & c'est ce qu'on observe autour des endroits où les villes sont bâties, qui dans le tems de l'inondation paroissent former comme autant d'Isles. 4. Il faut beaucoup d'eau afin qu'elle sorte de ses bornes, & qu'elle inonde tout le païs. 5. Il faut qu'après l'inondation elle reste quelque tems sur la terre, afin que pendant son séjour, l'eau dépose le limon ou la boue qu'elle apporte avec elle. 6. L'eau, afin qu'elle cause une fertilité si grande & extraordinaire, doit être imprégnée d'une quantité suffisante de salpêtre; mais cette quantité ne doit pas exceder: ce qui n'arrive jamais dans les endroits où il pleut assez, ou dans aucune riviere, dont j'aie jamais oui parler. 7. Cette eau doit ensuite s'écouler d'elle-même des terres qu'elle inondoit, & les laisser à sec, afin de produire les fruits dont on a besoin.

Mais, si nous convenions que toutes ces qualitez ne sont pas particulieres au Nil; (car nous lisons que l'Indus, le Gange, le Niger, le Zaire & d'autres fleuves fertilisent aussi par des inondations les pays du voisinage de ces fleuves). quelqu'un infereroit-il de-là, que parce qu'il est un Dieu qui a manifesté sa sagesse, sa puissance & sa bonté en plus d'un endroit, ce Dieu n'est Dieu, n'est doué par conséquent d'aucune perfection?

Mais revenons de cette petite digression, & faisons voir l'éclat glorieux avec lequel la sagesse infinie de Dieu se manifeste dans l'usage des montagnes, & dans les bienfaits qu'elle communique au monde par la circulation des eaux, & par la production de tant de rivieres nécessaires. Un Philosophe sceptique n'a qu'à jetter la vûe sur une carte generale du monde, & regarder attentivement le grand nombre de rivieres qui y sont, & qui y sont dispersées comme autant de viviers, dont les eaux douces servent à abbreuver tous les animaux, & fournissent le moyen aux pays les plus éloignez, de se communiquer leurs denrées: Et qu'il nous dise après cela, s'il n'y avoit rien de tel, s'il ne seroit pas obligé d'avouer avec nous, que le monde seroit dans une fort misérable condition. Quoiqu'on puisse trouver la même quantité d'eau dans les lacs, & des marais situez dans les pays les plus bas, n'est-il pas évident que les païs élevez, du moins ceux où il ne pleut jamais, comme l'Egypte, le Perou, &c. seroient ruinez par la sécheresse, pour ne pas dire que ce grand amas d'eaux dormantes, avec le tems, menaceroit les hommes d'une destruction inévitable causée par la corruption? D'ailleurs, peut-on prétendre, que c'est par un pur hazard qu'on trouve cette grande quantité de fontaines dans toutes les parties du monde, d'où coulent en premier lieu de petits ruisseaux, qui étant unis ensemble, composent les grandes rivieres; de cette maniere les pays les plus arides reçoivent de l'eau, & des eaux courantes & vives, dont le mouvement continuel préserve de la corruption? Or ceci n'arriveroit jamais, s'il n'y avoit des montagnes, tant dans les pays bas, que dans ceux qui sont élevez, afin que les vapeurs s'y ramassent dans une quantité suffisante, pour fournir de l'eau à toutes ces rivieres.

La disposition des montagnes pour la circulation des eaux.

Peut-on attribuer à aucun autre Etre qu'à un Dieu sage, puissant & obligeant?

I. Les montagnes, ces corps d'une grosseur si énorme, qui sont dispersez par toute la terre.

II. La plûpart se trouvent dans les païs les plus élevez, afin que les rivieres qui en sortent, puissent souvent couler jusqu'à cent lieues de distance, & au-delà.

III. Toute la surface de la terre s'y trouve disposée, elle va toûjours en s'abaissant dans tous les endroits où elle forme les rivages de la mer; c'est ce qui est évident par les cours des rivieres qui s'y déchargent la plûpart; car chacun sçait que l'eau descend toûjours dans les endroits les plus bas, à cause de sa pesanteur.

IV. Ne voions-nous pas une direction sage dans la situation d'un si grand nombre de montages, qui servent à produire des fleuves aussi grands que le Rhin, le Danube, le Rhône, le Borysthene, &c? *(Voyez la Geographie de M. Varenne, lib. 1. cap. 16. sect. 3.)* Et ceux qui souhaitent d'en avoir un plus ample détail, & de sçavoir les chaines de montagnes qui regnent sur la terre, le même M. Varenne pourra le leur apprendre, *cap. 10. lib. 1.* de même que M. Burnet, dans sa *Théorie de la terre, cap. 9.* Quoique l'élevation des montagnes ne soit que très-peu de chose, en comparaison de la grosseur du globe de la terre,

LIVRE II. CHAPITRE IV.

ce dernier croit pourtant que l'espace qu'elles occupent, peut faire la dixiéme partie des païs plats: pour s'en former une idée, on peut consulter les figures que ce dernier Auteur en a fait; quoiqu'il s'en serve dans une vûe toute contraire, il a nonobstant cela oublié plusieurs montagnes très-grandes, à cause de petitesse de son plan, comme le mont Appenin, & d'autres montagnes d'Italie, &c.

V. Il semble encore nécessaire, que dans les promontoires, ou les terres qui avancent dans la mer, comme l'Italie, &c. il y ait des montagnes qui servent principalement à empêcher que les vapeurs qui s'élevent de la mer, ne soient portées bien avant dans les terres, avant de rencontrer des montagnes où elles puissent se changer en eau, & descendre de nouveau.

VI. Il semble aussi que les isles ont besoin de montagnes, plus que tout le reste de la terre, à cause qu'étant exposées au Soleil, la chaleur y est plus grande que dans les eaux de la mer qui les environne; & par conséquent, selon les apparences, elles n'en doivent pas recevoir beaucoup de pluie. Pour se convaincre de ceci, on n'a qu'à regarder sur une carte les isles de Sainte-Heléne, de Saint-Thomas, &c. & voir, s'il est probable, que des plaines & des morceaux de terre si petits en comparaison des mers qui les environnent, & sujets, pour les raisons que nous venons de dire, à un degré de chaleur qui excede si fort celle de ces mers, pourroit avoir la moindre espérance de recevoir du ciel assez d'eau, si Dieu n'avoit voulu y pourvoir par le moyen des montagnes.

Il n'est pas de païs plat, dit M. Burnet, dans l'ancien ou le nouveau monde, ni dans aucune isle ancienne ou nouvelle qui n'ait ses montagnes; & M. Varenne dit, *lib. 1. cap. 10. sect. 2.* dans la plûpart des isles & des promontoires, les montagnes sont situées au milieu des terres, & les divisent en deux parties; ce qu'il confirme par plusieurs exemples. On est donc forcé d'avouer, que si un homme étoit absolument engagé dans la conservation de ces isles, il ne sçauroit y disposer les montagnes d'une maniere plus avantageuse, afin de les faire servir d'arrosoirs pour les campagnes voisines, & de ramasser exactement les vapeurs dans des endroits où elles pourroient être d'une grande utilité, lesquelles sans cela seroient dispersées par les vents. Qui est celui qui ne doit pas s'appercevoir dans l'éclat avec lequel brillent la puiſſance & la bonté du Créateur & Directeur de toutes choſes, qui, afin d'adoucir les eaux de la mer, qui ſont naturellement ſalées & ſtériles, & de les diſtribuer dans tous les endroits de la terre où elles peuvent être utiles, oblige tous les jours des corps d'une groſſeur & d'une force ſi conſidérable, d'y contribuer; qui a ordonné aux mers, aux montagnes, à l'air, aux vapeurs, aux vents & au Soleil même, d'y concourir non-ſeulement tous en general, mais encore d'y employer chacun en particulier les plus convenables & les plus néceſſaires de leurs proprietez, afin qu'ils ſoient en état de procurer ces grands avantages aux habitans de la terre; de ſorte que ſi la mer n'avoit pas eû aſſez de largeur & de profondeur ; ſi les montagnes n'avoient pas été aſſez élevées, & dans une ſituation ſi convenable ; ſi l'air n'avoit pas eû de reſſort, & qu'il n'eût pas été par conſéquent plus épais en bas qu'en haut ; ſi les vapeurs n'avoient pas été aſſez legeres ; ſi les vents n'avoient pas eû aſſez de force pour les emporter ; ſi le Soleil n'avoit pas été placé à une diſtance ſi juſte, pour produire un degré de chaleur ni trop grand, ni trop petit : il y a déja long-tems que ce grand ouvrage de la circulation des eaux auroit fini avec preſque toutes les créatures, & que tout le globe terreſtre ne ſeroit qu'un déſert ?

 Juſqu'ici nous avons parlé de l'origine des rivieres ; mais ſi à préſent nous en contemplons le nombre, la grandeur & la quantité inconcevable de leurs eaux, qui coulent ſans interruption depuis tant de ſiécles, pour l'avantage & le bonheur de tout ce qui habite ſur la terre ; nous devons être tous convaincus qu'il eſt néceſſaire qu'il y ait des eſpaces grands & profonds pour ſervir de réſervoir à ces grands fleuves qui vont s'y rendre, afin de les empêcher d'inonder la terre.

 Eſt-ce donc le hazard qui a formé dans la terre ces grandes cavitez, qu'on ne ſçauroit ſonder, qui peuvent contenir l'Océan entier, dans leſquelles toutes les rivieres peuvent décharger leurs eaux, & ſans leſquelles tout le pouvoir & tout l'art qui a été emploié dans la compoſition du monde, des plantes & des animaux qui y ſont, auroient été tout-à-fait inutiles ?

Le ſel empêche la corruption de la mer. Qu'on examine ce grand amas d'eaux, ces mers d'une ſi vaſte étendue, & qu'on nous diſe ſi, ſuppoſé que ce ne fût que des eaux douces que les rivieres & les pluies y auroient porté, on ne pourroit jamais s'imaginer que ces eaux, après avoir été exposées

exposées durant tant de siécles à l'action de l'air & du Soleil, auroient pû se conserver sans se corrompre, ni sentir mauvais. Or si cela étoit arrivé, qu'on considére la grande infection que ce lac d'eau puante auroit causé dans toute la masse de l'air qui environne le globe de la terre, & le nombre infini de maladies mortelles que cela auroit produit. On n'a qu'à se représenter, dans cette supposition, que toutes les eaux de la mer sont si corrompues, qu'à peine aucun poisson y peut vivre. Faut-il donc encore attribuer aux caprices du hazard ou à quelqu'autre cause qui ignore comment elle agit, l'honneur de ce que nous allons dire. Il y a au fond de ce grand abîme qui renferme les eaux, une si grande quantité de sel, qu'elle est capable de convertir en saumure toutes les eaux douces qui vont s'y rendre, & d'en prévenir ainsi la corruption; c'est ce qui empêche aussi que les eaux ne se gelent en beaucoup d'endroits: car si la mer se geloit aussi facilement que les rivieres & l'eau douce, cela la rendroit souvent impraticable; & en arrêtant au milieu de ses eaux les vaisseaux, elle feroit mourir de faim un nombre infini de personnes?

Il n'est cependant personne qui puisse faire voir qu'il soit nécessaire de trouver une si vaste quantité de sel plûtôt dans la mer que dans d'autres endroits, puisqu'on en trouve des mines & des carrieres dans la terre en beaucoup d'endroits. Nous lisons, par exemple, qu'en Pologne l'on tire du sel de la terre, de même qu'en Transylvanie, dans le Tyrol, en Espagne, dans l'Asie mineure, en Perse & sur les bords de la mer Caspienne; d'où on le transporte dans toute la Russie. Il y a une montagne de sel à Cuba, & on dit que l'isle d'Ormus située dans le Golphe Persique, n'est autre chose pour la plus grande partie, que du sel; dans toute l'Afrique on se sert de ce sel mineral; dans le Pérou il s'en trouve une mine dont on ne sçauroit trouver le fond; dans l'Indostan, dans le roiaume de Massulipatan, on en tire une si grande quantité, que tous les Indiens en font leur provision. Voiez cette matiere traitée plus au long dans la Géographie de Varenne, *lib. 1. cap. 11. sect. 1.*

Or, puisqu'on peut avec raison, placer le sel parmi les minéraux & les productions de la terre, pouvons-nous donc attribuer à des causes accidentelles & ignorantes, les grands avantages que toute la terre en reçoit, & la grande quantité qui s'en trouve dans la mer? Ainsi si on voioit une quantité de viande qu'on auroit mis dans un vafe de plein de faumure, qui en empêche la pourriture, quelqu'un diroit-il que le fel s'y eft formé, & que la viande y ait été mife par un pur hazard ?

<small>Les golphes & les bayes fervent à recevoir les rivieres.</small>

On doit au moins avouer que l'inondation des rivieres rendroit une grande partie de la terre inhabitable, fi elle n'étoit environnée par le grand Océan, fi par un effet merveilleux, la mer n'avançoit dans la terre, afin de former des bras, des bayes, qui reçoivent dans leur fein les eaux des rivieres, pour les mêler ainfi avec l'eau falée de l'Océan, pour fournir ainfi de nouvelle matiere pour les vapeurs, & pour les pluies par conféquent, & pour continuer la circulation de ces rivieres. Il s'enfuit de-là, que toute cette ftructure & ce grand ouvrage auroient encore été inutiles, fi les côtes voifines de la mer, des bayes & des golphes n'étoient plus baffes que le milieu des terres, & les pays éloignez de la mer. Dira-t-on à préfent, qu'une difpofition de cette importance, & d'où la confervation & la fanté de toutes les nations dépendent, fe foit faite fans aucune vûë fage ?

En voici un exemple ; fuppofé que ce grand bras de l'Océan feptentrionnal, qu'on nomme communément Mer Orientale, & qui eft fitué entre un grand nombre de païs, ne fût pas pour ainfi dire, creufé & préparé pour recevoir toutes les rivieres qui s'y déchargent ; & fi, comme dit Varenne, il n'eût été d'une grandeur très-confidérable, quelles difficultez n'auroient pas trouvé les eaux à fe faire un chemin jufqu'à l'Océan, & combien de Provinces n'auroient-elles pas rendu inhabitables par leurs inondations, fi les détroits du Sond, & ceux du grand & petit Belt étoient fermez, & qu'il n'y eût pas de riviere qui pût fe déchardans cette Mer Orientale ?

La même chofe arriveroit, fi les côtes riches de ce grand golphe, qu'on appelle communément Mer Méditerranée, lefquelles font d'une fi vafte étendue, n'étoient pas affez baffes pour faire couler les rivieres par leur propre poids, & leur faire décharger leurs eaux dans cette mer, comme fi c'étoit dans un égoût commun formé dans ce deffein.

C'eft pour ces raifons, que le paffage à travers les Dardanelles pour Conftantinople eft fi difficile, à caufe d'un courant occafionné par les eaux de ces grands fleuves, comme le Danube, le Nieper ou Boryfthene, le Tinaïs ou Don, &c. qui font paffer leurs eaux à travers ces détroits. *Voiez la navigation de M. Robbe, page 84.*

LIVRE II. CHAPITRE IV.

Il semble qu'à la fin cette grande quantité d'eau se décharge dans ce grand Ocean par le détroit de Gibraltar, où l'on observe, de même qu'aux Dardanelles, un courant continuel.

Mais je fus fort surpris de ce qu'un des principaux Officiers de Marine d'Hollande m'apprit. Il me dit qu'aiant passé souvent les détroits dont nous venons de parler, tous ceux qui voiagent sur la mer sçavent par expérience, qu'outre le courant connu dans la mer Mediterranée, qui va vers l'Orient le long des côtes de Barbarie, & vers l'Ouest le long de la côte opposée, il y a encore un courant formé par l'Ocean qui entre dans la Mediterranée. Ils inferent ceci de ce que ceux qui veulent aller dans la Mediterranée, peuvent toûjours passer ce détroit en allant à la bouline ou en revirant, quand même le vent seroit contraire; & cependant dans les mêmes circonstances ils peuvent passer de la Mediterranée dans l'Ocean, mais avec beaucoup de peine, & il faut beaucoup de tems.

Et quand je demandai à cet homme ce que devenoit cette vaste quantité d'eau de riviere qui se décharge continuellement dans la Mediterranée, & qui paroît n'avoir d'autre issuë qu'à travers le détroit dont nous venons de parler, il voulut bien me répondre que quelques-uns croioient, ou que la chaleur du Soleil faisoit évaporer ces eaux de la mer, ou, selon l'opinion de quelques autres, qu'il y a dans le golphe de Narbonne ou dans d'autres endroits quelques cavernes soûterraines au fond de la mer par où ces eaux se déchargent; on sçait du moins par expérience que dans le golphe de Narbonne les eaux de la mer sont dans un mouvement plus extraordinaire que dans aucun autre endroit.

Soit que cela, ou bien quelqu'autre cause empêche que la mer Mediterranée qui reçoit continuellement à l'Est, & dans toute sa circonference, les eaux de tant de grands fleuves, & à l'Ouest celles de l'Ocean, ne se soit à la fin remplie durant tant de siécles, & n'ait inondé les païs circonvoisins; ce qui est vrai, c'est que la Providence divine se manifeste ici d'une maniere tout-à-fait admirable; car par-là Dieu nous a démontré d'une maniere visible & convaincante qu'il ne sçauroit être borné par aucune loi nécessaire de la nature, mais qu'il a le pouvoir de faire toutes choses selon son bon plaisir; il nous l'a, dis-je, démontré en produisant dans un coin de la terre aussi petit que l'espace qui est entre le détroit des Dardanelles & celui de Gibraltar, un ouvrage auſſi ſurprenant que celui de faire place aux eaux de ces grandes rivieres qui s'y déchargent, & cela de deux manieres différentes, & dont on ne ſçauroit rendre raiſon. On ne finiroit jamais ſi on vouloit rapporter ici les merveilles qu'on trouve dans l'hiſtoire naturelle des mers & des eaux ; nous renverrons donc les Lecteurs à ceux qui ont donné des relations & des deſcriptions de la mer & de la terre, car ce ſeroit un ouvrage infini que de repéter tout cela.

L'uſage de la mer. Mais nous nous ſommes aſſez étendus ſur ce ſujet, obſervons ſeulement que la mer non-ſeulement environne toute la terre, afin, comme nous venons de le dire, de recevoir dans ſon ſein les rivieres & les eaux douces, & d'en empêcher la corruption par ſes ſels, en attendant qu'elles deviennent de nouveau utiles, mais qu'outre cela la même mer nous fournit ſeule les moiens de commercer & de trafiquer ; tous les lieux qui ont l'avantage d'être ſituez dans ſon voiſinage, peuvent joüir par le moien des vaiſſeaux, de tous les avantages & de toutes les commoditez des Païs les plus reculez dans les terres ; de ſorte que notre grand Créateur a daigné prendre ſoin non-ſeulement de ceux qui habitent dans le voiſinage de la mer, mais il en a auſſi pris de ceux qui ſont au cœur du continent par le moien des rivieres, & par les bayes & les golphes que l'Ocean forme en avançant pluſieurs lieuës dans les terres ; nous en avons donné des exemples dans la mer Orientale & dans la Mediterranée.

Donnons-en encore un autre exemple. Si la Hollande, ſur laquelle juſqu'à préſent Dieu a répandu des bénédictions ſi grandes, & qui n'eſt environnée que de Païs infertiles & de bruyeres ſtériles, avoit été obligée de nourrir ſes habitans uniquement avec ce qu'elle produit, il n'y auroit peut-être pas eu une nation plus miſérable & plus néceſſiteuſe dans toute l'Europe ; au lieu qu'à préſent, ſans autre ſecours que celui de la mer, on y tranſporte en abondance de tout ce que l'ancien & le nouveau monde peuvent fournir, pour la néceſſité, pour la commodité, ou pour l'ornement ; eſt-il donc aucun Hollandois qui puiſſe jetter les yeux ſur la mer, ſans penſer en même-tems aux grandes obligations qu'il a à celui qui en eſt l'auteur ?

Sans la mer, de quelles vaſtes machines n'aurions-nous pas beſoin ? Quel nombre inconcevable d'hommes & d'animaux ne nous faudroit-il pas pour tranſporter chez nous ces grands fardeaux que la flote des Indes nous apporte ? De plus, comme les

Marchands seroient alors obligez de passer à travers les Païs des autres Nations, Nations peut-être ennemies, ou de même que les Arabes, accoûtumées à vivre du pillage; ils seroient aussi contraints de conduire avec eux, outre un grand nombre d'hommes, de grands trains d'artillerie, & toute autre sorte de munitions & de provisions pour se défendre; au lieu qu'à présent la mer porte avec tant de facilité ces vaisseaux pesans qui contiennent tous ces grands fardeaux, qu'il ne faut que peu de vent pour les faire avancer, & qu'on fait des voiages très-longs avec beaucoup de commodité & en peu de tems.

Voiez un vaisseau de guerre bien équippé, ou bien un vaisseau de la flote des Indes Orientales, quels moiens auroit-on pû inventer pour mettre une machine aussi lourde qu'un vaisseau, avec toute sa cargaison & le canon, en état d'être mise en mouvement par une très-petite force sans le secours de l'eau, ni d'aucune autre matiere liquide? Il faudroit sans doute mettre ce vaisseau dans un équilibre suffisant; dans ce cas-là la moindre force de surplus pourroit le mouvoir, tout de même que s'il étoit suspendu à une grüe par une chaîne, ou par un cable, ou bien au bras d'une balance, dont l'autre bras soûtiendroit le même poids, ou par quelqu'autre maniere que le Méchaniste pourroit se proposer; mais on n'est pas moins assuré que parmi toutes les matieres que nous connoissons, on n'en sçauroit trouver d'assez fortes pour servir d'instrumens à de pareilles expériences.

Si dans ces circonstances quelqu'un disoit qu'il trouveroit le moien de transporter ce prodigieux fardeau à deux ou trois cens lieuës de distance, & de le conserver toûjours dans un parfait équilibre, sans y faire jamais aucun changement, en sorte qu'il pourroit le mouvoir du côté qu'il lui plairoit avec une très-petite force, selon toutes les directions de la boussole, oseroit-on répondre que tout cela se feroit sans un sage artifice?

Nous pourrions dire quelque chose des loix de l'Hydrostatique, qu'on a plus admirées jusqu'à présent qu'on ne les a entenduës, par rapport à leur maniere d'agir; mais c'est ce que nous ferons plus au long ailleurs; & nous prions ceux qui lisent ceci, d'appliquer ce que nous disons aux forces de la mer, afin qu'on puisse être plus pleinement convaincu & même surpris de la sagesse & de la puissance de notre grand Créateur.

Disons-en cependant un mot en passant. Peut-on croire

qu'il ne faille aucune connoissance ou aucun art pour élever un des plus gros vaisseaux de guerre avec le secours de quelques tonneaux d'eau, qui ne peut être comparée avec le vaisseau par rapport à son poids? Il est pourtant évident qu'on peut le faire, si un vaisseau qui porte 20 pieds d'eau, étoit à sec, & qu'on fît autour de lui un bassin ou un creux d'environ 21 pieds de profondeur, en sorte qu'il ne restât pas plus d'un demi pied de largeur ou beaucoup moins entre le vaisseau & le bassin : car supposé que l'espace qui est entre le vaisseau & le creux (qui aiant environ demi pied plus ou moins de largeur, ne sçauroit contenir que très peu d'eau) étoit couvert de l'eau de la mer; un chacun sçait que cette petite quantité d'eau ainsi disposée, peut élever & mettre en mouvement un poids aussi prodigieux que celui du vaisseau tout entier.

Il faut attribuer ceci uniquement à la legereté du bois, comme si l'eau n'y avoit que très-peu de part, ainsi que nous esperons dans la suite de le prouver par des expériences, lorsque nous traiterons des loix de l'Hydrostatique.

Examinons la profondeur de la mer, dont on ne sçauroit trouver le fond dans beaucoup d'endroits. Notre grand Créateur ne s'est pas contenté de conserver l'Ocean en état de servir à tous les usages dont nous venons de parler, mais il a voulu que ce grand abîme d'eaux eût encore d'autres usages, afin que la main de son adorable Auteur se manifestât également & dans la profondeur & dans la prodigieuse étendue de la surface de ces eaux; de-là vient qu'il lui a plu de la remplir d'un nombre infini d'especes de poissons, & d'autres créatures marines, dont la multitude sert continuellement de nourriture à tant de personnes; en sorte que dans les endroits où l'on ne sçauroit avoir de pain qu'avec beaucoup de peine & d'embaras, les poissons secs suppléent à ce défaut. Pour ne rien dire ici de cette varieté inexprimable qui regne parmi les poissons, & qui est si agréable à la bouche de tant de personnes qui en mangent; un philosophe oseroit-il avancer que dans cette occasion, que la mer, avec tous ses poissons, a été faite sans aucun dessein; tandis que lui-même, ni toutes les créatures terrestres ne sçauroient rester un quart d'heure sous l'eau sans mourir? Ne faut-il donc pas de la connoissance pour former tant de créatures, de maniere qu'elles puissent vivre continuellement dans l'eau, & que de même que les autres créatures se conservent

LIVRE II. CHAPITRE IV.

dans l'air, celles-ci au contraire tirent toute leur subsistance de l'eau, & s'y multiplient en si grande abondance? Bien plus, considerons combien la structure des yeux des poissons differe de celle des animaux terrestres; les premiers étant faits uniquement pour voir dans l'eau, & les autres dans l'air. Qu'il considere aussi la forme & la figure des poissons, où il découvrira aisément toutes les qualitez qui sont requises pour les faire subsister dans l'eau; & comme il s'en trouve qui ne sçauroient vivre que dans l'eau salée, & d'autres dans l'eau douce, il n'a qu'à observer avec surprise que la mer a soin des premiers, & les rivieres & les eaux douces des terres ont soin des derniers: & s'il souhaite d'être plus amplement instruit de la relation mutuelle qui est entre les poissons & l'eau, il n'a qu'à se rappeller ce que nous avons dit touchant les poissons, & le comparer avec cette dissertation.

Ajoûtons encore quelqu'autre chose qui semble fournir, à ceux qui ne sont pas entierement endurcis, une preuve irrefragable de l'éxistence d'un Dieu qui gouverne la mer; Peut-on voir, sans être surpris jusqu'au dernier moment, une étenduë aussi grande & aussi vaste que l'Ocean, lequel renferme une quantité d'eau si prodigieuse, sans que pour cela elle inonde les terres, & principalement les endroits où le païs est bas, comme en Hollande, quoiqu'il y ait un si grand nombre de circonstances qui semblent rendre ce malheur inévitable, à moins qu'il n'intervienne une Sagesse & une Puissance supérieure?

Ce qui empêche que la terre ne soit inondée.

Pour faire voir ceci, qu'on nous dise comment il est possible qu'un nombre aussi prodigieux de rivieres que nous connoissons & celles dont M. Varene fait mention dans son Traité des Rivieres, sect. 270, déchargent dans la mer continuellement nuit & jour une quantité d'eau si inconcevable, & qu'elles continuent sans interruption depuis tant de siécles, sans que la mer se remplisse pour cela, & qu'elle soit obligée de sortir de ses bornes & d'inonder la terre.

Personne ne comprendroit rien dans ceci, si toutes ces eaux ne circuloient continuellement, comme nous l'avons déja démontré. C'est par le moien de cette circulation que les eaux que les rivieres vont décharger dans celles de la mer dont elles augmentent la quantité, sont attirées de nouveau par la chaleur du Soleil, & s'élevent dans l'air en forme de vapeurs; là elles se ramassent pour la plus grande partie, sur les sommets de montagnes, ou descendent de rechef en pluies, & forment de petits ruisseaux, qui par leur union composent les mêmes rivieres qui les avoient portées dans la mer; c'est ainsi qu'en circulant elles passent de la terre dans la mer, & de la mer dans l'air d'où elles reviennent sur la terre.

Des digues de Hollande.

Si quelqu'un souhaite de voir encore une preuve qui prouve manifestement qu'il est un Créateur qui gouverne & dirige toutes choses, il n'a qu'à passer le long des digues au nord de la Hollande, & observer en combien d'endroits les eaux de Zuider-sée sont plus hautes que la terre qui est située derriere les digues. Il n'a qu'à contempler encore la petitesse de ces digues, en comparaison de la grande étenduë de la mer qui presse ou agit sur ces digues; qu'il observe la puissance & la force prodigieuse de la mer, par le moien de laquelle, quoique couverte de vaisseaux, elle soûtient avec tant de facilité des fardeaux immenses, & est en état de les mettre en mouvement à la moindre agitation de ses vagues, & de les soulever. Ne considereroit-il pas, s'il ignoroit les loix auxquelles le grand Etre qui regle toutes choses, a assujetti ce vaste amas d'eaux, ne considereroit-il pas comme un miracle continuel & inconcevable, que ces digues si petites & si foibles par rapport aux eaux qui les pressent, n'aient été depuis long-tems renversées & emportées par leur poids, & que des contrées voisines il ne s'en soit formé une mer? au moins cela nous fait voir qu'il faut quelque chose de plus qu'un secours humain pour préserver ces Païs des inondations.

Par exemple, supposons que A B (planche xv. fig. 2.) soit la largeur ou l'étenduë de la mer Zuider-sée, couverte, si vous voulez, de vaisseaux, qui par leur poids prodigieux pressent en dehors les eaux de tous côtez; soient A C & B D, les digues (dont nous ne représentons ici que la hauteur par une ligne) qui empêchent que l'eau n'inonde les Païs I K, qui est derriere ces chaussées. Ainsi, si on tire la ligne C B, il est clair que toutes les eaux de A B presseront contre la digue A C, supposé que les eaux observent en pesant les mêmes loix que les corps solides. Qu'on s'imagine présentement que ce corps entier A B C est couvert de bois, & que toute sa surface A B l'est de grands vaisseaux bien équippez, au lieu d'eau, comme nous l'avons supposé ici. Si ce grand corps lourd pouvoit glisser aussi doucement

LIVRE II. CHAPITRE IV.

doucement que fait l'eau, le long de la ligne oblique B C, sans causer aucun frottement ni résistance, & s'il pouvoit presser de la même maniere sur la digue A C, il n'est pas nécessaire de demander si la digue pourroit lui résister une heure seulement : or comme il est certain que l'eau est incomparablement plus pesante que le bois, il est évident que la mer sans se remüer agiroit avec plus de violence que le bois A B C contre cette digue ; supposé que l'eau opérât par sa pesanteur de même que ce grand corps dont nous venons de parler, il s'ensuivroit de-là qu'aucun Païs de ceux qui seroient plus bas que la mer, ne sçauroit être à couvert de l'inondation par aucune digue.

Nous allons rendre ici raison en quelque maniere de cette difficulté (car nous en parlerons plus amplement dans son lieu ;) Est-ce sans le secours d'aucune Sagesse que toute la mer ABCD (planche xv. fig. 2.) couverte de tant de grands vaisseaux d'un poids immense, & qui a tant de lieuës de largeur, ne presse pas contre la digue A C avec plus de force que feroit le petit bassin A E, qui est de même profondeur, & qui n'est pas plus d'une verge de largeur, & encore beaucoup moins ?

Ainsi quand la digue A C ne seroit qu'un verre mince, la mer entiere A B C D ne seroit pas capable de la rompre en la pressant avec tout son poids, pourvû que derriere cette digue à l'endroit GHCA il y eût un peu d'eau, quand elle n'auroit qu'un pied de largeur dans G A, mais de même profondeur que la mer.

Ceux qui entendent l'Hydrostatique, sçavent parfaitement bien que ceci est vrai, & c'est ce que nous ferons voir aussi plus au long dans la suite ; cela même est la seule cause qui fait que la mer entiere, couverte de plusieurs milliers de vaisseaux, est souvent retenuë par une legere digue, pourvû qu'elle soit calme, & qu'elle ne soit pas trop profonde (puisque c'est sa profondeur seule, & non pas sa largeur, qui augmente sa force ;) cette même digue peut prévenir l'inondation de tant de Païs, & la perte de tant d'hommes & de bêtes.

Mais si on passoit encore plus avant, & si on avoit jamais contemplé cet abîme de mouvemens affreux & terribles qu'on observe dans le tems des tempêtes, ou dans les tems que les vagues de la mer s'élevent à une hauteur incroiable, & qu'elles menacent d'inonder & de couvrir la terre, croiroit-on alors que c'est par hazard que les vagues furieuses de ce terrible amas

Le sable arrête la mer.

d'eaux ont été retenuës dans des bornes jusqu'aujourd'hui ?

Montrez une poignée de fable à quelqu'un, qui pendant tout un voiage aura vû une mer orageuse rouler fes vagues, & dites-lui que des corps si petits & si méprisables qu'on peut disperser par le souffle, sont en état d'arrêter la force de ces montagnes d'eau; ne regarderoit il pas cela comme une merveille ? Mais dites lui pourtant que la mer même, selon toutes les apparences, produit le fable, & que par-là elle sert elle-même à brider fes forces terribles, selon l'expérience de M. Hook & Plot rapportées ci-dessus, où l'on a fait voir que par l'évaporation de l'eau salée qui s'exhale continuellement de la mer par la chaleur du Soleil, il se produit une grande quantité de fable. Peut-il aussi croire qu'une nature aveugle & ignorante a donné une telle proprieté à l'eau salée de la mer, qu'avec ce seul secours elle a préservé de si florissans Roiaumes & tant de Provinces des inondations, en jettant de dedans la mer des montagnes entieres de fable dans les endroits, qui sans cela, à cause de leur terrain plat & bas, devoient s'attendre chaque jour à être submergez ? Peut-il voir ce double banc de fable placé le long des côtes, qui sont comme autant de murailles & de boulevarts contre l'incursion d'un ennemi comme la mer qui détruit tout ? Peut-il observer la pente du rivage, qui est ainsi disposé afin de rompre la force de la mer; ou bien, peut-il observer la hauteur des dunes qui sont situées derriere, sans être contraint d'avoüer qu'un grand & adorable Ingénieur a daigné fortifier par-là ce Pais contre un usurpateur dont la puissance est inconcevable, & qui lui donne des assauts continuels ? & cela avec d'autant plus de raison, qu'on ne sçauroit s'imaginer comment il est possible que ces monceaux de fable qui n'ont aucune solidité, ne soient entierement dispersez par les vents, lorsque nous en voions souvent de si grandes quantitez que les vents enlevent & transportent. Encore un coup, quelqu'un dira-t-il que c'est par un pur hazard qu'il croît certaines herbes dans ces fables secs & stériles (qui d'ailleurs sont à peine capables de produire aucune plante,) & qu'elles peuvent se transplanter pour défendre ces bancs de fable contre les vents qui les disperseroient, pour former & retenir les Dunes dans la situation la plus avantageuse où elles peuvent être.

Les plantes de la mer conservent les digues. Dans les endroits où le fable n'est pas en si grande abondance, comme dans le Zuider-fée, qu'on suppose avoir été for-

LIVRE II. CHAPITRE IV.

mée par une inondation de l'Ocean, & qui n'est retenuë que par des digues, l'expérience nous montre qu'on ne sçauroit trouver rien de meilleur pour faire ces digues que ces herbes marines. Qui est celui qui pourra s'imaginer à présent que les Hollandois dans cette occasion parlent sans raison ou fondement, lorsqu'ils tirent de ceci une preuve de l'éxistence d'un Dieu qui conserve leur Païs, de ce qu'ils voient que la mer même produit ces herbes en grande quantité, & qu'elles servent à soûtenir leurs digues ?

Bien plus, comme il semble que tout ceci est à peine suffisant pour empêcher que les Païs-Bas ne soient ensevelis sous les eaux du grand Ocean, quelqu'un pourra-t-il s'imaginer que c'est par un pur hazard que le Promontoire de France, & cette grande & noble Isle de la Grande-Bretagne forment un detroit ou canal, qui est assez large pour donner passage à une flotte de vaisseaux, & néanmoins assez étroit pour empêcher que ce terrible Ocean dans le tems du flux, ne décharge de toute la force de ses montagnes d'eau sur les côtes de la Hollande ? car comme il lui faut trop de tems pour passer à travers ce canal, elle s'en retourne par le reflux qui vient à propos; ou, selon le sentiment de quelques autres, comme la mer va continuellement en s'élargissant de ce côté, les eaux qui coulent à travers ce canal, ne sçauroient monter assez : conformément à cela, l'expérience nous apprend qu'à cause de cette raison la marée monte cinq ou six fois aussi haut à Cartiles qu'à la mer du Nord; ce qui a été observé par M. Hartsoeker dans son Traité de la Philosophie naturelle.

Le canal d'Angleterre préserve la Hollande.

Nous ne parlerons pas ici de ce grand mouvement qu'on observe dans le flux & le reflux de la mer, non plus que de quelques autres qui ne sont pas moins merveilleux, parce qu'il semble que les causes de ces mouvemens sont encore cachées parmi les secrets impénétrables du Créateur; nous renvoions ceux qui souhaitent d'en être informez plus au long, aux opinions des Philosophes célébres, dont quelques-uns semblent être d'un sentiment très probable.

Le flux & le reflux.

Ce qui est certain, c'est que sous la Lune ou aux environs, il s'éleve de tous côtez une montagne prodigieuse & convexe, qui environne journellement la terre; or il est clair que ceci ne sçauroit arriver, sans troubler la mer, même jusques dans les endroits les plus profonds & dans ses abîmes.

S s ij

M. Mariotte a fait voir dans son livre *Du mouvement des Eaux*, *page* 217, &c. par l'expérience, que dans les eaux qui coulent, à moins que quelque chose de particulier n'intervienne, l'eau qui est à la surface ou aux environs, coule beaucoup plus vite que celle qui est au milieu ou au fond; c'est pour cette raison qu'il est croiable que là où la mer est très-profonde, nonobstant les courans & l'agitation qui s'observent dans sa surface, les eaux du fond sont dans un parfait repos, ou ne se meuvent que très-peu; de sorte qu'aiant resté tranquilles durant tant de siécles, elles peuvent aisément s'être corrompuës.

Sçavoir à présent si le grand Etre, qui regle toutes choses, ne cause pas ces mouvemens & ces agitations dans les eaux de la mer, pour les empêcher de se corrompre, même jusqu'au fond de la mer, pour conserver la vie aux poissons, & aux autres créatures vivantes, la pureté & la douceur de l'air, qui sans cela pourroit aussi en être infecté; c'est une chose dont nous laissons aux Sçavans le jugement : du moins on sçait assez les grands avantages que le flux & reflux de la mer apporte aux Mariniers, surtout lorsqu'ils sortent ou qu'ils entrent dans les Ports, où ils seroient sans cela en grand danger. Mais nous parlerons plus au long de ce grand phénomene.

L'eau qui nous apporte un si grand nombre d'avantages considérables, se trouve en si grande abondance par tout, que ceux qui en ont besoin la donnent presque par tout pour rien; peut-on ne pas voir en cela la bonté de l'Etre qui nous fait ce don ? Et que celui qui ne sçait pas assez estimer ce bienfait, se représente seulement le trouble excessif & la peine où tous les hommes sont quand ils appréhendent d'en manquer, comme il arrive souvent dans les Villes assiegées, & dans les vaisseaux qui font de longs voiages. Mais d'ailleurs la sagesse d'une direction divine ne se manifeste-t-elle pas dans cette abondance d'eau qui ne manque jamais, quoique pourtant nous puissions craindre avec raison, considerant toutes les occasions où l'eau peut diminuer ou se corrompre, que toutes créatures vivantes ne viennent à périr de soif ?

Depuis combien d'années ou de siécles cette eau n'est-elle pas agitée par les vents ? roulée sur des lits durs ? brisée contre des rochers ? Depuis combien de siécles s'en sert-on pour éteindre le feu ? pour servir de boisson à tant de créatures ? Depuis combien de siécles s'éleve-t-elle en nuages ? tombe-t-elle en

LIVRE II. CHAPITRE IV.

pluie? Combien de tems y a-t-il qu'à raison de sa pesanteur elle tombe avec violence sur les murailles, sur les maisons, sur les montagnes, sur les rochers, & sur d'autres corps durs? qu'elle se convertit en glace, en grêle & en neige? & qu'enfin elle est agitée par des forces différentes de la maniere du monde la plus rude? Chacun ne peut-il pas à présent supposer avec beaucoup de probabilité, que l'eau après avoir souffert tout ce que nous venons de dire, durant tant de milliers d'années, auroit dû s'user & changer de figure, ou se dépouiller de ses proprietez? de sorte qu'une personne qui sçait combien les choses s'usent par un usage continuel, qui les rend certainement moins propres au mouvement, auroit de la peine à croire qu'une seule & même substance, après avoir résisté à tant & à de si grands chocs, environ cinq ou six mille ans, fût capable de conserver sa même nature. Nonobstant cela, l'expérience journaliere nous apprend que les eaux de la mer, des rivieres, & des pluies, ont toûjours resté inaltérables, & conservé leur nature & leurs proprietez. Pouvons-nous donc ne pas reconnoître ici une direction, une Providence, qui surpasse non-seulement tout pouvoir humain, mais même toutes les opinions & les raisonnemens? Et la main puissante du grand Etre qui conserve toutes choses, n'est-elle pas assez visible à tous ceux qui veulent considerer ceci sans préjugé?

Si quelqu'un nous objectoit encore que les eaux, de même que toutes les autres substances, se brisent; mais qu'il est d'autres causes qui produisent continuellement autant d'eau nouvelle, qu'il s'en use & qu'il s'en détruit; cela ne rendroit pourtant pas la chose moins merveilleuse, ni n'affoibliroit en aucune maniere cette preuve. Car si on accorde cela, ne faudra-t-il pas alors une direction sage & puissante pour substituer continuellement une égale quantité d'eau à celle qui s'est perduë, & sans laquelle toute la terre tomberoit en désordre? Et est-il quelqu'un qui, dans cette hypothèse, puisse prétendre que c'est le hazard ou des causes ignorantes, qui fait qu'il se produit précisément autant d'eau qu'il s'en use ou consume par les différens usages qu'on en fait? Pourquoi ne s'en produit-il pas aussi plus qu'il ne s'en perd? Et pourquoi, durant tant de milliers d'années, les rivieres n'ont-elles crû jusqu'au point d'inonder la plûpart des terres? Ou d'un autre côté, pourquoi l'eau n'a-t-elle pas diminué? pourquoi ne s'en gâte-t-il pas plus qu'il ne s'en reproduit ? & pourquoi depuis tant de siécles les mers, ou tous les amas d'eaux, ne se sont-ils pas évaporez ou séchez ? D'ailleurs, supposé que les parties de l'eau fussent en aucune maniere angulaires ou ovales, pourquoi ne sont-elles pas devenuës entierement rondes, en se brisant continuellement l'une contre l'autre depuis si long temps ? car c'est-là la derniere figure que les corps prennent après que leurs angles sont brisez; & si ces particules sont rondes, pourquoi ne sont-elles pas entierement réduites en atomes par ce frottement continuel, qui les fait heurter l'une contre l'autre ? ou, pourquoi, comme quelques Philosophes se l'imaginent, ne se changent-elles pas en une substance ignée ? Au moins, si l'essence de l'eau consiste dans une figure déterminée de ses parties, comment ce frottement peut-il se faire sans altérer ses proprietez en même-tems que sa figure change ? Et pourquoi, à cause de ces raisons, l'eau ne nous paroît-elle tout-à-fait différente de ce qu'elle a été pendant plusieurs siécles ? Si nous ajoûtons à ce que nous venons de dire, & si nous considerons la quantité d'eau, (qui selon l'expérience de M. Boyle que nous avons rapportée ci-dessus,) peut & qui se change en terre par la distillation continuelle du Soleil, & des feux soûterrains; combien il s'en fixe & s'en convertit en des milliers de plantes; combien il s'en use dans la composition des corps & des humeurs d'un nombre infini de créatures; n'avons-nous pas grande raison de juger que ceci continuant depuis plusieurs milliers d'années, & considerant aussi le grand nombre de substances composées d'eau pour la plus grande partie, elle auroit dû depuis longtems souffrir une diminution extraordinaire, pour ne pas dire une consommation entiere ? cependant nous voyons qu'il reste une quantité d'eau suffisante pour tous les usages nécessaires.

CHAPITRE V.

De la Terre.

SI après avoir examiné l'air & l'eau, nous paſſons à la terre, je ne ſçaurois m'empêcher d'aſſurer que toute perſonne qui ſoûtiendra que toutes les qualitez & les proprietez differentes qu'on y trouve, ne doivent être attribuées qu'au pur hazard, ou aux loix ignorantes de la nature qui opérent ſans deſſein, doit s'attacher à une étrange eſpece de Philoſophie, à moins qu'il ne parle contre les ſentimens de ſa propre conſcience.

Il eſt vrai que la terre, dans l'état où elle eſt, & durant tout le tems qu'elle reſteroit dans ſon état naturel, ne ſçauroit fournir aucun aliment aux hommes, ni aux bêtes ; mais cependant l'expérience nous apprend clairement qu'elle entretient & conſerve tous les animaux avec ſes fruits.

Pour n'aller pas chercher des preuves dans les profondeurs de la nature, un athée n'a qu'à jetter les yeux premierement ſur cette herbe commune, ce gazon mépriſable qui croît en ſi grande abondance, & nourrit un nombre ſi prodigieux de beſtiaux ; & ſecondement ſur les différentes eſpeces de bled, qui ſervent à l'entretien d'un ſi grand nombre d'hommes, & qu'il conſidere enſuite en lui-même ſi c'eſt par hazard que le premier croît de lui-même dans une infinité d'endroits, & qu'il ſert de proviſion aux beſtiaux : & ſuppoſé que la terre n'eût pas la diſpoſition néceſſaire pour produire preſque par tout une ſi vaſte quantité de gazon, ſans le moindre travail, ou ſans aucune culture, quels moiens auroit-on pû inventer pour nourrir & conſerver en vie tant de millions d'animaux, qui n'ont pas en eux-mêmes la moindre diſpoſition pour cultiver & enſemencer les terres ?

Bien plus, comme il ne ſçauroit nier que quand toute la terre ſeroit couverte de gazon, tout le genre humain pourtant pourroit mourir de faim, puiſqu'une fâcheuſe expérience nous a ſouvent appris, dans les années ſtériles, que perſonne ne ſçauroit vivre de gazon ; dira-t-il encore que c'eſt auſſi par hazard, & ſans le ſecours d'une ſage direction, que la terre ſe trouve disposée à produire du bled & autres choses, qui servent de nourriture au genre humain ? Et puisque le gazon lui-même n'est pas propre pour ce dessein, est-ce par hazard qu'étant mangé par les animaux, il se change en leur propre substance, & qu'il devient ainsi utile non-seulement pour servir de nourriture, mais même de mets exquis, en sorte que nous pouvons regarder les bœufs, les moutons & les autres bestiaux, dont les hommes se nourrissent, comme autant de laboratoires qui préparent le gazon, d'ailleurs inutile, & en font un aliment salutaire & agréable au goût ?

Et tandis que le plus grand Philosophe, avec toute sa sagesse, ne sçauroit produire un seul grain de froment, ou la moindre feüille de gazon, ni même nous apprendre au vrai comment elles croissent & subsistent ; & beaucoup moins, quelle est la cause qui rend le gazon propre à la nourriture des bestiaux, lequel pourtant ne sçauroit nourrir aucun homme avant qu'il soit changé en lait ou en chair par les différentes altérations qui lui arrivent dans les corps ; peut-il après cela persister dans l'opinion que c'est sans le dessein ou la connoissance d'un Etre qui a soin de tout, que cette analogie se trouve entre les animaux & le gazon, entre les hommes & le bled, qui sert de nourriture aux uns & aux autres, & que c'est par un pur hazard qu'une seule & même terre produit ce gazon & ce bled ?

Si on peut soûtenir ceci, je ne vois pas pourquoi on ne peut pas dire, avec une aussi grande apparence de raison, qu'une serrure, & une clef qui a été faite & ajustée à cette serrure, ont été produites du même morceau de fer, sans aucune intelligence.

Différentes productions de la terre.

Ceux qui voudroient se servir de semblables subterfuges, n'ont qu'à considerer combien on voit croître journellement d'autres especes d'herbes ; & puisque la terre produit des épines & des chardons (pour ne rien dire des herbes venimeuses) aussi-bien que du fourage pour les animaux, & du pain pour les hommes ; qu'ils nous fassent voir par leurs raisonnemens pourquoi le gazon croît presque par tout sans qu'on le cultive, même dans les déserts les plus solitaires, où il nourrit les cerfs & les biches, & tant d'autres bêtes qui en vivent ; au lieu qu'afin que la terre produise du froment, & les autres alimens nécessaires pour la vie humaine, il faut labourer, herser, ensemencer, sarcler, faucher, & se donner tant d'autres peines.

Une

LIVRE II. CHAPITRE V.

Une triste expérience nous fait voir la vérité de tout ceci ; elle nous apprend combien il faut de peines pour nettoier la terre des épines & des chardons, pour la rendre propre à entretenir le genre humain.

Il n'est point d'homme qui puisse raisonnablement demander des démonstrations plus fortes de l'éxistence d'un Dieu sage & bienfaisant, que celles que la terre fournit à tous ceux qui en contemplent les proprietez ; & il ne faut pas une philosophie profonde pour en être pleinement convaincu.

L'on n'a qu'à conduire un homme dans les prez où l'on voit croître l'herbe pour servir de nourriture aux bestiaux ; ou dans des terres labourées, où l'on voit croître le bled pour la subsistance du genre humain ; dans des jardins, où l'on voit une infinité de fruits excellens ; dans les bois, où l'on trouve une infinité d'arbres pour servir à la construction des bâtimens ; dans un jardin de médecine, où l'on trouve des plantes & des herbes, dont quelques-unes servent d'aliment, d'autres de remede dans les maladies auxquelles nous sommes sujets ; dans des parterres, qui sont émaillez d'une infinité de couleurs, & qui exhalent des odeurs charmantes, dont les proprietez sont tout-à-fait différentes. Qu'on demande ensuite à un Philosophe s'il a jamais compris la maniere dont toutes ces choses se produisent dans la terre ; si on a si grand tort de soûtenir, que tout semble par un miracle continuel nous démontrer l'éxistence d'un Dieu qui n'est pas moins bon que terrible, & qui de la même terre a pû produire cette varieté inexprimable de plantes. Qu'on soûtienne hardiment, selon les découvertes & les expériences des Modernes, qu'il y a des semences, des plantes & des germes dans toutes les graines & dans les bourgeons qui se développent à la faveur des sucs qui les pénétrent : mais comment pourra-t-on déduire de la même terre cette varieté de ses productions, d'une maniere qui puisse satisfaire les Sçavans ?

Si un Philosophe qui n'auroit jamais vû de la terre fertile, en voioit un morceau ; en voyant une matiere noire, capable de produire tous les effets merveilleux dont nous venons de parler, ne la prendroit-il pas pour une chose des plus surprenantes qu'il y ait dans le monde ? Bien plus, si un homme qui seroit seul possesseur de cette terre, disoit, que c'est lui qui l'a disposée de la sorte avec le secours de sa sagesse ; & s'il vouloit en faire présent, celui qui recevroit ce présent, ne le mettroit-il pas au nombre des raretez les plus précieuses, & ne le montreroit-il pas aux curieux comme quelque chose de merveilleux? Et s'il arrivoit qu'un de ceux à qui il la montreroit, dît, qu'il ne croit pas que la personne qui l'a préparée soit estimable, & que quoiqu'elle eût fait ce mélange, on ne sçauroit jamais l'attribuer à son jugement ou à son industrie, mais au hazard ou à quelqu'autre cause ignorante; un Philosophe n'avoüeroit-il pas que ce seroit faire un grand tort à l'auteur d'une matiere si féconde? & que de la proprieté que la terre a, de produire un nombre si prodigieux de plantes si différentes, on peut tirer une preuve invincible que celui qui a inventé & composé ce mélange, devoit avoir non-seulement une connoissance particuliere de la chose, mais qu'il devoit aussi connoître toutes les plantes que cette matiere produit, qu'il devoit être par conséquent plus puissant que les autres hommes, qui, malgré toute leur science, si la terre fertile venoit à manquer, ne sçauroient jamais nous apprendre dequoi elle étoit composée, & en quoi consiste la proprieté qu'elle a de produire toutes sortes de plantes.

Refuserions-nous de reconnoître notre Créateur dans ses ouvrages, parce qu'au lieu de ne découvrir qu'une seule merveille dans une seule plante, nous en découvrons tous les jours des milliers dans toutes les plantes, tandis que tout le monde auroit été surpris si on n'avoit vû qu'une tulipe, une rose, ou un lis, sortir d'une matiere aussi méprisable en apparence que l'est la terre, on n'auroit jamais pû se lasser de louer la sagesse de celui qui auroit trouvé le moien de produire de si belles plantes?

La terre ne se consume jamais, & ne devient point entierement stérile.

La terre nourrit toutes les créatures, comme des hommes dans toute l'étenduë de sa surface, des bestiaux dans les prez, des bêtes sauvages dans les bois & les déserts, des oiseaux & des poissons, toute sorte d'insectes & d'animaux rampans, comme des vers, des chenilles, des mouches, &c. en un mot, tout ce qui a vie; car quoiqu'il y ait des animaux qui se nourrissent d'autres animaux, ceux-ci qui servent de nourriture aux autres, se nourrissent eux-mêmes des fruits de la terre. La terre produit tous les jours une infinité d'herbes, de fleurs, de plantes, d'arbrisseaux & d'arbres, pour des fins différentes; elle continuë ses productions de puis tant de siécles; peut-on sans étonnement faire réfléxion, que, quoiqu'il ait fallu une si grande quantité de

LIVRE II. CHAPITRE V.

terre durant une si longue suite d'années, elle n'ait jamais manqué, & qu'elle n'ait pas entierement perdu sa fécondité? puisqu'on sçait que la fertilité de la terre diminuë, & qu'on l'éprouve plus souvent qu'on ne voudroit dans les terres qu'on seme souvent.

Ces Philosophes qui ont une si grande idée de leur propre sagesse, pourront-ils croire que ce n'est pas par la conduite d'un Être sage, que la terre après avoir perdu sa fertilité par un trop long service, arrosée par les pluies, tournée plusieurs fois, & exposée aux influences de l'air, recouvre de nouveau sa fertilité? A quoi sert de laisser reposer la terre, si ce n'est afin que l'air puisse la fertiliser, quand on la tourne souvent de dessus en dessous? Sçavoir si cela arrive par le moien du sel nitreux que les Jardiniers vantent si fort pour la fertilité, & qui se produit dans la terre par les matieres nourries de l'air, c'est une chose que nous n'examinerons pas ici; ce qui est certain, c'est que j'en ai fait l'expérience depuis plusieurs années: J'ai observé dans la terre de jardin devenuë stérile à force de la semer, qu'après l'avoir laissée reposer l'espace d'une année, & avoir eu soin durant ce tems de la broier souvent, elle fructifia l'année suivante; les graines qu'on y sema, produisirent beaucoup, je ne m'étois point servi de fumier, ou d'aucune autre chose, pour être plus assuré de l'expérience.

Une expérience pour faire voir que l'air rend la terre fertile.

Il y a différentes manieres de fertiliser la terre. On remarque, 1°. que l'air & la pluie ont les proprietez nécessaires pour cet effet: 2°. qu'elles rétablissent souvent la fertilité des terres, sans le secours du travail des hommes; 3°. qu'ainsi dans les bois & les déserts, la terre quoiqu'inculte, est en état de fournir de quoi vivre aux animaux sauvages qui y habitent. Peut-on croire que ce soit-là un effet du hazard, & qu'il n'ait pas fallu beaucoup de sagesse pour donner à l'air, à la pluie, aux matieres animales, toutes les qualitez requises, pour renouveller la fertilité de la terre, & pour servir constamment à la conservation des animaux?

On n'auroit pû disposer la structure de la terre, & des choses qu'elle produit, d'une maniere plus sage; au moins on ne sçauroit nier que:

Il semble que la saleté & l'ordure devroient rendre la terre dégoûtante.

I. Toutes les plantes, les hommes & les animaux ne procédent de la terre; pour ce qui est des premieres, la chose est évidente par elle-même; pour les animaux, ne sont-ils pas formez des fluides ou des fucs de ceux qui les engendrent ? ou du moins n'est-ce pas leurs fluides qui les développent, jufqu'à ce qu'ils foient parvenus à leur grandeur naturelle ? Ces fucs ne viennent-ils pas des alimens ? & les alimens des herbes & des autres plantes ? c'est là ce qu'une expérience non interrompuë nous apprend. Les créatures même qui ont befoin de fe couvrir & de fe fourrer, tirent de la terre les étoffes dont elles fe couvrent ; les brebis, les peaux de certains animaux, le lin, les feüilles, & les écorces d'arbre, viennent de la terre.

II. Qu'il n'y a rien de durable, & que toutes les créatures vivantes endurent une efpece de mort, & qu'ainfi elles fe corrompent & fentent mauvais ; c'est une chofe qui n'est pas moins certaine que ce que nous venons de dire : de forte qu'il n'y a aucune chofe fur la terre, qui après avoir fervi aux defseins pour lefquels elle avoit été formée, ne femble après cela un fardeau inutile & défagréable dans le monde, & propre à rendre les endroits les plus agréables où une infinité d'hommes & de bêtes réfident, entierement déferts & inhabitables par la mauvaife odeur.

III. Que (pour ne parler que des créatures vivantes) la plûpart des alimens dont ils fe nourriffent, fe convertiffent dans leurs inteftins en excrémens, dont la mauvaife odeur dégoûte ; c'est une chofe que perfonne n'ignore. Si les excrémens de tous les animaux qui ont habité la terre depuis tant de fiécles, avoient resté fur la terre fans changer de forme ni de qualité, ne faut-il pas avoüer que cela auroit été fuffifant pour rendre la terre & l'air qui l'environne, tout-à-fait défagréable & nuifible à fes habitans ?

IV. Ajoûtez à cela que la terre a été habitée depuis tant de fiécles par tant de millions d'hommes & de bêtes, qui ne font compofez que des productions de la terre, qu'il auroit été impoffible, fans le foin d'une Sageffe fupérieure, que la terre n'eût perdu beaucoup de fa fertilité ; de forte que, quoiqu'on n'eût pas lieu d'appréhender la destruction de ce globe, tous les animaux pourtant & les créatures vivantes qui y habitent, auroient à la fin péri par le défaut de la fertilité de la terre, & par conféquent par le défaut d'alimens.

Tous ces inconveniens ont été prévenus ; convictions.

Demandez préfentement à un Philofophe, s'il pourroit jamais affez loüer celui qui a fçû trouver le moien de prévenir tous ces fâcheux inconveniens ? s'il auroit pû le faire, ou fi les

LIVRE II. CHAPITRE V.

hommes auroient pû trouver le moien de convertir toutes les plantes pourries, les corps des animaux, en un mot tous les corps corrompus, en une terre extrêmement fertile, & capable même de rétablir la fertilité des champs qui font ufez ; fi les hommes, dis-je, avoient trouvé un moien de cette nature, ne croiroient-ils pas que tout le genre humain leur auroit une obligation éternelle?

C'eſt cependant ce qui s'offre tous les jours à nos yeux, & ſans aucun embaras, ni aucune peine de notre côté.

Croira-t-on après cela que des corps auſſi artiſtement faits que ceux des hommes, des bêtes, & des plantes, proviennent tous de la terre, ſans le ſecours d'un Etre qui dirige toutes choſes? Des corps, qui après avoir paru ſous de certaines formes, retournent peu de tems après dans la terre, qui en produit encore de nouveaux deſtinez à ſubir le même ſort. Un Philoſophe peut-il être aſſez aveugle, pour convenir que cette circulation & cette révolution des choſes qui dure depuis tant d'années, ſe paſſe ſans la direction d'un Etre infiniment ſage, tandis que ſi on éxigeoit de lui qu'il fît avec toute ſa ſageſſe la moindre choſe qui en approchât, il ſeroit obligé d'avoüer que ſon entendement ne s'étend pas de beaucoup ſi loin. *Preſque toutes choſes ſortent & rentrent dans la terre; convictions.*

Quelque merveilleuſe que paroiſſe la ſubſtance de la terre, cependant dans les ſiécles précédens on ne l'a éxaminée que d'une maniere très-legere; & quoique dans le dernier ſiécle on ait pouſſé la ſcience de la Nature plus loin que dans les précédens, néanmoins la connoiſſance que l'on a des véritables proprietez de la terre fertile, eſt encore fort obſcure. Que dans un ſiécle ſi ſçavant on ait entierement négligé la recherche de la Nature, c'eſt une choſe qu'on ne doit point ſuppoſer ; ainſi c'eſt peut-être la difficulté de pouvoir avancer quelque choſe de certain ſur ce ſujet, qui eſt la ſeule cauſe qu'on a écrit ſi peu ſur cette matiere. *Une expérience touchant la terre diſtillée.*

Diſons quelque choſe de l'origine de la terre; nous avons déja fait voir qu'on peut faire de la terre avec de l'eau, en diſtillant cet élement; & l'expérience de Boyle fait voir comment ce fluide ſe peut changer par une diſtillation continuelle en une eſpece de terre : mais parlons en particulier de la terre fertile. Il y a beaucoup de plantes (comme nous l'avons fait voir plus au long) qui croiſſent dans l'eau, & ſont produites par elle mais qui après s'être corrompuës ou pourries, donnent une terre fertile; en un mot, une chose que l'expérience confirme tous les jours, c'est que les animaux & les plantes peuvent se changer en une terre fertile.

Nous nous garderons bien d'en déduire aucune hypothèse generale, puisque jusqu'à présent nous n'avons pas fait assez de découvertes pour établir quelque opinion certaine; & nous n'avons pas honte d'avoüer, avec beaucoup d'autres, que nous ne connoissons pas entierement d'où ni comment la terre est produite; & que les expériences des Modernes, quoiqu'elles nous apprennent beaucoup de choses, ne sont pas pourtant capables de nous donner la vraie connoissance de tout ce qu'il est nécessaire de sçavoir sur ce sujet.

Voiant donc qu'on ne s'est pas fort appliqué à l'éxamen de la nature de la terre fertile, je priai un Fleuriste fort curieux, de me donner une espece de cette terre, car il est certain qu'il y en a de plusieurs especes, comme l'expérience le fait voir; elle étoit composée de fumier de vache & de cheval, mêlez avec du sable, on en avoit ôté les pierres en la passant par un crible; je la distillai dans une retorte de verre, & je trouvai qu'elle donnoit une liqueur, qui étant mêlée avec l'esprit acide de nitre, fermentoit; la quantité de cet esprit étoit proportionnée à celle de la terre, il en sortit aussi une huile noire fétide.

On observe aussi que les plantes & les herbes pourries, parmi lesquelles il faut placer ce fumier, puisqu'il venoit de l'herbe qui sert d'aliment aux vaches & aux chevaux, donnent un sel volatile, & la même espece d'huile, comme le sçavent parfaitement ceux qui s'addonnent à la Chymie.

Pour la maniere dont cette proprieté de la terre peut contribuer à la production de toutes les plantes, & à rendre la terre plus fertile, je ne veux point l'éxaminer ici, puisque ces découvertes sont plus propres pour nous conduire à d'autres que pour inferer quelque chose qui nous donne quelque connoissance certaine.

La terre produit des instrumens propres à la rendre plus utile.

Pour qu'on puisse se convaincre encore mieux de la sagesse & de la bonté de celui qui a formé la terre, on n'a qu'à considerer que l'homme qui est obligé de tirer sa subsistance de la terre, est tout-à-fait incapable de la cultiver sans instrumens. Verra-t-on que la terre produit non-seulement du bois, mais même du fer, dont on fait la charuë, & les autres instrumens qui servent à labourer, sans appercevoir en même-tems dans

LIVRE II. CHAPITRE V.

tout cela le deſſein du Créateur ? Il eſt difficile de ſéparer ce métal de la matiere avec laquelle il étoit mêlé dans les mines, c'eſt-là une choſe que les Mineraliſtes n'ignorent point; de ſorte que, quoiqu'un homme fût pourvû d'une ſuffiſante quantité de terre, de bois & de fer crud, il auroit encore eu beſoin de ce qui étoit néceſſaire pour lui rendre ces choſes utiles. D'ailleurs, l'expérience continuelle a appris à tous les hommes, que la même terre nous fournit auſſi les matériaux néceſſaires pour le feu, pour faire les choſes qui nous manquent; & que le bois, le charbon, la tourbe, &c. ſont de ſes productions : avec le ſecours du feu non-ſeulement on ſépare & purifie le fer de toutes les matieres étrangeres qui y ſont mêlées, & on en forme les inſtrumens qui ſervent pour labourer, & à d'autres uſages, mais le feu ſert encore à faire mûrir, digerer, & rendre propres pour la nourriture les fruits que la terre produit auſſi.

On peut brûler & réduire l'or en poudre.

Voici une obſervation qu'on trouve dans *l'Hiſtoire de l'Académie Roiale des Sciences de 1699, page 113*, & dont M. Tſchirnaüs inventeur des verres ardens, fait mention; on a obſervé que tous les métaux étant placez dans le foier du verre-ardent, ſe changent en verre, & que l'or en ſe vitrifiant prend une belle couleur de pourpre.

Mais les obſervations que M. Homberg fit ſur l'or expoſé au feu du Soleil l'an 1702, page 186, & 1707, page 50, ſont tout-à-fait curieuſes & éxactes, & on les trouve tout au long dans les *Mémoires de la même Academie*; où après avoir reconnu que l'or ne diminuë point dans nos feux ordinaires, on fait voir qu'en raſſemblant les raions du Soleil dans un foier, ou tout auprès, l'or s'évapore & ſe convertit partie en fumée, & partie en verre; ce qui eſt, comme cet Auteur le dit expreſſément, pages 189, 190, *une converſion réelle de ce métal peſant en un verre leger.* Vers la fin du Mémoire nous trouvons ces mots: *Ainſi nous voions par ces obſervations que l'idée que nous nous étions formée dans la Chymie, de la fixité ou de la dureté de l'or, ne ſçauroit ſubſiſter plus long-tems.*

Des pierres précieuſes.

Il ſemble que des métaux nous devrions paſſer à l'éxamen des pierres précieuſes, qui à la vérité ne ſont pas redevables de leur origine à la terre, mais au moins on les y trouve la plûpart. Ceux qui reconnoiſſent la grandeur d'un Dieu qui a créé toutes choſes, peuvent obſerver dans ce dernier éxemple la bonté qu'il a eû pour le genre humain, en prenant foin même de ce qui peut lui fervir d'ornement, & en produifent des fubftances fi brillautes dans cette vûe; il a voulu que quelques-unes, même les principales fuffent plus dures & plus incorruptibles, que tout ce que nous connoiffons jufqu'à préfent, tandis qu'en même tems leur ftructure continue de nous être cachée depuis tant de fiécles.

M Boyle a découvert une proprieté dans le diamant, qui étoit inconnue jufqu'alors, & enfuite l'Académie des Sciences en prit connoiffance en 1707. Voici de quoi il s'agit, lorfqu'on frotte un diamant bien poli contre un verre, dans un lieu obfcur, il produit une lumiere auffi claire que celle d'un charbon ardent, lorfqu'on le fouffle avec force.

De l'aimant. Un homme qui n'auroit jamais vû d'aimant croiroit d'abord que cette pierre felon les principes de la *philofophie de l'ignorance*, (c'eft le nom qu'on doit donner à la philofophie de certaines perfonnes, qui, parce qu'elles ne fçauroient découvrir l'ufage de quelque chofe, concluent d'abord qu'elle eft inutile) que cette pierre, dis-je, eft une chofe des moins utiles que Dieu ait créé, pour ne rien dire du peu de beauté qu'elle préfente à nos yeux.

Mais fi enfuite on lui apprenoit, qu'elle a non-feulement la proprieté d'attirer le fer, & de lui communiquer la vertu d'attirer d'autre fer, quoique la maniere dont cela fe paffe, même à préfent, après toutes les obfervations dont les Livres font remplis, eft encore inconnue à tous les habiles Philofophes, de l'aveu de tout le monde; pourroit-il alors s'empêcher de regarder cette pierre fi méprifable, en apparence, comme une merveille?

Mais fi dans la fuite on lui découvroit fes proprietez, fçavoir qu'elle indique le Nord, & qu'elle peut tracer un chemin pour les vaiffeaux au milieu des Mers; de forte que fans elle on n'oferoit point faire voile fur le grand Océan, & que la communication même entre ces parties de la terre qui font fi éloignées l'une de l'autre, feroit entierement interrompue? Lorfqu'il verroit les marchandifes & les productions des autres païs, que nous ne fçaurions avoir fans cette pierre, ne diroit-il pas que c'eft une chofe des plus utiles qu'il y ait dans le monde? & n'avoueroit-il pas qu'il fe fentiroit obligé de le regarder comme un préfent de la part d'un bienfaiteur genereux & d'un prix infini?

Enfin,

LIVRE II. CHAPITRE V.

Enfin, lorfqu'on ajoûte, qu'il y avoit déja long-tems que les Anciens connoiffoient la force que l'aimant a d'attirer le fer, tandis que celle qu'il a d'indiquer le Nord, & de fervir de bouffole aux Mariniers leur étoit cachée, & que cela feul avoit fourni non feulement aux Chrétiens en general, mais même à de grands Mathématiciens, l'occafion d'obferver ce que le Pere Defchales a remarqué dans la Préface de fon ouvrage de Mathématique ; fçavoir que depuis environ 300 ans, « il a plû « à Dieu de nous réveler l'ufage de l'aimant, lorfqu'il avoit « réfolu, felon fa divine Providence, par rapport au genre hu- « main, de révéler fa grace & fon Fils à ces Nations qui étoient « féparées de nous par tout ce grand efpace de l'Océan. Croira- « t-on que ces perfonnes qui reconnoiffent dans cette pierre & dans fon ufage la fageffe de Dieu, fon gouvernement & fa direction dans toutes chofes; que ces perfonnes, dis-je, qui avouent que le tems étoit terminé pour la découverte de fes proprietez fut faite, n'ont aucun fondement pour défendre de pareils fentimens ?

En quel tems la vertu de l'aimant fut découverte.

Si nous paffons de la matiere de la terre à la ftructure du globe terreftre, compofé d'eau & de terre & inhabitable en certains endroits, où eft l'homme, qui en contemplant fa figure plane & plate en apparence, fe fût jamais imaginé qu'il eft rond ? N'auroit-il pas plûtôt affirmé par tout ce qu'il peut conclure du mouvement des corps pefans qui defcendent en bas, avec beaucoup de perfonnes très-fçavantes parmi les Anciens, qu'il eft impoffible d'attribuer à la terre une figure fphérique, parce que les corps qui font au-deffous de nous, s'ils pefoient de la même maniere & dans la même direction, au lieu de tomber fur la terre, tomberoient, felon les apparences, dans l'air qui eft au-deffous d'eux ? Cependant l'expérience des Modernes nous apprend qu'on ne pouvoit pas inventer une figure plus utile que la figure ronde ou fphérique, pour faire d'un fi petit corps un théatre fi magnifique, & rempli d'une infinité de merveilles. Peut-on donc fe contenter d'affurer fimplement, que le globe de la terre a reçû cette figure par hazard, ou du moins fans le fecours d'aucune intelligence ?

De la rondeur de la terre.

Combien d'opinions différentes n'a-t-on pas propofé au fujet de fa forme dans les fiécles précédens ? Les obfervations Aftronomiques, la rondeur de fon ombre dans les éclipfes de la Lune, les remarques que l'on a fait au fujet des mats de vaiffeaux, qui

V u

paroissent avant les vaisseaux, tout cela a rendu d'abord la figure sphérique de la terre fort probable, jusqu'à ce qu'on en a été à la fin pleinement convaincu par l'expérience, après plusieurs voiages autour du monde.

Ceux qui se sont donné la peine d'examiner les dernieres recherches des Modernes, sçavent fort bien, que quoiqu'ils aient accoûtumé d'appeller la terre sphérique, sans avoir aucun égard aux inégalitez que les montagnes & les vallées peuvent y occasionner, elle n'est pourtant pas parfaitement sphérique, mais qu'elle est beaucoup plus élevée sous l'équateur, & qu'elle va continuellement en baissant vers les poles.

Sur l'observation, qu'un pendule à la Caïenne, près de l'Equateur doit être plus court qu'il ne l'est à Paris de $1\frac{1}{4}$ de ligne ou d'un $\frac{1}{12}$ de pouce, pour marquer exactement une seconde; M. Huygens, *dans son Traité de la pesanteur*, assure que la terre est plus basse vers les poles.

Monsieur le Chevalier Newton, *Princip. Philosoph. Prop. XIX. lib. 3.* nous dit la même chose; & dans le Docteur Gregory *Astronom.* p. 36 & 268, & dans M. Whiston, *Prælect. Phys. Mathem. Prop. XCIII. Corol. 2.* nous trouvons ces paroles, outre ce qu'on en a dit ailleurs dans d'autres endroits; *Puisqu'on sçait par l'observation & l'expérience que notre globe est réellement plus élevé sous l'équateur que vers les poles.* Dans l'*Histoire de l'Académie Royale des Sciences* 1700, p. 144, & dans les *Mémoires* p. 227, nous y trouvons des observations faites à Lisbonne, & à Paraïba dans l'Amérique, qui semblent confirmer expressément la nécessité où l'on est de racourcir le pendule en approchant de l'Equateur, & que la terre est par conséquent plus basse vers les poles, quoiqu'à peine on puisse déterminer sa grandeur exacte par ces observations.

Mais pour éviter les difficultez & les objections qu'on pourra faire contre les hypothèses, dont quelques-uns se servent pour le prouver, je rapporterai une chose qui mérite d'être observée, & qui a été dite sur le même sujet dans l'*Histoire de l'Académie des Sciences* pour l'année 1701. p. 120. & dans les Mémoires, p. 237 &c. où M. Cassini en traçant le Méridien de France jusqu'aux Pyrenées, par ordre du Roy, en a mesuré exactement la longueur de chaque degré, & a trouvé à $7\frac{1}{2}$ degrez entre les paralleles d'Amiens & de Colioure, qu'il a comparé l'un avec l'autre; que leur grandeur augmentoit continuellement

LIVRE II. CHAPITRE V.

à mesure qu'ils s'approchoient de la ligne équinoxiale, & qu'elle diminuoit par conséquent en approchant des poles : de sorte que sans trop contester la figure exactement géométrique de la terre, & sans admettre aucune hypothèse, si ce que M. Cassini a réellement observé dans chacun de ces dégrez se trouve vrai dans tous, depuis l'équateur jusqu'aux poles; il est certain que l'équateur ou la ligne équinoxiale sera plus élevée qu'aucun méridien qui passe par les deux poles. On peut observer la même chose avec le secours des télescopes dans la planete de Jupiter ; & M\rs Cassini & Flamsteed l'ont déja fait. *Voyez* M. Whiston, *Prop.* 93. & d'autres.

Sçavoir si ce sont là les expériences dont parle M. Whiston dans l'endroit que nous venons de citer, c'est ce que je ne sçai pas, à cause que je ne les y trouve point. Ce qui est de certain c'est, que cet Auteur, *Prælect. Astronom. II. Prop. II.* p. 8. en parlant de la terre, dit, qu'elle est *environ ou presque sphérique* ; cependant ces différences sont si peu de chose, qu'il les regarde comme des bagatelles dont on ne doit pas prendre connoissance en Astronomie, parce que la différence que cela peut occasionner, est en quelque façon insensible.

J'ai souvent considéré avec un étonnement extrême, ce mouvement merveilleux, que les Philosophes appellent pesanteur, & par le moyen duquel tous les corps que nous connoissons sur la terre, sont attirez ou poussez vers ce globe.

Mon dessein n'est pas de rapporter ici, ni d'examiner les différens raisonnemens des Philosophes touchant ce phénomène ; je n'examinerai point s'il faut le regarder comme accidentel, ou s'il est occasionné par l'élevation des autres corps qui obligent les plus pesans de descendre : ce qui est certain, c'est que tous les corps que nous connoissons sur la terre, ont un certain degré de pesanteur, sans en excepter même l'air ni le feu ; pas même ce feu si pur & si subtil, qui passe à travers le verre. Les Modernes ont prouvé d'une maniere visible, par leurs expériences, que tous ces corps pesent. *Voyez* Boyle, *De penetrabilitate vitri à ponderabilibus partibus flammæ.*

Nous ferons même voir, en parlant du feu, par l'expérience de M. Homberg, que la lumiere elle-même, toute pure qu'elle est ramassée avec un verre ardent, peut s'unir avec d'autres corps, & les rendre plus pesans.

Pour voir avec quelle force la pesanteur agit, on n'a qu'à

De la pesanteur des corps terrestres.

V ij

considérer la pression des corps, qui d'ailleurs ne paroissent avoir aucun mouvement. De-là vient que nous voyons souvent de grands vaisseaux couler à fond, & souvent des planchers chargez d'un trop grand poids s'affaisser.

Je demande à présent à une personne raisonnable, si elle peut s'imaginer que des corps insensibles, qui d'eux-mêmes ne sçauroient produire aucun mouvement, soient capables d'observer des loix si exactes, sans la direction d'un Etre qui est non-seulement puissant, mais sage ? Car si C est le centre de la terre, planche XV. fig. 3. & que le cercle tiré autour de ce point soit un grand cercle sur la superficie de la terre, & que les lignes FG, HI, KL, MN qui touchent ce cercle, représente l'horison de chaque endroit; tout le monde sçait, que si on laissoit tomber une pierre ou quelqu'autre corps pesant dans A, il se mouvroit selon la ligne A C; si c'étoit dans B, selon la ligne B C; dans D, selon la ligne D C; & dans E, selon la ligne E C; & que ce soit là la véritable position, c'est une chose assez connue des pilotes qui ont fait en partie, ou tout-à-fait, le tour de la terre, car comme l'on sçait c'est-là la méthode qu'ils suivent en sondant dans les différens endroits où ils se trouvent.

Que la cause de la pesanteur soit telle qu'on voudra, qu'on fasse tant de systêmes qu'on voudra là-dessus ; il faut pourtant reconnoître, que sans cette proprieté la terre seroit inhabitable, sur-tout, si on comprend ce que nous avons dit touchant la pesanteur de l'air & de l'eau.

Le centre de la terre n'est rien.

Pourra-t'on s'imaginer, que c'est sans la sage direction de quelque Etre, qu'un corps entierement insensible, placé dans A, puisse se mouvoir de l'endroit A vers C; & qu'étant dans E, il se porte de l'endroit E vers C, selon une ligne droite qui lui est directement opposée ; & que dans tous les endroits où quelque corps tombe sur la terre, il doive toûjours choisir le chemin le plus court pour aller à son centre ? Ceux qui font des réflexions sérieuses sur ce phénoméne merveilleux, que tous les corps, quelques gros & pesans qu'ils soient, sans la moindre connoissance de ce qu'ils font, se meuvent avec une force si terrible vers un point mathématique, c'est-à-dire, vers un Etre de raison tout pur, qui n'existe que dans la pensée de celui qui l'imagine; & que quoique dans les corps on puisse le qualifier de vrai rien, cependant tous les corps s'y arrêtent ; ceux, dis-je, qui

LIVRE II. CHAPITRE V.

examinent de près toutes ces choses, peuvent-ils, sans reconnoître la sagesse de Dieu dans sa sainte parole, lire l'expression dont Job se sert, ch. 26. v. 7. *Il suspend la terre sur rien?*

Quelque grand que paroisse ce paradoxe, un Athée obstiné, s'il entend la moindre chose dans les Mathématiques, doit avouer, que c'est-là une vérité incontestable, comme l'écrivain l'exprime dans cet endroit. Est il un seul corps parmi tous ceux qui sont venus à notre connoissance, qui ne soit pas pesant? La pesanteur ne fait-elle pas descendre toutes choses vers le centre de la terre? Ainsi, selon les paroles de Job, la terre ne se trouve-t-elle pas par sa pesanteur suspendue de tous côtez sur un rien? Le centre est-il donc autre chose qu'un rien, & existe-t-il ailleurs que dans l'idée des hommes? Pourquoi Euclide le définit-il de même *Defin. 1. liv. 1; Un point est une chose qui n'a pas de parties?* Pour faire voir que les Mathématiques qui sont venus après Euclide ne l'ont pas pris pour quelque chose de matériel, voiez ce que Clavius en dit dans ses notes; il dit, qu'on n'en sçauroit donner un exemple dans les choses matérielles. De-là vient, que M. Whiston, dans le Traité ci-devant cité, *Prop. LXXXVIII. coroll. 2.* dit, que le centre de pesanteur de tous les corps de ce monde, est un vrai rien. On pourroit encore produire les témoignages d'un plus grand nombre de Mathématiciens, qui assurent tous la même chose. Si ce n'est pas quelque chose de materiel, que sera ce donc qu'un vrai rien en fait de matiere, & une pure idée que nous nous formons des bornes ou des limites de quelque chose? Ceux qui ne sont pas versez dans l'étude des Mathématiques, & qui sont par conséquent surpris qu'on avance une pareille chose, n'ont qu'à voir les raisons que les habiles Mathématiciens alleguent, pour faire voir qu'un point n'a ni parties ni grandeur; mais ce n'est point ici le lieu d'en parler, & il suffit pour notre dessein d'avoir prouvé la vérité de l'expression de Job, & de n'avoir consideré la nature de la pesanteur, qu'autant qu'il le falloit pour faire voir qu'il est impossible de l'attribuer au hazard, ou à certaines loix aveugles de la nature, & qu'il étoit plus raisonnable de ne l'attribuer qu'à la volonté & à la puissance de Dieu, principalement, puisque personne jusqu'à présent n'a pû en assigner la vraie cause; ensorte qu'après toutes les disputes qu'on a eû sur cette matiere, les plus fameux Philosophes & Mathématiciens d'entre les Modernes ont été contraints d'en venir à cette conclufion, que la pefanteur eft une loi generale & auffi ancienne que le monde; & que Dieu voulut bien l'imprimer à la matiere dans le commencement, & qu'ainfi nous ne devons plus demander comment il arrive que tous les corps pefent, comment cela fe fait, comment ils fe meuvent? On fçait que c'eft-là le langage des plus grands Mathématiciens de notre fiecle.

Le globe de terre garde toûjours la même obliquité.

Après avoir parlé de la pefanteur qui eft un phénomene fi merveilleux, que je ne fçaurois en faire mention qu'avec un profond refpect, & que tous les Philofophes ont reconnu pour un fecret que le Créateur s'eft réfervé, & qu'il fe réferve encore aujourd'hui; je vais parler d'une autre chofe qui n'eft pas moins curieufe. Soit donc que nous suppofions le globe de la terre, p e m f (planche xv. fig. 4.) immobile, & que le firmament P E M F, avec le Soleil O, & le refte des conftellations, fe meuvent autour d'elle pendant vingt-quatre heures : ou bien, foit que pour une plus grande facilité, nous suppofions que (dans la planche xv. fig. 5.) le globe de la terre tourne autour du Soleil O, parcourant la route A, B, C, D, & qu'elle fe meut une fois chaque jour autour de fon axe p m; il eft certain que l'axe p m regarde toûjours le même endroit P & M du ciel, dans la quatriéme figure; & qu'ainfi la terre, & fans aucun autre fecours, conferve toûjours la même pofition & fon obliquité; du moins elle varie fi peu, que les Aftronomes ne s'en font jamais apperçûs; & ceux qui ont crû d'y avoir obfervé quelque variation, n'ont jamais pû prouver leur découverte. Et ce qui eft encore plus admirable, malgré la figure fphérique de la terre, & malgré l'opinion de certains Sçavans qui ont foûtenu, que fi la terre garde toûjours la même pofition & la même obliquité, c'eft parce que fes parties font en équilibre; c'eft qu'elle a fouffert fi fouvent de fi grandes révolutions, qu'il paroîtra presque impoffible à ceux qui fçavent juger des chofes, qu'elle n'ait pas été confondue & diffoute, ou du moins agitée de différens mouvemens.

Sans l'obliquité de la terre, on auroit raifon d'appréhender une deftruction generale.

Pour avoir une preuve de ceci, l'on n'a qu'à confiderer les Volcans qu'on trouve en tant d'endroits du monde, & à des diftances fi grandes l'un de l'autre, qui ont détruit la terre en tant d'endroits; fur-tout fi ces cavernes de feu, felon les fentimens de plufieurs grands perfonnages, communiquent enfemble par des grandes rivieres de feu qui s'étendent d'une partie de la terre à l'autre jufqu'au fond de la mer même; c'eft ce qu'on pourroit

LIVRE II. CHAPITRE V.

peut-être conclure des relations de M. Baglivi, pag. 510, &c. cela fait voir qu'il faut nécessairement que la terre devienne plus legere dans les endroits où il y en a eu une si grande quantité de consumée par le feu, changée & convertie en fumée & en cendres.

Ajoûtons à cela ces terribles inondations, par lesquelles selon toutes les traditions, s'est formé la mer de Zuider-sée, de même que les détroits de l'Ocean, qui se sont formez par la violence des vents, des marées, & par d'autres causes, qui ont transporté dans un autre endroit du globe une quantité immense d'eau; tout cela doit nécessairement changer sa pesanteur en différens endroits. Nous ne dirons rien de ces tremblemens de terre qui se font sentir dans toute l'étenduë de la terre; & qui en agitant ce globe, nous donnent lieu d'appréhender, avec raison, qu'il n'y arrive quelque changement terrible.

Si par malheur ces causes qui agissent avec tant de violence, ébranloient la terre, & la faisoient une fois changer de place, que pourroit-on attendre de-là qu'une ruine & une destruction generale, où tout changeroit absolument l'air, le climat, &c? Car supposons que ceux qui (dans la planche xv. fig. 4. & 5.) habitent sous la ligne e f, ou dans la Zone torride, tout auprès, fussent transportez par quelque violent mouvement de la terre dans quelqu'un des Païs situez sous les poles p ou m, ou dans une des Zones froides; en même-tems les peuples qui vivent à présent dans les Païs voisins des poles, seroient transportez dans un air brûlant, sous l'Equateur, ou dans les environs. A-t-on lieu de douter que tout ce qui étoit accoûtumé aux chaleurs violentes d'un climat, même les hommes, les animaux, & les plantes, périroient & seroient détruits pour la plus grande partie, étant transplantez dans des Régions excessivement froides? La même chose arriveroit à ceux qui passeroient dans des climats excessivement chauds. Le Createur prévient tous ces maux, qui sans lui seroient inévitables; & quoique les parties du globe de la terre souffrent tant de révolutions, quoiqu'il devienne plus pesant dans un endroit, & plus leger dans un autre, ce qui en altere un peu la structure; cependant malgré tout cela, il conserve toûjours constamment la même obliquité.

Si malgré toutes ces causes, qui semblent devoir produire un effet tout contraire, le globe s'est toûjours conservé dans le même état & la même condition, sans changer du tout; d'où peut venir cela, que de la Providence divine, qui conferve toutes chofes d'une maniere tout-à-fait miraculeufe? Car fi on attribuoit cela à une loi de la nature, à fa propre pefanteur, ou comme quelques-uns fe l'imaginent, à une vertu magnétique : qu'on nous dife comment il arrive que cette loi de la nature foit toûjours invariable dans fes effets, lorfqu'en même tems la terre fur laquelle ces loix agiffent, change de compofition, par rapport à fa legereté & à fa pefanteur, à fa folidité & à fa concavité?

La terre refte au-deffus de l'eau, malgré fa pefanteur.

Voici une chofe qu'un Philofophe ne fçauroit expliquer; il faut lui demander pour quelle raifon la terre étant plus pefante que l'eau, les eaux ne couvrent point la furface de la terre, & ne l'environnent comme l'air, puifqu'il eft hors de doute, que l'un devroit arriver auffi-bien que l'autre, felon les loix de la pefanteur ?

C'eft en vain qu'on allegue, fur-tout à un homme qui ne reconnoît pas ici la main d'un Dieu toutpuiffant, que la mer & les eaux étant renfermées dans les cavitez de la terre, il feroit impoffible qu'une pareille chofe arrivât. Car fuppofé, comme l'expérience des eaux environnées des terres, par exemple celles du lac d'Harlem, l'ont appris à beaucoup de perfonnes à leur propre défavantage, que le choc continuel des vagues abbatit tout avec le tems ; il faudroit néceffairement, felon les apparences, qu'elles détruififfent les bancs & les rivages, & la matiere qui les compofe fe mêleroit avec l'eau ; enfuite la terre étant plus pefante, elle fe précipiteroit au fond, & par là la mer & les autres eaux deviendroient moins profondes de jour en jour ; la terre ceffant de paroître peu à peu, elle fe trouveroit à la fin environnée & couverte d'eau, quoiqu'elle ne fût pas fi profonde que les eaux de la mer le font à préfent : cependant nous voyons le contraire, & la terre refte toûjours feche & habitable, malgré la furie de la mer & des rivieres.

De la Zone torride.

Paffons à quelqu'autre chofe ; on fçait que tous les Geographes divifent la fuperficie de ce globe en cinq Zones ; la premiere s'appelle la Zone torride, c'eft cette partie de la fuperficie de la terre qui s'étend depuis l'Equateur e f, planche XVI. fig. 1. de chaque côté, jufqu'aux tropiques c d.

Que les anciens Geophaphes l'ait regardée comme ftérile & inhabitable à caufe des chaleurs infupportables qui y regnent, c'eft ce qui paroît affez évident par leurs écrits ; & ils n'étoient

pas

LIVRE II. CHAPITRE V.

pas si fort à blâmer, si nous réfléchissons sur la force du Soleil dans les autres parties du monde : ce grand luminaire passant deux fois l'année dans le cercle A y D, appellé l'Eclyptique, il passe directement sur les terres qui sont placées entre les tropiques ab x c d.

Cette opinion très-raisonnable en apparence, a subsisté par tout, jusqu'à ce que l'expérience nous apprenant le contraire, a manifesté dans ces endroits-là, de même qu'ailleurs, la divinité & la sagesse incompréhensible du Créateur, qui a bien voulu prévenir par d'autres voies cette chaleur brûlante, qui, eu égard à la situation de ces Païs, & au cours du Soleil, semble nécessairement devoir y consumer toutes choses.

Pour nous assurer de cette merveille, nous n'avons qu'à prendre pour éxemple l'Isle de Saint Thomas, dont nous avons déja parlé ; cette Isle est située sous la ligne, comme ici dans X, au milieu de la Zone torride ; tous ceux pourtant qui en ont écrit, conviennent unanimement que l'air y est fort sain, & la terre très-fertile : pour s'en convaincre il suffit de lire le petit Atlas de Mercator, ou quelqu'autre livre qui en traite.

Les montagnes rendent la Zone torride habitable.

Peut-on dire que c'est le hazard ou de certaines loix méchaniques de la nature, qui afin que le Soleil ne rendît pas cette Isle inhabitable, ont placé une grande montagne située au milieu & couverte de beaucoup de bois, dont les sommets sont enveloppez d'une si grande quantité de nuages, que les eaux qui en descendent & qui se forment de ces nuages, produisent non-seulement des fruits, mais même des cannes de sucre ; on observe que durant les plus grandes chaleurs cette montagne paroît toûjours couverte d'un nuage : cela vient de ce qu'alors le Soleil attire de la mer une plus grande quantité de vapeurs ; & l'air étant aussi beaucoup plus rarefié par la chaleur, il entraîne les vapeurs de l'eau qui sont mêlées avec lui ; dans les endroits frais de la montagne où il y a de l'ombre, ces vapeurs se pressant mutuellement, augmentent de plus en plus la pesanteur des nuages. Nous avons fait voir ailleurs comment les montagnes concourent à produire ces effets.

Si quelqu'un refusoit de reconnoître dans ces effets la Providence de Dieu, & s'il prétendoit qu'ils ne se trouvent que dans un seul endroit, & qu'ainsi ce peut être l'effet du hazard, il apprendra par la description de Madagascar, dans la Geographie de Robe, &c. qu'il y a aussi des montagnes & des bois au milieu de cette Isle d'où coulent des rivieres de tous côtez, qui tendent le païs, quoique situé dans l'endroit le plus chaud du monde, eu égard au Soleil, aussi fertile que les meilleurs climats de la terre: vous trouverez qu'on a observé la même chose dans plusieurs autres endroits.

Une partie de l'Egypte, comme on sçait, est située sous le tropique a b, on la regarde comme l'endroit le plus chaud, à cause que le Soleil y passe deux fois l'année sur la tête des habitans, de même que dans tous les endroits de la Zone torride; cet astre brûlant reste beaucoup plus de tems sur les Païs des environs du Tropique que sur l'Equateur qu'il passe beaucoup plus vîte; cependant l'Egypte devient un païs des plus fertiles & des plus abondans du monde par l'inondation du Nil. Mais outre l'Egypte, le Païs stérile des Négres, appellé communément la Nigritie, peut nous fournir une preuve. Le Païs qui s'étend depuis le huitiéme jusqu'au vingt-troisiéme degré de latitude, & qui est par conséquent fort voisin du Tropique du Cancer, & dans l'endroit le plus chaud de la Zone, est inondé de la même maniere par le Niger; les eaux laissant tous les ans une espece de limon sur la terre, lequel la rend une des plus fertiles de l'Afrique; voiez là-dessus la Geographie de Robe, de même que celle de Varene, liv. 1. chap. 16. §. 20, où il est fait mention de plusieurs autres rivieres, qui produisent les mêmes effets. Un bon nombre de celles dont ils parlent, & entr'autres le Zaire, se débordent tous les ans, & cette derniere rend le Roiaume de Congo (où la chaleur est insupportable, lorsque l'air est serain) extrêmement fertile en toute sorte d'herbes & de productions qui peuvent servir d'alimens. Si on est surpris de cela, & si on souhaite d'être plus amplement informé de ce qui fait que la terre dans ces climats brûlans produit une si grande abondance de toutes choses, qu'on lise là-dessus la Geographie de M. Robe & celle de Varene, on y trouvera que l'Inde & le Gange se débordent toûjours aux mois Juin, de Juillet & d'Août, arrosent des Roiaumes entiers situez aux environs, & les rendent extrêmement fertiles; pendant les autres mois ils fournissent une quantité suffisante d'eau pour les habitans, dans un tems qu'il ne pleut presque point.

Varene, liv. 2. chap. 26. §. 11, fait encore voir qu'il y a plusieurs endroits dans la Zone torride où il regne des vents frais, & où il tombe des pluies, rafraîchissantes qui tempérent la cha-

LIVRE II. CHAPITRE V.

leur, ce qui est tout-à-fait admirable ; jusques-là même que les saisons semblent changer & devenir tout-à-fait opposées à ce qu'elles devroient être, lorsque le Soleil s'approche ou s'éloigne. Il seroit trop ennuieux, &, selon toutes les apparences, inutile, d'en rechercher toutes les causes.

J'ai encore une chose à demander aux Philosophes, supposé que quelqu'un eût trouvé le moien de tempérer l'air dans une certaine étenduë de terre, de fournir autant d'eau qu'il en faudroit, dans des lieux où par la sécheresse & la stérilité tout seroit péri nécessairement, soit les hommes, les animaux & les plantes qui y seroient, pourroit-on nier que la sagesse de celui qui auroit inventé & fait une pareille chose (sur-tout si les hommes les plus habiles avec tout leur sçavoir & toute leur adresse n'avoient jamais pû en venir à bout) ne mériteroit pas toute sorte de louanges ? Autrement ne pourroit-on pas s'imaginer que les canaux & les aqueducs qui fournissent de l'eau pour arroser les terres dans le Northolland, & pour abreuver les bestiaux, ont été sans le secours & l'adresse des ouvriers ?

Nous voions la même chose, non pas dans des marais, mais dans des Roiaumes d'une vaste étenduë ; ce n'est pas un petit nombre de bestiaux qui est abreuvé d'eau, mais des millions d'hommes, des millions de bêtes sauvages & privées, des millions d'arbres, d'arbrisseaux, de plantes & d'herbes, qui doivent leur vie à l'eau ; sont-ce quelques arpens de terre que l'eau fertilise ? point du tout, c'est le globe terrestre entier ; elle le met en état, par l'abondance de ses productions, de communiquer ses avantages à d'autres peuples. Les écluses ni les digues qu'on est obligé d'entretenir & de réparer tous les ans, ne sont ici d'aucun usage ; il n'y a que des montagnes d'une étendue immense qui servent à ces fonctions, & qui aiant été une fois placées par celui qui dirige toutes choses, subsistent encore aujourd'hui, sans causer la moindre dépense à ceux qui en recueillent les bienfaits ; il y a déja plusieurs milliers d'années qu'elles ont été placées & disposées, pour servir à ce grand usage, sans que pour cela elles aient souffert la moindre diminution. Il n'y a pas ici de canaux artificiels ou des écluses d'une petite étenduë, mais de grandes rivieres & les plus grands fleuves du monde servent à ce dessein.

Comme cet avantage est incomparablement plus grand, de l'aveu de tout le monde, que celui qui résulte de ces lacs avec

X x ij

L'EXISTENCE DE DIEU.

le secours de l'industrie humaine, où sont les raisons que les les Pyrrhoniens peuvent produire pour justifier l'attachement qu'ils ont à leur opinion, soûtenant que dans la maniere dont la nature agit, il n'y a rien de sage?

Des Zones tempérées.
Après la Zone torride a b c d (planche XVI. fig. 1.) il y en a encore deux autres, une d'un côté a b h g, & l'autre de l'autre côté c d k i, qui, eu égard à la chaleur qui y est moindre que dans la Zone froide a b c d, & au froid qui y est moindre que dans les Zones froides g p h & i m k, reçoivent le nom de Zones tempérées.

En prenant p pour le pole du Nord a b g h, est la Zone tempérée du Nord, & c d k i celle du Sud; nous habitons la premiere, elle contient l'Europe, la plus grande partie de l'Asie, & toutes les terres & les mers que nous voyons dans la mappemonde, entre le tropique du cancer a b, & le cercle polaire g h ; la Zone tempérée méridionale c d k i, qu'on peut encore voir ici, est presque couverte de mer.

Des avantages des Païs du Nord.
Il est nécessaire de nous étendre ici un peu plus sur la Zone septentrionale. Tout ce qui est autour de nous, ou bien tout ce que nous avons décrit dans cet ouvrage, ne tend qu'à une chose; je veux dire, à manifester la puissance, la sagesse & la bonté de Dieu, qui brille d'une maniere éclatante dans ce qui compose cet univers : ce qu'il y a de certain, c'est que cette Zone ne cede à aucune autre en rien, elle est fertile, les saisons y sont tempérées, ses habitans très-sçavans & fort industrieux; ainsi il n'y a pas lieu de douter qu'elle ne surpasse de beaucoup tous les autres Païs dans le commerce, dans la navigation, dans l'art militaire, & dans une infinité d'autres sciences.

Mais le plus grand de tous les avantages, & celui qui éleve cette Zone incomparablement au-dessus de toutes les autres parties du globe, c'est la connoissance du vrai Dieu, & du véritable culte qu'on lui doit; puisque ce Soleil brillant n'éclaire plus malheureusement à présent l'Asie, où Dieu avoit jugé à propos (ce qui surpasse toute la reconnoissance humaine) de se révéler, & de communiquer sa sainte parole, & d'en faire passer par leur moien la connoissance aux autres Nations.

Un homme raisonnable croira qu'il n'y a rien de plus impie, rien de plus déraisonnable, que de s'imaginer que le culte de Dieu vient du hazard, ou de l'aveugle nécessité des loix de la nature; ce culte, dis-je, si juste & si raisonnable dans ses principes,

LIVRE II. CHAPITRE V.

digne du vrai Dieu, & qui furpaffe tous les cultes idolâtres.

Si un Philofophe fe donnoit feulement une fois la peine d'éxaminer la fageffe divine qui regne dans le monde, & la connoiffance fondamentale des créatures qui l'habitent; de comparer feulement l'accompliffement de tant de Propheties avec l'Hiftoire; s'il vouloit réfléchir fur la maniere admirable dont la fainte Ecriture s'eft confervée, en dépit de la rage & de la perfécution des Tyrans & des adverfaires qu'elle a trouvez, il ne trouveroit que très-peu de raifons pour faire croire à une perfonne impartiale que c'eft par un pur effet du hazard que Dieu eft adoré dans cette partie du monde, felon le modéle qu'il nous en a donné dans fa fainte parole.

Jamais les incrédules n'ont été plongez dans un plus grand aveuglement, que lorfqu'ils ont attribué l'idée qu'un chacun a de la divinité ou de fon culte au pur hazard ou à la fatalité; quelqu'envie qu'ils aient d'y attribuer toutes chofes, ils fe font vûs obligez d'avoir recours à d'autres faux-fuians, ils ont rapporté l'origine de ce culte à l'art desgrands Politiques,qui tâchent par-là de tenir dans le refpect le peuple &de l'affujétir à leur gouvernement.

La Religion Chrétienne n'eft-pas une Religion politique.

Mais pour revenir à notre fujet, il eft inconteftable que la Zone tempérée du Nord eft habitée par les plus fages & les plus fçavans hommes du monde; la plûpart reconnoiffent un Dieu & un Directeur fuprême de toutes chofes; il eft donc évident que la connoiffance d'un Dieu qui a fait & confervé toutes chofes, eft reçûë & défenduë par les plus fages de tous les peuples. A préfent, fi un malheureux Pyrrhonien, qui prétend encore douter de ces chofes, ne continuë d'affurer d'une maniere orgueilleufe que les plus fages de tous les hommes font des impofteurs, que les moins éclairez fe trouvent tous trompez, & qu'il n'y a que lui feul d'homme fage & équitable; il faut au moins en comparant toutes ces chofes l'une avec l'autre, qu'il trouve qu'il a tout lieu de fe taire; & quelque chofe que fa Philofophie lui ait appris, il doit encore pouffer plus loin fes recherches, & voir fi ce n'eft pas la plus grande des folies de s'imaginer encore qu'il eft le plus fage de tous les hommes; fi les preuves dont on fe fert pour montrer qu'il y a un Dieu, ne font pas plus fortes que celles auxquelles il s'eft attaché jufqu'à préfent: & enfin fi on n'a pas autant de raifon d'inferer des ouvrages de la nature la fageffe du Créateur, que de ceux de l'art l'adreffe d'un habile ouvrier.

350 L'EXISTENCE DE DIEU.

Des Zones froides.

Les deux dernieres Zones, planche XVI. fig. I. font celles qu'on appelle froides ; celle du Sud k m i, eſt ſituée ſous le pole meridional m, & elle paroît encore entierement inconnuë aux Geographes ; & les repréſentations qu'ils en donnent dans leurs cartes, font fort douteuſes, ſoit quant à la mer, ſoit quant à la terre, appellée Auſtrale.

La Zone froide ſeptentrionale g p h, ſur-tout ſi on approche un peu près du pole p, n'offre rien que des déſerts inhabitez, des rochers affreux, & des montagnes de neige & de glace pour la plûpart ; on peut conſulter là-deſſus la Deſcription de la nouvelle Zemble de Spitſberg, & du Groenland.

Il eſt impoſſible d'approcher des poles.

On a de la peine à lire ſans étonnement, ce que Kircher nous dit dans ſon Monde ſoûterrain, & qu'il confirme par une foule de témoignages ; il dit qu'en approchant du pole p, la mer eſt entraînée vers cet endroit-là avec autant de violence, que ſi elle ſe précipitoit, que pluſieurs qui ont eu le malheur de s'engager dans ce courant, ont été engloutis, les hommes, le vaiſſeau, tout, & l'on n'en a jamais rien vû depuis ; & au contraire ceux qui ont tâché d'approcher du pole meridional m, ont trouvé des courans qui s'oppoſoient à leur route avec une force ſi terrible, qu'il étoit impoſſible qu'aucun vaiſſeau ni aucun bateau en approchât.

Pour voir le peu d'eſperance qu'il y a de découvrir & de connoître éxactement les dimenſions des poles, on n'a qu'à lire les Voiageurs qui ont été de ce côté-là. Il eſt certain que du tems de Kepler qui vivoit il y a déja plus de 100 ans, nous ignorions entierement tout ce qui regarde les Zones froides, & nous ne connoiſſions pas ſeulement s'il y avoit de l'eau ou de la terre ſous les poles ; ſon livre intitulé, *Epitome Aſtronom.* pag. 166 & 150, le fait aſſez voir. M. de Stair repréſente auſſi les difficultez Inſurmontables qui empêchent d'y jamais parvenir ; il dit, pag. 487, dans ſa Phyſiologie, que lorſque les Hollandois tenterent de trouver un paſſage par le Nord pour les Indes Orientales, ils furent obligez pour cet effet de faire voile vers le Pole, mais la bouſſole ne marquoit plus rien ; ce qui ſemble avoir ôté toutes les eſperances que l'on avoit d'aller plus loin. Enfin, pour être convaincu que tous les hommes ignorent encore quels ſont les Païs ſituez ſous les Poles, nous n'avons qu'à jetter les yeux ſur le *Coſmotheoros* de M. Huygens, pag. 119, qui aſſure en termes très-clairs la même chose, ajoûtant, afin d'en exprimer la difficulté, pour ne pas dire l'impossibilité; *Oh, si on pouvoit seulement voir ces Régions!*

Mais quand on croiroit qu'à l'avenir on pourra en faire la découverte, cependant on fait voir tous les jours par de nouvelles expériences l'impossibilité de jamais parvenir au dernier degré de latitude terrestre ; les tentations des Pilotes les plus hardis nous en fournissent tous les jours de nouvelles preuves : mais ce qui semble frustrer toutes nos esperances, même pour les siécles futurs, ce sont ces horribles montagnes de glace qu'on trouve tous les ans en allant à Groenlande, & qui, selon toutes les apparences, sont aussi anciennes que le monde, puisqu'il semble que le Soleil n'a jamais eu assez de force pour les fondre ; de sorte qu'elles empêcheront toûjours qu'on n'approche du Pole, & il y a apparence que les mêmes difficultez subsisteront tout autant de tems que la terre gardera sa position.

CHAPITRE VI.

Du Feu.

NOus ne prétendons pas assurer, comme certains Philosophes, que la terre, l'eau & le feu, soient les seuls principes ou élemens de toutes choses, ni limiter la sagesse de la Toute-Puissance à cette quantité, s'il est permis de s'exprimer de la sorte ; cependant on ne sçauroit nier que ces corps ne concourent tous à la composition de plusieurs corps, ainsi nous allons éxaminer le feu ou le dernier élement.

Après que le Soleil & les autres corps célestes ont caché leur lumiere, la terre couverte des nuages ténébreux de la nuit, différe-t-elle d'une horrible caverne obscure, puisqu'alors il n'est point d'homme qui puisse faire un pas ou la moindre chose ? Je pourrois ajoûter que la plus grande partie de la lumiere de ces corps n'est que du feu, ou qu'elle est chargée d'une grande quantité de cet élement. Sans le feu, qui par le moien des chandelles, des lampes, des torches, &c. nous éclaire dans les ténébres, quelle différence y auroit-il entre notre condition & celle de ceux qui sont aveugles la moitié de leur vie ? Sans le feu, il seroit impossible dans beaucoup de Païs de se servir de la plûpart des productions de la terre, qui servent aux hommes d'aliment, de rafraîchissement, & de mets exquis; il seroit impossible de les mâcher, & d'en faire la digestion : & tous ceux qui connoissent la maniere de vivre & de préparer les alimens dans ces Païs-là, doivent être convaincus que ni le pain, ni la viande, ni la plûpart des fruits de la terre ou des arbres, ne seroient pas d'un grand usage sans le feu, qu'ils seroient mal-sains, cruds, & qu'ils ne nourriroient peut-être pas du tout.

En hyver, la violence du froid, si le feu ne servoit à la modérer, ne feroit-elle pas périr des Nations entieres ? combien ne verroit-on pas de femmes & d'enfans, qui ne sont pas capables de s'échauffer par des mouvemens violens, se géler & mourir de froid ?

S'il n'y avoit point de métaux pour l'usage du genre humain, pour ne rien dire de l'or ni de l'argent qu'on peut ménager plus aisément qu'aucun autre, sur-tout s'il n'y avoit point de fer qui nous fournit tant d'instrumens pour une infinité d'usages, pour labourer, pour bâtir, en un mot pour tous les arts; il est aisé de s'imaginer dans quels inconveniens le genre humain se trouveroit réduit : d'ailleurs quand même le fer & les autres métaux seroient infiniment plus abondans qu'ils ne sont à présent, on sçait assez que sans le feu on ne sçauroit s'en servir, & qu'il seroit impossible de les fondre, & de les séparer des mines.

Je veux seulement qu'un incrédule se représente dans quel état seroit le monde, si les hommes se trouvoient dans l'obscurité, & sans chaleur dans le froid, sans pouvoir préparer les alimens, sans toutes les commoditez que les métaux & principalement le feu leur fournissent; alors si quelqu'un disoit qu'il a découvert une matiere par laquelle on peut suppléer à tous ces besoins, & rendre le monde plus heureux en tant de manieres, n'avoueroit-il pas que l'inventeur de cette matiere seroit un homme très-sage ? Or puisqu'un Etre infiniment au-dessus de l'homme fait la même chose, mais d'une maniere bien plus sublime & plus merveilleuse, pourquoi refuseroit-il de reconnoître la sagesse de cet Etre ?

<small>On est encore incertain sur la nature du feu.</small> Parmi les Sçavans qui s'appliquent à la recherche des secrets de la Nature, il y en a toûjours eu qui ont tâché de découvrir ce que c'est que le feu, & quelles sont ses proprietez; &, selon les

LIVRE II. CHAPITRE VI.

les apparences nous avons sujet de croire que M. de Stair, qui en quelque façon a examiné toutes les opinions, a mieux rencontré que personne, lorsqu'il a dit, *Explor. VI. §. 1.* Il n'y a rien dans la nature de si commun, & rien de moins intelligible que la nature du feu.

Il y a présentement deux opinions en vogue ; ceux qui les soûtiennent les défendent par beaucoup de raisons ; la premiere est, que toutes les particules de matiere de quelque nature qu'elles soient, peuvent se changer en feu, pourvû seulement qu'elles puissent recevoir assez de mouvement, ou être divisées en des particules assez petites. *Premiere notion du feu.*

Sçavoir si ce mouvement est occasionné par le fluide ignée, que les sectateurs du fameux M. Descartes appellent premier principe, ou par quelqu'autre chose, c'est ce que nous n'examinerons point ici.

La seconde opinion est celle de certains Philosophes, qui soûtiennent que le feu est un fluide particulier, comme l'eau, l'air, qui de même que ceux-ci, s'attache à plusieurs corps, & fournit quelque chose à leur composition. *Seconde notion du feu ; le feu semble être une matiere particuliere.*

Notre dessein n'est pas de rechercher ici, comme quelques-uns ont fait, de quelle figure sont les particules du feu ; parce qu'il n'est pas aisé de le sçavoir, & que nous ignorons si les Chymistes ont mieux rencontré, quelques-uns d'eux veulent que l'essence du feu consiste dans le souphre, & d'autres dans un acide. Nous nous contenterons de produire les raisons pourquoi il paroît croiable, que le feu a & conserve toûjours sa propre essence & sa figure, ne cessant jamais d'être feu, quoiqu'il ne brûle pas toûjours.

La premiere qu'on peut alleguer, est celle-ci, c'est que toutes les matieres ne sont pas combustibles *Premiere raison qu'on allegue en faveur de cette opinion.*

D'où vient que le bois & la tourbe brûlent, & que les cendres qui s'en forment ne sçauroient brûler, si ce n'est de ce que les particules du feu, qui étoient auparavant dans le bois & dans la tourbe, s'échappent en brûlant, & laissent les cendres qui en sont privées, ce qui les rend incapables de brûler ?

Je sçais fort bien, que ceux qui sont dans la premiere opinion, répondront à ceci, que les cendres & les autres corps, comme l'alum de plume, &c. qui ne sçauroient brûler au feu, ont des parties trop grosses & trop pesantes pour être mises en mouvement par la matiere subtile : Mais si cela étoit vrai, il faudroit

Y y

selon les apparences, que les particules les plus petites & les plus legeres, fussent; sans aucune différence, les plus propres & les mieux disposées pour produire du feu; mais pour ne pas dire que l'eau devroit brûler, du moins beaucoup mieux que l'huile de canelle, de cloux de jerofle, &c. qui étant plus pesante que l'eau, se précipite dans ce liquide, pourquoi les sels volatils ne brûlent-ils point, eux, qui sont si propres à être mis en mouvement, que la moindre chaleur les fait évaporer; leurs parties sont d'ailleurs si subtiles, qu'on ne sçauroit jamais assez bien boucher une bouteille pour les conserver? Et afin qu'on ne puisse pas nous opposer aucune autre objection, au sujet de leurs parties, on sçait que ces sels sont si violens & si pénétrans, qu'étant dissouts dans de l'eau, ils détruisent les métaux les plus durs, comme le cuivre, & le changent en une matiere liquide. Si quelqu'un a envie d'en faire l'essai, il n'a qu'à mettre un liard dans l'esprit de sel ammoniac, il se dissoudra entierement.

Seconde raison, avec une expérience.

En second lieu, s'il ne falloit qu'un mouvement très-rapide pour réduire tous les corps en feu, & s'il ne falloit pas pour cet effet une certaine matiere particuliere; d'où vient que l'eau dont on augmente l'agitation en soufflant, devient plus froide au lieu de s'échauffer? Et cependant l'air est si nécessaire pour le feu, que sans lui il s'éteindroit entierement.

La vérité de ce fait est même connue du peuple, qui pour cette raison couvre le feu, ou le renferme dans des chauffoirs.

Afin de faire voir que le feu s'éteint véritablement par le défaut d'air, & non à cause de l'obstacle que la fumée trouve pour monter, ce qui le suffoque; qu'on fasse un tube de papier, (planche XVI. fig. 2.) ABCD, dont la cavité soit un peu plus grande que la grosseur de la chandelle GH; on le mettra ensuite tout d'un coup sur la chandelle toute allumée; s'il reste dessous dans CD quelque ouverture entre la chandelle & le tube de papier, qui permette à l'air d'y entrer librement, la chandelle continuera de brûler toûjours; mais si on presse le papier dans EF, jusqu'à boucher le passage de l'air, la chandelle s'éteindra à l'instant, quoique le tube ait resté ouvert dans AB durant tout le tems, & que la fumée ait eû la sortie libre. *Voiez cette expérience dans les Ouvrages du Professeur Sanguerd de Leyde.*

Troisiéme raison, avec une expérience.

En troisiéme lieu, nous voions que toutes les parties de l'air en general, ne font pas propres à entretenir le feu ou la flamme, mais qu'il n'y a que certaines parties qui soient propres à cela; d'où il s'enfuit, felon les apparences, que nous devons nous former une idée plus limitée du feu, que celle de ceux qui croient qu'il n'eft que le mouvement rapide ou vertiqueux de certaines parties ; il eft très-probable, que le feu étant entretenu par certaines parties, eft compofé d'une efpece particuliere de particules, & qu'il eft par conféquent d'une nature toute particuliere : Pour cet effet, on n'a qu'à faire l'expérience fuivante.

Nous prifmes une bouteille à huit angles A D E (planche XVI. fig. 3.) après en avoir ôté le fond, & avoir mis une chandelle fur un morceau de planche, nous couvrifmes la chandelle avec la bouteille ; les bords du morceau de planche D & E fortoient hors du verre; afin qu'elle n'entrât point dans le creux de la bouteille lorfqu'on l'auroit plongée dans l'eau jufques dans B C; & nous obfervâmes,

I. Que la chandelle étant allumée, continuoit de brûler dans une lanterne durant tout le tems que l'air pouvoit y entrer, par plufieurs petits trous, qu'il trouvoit entre la planche D E & le verre.

II. Mais en mettant la bouteille dans l'eau à la profondeur B C, ce qui fermoit tous les paffages de l'air, la chandelle ne continuoit de brûler que 20 fecondes, après quoi elle s'éteignoit ; parce que la chaleur de la chandelle chaffant l'air par l'orifice A, la flamme étoit privée de ce qui fervoit à l'entretenir.

III. Aiant mis le tube d'étain courbe H K F, qui n'étoit pas fort gros dans la Bouteille, il fembla d'abord qu'il y entroit de l'air nouveau que la chandelle y attiroit ; cependant nous obfervâmes, qu'après avoir brûlé entre 21 & 22 fecondes, elle s'éteignit.

IV. Pour voir donc fi tout ceci n'arrivoit pas faute d'air, qui à mefure qu'il étoit chaffé par l'orifice A, pouvoit en même tems entrer par l'orifice du tube F K H, d'abord qu'il y étoit affez rarefié par la chaleur de la chandelle, nous prifmes un foufflet L H, & nous foufflâmes fans difcontinuer dans le tube, pour y faire paffer de l'air frais, qui de-là paffoit dans la bouteille ; nous obfervâmes que la chandelle brûloit de même qu'auparavant, pendant tout le tems qu'on foufloit.

V. Mais ce qui eft très-remarquable, c'eft, que lorfqu'au lieu de nous servir du soufflet, nous soufflâmes dans le tube avec la bouche l'air qui avoit déja resté quelque tems dans les poulmons, nous trouvâmes que la chandelle ne brûloit plus qu'environ 10 secondes, & qu'ainsi elle ne brûloit pas si long-tems que lorsqu'elle ne recevoit pas d'air frais ; ce qui marque clairement, que l'air perd dans les poulmons la proprieté qu'il a d'entretenir la flamme, il semble par-là que pour la flamme & la respiration il faut nécessairement la même espéce d'air.

VI. Voici ce qui confirme encore la même chose, lorsque nous ne permettions point à l'air d'aller plus avant que dans la bouche, sans descendre dans les poulmons, & qu'en soufflant vîte & à plusieurs reprises, nous le poussions dans le tube, la chandelle continuoit de brûler, quoique la flamme n'en fût pas si claire que lorsque nous nous servions du soufflet, qui fournissoit un air plus frais & en plus grande quantité.

VII. Nous mismes un morceau de bougie à la place de la chandelle, & nous observâmes, qu'en laissant le tube courbe ouvert dans la bouteille, la bougie continua de brûler 170 secondes.

De tout cela on peut inférer, selon toutes les apparences, que l'air en general, est non seulement nécessaire pour le feu, mais qu'il a de certaines parties qui sont les seules propres à cet usage ; & qu'ainsi s'il n'est pas aisé de le prouver, il est du moins très-probable que le feu est aussi une substance ou une matiere particuliere. En effet, s'il n'avoit fallu que cet élement ou cette matiere subtile, que quelques Philosophes ont supposé, avec quelques autres particules grossieres, de quelque nature qu'on voudra ; ensorte que cette matiere ne fist que les tenir en mouvement, il semble que ni l'un ni l'autre ne manquoit pas ici, même dans le tems que la chandelle cessoit de brûler ; & selon ces Philosophes, l'autre matiere subtile pouvoit entrer & aller vers la flamme à travers les pores du verre, plus facilement qu'à travers l'air. Est-ce donc par un pur hazard, que dans le tems que le feu a besoin de recevoir continuellement de certaines particules de l'air, ces mêmes particules sont toûjours prêtes & ont une certaine proprieté qui les rend propres à nourrir & à entretenir presque toute sorte de feux ? D'où vient donc qu'on n'ose pas aussi soûtenir, que les dents & les rais d'une roue, une montre, un moulin, les gardes d'une serrure, ne sont pas l'ouvrage d'un habile ouvrier, puisque les usages auxquels ces cho-

LIVRE II. CHAPITRE VI.

ses servent, sont infiniment au-dessous des grands avantages que le genre humain reçoit du rapport qu'il y a entre l'air & le feu?

En quatriéme lieu, si nous pouvons faire voir par des expériences, que ce que nous découvrons en examinant le feu, ressemble beaucoup aux effets de l'eau & de l'air, par rapport aux matieres que ces deux élemens liquides peuvent dissoudre ; cela nous prouvera encore, que les Philosophes qui approchent le plus de la vérité, ce sont ceux qui soûtiennent que le feu est une matiere particuliere ou un menstrue, selon la maniere de s'exprimer des Chymistes ; ce menstrue est capable de diviser ou de séparer un grand nombre ou presque tous les corps que nous connoissons ; il agit de la même maniere que l'eau agit sur le sel, & l'eau-forte sur le fer. De sorte qu'il y a certains corps qu'on ne sçauroit brûler qu'en les fondant ou en agitant leurs parties dans la flamme. Ainsi, s'il y a beaucoup de particules de feu dans ces corps, comme dans le bois, la tourbe, &c. elles aident à augmenter la flamme lorsqu'elles viennent à s'échapper ou à se mettre en liberté dans le tems que la matiere brûle, comme le bois, &c. Et lorsqu'il n'y en a pas, ou bien lorsqu'elles ne sçauroient être développées, la flamme n'augmente point, & ces corps ne font que se fondre & devenir fluides ; c'est ce que nous voyons dans les cendres & les métaux fondus au feu, qui ne brûlent point, & qui se changent en verre. Et de même que les autres menstrues ou dissolvans ne peuvent pas dissoudre entierement certains corps, si ce n'est avec beaucoup de tems, le feu en trouve aussi, quoiqu'en petit-nombre, qui peuvent résister à sa force pendant très-long-tems.

Quatriéme raison, avec des expériences.

Ceux qui souhaitent de voir quelques exemples de ces effets du feu, n'ont qu'à consulter les écrits des Chymistes ; & pour leur en éviter la peine, nous en rapporterons ici quelques-uns.

Tout le monde sçait, que si on met du sel de tartre & de l'antimoine broié dans de l'eau tout ensemble, le sel s'attachera avec l'antimoine en peu de tems, s'unira dans ce dissolvant avec son souphre ; (terme dont les Chymistes veulent bien se servir). Nous trouvons aussi que le sel de tartre s'unit avec le souphre d'antimoine, lorsqu'il est dissout par le feu, comme il avoit fait auparavant en partie dans de l'eau. Or les Chymistes sçavent, qu'en choisissant pour dissolvant, soit du feu, soit de l'eau, il résultera un mélange qui aura les mêmes proprietez de ce sel & de l'antimoine, & on aura la satisfaction de voir la même chose, en y mettant du vinaigre dans tous les deux.

Nous voions encore que le feu & l'eau produisent les mêmes effets dans d'autres opérations de Chymie, comme dans les coagulations que les Chymistes appellent Précipitations ; nous en avons un exemple dans le régule d'antimoine, qui étant mêlé avec son souphre dans l'antimoine, par le moyen du sel de tartre qui s'unit avec ce même souphre ; s'en sépare par le feu, & se précipite au fond de la même maniere que l'acier uni avec le souphre de couperose, lorsque le dernier se dissout dans de l'eau.

On observe aussi, que la flamme d'une chandelle est toûjours bleue & transparente à la base, mais beaucoup plus blanche à la pointe ; parce que dans la base elle est beaucoup plus remplie de particules, de cotton & de suif, ce qui la rend épaisse ; de même précisément que lorsqu'on mêle une matiere épaisse avec de l'eau qui sera plus claire, lorsqu'il n'y aura qu'une petite quantité de cette matiere, & plus trouble & plus épaisse lorsqu'il y en aura beaucoup, la même chose arrive aussi lorsqu'on allume une alumette trempée dans du souphre, la flamme qui s'en forme paroît bleue & transparente au commencement ; mais d'abord que le bois commence à brûler, la confusion où sont les parties des deux substances, la rend d'abord plus épaisse & plus blanche.

On pourroit alléguer une infinité d'éxemples de même nature, pour faire voir que le feu & la flamme produisent les mêmes effets que les autres menstrues ; c'est une chose qu'on peut encore observer dans la tourbe, & dans beaucoup d'autres matieres combustibles. Le cuivre rend la flamme de couleur bleue ou verdâtre, de même que les autres menstrues ; & c'est sur ce principe que l'on se fonde lorsqu'on veut faire paroître différentes couleurs dans les feux d'artifice. Ceci semble encore confirmer ce que nous avons dit plus haut ; sçavoir, qu'on doit regarder le feu comme un fluide composé d'une certaine espece de particules, comme les autres fluides.

Cinquiéme raison avec plusieurs expériences.

En cinquiéme lieu, si jusqu'à présent l'on a crû avoir raisonné juste, lorsqu'on a dit, que l'air est un fluide particulier, composé d'une certaine espece de particules, uniquement à cause qu'il a du ressort, tandis que certains Philosophes de ce tems

LIVRE II. CHAPITRE VI. 359

soûtiennent que ce n'est autre chose qu'un amas de toute sorte de particules ; pourquoi les mêmes raisons ne suffiroient-elles pas pour assurer la même chose du feu, puisque ces parties mises en mouvement, se dilatent avec beaucoup plus de force que celles de l'air? On peut voir dans le traité de l'Eau un exemple de la dilatation du feu mêlé avec de l'eau. Mais les mines, les mortiers, les canons & les autres pieces d'artillerie nous fournissent une preuve plus commune de l'élasticité prodigieuse du feu, & de la force qu'il a de se rarefier ; les murailles & les boulevars qu'on fait sauter en l'air avec une vîtesse incroiable, & la vélocité inconcevable des boulets, nous donnent une idée assez juste de force prodigieuse, & de la rarefaction du feu ; car on sçait à présent, que ces effets (qui paroissent à peine croiables à ceux qui ne les ont jamais vûs) dépendent uniquement de l'élasticité de ce fluide.

Je fus surpris, en lisant l'expérience de M. de Stair ; & ce qui m'a empêché de la faire, c'est que les verres qui appartiennent à la machine pneumatique, & dont on a besoin pour cette expérience, ne se trouvent pas aisément dans cet endroit ; il dit dans sa Physiologie, *Explor.* XXI. §. 121. qu'en faisant une expérience sur du plomb rouge dans un récipient de verre, d'où l'air avoit été pompé, avec les raions du Soleil réunis dans un verre ardent, le vaisseau de verre dans lequel le plomb rouge étoit contenu, se mit en pieces avec un grand bruit. Un homme qui sçait premierement, que le plomb rouge n'est que les cendres du plomb ordinaire brûlé, qui a souffert long-tems une flamme continuelle ; & en second lieu, que les cendres de plomb deviennent plus pésantes par l'action de la flamme, & qu'ainsi elles se chargent d'une grande quantité de particules ignées qui s'y joignent, puisqu'on retire une plus grande quantité de plomb rouge qu'on n'avoit mis de plomb commun dans le feu ; un homme, dis-je, qui aura observé tout cela, peut-il croire autre chose, sinon, que les particules ignées étant excitées & mises en mouvement par le feu du verre ardent, elles se dilatent & font casser le verre? Il semble que de cette expérience, dans laquelle ne restoit plus d'air dans le récipient de verre, & de la première qu'on fait avec de l'eau, on pourroit inferer qu'il n'étoit pas toûjours nécessaire d'appeler à notre secours la force de l'air, qui se trouve alors dans les mines ou les canons, afin de comprendre la force & la rarefaction prodigieuse de la

poudre à canon allumée puisqu'il semble qu'il faut tout attribuer aux particules de feu.

Les expériences que M. Newton a ajoûté à son Traité d'Optique, p. 354. semblent confirmer la même chose ; il y est dit, qu'après qu'il eût tiré un esprit de l'huile de couperose & du salpêtre, & qu'il eut versé la huitiéme partie d'une once de cet esprit sur la moitié autant d'huile de carvi, dans un lieu d'où l'air étoit pompé, le mêlange prit d'abord feu & rompit en pieces un vaisseau de verre qui le contenoit, & qui avoit six pouces de largeur & huit de hauteur, la chose se passa de même que si on eût allumé de la poudre à canon. On ne sçauroit en aucune façon attribuer ceci à l'air, parce qu'il n'y en avoit point dans le vaisseau ; il faut donc absolument conclure, que c'est la rarefaction du feu qui en est la cause.

Sixiéme raison, avec une expérience.

Il paroît par ce que nous venons de dire sur le plomb rouge, qu'on pourroit inferer, que de même que l'air & l'eau s'unissent & se joignent à la matiere qui compose les plantes & les animaux, & aident à la composition de leurs corps, les particules ignées étant concentrées entrent dans la structure & la composition de beaucoup de choses, sans brûler actuellement, de même que l'eau peut être dans les cornes, les os & le bois, sans rendre ces corps humides pour l'eau : les Chymistes, qui ont souvent distillé de ces substances, sans y mêler aucun liquide, peuvent nous assurer qu'il y en a beaucoup.

Ceux qui ont vû avec quelle facilité certaines matieres brûlent, & qu'il ne faut que la moindre étincelle de feu pour les enflammer & les consumer presque dans un instant, n'insisteront peut-être pas sur de nouvelles preuves, pour être convaincus que le bois, la tourbe, les os, l'huile & la poudre à canon, sont des matieres extrémement remplies de particules de feu, qui d'abord qu'elles sont allumées agissent toutes, tandis que sans cela elles restent en repos & ne sont pas agitées.

Mais pour prouver encore d'une maniere plus évidente que le feu peut contribuer à la formation des corps solides, voici une chose que les Naturalistes ont observé ; c'est que dans le siécle precédent on découvrit une certaine matiere, à laquelle on donne le nom de Phosphore ; cette matiere paroit extérieurement un corps solide & dur ; mais si on la met dans de l'eau chaude, elle prend la forme qu'on veut, & la retient après qu'elle est refroidie ; de sorte que ceux qui en font, se servent de cette

méthode

LIVRE II. CHAPITRE VI.

méthode pour en former une grande quantité de petites boules, qui est souvent la forme qu'elle a, en se ramassant dans un gros morceau. Que cette matiere soit composée de feu, la plus grande partie, pour ne pas dire toute, c'est une chose évidente, parce que si vous la laissez plusieurs années de suite dans de l'eau froide, elle ne brûlera plus; j'en ai une grande quantité dans mon cabinet que j'ai laissée dans de l'eau froide pendant plus de dix ans; mais si on la retire de l'eau, la chaleur de la main suffit pour la rendre lumineuse dans un instant; elle s'enflamme, sans brûler; & si vous en mettez un petit morceau sur votre main, elle formera une petite flamme, mais qui ne brûle point: mais si vous augmentez un peu plus la chaleur du phosphore, elle deviendra bien-tôt sensible, elle se convertira en feu, & elle se consumera sans qu'il soit possible de l'éteindre, & il ne restera qu'un peu de liqueur aigre, au rapport de quelques-uns. Je n'en ai jamais brûlé beaucoup; mais j'ai trouvé par expérience que la chaleur du Soleil l'allume, & que quand on le frotte un peu fortement sur un morceau de drap, il prend feu; de même que lorsqu'on s'en frotte le visage, il reluit dans l'obscurité, & si on continuë à s'en frotter jusqu'à exciter une espece de sueur, le feu se met aux cheveux: mais nous parlerons dans la suite plus au long de ce phosphore.

Outre cela, le feu s'unit & s'incorpore dans plusieurs matieres, les expériences de M. Boyle le prouvent suffisamment, & beaucoup de gens assurent que les raions du Soleil ramassez avec un verre ardent, augmentent le poids de l'antimoine, lorsqu'on l'expose à l'endroit de la réunion de ces raions.

Si après des recherches éxactes on a observé que le feu de même que l'eau, l'air & la terre, entre dans la composition de tous les animaux & des plantes, quelle raison peut-on alléguer, pour regarder les trois derniers pour des corps particuliers, & non pas le premier? Nous ne parlerons pas des autres proprietez du feu, puisque celle-ci paroît suffisante pour prouver que c'est une matiere toute particuliere, du moins cela paroît fort probable.

Or quelle que soit la nature du feu, pourra-t-on jamais s'imaginer qu'un élement aussi utile que celui-là se trouve dans le monde par un pur hazard, & sans aucun dessein? La beauté en est si grande, que tandis qu'un habile Peintre peut imiter les couleurs de toutes choses, le feu est la seule qu'il ne sçauroit représenter; les avantages qu'on en retire en sont si universels, que sans lui le monde seroit privé de toute chaleur & de lumiere; la terre ne seroit plus fertile, ce ne seroit qu'une habitation solitaire & affreuse pour ceux qui l'habitent : on peut même dire qu'il n'est presque rien dont la préparation ne se fasse avec le feu. Je ne dirai rien de ce curieux usage qui a fait que ceux qui s'appliquent à la recherche de la Nature, en ont fait une des principales clefs, pour pénétrer jusques dans les secrets les plus cachez de la Nature. Enfin si c'est le hazard qui a fait le feu, comment tout homme qui croit une pareille chose, peut-il se délivrer des justes appréhensions où il doit être, que par le même hazard, ou par le concours inévitable de certaines causes aveugles, mais nécessaires, le monde ne se trouve demain, ou peut-être plûtôt, privé de feu, & lui-même condamné à vivre dans une obscurité continuelle, réduit à une condition des plus tristes?

De la grande quantité de feu qu'il y a dans le monde. On doit reconnoître par ce que nous venons de dire, qu'à peine il y a une seule créature qui puisse subsister sans l'usage du feu; on n'a qu'à observer la grande quantité qu'il s'en trouve par tout; & comment étant répandu dans presque toutes les matieres, il s'offre, pour ainsi dire, de lui-même pour l'avantage de tous les hommes, & se trouve prêt sans qu'on soit presque obligé de prendre aucune peine.

Pour faire voir que ceci est vrai, il n'est pas nécessaire de chercher des démonstrations, ni une longue suite de preuves tirées d'une Philosophie profonde; nous sçavons assez qu'on en trouve generalement dans tous les endroits, dans presque toutes les plantes, principalement dans les plantes ligneuses qui composent les forêts, dans la plûpart des animaux, dans leurs os, dans leur chair, dans leur sang, matieres qui sont toutes combustibles lorsqu'elles sont séches; on en trouve enfin dans les mineraux, dans les terres marécageuses, dans le charbon, dans le soulphre, dans le salpêtre, même dans la pierre; qui sont des choses dont les hommes ont accoûtumé de se servir en tant de manieres, ou pour leurs propres plaisirs, ou pour leurs besoins.

De la sagesse de celui qui retient la puissance du feu. Si tout cela ne suffit pas pour porter un incrédule endurci à reconnoître la sagesse & le but du Créateur, lorsqu'il a fait le feu, qu'il contemple la vaste quantité qu'il s'en trouve dans l'univers, & la force terrible de ce fluide; & qu'il nous dise après

LIVRE II. CHAPITRE VI.

cela, si dans ces objets il ne sçauroit découvrir la sagesse & la puissance de celui qui conserve la terre, & empêche que le feu ne la détruise; puisqu'une matiere si violente & si furieuse qui anime toutes choses, se trouve retenuë & bridée d'une maniere si merveilleuse, sans qu'elle consume ou détruise rien, quoique cependant elle s'offre par tout, & se trouve à notre disposition pour tous nos besoins.

Que ce n'est pas là une vaine imagination, cela est aussi clair que le jour, parce que la quantité de feu qui se trouve dans le monde, ne suffit pas seulement pour toutes les vûës du Créateur, mais elle est même si grande, que personne n'y sçauroit penser sans horreur, s'il n'étoit assuré qu'il y a un Etre qui gouverne toutes choses, & dont la puissance retient ce fluide.

D'ailleurs, si nous jettons les yeux sur la terre, comment ne serons-nous pas allarmez, lorsque nous trouvons tant d'endroits pleins de feux. L'expérience nous a souvent appris que dans la Hollande, païs plein d'eau, & même dans les lieux marécageux & les marais desséchez, que les vapeurs qui s'élevent des réservoirs & des puits des païsans, s'étant enflammées par accident à la flamme de la chandelle; ont consumé les hommes & les maisons.

Relation du feu de la terre.

Mais pour nous convaincre encore mieux du danger où se trouve toute la structure du globe, selon toutes les apparences, à cause de la quantité de feu qu'elle renferme dans ses entrailles, nous n'avons qu'à consulter l'Histoire au sujet du nombre des cavernes soûterraines pleines de feu & de montagnes, lesquelles vomissent des flammes où l'on voit une espece de poudre à canon qui est naturelle, & qui, si elle n'est pas plus violente, produit souvent des effets aussi funestes que terribles. De quelle autre cause procédent ces horribles éruptions de feu du fameux mont Gibel en Sicile; la force de ce feu est si violente, qu'on a vû des pierres de 300 livres de poids qui ont été jettées à plusieurs milles de distance; il s'est élevé des torrens de feu, qui ont consumé tout ce qui étoit dans le voisinage? L'an 1557 ce feu occasionna un tremblement de terre dans toute l'Isle, & ruina beaucoup d'édifices; durant ce tems-là on entendit des bruits semblables à des coups de canon, la terre s'entr'ouvrit; & il sortit une si grande quantité de feu à travers ces ouvertures, que tout fut détruit à cinq lieuës tout autour de cette montagne: cette montagne ardente, selon la relation de Borelli, a une base de

Zz ij

cent lieuës ou environ de circonference, & on pourroit faire un livre sur les funestes effets qu'elle a produits.

S'il n'y avoit que ce seul endroit au monde où une chose de cette nature se rencontrât, un Pyrrhonien auroit pû se tranquiliser, en se disant que c'est un évenement extraordinaire, & qu'il n'y a aucun danger pour le globe terrestre; mais il aura sujet de n'être pas si content ou si tranquille, lorsqu'il trouvera dans les Relations de tous les Geographes, qu'il y a des montagnes qui vomissent des flammes dans tous les coins du monde.

Le mont Vesuve situé à une petite distance de Naples, est à présent un volcan, ou une montagne qui jette du feu, & il y a déja plusieurs siécles qu'il en vomit; il y en a encore un autre dans l'Islande, c'est le mont Hecla, qui ne fait pas moins de ravage que le mont Etna, car il vomit des pierres d'une grosseur prodigieuse avec des bruits terribles.

Dans l'Isle de Java, assez près de la Ville de Panacura, il y a une montagne qui se rompit l'an 1586 pour la premiere fois, & elle vomit une si grande quantité de soulphre enflammé, qu'il y eut plus de 10000 personnes qui furent étouffées ou brûlées dans le païs des environs; & elle jettoit des rochers entiers jusques dans la Ville, la fumée étoit si terrible, qu'elle couvroit le Soleil, & le jour fut presque converti en nuit.

Le mont Jonnapi, dans une des Isles de Buada; lequel a jetté des flammes pendant 17 ans, se rompit & se sépara du reste avec un terrible fracas dans le mois d'Avril de la même année 1586, il vomissoit une horrible quantité de matiere enflammée, & de grosses pierres chaudes & rouges de la longueur d'une brasse, on trouvoit ces pierres dans la mer, sans compter un nombre prodigieux d'autre pierres encore plus petites, qui rendirent en quelque façon la mer impraticable aux vaisseaux; les poissons furent suffoquez, & on vit bouillir les eaux comme si elles eussent été dans un chaudron sur le feu.

Il y a aussi une autre montagne semblable au mont Etna, dans Sumatra, qui jette de la fumée & des flammes comme le mont Etna.

Dans les Isles Moluques la terre vomit du feu en plusieurs endroits, & souvent avec des bruits effroiables; cela arrive surtout dans une montagne qu'il y a dans Ternate.

LIVRE II. CHAPITRE VI.

Dans une des Isles qui appartiennent aux Morès, & qui est située à 60 lieuës des Moluques, il y arrive très-souvent des tremblemens de terre, & la terre vomit du feu & des cendres; ces feux soûterrains sont si violens, qu'ils font sauter en l'air des pierres embrasées qui ressemblent à des arbres; le rocher même brûle & se consume, tandis que dans la montagne qui est toute enflammée, on entend des mugissemens accompagnez d'un bruit terrible, comme s'il y avoit un tonnerre continuel, ou qu'on y tirât des coups de canon.

Dans le Japon, & les Isles du voisinage, il y a une grande montagne qui brûle avec plusieurs autres plus petites.

Dans Tandaye, l'une des Philippines, on y trouve plusieurs petites montagnes qui jettent des flammes; il y en a une à Marindica, qui est une Isle qui n'en est pas fort éloignée.

On en trouve aussi dans l'Amerique Septentrionale, dans la Province de Nicaragua, de même que dans le Perou parmi les montagnes qui composent cette longue chaîne de montagnes qu'on appelle *Cordilleras*. Auprès de la Ville d'Arequipa, il y a une montagne qui vomit des flammes continuellement; ce qui met les habitans dans une appréhension continuelle; ils craignent qu'un jour elle ne vienne à crever & n'engloutisse la Ville. Il y en a encore une près de la vallée de Mullahallo; le feu la fit crever, elle jetta de grosses pierres; les crévasses, & les bruits terribles qu'on entendoit, causa des fraieurs terribles, même à des personnes qui en étoient fort éloignées.

Il y a aussi plusieurs montagnes enflammées dans le district qui est situé à l'Orient de la riviere de Jeniscey, dans le Païs des Tongesi, à quelques journées du fleuve Oby, selon les relations des Moscovites; de même qu'auprès d'un endroit appelé *Besida*.

Ceux qui souhaitent d'être plus amplement instruits de ces volcans, & des autres endroits de la terre, où l'on a vû dans ces derniers tems sortir des feux de la terre & des montagnes, peuvent consulter les Cosmographes & les Geographes, comme Varéne, &c.

L'histoire qu'on rapporte sur ce sujet dans l'Histoire de l'Academie Roiale des Sciences pour l'année 1708, est très-remarquable. Auprès de l'Isle de Santorin, en 1707, il s'éleva du fond de la mer une nouvelle Isle; vers la fin d'Août, les feux soûterrains qui d'abord firent des bruits terribles, sortirent à la fin, &

le bruit qu'ils faisoient étoit si violent, qu'il sembloit qu'on déchargeât tout à la fois six ou sept grosses piéces de canon, ils faisoient continuellement de nouvelles fentes & des crévasses, d'où il sortoit quelquefois une si grande quantité de cendres, & tant de petites pierres embrasées, qu'à la fin il s'en forma une Isle auprès de celle de Santorin, où il en tombe souvent, qui la font paroître comme si elle étoit toute en feu : outre cela on vit souvent en l'air des piéces de rocher enflammé d'une grosseur énorme, qui ressembloient à des bombes & à des carcasses, & elles étoient lancées avec tant de violence, qu'elles alloient à sept mille de l'endroit avant de s'enfoncer dans la mer; on peut lire dans le même endroit les autres circonstances affreuses qui accompagnerent cet évenement.

Il y a du feu dans l'air, avec une expérience.

Si du feu de la terre nous passons à celui de l'air, le plus obstiné Incrédule ne sera-t-il pas contraint d'avouer que cet élement en est aussi tout rempli ? Pour être convaincu de cela, il suffit qu'il ait vû les troubles & les incendies que la foudre & les éclairs causent avec leurs plus terribles effets : mais supposons que le tems soit beau & calme, & l'air serein, avec tout cela peut-il réfléchir, sans trembler, sur la grande quantité de feu qui l'environne ? sur-tout s'il a jamais eu l'occasion d'observer de grands verres-ardens, qui en ramassant seulement les raions du Soleil dans le foyer, concentrent le feu par cette réunion, qui, à ce qu'on prétend, n'étoit pas inconnue à *Archimede*, ils peuvent allumer un feu si violent, que dans quelques minutes il fait ce que nos plus grands feux ne peuvent faire que dans une heure, dans un jour, même dans un mois, & dans une année ; mais nous nous réservons d'en parler plus au long dans un autre endroit. Pour montrer ici que l'air échauffé, même avec la seule chaleur de la cuisine, acquiert assez de chaleur pour nuire, prenez une cuillier d'argent ou d'étain bien polie, tournez sa concavité du côté des doigts, & tenez-la bien avec le pouce, de maniere que le manche sorte environ la moitié par-dessus le premier doigt ou l'index : si vous exposez au feu le dos de votre main, & la partie concave de la cuillier, de sorte que l'image du feu qui s'y ramasse jette quelque chose de brillant & de clair sur le premier doigt, vous trouverez que le feu qui est dans l'air étant réfléchi par la concavité de la cuillier sur le doigt, vous causera une chaleur insupportable ; même dans le tems que la main ne souffre aucun inconvenient de la part du feu & de l'air des environs, & qu'on ne sent qu'une chaleur modérée.

Mais pour connoître la grande quantité de feu qu'il y a dans tout l'univers, l'on n'a qu'à regarder attentivement le Soleil & les étoiles, que nous voions non-feulement avec des telefcopes, mais même avec les yeux tout nuds; qu'on confidere quelle vafte quantité de lumiere il en fort, cette lumiere n'eft certainement que du feu, ou du moins elle vient chargée d'un feu le plus fubtil qu'on puiffe imaginer: enfuite pourra-t-il y avoir des perfonnes, qui ne foient pas convaincuës de la probabilité de ce que nous difons, & particulierement que les cieux contiennent auffi des feux, dont le nombre excede tout ce qu'on peut s'imaginer là-deffus?

Il eft enfin tems de venir à la conclufion de toutes ces matieres; pour cet effet qu'un homme confidere férieufement en lui-même tout ce qui vient d'être rapporté au fujet des feux des entrailles de la terre, ou de ceux de l'air & des cieux, & qu'il faffe réflexion que la nature du feu eft telle, que dès qu'il eft mis en mouvement, il peut allumer tout ce qui eft capable de brûler ou de s'enflammer; qu'il nous dife après cela fi un homme qui raifonne jufte, ne trouve pas que c'eft une chofe merveilleufe, que la terre avec ce qui l'environne, fubfifte encore, & qu'elle n'ait pas été jufqu'à préfent dévorée & confumée par une fi grande quantité de feux, qui font ou renfermez dans fes entrailles ou aux environs; affurément, fi les volcans qu'on trouve dans tous les coins du monde, communiquent l'un avec l'autre par des rivieres de feu fouterrain, comme plufieurs croient qu'on pourroit le prouver par l'hiftoire & par l'expérience, il eft difficile de concevoir que la terre eût pû fubfifter jufqu'à préfent.

La nature & le nombre prodigieux des feux terribles qu'on trouve prefque par tout, dans les cieux, dans l'air, dans la terre, & prefque dans tout ce qui le produit, comme on l'a fait voir ci-devant, doit nous faire croire qu'il y a déja long-tems que la deftruction de toutes chofes par le feu eft prête d'arriver, & que c'eft un miracle que le monde n'en ait pas plûtôt fenti les effets.

Ajoûtons encore quelque chofe qui rend la Puiffance divine, qui gouverne toutes chofes, auffi fenfible que fi on la touchoit avec le doigt: peut-on s'imaginer que c'eft par un pur hazard, & fans la direction d'un Etre fage, qu'une matiere auffi terrible qu'une simple étincelle, qui peut se mettre en action & dans le mouvement le plus violent, se trouve arrêtée & hors d'état de faire aucun mal, & que malgré sa furie elle sert aux hommes en une infinité de façons, & dans une infinité d'occasions? Peut-on s'imaginer qu'il ne faille pas pour cela la direction d'un Etre, qui empêche que le feu ne mette le globe en flammes, comme il arrive à quelqu'une de ses parties? Pouvons-nous ne pas découvrir ici la bonté & la sagesse d'un Gouverneur qui est grand, puissant & bienfaisant; puisqu'il n'y a que sa puissance qui puisse tenir cette matiere furieuse, comme en prison, dans la poix, l'huile, le soulphre, & tout ce qui est propre à la nourrir, puisque c'est lui qui lui défend de sortir & de détruire toutes choses, & qu'il donne aux hommes les clefs de ces prisons, qui peuvent, lorsque bon leur semble, mettre en liberté cet être enchaîné & doux tandis qu'il est esclave, en frottant un morceau sur une pierre, ou en mettant une très-petite quantité de feu dans d'autres matieres combustibles; en un mot, d'une infinité de manieres, toutes les fois qu'ils en ont besoin? Si c'est le hazard qui retient ainsi le feu, comment peut-on n'être pas dans des appréhensions continuelles & terribles, que le même hazard qui n'est pas plus déterminé à une chose qu'à une autre, ne vienne à rompre les chaînes qui retiennent le feu, & ne cause par-là la destruction affreuse de tout ce qu'il rencontrera?

Qu'un Philosophe qui ne voudra pas admettre cela, fasse réfléxion sur la poudre à canon, où il y ait une grande quantité de cette poudre; si l'expérience ne le lui avoit pas appris d'avance, croiroit-il facilement que dans une matiere noire comme celle-là, il y a une quantité si terrible de feu, dans une matiere où l'on ne sçauroit découvrir ni lumiere, ni chaleur, ni le moindre mouvement? Cependant qu'on y laisse seulement tomber une étincelle de feu, toute impropre qu'elle soit en apparence, elle se changera dans un instant en une flamme dévorante, dont la violence feroit fendre la terre, & sauter en l'air les maisons & les murailles quoiqu'éloignées; & dont il ne resteroit que des tas de ruines; de sorte que les tours les plus fortes, pas même les rochers, quelques durs qu'ils puissent être, ne seroient pas capables de résister à sa force.

Et afin qu'on ne dise pas qu'il n'y a que très-peu de magazins de cette matiere destructrice, & qu'il n'y a que très-peu de personnes

LIVRE II. CHAPITRE VI.

sonnes qui y soient exposées, qu'il consulte l'Histoire naturelle des Modernes, & qu'il considere avec un peu d'attention les expériences & les relations des derniers siécles au sujet des tonnerres, des éclairs, des éruptions effroiables & des ravages affreux que les tremblemens de terre & les volcans produisent, & il sera pleinement convaincu que ce n'est pas seulement dans les magazins ou les moulins à poudre à canon qu'il doit appréhender les effets du soulphre & du salpêtre qui sont les ingrédiens de la poudre à canon ; mais que si l'air & la terre ne sont pas remplis de poudre à canon naturelle, comme quelques Philosophes l'ont cru & avec raison, ils contiennent au moins un feu si violent & si terrible, que les effets en sont non-seulement égaux à ceux de la poudre à canon, mais que dans beaucoup de rencontres ils sont incomparablement plus violens, quoiqu'il soit si souvent sans action.

Si le feu qui se trouve enfermé dans la terre en tant d'endroits, & dans des corps si différens, sans qu'il ait la liberté de sortir & de détruire toutes choses, est une preuve évidente de l'éxistence d'un Etre plein de grandeur & de puissance qui gouverne & conserve toutes choses ; un incrédule ne sçauroit ou n'oseroit se promettre d'être une heure en sureté, s'il n'y avoit une Providence qui eût soin de la conservation de toutes choses, & qu'il n'y eût que des loix naturelles inconnuës, ou un pur hazard qui agît indifféremment d'une maniere ou de l'autre : n'est-ce donc pas une chose bien merveilleuse & bien sensible que la Puissance qui retient dans l'air une si prodigieuse quantité de feu, qui nous environne, sans causer une conflagration generale ? Et pour ne rien dire des éclairs, ne peut-on pas démontrer par les verres-ardens des Modernes, que la lumiere elle-même qui vient du Soleil jusqu'à nous, étant un peu plus serrée ou ramassée, seroit capable de changer le globe entier, sans en rien excepter, dans un Océan de flammes beaucoup plus terrible que ce que nous voions dans les Manufactures de verre, ou dans les endroits où l'on fait fondre des métaux ?

De quelle maniere le feu de l'air & des cieux se conserve.

Quelle est donc la cause qui a placé la terre dans une distance si juste du Soleil, & qui continuë de l'y conserver, de sorte que le feu de cet astre ne fait que l'échauffer, l'éclairer & la fertiliser ? & d'où vient qu'elle ne s'éloigne pas, jusqu'à devenir entierement stérile par le froid, ou qu'elle n'approche pas du Soleil d'assez près pour brûler & s'embraser par la violence de la chaleur ; puisqu'il est évident que plus près du Soleil, la lumiere est beaucoup plus serrée, & qu'il y en a une plus grande quantité dans un certain espace qu'à l'endroit où nous sommes, & qu'elle a par conséquent beaucoup plus de force pour brûler ? Et s'il est convenable que parmi tant de millions d'endroits que la terre ou le Soleil pouvoit occuper, dans le vaste espace de l'univers, ils n'aient choisi qu'un seul point qui est le seul qui soit convenable à notre globe ; est-il possible, que tout cela soit arrivé par un pur hazard ?

En second lieu, étant incontestable que si la lumiere venoit jusqu'à notre globe aussi serrée & aussi dense qu'elle l'est auprès du Soleil, la terre seroit sujette à une chaleur beaucoup plus forte & plus violente que dans le foier d'un grand verre-ardent, où dans l'espace d'une minute tous les métaux, de quelque espece qu'ils soient, se fondent ; que les Philosophes nous disent, si par leurs méditations ils auroient pû imaginer rien de mieux, pour préserver la terre d'une chaleur si terrible, que d'assujettir la lumiere à des loix, selon lesquelles tout ce qui part d'un point s'écarte & s'éloigne ; de sorte que les lignes droites que les raions décrivent, continuent de s'éloigner d'autant plus l'un de l'autre qu'elles s'éloignent de leur source. Les Mathématiciens appellent *divergence* cet écartement qui arrive aux raions de lumiere, & ils la démontrent par un grand nombre d'expériences, proprieté admirable qui outre qu'elle contribuë à la conservation de la terre, & en empêche la conflagration, les hommes en retirent encore ce grand avantage, c'est qu'on peut voir en même-tems de tous côtez tous les objets, & tous leurs points différens. Ceux qui ne sont pas versez dans l'Optique, peuvent, pour un plus grand éclaircissement, consulter ce qui a été dit dans le chap. de la Vision.

Toute l'eau de la terre ne suffit pas pour éteindre le feu ; la chose est prouvée par plusieurs expériences.

Voici encore un faux-fuiant qu'il nous faut tâcher d'éloigner, & qui paroît être de quelque usage pour ceux qui nient la Providence divine ; on prétend donc que quelque abondance de feu qu'il y ait dans les entrailles de la terre & autour de sa surface, il y a assez d'eau pour l'empêcher de s'embraser ; de sorte que dans cette occasion il semble qu'il n'est pas du tout nécessaire d'attribuer la conservation de la terre à une faveur & à un effet tout particulier de la prévoiance de Dieu.

Je n'objecterai pas qu'il y a certains corps remplis de particules de feu, qui ne sçauroient se mettre en action que par le moien de l'eau ; nous en avons vû un triste exemple depuis quelques années dans un four à chaux : une digue s'étant rompuë, les eaux s'écoulerent jufqu'au four qui prit feu, & fut entierement confumé ; outre cela, la Chymie pourroit nous fournir plufieurs autres éxemples, pour prouver qu'une matiere froide verfée dans de l'eau, acquiert une chaleur infupportable, & fouvent même elle s'enflamme. Ainfi l'huile de vitriol, lorfqu'on y met de l'eau froide, rend fi chaud le verre dans lequel on fait ce mélange, qu'on ne fçauroit le tenir dans la main ; la même chofe arrivera auffi, en verfant de l'eau froide fur ce qui refte après la fublimation de la pierre hématite, & du fel ammoniac, &c.

Les plus grands Naturaliftes de ce fiécle n'ignorent pas l'expérience fuivante, qui fe fait en mêlant des fleurs de foulphre avec de la limaille de fer, dont on fait une efpece de pâte ; fi on y ajoûte de l'eau froide, il s'échauffe peu-à-peu, & quelques heures après il prend feu ; on peut confulter là-deffus la Phyfique de M. Hartfoëker, l'Optique de M. Newton, pag. 325, de même que les Mémoires de l'Academie Roiale des Sciences.

Sçavoir fi c'eft-là une des caufes des feux foûterrains, des tremblemens de terre, & autres mouvemens femblables, ou non, notre deffein n'eft pas de l'éxaminer ici à fond ; mais au moins c'eft une vérité inconteftable qu'il y a des matieres de cette nature dans la terre, qui bien loin d'être préfervée du feu, s'enflammeroit & fe confumeroit par leur moien.

Et pour montrer encore qu'il y a auffi de certaines matieres qui peuvent brûler dans l'eau avec beaucoup de violence, fans que l'eau puiffe les éteindre, nous n'avons qu'à jetter les yeux fur les feux d'artifice qui commencent à joüer fous l'eau, & achevent de fe confumer au-deffus de l'eau, ce qui nous donne une idée d'un feu que l'eau ne fçauroit éteindre. Voici encore une petite expérience que je trouve dans mes Remarques du 29 Octobre 1695 ; nous prîmes un petit cartouche de ceux dont on fe fert pour faire des ferpens ou des fufées dans les feux d'artifices ; & l'aiant rempli de poudre à canon, fans y mettre le pétard avec de la poudre grainée, nous l'attachâmes à une petite pierre ; enfuite nous y mîmes le feu, & nous le plongeâmes dans un vaiffeau de verre rempli d'eau, nous obfervâmes qu'il brûloit fous l'eau, & vers le foir que le jour baiffoit il produifit une grande lumiere.

L'EXISTENCE DE DIEU.

La terre étant remplie de beaucoup de soulphre & de salpêtre, en quoi la poudre à canon consiste en partie, lorsqu'une fois ces matieres auroient pris feu, il ne seroit pas aisé de les éteindre avec de l'eau, ce qui paroît assez évident par ce qui vient d'être dit; de même que par les éruptions effroiables des feux soûterrains, qu'on a souvent vûs sortir du fond de la mer, dont nous avons donné un exemple dans ce qui est arrivé il n'y a pas long-tems auprès de l'Isle de Santorin.

Quelques expériences au sujet du phosphore. Outre ce que nous venons de dire, les Chymistes poussez par leur curiosité infatigable qui les porte à examiner la nature de toutes choses, nous ont découvert depuis quelques années une espece de feu dont nous avons déja fait mention, & qu'on appelle *phosphore*, il paroît d'abord être répandu dans l'air, & souvent dans l'eau même; mais lorsqu'on le prépare en y appliquant quelque chose de chaud, on le convertit en une flamme: parmi les différentes expériences que j'ai faites sur le phosphore, voici celles que je trouve dans mes Remarques.

I. Qu'on a souvent observé qu'il falloit un certain degré de chaleur, pour rendre le phosphore lumineux, ou pour le faire brûler.

Car durant l'hiver ou au mois de Janvier de 1696. on observa qu'un petit morceau de phosphore sur un morceau de papier, placé sur le côté du récipient de verre d'une machine pneumatique, dans un endroit qui n'étoit pas chaud, ne donnoit aucune lumiere; mais le contraire arrivoit, lorsqu'on en mettoit un peu sur la main, il devenoit d'abord lumineux & s'enflammoit, mais sans faire aucun mal: la même chose aiant été repetée plusieurs fois, on vit toûjours le même effet; mais aiant été mis dans une petite bouteille qu'on avoit fait tant soit peu chauffer, il brûloit, & il continuoit de brûler, quoiqu'on eût entierement pompé l'air du récipient dans lequel on l'avoit mis, de même qu'après qu'on y eut laissé entrer l'air; de sorte qu'il paroît par-là que ce feu différent de beaucoup d'autres, brûloit également dans l'air & sans air.

Nous vîmes aussi que le même phosphore étant mis sur la poussiere de poudre à canon, & étant tenu sur un papier à une certaine distance du feu, où l'on pourroit souffrir la main sans s'incommoder, l'un & l'autre prirent d'abord feu; la même chose arriveroit, si vous vous serviez de poussiere de poudre à canon, ou de la même poudre grainée avec le phosphore: ce qui

LIVRE II. CHAPITRE VI.

semblé encore prouver ce que je viens d'aſſurer ci-deſſus, je veux dire la néceſſité de la chaleur ; il paroît auſſi que ſi on frotte le phoſphore ſur du papier brun, & ſi on l'échauffe, il s'en formera une flamme parfaite.

II. Dans une autre expérience nous prîmes quelques parties des plus fines de la pouſſiere de phoſphore, & nous les mîmes dans un petit vaiſſeau avec de l'eau ſur le feu ; après que l'eau eût boüilli, nous apperçûmes que dans la partie vuide du vaiſſeau il paroiſſoit une grande lumiere, & ſur la ſuperficie de l'eau quelques petits morceaux qui paroiſſoient brûler & qui flottoient.

D'où il eſt évident que ces particules de feu peuvent auſſi brûler dans l'eau, pourvû qu'il y ait aſſez de chaleur, & que le feu peut auſſi paſſer à travers l'eau, & produire une flamme ſur cet élement, ſans pour cela s'éteindre : on ne ſçauroit objecter qu'il n'y a pas aſſez de pores ou de paſſages dans l'eau, puiſque dans l'expérience précédente, lorſque la poudre à canon brûloit dans l'eau, il s'élevoit une fumée épaiſſe à meſure qu'elle pénétroit toute la profondeur de l'eau.

III. Nous mîmes l'eau, dans laquelle la pouſſiere de phoſphore avoit boüilli, ſous le récipient de la machine pneumatique, & nous obſervâmes qu'une partie des particules lumineuſes conſervoient leur lumiere juſqu'à ce que le vaiſſeau ſe trouvât preſque vuide d'air ; nous vîmes auſſi qu'à chaque coup de pompe il ſortoit une grande lumiere de la bouteille qui contenoit la matiere : d'où il s'enſuit, ſelon les apparences, de même que des autres expériences, que le feu du phoſphore a du reſſort, qui ſe manifeſtoit lorſque la preſſion de l'air diminuoit.

IV. Enſuite cette eau s'étant réfroidie, & aiant reſté environ une heure expoſée à l'air, on obſerva que pendant tout ce tems qu'elle reſta immobile, elle ne produiſit aucune lumiere, & on n'y voioit rien dans l'obſcurité ; mais aiant été remuée elle jetta du feu de tous côtez en grande quantité, & elle brilloit comme l'eau de la mer en été : environ une ſemaine après nous trouvâmes, en ſecouant le vaiſſeau, que la même eau donnoit encore de la lumiere comme l'eau de nos baſſins ordinaires dans les chaleurs de l'été, quoiqu'on n'eût jamais fermé la bouteille. On peut inferer de-là que le feu s'inſinuë auſſi dans l'eau ; & ſi les feux qu'on voit dans la mer, & dans les eaux salées de ce païs-ci, procédent de cette cause, je veux dire, de la matiere ignée qui s'y insinuë, on peut aussi conclure de-là, quelque étrange que cela paroisse, que le feu se mêle aussi avec l'eau, en grande quantité, sans qu'elle puisse l'éteindre, s'il y a le moindre degré de chaleur.

V. Je dois ajoûter à ceci, que ce phosphore avec lequel je fis toutes ces expériences, avoit resté quatre ou cinq ans dans l'eau; de sorte qu'il semble que même l'eau froide paroît pouvoir conserver le feu; & ce même feu ne pouvant pas être éteint, il peut se manifester toutes les fois que l'occasion s'en présente.

VI. L'hypothèse que nous pourrions former sur ces expériences, ce seroit que la matiere ignée doit sa naissance ou à l'air, ou aux raions du Soleil qui y sont; puisque l'urine des animaux ne sçauroit produire le phosphore, sans qu'elle ait resté long-tems exposée à l'air & à la lumiere du Soleil, & sans qu'elle ait bien fermenté & qu'elle se soit pourrie: & nous pourrions dire que ce qui fait entrer le feu dans l'urine qui fermente, c'est sa salure, parce que dans les eaux qui sont salées, on y observe communément du feu ou de la flamme; mais nous ne sommes pas encore assez versez dans la connoissance de la Physique, pour déterminer rien là-dessus. Ce qui est de certain, c'est que lorsque l'air & la lumiere ont agi durant long-tems sur cette matiere, on en tire beaucoup de phosphores; & qu'il y a une grande quantité de feu répandu dans l'air qui se manifeste dans tous les méteores, mais principalement dans les éclairs, & cela d'une maniere terrible. La matiere des éclairs contraire à la nature des autres feux, semble n'avoir besoin que de la chaleur du Soleil, pour s'enflammer; & c'est ce qui fait qu'on observe qu'ils sont très-fréquens dans les Païs chauds, & chez nous lorsqu'il fait chaud. Voici encore une particularité du feu qu'on observe dans le phosphore, je veux dire, qu'une chaleur qui seroit à peine capable d'allumer le feu, ou de la poudre à canon, allume pourtant le phosphore; & lorsqu'il brûle, nous voyons qu'il en sort quelquefois comme des éclairs & des flammes à différentes reprises: c'est ce que je trouve dans mes Remarques, au sujet d'un phosphore que je tenois enfermé dans une petite bouteille, & que je le posois éxactement sur la flamme d'une chandelle.

Je ne sçais pas si on pourroit me montrer un feu, même une matiere liquide, qui puisse s'allumer si aisément que le phos-

LIVRE II. CHAPITRE VI.

phore, c'eſt-à-dire, avec une chaleur égale à celle d'un de nos jours d'été ; mais je n'ai jamais vû de matiere ignée qui me parût dans la maniere dont elle s'enflamme, ſi ſemblable à celle des éclairs : car pour toutes les autres manieres dont les Philoſophes ſe ſervent pour faire voir comment ſe forment les éclairs, elles ſuppoſent ou qu'il y a un feu réel qui brûle, ou quelqu'autre matiere, ce que pluſieurs n'accorderont point.

Ce phoſphore eſt utile pour découvrir les proprietez du feu dans beaucoup d'autres occaſions, il ſemble même nous ſervir de preuve & de confirmation pour ce que nous avons dit ci-deſſus, ſçavoir, que le feu eſt une matiere fluide particuliere : ce feu qui eſt ſerré & comprimé dans le phoſphore, ſe rarefie & ſe diſſout dans l'huile de cloux de gerofle, & dans quelques autres huiles, & leur communique quelques particules ignées ; de ſorte que ſi vous en laiſſez un petit morceau durant quelque tems dans quelqu'une de ces huiles, elle devient lumineuſe, & repréſenté un phoſphore fluide ; & en même-tems ne ſçauroit ſe diſſoudre, ni ſe mêler avec pluſieurs autres huiles & liqueurs. Ceci ſemble auſſi montrer en quelque façon que le feu, du moins celui qui eſt dans le phoſphore, eſt compoſé d'une certaine eſpece de particules. *Un phoſphore fluide.*

Je n'avois pas deſſein de décrire ici des opérations de Chymie dans toutes leurs circonſtances ; mais afin que chacun puiſſe s'aſſurer de la vérité de ce que nous avons dit, & avoir l'occaſion d'éxaminer de plus près les proprietez du feu par le moien de cette matiere ignée, j'ajoûterai ici une méthode de faire le phoſphore beaucoup plus commode que celles que pluſieurs Chymiſtes décrivent dans leurs Ouvrages. La voici telle qu'elle eſt dans mes Obſervations ſur la Chymie. *Maniere de préparer le phoſphore.*

Je pris du ſédiment d'urine qui avoit reſté long-tems dans une cuve à l'Hôpital, & où elle avoit acquis la conſiſtence de ſavon ; j'y mis un peu d'eau de pluie, & je remuai le mélange pour incorporer & mêler les matieres le mieux qu'il étoit poſſible ; & après avoir verſé par inclination ce qu'il y avoit de plus liquide, j'en ſéparai les autres ordures ; je laiſſai la matiere dans la même eau, juſqu'à ce qu'elle ſe fût entierement précipitée ; tous les ſels ſe ſéparerent enſuite, quand j'y mis de l'eau fraîche à pluſieurs repriſes. Les Chymiſtes appellent cette opération, *édulcoration,* c'eſt-à-dire, adouciſſement. Après avoir fait ſécher la matiere qui s'étoit précipitée dans un pot de fer chaud, on la mit dans deux petites retortes, & on les plaça dans un fourneau de reverbere très-petit, de maniere que la matiere que nous fouhaitions de retirer par la diftillation, ne s'élevât pas trop haut ; le lendemain au matin à fix heures & demie je mis du feu dans le fourneau, & à huit heures & demie ou environ il commença à paroître une matiere jaunâtre qui s'élevoit, elle fe ramaffa dans deux petits vaiffeaux de verre, & forma des ébullitions avec l'eau-forte : à une heure après midi le même jour, lorfque la fumée & la matiere jaunâtre eurent ceffé de monter, on attacha aux retortes deux petits vaiffeaux, dont on avoit déja préparé les orifices dans cette vûe, & on les lutta ; on eut foin de les remplir premierement d'eau, de forte pourtant que les orifices des retortes étoient précifément au-deffus de l'eau ; & fur le champ nous obfervâmes comme des éclairs dans les vaiffeaux : à trois heures l'air qui étoit dans ces vaiffeaux au-deffus de l'eau, paroiffoit embrafé & rouge, & le phofphore étoit au fond de la même eau ; le fourneau étoit un peu plus étroit qu'il ne l'eft ordinairement dans d'autres occafions ; mais l'endroit où étoit le feu avoit toute la grandeur requife, afin que la chaleur fût auffi forte qu'il eft poffible ; & pour empêcher qu'elle ne diminuât en l'addition de nouvelle tourbe, on fe fervit de celles qui font déja brûlées, & qu'on a accoûtumé de garder dans des pots qui fervent à éteindre le feu.

Tout cela ne prouve-t-il pas que nous ne devons notre confervation qu'à un Etre qui gouverne l'univers ? Nous voyons que dans le phofphore il y a un feu fecret qui ne fçauroit s'éteindre dans l'eau, où il peut même s'allumer & continuer de brûler ; nous voyons qu'il arrive quelque chofe de femblable dans les éclairs, qui quoiqu'environnez de nuages & de vapeurs aqueufes, ne laiffent pas de s'allumer, & de mettre en feu tout ce qui les environne. Enfin nous voyons que le feu de l'air fe mêle avec les eaux falées, & qu'il les rend lumineufes & brillantes, & qu'outre cela il fait brûler dans l'eau, de même que dans l'air, la poudre à canon & le falpêtre, lorfqu'ils font une fois allumez ; pour ne rien dire des feux foûterrains qui font fi violens, quoiqu'ils foient cachez fous les mers les plus profondes. Quoi ! fi on éxaminoit toutes ces chofes, feroit-il bien poffible qu'on fe rendît à un fubterfuge comme celui-ci, que l'eau, lorfqu'elle agit une fois, peut garentir des feux céleftes ou foûterrains ?

CHAP.

CHAPITRE VII.

Des Animaux, des Oiseaux, & des Poissons.

JUsqu'ici nous avons examiné le genre humain dans plusieurs circonstances; nous l'avons consideré par rapport à l'air où nous respirons; par rapport à l'eau, qui nous sert de boisson; par rapport à la terre, qui nous fournit des alimens & nous sert d'habitation; & enfin par rapport au feu, qui sert à de si grands usages. Il paroît difficile de croire qu'on puisse réfléchir avec attention sur toutes les particularitez dont nous avons traité ci-devant, sans être convaincu de l'existence d'un Dieu sage, puissant & bon. Et si tout cela ne suffit pas pour faire renoncer au Pyrrhonisme, qu'on nous suive encore, & qu'on contemple avec nous, sérieusement, les animaux qui habitent la terre, les oiseaux de l'air, & les poissons qui habitent dans les eaux.

Nous avons déja parlé des hommes, ainsi nous n'entrerons plus dans cette matiere; nous passerons aussi sous silence en parlant des animaux, tout ce qui a quelque ressemblance avec l'homme, comme la structure des intestins, les muscles, la circulation du sang, &c. de sorte qu'après une ou deux remarques generales nous ne proposerons ici que quelques particularitez touchant les oiseaux, les poissons, & les autres especes d'animaux, laissant à d'autres le soin d'y faire de plus amples recherches.

Nous avons accoûtumé de distinguer les animaux, en domestiques & sauvages: quelqu'un pourra-t-il s'imaginer d'être en état de prouver que c'est un effet du hazard, ou de certaines causes qui résultent nécessairement de la structure des corps; que les animaux domestiques, qui sont d'une si grande utilité aux hommes, pour les habiller, pour les nourrir, ou pour d'autres usages, semblent avoir reçû de la nature toutes les dispositions requises pour être privez & vivre parmi nous; au lieu que les animaux sauvages, comme les lions, les ours, les tigres, les loups, les serpens & semblables, aiment à habiter dans les bois & dans les déserts solitaires, & semblent de leur propre mouvement éviter la compagnie des hommes? Si le contraire arrivoit, & si ces animaux dévorans & venimeux se rassembloient, & s'ils se jettoient avec leur violence sur les hommes, dans quelle peine & dans quel embarras ne seroit-on pas dans beaucoup d'endroits pour se défendre contre leurs attaques?

Des animaux domestiques & sauvages.

Nous devons donc considérer avec autant d'étonnement que d'attention, le texte suivant de la Genese, ch. 9. v. 2. où Dieu dit à Noé & à ses enfans : *Que tous les animaux tremblent en vous voiant*, & qu'on observe combien de milliers d'années il y a que cet ordre s'execute. Un homme qui auroit vû un éléphant, un taureau, ou un cheval sauvage transporté de rage, & qu'on auroit après cela lâché ; un homme, dis-je, qui ne sçauroit pas la maniere de priver ces animaux furieux, & de les rendre utiles, pourroit-il jamais croire cela, sans regarder le texte, que nous venons de rapporter, comme une prophetie ? Pour ne pas faire mention des oiseaux & des poissons (sans même en excepter les plus grosses baleines, dans lesquels la même chose est tout-à-fait évidente & claire) on sçait par un grand nombre d'exemples, que les animaux les plus cruels respectent les hommes. Mais pour ne pas répéter ce que nous avons déja dit, que de leur propre nature ils cherchent les déserts & les païs inhabitez, nous en pouvons voir une preuve très-évidente dans les *Journaux d'Allemagne* 9 & 10e années, p. 453. où il est dit, qu'un lion n'attaquera jamais un homme, à moins qu'il n'y soit contraint par la faim ; ou pour sa défense, ou quand on lui tire un coup de fusil ; & dans la relation des tigres, nous y lisons le passage suivant, qu'ils sont épouvantez à la vûe d'un homme blanc & nud, *ce qui est très-remarquable*, comme tous les animaux sauvages de l'Asie & de l'Afrique, & qu'ils l'évitent comme par une espece de respect ; & il est sans exemple qu'ils en aient jamais attaqué aucun. Après avoir réfléchi sur tout ceci, qu'un infidele nous dise, si Moyse, qu'il doit regarder comme un grand politique, n'auroit pas agi contre les regles ordinaires de la prudence, lorsqu'il prétendoit que ces paroles qui étoient si peu probables dans le tems qu'il les prononça, venoient du Dieu qu'il servoit, & qu'il souhaitoit que tout Israël servît aussi ?

De la structure des animaux en general.

Venons présentement à quelque chose de particulier : Si nous voulions examiner tous les animaux, grands & petits, sauvages & privez, si en même tems nous supposions qu'il n'y en eût qu'un seul de chaque espece dans le monde ; que quelqu'un se donnât après cela la peine d'observer la structure du moindre de tous, même de la mouche la plus vile, pourroit-il s'em-

LIVRE II. CHAPITRE VII.

pêcher d'avouer que chacun d'eux est un vrai miracle, & n'être pas assez convaincu que celui qui a formé tous leurs membres si utiles, l'un par rapport à l'autre, devoit être très-sage, & qu'en leur donnant une bouche, des pieds, & d'autres parties, il le fît à dessein qu'ils s'en serviroient pour manger & pour marcher, &c ?

Encore un coup, il est étonnant que ces malheureux Philosophes, en voiant qu'une mouche ou une souris artificielle, peut avec des ressorts & des roues, de même qu'une montre, éxecuter quelques-uns des mouvemens les plus communs, & les plus grossiers de ces créatures, soient persuadez qu'ils ne sçauroient jamais assez recommander l'habileté & l'adresse de l'ouvrier; & cependant lorsqu'ils voient l'original de vrais animaux vivans, où ils sont obligez d'avouer qu'il y a infiniment plus d'art & de jugement, ils soûtiennent que ce qui les a formez n'étoit point un Etre sage ni intelligent.

Qu'un Philosophe se donne la peine d'éxaminer les parties des animaux qui servent à nous nourrir, & qu'il observe en particulier comment les vaches & les autres animaux qui n'ont pas des dents à la mâchoire supérieure, & qui à cause de cela ne sçauroient assez bien mâcher leurs alimens, sont pourvûs d'une mulette qui sert à humecter & à dissoudre en partie l'herbe qu'ils avalent, afin que lorsqu'elle revient de nouveau dans la bouche, étant moins dure & plus tendre, elle puisse se dissoudre, & se diviser assez par une seconde mastication, c'est ce qu'on appelle *ruminer*; qu'il observe aussi qu'après avoir avalé les alimens une seconde fois, ils descendent dans un autre ventricule, où ils se convertissent en chile. Il y a aussi d'autres animaux qui vivent d'herbe, & qui ne servent point de nourriture aux autres. En Autriche dans le Duché de Crain, on y trouve des limaçons noirs aussi gros que le poing, & qui ne cedent point quant au goût aux huitres; ils vivent au milieu des rochers fort durs, qu'on est obligé de rompre en piéces pour les trouver. Qu'on nous dise comment, & dequoi ces animaux se nourrissent; mais je n'ai qu'une question à faire : 1°. Si on peut supposer que c'est par le hazard, ou sans la direction d'un Etre sage, que dans les animaux ruminans qui sont privez de dents dans la mâchoire supérieure, la digestion se fait d'une maniere si particuliere, & que les chiens, les cochons, & toute sorte d'oiseaux qui n'en ont pas besoin, ne sont pas pourvûs de ces instrumens particuliers;

De la nourriture des animaux.

Bbb ij

& 2°. si de tout cela il ne s'ensuit pas clairement que celui qui a donné à tous les animaux des instrumens propres pour se nourrir, n'est point borné par des loix nécessaires de la nature, qui tendent toutes au même but, & agissent toûjours de la même maniere?

Du mouvement des animaux en general.

La même chose paroît dans la diversité des mouvemens des animaux, & dans la maniere de passer d'un lieu à un autre. C'est ainsi que la plûpart des oiseaux grands & petits, ont des pieds pour courir, & des aîles pour voler; les poissons n'ont point des pieds, mais ils ont une queuë & des nageoires pour nager: quelques animaux ont deux pieds pour marcher, d'autres quatre, & d'autres davantage. D'autres n'aiant ni pieds, ni aîles, rampent; d'autres, comme quelques poissons à écaille, se traînent par le moien de certains filets, & passent d'un endroit à l'autre d'une maniere entierement différente; voiez-là-dessus les *Mémoires de l'Academie des Sciences de 1706, page 69.* Nous pouvons observer dans tout ceci des moiens tout-à-fait différens qui servent au même but, & qui remplissent tous les desseins du Créateur d'une maniere particuliere, & tout-à-fait admirable.

De la structure des oiseaux.

Ne nous arrêtons point à ces particularitez qui semblent avoir quelque analogie avec ce qui se passe dans l'homme, parce que nous en avons déja traité dans un autre endroit; mais qu'on éxamine les oiseaux, & qu'on se demande à soi-même, si, afin de nier avec quelque apparence de raison la sagesse & la puissance de Dieu, on seroit satisfait en soi-même de conclure que tous ces instrumens qui sont nécessaires pour marcher, pour voler, pour manger & pour engendrer, & qui sont ajustez si artistement dans ces vûes, sont une production du hazard, & des loix aveugles de la nature: peut-on concevoir que sans une Providence & une Puissance supérieure, un oiseau si artistement formé pour pouvoir voler, peut avoir reçû son éxistence de cette matiere dont l'œuf se trouve rempli, sans autre secours que celui de la chaleur de l'incubation?

Des os des oiseaux.

Il faut se donner la peine d'éxaminer les os d'un oiseau, & on trouvera que ceux des jambes sont beaucoup plus creux, & qu'ils sont beaucoup moins épais que ceux des autres animaux; la raison de cela est que les oiseaux doivent être plus legers pour voler: mais afin que la petitesse des os ne les affoiblit pas trop, il semble qu'il étoit nécessaire que la substance de l'os fût

LIVRE II. CHAPITRE VII.

plus dure & plus forte que dans les autres animaux. Or si nous consultons les observations de ceux qui ont examiné la chose, nous trouvons que cela est en effet ainsi; osera-t-on donc soûtenir que tout ceci se fait encore sans aucune sagesse ni dessein?

Dans un poulet les extrémitez de ses petites jambes, de même que dans les autres animaux, sont garnies d'un cartilage poli, pour les mouvoir & les plier commodément; il y a des os qui se meuvent par le moien d'une cavité ronde, qui est aussi couverte d'un cartilage, & d'autres par le moien de deux éminences circulaires ajustées à deux petites cavitez: qu'on examine ensuite attentivement les articulations des griffes, on verra qu'ici, de même que dans les os d'un bœuf, les extrémitez de ces osselets sont couvertes de cartilages polis, afin que dans leur mouvement les os puissent glisser plus facilement l'un sur l'autre, & que tous les mouvemens se fassent par tout sans aucun embaras. *Des cartilages des jointures.*

Si dans la structure de ces parties il n'y a ni sagesse ni art, pourquoi tous les os ne sont-ils pas composez uniquement de cartilages? Pourquoi les cartilages ne se trouvent-ils que dans les parties, où par leur souplesse ils rendent les mouvemens plus doux & plus prompts? Pourquoi une des extrémitez de la jambe est-elle ronde, lorsqu'il est nécessaire que l'os se meuve non-seulement en-devant & en-arriere, mais de deux côtez? A l'autre extrémité, où ce mouvement lateral n'est pas nécessaire, pourquoi y a-t-il deux éminences, pour empêcher l'os de se mouvoir en tout sens? Si quelqu'un après avoir vû tout cela, & d'autres choses qui ne peuvent servir qu'à de certains usages particuliers, croit que dans toute cette structure il n'y a ni sagesse ni dessein, pourquoi en lisant une Gazette, n'assure-t-il pas aussi que c'est par un pur hazard que toutes les lettres y sont rangées dans la disposition où elles sont, & que l'Imprimeur n'a point arrangé les caracteres?

Examinons la structure & le mouvement des aîles des oiseaux: Il faut remarquer que, lorsqu'un oiseau meut ses aîles, il ne les pousse point de-devant en-arriere, & qu'il ne s'en sert point comme de rames, parce que de cette maniere il auroit beaucoup de peine à voler; car en se portant en-devant avec tant de vîtesse, il se porteroit contre l'air, & l'oiseau reculeroit, ou du moins il ne pourrôit avancer. La structure de leurs pieds est *Les mouvemens des aîles.*

encore tout-à-fait différente de celle de ceux des oyes, des cygnes, des canards, &c. parce que le Créateur a jugé à propos que ces especes d'oiseaux s'en servissent comme de rames; c'est pour la même raison aussi que la structure de leurs aîles est entierement différente, comme nous le ferons voir bien-tôt; & quand les oiseaux pourroient avancer dans l'air de cette maniere, il est néanmoins certain qu'étant plus pesans qu'un égal volume d'air, ils tomberoient, ou du moins ils descendroient doucement: mais pour ne pas nous arrêter trop à de simples raisonnemens, nous n'avons qu'à observer pour preuve de ce que nous venons de dire, que les grands oiseaux, comme les autruches, les cigognes, les cygnes, &c. à cause qu'ils volent lentement, baissent & élevent les aîles en volant, ou perpendiculairement à l'horizon, ce qui nous fait voir que l'oiseau se soûtient en même-tems & qu'il avance dans l'air.

Quoi de plus industrieux que la disposition des aîles des oiseaux! Voiez la planche XVII. fig. 1. A E & B F sont les aîles de l'oiseau B G H qui vole, elles sont un peu creuses par dessous, afin de retenir l'air avec d'autant plus de force lorsqu'elles baissent; & par dessus elles sont convexes, afin qu'en s'élevant elles trouvent moins de résistance; par-là les oiseaux perdent en élevant leurs aîles ce qu'ils gagnent en les baissant, ainsi ils peuvent flotter dans l'air. Mais ce qui mérite ici d'être observé en particulier, c'est que les aîles ne sont pas attachées au corps dans toute leur étenduë, ce n'est que dans A & B, & tout le reste n'y est point attaché; de-là vient que (comme on le peut voir dans les Observations de Borelli, prop. CLXXXIII, CLXXXIV,) les aîles étant élevées ne séparent l'air en montant qu'avec la pointe A E & B F, afin de trouver moins de résistance; mais comme elles frappent l'air en baissant avec plus de vélocité, elles décrivent avec leurs pointes des lignes presque circulaires, comme E I P & F V L.

Mais comme il n'est pas aisé de décrire ni de comprendre par de simples paroles, la maniere admirable dont l'oiseau fend l'air en élevant & en baissant ses aîles, ni comment il peut les mouvoir en-avant avec tant de rapidité, représentons-nous dans la même planche fig. 2. un oiseau R S qui flotte dans l'air & étend ses aîles B E A & B C F; nous pouvons ensuite supposer que, lorsque ses aîles se meuvent directement en-bas, leurs bras B C & B F qui sont osseux, & par conséquent assez durs & roides,

LIVRE II. CHAPITRE VII.

décrivent deux cercles, dont les plans font des angles droits avec l'horizon ; comme dans la précédente fig. 1. planche XVII. & obligent ainsi l'aîle entiere de suivre ce mouvement, & d'agir en frappant perpendiculairement l'air qui est marqué au-dessous par H G B E A.

Mais l'air, lorsqu'il est frappé par la superficie concave de l'aîle, résiste, (comme il arrive lorsque les femmes agitent leur éventail) parce qu'il ne sçauroit se retirer assez vite ; & d'ailleurs comme les parties de l'air étant comprimées par la vîtesse du coup, tâchent de se dilater de nouveau, ainsi que nous l'avons prouvé suffisamment en parlant de l'élasticité de l'air ; & que cela paroît assez évident par le bruit que les oiseaux font en volant, il s'ensuivra que les plumes E A O seront forcées par la résistance & l'élasticité de l'air de se plier en-haut, étant naturellement fléxibles ; ainsi lorsque les bras B E & B C composez d'os qui ne sçauroient fléchir, poursuivront leur route en se baissant, les extrémitez des aîles A & E se rapprocheront l'une de l'autre, à cause que les plumes se plieront en-haut.

Il est aisé de voir par-là que l'air étant poussé en bas par les aîles, & tâchant de remonter par son ressort, l'oiseau s'y soûtient par la réaction de l'air repétée à chaque coup ; & comme les plumes de l'aîle se fléchissent en-haut & en-bas, elles frappent obliquement l'air dans leur mouvement : nous pouvons rendre raison par-là, pourquoi de cette maniere l'oiseau est poussé en-avant, & horizontalement vers R, c'est-à-dire, pourquoi il vole ; de sorte que ce qui soûtient l'oiseau, c'est le commencement du coup, lorsqu'il frappe l'air perpendiculairement, & la continuation du même coup contribuë principalement à son mouvement progressif.

On pourroit peut-être rendre ceci plus intelligible pour certaines personnes, en supposant, comme fait Borelli, que l'oiseau R S est en repos & sans aucun mouvement, & qu'il tient ses aîles B E A & B C F à niveau, & que le vent H G O souffle directement en-haut entre les aîles, dans les extrémitez A & D se plient & se rapprochent l'une de l'autre sur le dos de l'oiseau ; les deux aîles représentent ainsi une paire de ciseaux, qui vont obliquement aux points A F. Et comme elles sont pressées de deux côtez par l'air, chacun sçait qu'il s'ensuivra de-là que ces aîles devront être poussées vers l'endroit le plus large C B E, & qu'ainsi elles entraîneront avec elles l'oiseau R S qui y est attaché dans R; or il est certain qu'un homme versé dans les Mechaniques, sçait fort bien que la même chose arrivera, soit que l'air se meuve de-bas en-haut, soit que les aîles se baissent.

Je voudrois pouvoir substituer ici quelque machine connuë, qui fût propre à faire voir la vraie maniere dont les aîles agissent, & montrer d'une maniere plus claire à ceux qui ne sont pas versez dans la Mechanique, comment l'oiseau peut se soûtenir & avancer dans l'air, lorsqu'avec les aîles, dans le tems que les plumes se plient en-haut, il frappe l'air de-dessous, en faisant décrire à ces aîles une ligne éxactement circulaire; mais il faut avouer que je n'en connois point.

Il arrive quelque chose de semblable, quoique très-imparfait dans les aîles de nos moulins-à-vent, de même que dans les vaisseaux qui marchent aiant le vent de côté; ce qui fait voir seulement comment le vent qui souffle d'un point, fait mouvoir en-avant les aîles d'un moulin ou les voiles d'un vaisseau, en les rapprochant l'une de l'autre: cela arrive en quelque façon aux aîles d'un oiseau, lorsqu'il vole; mais cela ne représente point la vraie maniere dont il vole.

Cependant pour dire quelque chose qui ait un peu plus d'analogie avec le mouvement des aîles, qu'on attache une demie feüille de papier à un petit morceau de bois, ou à un petit bâton, de la même maniere que l'on attache le drapeau au bâton d'un enseigne, le bâton représentera l'aîle; & le morceau de papier, les plumes, lequel ne doit point pendre en-bas au-dessous du bâton, mais il faut qu'il reste élevé dans l'air. Si vous mouvez le bâton de haut-en-bas, en lui faisant décrire une ligne éxactement circulaire, & si vous faites cela un peu vîte, vous verrez que le papier ira d'abord de-bas en-haut, & ensuite de-derriere en-avant, ce qui peut vous servir à vous former une idée grossiere de la maniere dont l'oiseau se meut en s'élevant & en avançant en même-tems, & c'est en cela que le vol consiste; en effet la même chose arrive à chaque aîle de chaque côté de l'oiseau, lorsqu'elle frappe l'air inférieur.

De la structure admirable des aîles. Tout homme qui après avoir consideré attentivement ce qui vient d'être dit, comprend ce que nous avons dit du vol des oiseaux, verra que pour faire voler un oiseau, les plumes de ses aîles doivent être premierement legeres, afin qu'elles ne l'embarassent point: secondement, fléxibles; & en troisiéme lieu, roides & élastiques; c'est-à-dire, il faut qu'après avoir été

pliées,

pliées, elles reprennent leur état naturel par leur propre ressort.

A préfent éxaminons les aîles telles qu'on les obferve dans les oifeaux, & nous trouverons:

I. Que les tuiaux auxquels les plumes font attachées, font creux, afin qu'ils foient legers, & qu'ils font pourtant roides & durs, étant compofez d'une fubftance mince & offeufe.

II. Le refte où la partie inférieure du tuiau ne devoit pas être infléxible, parce qu'il étoit néceffaire que dans le tems que l'aîle frappoit l'air inférieur, elle pût fe fléchir, & ceder à la réfiftance de l'air, afin que les deux aîles puffent fe rapprocher l'une de l'autre, & pour qu'elles rencontraffent l'air obliquement; par-là l'oifeau eft pouffé en avant. Nous trouvons que cette partie du tuiau eft remplie d'une matiere qui eft très-fléxible & legere, & qui ne fe trouve que dans les plumes où elle foit précifément néceffaire; il femble en effet qu'on ne fçauroit la regarder ni comme un os, ni comme de la chair, ni comme une membrane ou un tendon.

III. Mais ce n'eft pas affez que les tuiaux foient fléxibles, il étoit d'ailleurs néceffaire que dans le mouvement perpendiculaire des aîles ils fuffent affez durs pour agir avec quelque force fur l'air, & qu'après avoir été pliez en-haut par cette action, ils puffent dans l'élevation de l'aîle reprendre leur premier état & leur figure concave.

Or tout ceci fe rencontre dans la ftructure du tuiau des plumes, car dans fa partie extérieure & circulaire il eft couvert d'une écorce qui eft un peu dure; & fous cette enveloppe dans la cavité on obferve deux éminences qui forment deux lignes paralleles l'une avec l'autre (cela eft vifible dans une plume à écrire) ces lignes couvrent & environnent cette matiere admirable, comme les os environnent la moelle. Pour voir que cela les rend fléxibles, roides & élaftiques, il fuffit de les plier un peu, & de les laiffer aller après cela tout d'un coup.

IV. Mais afin que l'air ne s'infinuë pas dans la fubftance de la plume, & que par-là il ne rende pas la force des aîles inutile, il y a dans les côtez de la plume des fibres latérales ou transverfales, qui, outre qu'elles ont de l'élafticité, s'attachent auffi l'une à l'autre, pour empêcher que l'air n'entre; mais ceci ne fçauroit avoir lieu dans les plumes où il y auroit des pores: on obferve que ces interftices font couverts de petites plumes qui vont toû-

C c c

jours en diminuant, comme les écailles d'un poisson, elles sont placées l'une sur l'autre, & empêchent ainsi que l'air ne trouve aucun passage à travers les plumes.

Nonobstant tous ces usages, chaque plume se trouve disposée de maniere qu'elle ne peut causer aucun embaras à l'oiseau lorsqu'il vole.

Pour voir avec quel art tout s'y trouve disposé, il suffit d'observer que chaque partie ressemble, quant à la structure, à une grosse plume, & qu'elle a un long corps qui la parcourt d'un bout à l'autre, & de petites fibres laterales; pour en être convaincu, il suffit d'éxaminer une petite particule d'une de ces petites plumes avec un bon microscope.

Après tout cela pourra-on s'imaginer qu'une simple plume sans le secours d'un Etre qui agit par des vûes dans tout ce qu'il fait, ait été disposée d'une maniere si admirable? Sa dureté, son ressort, la substance particuliere qui la compose, sa legereté, sont-ce là des effets du hazard? Est-ce lui qui l'a placée précisément dans cet endroit de l'aîle où elle peut être utile? Est-ce de lui qu'elle a reçu toutes ses autres proprietez nécessaires pour le vol des oiseaux?

Autres réfléxions sur la structure des oiseaux.

On pourroit encore faire ici plusieurs autres remarques sur la structure des oiseaux: Un homme qui auroit vû que les petits oiseaux qui ont accoûtumé de faire leurs nids dans des haies pleines de ronces, sont pourvûs d'une membrane particuliere & qu'ils s'en servent pour se couvrir les yeux, & les préserver contre les piquûres en passant à travers les ronces, & que cette membrane est transparente comme les paupieres de beaucoup d'autres animaux, afin que quand elle couvre l'œil les oiseaux ne soient pas privez de la vûe; un homme, dis-je, qui auroit éxaminé cela, oseroit-il assurer que si cette membrane ne se trouve précisément que dans certains oiseaux qui en ont besoin, c'est sans aucun dessein?

Qu'on considere la structure des jambes des oiseaux, sur-tout celles de ceux qui ont accoûtumé de se tenir sur des branches d'arbres, pourra-t-on s'imaginer qu'il n'y a pas d'industrie en cela? Premierement, il y a (planche XVII. fig. 3.) un muscle H C, placé le long de l'os de la cuisse B C, & dont l'origine est dans H; son tendon I K qui contracte les doigts du pied de l'oiseau, s'étend autour de l'angle B I K, qui est un angle que l'os de la cuisse H C forme avec le suivant C D; & afin que

LIVRE II. CHAPITRE VII.

dans le mouvement ces tendons ne viennent pas à changer de place, ils passent dans une guaine, comme Borelli l'assure, §. 149, ce qu'il a éxaminé dans les aigles, les faucons, les cygnes, &c. En second lieu, il y a d'autres muscles, comme K C, qui servent aussi à fermer les doigts E G, & qui s'unissent par leurs tendons dans K avec le précédent I K ; ils environnent l'autre angle C D E, & de-là renfermez dans des guaines qui semblent avoir été faites exprès, ils s'étendent le long de D E G jusqu'aux angles dans E & G. En troisiéme lieu, lorsque les os B I, I D, D E, forment une ligne droite, les tendons ne sont point étendus, & par conséquent les doigts du pied restent étendus, & forment comme une figure d'étoile. En quatriéme lieu, les os B C D E, formant des angles aigus, & étant comme, pour ainsi dire, forcez de rester l'un sur l'autre, ce tendon étant étendu, les doigts du pied se ramassent; de sorte que Borelli assure qu'il ne pouvoit point sans beaucoup de peine, faire entrer un petit bâton pointu entre les griffes fermées d'un aigle ou d'un faucon, quoiqu'ils fussent morts.

On fait communément une expérience, la voici : On met sur une table un poulet mort sur son dos, & on étend ses pieds ; alors on verra que les doigts de ses pieds se contracteront & s'étendront quand on rapprochera la cuisse ou la jambe du corps du poulet; & ensuite en mettant le doigt entre les doigts du poulet, on appercevra aisément que par le moien de cette infléxion ils se resserrent, de sorte que les oiseaux peuvent se tenir sur les branches d'arbres sur lesquelles ils dorment, sans le secours d'aucun autre muscle. Par-là on voit aussi la cause qui fait que cette espece d'oiseaux étendent leurs griffes & forment comme des raions de cercle toutes les fois qu'ils avancent leurs jambes en avant, afin de s'appuier plus fortement en les dilatant; ce qui, sans le secours d'aucun muscle particulier, résulte uniquement de la structure du pied, & est d'un grand usage qui fait que ces animaux marchent commodément. On peut faire la même expérience sur des moineaux morts, & sur d'autres petits oiseaux.

Quelqu'un croira-t-il que dans la disposition des tendons qui servent à mouvoir les griffes, il n'y a rien qui marque un dessein déterminé? sur-tout lorsqu'on voit que l'oiseau R S se reposant sur la petite branche F G, peut, selon cette supposition, dormir en sûreté sans craindre de tomber, quoique ses muscles

Ccc ij

fuſſent dans l'inaction ; car lorſque l'oiſeau R S, après avoir mis ſa tête ſur la partie poſtérieure de ſon corps O, & s'être mis ainſi en équilibre ſur ſes pieds, il ſe repoſe en appliquant la pointe du ſternum ſur la branche : ſi l'agitation du vent ou quelqu'autre accident le mettoit en danger de tomber, la contraction forte de ſes griffes vient à ſon ſecours ; que pour rendre cette contraction beaucoup plus forte, il faille que l'oiſeau ſe baiſſe ſeulement, & plie BCDE par ſon poids, c'eſt une choſe que Borelli & l'expérience démontrent : mais pour tout homme qui n'a ſeulement que des yeux pour obſerver le ſoin que Dieu prend de toutes les créatures, ſans en excepter même les oiſeaux, cela doit lui ſervir de démonſtration ſenſible d'une grande bonté & d'une grande ſageſſe ; l'induſtrie de l'Etre Créateur a tellement diſpoſé ces animaux par rapport à leurs os, leurs muſcles & leurs tendons, que ſans aucune peine de leur côté, ou ſans qu'il ſoit néceſſaire qu'ils s'éveillent, leur propre poids & leur figure les empêche de tomber dans des circonſtances où perſonne ne s'imagineroit qu'ils pourroient reſter une minute ſur une branche.

Des pieds des oiſeaux d'eau. Qu'on ne diſe pas que cette ſtructure eſt inutile à pluſieurs oiſeaux qui vivent ſur la terre & dans l'eau ; les canards, les oyes & les cygnes, ſe ſervent de leurs pieds en nageant, comme les hommes ſe ſervent d'avirons ; & leurs pieds ſont tellement diſpoſez, qu'étant pouſſez en arriere, la réſiſtance de l'eau les fait dilater, & donne à l'animal une plus grande force pour continuer ſon mouvement progreſſif ; cependant nous pouvons obſerver que s'ils avoient pouſſé en avant leurs pieds dans toute leur étenduë, l'oiſeau auroit été obligé de reculer à proportion : c'eſt donc pour cette raiſon que la contraction de leurs pieds eſt néceſſaire, (ce qu'on peut obſerver dans l'évantail, mais d'une autre maniere), afin de pouvoir avancer leurs pieds, ſans donner un trop grand coup à l'eau ; leurs pieds ſe contractent auſſi par le moien des tendons, qui, lorſqu'ils plient les jambes, en haut, rapprochent les doigts l'un de l'autre ; cela ſeul ſuffit, ſans le ſecours d'aucun autre mouvement. On peut faire cette expérience, comme la précédente, ſur un canard mort.

De la queuë des oiſeaux. Après avoir parlé au long de la ſtructure & de l'uſage des aîles, ajoûtons encore quelque choſe ſur le vol des oiſeaux, dont nous avons déja dit quelque choſe au ſujet de leur mouvement horizontal. Quand il n'y auroit eu dans la ſtructure d'un oiſeau

LIVRE II. CHAPITRE VII. 389

que ce que nous avons dit, cela seul auroit été une preuve irréfragable de la sagesse de Dieu ; mais que cette preuve nous paroîtra bien plus surprenante, si nous éxaminons une autre partie que Dieu a donnée à ces animaux, pour les mettre en état de voler perpendiculairement ! c'est-à-dire, directement en haut ou en-bas ; je veux dire, la queuë, qui est par rapport à eux ce que le gouvernail est par rapport à un vaisseau. Lorsque l'oiseau monte selon la ligne B F fig. 4. il éleve sa queuë dans B H, & en descendant il la baisse vers B I ; qu'elle ne serve de rien, ou du moins pour l'ordinaire, dans le mouvement lateral à droite ou à gauche, cela paroît évident par sa structure. On en peut voir les autres raisons dans Borelli, prop. CXCVIII. & CXCIX. Cet Auteur nous apprend que lorsque les oiseaux qui volent horizontalement, sans monter ou descendre, se détournent promptement à droite ou à gauche, ils meuvent l'aîle du côté opposé avec plus de rapidité, & d'une maniere tout-à-fait singuliere, comme lorsqu'un homme se sert de son bras & de sa main, lorsqu'il veut se tourner en nageant ; il semble assez que les oiseaux qui ont les jambes longues, minces & étenduës en arriere, s'en servent aussi comme de gouvernail lorsqu'ils se détournent d'un côté ou d'autre.

Il reste encore une chose qui paroît merveilleuse, sçavoir, la descente perpendiculaire des oiseaux d'une hauteur un peu considérable, sans qu'ils tombent à plat sur la terre tout d'un coup ; car il semble que la rapidité de leur chûte augmente par la pesanteur de leurs corps. Ceux qui se sont donné la peine d'observer avec quel art les oiseaux se servent de leurs aîles pour modérer & arrêter leur mouvement progressif, & comment ils dilatent leurs queuës, doivent au moins reconnoître que ces animaux sont pourvûs de tout ce qui est nécessaire pour voler, & pour les différens usages de leurs aîles & de leurs queuës.

Après tout ce qui vient d'être dit, je ne m'arrêterai plus sur la structure merveilleuse que les Mathématiciens admirent dans les oiseaux ; leur centre de gravité reste toûjours dans leur poitrine sous l'origine des aîles, & il ne fait que les mettre en état, lorsqu'ils flottent dans l'air, sans leur causer aucun embaras, de disposer leurs aîles, leurs jambes, & leurs autres parties selon leurs différens usages. Ainsi nous voyons que les muscles qui servent au mouvement des aîles, s'inserent dans leur poitrine ;

Du centre de pesanteur & de la force des muscles de leurs aîles.

de sorte même que le muscle leve les aîles, & que d'ailleurs ce qu'on auroit dû trouver dans le dos, se trouve placé dans la poitrine, & passe par un trou fait exprès pour s'aller rendre aux jambes, afin de faire ses fonctions. Vous pouvez voir là-dessus Borelli, prop. clxxxiv, où, outre ce qui vient d'être dit, ceux qui voudront consulter l'Ouvrage de cet Auteur, trouveront encore beaucoup d'autres choses pour les convaincre de la sagesse adorable de celui qui a créé tous les animaux.

Pour ne parler que d'une chose qui paroît incroiable, pourroit-on s'imaginer que la force des muscles qui meuvent les aîles, est dix mille fois plus grande que le poids de l'oiseau qui vole avec ces aîles? Si on veut en être plus amplement instruit, on n'a qu'à consulter le même Auteur, prop. clxxxiii & clxxxiv. Nous avons déja donné une courte démonstration de la force des muscles de l'homme, de sorte que ceci ne paroîtra pas incroiable à ceux qui entendent ce que nous avons dit.

Un homme qui réfléchit sur tout ce que nous avons dit des oiseaux, & qui comprend combien de choses concourent au même but, dans une créature aussi petite qu'un oiseau, peut s'imaginer que ce n'est pas un Etre sage qui a formé & disposé cette créature, telle qu'il la trouve dans toutes ses circonstances. Qu'il contemple un moineau, un chardoneret, un serein de Canarie, & quelqu'autre petit oiseau, & qu'il se demande ensuite à lui-même, s'il est concevable que dans le peu de matiere d'un animal si leger, on trouve par un pur hazard un si grand nombre d'instrumens, dont quelques-uns servent pour digerer les alimens, d'autres pour la génération; d'autres pour marcher, d'autres pour voler; & tous sont si bien ajustez par rapport à l'usage auquel ils sont destinez, que les Mathématiciens & les Naturalistes les plus sçavans de ce siécle n'en ont souvent parlé qu'en des termes pleins d'admiration & d'étonnement.

C'est un miracle que les poissons vivent dans l'eau.

Nous ne repéterons point ici ce que nous avons dit des poissons dans le chapitre de l'Eau, & nous ne chercherons qu'à prouver plus au long par-là la bonté du Créateur, qui a rempli les mers les plus profondes & les rivieres de toute sorte de poissons, & afin que ces vastes espaces ne demeurassent pas inutiles; dans certains Païs les poissons servent de pain, & dans d'autres de mets exquis; leur varieté satisfait le goût des hommes. Qui pourroit croire, si on ne le voioit, que dans l'eau où les autres animaux ne sçauroient vivre que très-peu de

LIVRE II. CHAPITRE VII.

tems, on y trouve une espece particuliere d'animaux qui peuvent y vivre, s'y mouvoir, y engendrer? Quand même on auroit consulté les plus sages de tous les hommes, pourroit-on dire de quelle maniere un poisson doit être formé pour pouvoir se conserver dans l'eau, & quelle différence il y auroit entre le sang & les autres humeurs de cet animal, & celles des autres animaux qui vivent dans l'air ?

Mais pour ne pas nous arrêter à des réfléxions generales, passons à quelque chose de particulier : Comment est-ce qu'un oiseau, par la seule force & le mouvement de ses ailes, peut se soûtenir dans l'air & voler en même-tems ? C'est une chose que nous venons de faire voir. Mais peut-on observer, sans surprise, comment un poisson éleve son corps jusqu'à la superficie, & descend ensuite au fond de l'eau, sans presqu'aucun mouvement sensible, ou comment il peut flotter par tout sans monter ni descendre ?

Plusieurs expériences sur la maniere dont les poissons se balancent & se tiennent dans l'eau & contre l'eau.

Si la pesanteur des poissons ne varioit jamais, comme elle ne différe pas beaucoup de celle de l'eau, il est certain qu'en passant d'une eau legere dans une plus pesante, c'est-à-dire, de l'eau douce dans l'eau salée, ils surnageroient ; au contraire en passant de l'eau salée dans l'eau douce, ils iroient au fond précisément de la même maniere que nous voions couler à fond un œuf dans l'eau douce & flotter dans l'eau salée ; ainsi afin que les poissons puissent monter & descendre, & rester dans le même endroit de l'eau, sans se servir du mouvement d'aucune force externe, il sembloit nécessaire, que, selon les circonstances, leur pesanteur, par rapport à un égal volume d'eau, pût augmenter & diminuer, sur-tout à cause que les différentes eaux où ils habitent, deviennent souvent plus legeres ou plus pesantes, non-seulement par une quantité de sel plus ou moins grande, mais aussi par le mélange des autres corps étrangers.

Est-ce sans aucun dessein que la plûpart des poissons sont de vraies machines hydrostatiques, & que par le moien de leur structure ils peuvent monter ou descendre, comme bon leur semble, ou, selon que l'eau est plus ou moins pesante, diminuer ou augmenter leur pesanteur relative ?

Nous n'avons qu'à ouvrir le ventre d'une carpe, d'un brochet, d'une anguille, &c. nous y trouverons une petite vessie semblable à B D, (planche XVII. fig. 5.) qui leur sert pour tous les usages dont nous avons parlé.

Pour en donner une idée, supposons le poisson M C, (planche

XVII. fig. 6.) placé dans l'eau; on voit une veſſie DB dans ſon ventre à l'endroit q; elle eſt gonflée par l'air qu'elle renferme, de telle ſorte que le poiſſon ſe trouve préciſement auſſi peſant qu'un égal volume d'eau EF : on voit par-là que ce poiſſon doit reſter en quelqu'endroit de l'eau qu'il ſoit placé, ſans monter ou deſcendre, pendant tout le tems qu'il empêchera, ſoit par les muſcles du ventre, ſoit par ceux de la petite veſſie, que l'air qui y eſt contenu, ne ſe dilate davantage, & n'augmente la cavité de la veſſie.

Mais comme l'air qu'elle renferme tâche continuellement de s'étendre, la veſſie B D doit ſe dilater davantage, lorſque la contraction des muſcles ceſſera d'être ſi forte, comme en b d dans p; le poiſſon aiant groſſi à proportion ſans l'addition d'une nouvelle matiere, deviendra plus leger qu'un égal volume d'eau; & ainſi pendant tout le tems que cela durera, il montera depuis q juſqu'à p.

Enfin l'air étant comprimé de tous côtez, il occupera moins d'eſpace qu'auparavant; ſi le poiſſon M C par la contraction des muſcles preſſe l'air interne, & rétrécit la veſſie BD, il eſt évident par les loix de l'Hydroſtatique que le poiſſon deviendra par-là plus peſant qu'une égale quantité d'eau, & qu'ainſi il deſcendra depuis q juſqu'à d.

Pour donner au Lecteur une idée groſſiere de la choſe, ſuppoſons ſeulement qu'un homme nage, ſoûtenu par deux veſſies gonflées d'air; dans ce cas-là il ſera aiſé de concevoir, que s'il pouvoit dilater à ſa fantaiſie les veſſies, lorſqu'elles n'occuperoient que très-peu d'eſpace, elles monteroient dans l'eau; & qu'au contraire elles deſcendroient lorſqu'elles ſeroient fort comprimées; & s'il pouvoit trouver le moien de rendre les veſſies trop groſſes pour deſcendre & trop petites pour monter, il reſteroit dans l'endroit de l'eau qu'il voudroit.

Une preuve remarquable que ces veſſies ont le même uſage dans les poiſſons, c'eſt celle qu'on trouve dans la xxix. propoſ. de Borelli, où il rapporte qu'après avoir gardé un poiſſon dans un lieu privé d'air, la veſſie en créva; après quoi on jetta le poiſſon dans un baſſin, où, pendant l'eſpace d'un mois qu'il vécut, il ne put jamais monter en nageant, il étoit toûjours au fond où il rampoit comme un ſerpent.

Parmi mes expériences j'en trouve une, qui ſemble fournir quelque éclairciſſement à cette matiere; la voici : Nous prîmes

deux

LIVRE II. CHAPITRE VII.

deux goujons, & nous les mîmes dans de l'eau sous un récipient de verre, ensuite en pompant l'air nous observâmes qu'ils montoient à la superficie, sans qu'il leur fût possible de descendre; après quoi ils enflerent tellement, que les yeux leur sortoient de la tête; mais en y laissant entrer un peu d'air, leurs yeux rentrerent à l'instant; deux phénoménes qui ne manquoient jamais d'arriver, toutes les fois qu'on pompoit, ou qu'on laissoit entrer l'air, sans qu'ils y contribuassent en rien par leur mouvement.

La raison de cela, c'étoit que l'air se dilatoit dans la vessie, dans le tems qu'on pompoit l'air qui l'environnoit; de sorte que la petite vessie venant à se gonfler, le poisson se trouvoit plus leger qu'un égal volume d'eau, & c'est ce qui le faisoit surnager; mais en y laissant rentrer l'air, la vessie se trouvoit comprimée & devenoit plus petite, & le poisson pesoit plus qu'un égal volume d'eau, & descendoit ainsi au fond.

Pour rendre encore la chose plus visible, nous prîmes une vessie de cochon où il n'y avoit que très-peu d'air, nous l'attachâmes à une petite pierre pour la faire descendre au fond de l'eau sous le récipient, & nous laissâmes flotter sur l'eau la petite vessie d'un poisson; nous apperçûmes qu'après un seul coup de pompe la petite vessie de poisson se dilata, & la vessie de cochon attachée à la petite pierre, monta & surnagea; mais au contraire, en laissant rentrer l'air, les deux vessies se rétrécirent & devinrent plus petites, & la derniere se précipita au fond.

Nous fîmes une autre expérience qui prouve la même chose: Nous remplîmes une petite bouteille A, (planche XVII. fig. 7.) jusqu'au point qu'étant renversée, il restoit un peu d'air par-dessus l'eau à l'endroit A', & nous la mîmes sans la boucher dans un grand vase rempli d'eau, elle descendit au fond; mais ensuite le vase MNQP étant mis sous le récipient de la machine pneumatique: & l'air qui pressoit sur la superficie de l'eau MN étant pompé, l'air qui étoit dans la petite bouteille à l'endroit A, ne trouvant plus la même résistance, se dilata d'une maniere sensible, & obligeant l'eau de sortir de la bouteille, il fit monter la bouteille jusqu'à B; mais quand j'eus rétabli la pression de l'air sur l'eau MN, la bouteille descendit de nouveau, à cause que l'air étoit comprimé dans B, & occupoit ainsi moins d'espace, & l'eau rentra dans la bouteille, & la rendit plus pesante. Vous pouvez répéter ceci tant de fois que vous vou-

394 L'EXISTENCE DE DIEU.
drez, pourvû qu'au commencement vous n'aiez pas trop rempli la bouteille.

L'effet du froid & de la chaleur d'une colomne d'eau plus ou moins grande fur les poiſſons, prouvé par des expériences.

Mais ſi l'air enfermé dans la petite veſſie du poiſſon étoit toûjours le même, & ſi ſa quantité ne changeoit jamais, il eſt ſûr que l'eau par ſa peſanteur, ſelon qu'elle ſeroit plus ou moins comprimée, preſſeroit plus ou moins cet air, comme il arrive durant le froid ou durant la chaleur; la conſéquence de cela ſeroit, que les poiſſons ſe trouveroient ſouvent obligez de monter ou deſcendre malgré eux-mêmes.

Pour en donner un éxemple, faiſons entrer peu-à-peu de l'eau dans la petite bouteille autant qu'il en faut pour la faire deſcendre fort lentement & par degrez, de ſorte que cette bouteille ne ſurpaſſe pas de beaucoup le poids de l'eau externe, & qu'elle reſte dans A; après mettons le vaiſſeau MNQP ou auprès du feu ou au Soleil, alors l'air ſe dilatant dans A par la chaleur de l'eau, fera ſortir un peu d'eau de la petite bouteille; & la bouteille devenant par-là plus legere, s'élevera juſqu'à D; mais ſi vous laiſſez réfroidir l'eau externe, l'air ſera plus comprimé, & réduit à occuper un plus petit eſpace dans la bouteille, & l'eau en y rentrant la fera deſcendre de nouveau au fond dans A.

Mais pour faire voir auſſi qu'une plus grande colomne d'eau peut produire le même effet, & que l'air de la bouteille peut être comprimé ſans un plus grand degré de froid que lorſque la bouteille eſt plus près de la ſuperficie de l'eau, prenez la bouteille E, & en y mettant plus ou moins d'eau, vous pouvez lui donner un tel degré de peſanteur, qu'en la laiſſant elle flottera ſur la ſuperficie de l'eau MN; mais ſi vous la pouſſez ou ſi vous y ajoûtez tant ſoit peu d'eau, elle coulera au fond: ſi vous prenez un bâton pour faire deſcendre la petite bouteille E juſqu'à O, vous l'y verrez toûjours deſcendre, quoique vous l'éleviez un peu; & enſuite lorſqu'elle aura monté vers MN, vous la verrez toûjours flotter, quand même vous la pouſſeriez un peu en-bas. On peut auſſi la mouvoir ſouvent au milieu de l'eau, horizontalement d'un côté & d'autre, entre N & P, ſans qu'elle monte ou deſcende, ſi vous pouvez trouver éxactement le milieu D; & en tenant la bouteille avec un bâton aſſujettie contre le côté du vaiſſeau, juſqu'à ce qu'elle ne remuë plus du tout, elle reſtera dans l'endroit où vous la laiſſerez.

Ceux qui ſont verſez dans l'Hydroſtatique, n'ignorent point

LIVRE II. CHAPITRE VII.

la raison de ce phénoméne, cela vient de ce que la bouteille étant dans O, où il y a une force qui la pousse en-bas, comme FR, & une autre en-haut, comme FS; mais étant dans D, la force FH la presse en-bas, & la force FI en-haut. Nous voyons par-là que cette bouteille est par tout entre deux forces, qui pressent l'une contre l'autre, & qui sont plus grandes dans O, & plus petites dans D, ou même plus haut : ainsi l'air dans O étant plus comprimé que dans D, & étant aussi plus serré & plus dense, la bouteille est plus pleine d'eau, & par conséquent elle pese plus dans O que dans D ou E; elle doit descendre dans O, s'élever dans E, & rester en équilibre dans D, qui est l'endroit où l'on suppose que la bouteille avec l'eau & l'air qu'elle contient tout ensemble, est égale en pesanteur à un égal volume d'eau.

Au lieu de cette bouteille supposons à present une petite vessie, qui contient assez d'air, afin qu'en hiver le poisson puisse monter à la superficie de l'eau par le moïen de la dilatation de cet air; & qu'étant parvenu à la superficie de l'eau, il puisse sans beaucoup de peine contracter la vessie & l'air qui est dedans, jusqu'à ce qu'il puisse ou rester au même endroit ou descendre : dans ce cas-là il est évident que la chaleur de l'été survenant, cet air qui étoit assez dilaté pour l'hiver, étant encore le même quant à sa quantité, se dilatera beaucoup plus par la chaleur, & empêchera le poisson de descendre, à moins qu'il n'emploie toute sa force.

Le même inconvenient arriveroit, s'il y avoit moins d'air dans la vessie, & s'il n'y en avoit précisément que ce qu'il en faudroit pour que le poisson pût aisément se tenir à la surface de l'eau en été; car au retour de l'hiver, ou lorsque les poissons descendroient plus bas, le froid étant plus grand, & les poissons plus comprimez par les colomnes d'eau, la vessie se contractant indépendamment du poisson, il faudroit une grande force pour le faire remonter; de sorte que dans le changement des saisons, le poisson auroit souvent trop d'air en été, par exemple, & trop peu en hiver : & en passant dans des eaux de différente pesanteur, les poissons se trouveroient avoir une trop grande quantité d'air, ou trop peu dans leurs petites vessies; pour éviter tous ces changemens fâcheux, & pour passer commodément d'un endroit à l'autre, ils seroient contraints de rester toûjours dans une eau de même pesanteur, & autant qu'il seroit possible dans la même

Ddd ij

profondeur & au même degré de chaleur ou de froid.

Afin de prévenir tous ces inconveniens, il semble que le moien le plus court c'étoit de donner aux poissons le pouvoir d'augmenter ou de diminuer la quantité de l'air de leurs petites vessies, suivant que l'occasion le demanderoit, & c'est ce qui se trouve aussi par un effet de la sagesse de Dieu, puisque les petites vessies communiquent avec l'estomac par le moien d'un petit canal étroit; de sorte qu'ils peuvent diminuer la quantité de l'air de la vessie en le vuidant par la bouche, & l'augmenter en l'attirant de nouveau. M. Borelli, prop. CXI. part. I. a fait une observation là-dessus; il dit qu'on trouve la petite vessie vuide, lorsque le poisson placé dans le vuide, a rendu une grande quantité de bulles d'air par la bouche; & c'est peut-être pour avaler de l'air, que nous voions souvent les poissons remuer leur bouche vers la surface de l'eau près de l'air.

Que de merveilles dans tous ces phénomenes! Les hommes, les animaux quadrupedes, &c. doivent vivre sur la terre; ils ont des pieds pour se transporter en divers lieux; les poissons doivent vivre dans un fluide, les pieds & les mains leur eussent été presque inutiles, mais ils ont une machine qui se gonfle & qui se rétrécit; selon l'espace qu'occupe cette machine, les poissons montent ou descendent. Les hommes on tenté d'élever des corps pesans avec un globe de cuivre creusé; on sçait premierement que sa circonference doit être de matiere pesante, de crainte qu'étant mince elle ne pût pas résister à la pression de l'air externe dans le moindre accident; & outre cela, quoiqu'on n'observât pas tout ceci, il devroit être cependant d'une grandeur si prodigieuse, qu'il n'y auroit point d'oiseau chargé d'une pareille machine, qui fût en état de voler. D'ailleurs afin qu'une boule creuse de cuivre & vuide d'air, sans soûlever aucun corps pesant, pût monter toute seule & d'elle-même dans l'air, selon la supputation de Mr Leibnitz, dans les Transactions Philosophiques de Berlin, publiées l'an 1710, pag. 127, le demi-diamétre de sa grandeur doit être vingt mille fois plus long que l'épaisseur du métal qui doit composer la croute dudit globe; de sorte que cette boule étant épaisse d'un pouce (quoique peut-être cela ne suffiroit pas pour résister à la pression de l'air externe) sa grandeur seroit de plus de mille pieds. Je me suis étendu ici un peu plus que je n'aurois fait, pour démontrer que la structure

LIVRE II. CHAPITRE VII.

des poissons est entierement opposée à celle qui est en usage pour faire voler les oiseaux, & qu'on ne sçauroit nier qu'afin de faire monter & descendre les oiseaux & les poissons, chacun dans le fluide qui lui est propre, il ne faille nécessairement employer différens moiens; & comme cela se fait d'une maniere si parfaite dans les uns & les autres, je laisse encore à juger, si cela ne démontre pas avec la derniere évidence la sagesse & la liberté du Créateur?

Outre cela, nous observons qu'il y a des milliers de poissons, qui, afin d'avancer dans l'eau lorsqu'ils nagent, ne se servent point de nageoires comme de rames pour ramer, c'est de la queuë qu'ils se servent, de la même maniere qu'un Battelier se sert d'une rame placée à la poupe d'un batteau pour le faire avancer. *Les poissons se servent de la queuë pour nager.*

Comme les poissons n'ont besoin d'aucun mouvement externe pour monter ou descendre, ainsi que nous l'avons fait voir, quand ils ont fait un mouvement par le moien de la queuë qui sert à les faire avancer, ils ne sont plus obligez de la retirer en arriere pour la disposer & pour repéter le même mouvement progressif: les oiseaux sont contraints de le faire avec leurs aîles, afin de pouvoir chaque fois frapper perpendiculairement sur l'air pour s'y soûtenir; mais les poissons en mettant leur queuë dans le même endroit & la même disposition qu'auparavant, agissent avec la même force de l'autre côté, ce qui contribuë autant à leur mouvement progressif que le premier coup. Est-ce par un pur hazard que la queuë du poisson est large comme une rame, pour pouvoir agir avec plus de force sur l'eau, & qu'elle est composée d'une membrane forte qui est pourtant fléxible; que les muscles du dos sont tellement disposez, qu'ils ont assez de force pour mouvoir la queuë? Cette force est même si violente que dans les gros poissons, comme dans les baleines, on a de la peine à lire les Relations qui en font mention, sans être surpris.

Comme dans tous les corps qui flottent dans l'eau, la partie la plus lourde tend toûjours en-bas, selon les loix de l'Hydrostatique, ne s'ensuivroit-il pas de-là, que, puisque le dos du poisson, (ce qui est tout contraire dans l'oiseau) est la partie la plus pesante de son corps, il devroit être toûjours dans l'eau le ventre en-haut, comme il arrive communément dans les poissons morts, parce qu'alors l'air qu'il contient venant à se dilater, le poisson est obligé *L'usage des nageoires.*

de surnager & de tourner le ventre en-haut, parce que le dos est non-seulement plus pesant que le reste, mais parce que le ventre par la dilatation de l'air de la petite vessie se trouve alors plus leger que lorsque le poisson est en vie ?

Peut-on donc s'imaginer que la sagesse du Créateur n'ait pas prévû cela en formant les poissons, auxquels il a donné la faculté de nager, le ventre toûjours tourné en-bas, avec deux nageoires posées sous le ventre? On peut trouver cette matiere parfaitement traitée dans la prop. CXIII. de Borelli, qui, aiant coupé les nageoires à un poisson, & l'ayant jetté après cela dans l'eau, il observa qu'il alloit toûjours sur un côté ou sur l'autre, sans pouvoir se soûtenir dans la situation ordinaire & naturelle des poissons.

Mais outre cela, afin qu'il ne manquât rien aux poissons de tout ce qui est nécessaire pour nager, il semble qu'il leur manquoit encore la faculté de pouvoir s'arrêter commodément, & de se tourner à droite ou à gauche dans leur route; rien de tout cela ne pouvoit s'exécuter avec la queuë sans beaucoup de peine. C'est dans cette vûë que les poissons sont pourvûs de deux nageoires aux côtez, avec lesquelles ils s'arrêtent lorsqu'ils les étendent toutes les deux; & s'ils n'en étendent qu'une, ils peuvent se tourner du même côté de la nageoire étenduë : nous voions précisément la même chose dans un batteau qui tourne du côté où l'on tient l'aviron dans l'eau pour l'arrêter.

Les animaux qui vivent dans l'air, ne voient que confusément dans l'eau.

Il n'est point d'homme qui ait plongé dans l'eau les yeux ouverts, qui ne sçache qu'à la vérité on voit bien le jour & les couleurs des objets, mais que tout paroît confus. Nous avons déja fait voir dans la planche XI. fig. 2. que les raions de lumiere B C, & B C venant du point B dans l'air, s'écartant continuellement l'un de l'autre, trouvent dans l'œil une humeur aqueuse, à travers laquelle ils ne passent point directement du point C, selon les lignes g g, mais qu'ils souffrent une réfraction en se rapprochant l'un de l'autre dans C D; cette réfraction étant réitérée une seconde & troisiéme fois dans D & E, ils se réunissent au fond de l'œil dans b; la vûë distincte ne consiste qu'à bien ramasser les raions qui procédent du point B, dans le seul point b.

Supposons que cet œil, de même que le point B, sont dans l'eau, alors les raions B C & B C sortiront de l'eau pour passer dans l'humeur aqueuse C C; & comme, afin qu'ils puissent se

LIVRE II. CHAPITRE VII.

rompre, ils doivent aussi quitter le milieu à travers lequel ils passent, ces raions qui sont dans l'eau, lorsqu'ils passent dans C, ne se rompront point vers DD, mais ils iront directement vers g g jusqu'au cryftallin S T ; de sorte que, quoiqu'ils soient rompus selon l'ordinaire en passant à travers le cryftallin dans D & E, cependant la premiere réfraction dans C leur manquant, ils ne pourront plus se rapprocher assez près l'une de l'autre, pour se ramasser précisément dans le seul point b qui est au fond de l'œil : ils ne devront se réunir que dans un point plus éloigné derriere l'œil, par éxemple, dans K ; cela fera que les raions de chaque point, comme du point B, rempliront tout l'espace M n du fond de l'œil ; la même chose arrivant aux autres points de l'objet près de B, les raions de ces différens points se mêleront au fond de l'œil, ainsi c'est une necessité qu'ils rendent la vûë confuse, parce qu'on ne voit pas chaque point B dans un point particulier b : il arrive la même chose que dans un œil artificiel ; lorsque vous tenez le papier un peu trop près du verre, les objets qui y sont peints, sont tous confus, au lieu qu'en le tenant à la distance qu'il faut, il représente les images des objets dans la derniere éxactitude.

C'est-là l'inconvenient qui arriveroit, & qui ne seroit propre qu'aux poissons, s'ils avoient les yeux de la même figure que les autres animaux qui vivent dans l'air. A la vérité le Créateur pourroit prévenir cela en leur faisant les yeux plus longs, de sorte qu'ils s'étendissent non pas jusqu'à b, mais jusqu'à k ? Par-là il leur rendroit la vûë plus distincte ; mais alors cela seroit sujet à cet inconvenient, c'est que les yeux des poissons n'étant pas de beaucoup si ronds, ne se tourneroient que difficilement de tous côtez : la nature a trouvé un moien plus court, elle a fait le cryftallin des poissons S T plus rond, & d'une circonference plus petite que dans les yeux des animaux qui vivent dans l'air ; on voit donc que, selon les loix de l'Optique, cette conformation peut réparer ce défaut, & faire tomber les raions avec moins de divergence sur le cryftallin.

Les yeux des poissons sont ronds, pour prévenir la confusion de la vûë.

On peut observer tous les jours dans les yeux des petits poissons boüillis, que leurs yeux sont comme de petites globules ; cela paroît même dans les yeux des baleines qui sont fort petits & ronds, & qui, s'ils étoient plus gros & par conséquent plus plats, occuperoient une grande partie de leur tête pour l'usage de la vûë.

La fécondité des poissons.

Pour comble de merveilles, nous n'avons qu'à réfléchir sur la fécondité des poissons ; elle est si grande dans certaines especes, qu'on ne sçauroit y penser sans étonnement : la maniere dont ils se produisent est tout-à-fait admirable, comme nous l'avons déja fait voir dans un autre endroit. Il y a des femelles qui fraient & déposent leurs œufs, & les mâles la matiere seminale auprès des œufs, sans qu'il se passe autre chose d'un côté ni de l'autre de ces poissons ; les deux matieres seminales étant déposées dans l'eau, produisent de petits poissons de la même espece.

Pourroit-on jamais s'imaginer que le frai des femelles & la matiere seminale des mâles, en s'unissant dans l'eau, aient la proprieté d'engendrer des poissons par un pur hazard, & sans un dessein sage ? Nous voions qu'il n'y a point d'animaux si fertiles que les poissons ; car s'il n'y avoit point quelque obstacle étranger, tous les œufs que nous trouvons dans le frai, sans en excepter un seul, deviendroient des poissons : de sorte qu'il ne faut pas être surpris de ce que certains Voïageurs rapportent touchant la fécondité des poissons ; ils disent que dans l'Isle appellée Jean Fernandez, dans la mer du Sud, il y a une si vaste quantité de poissons, qu'un seul homme en peut prendre assez dans un jour pour nourrir 200 personnes.

Les animaux rampans ne sont pas encore parfaitement connus.

L'on n'a pas encore assez bien éxaminé comment les animaux rampans, comme les vers, les limaçons, &c. passent d'un endroit à l'autre, sans jambes, ni autres instrumens extérieurs ; personne n'a rien dit là-dessus qui puisse satisfaire. Si on souhaite voir comment, selon l'opinion des Mathématiciens, ce mouvement se fait, on peut consulter Borelli dans son Livre du mouvement des animaux, part. II. prop. XIII. M. de la Hire, dans son Traité de Mechanique, §. CXII. pag. 338, semble avoir poussé plus loin ses observations sur cette matiere ; il assure que dans les grands vers, comme ceux qu'on trouve dans la mer, on peut découvrir les muscles : il y en a qui environnent le ver, comme des anneaux, d'autres s'étendent selon la longueur du ver ; si la forme de ces derniers est telle, comme Borelli les décrit, il semble que c'est par le moien de ces muscles que le mouvement serpentin se fait : car lorsque les muscles longs se contractent, le ver se raccourcit ; & lorsque les ronds se contractent, il s'allonge. Mais comme il semble qu'on n'a pas assez bien éxaminé la structure de ces animaux, nous n'en dirons rien,

afin

LIVRE II. CHAPITRE VII.

afin d'éviter, autant qu'il est possible, les conjectures, quoique des gens très-habiles les avancent.

Passons à présent à l'éxamen de la structure surprenante de tant de différentes especes de poissons à coquille, à celui des chenilles, des vers, des cryzalides qui s'en forment, des mouches, des sauterelles, des escarbots, & autres semblables, les cabinets en sont remplis; & il y a aussi un grand nombre de livres qui en traitent. *Des insectes, desvers-à-soie, des chenilles, &c.*

Demandez à quelqu'un s'il peut s'imaginer que c'est par un pur hazard que le ver-à-soie sort d'un œuf pourvû de tout ce qui lui est nécessaire pour se mouvoir, pour manger, & digerer les alimens comme les autres animaux; qu'il s'enveloppe lui-même dans la soie qui sort de ses entrailles, qu'il se change en cryzalide, d'où il sort enfin un papillon, qui après s'être accouplé avec un mâle de la même espece, fait des œufs, qui l'année suivante deviennent des vers-à-soie.

Mais revenons à notre sujet: Depuis que plusieurs Sçavans ont consideré avec beaucoup d'éxactitude les insectes & les poissons-à-écaille, tout le monde trouve de quoi être étonné dans ce qu'ils en ont dit; & j'espere qu'un commencement aussi heureux pourra exciter avec le tems les Sçavans à éxaminer encore davantage ces petits animaux, & à rechercher l'art & la sagesse qui paroissent d'une maniere si évidente dans les organes de leurs mouvemens & de leurs sensations; ce qui pourra démontrer la gloire de Dieu par des preuves encore plus fortes contre ceux qui refusent de la reconnoître, elle ne brille pas moins dans la structure d'une mouche, d'une puce, ou d'une mite, que dans le plus gros de tous les élephans. *Examen des petits animaux en general.*

Si quelqu'un doute de cela, il n'a qu'à consulter ces grands hommes qui avec le secours de leurs microscopes ont découvert, pour ainsi dire, un nouveau monde, & des milliers de créatures qui d'ailleurs étoient invisibles; la petitesse inconcevable de ces animaux donnera une entiere satisfaction aux yeux d'un curieux; elle lui manifestera les desseins du Créateur, sa sagesse & sa bonté, même par rapport à ces insectes, qui, à cause de leur petitesse, sont presque invisibles.

Comme l'on a écrit des livres entiers sur cette matiere, je ne donnerai qu'un seul exemple de la structure surprenante des yeux des escarbots; la même chose se trouve dans les mouches. Le Créateur, en formant cet insecte, jugea à propos de faire ses *Des yeux des escarbots.*

Eee

yeux immobiles, au lieu que dans les gros animaux ils peuvent se tourner de tous côtez; variation qui montre qu'il fait toutes choses selon son bon plaisir, & qu'il n'est assujetti à aucune loi. Or il est certain que les escarbots & les mouches, ne pouvant pas tourner les yeux, ne peuvent voir que du côté que l'ouverture de leurs yeux se tourne: mais comme le Conservateur de toutes choses étend les effets de sa bonté jusqu'aux créatures même les plus méprisables, il a voulu leur donner des moiens pour éviter les oiseaux, & les autres animaux qui les poursuivent & qui s'en nourrissent; il a voulu qu'ils pussent voir devant, à côté & derriere, pour pouvoir se garentir; de-là vient qu'il leur a donné des yeux qui sont convexes & fort saillants: la figure de leurs yeux ressemble dans un sens à celle des verres qui aiant plusieurs faces, multiplient l'objet autant de fois qu'ils ont de surfaces, de sorte qu'à travers un microscope toutes ces petites superficies de l'œil paroissent former une figure éxactement hexangulaire; cela se voit dans un œil d'escarbot (planche XVIII.fig.2.) A B C D, & dans celui d'une mouche, fig. 3. G E F. En regardant cette planche, il faut sçavoir qu'on les représente ici beaucoup plus grands qu'ils ne le sont réellement, & tels qu'ils paroissent à travers un bon microscope; ils sont si petits, que M. Lewenhoeck ce grand Observateur, aiant compté ceux qui sont dans la ligne moienne de l'œil, conclut que sa superficie en contient au moins 8000.

On peut inferer de cette méchanique, que ces insectes par le moien de ces différentes surfaces convexes, sont en état de voir en-haut, en-bas, à côté, devant & derriere, comme s'ils avoient tout autant d'yeux, avec autant de facilité peut-être que tous les animaux qui peuvent tourner les yeux de tous côtez.

Un homme bien versé dans la Dieptrique, trouveroit peut-être un défaut dans cette méchanique; il pourroit dire que si ces insectes sont obligez de voir comme les autres, il seroit impossible si ces surfaces étoient plus plates (comme dans un verre ou un diamant poli auquel on les compare) que les raions d'un point pussent se réunir dans un point au fond de l'œil, condition nécessaire, comme nous avons fait voir, pour rendre la vûë distincte; & de-là vient aussi que les poissons doivent avoir les yeux plus ronds que les autres animaux qui vivent dans l'air: de sorte que les insectes, selon les loix de la Vision, pourroient avoir à la vérité une sensation confuse des objets, sans en voir pourtant aucun distinctement, à moins que chacune de ces sur-

LIVRE II. CHAPITRE VII. 403

faces ne fût convexe. Mais si ceux qui objectent avec raison cette difficulté, observent encore les yeux des insectes de plus près, s'ils remarquent que les surfaces extrêmement petites sont convexes & rondes, afin de rendre la vûe de ces petits animaux distincte, selon les loix de l'Optique, ne seront-ils pas surpris de la sagesse de Dieu? Mais comme les microscopes ne sçauroient nous montrer parfaitement la figure ronde de ces surfaces, l'on n'a qu'à prendre l'œil de quelque insecte, pour l'observer avec la chandelle, le tenant à une petite distance du verre, & l'on découvrira tout autant d'images de la flamme renversée, qu'il y a de faces dans l'œil d'une mouche placée tout autour au milieu de la superficie, comme en ligne droite ; la flamme de ces chandelles est si bien représentée, quoiqu'extrémement petite, qu'à mesure que la flamme s'éleve l'image paroît suivre ce mouvement en descendant : on voit la même chose, lorsqu'à travers un verre poli, on regarde l'image d'une chandelle renversée sur du papier blanc, ou bien en regardant à travers un microscope à deux verres, ou en tenant l'œil derriere le foïer d'un verre convexe.

Il n'est point de Mathématicien un peu versé dans l'Optique, qui ne sçache que cela ne sçauroit se faire avec un verre concave ou plat ; & qu'afin de faire voir exactement l'image renversée d'un objet lumineux, (image qui paroît ici entierement distincte) il ne faut qu'un verre convexe ; c'est un fait dont ceux qui entendent les refractions de la lumiere ne sçauroient douter. J'avoue, que pour moi, je ne sçaurois jetter les yeux sans étonnement sur les effets de cette Providence, qui agit avec des vûes si sages dans les choses mêmes les plus petites, qu'elles sont dignes qu'on les adore. N'est-il pas vrai, que si un habile ouvrier étoit obligé de faire un gros verre semblable à l'œil d'un insecte, cette figure lui donneroit assez de peine ; il lui seroit à plus forte raison impossible de pousser son art assez loin, pour former l'œil d'un petit animal presqu'invisible, & lui donner toutes les proprietez nécessaires pour la vûe. Si ces petites surfaces de ces yeux n'étoient pas transparantes, l'insecte ne verroit rien ; si elles n'étoient pas rondes, la vûe seroit confuse ; si elles n'étoient pas placées sur une superficie saillante, ces insectes ne sçauroient voir autour d'eux, à cause qu'ils ont les yeux immobiles ; si leurs membranes ne recevoient point les humeurs qui leur conviennent, & qui doivent s'y rendre par

Eee ij

des vaisseaux d'une petitesse inconcevable, la sécheresse détruiroit la vûe, ainsi que l'expérience nous l'apprend lorsque les yeux restent trop long-tems secs. Tout ceci est nécessaire, & se trouve dans les insectes, & il n'y a pas une seule de ces circonstances qui ne soit merveilleuse. Peut-on donc voir tant de choses concourir dans un si petit volume de matiere, & assûrer que c'est le hazard qui en est l'auteur?

Quand on aura vû la description curieuse de la structure des yeux de ces petits animaux, dans les observations de M. Lewenhoeck, &c. & quand on en aura fait soi même l'expérience, on pourra se faire alors une idée de la profondeur de la sagesse du Créateur, qui a daigné employer tant d'art pour faire le bonheur de tant de millions d'insectes méprisables, & leur donner une vûe distincte; Quel soin n'a-t-il donc pas eu de l'homme qui est son image?

Le commencement de l'action dans les animaux.

Le Lecteur ne doit pas être surpris, que dans le chapitre des animaux, je n'aie rien dit du principe de leurs actions, c'est une matiere qui partage extrémement les Philosophes; quelques-uns ne regardent les animaux que comme des automates, privez de sentiment ou d'entendement; mais d'autres disent, qu'il faut leur accorder un autre principe de leurs actions, pour les mettre en état d'agir comme elles font. Nous ne nous étendrons pas là-dessus, les raisons qu'on apporte pour & contre sont trés-fortes; d'un côté les animaux sont si industrieux, qu'il faudra dire qu'ils ont plus de raison que l'homme; de l'autre côté leurs organes sont les mêmes; ils travaillent par précaution; ils prennent des mesures contre leurs ennemis; ils se tendent des pieges adroits; ils évitent, avec art, les accidens qui les menacent; ils prévoient les embûches de leurs ennemis; ils s'assemblent; ils forment des républiques; ils s'assujettissent à des loix constantes; ils se choisissent des chefs; ils travaillent pour leur bien commun; ils se distribuent les travaux; ils s'aident dans leurs peines; ils s'aiment, ils ont même de la fidélité dans leurs accouplemens, ils témoignent de la tristesse quand ils se quittent; tout cela paroît dans les abeilles, les cygognes, les grues, les castors, les pigeons, les tourterelles, & semble annoncer une ame qui conduit les animaux; mais on ne sçauroit se débarrasser des difficultez qui combattent ce sentiment.

CHAPITRE VIII.

Des Plantes.

POur confirmer encore plus fortement ce que nous nous propoſons dans ce Traité, paſſons aux plantes; quoiqu'il y en ait un grand nombre d'inconnues, cependant les découvertes qu'on y a fait depuis quelques années ſuffiſent, pour prouver qu'il a fallu une ſageſſe & une puiſſance ſuprême pour les approprier à leurs différens uſages.

Quand nous ne parlerions que d'une ſeule choſe, qui eſt déja aſſez connue, cela ſuffiroit pour nous démontrer la ſageſſe de Dieu; on obſerve qu'une graine pouſſe premierement une racine en bas, enſuite elle pouſſe en haut un tronc qui ſort de la terre, & qui, dans quelques plantes produit des branches, dans d'autres des feuilles, des fleurs & des fruits, qui contiennent encore des graines pour multiplier la plante, laquelle après qu'elle eſt morte, revit dans la poſtérité de la même eſpece; qu'on conſidere en ſoi-même, ſi cette circulation & cette ſuite conſtante de plantes dans les graines, & de graines dans les plantes, qui dure depuis tant de ſiecles ſans aucune variation, & ſi les inſtrumens néceſſaires, pour cet effet pourroient venir d'un hazard, ou d'un conçours d'atomes?

Qu'un Pyrrhonien examine encore de tant de manieres qu'il voudra la terre, & l'eau de pluie, dont nous avons fait voir que la plûpart des plantes ſont compoſées, & qu'il nous diſe après cela, s'il eſt en état de prouver par-là d'où vient que, lorſqu'on ſeme la graine d'une belle fleur, ou la graine de quelque plante venimeuſe dans la même terre, elles produiſent chacune une plante de leur eſpece, dont la figure, les vertus & les proprietez ſont ſi différentes; & qu'il nous diſe, s'il lui paroît en aucune maniere probable, que tout cela ſe fait ſans aucune ſageſſe, ſur-tout après que l'expérience nous a fait voir, ſelon les obſervations du célébre Malpighi, *De Sem. Veget. p. 12.* qu'il n'y a que la terre & l'eau qui faſſent croître les plantes: Ni l'urine, ni la lie, ni l'eſprit de couperoſe, ni la chaux, ni le ſalpêtre en trop grande quantité, ni l'antimoine, ni la corne de cerf brûlée, ni beaucoup d'autres matieres mêlées dans de l'eau où l'on au-

Les graines ne pourroient jamais germer ſans l'eau.

roit mis des graines, ne sçauroient les faire germer ni croître ; elles cessent même de croître lorsqu'on les arrose avec de l'eau chargée de ces matieres. Le même Auteur a encore observé que les graines ne sçauroient germer ni produire des plantes à l'ordinaire dans de l'eau simple ; si on souhaite une connoissance plus ample de cette matiere, on peut consulter l'Auteur dans l'endroit que nous venons de citer.

Après toutes les expériences qu'un homme aussi ingénieux, & aussi éclairé que Malpighi a fait, toûjours en vain, sur les plantes, il est aisé de conclûre qu'il n'est pas facile de découvrir en quoi consistent les proprietez nécessaires pour leur production ; cependant nous voions qu'on les trouve, pour ainsi dire, seules dans des matieres que le vulgaire méprise si fort, & qu'on les foule aux pieds comme de la boue. Qu'un homme, qui ose douter du soin que la Providence divine prend de la direction du monde, se demande à lui-même, s'il pourroit donner à une simple graine, ou à un peu d'eau & de terre, la figure ou la forme, qui peut préserver tout le monde de la mort ? Et si la chose lui est impossible, (comme elle l'a été jusqu'à présent) ne doit-il pas reconnoître en tout cela une sagesse infiniment supérieure à celle des hommes, dans un Etre bon & plein de bonté, qui a donné à toutes les créatures des alimens convenables ?

Chaque graine renferme une plante.

Pour faire voir jusqu'où s'étend la connoissance des hommes, par rapport aux parties qui composent les plantes, par rapport à leurs usages, soit pour la végetation, soit pour les autres fonctions des plantes, qu'on consulte là-dessus les Ecrits de Grew, de Malpighi ; & dans quelques endroits ceux de Lewenhoeck, & d'autres, on sera persuadé, que pour convaincre un incrédule, il ne faudroit autre chose que le renvoier aux observations de ces Sçavans ; du moins, une chose qui ne sçauroit lui donner que de l'étonnement, c'est qu'il trouvera dans le Traité des Plantes qu'ils ont donné, qu'après en avoir examiné un bon nombre, ils ont découvert dans chaque graine le germe de la plante, que Malpighi appelle Plante Séminale.

On observe dans la féve une racine & une plante.

Nous allons parler d'une chose, dont un chacun peut faire aisément l'expérience ; prenez de grosses féves séches, & faites-les tremper 24 heures dans l'eau, ôtez-les après cela de l'eau, & mettez-les dans un endroit sec qui ne soit pas froid, jusqu'à ce qu'elles commencent à pousser ; alors ôtez-en la peau, &

LIVRE II. CHAPITRE VIII. 407

vous trouverez le corps de la féve composé de deux parties appliquées l'une contre l'autre, y aiant une petite tige ou côte blanche qui les joint ensemble; par exemple (planche XVIII. fig. 4.) *a a a*, & *a a a* sont les deux parties de la féve; *d c* est la petite tige blanche attachée aux deux côtez, & qui ensuite devient une racine dans la terre : il faut qu'elle croisse & pousse, premierement, avant qu'elle puisse se nourrir & se changer en racine pour nourrir la plante. Un Pyrrhonien pourra-t-il donc s'imaginer que cela se fait sans aucun dessein déterminé; que c'est par un pur hazard, que dans le corps de la féve, & dans ses deux parties, il y a une autre racine représentée ici par *b b b b*, qu'elle envoie de chaque au petit point blanc *c* une branche *d d*, & fournit ainsi du suc nourricier à la petite racine *d c*, pour la faire croître & lui donner toutes les conditions requises pour recevoir de la terre de quoi se nourrir?

On voit de l'autre côté un autre petit corps *e*, qui sort de la petite racine *d c*, c'est le tronc ou la tige en miniature; il est composé d'une tige & de feuilles; c'est pour cette raison-là que le Docteur Grew l'appelle la petite plume; le petit corps qui sort de la racine *d c*, & cette petite plume *e*, font ensemble le germe de la plante.

Il n'est presque pas de plante qui n'ait deux racines, & l'expérience nous apprend que cela se trouve de même dans presque toutes les plantes connues; la premiere est représentée par *b b* & *b b*, elle se distribue dans le corps de la graine, ce qui lui a fait donner le nom de racine de la graine; son usage est de nourrir la petite racine *d c*, & la plume *e*, jusqu'à ce que la premiere soit assez grosse pour se nourrir du suc de la terre, ensuite elle devient la seconde racine, dont l'usage est de faire grossir la plume & le tronc, & de faire parvenir la plante à sa perfection. Cela fait voir que la matiere de la graine ou de la féve dans laquelle la premiere racine *b b b b* s'étend, fait à-peuprès ici en faisant pousser la racine *d c*, ce que la terre fait dans la suite lorsque cette derniere est plus grosse, c'est-à-dire, qu'elle nourrit & fait croître toute la plante.

La racine *b b*, *b b*, paroît beaucoup mieux dans les grosses féves & les lupins, que dans beaucoup d'autres graines, selon l'observation du Docteur Grew. Si on se donne la peine de couper une féve fraîche en travers par petites tranches, on peut voir dans chaque tranche la route de la petite racine de la

Chaque plante a deux racines.

graine représentée ici par de petits points, jusqu'à la fin; voiez (planche XVIII. fig. 5.) où *bb* représentent les points où la racine de la graine est coupée en travers ; & si vous la coupiez selon sa longueur par petits morceaux très-minces, vous verriez les petites branches de la même racine (planche XVIII. fig. 6.) on y voit un lupin blanc tel qu'il parut au Docteur Grew; *c* est la plume, *b* la racine, *dd* la moëlle, & *aa* les branches de la racine de la graine. Fig. 7. c'est la graine d'une citrouille; l'Auteur M. Grew, dit, qu'il suffit de la fendre en deux pour y voir clairement les racines de la graine avec toutes leurs branches ; au lieu que dans les autres graines, où cette racine n'est pas tout-à-fait si visible, soit à cause qu'elles sont de la même couleur que le reste de la graine, soit pour d'autres raisons, cela n'empêche pourtant pas qu'on n'y voie la seconde racine ou la plume assez distinctement. *Voiez Grevv cap. 1. dans son Anatomie des plantes.*

De la cavité de la féve qui contient la plante.

On pourroit encore ajoûter ici d'autres particularitez, comme par exemple, que dans la fig. 4. la petite plume *e*, est le principe du tronc, ou plûtôt le tronc lui-même en miniature; ainsi quand on sçait de quelle nécessité est cette partie pour l'existence de la plante, & l'extrême délicatesse dont elle est, ne doit-on pas être convaincu que ce n'est pas sans quelque dessein ; que dans chaque hémisphere de la féve, il y a une petite cavité pour y placer la plume, & pour la préserver de tous les inconvéniens; de maniere qu'on peut les manier, les jetter par tas, & les sécouer dans des sacs, sans causer le moindre préjudice au tronc?

Il y a un trou dans la peau de la seconde racine.

Outre cela, nous voions avec le microscope, que dans les grosses graines, comme dans les féves, la peau ou la membrane externe est toûjours percée d'un petit trou, directement opposé à la pointe de la seconde racine, afin que lorsque la graine est semée, & qu'elle commence à pousser, l'épaisseur de la peau n'empêche point l'accroissement de cette racine, qui doit servir de racine à la plante, comme nous l'avons déja dit ; de sorte que les noix même, & les noiaux de pêche ont le même trou pour laisser sortir la même racine.

La féve change de route dans la graine.

Pour être informé des autres particularitez, qui marquent la sagesse du Créateur, on peut consulter les Auteurs que nous venons de citer, touchant la structure de la graine, on y apprendra à reconnoître la direction de celui qui a ajusté les instrumens

LIVRE II. CHAPITRE VIII.

ftrumens de la graine ; entr'autres il y en a une qu'on ne fçauroit contempler fans étonnement, c'eft que le fuc nourricier qui vient d'abord de la fubftance du corps de la graine $a\ a\ a\ a$, fig. 4, à travers la premiere racine $b\ d$, & oblige la feconde racine $d\ c$ d'entrer dans la terre en defcendant ; après quoi il change de route d'abord que cette racine eft en état de recevoir le fuc nourricier de la terre, & alors il monte, fait pouffer la plume e pour former le tronc de la plante.

Des feüilles, de la graine, & de leur ufage.

Il faut d'ailleurs remarquer que dans la plûpart des graines, lorfque la racine eft affez groffe pour nourrir la plante, les parties de la graine $a\ a, a\ a$ fortent de la terre avec le tronc, après quoi elles compofent les feüilles de la graine ainfi nommées, parce que dans prefque toutes les plantes la figure des premieres feüilles différe des autres feüilles de la plante qui viennent après : cela eft fort aifé à voir dans certaines graines, par exemple, dans celles de concombre, dont la graine paroît & fort de la terre fans avoir quitté fa couleur blanche ; enfuite elle devient jaune peu-à-peu, & après elle fe change en feüilles de couleur verte, il y en a tout autant qu'il y a de ces parties dans la graine.

Nous n'éxaminerons point ni fi l'ufage de ces feüilles eft de communiquer à la plume une nourriture plus parfaite que ne feroit alors la racine, & d'humecter ladite plume ou tige avec la rofée & l'eau de pluie, & d'empêcher par-là que la chaleur ne la deffêche trop ; ou bien fi ces feüilles fervent à défendre la plante contre les autres inconveniens : c'eft apparemment pour cette même raifon que dans les graines qui n'ont pas des feüilles, la plume eft couverte d'une membrane. On peut même obferver deux petites membranes dans les groffes féves, qui n'ont pas des feüilles ; du moins le D. Grew obferve que dans les graines, dont la partie qui pouffe hors la terre fe change en feüilles, on n'y voit aucune enveloppe membraneufe. Nous ne déterminerons rien de particulier dans ces matieres ; mais que ces feüilles foient abfolument néceffaires pour conferver & nourrir la tige & pour faire croître la plante, cela paroît affez clair par les expériences que le fçavant Malpighi a faites là-deffus, & dont il tire enfin cette conclufion : « Les effets & les « ufages de ces feüilles font fi néceffaires, que fi on les arrache & « fi on les fépare de la plante, elle ne croît plus ; & fi elle croît en « aucune maniere, elle ne fera jamais parfaite, mais elle aura toû- « jours quelque défaut. Voiez fon Traité *De Sem. veget. page* 16. «

édition de Londres; on peut faire facilement la même obſervation.

Du développement du germe, avec une expérience de M. Dodart.

Si on veut ſe donner la peine de conſiderer ce que nous venons de dire touchant les féves, & particulierement au ſujet de la plume, de ſa racine, ou de la petite plante avant qu'elle ait pouſſé; ſi on veut encore prendre la peine de lire ce que ces grands hommes, Malpighi, Grew & Lewenhoeck, ont écrit là-deſſus; ou plûtôt, les écrits de ceux qui, à leur éxemple, ont fait des obſervations avec un bon microſcope, on ſçaura que non-ſeulement dans les féves, mais même dans toutes les autres graines qu'on a éxaminées, on y trouve une petite plante ſeminale, d'où toutes les parties de la plante doivent ſortir, & où elles ſont enveloppées comme un peloton de fil; le ſuc nourricier rempliſſant tous ces petits conduits, la dilate, & la plante ſe perfectionne, ſoit qu'elle ſe trouve un arbre, ou un arbriſſeau, ou bien une fleur.

Pour éclaircir un peu plus ce qui regarde la ſtructure de la plante ſeminale, & parler de ce qu'on y obſerve d'admirable, j'ai cru que j'en devois repréſenter une ici qui ſe trouve dans les *Mémoires de l'Academie des Sciences de l'année* 1700, *pag.* 187 *&* 188. Voiez planche xvIII. fig. 8.

Dans ces Mémoires-là M. Dodart dit, qu'il y avoit déja plus de 20 ans qu'il avoit communiqué à l'Academie une plante ſeminale ſemblable à celle qui paroît dans la figure ci-deſſus, lorſqu'elle étoit à peine ſortie de la terre, & qu'elle n'étoit pas plus groſſe qu'une groſſe épine à une ligne, ou la 12e partie d'un pouce au-deſſous de la pointe. Il ajoûte qu'aiant regardé un épi de bled avec un verre convexe, dont le foier avoit demi pouce, on en découvrit toutes les ſemences; on voioit même la tige parmi ces ſemences, laquelle avoit une ligne & demie de hauteur; on y pouvoit auſſi diſtinguer les nœuds de la paille; mais la proportion de tout cela étoit bien différente de ce qu'on voit dans le froment parvenu à ſa perfection. Les feüilles qui à peine font la ſixiéme partie de la hauteur de la plante lorſqu'elle eſt parfaite, étoient alors 18 fois plus longues; l'épi faiſoit environ la troiſiéme partie de la hauteur, au lieu que lorſque la plante eſt parfaite, il a de la peine à faire la 48e partie; ſon petit corps étoit trois fois auſſi long que le gros, néanmoins étant parvenu à ſa groſſeur parfaite, il eſt incomparablement plus long par rapport à ſa groſſeur: les petits conduits qui compoſent la paille ou la tige avec leurs différens nœuds, paroissent enchassez l'un dans l'autre; les graines étoient rondes, semblables à de petites perles & à moitié transparentes. Pour avoir une idée plus distincte de tout cela, il faut supposer dans la figure 8, que A est une partie de la racine d'où cette petite plante est séparée; B C D E est le conduit de la paille, dont B est la premiere partie entre deux nœuds, C la seconde, D la troisiéme, E la quatriéme. Tous ces conduits dont la paille est composée, soûtenoient chacun une feüille qui n'est point attachée, afin que l'épi que ces feüilles auroient caché, paroisse plus distinctement. F est la derniere feüille qui laisse l'épi assez à découvert; enfin G est l'épi dont la figure est déja parfaite au milieu du germe.

Peut-on observer la structure admirable d'une plante dans un si petit corps, sans être surpris d'étonnement? & peut-on en même-tems l'attribuer au hazard ou à des causes aveugles?

Les Messieurs de l'Academie des Sciences, s'étant servis de microscopes qui grossissoient l'objet encore beaucoup plus, ont observé dans des plantes seminales beaucoup plus petites que l'épi de froment, de quelle maniere les parties de la petite plante sont ajustées entr'elles, & qui en poussant se développent & se séparent l'une de l'autre.

Plusieurs grands Personnages ont poussé si loin cette matiere, qu'aiant vû dans chaque graine une petite plante, il y en a eu qui ont soûtenu, & d'autres qui ont conjecturé (*voiez* le Mémoire de M. Dodart dans l'Histoire de l'Academie des Sciences 1701, pag. 313.) qu'il étoit probable que la petite plante contenuë dans la graine, renfermoit des graines, & que ces graines enveloppoient des plantes, & ainsi de suite; d'où l'on doit conclure que chaque graine, quelque petite qu'elle soit, contient actuellement toutes les plantes & les graines qui en proviendront jusqu'à la fin du monde, & qu'ainsi toutes les especes de plantes qui devoient naître à l'avenir, furent formées dans la premiere graine qui fut créée. Ils prétendent, & avec raison, que quoique l'imagination de l'homme ne puisse se représenter des objets d'une petitesse si grande & en si grand nombre, cela prouve pourtant l'incompréhensibilité des ouvrages d'un Créateur infini: reproche terrible pour ceux qui les méconnoissent; « puisque (comme M. Dodart dit dans l'endroit que nous venons de citer) ceux « qui s'éxercent dans les Sciences naturelles & dans les Mathématiques, sçavent fort bien qu'il est rare qu'ils puissent avancer sans «

Sçavoir si les plantes seminales contiennent toutes celles qui en naissent.

" trouver quelque chose d'infini, comme si l'Auteur de la Nature
" & de toute vérité avoit voulu attacher le sceau de son principal
" attribut sur toutes choses.

  Je laisse ces opinions pour ce qu'elles sont, quoiqu'il y ait de grands hommes à qui elles ne paroissent point étranges. M. Dodart veut bien leur donner le titre de Conjectures, comme elles le sont réellement : mais comme nous tâchons autant qu'il est possible de ne rien proposer d'incertain, à cause que nous avons assez de véritez fondées sur l'expérience, qui prouvent l'éxistence d'un Dieu, nous ne nous arrêterons plus sur cette hypothèse.

De la racine & de la tige des plantes.
  Ce que nous venons de dire touchant les graines, semble suffisant pour faire penser d'une maniere un peu plus raisonnable ceux qui ont nié jusqu'à présent la Toute-Puissance divine qui dirige toutes choses : mais pour montrer la maniere d'agir de la Providence, nous dirons quelque chose des racines & de la tige des plantes à mesure qu'elles croissent. Nous ne ferons pas voir ici comment le suc nourricier est attiré dans les racines, & comment en s'élevant il fait croître la tige ; ce qu'on en a dit n'est point fondé sur des raisons assez certaines, & j'ai trouvé que toutes les expériences qu'on a faites pour prouver la chose, ne sont encore que trop défectueuses. Ceux qui desirent d'être plus amplement instruits dans cette matiere, peuvent consulter M. Grew, Malpighi, &c. & si on veut seulement prendre la peine de suivre la méthode de ces sçavans hommes, & de regarder la chose de leurs propres yeux avec des microscopes, je suis assuré que lorsqu'on verra un arbre ou une plante croître, & qu'ensuite on éxaminera les racines & la tige, on ne croira jamais que ces corps se sont ainsi disposez par un pur hazard.

De la structure de la racine & de ses parties.
  Malgré les différentes liaisons & les dispositions qu'il y a entre les parties qui composent la racine, nous trouvons qu'il y a presque dans toutes une grande ressemblance, & voici en quoi elles ressemblent, selon la description que le Docteur Grew nous en a donnée.

  I. L'extérieur de la racine est une espece de membrane ou d'écorce, composée en partie d'une grande quantité de petites vessies semblables à celles d'une éponge, ou plûtôt aux petites vessies qu'on forme en soufflant avec un tube dans de l'eau de savon ; outre cela elle est composée d'une matiere ligneuse ou de fibres, qui sont tous autant de petits conduits. La premiere espece de matiere se voit avec le microscope ; & la seconde ne

LIVRE II. CHAPITRE VIII.

se voit que dans certaines racines, comme dans celles de scorzonere & autres, selon les expériences de M. Grew, dans le ch. 2. de son Anatomie comparée des Racines.

II. La seconde partie qui compose la racine, & qui est située sous la premiere peau, c'est l'écorce; celle-ci est encore composée de deux sortes de matieres; la premiere n'est qu'un amas de vesicules rondes, qui étant séchées, cedent comme de l'éponge; & quand on les trempe dans l'eau, elles se gonflent. On trouve entre ces vesicules plusieurs vaisseaux qui chârient la séve, quelques-uns sont remplis d'une humeur aqueuse; d'autres contiennent une espece de lait, d'autres des liqueurs encore différentes: leur forme varie extrêmement, selon qu'ils sont disposez l'un avec l'autre.

III. La troisiéme substance qu'on trouve sous l'écorce des racines, est encore composée de vesicules qui sont entrelacées avec celles de l'écorce & celles de la peau, & en partie de conduits ou de vaisseaux qui composent la partie ligneuse de la racine; & il y en a qui contiennent de la séve, & d'autres de l'air seulement. Ces vaisseaux sont encore disposez, selon la différence des racines.

IV. La partie la plus interne de la racine, c'est la moelle qui se trouve dans quelques-unes, mais non pas dans d'autres. Celle-ci est encore composée de vesicules, & d'une matiere qui est de même nature que celle que nous avons décrite en parlant de l'écorce & de la partie ligneuse de la racine; souvent il n'y a que des vesicules, & quelquefois elle est entremêlée de fibres ligheuses ou de petits conduits qui chârient la séve & l'air.

Il y a plusieurs racines où l'on peut observer ce que nous venons de dire, sans le secours du microscope, si on les coupe en travers; mais la chose est bien plus sensible à travers le microscope, & M. Grew nous en a donné une description exacte.

Tout ce que nous venons de dire s'observe dans une racine de poivrier.

Je n'en donnerai qu'un seul éxemple, (planche XIX. fig. 1.) c'est un morceau d'une petite tranche de racine de poivrier; voici ce qu'on y observe avec le microscope: Les vesicules externes A A représentent la peau & sa membrane externe; depuis A jusqu'à B B c'est l'écorce, où l'on peut voir les vaisseaux qui chârient la séve entre B & L, ils sont plus larges en-dedans, & plus étroits & aigus en-dehors. Entre B & G nous pouvons observer les orifices des conduits de l'air, & entre G & E un autre petit cercle d'autres vaisseaux qui chârient la séve, & qui renferment la moelle depuis E jusqu'à K; les petites vessies de la peau, celles de l'écorce qui sont entre ses conduits & entre les conduits de l'air, & enfin celles de la moelle, sont assez visibles selon leurs différens volumes.

De la structure du tronc.   Le tronc des arbres & des plantes est presque composé des mêmes parties que la racine, c'est-à-dire, de vesicules & de différens conduits qui chârient la séve & l'air. C'est ainsi que Malpighi & Grew l'ont observé, mais elles sont autrement disposées que dans la racine, & il y a plusieurs plantes où cette diversité est très-remarquable, quant à la grosseur, au nombre, à la situation, &c. comme on le peut voir dans l'Anatomie comparée des Troncs de Grew, où il en donne beaucoup d'éxemples qui surprennent.

Nous en avons mis un, tiré du même Auteur, dans la planche XIX. fig. 2. C'est le tronc d'un noisetier; on représente la quatriéme partie de son tronc coupé en travers: A B C D est l'écorce, A B est sa premiere peau, & A H B la séve ou les conduits rangez sous la premiere peau l'un auprès de l'autre, & dont la route est circulaire; I I marque la substance vesiculaire de l'écorce, dont la partie inférieure D & C contient encore des conduits pour la séve qui forment une espece de voute. D C F E est la partie ligneuse; D Q L K, K L M N & M N F E sont la quatriéme partie des trois superficies circulaires, qui environnent chacune un grand tube depuis le sommet jusqu'au bas, de maniere qu'il en croît une chaque année autour de l'arbre; le vrai bois c'est S S S: entre S & T se trouvent les orifices ronds des vaisseaux de l'air qui se disposent dans toute l'étenduë du bois, étant plus amples dans la partie interne des cercles K L, M N, E F, & plus petits dans la partie externe; E F G est la moelle, *e e* ses vesicules, & O O O O sont les insertions ou les endroits dans lesquels le tissu vesiculaire de la moelle communique avec celui de l'écorce.

Jusques-là les Auteurs que nous venons de citer, n'avoient découvert que le tissu vesiculaire, & les conduits de la séve & de l'air; mais Lewenhoeck a découvert encore des vaisseaux qui y vont horizontalement: il est vrai qu'en général les figures de Malpighi & Grew nous représentent le tronc & la racine, les parties & les vaisseaux qui les composent; mais Lewenhoeck qui décrit éxactement tous ces vaisseaux, & qui les a dessinez d'après le naturel, peut nous en donner une idée plus juste.

LIVRE II. CHAPITRE VIII. 415

Si dans la Nature il y a un phénoméne furprenant capable Le tronc mon-
d'obliger de reconnoître qu'un Etre fage, puiffant & plein de te en croiffant,
& la racine
bonté avoit fes vûës dans l'accroiffement des plantes, & que la defcend.
maniere dont il a difpofé la chofe eft contraire aux idées
des hommes, c'eft affurément celui de la végétation du tronc
& de la racine des plantes : phénoméne dont les plus grands
Philofophes n'ont pû comprendre la raifon jufqu'à préfent. La
merveille dont nous parlons ici avec tant de pompe, & à laquelle M^{rs} de l'Academie Roiale des Sciences donnent auffi le
nom de *Merveille* dans l'Hiftoire des années 1700 & 1702, c'eft
cette loi felon laquelle les arbres & les plantes fe gouvernent
fans ceffe ; qui fait que les racines de toutes les femences croiffent
toûjours en-bas, & les troncs en-haut.

Nous allons donner une idée de ce que nous venons de Trois expé-
riences faites
dire : On fçait que dans toutes les graines, outre le principe de fur les féves,
la racine de la plante qui doit naître, comme on le peut voir fur les glands,
& fur d'autres
dans les féves, &c. il y a encore un lieu déterminé dans toutes arbres.
par où la plume & la feconde racine dont nous avons déja
traité, pouffent dans le tems qu'elles commencent à croître ;
mais d'abord qu'elles croiffent, on obferve toûjours que le
tronc monte, & que la racine defcend dans la terre. Si on veut
en faire l'expérience, il fera fort aifé de faire celle de M. Dodart membre de l'Academie des Sciences ; je l'ai faite plufieurs
fois avec des féves, & elle ne m'a jamais manqué ; la voici : Si
vous fendez une féve (planche XVIII. fig. 9.) & fi vous féparez
les deux lobes dont elle eft compofée, après avoir fait premierement tremper 24 heures la féve dans l'eau, l'avoir mife enfuite dans un lieu fec, jufqu'à ce qu'elle commençât à pouffer
comme dans 2, qui fera la racine, vous verrez dans 1 la plume
qui doit être le tronc placé dans une cavité d'un côté, & de
l'autre côté il y a auffi une petite cavité dans 3, pour conferver
auffi la plume ; alors fi vous prenez une de ces féves qui pouffent, & fi vous la plantez, par exemple, dans A, de forte que la
racine 2 tende en-bas, perfonne ne trouvera étrange que la racine 2 (voiez B) pouffe en-bas, & le petit tronc 1 en haut ;
parce que, felon leur fituation, il faut qu'ils tendent naturellement de cette maniere-là : mais ce qu'il y a de fort furprenant,
c'eft que fi on place dans la terre la féve C horizontalement fur
fon côté, la racine 2 & le tronc 1 ne croiffent point horizontalement, ce qui auroit dû arriver felon la fituation & la direction

de la féve. Au contraire nous observons que la racine 2 & le tronc 1, forment un pli ou une ligne courbe pour pouvoir descendre & monter: bien plus, ne sera-t-on pas étonné de voir qu'en semant une féve, la racine en-haut & le tronc en-bas, le tronc 1 forme un pli autour de la racine en montant; & la racine 2 formant aussi demi-cercle autour du tronc, descend en-bas? Afin que ces figures ne paroissent pas imparfaites, il faut observer que les petits troncs 1, 1, 1, dans B, C, D, sont tirez d'après les féves, avant qu'elles fussent assez avancées pour paroître; voiez *les Mémoires de l'Academie des Sciences de 1700, page* 18. M. Dodart, (*dans l'Histoire de la même Academie de 1702, page* 62,) a fait voir que ceci n'arrive pas seulement dans les féves; il trouva dans le mois de Décembre quelques glands placez dans un tas sur un endroit humide, dont la terre étoit ferme & compacte, comme dans un chemin battu. Il y avoit plusieurs de ces glands qui avoient poussé des racines sans être dans la terre, & toutes leurs racines sortoient par la pointe du gland, étant de la longueur de 4 jusqu'à 18 lignes; & ce qu'il y avoit de merveilleux, c'est que chaque racine se plioit & se portoit vers la terre, comme si toutes la cherchoient. Ceci étoit d'autant plus extraordinaire, qu'il n'observa aucun gland qui eût la pointe tournée en bas, de sorte que les racines venant à croître, pussent rencontrer la terre; au contraire, il trouva un gland, dont la pointe étoit directement en-haut, & dans celui-ci il observa que la racine monta en droite ligne environ un pouce, mais qu'ensuite elle changea de route, & continua de croître vers la terre.

Cela lui donna occasion de faire l'expérience suivante: Il prit six de ces glands, & il les mit dans un pot à fleurs, de la maniere que vous pouvez voir dans la planche XVIII. fig. 10. dans A, c'est-à-dire, la pointe en haut, de sorte que les racines qui devoient en sortir, paroissent hors d'état de pouvoir croître qu'en montant; il les couvrit de terre jusqu'à l'épaisseur de deux pouces ou environ, & il les laissa deux mois dans le pot; ils pousserent durant ce tems-là, & la racine aiant déja acquis une certaine longueur, forma un pli sur le gland en descendant dans la terre; la même chose arriva aux autres glands, comme dans B précisément. Il semble à présent que ces racines aiant une fois dirigé leur route vers la terre en sortant de la pointe, elles devroient toûjours continuer de même, & poursuivre la même

LIVRE II. CHAPITRE VIII.

même route ; c'est pour cette raison-là qu'il prit ces glands, & qu'il les renversa de nouveau, en pressant la terre tout autour d'eux, afin qu'elle les touchât de tous côtez. La figure C marque leur situation ; leur racine étoit tournée en-haut, tandis qu'auparavant dans B elle tendoit en-bas. Il les laissa plus de deux mois dans cet état ; & l'évenement de cela fut, que les aiant découvertes, il observa que bien loin d'avoir monté en croissant, elles se plierent chacune une seconde fois, comme dans D ; enfin leurs racines, en dépit de tous les obstacles, pour ainsi dire, s'enfonçoient dans la terre, où il faut qu'elles soient pour être de quelque utilité.

Le même M. Dodart rapporte plusieurs exemples semblables au sujet des troncs, sur lesquels il fit plusieurs expériences ; il dit qu'étant à Chauville il y trouva des troncs de jeunes pins, abbatus par une tempête ; ils étoient dans des endroits les uns plus, les autres moins escarpez, comme dans la planche XVIII. fig. 11. & il observa que leurs extrémitez ad, bf, cg, croissoient perpendiculairement en-haut, de sorte que ceux qui tomberent dans des endroits qui avoient beaucoup de pente, comme ici dans E C g, étoient contraints, pour pouvoir monter, de former des angles beaucoup plus aigus que ceux de D bf & C ad, qui étoient dans des endroits où la pente n'étoit pas si grande : on peut observer la même chose dans les branches de plusieurs arbres, lorsqu'il y a quelque obstacle qui les empêche de croître en-haut ; de sorte que les plantes même qui sortent du côté des murailles, après avoir avancé un peu horizontalement, montent en-haut ; & même dans celles qui ne sont pas assez fortes pour soûtenir leur propre poids, nous voyons que lorsque le tronc se renforce, elles forment un petit pli, & ensuite elles croissent en montant. En voici deux éxemples : le premier est dans la planche XVIII. fig. 12. dans A, & le second dans B. J'en ai vû depuis peu un éxemple surprenant dans un sureau, qui sortoit de la fente d'une muraille.

Après avoir éxaminé cette épreuve, & en particulier ce qui a été dit des féves & des glands, où est celui qui peut comprendre la raison de tout cela ? Et si nous n'attribuons pas ceci à la Providence, qui éxecute ses grands desseins pleins de sagesse par des moiens inconnus aux hommes jusqu'à présent, à la confusion de ses ennemis ; qu'on nous fasse voir par l'expérience la vraie cause qui soit capable de tout cela ; qu'on nous fasse voir où sont le mechanifme & les loix naturelles, d'où l'on puiffe inferer clairement ce phénoméne avec toutes fes circonftances.

M. Dodart qui fit ces expériences, & qui obferva toutes ces chofes avec tant de foin, n'avoit pas honte de fe fouvenir de la foibleffe de fon entendement & de l'infuffifance de fes raifonnemens, immédiatement après cette relation, même dans *les Mémoires de l'Académie Roiale des Sciences*. Je ne rapporterai pas ici toutes les raifons qu'on y a ramaffées, pour montrer l'inutilité de toutes les hypothèfes qu'on a avancées jufqu'ici ; fi quelqu'un fouhaite de les voir, il n'a qu'à confulter ces Mémoires.

Oferoit-on jamais foûtenir, en voiant un champ labouré couvert de bled, qui fert à conferver la vie aux hommes & celle de tant d'autres animaux, que c'eft le pur hazard qui laboure, enfemence & prépare cette terre ; que c'eft lui qui produit le bled, fans le fecours d'un laboureur ? Peut-on après cela s'imaginer qu'on raifonne jufte, lorfqu'on affure que ce que nous voions arriver à ces graines pendant leur végétation, peut s'attribuer à une caufe qui ne fe connoît pas elle-même, ni les effets qu'elle produit ? Car à moins qu'une Caufe éclairée n'eût pris le foin de faire naître les racines en-bas, & les troncs des plantes en-haut, de quelque maniere que les femences fuffent placées dans la terre, foit horizontalement, foit à la renverfe, il n'eft pas néceffaire de prouver que toutes les femences qu'on feme, périroient faute de nourriture ; puifqu'il eft fûr que de tous les grains & de toutes les autres femences qu'on répand & qu'on feme avec la main, ou en les plaçant dans la terre fans les jetter en l'air, ou en les jettant en l'air, il n'y en auroit prefque pas une qui tombât dans la fituation néceffaire pour que la racine pouffât directement en-bas & le tronc en-haut, ce qui eft cependant néceffaire.

Des nœuds & des boutons des plantes. Nous ne croions pas qu'il foit néceffaire de rapporter ici toutes les obfervations que les Naturaliftes ont faites fur le tiffu des plantes, avec le fecours du microfcope ; notre deffein n'étant pas de donner ici une hiftoire entiere de la Bottanique ; ainfi ceux qui fouhaitent de voir le nombre infini de merveilles qu'on y obferve, & qui fans contredit démontrent la puiffance d'un Dieu, peuvent confulter ce que Malpighi, Grew, Lewenhoeck & autres, ont écrit là-deffus ; pour nous, nous n'en dirons que peu de chofe. Si ceux qui ont déja vû le tiffu de la racine & du tronc

LIVRE II. CHAPITRE VIII.

de la plante, prenoient une branche d'arbre, pourroient-ils croire que c'eft par un pur hazard qu'elle fe trouve garnie de nœuds ou de boutons placez fi éxactement à la diftance où il faut qu'ils foient l'un de l'autre, des nœuds qui ne font autre chofe que le commencement des fruits ou des autres branches? Mais en particulier ne doit-on pas être furpris de voir que chaque bouton fort régulierement dans la partie interne de la branche, & que les fibres ligneufes & les veficules de la branche font fi éxactement rangées dans le bouton, qu'en l'arrachant de la branche, le bouton qui eft compofé de la même fubftance, peut auffi pouffer?

D'ailleurs un feul de ces petits boutons fuffit pour tout homme qui y cherche les preuves d'un Dieu; on n'a qu'à jetter les yeux fur la 74e figure de Malpighi, *Cap. de Gemmis*, & dans la planche XIX. fig. 3. la ftructure d'un bouton de chêne, où l'on repréfente dans A quelques-unes des veficules qui compofent la moelle de la branche, qui eft environnée de fibres ligneufes dans B; C eft l'écorce, dont les fibres compofent les feüilles D du bouton, de forte que chaque bouton renferme une petite branche A avec fon écorce, fes fibres ligneufes & fes veficules, & la petite branche eft défendüe par de petites feüilles placées l'une fur l'autre comme les écailles d'un poiffon.

Dans les veficules de certains boutons, lefquels différent prefque tous l'un de l'autre, il y a de petits globules qui contiennent une matiere gluante & comme de la therebentine.

Si vous obfervez de près l'accroiffement des feüilles de ces boutons, vous verrez que dans beaucoup de plantes elles s'allongent par degrez, & qu'avec le tems elles fe changent, & forment les tiges des feüilles qui enveloppent la branche qui fort du bouton; on peut voir dans *l'Anatomie des Plantes*, *pag 26*, *&c.* de Malpighi la maniere furprenante dont cela fe fait.

C'eft après avoir obfervé tout cela avec la derniere éxactitude, qu'il conclut avec raifon que le rejetton du bouton renferme en petit la branche qui doit naître; cela paroîtra encore plus évident, fi on lit dans M. Lewenhoeck, que dans le bouton d'un grofeillier, même en hiver, il y découvroit non-feulement la partie ligneufe, mais même les grofeilles qui paroiffoient comme de petites grapes, & que la partie ligneufe ou la tige pouffa éxactement dans l'endroit où les nœuds du grofeillier paroiffoient d'abord. BCD, (planche XIX. fig. 4.) font les deux

Ggg ij

boutons du groseillier, & E F G la jeune branche, selon la description que M. Lewenhoeck en a donnée.

Si quelqu'un est capable de croire que le germe ou principe d'une plante qui se manifeste dans le bouton renfermé dans un si petit espace, & d'une maniere si réguliere, peut être attribué au hazard, pourquoi ne pas soûtenir aussi la même chose de la plus belle montre qu'on ait jamais faite?

De la structure des feüilles, & de leur usage.

Nous venons de faire voir en quelque façon comment les feüilles des branches sortent des boutons; elles sont composées des mêmes parties que le tronc & les branches, elles ont des parties ligneuses, des vaisseaux de plusieurs especes pour la séve, de-là vient que dans le tithymale la séve est blanche, dans la chelidoine jaune, & d'une autre couleur dans d'autres, & elles ont toutes des trachées.

Le bois ou les trachées, & les conduits de la séve sont ramassez dans la tige, mais dans la feüille ils se séparent comme autant de petites branches d'arbres, & c'est ce qui compose les côtes de la feüille, qui dans quelques endroits s'attachent ensemble & forment une espece de rets: c'est entre ces fibres que les vesicules sont placées, & ce sont elles qui font l'épaisseur de la feüille; on trouve dans la superficie supérieure de certaines feüilles, de petits trous qui communiquent avec des vesicules, & à travers lesquels s'exhale peut-être une vapeur ou une matiere liquide; c'est peut-être de cette matiere qui sort des feüilles des arbres dont il s'agit dans *les Mémoires de l'Academie des Sciences de* 1707, *page 62*. Du moins Malpighi assure que ces véritez se voient clairement dans le chataignier, le peuplier & le mûrier, lorsque les vesicules des feüilles sont séches. La xixe planche représente dans la fig. 5. la route des branches que la côte A distribuë dans la feüille, lesquelles, avec les branches C qui en viennent, forment les interstices reticulaires qui paroissent en blanc dans la figure, & dans lesquels on peut voir les vesicules rondes D ouvertes extérieurement. Dans ces mêmes interstices blancs il y a encore d'autres vesicules E disposées en rond, & qui souvent forment une cavité comme F, d'où il sort une espece de liqueur gluante. Tout ceci arrive-t-il par un pur hazard dans ce nombre prodigieux de feüilles? Tous les changemens qui leur surviennent, & qui sont si nécessaires pour le bien de chacune en particulier, sont-ils un effet de cette cause aveugle? C'est une chose bien difficile à croire, sur-tout lorsque nous voyons que

LIVRE II. CHAPITRE VIII.

les feüilles sont si nécessaires aux arbres, que lorsque les chenilles les mangent trop tôt, les arbres ne portent point de fruits. Sçavoir si les feüilles rendent la séve & les sucs des arbres & des plantes plus propres pour fructifier, ou sçavoir si elles contribuent en aucune autre maniere au bien des plantes, qui levent, pour ainsi dire, leurs bras au Ciel pour recevoir la rosée & la pluie, & les conduire dans la plante pour d'autres usages, c'est ce que nous ne sçaurions encore déterminer ; du moins ce qu'il y a de certain, c'est que dans beaucoup de feüilles les tiges sont plus ou moins en forme de goutiere, de sorte que la rosée & la pluie qui tombent sur les feüilles, peuvent couler tout le long, & se rendre aux boutons (qui se trouvent souvent dans les endroits d'où les feüilles naissent) afin de les humecter ; dans d'autres elles sont rondes, & l'eau des feüilles peut se porter assez bien jusqu'au bouton, mais non pas en si grande quantité : de sorte qu'il semble que l'usage est du moins de fournir de l'eau aux boutons. Quelqu'un osera-t-il prétendre qu'on doit encore attribuer ceci au hazard ?

Nous voyons aussi que les fruits pleins de suc, qui sont en danger de se desssécher trop tôt par la chaleur du Soleil, comme les mûres, les fraises, & les raisins de Corinthe, sont garnis de feüilles plus grandes que ces mêmes fruits, afin qu'elles puissent les couvrir ; & que les pommes & les poires qui sont plus solides, & qui demandent un plus grand degré de chaleur, ont des feüilles plus petites, quoique leurs arbres soient souvent plus gros.

Outre cela, comme les feüilles mettent l'arbre à l'ombre, &, comme nous l'avons fait voir ailleurs, que c'est-là une des causes qui font que l'air chargé de parties aqueuses se porte continuellement vers l'arbre, nous pouvons dire que le grand Etre qui conserve toutes choses, en donnant aux arbres des feüilles, leur a rendu un grand service ; car, quoique le vent emporte la rosée & les vapeurs qui humectent l'air, cependant l'air étant plus frais dans l'ombre, il faut que l'air des environs qui est plus chaud s'y porte, châriant avec lui les parties aqueuses qui humectent & rafraîchissent les arbres.

Je n'éxaminerai point ici, si avec tout cela, les orifices que Malpighi a observés dans les feüilles, ne font pas les mêmes fonctions dans les arbres que les pores dans les corps des hommes : les parfums & les odeurs que nous sentons auprès de plu-

Plusieurs expériences pour faire voir la transpiration des feüilles.

sieurs arbres, semblent rendre la chose plus probable ; l'expérience de M. de la Hire rapportée dans *les Mémoires de l'Académie des Sciences de* 1703, *page* 73, semble le confirmer. Cet Academicien, voulant sçavoir si l'eau des pluies toute seule suffit pour produire les fontaines, selon l'opinion de M. Mariotte, avoit envie de sçavoir combien il falloit d'eau pour la végétation d'une plante ; c'est pourquoi le 30 de Juin, environ cinq heures du matin, il prit deux feüilles de figuier toutes fraîches, & il mit leurs tiges dans une bouteille qui avoit le col court, & qu'il remplit d'eau, de sorte que le bout des tiges y touchoit ; ensuite il boucha la bouteille si bien, que l'eau ne pouvoit s'évaporer qu'à travers les tiges ; aiant pesé le tout, il mit la bouteille au Soleil dans un endroit où il faisoit un peu de vent : les seules feüilles de figuier pesoient 5 dragmes 48 grains ; à onze heures il trouva que tout pesoit deux dragmes de moins, à cause des particules que l'air & le Soleil attirerent des feüilles. Il observa qu'il se faisoit aussi une grande évaporation dans les autres plantes où il tenta l'expérience ; mais il ne marque point, si l'eau qui pesoit d'abord une livre, diminua à proportion, ou si les feüilles se dessécherent, ou bien si la perte arriva des deux côtez : quoiqu'il en soit, il prouve par-là que les feüilles transpiroient ; c'est ce qu'on peut aussi inferer des expériences de M. Woodward rapportées dans *les Transactions Philosophiques*, *num.* 253 ; de sorte qu'il paroît par-là, du moins selon les apparences, que les feüilles servent à la transpiration des plantes.

J'aurois dû passer à présent à quelqu'autre chose, si je ne croiois que les expériences suivantes peuvent être de quelque usage pour fournir quelque éclaircissement dans une matiere aussi obscure que la structure & l'œconomie des plantes, mettre par-là dans un plus grand jour la sagesse de Dieu qui y regne, & avoir une idée plus sûre de leur nature.

Je trouve dans mes Remarques de l'année 1696, que le 2 de Janvier nous coupâmes un petit morceau de rave, nous en coupâmes encore un autre de la côte moienne d'une feüille de chou vert, & un troisiéme d'une pomme de chêne, & nous mîmes chacune de ces matieres dans un verre particulier, les attachant au fond avec un fil d'archal, & ensuite nous remplîmes ces verres d'une lessive faite avec de l'eau & de la potasse filtrée par un papier ; les aiant mises sous le récipient de la machine pneumatique, nous observâmes qu'en ôtant la pression de

LIVRE II. CHAPITRE VIII.

l'air ambiant, il en fortit de chacun une grande quantité d'air, particulierement de la pomme de chêne, qui produifit une écume parfaite fur la fuperficie de la lie; & toutes les fois que nous pompâmes l'air, la même chofe arriva. Nous n'éxaminerons point ici, fi cette écume n'étoit pas un effet de la fermentation des acides de la pomme de chêne avec les fels de la lie. La raifon qui fit que nous nous fervîmes plûtôt de lie que d'eau, c'eft afin qu'on ne pût pas objecter que l'air qu'on trouve fouvent dans l'eau, pourroit y contribuer un peu; quoique dans l'eau auffi, & avant qu'on en ait fait fortir l'air, la chofe y paroît d'une maniere fi claire, que toute perfonne qui n'eft pas trop fcrupuleufe, ne doit pas fe fervir de lie.

Le 2 de Juin 1696, nous prîmes deux petits morceaux d'une branche d'orme, & nous la mîmes dans de la lie, fous un récipient; il y en avoit un dont l'extrémité qui eft du côté du tronc de l'arbre, étoit en-haut, & l'autre dans une pofition contraire; enfuite en pompant l'air nous obfervâmes qu'il fortit de l'écorce une grande quantité de bulles d'air également de tous les deux, mais que l'air fortit comme un torrent du milieu du bois par les deux extrémitez de l'un & de l'autre; & lorfque nous eûmes coupé un peu d'écorce des extrémitez, nous obfervâmes encore cela, de même que lorfque nous y mîmes du bois fans écorce, & de l'écorce fans bois, l'air fortoit de l'un & de l'autre avec beaucoup de violence. Environ une femaine après nous prîmes une afperge qu'on avoit tirée de la terre depuis deux jours, nous la coupâmes en morceaux, & nous obfervâmes qu'il en fortoit beaucoup d'air, mais il n'en fortit pas autant que de la branche d'orme, & la plus grande partie fortit du côté qui étoit hors de la terre; il parut quelques petites bulles à l'autre extrémité, & il en fortit auffi quelques-unes, mais peu, des côtez de l'afperge.

Le 7 de Juin 1709, nous attachâmes un petit morceau d'une branche de morelle à deux cloux, & nous les fufpendîmes avec un fil au crochet du récipient de la machine pneumatique; de forte qu'aiant mis cette branche dans un vafe de verre plein d'eau, il fe trouvoit trois pouces au-deffous de fa furface.

Après cela, nous prîmes un petit morceau de la tige d'une fleur appellée *couronne imperiale*, & nous y attachâmes auffi deux cloux, pour la faire defcendre au fond de l'eau; enfuite en pompant l'air nous obfervâmes un torrent d'air qui fortoit de tous les deux côtez, cela fait voir que les troncs des plantes contiennent une grande quantité d'air, & cela confirme ce qu'on avoit découvert avec le microscope.

Pour éxaminer encore de plus près cette matiere dans les feüilles, nous liâmes ensemble cinq feüilles de morelle par les tiges, & ensuite nous en coupâmes environ la moitié, afin que les conduits qui sont dans leurs petites côtes, se trouvant ouverts, l'air pût en sortir avec plus de facilité; après quoi les aiant mises dans un verre rempli d'eau de la même maniere qu'auparavant, nous observâmes qu'il ne sortoit presque point d'air des côtez des feüilles qu'on avoit ouvertes en les coupant, mais la superficie de la feüille étoit couverte de bulles d'air, de sorte que ces bulles grossissant de plus en plus à mesure qu'on pompoit, les feüilles & les cloux auxquels elles étoient attachées, s'éleverent jusqu'à la surface de l'eau; mais en y laissant rentrer de l'air, les petites bulles disparurent comme à l'ordinaire, & les feüilles descendirent au fond.

Il s'ensuit encore de-là, selon les apparences, que les feüilles transpirent beaucoup, & que leurs pores sont beaucoup plus nombreux que ceux de la tige ou du tronc des plantes : il y avoit aussi cette différence remarquable entre les feüilles & les troncs, c'est qu'il sortoit des extrémitez des troncs des torrens de bulles d'air, mais sur l'écorce il n'y en avoit que très-peu extérieurement ; mais il sembloit qu'il n'en sortoit qu'une très-petite quantité des endroits où les feüilles étoient coupées, & qu'il y en avoit une très-grande quantité sur leurs superficies.

Peut-être, en comparant tout ceci ensemble, on trouveroit dequoi établir une hypothèse probable, pour faire voir la maniere dont la séve circule dans les plantes, c'est-à-dire, par la rarefaction de l'air, durant le jour, lorsqu'il est échauffé par le Soleil, & par la cessation de cette même rarefaction causée par le froid de la nuit; mais ce n'est pas là ce que nous nous proposons ici, & il faudroit un plus grand nombre d'expériences pour confirmer la chose. Notre but, en parlant de ces choses, est premierement de faire voir que nous ne devons pas douter de ce qui a été avancé au sujet des plantes par les Messieurs qui les ont éxaminées avec des microscopes ; en second lieu, d'ouvrir une voie pour décrire la maniere dont les plantes croissent, & dont la séve circule dans les plantes, & de découvrir par

des

des différens moiens les merveilles du Créateur, on peut faire de plus grands progrès pour sa gloire & son honneur.

Si des feüilles, nous passons aux fleurs, qui sont composées de la même matiere que toutes les autres plantes ; c'est-à-dire, d'air & des vaisseaux d'un tissu vesticulaire qui charient la séve, & qui sont appellez conduits ligneux, nous trouverons qu'outre tout cela, la plus grande partie des fleurs vient d'un bouton, que les Fleuristes appellent calice, dont les feüilles couvrent au commencement la fleur qui y est contenue, tandis qu'elle est encore hors d'état de souffrir les injures du tems, & la défendent contre ces mêmes injures ; après que la fleur est sortie & épanoüie, les feüilles restent toutes droites, afin qu'elles ne soient pas confuses, & qu'elles offrent d'une maniere réguliere leurs beautez aux yeux de ceux qui les regardent. Examinez une couronne, & voiez d'abord comme son bouton verd met en sûreté les feüilles de la fleur, dont il soûtient dans la suite la foible tige, afin qu'elle puisse couvrir la semence ; voiez d'ailleurs comme il est dentelé en haut, pour cacher la fleur, tandis qu'elle est dans le bouton, & pour pouvoir dans la suite se dilater davantage, afin de mieux soûtenir les feüilles. Nous pouvons observer la même chose dans une rose, & dans mille autres fleurs, qui ont toutes des calices & des soûtiens qui en tirent leur origine ; dans quelques-unes il y a une feüille circulaire, comme dans la couronne ; dans d'autres plusieurs, comme dans les roses ; d'autres ont de petites feüilles placées l'une sur l'autre, comme les écailles des poissons ; cela se trouve, par exemple, dans le bluet ou dans la fleur de froment ; enfin il y a des fleurs d'une infinité de manieres, mais toutes servent au même usage.

Or, comme ces choses qui concourent toutes à la même fin dans une infinité de fleurs, ne sçauroient être attribuées au hazard, quelqu'un pourroit bien avancer qu'elles viennent d'une nécessité aveugle, établie sur la structure des fleurs, puisque ceci arrive dans presque toutes celles qui ont besoin d'être conservées dans le bouton, & d'être soûtenues lorsqu'elles s'épanouissent ; mais nous ferons voir que dans toutes les fleurs, dont les feüilles sont assez fortes pour n'avoir pas besoin de ces soûtiens, on n'y trouve point de feüilles distinctes des fleurs : de cette espece sont les lys blancs, toutes les tulipes & beaucoup d'autres plantes bulbeuses, qui sont couvertes dans le bouton d'une feüille verte fort mince, & qui lorsqu'elles paroissent dans leur perfe-

De la structure des fleurs

ction, se soûtiennent elles-mêmes par la force de leurs feuilles; c'est ce que nous voions dans le saffran qui naît au printems, & qui n'aiant pas de calice suffisant, est pourvû d'une membrane blanche qui conserve sa fleur, & la défend contre les effets pernicieux de l'air, tandis qu'elle est tendre.

Quelques particularitez touchant les fleurs. Nous ne dirons rien ici des feuilles, des fleurs, ni du plaisir aimable qu'elles font à la vûe, & à l'odorat de tout le monde, ces proprietez sont assez connues ; il faut seulement observer, que comme le calice & les feuilles environnent & préservent les fleurs, de même les feuilles des fleurs mettent en sûreté leur intérieur ; il y en a beaucoup qui sont couvertes intérieurement d'une poussiere naturelle, afin de tenir plus chaudement le petit germe.

Nous passerons aussi sous silence toutes les particularitez merveilleuses que Malpighi & Grew ont remarqué dans les fleurs, comme leurs petites cornes & leurs poils, leurs magasins & leurs provisions d'une matiere gluante, & qui approche de la thérébentine ; sur-tout les endroits où il se sépare une liqueur douce & comme du miel, laquelle se conserve dans les feuilles. En voiant que les abeilles ramassent cette liqueur, & qu'elle a tant d'usages parmi les hommes, du moins on apprendra par-là que ce n'est pas sans raison, que celui qui reconnoît un Dieu pour l'Auteur de toutes choses, observe encore ici des marques évidentes de la bonté qu'il a pour nous, & des bienfaits qu'il répand sur nous.

Nous n'entreprendrons pas non plus de décrire ici les parties des fleurs qui ne dépendent point des boutons ni des feuilles, parce que nous n'en avons pas encore une connoissance parfaite : Par exemple, nous passerons sous silence l'endroit où la semence se forme, de même que les petits filets de certaines productions longues & roides qui soûtiennent d'autres corps, dont l'extrémité est pleine d'une poussiere fine, comme dans le lys, &c. On peut voir chez les Botanistes les noms qu'on donne à toutes les parties des fleurs.

Des petits filets, &c. convictions. Nous allons finir par une remarque, & demander à un Philosophe qui auroit les yeux sur une vigne, qui est si foible, qu'elle ne sçauroit se soûtenir elle-même, s'il croit que c'est sans un dessein sage qu'elle a de petits filets dans ses jointures, avec lesquels elle s'attache à tout ce qu'elle rencontre ; & si dans cela il n'observe pas un dessein plein de sagesse, sur-tout lorsqu'il voit que ces filets, après s'être attachez à quelque chose, feroient incapables de foûtenir le poids des branches, fi la matiere dont ils font compofez n'étoit incomparablement plus dure & plus tenace que le refte de la vigne?

La même chofe fe trouve dans les concombres, dont le vent romproit aifément les branches, fi elles n'avoient des filets pour les renforcer & les foûtenir; fi dans tout cela il n'y a pas un deffein fage, d'où vient que le lierre, qui ne croît jamais fi bien qu'auprès une muraille, pouffe du côté du mur de petites racines, pour ainfi dire, lefquels étant humides & gluantes s'y attachent, & foûtiennent le lierre? M. Malpighi a décrit la maniere admirable dont cela fe fait dans la vigne de Canada.

Pour convaincre un incrédule par quelques autres exemples, demandons-lui fi c'eft le hazard qui produit tout dans les plantes? Elles ont toutes des femences; fi on les feme dans un terroir propre, il en fortira toûjours exactement une plante de la même efpece: Par exemple, une vigne ne produit jamais des figues, ou aucun autre fruit que des raifins.

Les poires, les pommes, les raifins, &c. mûriffent premierement auprès du tronc; pour les figues, les melons, les pêches, les prunes, les abricots, &c. les premiers qui mûriffent font ceux qui font les plus éloignez du tronc.

Dans les couronnes, les jafmins, &c. les fleurs les plus élevées, ou celles qui font les plus éloignées de la racine, parviennent les premieres à leur perfection; dans les lys, les hyacinthes, &c. ce font les plus baffes; dans les framboifes, cela arrive indifféremment.

Les pommiers, les poiriers, les pêchers, les abricotiers, les cerifiers, &c. portent du fruit deux ans après qu'on les a plantez; mais la vigne, le noyer, le framboifier, produifent la premiere année.

Dans plufieurs arbres, les feuilles les plus éloignées du tronc, font celles qui fe flétriffent les premieres en automne; mais dans les poix, les féves, les artichaux, & beaucoup d'autres, même dans les pêchers & les amandiers, nous voions le contraire.

On fçait que dans plufieurs plantes, le fruit fort du même endroit où étoit la fleur; mais dans le noifetier, le coudrier, & le châtaignier, de même que dans le bled d'Inde, le fruit fort d'un endroit où il n'y a jamais eu de fleur.

La plus grande partie des fruits eft produite par leurs fleurs, mais les figues croissent sans fleur ; & dans les melons, les concombres, &c. le fruit paroît avant la fleur.

Dans les arbres fruitiers, le fruit & la feuille sont presque toûjours ensemble ; mais dans la vigne c'est tout le contraire, les grappes & les feuilles sont dans des endroits différens.

Dans certains arbres les branches sont longues, à cause qu'ils ont les extrémitez ou le sommet fort long, ce qui est fort ordinaire ; mais dans la vigne, dans les tulipes, dans les couronnes, &c. l'extrémité cesse de pousser ; & ce qui fait croître la plante, c'est ce qui se trouve sous la fleur.

Si on souhaite de voir plusieurs autres remarques de cette nature, on en peut trouver dans les réfléxions sur l'Agriculture par M. de la Quintinye, chap. XVIII. & on jugera par-là, si Dieu pourroit faire voir d'une maniere plus évidente, que sa puissance par laquelle il dirige toutes choses, selon son bon plaisir, n'est point limitée par des loix nécessaires, qu'en nous faisant voir dans les productions de la terre, qu'il n'y a rien dans une plante qu'il ne puisse produire dans une autre, d'une maniere tout-à-fait contraire, quoique tout tende au même but & à la même fin.

Pour mieux éclaircir cette matiere, nous n'avons qu'à jetter les yeux sur un exemple de la structure merveilleuse des arbres ; les branches de la vigne & de plusieurs autres arbres, soit qu'elles soient coupées, soit qu'elles soient encore attachées à la tige qui les produit, jettent des racines & d'autres branches lorsqu'on les met dans la terre ; il y en a aussi beaucoup d'autres, comme les pruniers, &c. dont les racines produisent souvent une forêt entiere de nouvelles plantes tout au tour de l'arbre qu'elles nourrissent : cela nous fait voir que les arbres peuvent augmenter prodigieusement leur fertilité par de nouvelles plantes qu'ils produisent. Mais pour ne pas parler de tout en particulier, nous nous contenterons d'observer, 1°. Que chaque branche d'arbre produit plusieurs boutons. 2°. Que chaque bouton peut aussi produire une autre branche, qui aura aussi ses boutons & ses fruits. 3°. Que ces boutons doivent passer pour autant de merveilles dans l'esprit de ceux qui les contemplent comme il faut ; car il n'y en a aucun, pourvû qu'il soit bien disposé, qui ne puisse former un gros arbre parfait, qui produira de nouveau des milliers de boutons & de fruits. La maniere d'enter des Modernes, en est un exemple remarquable ; car on sçait

LIVRE II. CHAPITRE VIII.

que dans cette occasion on ne fait qu'introduire un petit morceau d'écorce, avec un bouton entre l'écorce & le bois d'un autre arbre : & pour être assuré que cet arbre provient de ce bouton, & non pas du tronc de celui dans lequel on l'a enté; il suffit d'observer, que toute la branche sera de la même espece que l'arbre d'où l'on a pris le bouton, & nous n'y trouverons pas un seul fruit ou une seule feuille qui soit semblable à celles du tronc. Ainsi si on ente un abricotier sur un prunier, ou un poirier sur un coing, noisetier, &c. on n'aura du prunier qu'un abricotier, & du second qu'un poirier. D'ailleurs les observations des Jardiniers nous apprennent, que si on coupe le petit tronc de la greffe, & si la cavité qu'on fait dans l'écorce ne se remplit point, la greffe ne réussit pas, quoique l'arbre ait assez de force. Je ne demanderai pas à présent à un incrédule, comme je pourrois le faire avec raison, si aucun homme raisonnable peut s'imaginer que c'est le hazard qui a formé ces boutons qui renferment chacun un arbre entier en petit, lequel se développe par le moien de la séve qui s'insinue dans ses parties ? Peut-on dire qu'ils n'ont pas été faits pour produire des arbres & des fruits ? Et pour convaincre encore plus un incrédule, & prouver par les observations que nous venons de faire au sujet des boutons des arbres, que les arbres sont en état de produire beaucoup plus de fruits qu'ils ne font à présent, nous n'avons qu'à supposer que la premiere branche de la greffe portera dix boutons la premiere année, & que chaque bouton produira une branche l'année d'après avec dix boutons, ainsi de suite pendant douze années ; ce qui est très-peu de chose en comparaison du tems que les arbres vivent, on trouvera qu'un seul arbre aura produit 1000,000,000,000, ou mille fois mille millions de boutons dans l'espace de douze ans, dont chacun, selon le cours ordinaire de la nature des arbres, produira un ou plusieurs fruits.

Qu'il y ait même à présent une infinité de boutons dans les arbres qui restent inutiles & sans produire des fruits, cela paroît par les grosses branches & par le grand nombre qu'on en émonde ; on peut voir alors un nombre prodigieux de petites branches qui commencent à pousser en plusieurs endroits. Or qu'elles ne puissent pousser que dans les endroits où il y avoit des boutons, cela paroît assez évident lorsqu'on se donne seulement la peine de fendre une petite branche, selon sa longueur, on sera convaincu par-là, que ce n'est que dans les boutons que les fibres ligneuses peuvent pousser dehors. Outre cela il peut y en avoir beaucoup d'autres qui échappent à la vûe ; par exemple, à chaque côté dans la coûture de chaque branche à l'endroit où elle s'attache au bois, il y a deux boutons que peu de gens ont observé, lesquels si on coupe un morceau de la branche de l'épaisseur d'un écu, produisent presque toûjours deux branches qui portent du fruit, ou bien une seule branche du côté que veut la personne qui coupe le morceau de la branche, sur-tout si avec le couteau en enleve l'autre bouton. Voiez la *Quintinye*, Part. *IV.* chap. *XVII.* & *XXI.*

Si on souhaittoit d'apprendre quelque chose de presque incroiable, touchant la fertilité des arbres, l'on n'a qu'à consulter les *Memoires de l'Académie Royale des Sciences*, des années 1700 & 1701 ; on y trouvera la même chose prouvée au sujet de l'ozeille, du persil, & des autres herbes de jardin, par un calcul fait sur le nombre des branches & des rejettons qu'on coupe des arbres & des autres plantes, & par le calcul des semences qu'on trouve dans chaque branche ; on y parle en particulier de la fertilité merveilleuse du froment, qui excede de beaucoup ce qu'on en croit communément ; mais nous nous sommes arrêtez trop long-tems sur cette matiere, ainsi passons à un autre sujet.

Des plantes marines.

Il est tems de dire quelque chose des plantes qui croissent au fond de la mer ; si on souhaite d'en voir l'histoire en peu de mots, on la trouvera dans les Mémoires de l'Académie des Sciences de l'année 1700, où l'on sera surpris de les voir sortir de quelque chose qui n'a aucune ressemblance à des racines, & dans des lieux entierement stériles ; elles sont polies, plates ou un peu arrondies ; elles ont des parties qui ressemblent à des feuilles, sans aucune apparence de racine ; elles sont adherantes à des rochers, à des pierres, à des coquillages, & à d'autres corps durs, à travers lesquels il semble qu'il ne monte pas la moindre goutte de séve pour les nourrir. M. Tournefort en compte quatre especes dans l'endroit que nous venons de citer.

Mais ce qui fait ici pour nous, c'est qu'afin de convaincre ceux qui nient les perfections divines, il est absurde d'avancer que c'est le hazard, ou des causes aveugles qui ont produit les plantes ; l'Auteur de la nature a voulu nous faire voir par-là, premierement, que tandis que toutes les autres plantes semblent absolu-

LIVRE II. CHAPITRE VIII.

ment ne pouvoir vivre que dans l'air, la Puissance infinie, qui n'agit que selon le conseil de son bon plaisir, n'est point limitée par aucune loi; puisque dans cette vûe il fait croître & subsister certaines plantes dans les lieux les plus profonds de la mer, où toutes les autres mourroient.

Et en second lieu, pour nous montrer que le hazard ne sçauroit avoir lieu ici, il les a pourvûes de tous les instrumens nécessaires pour croître, pour produire & former des plantes marines d'une structure particuliere. Nous nous sommes déja servis de la même preuve dans la comparaison des poissons & des autres animaux qui vivent dans l'air; tout cela nous fait voir que sa sagesse n'est bornée, ni à un certain nombre de productions, puisque les poissons & les plantes marines sont innombrables; ni à une certaine espece, puisqu'il y a une si grande varieté dans les uns & dans les autres; mais que tout ce qu'il fait, il le fait pour sa gloire & son plaisir.

Il est tems de tirer une conclusion de tout ce que nous venons de dire, & de voir ce que les Mathématiciens, qui tiennent le premier rang parmi ceux qui se sont appliquez à la recherche de la nature, ont pensé sur ces matieres; pour cet effet nous ne sçaurions mieux faire que de rapporter les expressions de M. Huygens dans son Cosmotheôros, pag. 18. & 19. « Personne, à ce « que je crois, ne niera qu'il n'y ait quelque chose de plus grand & « de plus merveilleux dans la structure, la vie, la maniere de croî- « tre, & la production des plantes & des animaux, que dans celle « des corps inanimez & insensibles, quoique ces derniers soient « plus remarquables par rapport à leur grandeur, comme les mon- « tagnes, les rochers, les mers, &c. D'ailleurs, dans ces deux es- « peces d'êtres animez, la gloire & la sagesse de la Providence « Divine y brillent en plus de manieres différentes & avec plus « d'éclat. Car quoiqu'un disciple de Démocrite ou de Descartes, « osât peut-être dire, qu'afin de faire voir comment tout ce que « nous voyons dans les cieux & sur la terre, a reçû l'existence, il « ne faut que des atomes ou des particules de matiere & du mou- « vement; cependant c'est en vain qu'il tâchera d'appliquer la mê- « me chose aux plantes & aux animaux, & il ne pourra jamais rien « avancer de probable touchant le premier moment de leur exi- « stence & de leur structure. Car il n'est que trop clair que ces choses « ne sçauroient jamais provenir du mouvement simple & accidentel « des corps, parce que nous n'y trouvons rien qui ne soit ajusté à «

» certaines fins, avec toute la prévoiance & la connoissance pos-
» sible des loix de la nature & des mathématiques, pour ne rien
« dire des merveilles de leur production.

J'ai crû que ce passage, quoique j'en pusse alleguer beaucoup
d'autres tirez de plusieurs Philosophes du premier rang, suffisoit,
& qu'il convenoit parfaitement dans cet endroit ; premierement,
parce qu'un incrédule peut voir par-là la vanité de beaucoup de
gens qui se flattent que les plus grands hommes ont embrassé
les mêmes sentimens : nous voyons ici qu'un Naturaliste si fameux & si estimé de tous les Sçavans, auquel peu de ces incrédules
oseroient se comparer, parle d'une maniere entierement différente des mauvaises idées qu'ils ont de la sagesse & de la Providence Divine. En second lieu, parce que le passage que nous
venons de citer, fait voir les grandes raisons que l'on a de soupçonner l'Atheïsme d'erreur & de fausseté, puisque nous voyons
que les plus grands Mathematiciens reconnoissent ouvertement
ce qu'un incrédule est obligé de nier, s'il veut se mettre l'esprit
en repos. En troisiéme lieu, tout homme qui a lû le Livre de
M. Huygens, doit aussi avouer qu'il y fait une grande différence
entre ce qu'on peut prouver être vrai, & ce qui est incertain, &
qui ne peut passer que pour une simple conjecture ; puisque ce
grand Mathématicien déclare, qu'il ne voudroit pas qu'on reçût,
que comme des conjectures & des choses incertaines, plusieurs
opinions qu'il y propose.

Mais ce grand homme a du moins appuié ses opinions sur
des vraisemblances ; il a accordé avec ses conjectures les véritez
mathématiques qu'il a établies dans son *Cosmotheoros* ; il a démontré qu'il y avoit de l'analogie entre la Terre & la Lune, ainsi
on peut conjecturer, avec ce Philosophe, que la Lune est habitée, qu'elle produit des plantes, &c. mais un incrédule ne
sçauroit donner aucune couleur à ses opinions.

Fin de la seconde Partie.

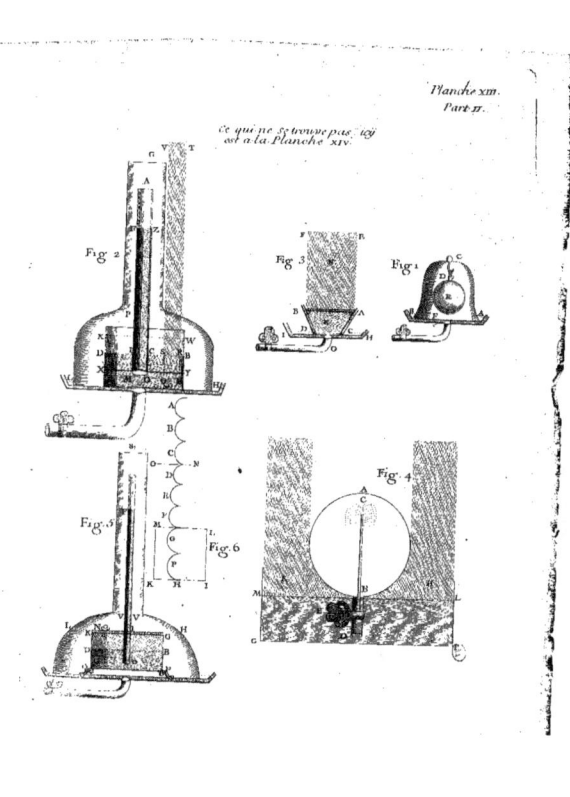

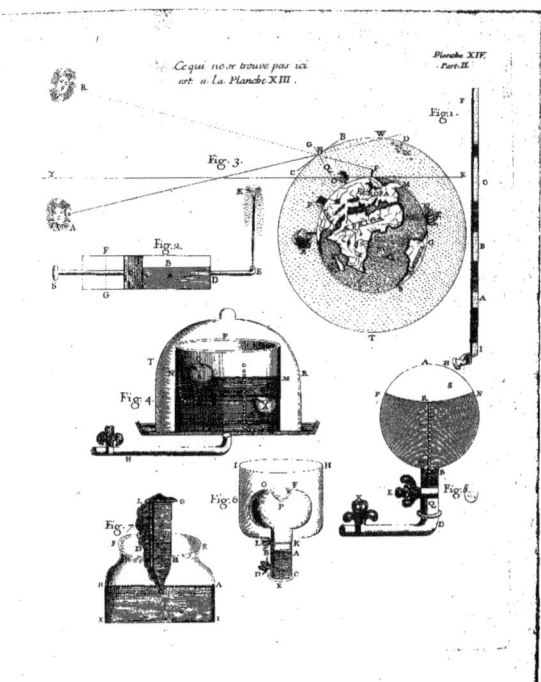

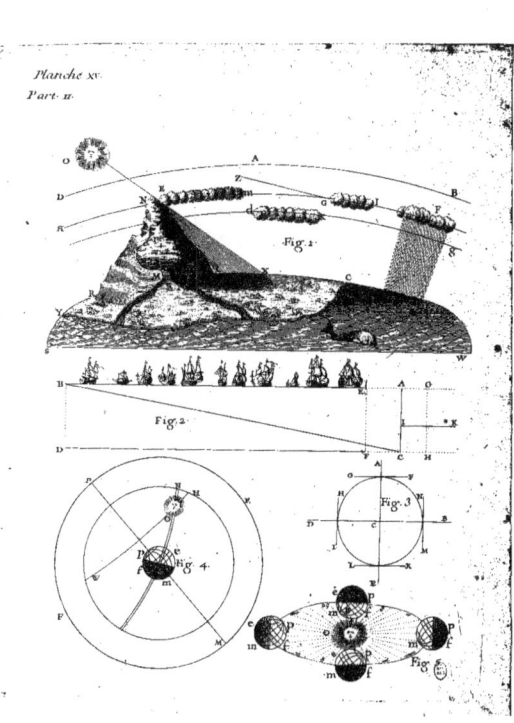

Planche xv.
Part. II.

Planche XVI.
Part II

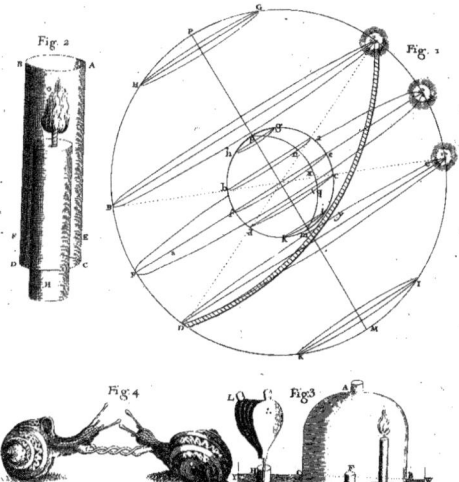

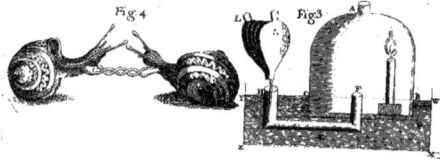

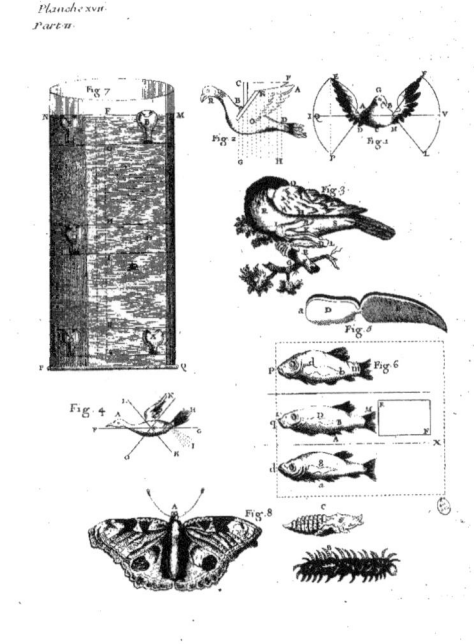

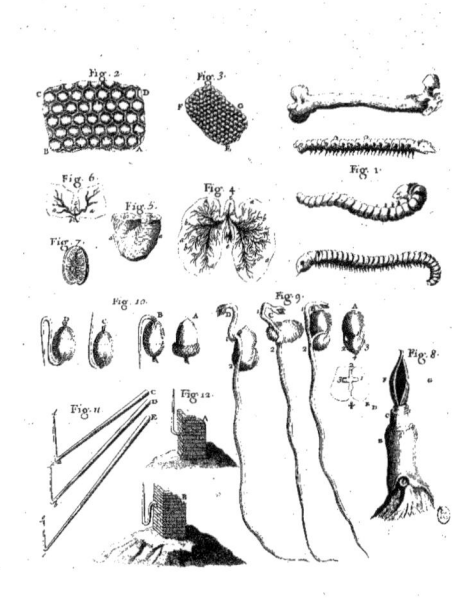

Planche XVII Part II.

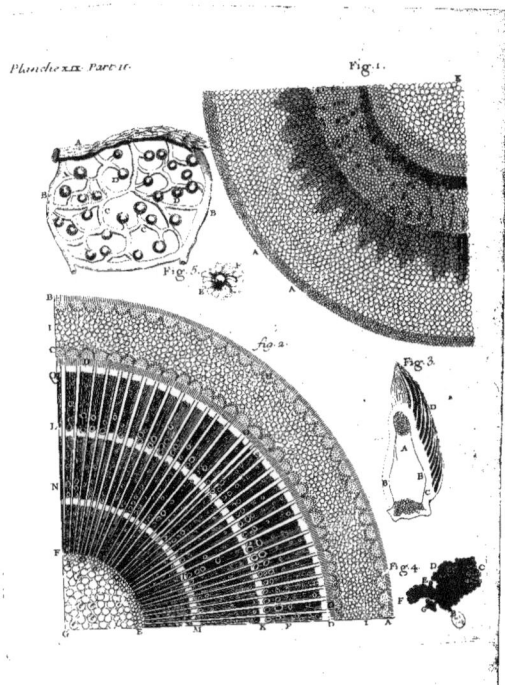

Planche XIX. Part. II.

L'EXISTENCE DE DIEU,

DÉMONTRÉE

PAR LES MERVEILLES DE LA NATURE.

TROISIEME PARTIE.

Des Aftres, & de leurs divers effets.

CHAPITRE PREMIER.

Des Cieux.

L eſt tems de paſſer à la ſtructure admirable des Cieux, & de faire voir la main qui les a formez ; pour cela il ne faut que lever les yeux, & contempler le firmament, l'étendue immenſe de ſes eſpaces & les Aſtres ; la ſplendeur merveilleuſe de tous ces corps ; l'influence particuliere que le Soleil & la Lune ont ſur la terre ; la rapidité inconce-

Des cieux en general.

Iii

vable de leurs mouvemens, & les loix invariables qu'ils observent depuis tant de tems.

Qu'un homme se représente dans l'état dont parle Ciceron; qu'il s'imagine que depuis le commencement de sa vie il a toûjours été enfermé dans une caverne où il ne voioit point d'autre lumiere que celle des lampes, ni d'autre couleur que celle du rocher; si dans cet état il avoit trouvé le moien de voir à travers une fente, ou autrement dans l'air ce globe de feu, si beau & si brillant; je veux dire, le Soleil qui se meut dans les cieux, qui éclaire & échauffe non-seulement tout le globe de la terre visible, mais qui le rend aussi fertile pour l'entretien des hommes & des animaux: & si outre cela il voioit l'aimable verdure des arbres & des champs, & les couleurs charmantes d'un nombre prodigieux de fleurs, ne seroit-il pas surpris, & pourroit-il s'empêcher de penser à la grandeur & à la gloire inconcevable du Créateur de toute ces choses?

On prouve que le Soleil est plus grand que la terre par les éclypses.

De quelque force que soit la preuve qu'on tire de la contemplation des cieux, pour montrer qu'il faut qu'il y ait eû un Créateur qui ait créé les corps lumineux, principalement le Soleil, & qui par-là répand sur notre globe tous les jours de si grands bienfaits; il y a cependant une grande erreur, qui a empêché presque tous les hommes de juger de ces matieres, selon la vérité: c'est ce préjugé de l'enfance qui fait que nous regardons le Soleil comme un corps de la largeur d'environ un pied, ou d'un pied & demi tout au plus.

Mais dans les éclipses de la Lune, l'ombre A L Z (planche xx. fig. 2.) que le Soleil D G forme d'un côté, en éclairant un seul côté de la terre, va toûjours en diminuant depuis A Z jusqu'à L, devient pyramidale ou conique A L Z, & sa pointe finit dans L; on peut, sans être fort versé dans l'Optique, (où l'on prouve la même chose) conclure d'abord que le Soleil D G est beaucoup plus grand que tout le globe de la terre: Car si le diamêtre b b du Soleil étoit égal au globe de la terre A Z, il est clair que l'ombre étant alors égale dans A M N Z, seroit par tout ou dans M N, aussi grande que dans A Z, & elle resteroit toûjours de même.

Et si le diamêtre du Soleil étoit a a, plus petit que la terre A Z, il est assez clair que l'ombre de la terre iroit toûjours en grossissant vers P O, & plus loin.

Etant donc évident, selon les observations incontestables

LIVRE III. CHAPITRE I.

qu'on a fait pendant les éclypses de la Lune, que la largeur de l'extrémité de l'ombre n'est pas égale à la base, qu'elle ne devient pas plus grande à mesure qu'elle s'éloigne de la terre ; qu'au contraire elle diminue toûjours, & forme la pyramide A L Z ; tout cela, dis-je, étant évident, on sera entierement convaincu que le Soleil D G est plus grand que la terre A Z.

Que les hommes surpris d'étonnement à la vûe de la puissance du Créateur, considérent le Soleil dans sa véritable grandeur ; qu'ils considerent que, selon les observations astronomiques, dont on ne sçauroit contester la vérité, nous pouvons supposer hardiment le Soleil cent mille fois plus grand que la terre. Je sçai fort bien que cela paroîtra incroiable à ceux qui ne sont pas versez dans l'Astronomie, 1°. Parce que les Anciens ont prétendu que le Soleil n'étoit pas plus de 166 fois plus grand que la terre, & que quelques-uns ont dit, qu'il ne l'étoit pas tant. 2°. A cause que les Astronomes ne sont point d'accord entr'eux au sujet de la grandeur du Soleil ; ce qui fait que leurs conclusions sont regardées comme des folies par les ignorans.

Pour lever cet obstacle, nous tâcherons, autant que la brieveté de ce discours nous le permettra, de faire voir la certitude de ce que nous venons d'avancer, & quoiqu'il nous fût facile de connoître exactement la grandeur du Soleil, nous ferons voir d'une maniere assez évidente, que si on mettoit cent mille globes terrestres ensemble, ils ne formeroient pas une masse plus grande que le corps du Soleil. En voici la démonstration, ceux qui sçavent la chose par les principes d'Astronomie, pourront se dispenser de la lire.

Que les Astronomes dans leurs calculs sur la grandeur du Soleil, suivent les mêmes principes que les Geométres en mesurant la hauteur d'une tour, d'une coline, &c. c'est une chose évidente pour tous ceux qui ont quelque connoissance des Mathématiques. Ainsi nous pouvons être aussi certains de la vérité des conclusions des premiers, que de celles des Geometres, pourvû que les Astronomes puissent faire leurs observations avec la même justesse & la même exactitude : Nous allons prouver cela d'une maniere un peu plus claire.

La grandeur du Soleil prouvé par l'astronomie.

I. Ils prennent le demi-diamêtre de la terre A B (planche xx. fig. 1.) pour une unité, afin de déterminer la grandeur du Soleil B G, par rapport à cette unité.

II. Ils obſervent de différentes manieres, que nous ne décrirons point ici, l'angle A C B qui ſe forme dans le centre du Soleil C, & comprend le demi-diametre de la terre A B ; ils l'appellent l'angle de la parallaxe ; parce qu'en regardant le long des lignes A C & B C qui forment cet angle, (ce qui ſuppoſe qu'on regarde de la ſurface de la terre A & de ſon centre B) le centre du Soleil C, ledit centre C ſemble cacher le point I à ceux qui le regardent de l'endroit A, & le point F dans les cieux K L, à ceux qui le regardent de l'endroit B. Ils appellent cette différence la Parallaxe ; & comme on détermine par-là l'angle A B C, ils ont accoûtumé pour abreger, d'appeller cet angle la Parallaxe ; & lorſqu'ils ont trouvé A C B à quelque hauteur que le Soleil ſoit au-deſſus de l'horiſon, ils ſupputent à combien il monte lorſque le centre du Soleil C eſt à l'horizon A I ; & c'eſt ce qu'ils appellent Parallaxe horizontale.

III. Les Anciens avoient obſervé, juſqu'à Tycho-Brahé, que cet angle étoit environ 03 min. 00 ſec. mais Longomontanus, diſciple de Tycho-Brahé, le réduiſit à 02 min. ſec. 40 ; & en dernier lieu Kepler, après différentes obſervations le réduiſit à 01 min. 00 ſec.

IV. Enſuite aiant trouvé une autre méthode d'obſerver, laquelle n'étoit pas ſujette à de ſi grandes erreurs que la précédente, c'eſt-à-dire, par la diſtance de la Lune ; Riccioli a trouvé que l'angle ci-deſſus n'excede pas 30 ſec. ou la moitié d'une minute.

On regarde encore cela comme très-conſidérable, puiſque ſelon M. Whiſton, il n'excede pas 25 ſec. 10 tierces ; & Wendelin le réduit à 15 ſecondes.

V. M^{rs} Caſſini & de la Hire en France ; M. Flamſtead en Angleterre, & d'autres grands hommes ailleurs, ont introduit une autre méthode dans la pratique ; ils ſe ſont ſervis de téleſcopes armez de micrometres, avec leſquels, ſans craindre de tomber dans tant d'erreurs, on peut obſerver ledit angle A C B avec la derniere exactitude, ſuppoſé qu'il nous ſoit poſſible de le déterminer.

Là-deſſus M. Flamſtead (*Voiez VVhiſton, Prælect. Phyſ. Mathem. p. 276.*) M. Caſſini, (*Voiez les Tab. Aſtron. de M. de la Hire, p. 8.*) M. Newton, (*Voiez Gregory Aſtron. p. 330.*) ne le font monter qu'à 10 ſecondes dans leurs calculs.

VI. Tout cela nous fait voir, qu'à proportion, que les moiens font devenus plus certains, & les inftrumens dont on fe fert pour mefurer plus exacts, on a obfervé que l'angle A C B de la parallaxe du Soleil a diminué conftamment de plus en plus.

Ainfi fi les Aftronomes different entr'eux, cela vient uniquement de ce que les Modernes ont mis en ufage de meilleures méthodes, & des inftrumens plus exacts que ceux des Anciens ; mais il ne faut pas regarder ces méthodes comme contraires, ainfi que quelques perfonnes d'efprit ont bien voulu les nommer ; par-là les Anciens ont fait voir jufqu'où ils font parvenus, & les Modernes ont montré qu'ils ont pouffé la chofe beaucoup plus loin ; cela eft d'autant plus remarquable, que ces différences ne fe font rencontrées qu'entre les Anciens & les Modernes ; mais celles qui fe rencontrent parmi les Anciens & parmi les Modernes qui fe font fervis des mêmes méthodes & des mêmes inftrumens, méritent à peine qu'on en parle.

VII. Continuons. Depuis que les Aftronomes ont trouvé dans le triangle A B C le côté A B ou le demi diamétre de la terre avec l'angle de la parallaxe horizontale du Soleil A C B, & fçachant que l'angle B A C eft droit lorfque le centre du Soleil C eft dans l'horizon vifible A I ; ils ont trouvé dans ce triangle deux angles & un côté ; ainfi par la trigonométrie, ils peuvent trouver la ligne B C, ou la diftance du Soleil de la terre.

VIII. Enfuite, aiant trouvé la ligne B C, qui eft la diftance qu'il y a entre le Soleil & la terre, & qui fait un des côtez du triangle B D C, ils cherchent encore deux angles dans le même triangle, lefquels font néceffaires pour fupputer le demi-diamétre du Soleil D C.

IX. Pour trouver cela, ils obfervent avec leurs inftrumens, qui furpaffent de beaucoup en exactitude ceux des Anciens l'angle D B G, qui renferme toute la largeur vifible du Soleil, & c'eft ce qu'ils appellent le diamétre apparent du Soleil.

L'angle D B C, ou le demi-diamétre apparent du Soleil, ainfi nommé, à caufe qu'il contient la moitié de fon diamétre, en fait la moitié.

X. Il ne s'eft jamais rencontré une fi grande différence dans cet angle, que dans celui de la parallaxe ; ainfi felon les trois tems que nous avons remarqué, en parlant de ceux qui ont obfervé la parallaxe, lorfque le Soleil eft dans fa diftance moienne; c'eft-à-dire, qu'il eft également éloigné de l'endroit le plus éloigné, & du plus proche de la terre où il a accoûtumé de fe trouver, le diamétre apparent du Soleil ou l'angle D B G monte aux nombres suivans

Ptolomée le fait de	31 min. 20 sec.
Copernic environ	32 min. 45 sec.
Tycho & Longomontanus de	31 min.
Riccioli de	31 min. 56 sec.
Huygens de	30 min. 30 sec.
Newton, qui approuve fort les observations de Mrs Cassini & Flamstead	32 min. 15 sec.
La Hire environ	32 min. 11 sec.

XI. De sorte que par le plus grand nombre le diamétre apparent n'étant que 32 min. 45 sec. & dans le plus petit de 30 min. 30 sec. la différence n'est que de 2 min. 15 sec. si on en prend la moitié pour l'angle D B C, la différence ne sera que de $1\frac{1}{8}$ min. c'est-à-dire, environ $\frac{1}{15}$ partie du tout.

XII. Tandis que la plus grande parallaxe étant de 3 min. & la plus petite de 6 sec. la premiere est de plus de trente fois plus grande que la derniere, comme nous avons montré ci-dessus nom. III. IV. V.

XIII. Il est évident par-là, que la varieté des observations sur le diamétre apparent, ne peut produire qu'une très-petite différence ; mais dans l'angle de la parallaxe, elle en occasionnera une très-grande touchant la grandeur du Soleil.

XIV. Enfin, comme dans le triangle D B C l'on a trouvé le coté B C, ou la distance de la terre, & le demi-diamétre apparent du Soleil, ou l'angle D B C ; & que d'ailleurs l'angle B D C étant droit, à cause que la ligne B D touche le cercle D O G dans D; il s'ensuit, que dans ledit triangle D B C, on trouve deux angles & un côté, & par-là on peut trouver le troisiéme D C, ou le demi-diamétre du Soleil qu'on cherchoit.

XV. Cela supposé, nous pouvons à présent calculer, premierement la distance où le Soleil est de la terre B C, & après la grandeur de son diamétre D C. Mais notre dessein n'est que de faire voir la grandeur du Soleil, & la différence qu'il y a là-dessus entre les anciens Astronomes & les modernes ; nous ne dirons rien de sa distance, nous suivrons une méthode plus concise, qui est pourtant accompagnée d'une certitude mathématique, & facile à comprendre pour ceux qui sont versez dans la Geometrie.

LIVRE III. CHAPITRE I.

Pour cela nous nous servirons des angles A C B & D B C à la place de leurs *Sinus*, qui véritablement s'accorderoient mieux avec l'exactitude geometrique; mais comme il n'en résulte aucune différence considérable, & que cependant le calcul en est plus aisé, nous nous en servirons comme font d'autres Astronomes. Voici comment.

Comme l'angle A C B, *ou, la parallaxe horizontale du Soleil est à l'angle* D B C, *ou à son demi-diamétre apparent ; ainsi est le demi-diamétre de la terre* A B, *au demi-diamétre réel du Soleil* D C.

Cette regle a lieu, non-seulement par rapport au Soleil, mais aussi par rapport à tous les autres corps célestes.

XVI. Ainsi selon Tycho Brahé, prenant la parallaxe de 3 min. & le demi-diamétre apparent de $15\frac{1}{2}$ min. le demi-diamétre du Soleil est plus grand que celui de la terre A B. } . . . . $5\frac{1}{6}$ fois.

Et si on prend le nombre cubique de ces nombres, parce que les corps sphériques sont l'un à l'autre comme les cubes de leurs demi-diamétres, le Soleil est plus grand que la Terre } . . . . . 138 fois.

XVII. Selon Riccioli la parallaxe de 30 secondes, est au demi-diamétre apparent 15 min. 58 sec. comme 30 à 958 secondes, ou comme 1 à $31\frac{14}{15}$; ainsi le demi-diamétre du Soleil D C est plus grand que celui de la terre A B } . . . $31\frac{14}{15}$ fois.

Si on multiplie ces nombres pour en trouver le cube, le globe du Soleil sera plus grand que celui de la terre de } . . . 31000 fois.

XVIII. Selon M. Newton, la parallaxe 10 sec. est au demi-diamétre apparent $16\frac{1}{8}$ min. comme 10 sec. à $967\frac{1}{2}$ sec. ainsi le demi-diamétre du Soleil est plus grand que celui de la terre } . . . $96\frac{1}{4}$ fois.

Et si on prend le nombre cubique, le corps du Soleil excedera celui de la terre environ } . . 900, 000 fois.

XIX. Enfin, selon M. de la Hire, la parallaxe étant de 6 sec. elle est à 16 min. $5\frac{1}{2}$ sec. ou au demi-diamétre apparent, comme 6 sec. à $965\frac{1}{2}$ sec. ou, comme 1 à $160\frac{11}{12}$, ainsi le demi-diamétre du Soleil est plus grand que celui de la Terre } . . . . 160 fois.

Et sur le cube de ce nombre, le Soleil excede la grandeur de la terre au moins } 4,000,000 fois.

XX. En comparant tout cela, on peut conclure,

Premierement, que les demi-diamétres du Soleil ont augmenté depuis 5 ou presque 6; d'abord jusqu'à 31, ensuite jusqu'à 96, & enfin jusqu'à 160 demi-diamétres de la terre; ce qui paroîtra assez probable à ceux mêmes qui ne sont pas versez dans ces matieres, parce que les nombres ne sont pas grands.

En second lieu, que le globe du Soleil n'ait été d'abord que 140 fois plus grand que la terre, ensuite 31000 fois, qu'après cela il ait passé tout d'un coup à 900,00 fois, & qu'en dernier lieu il se soit trouvé quatre millions de fois plus grand que le globe de la terre, c'est une chose si surprenante, que ceux qui ne sont pas accoûtumez à ces sortes de calculs, doivent juger la chose impossible; ils croiront que, quoique tout ce qui vient d'être dit au sujet des demi-diamétres de la terre, fût vrai, ceci ne seroit cependant qu'une erreur dans l'Astronomie: mais tous ceux qui entendent la Geometrie sçavent que l'Astronomie a ses regles certaines.

Ainsi nous voyons que c'est la diminution continuelle de l'angle de la parallaxe, qui a été la principale cause de l'augmentation & de la différence de la grandeur du Soleil; pour la petite variation des demi-diamétres apparens, elle ne sçauroit y contribuer que fort peu. On ne doit attribuer sa grandeur étonnante qu'au cube de son vrai demi-diamétre.

XXI. Ainsi comme ce que nous venons d'avancer est certain, d'une certitude mathématique, touchant le calcul, il ne reste qu'à examiner si les Astronomes de notre tems ont exactement observé, que l'angle de la parallaxe soit si petit, ce que nous laissons à ceux qui s'y croient engagez; car de comparer les trois méthodes qui ont été en usage depuis les Anciens jusqu'à Tycho-Brahé, & depuis cet Astronome jusqu'à Riccioli, Wendelin & autres; & depuis ceux-ci jusqu'à Mrs Cassini, Flamstead

LIVRE III. CHAPITRE I.

ftead, & la Hire; cela demanderoit une trop grande digreſſion, & tiendroit trop de place ici.

Une choſe qui eſt vraie, & connuë de tous ceux qui entendent l'Aſtronomie, c'eſt que les Anciens, de leur propre aveu, pouvoient avec peine s'aſſurer juſqu'à une minute dans leurs calculs des corps céleſtes, même avec le ſecours de leurs meilleurs inſtrumens; les méthodes ſuivantes ont eu de grands avantages ſur les précédentes: on a procédé par leur moien d'une maniere plus certaine, & on eſt allé beaucoup plus loin; l'angle dont ils avoient beſoin pour ſupputer la diſtance du Soleil, étoit beaucoup plus grand, comprenant tout l'eſpace qui eſt entre la Lune & la terre, ce qui fait environ ſoixante fois le demi-diamétre de la terre, les Anciens étoient obligez de s'en ſervir; & de-là vient que les erreurs des derniers ſont plus petites dans leurs obſervations que celles des premiers. Mais les Modernes, avec le ſecours des teleſcopes & des micrométres, ſemblent avoir porté l'Aſtronomie dans le plus haut degré de perfection où les hommes puiſſent la mener, faiſant du firmament même un quarré de cercle par le moien de leurs inſtrumens & des pendules; & ainſi ils peuvent, avec la même certitude que les Anciens, pouſſer leurs obſervations juſqu'à quelques ſecondes.

Si ces Obſervateurs ne peuvent meſurer la parallaxe du Soleil, eux qui le peuvent faire avec tant d'éxactitude, ſurtout lorſqu'ils meſurent les planetes voiſines, qui ont des parallaxes beaucoup plus grandes & plus faciles à obſerver, & qu'ils font enſuite leur calcul de la parallaxe ſur les diſtances du Soleil & des planetes; on peut inferer-de-là qu'elle ne conſiſte que dans quelques ſecondes ou dans quelque choſe de moins, ſi on l'obſerve & ſi on la découvre de cette maniere. Nous pouvons donc conclure, fondez ſur des principes juſtes & véritables, que le globe du Soleil doit être d'une grandeur inconcevable, quoiqu'on ne puiſſe pas éxactement le déterminer, à cauſe de la petiteſſe de la parallaxe; & c'eſt une choſe dont ils conviennent tous, même les plus fameux, & j'en pourrai donner pluſieurs preuves. Et ſi nous n'admettons pas les 160 demi-diamétres de M. de la Hire, ni par conſéquent que le Soleil ſoit quatre cens mille fois plus grand que la terre, nous ne ſçaurions dire que M. Huygens ſoit fort éloigné de la vérité; il fait le demi-dia-

On peut faire voir avec aſſez de certitude, que le Soleil eſt plus de 100,000 fois plus grand que la terre.

Kkk

métre du Soleil égal à 110 demi-diamétres de la terre ; selon lui, le Soleil sera 133,100 fois plus grand que la terre.

Nous pouvons encore approcher de plus près de la vérité, & nous servir des calculs dont M. Newton se sert dans sa théorie de la Lune ; il suppose que le demi-diamétre du Soleil est de $96\frac{1}{4}$, & que sa grandeur est égale à 900,000 globes terrestres. Si nous prenons le calcul de Flamstead & de Harrox, qui est d'environ 12 secondes (voïez Newon, *Princip. Mathemat.* page 414) ce qui fait deux fois autant que celui de la Hire; nous serons encore plus assurez qu'on ne commet aucune erreur considérable en attribuant trop de grandeur au Soleil, quoique dans son demi-diamétre il renferme celui de la terre 80 fois, & que son globe soit 500,000 fois plus grand.

Ainsi supposant, comme nous avons fait ci-dessus, que le Soleil est 100,000 fois aussi grand que la terre, nous sommes assez assurez que nous le faisons plûtôt trop petit que trop grand; puisque dans cette supposition la parallaxe étant d'environ 21 secondes, est pour le moins plus grande que 20 sec. Et si nous admettons avec M. Newton que le demi-diamétre apparent est de $16\frac{1}{8}$ min. nous trouvons que le véritable diamétre du Soleil doit être $46\frac{1}{2}$. Et pour faire voir qu'on ne sçauroit se tromper en faisant le Soleil de cette grandeur, l'on n'a qu'à jetter les yeux sur les Observations, (comme M. Newton lui-même l'avouë), de Kepler, de Riccioli, & de Wendelin, qui prétendent que la parallaxe n'a pas plus de 20 sec. Ils ne se sont pourtant pas servis de la méthode de M. Cassini dans leurs Observations, qui rend la parallaxe encore beaucoup plus petite.

Ce qui prouve encore cela, c'est que Wendelin lui même, avec sa méthode, l'a fait de 15 sec. qui est bien moins que 20.

Enfin le témoignage de M. Newton est ici d'un grand poids; il fait la parallaxe de 20 secondes, & il dit qu'il aime mieux dans cette occasion la faire trop grande que trop petite; il insinuë par-là assez clairement qu'on doit la faire réellement un peu plus petite.

Il s'ensuit de-là que la différence qu'il y a entre les anciens Astronomes & les modernes, ne fait aucun préjudice à ce qu'ont dit les derniers touchant la grandeur du Soleil, & que ce n'est pas trop de le faire pour le moins 100,000 fois aussi grand que la terre.

Ce globe de feu qui éclaire l'univers, est cent mille fois plus

LIVRE III. CHAPITRE I.

grand que la terre ; depuis plusieurs siécles il parcourt des espaces immenses ; sa rapidité est inconcevable ; dans sa course il éclaire tour-à-tour tous les climats de la terre. Cette vaste mer de feu qui le compose, est agitée des mouvemens les plus terribles, cependant elle ne sort pas de ses bornes ; si les écoulemens qui en viennent jusqu'à nous venoient à augmenter, toutes les créatures toucheroient à leur perte. Est-ce donc le hazard qui suspend dans le vuide ce globe de feu ? Est-ce lui qui en dirige le cours ; qui empêche que les feux n'embrasent l'univers, qui n'en détaché que ses raions de lumiere pour nous conduire ? Non, ce sont les mains d'un Etre puissant qui nous présentent toutes ces merveilles.

Que le Soleil soit à une distance prodigieuse de la terre, on peut le prouver par les horloges solaires, & autrement ; mais nous passerons cela sous silence, nous contentant de faire voir, comme nous avons déja fait, que la diversité des sentimens des Astronomes, par rapport à la distance du Soleil, ne vient uniquement que de ce que les Modernes ont des instrumens ou des moiens beaucoup meilleurs pour observer la parallaxe du Soleil ; de sorte que plus elle paroît diminuer, plus il y a de distance entre le Soleil & la terre.

De la distance qu'il y a entre le Soleil & la terre.

Pour mettre cette matiere dans un plus grand jour, en faveur de ceux qui ne sont pas au fait de l'Astronomie, supposons :

Que le demi-diamétre de la terre AB (planche xx. fig. 3.) soit pris pour une unité, l'angle de la parallaxe horizontale du Soleil ABC dans le triangle ABCA étant aussi connu par des observations alors, BAC étant un triangle droit, la distance qu'il y a entre le Soleil & la terre ou la ligne BC, sera facile à trouver par la trigonométrie des rectilignes ; cette opération est fort facile à faire pour ceux qui entendent le calcul.

Supposant ensuite que ACB soit l'angle de la parallaxe :

Avec Tycho-Brahé, de trois minutes, nous trouvons que la distance BC renferme } 1150 demi-diam. de la terre.

Avec Riccioli de 30 secondes. . . 700 demi-d. de la terre.
Avec Mrs Newton, Cassini, &c. de 10 secondes, BC sera de . . . 20,000 demi-d. de la terre.
Avec M. Huygens, entre 8 & 9 sec. . . 24,000 demi-d. &c.

Et avec M. de la Hire, de 6 sec. . . . 34,000 demi-d. &c.

Et si nous supposons que le Soleil est 100,000 fois plus grand que la terre, la parallaxe A C B sera d'environ 20 sec. (le demi-diamétre apparent du Soleil étant de 32 $\frac{1}{4}$ min.) & la distance qu'il y a entre le Soleil & la terre sera de . . . } 10,000 demi-d. de la terre.

Or étant assurez par les observations éxactes des plus fameux Astronomes modernes, que la parallaxe A C B n'a pas plus de 20 secondes, nous ne sçaurions définir avec la même certitude, qu'un Geométre peut mesurer sur la terre la distance qu'il y a entre deux endroits, la grandeur du Soleil, ni sa distance de la terre; mais on peut conclure avec une certitude geométrique, sans qu'il y ait lieu d'en douter.

Premierement, que le Soleil est cent mille fois aussi grand que la terre.

Et en second lieu, qu'il est éloigné de nous pour le moins de dix mille demi-diamétres de la terre.

Si le Soleil avoit été placé plus près de la terre qu'il ne l'est à présent, nous n'en devions pas moins attendre qu'un incendie universel; & s'il avoit été beaucoup plus éloigné de nous, la terre auroit refusé de produire ses fruits pour l'entretien de ceux qui l'habitent. S'imaginera-t-on encore que c'est sans aucun dessein, que cet effroiable globe de feu se trouve placé précisément dans un endroit d'où il peut faire tant de bien & si peu de mal à ce globe terrestre? On n'a qu'à compter combien il y a d'endroits dans la vaste étenduë des cieux où le hazard pouvoit placer le Soleil, & combien de millions il y a à gager contre un qu'il l'auroit placé dans un lieu où il auroit été inutile à la terre; & on verra s'il ne faut pas une Puissance pleine de sagesse pour ajuster si bien toutes choses.

On suppose la terre en repos. Nous déclarons ici que notre dessein est de nous servir de la maniere de parler, & des figures de Tycho-Brahé, & de supposer la terre en repos, & le Soleil en mouvement. Ceux qui embrassent l'hypothèse de Copernic, qui soûtient que la terre tourne autour du Soleil, en peuvent faire de même, & ajuster cela à leurs opinions, comme ils sont obligez de le faire, sinon dans tous, du moins dans la plûpart des ouvrages des plus grands

LIVRE III. CHAPITRE I.

Aſtronomes; qui, quoiqu'ils défendent l'opinion du mouvement de la terre, ſuppoſent pourtant la terre en repos dans leurs figures & leurs expreſſions, en calculant les cercles & les angles qu'ils forment; c'eſt une choſe connuë de ceux qui liſent leurs livres, & les écrits de Copernic lui-même.

Si quelqu'un ſe propoſoit d'habiter ſur le globe de la terre p e m f (planche XVI. fig. 1.) & de ſe rendre heureux, lui, & tous les autres hommes; la premiere choſe qu'il feroit, pour éviter une obſcurité perpétuelle, ce ſeroit d'éclairer ce globe; or c'eſt ce que le Soleil fait, par exemple, dans E. *Du mouvement diurne du Soleil.*

Mais ce n'eſt pas là tout, ſuppoſé que cela fût fait; ſi le Soleil E avoit toûjours reſté immobile ſur le point E, on auroit eu le jour continuellement dans cet endroit-là, & la chaleur y auroit été exceſſive; & dans l'endroit f il y auroit eu une nuit perpétuelle & un froid exceſſif, deux inconveniens tout-à-fait grands : dans cet endroit, ſuppoſé que la fertilité de la terre n'eût pas diminué, nous aurions été privez de tout plaiſir; & dans le premier, nous n'aurions pas goûté les charmes du repos à notre aiſe.

Ainſi, pour prévenir tous ces inconveniens, il ſembloit encore néceſſaire que le Soleil roulât autour de la terre en décrivant le cercle E T F S E, pour l'éclairer, & la rendre par tout fertile, & qu'il ne reſtât pas toûjours ſur le même endroit; or cela arrive par le mouvement diurne autour de la terre.

Mais quoique le Soleil éclairât tous les jours la terre, & qu'il l'échauffât, cependant, s'il ne parcouroit pas le cercle E T F S E, voici un fâcheux inconvenient qui s'en ſeroit enſuivi; c'eſt que tout ce qui ſe trouve ſur la terre dans l'étenduë du ſegment du cercle e f, auroit brûlé par la chaleur, & le froid auroit rendu ſtériles les autres parties de la terre, où les raions du Soleil tombent plus obliquement. Ainſi, afin que la plus grande partie de la terre ne reſtât pas inutile, il étoit encore néceſſaire que les avantages du mouvement circulaire du Soleil ſe communiquaſſent à une plus grande partie de la terre; en effet, c'eſt ce qui arrive, lorſqu'il s'éloigne de l'Equateur E F de chaque côté vers le Nord A, & vers le Sud C, en parcourant toûjours le cercle A y D, que les Aſtronomes appellent l'Eclyptique, ou la route du Soleil. Il parcourt environ un degré de ce cercle par jour, ou la 360ᵉ partie d'un cercle de l'Occident à l'Orient, tandis que dans le même eſpace de tems il tourne de l'Orient à l'Oc- *Du mouvement annuel, & de la déclinaiſon du Soleil, & des ſaiſons de l'année.*

cident, à une distance égale de l'Equateur E F; A B & C D marquent les deux dernieres révolutions journalieres du Soleil. Le dernier de ces deux mouvemens, je veux dire, la révolution journaliere, se fait dans un jour; pour le cercle de l'Eclyptique, le Soleil ne le parcourt que dans l'espace de 365 jours; ou d'une année; & c'est le mouvement journalier qui produit le jour & la nuit, & l'annuel produit les quatre saisons de l'année; par éxemple, on joüit de l'été sur les endroits de la terre a & g, lorsque le Soleil est en A dans sa route A y D; & on y a l'hiver, lorsque le Soleil est en D; l'automne & le printems, lorsqu'il est dans l'un ou l'autre côté du globe entre A & D.

Du grand usage de ses mouvemens.

Il est certain que sans ces mouvemens, nous étions assurez d'être sujets à tous ces grands inconveniens; la chaleur excessive auroit brûlé tout dans un endroit, & le froid auroit glacé tout dans l'autre; mais outre cela nous observons que la plûpart des endroits habitez de la terre, sont éclairez & échauffez d'une maniere convenable à la nature des Nations qui y sont, & des fruits qui y croissent: c'est encore la diversité des saisons, & la distribution de la chaleur & du froid, qui font que certains Païs sont propres pour produire des épiceries, & quelques especes particulieres de fruits; & d'autres Païs, pour d'autres commoditez. Tout le genre humain profite & joüit de ce bienfait general, quoique dispersé dans toute l'étenduë de la surface de la terre, par le moien du commerce & de la navigation, qui fournissent abondamment à chaque Nation les commoditez qu'elles ne trouvent pas naturellement dans leur Païs.

Si on voioit un Jardin magnifique, pourroit-on dire qu'il n'y auroit rien qui marquât l'art ou l'industrie du Jardinier: quoiqu'on y vît des endroits avec des fourneaux, & d'autres commoditez pour rendre l'air plus doux & plus chaud en faveur des plantes qui ne sçauroient souffrir le froid de ce climat, tandis que d'un autre côté il y auroit des berceaux & des lieux couverts pour d'autres qui ne sçauroient supporter un grand Soleil? Et ne seroit-on pas convaincu, à la vûë de cette grande varieté, & de ces arrangemens ingenieux des plantes, des fleurs & des fruits de ce Jardin, que ce n'est pas le hazard, mais un Directeur sage & ingénieux qui a produit toutes ces choses, & que le dessein de cet Etre dans tous ces différens degrez de chaleur, étoit de faire recueillir à son maître le fruit de ses travaux, & de lui procurer des fruits que ni le climat ni l'air de son païs ne fçauroient produire? Peut-il donc y avoir des hommes qui ne foient point fenfibles du-tout à la bonté du Créateur d'un corps auffi brillant que le Soleil? Cet aftre par fa chaleur fait de la terre un Jardin de plaifance; voiez la planche xvi. fig. 1. La Zone torride a, b, c, d, repréfente l'Orangerie, ou l'endroit qui produit les fruits qui ont befoin de très-grandes chaleurs; & ceux qui ont befoin d'un air plus temperé ou même froid, le trouvent tel dans les deux Zones temperées a, g, h, b, & c, d, i, k, ou même plus loin vers les poles dans les Zones froides, g, p, n, & i, m, k, par tout où elles font fertiles; ainfi nous voions non-feulement qu'il y a un climat particulier approprié à ces différentes efpeces de plantes & d'arbres; mais ce qui augmente encore l'obligation que les hommes ont à l'Etre qui dirige toutes chofes, c'eft fa bonté infinie; c'eft cette fageffe qu'on voit dans tout ce qu'il a fait, & qui remplit de plaifir ceux qui le cherchent: les fruits même que la terre produit, ne femblent être deftinez qu'à fervir de remedes aux hommes dans leurs maladies, de nourriture & de rafraîchiffement pour ceux qui font en fanté, & en general qu'à les rendre heureux en une infinité d'occafions, qui leur en font fentir l'ufage & l'utilité.

Véritablement rien de plus merveilleux que ce que nous venons de faire voir touchant la direction du Soleil dans fes révolutions diurnes & annuelles; mais je voudrois qu'un incrédule nous dît fi c'eft fans aucune vûë déterminée que les raions du Soleil changent de route en paffant d'un milieu plus rare dans un plus denfe, afin de produire le crépufcule du matin & du foir; fans cela, lorfque le Soleil fe coucheroit, les ténébres de la nuit fuccederoient au grand jour tout d'un coup? Il eft aifé de voir que cela n'eft reglé de la forte que pour l'utilité des hommes; fi nous paffions tout d'un coup d'un grand jour à une nuit très obfcure, cela cauferoit aux organes de notre vûë un grand préjudice: mais fi on veut être plus amplement inftruit de cette matiere, il ne faut que jetter les yeux fur l'article de la Lumiere.

Du crépufcule.

Pour rendre ceci plus intelligible pour ceux qui ne font pas verfez dans les Mathématiques, nous avons fait voir ci-deffus, dans la planche xiv. fig. 3. que le Soleil A étant fur l'horizon E Y, & jettant fes raions A H fur l'air dans H, lefdits raions ne vont point en ligne droite jufqu'a D; ils fe courbent, forment un A H F, & se tournent de côté vers F ; ils se rompent dans H, & produisent ainsi le crépuscule pour ceux qui sont dans F. Or tout le monde sçait par une infinité d'expériences que, selon que l'air est plus ou moins épais, lequel varie dans les différens endroits, même dans le même endroit, en différens tems, pour plusieurs raisons, la refraction differe aussi ; ainsi personne ne sçauroit déterminer le crépuscule, par rapport aux endroits les plus éloignez de la terre où on l'apperçoit.

Outre ce que nous venons de dire, on pourroit encore ajoûter les raisons qui font voir qu'il est impossible aux hommes de connoître éxactement l'endroit du crépuscule : premierement, parce qu'il semble qu'il faut supposer que le Soleil est environné d'une espece d'atmosphere ou de cercle de vapeurs, qui l'entourent, comme l'air environne la terre, & qui à cause de la proximité du Soleil, brille toûjours, & est éclairée par son feu. Secondement, lorsque le Soleil éclaire l'air ou les vapeurs qu'il contient, il y a quelques raions qui sont renvoiez, comme si c'étoit par un miroir de réfléxion vers les Peuples où la nuit commence ; deux choses qui contribuent beaucoup à la production du crépuscule du matin & du soir : voiez là-dessus l'Astronomie de Gregory, pag. 127, où ce grand Mathématicien se sert de l'expression suivante ; c'est pour ces raisons que les limites ou l'endroit des crépuscules du matin & du soir, n'est pas si sûr : il allegue outre cela plusieurs causes de cette incertitude.

De la foiblesse de notre corruption.

Il est donc certain que nous ne sçaurions nombrer les grands services que le Soleil rend aux hommes, aux animaux, & aux plantes ; nous voions qu'il les renouvelle chaque jour ; & si nous avions été aveugles, ou plongez continuellement dans les ténébres, nous aurions été frappez d'admiration, & comme transportez à la vûë du Soleil la premiere fois que nous l'aurions vû. L'étenduë immense qui sépare les astres du globe terrestre, nous jetteroit dans l'étonnement, si nos yeux pouvoient la suivre ; mais il n'y a que de la foiblesse dans notre imagination, elle est trop bornée pour se représenter l'immensité des ouvrages du Créateur, l'expérience nous la montre tous les jours. Voiez ce que M. Huygens dit là-dessus dans son Cosmotheoros, pag. 124. & 125 ; afin de suppléer à la foiblesse de l'imagination humaine, il tâche de mettre en usage d'autres moiens, pour imprimer plus fortement dans nos esprits la grandeur des ouvrages de notre Créateur, & la distance où le Soleil est de la terre ;

faisant

LIVRE III. CHAPITRE I.

faifant voir que, fi nous fuppofons avec lui, que ladite diftance monte à 12000 diamétres de la terre (quoique cependant il la faffe moindre que les autres Aftronomes modernes ont fait avec beaucoup de raifon) un boulet de canon qui conferveroit toûjours le même degré de vîteffe, ne parcourroit que dans 25 ou du moins 24 ans l'efpace qui eft entre le Soleil & la terre. Nous allons faire voir que ce que M. Huygens a avancé, n'eft pas éloigné de la vérité.

Combien de tems il faudroit à un boulet de canon pour aller de la terre au Soleil.

I. Selon la mefure éxacte & jufte des Mathématiciens François, un degré de cercle fur le globe de la terre monte à 57060 toifes de fix pieds; d'où il s'enfuit que fon diamétre eft de 6.538,594 toifes, felon M. Huygens & Whifton dans fes Prélections Aftronomiques, pag. 13.

II. Ceci étant multiplié par 12000, la diftance du Soleil à la terre montera à 78,463,128,000 toifes de France.

III. Or par les expériences de Merfenne, un boulet de canon parcourt dans un battement ou dans une feconde, environ cent de ces mêmes toifes; il lui faut par conféquent 784,631,280 fecondes, pour paffer avec la même vîteffe de la terre au Soleil.

IV. Ce nombre eft un peu plus petit que 788,940,000, qui font la fomme des fecondes de 25 années, chacune de 365 jours 6 heures; on peut voir cela dans la fupputation de M. Huygens.

Si la vîteffe du boulet de canon éblouïffoit l'imagination de quelqu'un, il n'a qu'à fuppofer qu'un animal, comme un cheval, un cerf, un oifeau, ou un vaiffeau, doit parcourir l'efpace qui eft entre le Soleil & la terre; à ne faire que 50 mille dans 24 heures, il lui faudra pour le moins 1100 ans pour faire ce chemin; cela eft aifé à fupputer, fi on fuppofe:

Dans combien de tems un vaiffeau ou un animal, qui parcourt 50 mille dans 24 heures, pafferoit de la terre au Soleil.

I. Que le Soleil eft éloigné de la terre de 12000 diamétres terreftres.

II. Qu'un degré, felon le calcul des Pilotes, étant de 15 lieuës Hollandoifes, la circonference de la terre fera de 5400, & fon diamétre de 1718 lieuës Hollandoifes.

III. Ceci étant multiplié avec 12000, le produit fera de 21,616,000 lieuës Hollandoifes entre le Soleil & la terre.

IV. Ce nombre étant divifé par 50, & par les mille qu'un vaiffeau feroit dans un jour, il montera à 412,320 jours ou environ 1129 ans.

Lll

J'ai cru que je ne ferois pas mal de m'étendre un peu sur cette matiere, & de faire voir de plusieurs manieres la distance qu'il y a entre le Soleil & la terre; dans cette occasion les hommes ont accoûtumé de se représenter un géant semblable à un nain; ils se représentent le firmament, & les corps lumineux qu'il contient, par rapport à leur grandeur & à leur éloignement, incomparablement plus petits qu'ils ne le sont réellement; cela arrive particulierement à l'égard du Soleil: & au lieu de reconnoître que la Puissance divine est infinie & merveilleuse, il semble qu'on veuille l'avilir par-là.

La vîtesse de la lumiere. Qu'un incrédule nous suive, qu'il vienne contempler avec nous la merveille des merveilles, je veux dire, la lumiere; n'en considerons que les proprietez, autant qu'elles nous sont connuës : éxaminons en premier lieu sa vîtesse inconcevable & même incroiable, si nous n'avions des expériences pour nous en convaincre.

Beaucoup de gens trouveront peut-être étrange, & la plûpart même ne réjetteront notre opinion, si nous assurons qu'il faut un certain tems à la lumiere pour venir du Soleil jusqu'à nous, & qu'elle n'y vient que successivement. Les Philosophes les plus fameux du dernier siécle, même quelques-uns du siécle présent, qui ignorent encore les dernieres observations des Astronomes, ont cru, & avec une grande apparence de vérité, que le mouvement de la lumiere n'est pas successif; ils l'ont comparé à celui d'un bâton, dont l'une des extrémitez toucheroit au Soleil, & l'autre à la terre : si on venoit à mouvoir le bout qui seroit du côté du Soleil, l'autre bout se mouvroit dans le même instant, sans aucune succession de tems ; selon cette hypothèse, la lumiere ne vient point du Soleil à nous; cet astre ne fait uniquement que mettre en mouvement celle qui nous environne : d'autres disent que c'est la matiere ætherée qui l'agite ; mais ceux qui soûtiennent cette opinion, seroient encore bien plus étonnez, si nous leur disions que non-seulement la lumiere dérive du Soleil, & qu'elle a besoin d'un certain tems pour passer jusqu'à nous, mais qu'elle est aussi poussée avec une si grande vîtesse, qu'elle n'est pas plus d'un demi quart d'heure ou $7\frac{1}{2}$ min. à venir du Soleil jusqu'ici.

Une expérience pour prouver que la lumiere se meut. Une preuve que la lumiere se meut, & que même lorsque ses raions sont ramassez dans une quantité, elle pousse les corps qu'elle rencontre dans sa route, & les chasse, pour ainsi dire, en

LIVRE III. CHAPITRE I.

soufflant, c'est une observation qu'on trouve dans *l'Histoire de l'Académie Roiale des Sciences de* 1708, *pag.* 25. M. Homberg rapporte qu'aiant mis tout-à-coup une matiere lumineuse, comme de l'alun de plume, dans le foier d'un verre-ardent, sur du charbon de bois, les raions de lumiere l'en chasserent ; il dit aussi qu'aiant placé le ressort d'une montre, attaché par une extrémité à un morceau de bois, dans le foier d'un verre-ardent de douze ou treize pouces, les raions en frappant l'extrémité du ressort qui n'étoit pas attachée, le faisoient mouvoir en-avant & en-arriere, de même que si on l'eût poussé avec un bâton.

réellement, & qu'elle vient du Soleil.

Ceci prouve d'une maniere évidente la vîtesse prodigieuse de la lumiere ; si la vîtesse de ce fluide surpasse l'imagination humaine, elle ne paroîtroit pas moins contraire à toute apparence de vérité, si les observations que M. Romer a faites pendant dix années sur les éclypses des Satellites de Jupiter, n'avoient mis cette matiere hors de doute & de toute dispute, jusques-là même que les plus grands Mathématiciens ont été forcez d'en convenir persuadez par ces expériences.

C'est assez, pour ne pas trop grossir cet Ouvrage, que nous rapportions le témoignage de M. le Chevalier Newton, quoique nous puissions citer celui de beaucoup d'autres ; voici les expressions de ce grand Philosophe, dans ses Principes Philosophiques, pag. 231. propos. 96. liv. 1. dans la Scholie : *Que la lumiere soit poussée successivement, que ses parties se succedent l'une à l'autre ; & qu'elle passe du Soleil jusqu'à la terre dans l'espace de* 10 *minut.* (dans la seconde édition il dit *sept ou huit min.*) *c'est une chose certaine fondée sur les apparences des Satellites de Jupiter, & confirmée par les observations de plusieurs Astronomes.*

Et ensuite lorsqu'il eut publié son Optique, remplie de plusieurs expériences très-belles pour appuier ce qu'il y avance, il s'exprime en ces termes dans la douziéme proposition du second livre de la troisiéme partie, pag. 236. : *La lumiere est poussée hors des corps lumineux dans un certain espace de tems, & elle emploie environ sept ou huit min. dans sa route du Soleil à la terre :* ensuite il ajoûte la preuve de cela, & il commence en ces termes, M. Romer est le premier qui l'a observé par le moien des éclypses des Satellites de Jupiter ; dans la seconde édition, il dit qu'elle n'emploie qu'environ sept min. à venir du Soleil jusqu'à la terre.

Lll ij

Si on souhaite de voir la chose prouvée plus au long, on peut consulter M. Huygens dans son *Traité de la Lumiere*, M. Whiston dans ses *Prelect. Astronom. &c.* Outre cela Mrs Newton & Huygens ont fait voir l'impossibilité de l'hypothèse contraire.

Nous ne sçaurions décrire ici toutes les particularitez de l'Astronomie ; il suffit que nous fassions voir qu'on a prouvé que ce mouvement progressif de la lumiere est incontestable ; les plus habiles hommes qui ont recherché la nature de la lumiere, l'ont démontré, & les incrédules les plus hardis n'ont aucun sujet d'en douter, à moins qu'ils n'entendent rien dans les Mathématiques, ou qu'ils n'ignorent les dernieres découvertes sur les proprietez de la lumiere. Qu'ils se donnent la peine de lire les *Prelect. Astron.* de M. Whiston, *pag.* 229, & 230, où il a démontré les mouvemens progressifs rectilignes des particules de la lumiere ; il fait voir aussi, selon les observations les plus exactes, que dans un demi quart d'heure la lumiere traverse l'espace qui est entre le Soleil & la terre : cela une fois établi, qu'ils réfléchissent en eux-mêmes, qu'ils considerent s'il y a apparence que c'est par un pur hazard, & sans aucune direction, que des corps poussez avec une vîtesse si prodigieuse, puissent obéir toûjours à tant de loix, sans varier une seule fois ; c'est une chose qu'on a observé une infinité de fois dans la lumiere ; nous en parlerons ailleurs plus au long.

Si les raisons de lumiere devenoient un corps solide, & si ses particules s'attachoient l'une à l'autre, qu'arriveroit-il ?

J'ajoûterai ici que la vîtesse prodigieuse de la lumiere m'a extrêmement touché, sur-tout lorsque je faisois la réflexion suivante : S'il y avoit, disois-je en moi même, assez de particules de lumieres qui se réunissent pour former un corps solide, qui ne pesât uniquement que la dixiéme partie d'un grain ; ce petit corps composé de lumiere, à raison de sa vîtesse, agiroit en heurtant contre quelque corps sur la terre avec la même force qu'un boulet de canon de douze livres.

Or qu'il ne soit pas impossible que la lumiere ne devienne un corps solide, cela se prouve, ce me semble, par le phosphore ; cette matiere, du moins la plus grande partie, semble être composée de feu ou de lumiere ; lorsqu'on en met dans de l'huile de cloux de gerofle, la lumiere s'insinuë dans l'huile, & la fait reluire.

Et afin que personne ne doute de cette force terrible, que nous donnons à la lumiere qui descend du Soleil, dans le cas dont nous venons de parler, supposons :

LIVRE III. CHAPITRE I. 453

I. Que la lumiere passe dans un demi quart d'heure, ou 450 secondes du Soleil jusqu'à la terre, c'est-à-dire, qu'elle traverse 78,463,128,000 toises Françoises, comme nous avons fait voir ci-dessus.

II. D'où il s'ensuit qu'en divisant ce nombre par 450, la lumiere devra parcourir 174,362,506 toises dans une seconde; supposons pour une plus grande facilité, que ce n'est que 174,362,500.

III. On a observé qu'un boulet de canon de douze livres, parcourt dans le même espace de tems, cent toises.

IV. Il est évident par les loix des Mechaniques & par la théorie de la percussion, que la force des projectiles, eu égard à leur vîtesse & au choc, sont dans la même proportion, que leurs poids multipliez avec la longueur du chemin qu'ils font dans le même tems.

Mais en faveur de ceux qui n'entendent pas les Mathématiques, nous allons parler d'une maniere un peu plus claire, & nous dirons qu'un boulet de six livres, qui dans un certain tems parcourt l'espace de 200 toises, a deux fois autant de force qu'un boulet de douze livres, qui n'en parcourt que 50 dans le même tems; car six fois 200 font 1200, & douze fois 50 ne font que 600, ou la moitié de 1200. De même un boulet de douze livres qui parcourt 100 toises, dans un certain tems, a autant de force qu'un boulet de six livres qui en parcourt 200, qu'un de trois livres qui en parcourt 400, qu'un de deux qui en parcourt 600, dans le même tems, &c. parce que le poids de chacun de ces boulets étant multiplié avec les toises qu'ils parcourent en même tems, le produit sera toûjours de 1200.

V. Nous pouvons inferer de-là qu'un amas de lumiere, conservant sa vîtesse, agit avec la même force qu'un boulet de 12 livres; ensuite pour trouver le poids de lumiere qu'il faudroit pour cela, voici une regle :

Comme la longueur du chemin (ou 174,362,500 toises de France) que la lumiere parcourt dans une seconde, est à la longueur du chemin ce qu'un boulet de 12 livres parcourt dans le même tems (ou à 100 toises) ainsi le poids de 12 livres du boulet est au poids d'un corps composé de lumiere qui a la même force.

VI. Après avoir fait cette regle de trois, on trouvera que le poids de la lumiere sera dans cette occasion $\frac{12}{1743625}$ d'une livre.

Et supposant que la livre de 16 onces contient 7680 grains, & que les onces soient de 12 à la livre, le poids de ce corps sera $\frac{92160}{1743623}$, ou environ le $\frac{1}{18}$ d'un grain.

Que faut il davantage pour être convaincu, je ne dirai pas de la présence, mais de la nécessité de la Providence divine ? Ne suffit-il pas de connoître la vîtesse effroiable de la lumiere ? N'est-ce pas assez que l'expérience nous apprenne qu'il y a des milliers de corps, auxquels la lumiere s'attache, & forme avec eux une masse solide, & d'où elle s'échappe de nouveau, lorsqu'ils sont enflammez ? Que l'incrédule se demande à lui-même quelle est la loi ou la nécessité qui empêche que cette lumiere ne devienne jamais un petit corps solide, dans le tems qu'elle est dans le Soleil, & qu'ensuite elle ne vienne jusqu'à nous avec la même vîtesse ; qu'on nous la montre cette loi ? Pourquoi, si l'eau se convertit en grêle dans l'air, la lumiere ne pourroit-elle pas se réunir ? Les taches qu'on observe dans le Soleil, semblent nous en fournir un éxemple. Assurément, si le hazard avoit lieu ici, nous ne sçaurions rendre la moindre raison, d'où vient que cela n'arrive pas, ou d'où vient qu'une grêle effroiable de petites masses de lumiere ne se répand pas sur la terre, & ne la détruit pas dans un instant ?

La lumiere se meut en ligne droite.

Une des proprietez de la lumiere, c'est de se mouvoir en ligne droite ; toutes les expériences prouvent que c'est de-là qu'il faut tirer la différence du jour d'avec les ténèbres : il en est de même des ombres dans la perspective. Donnons-en un éxemple : On sçait que les raions (planche xx. fig. 3.) qui partent des points du Soleil A & B, avec ceux qui sont entre ces points, forment le cone ou la pyramide C D P, lorsqu'ils avancent directement selon les lignes A P & B P ; au contraire, si la lumiere, au lieu de se mouvoir en ligne droite, décrit des courbes de toute espece, à la maniere des sons, il n'y auroit point d'obscurité ou d'ombre dans les endroits où la lumiere ne sçauroit aller, ni par conséquent aucune différence entre la lumiere & les ténèbres.

Expériences qui prouvent que la lumiere produit le feu.

Une autre proprieté de la lumiere, c'est qu'elle est du feu, ou qu'elle en est extrêmement chargée ; rien de plus surprenant que la force & les mouvemens terribles de ce feu ; & lorsqu'il s'en trouve une quantité un peu considérable, il consume & détruit tout. Pour en voir un éxemple, il faut jetter les yeux sur la force des verres-ardens nouvellement inventez par M^{rs}

LIVRE III. CHAPITRE I. 455

Hartſoëker & Tſchirnhaüs; les effets qu'ils produiſent ſont terribles: on fait fondre dans un inſtant avec ces verres de gros morceaux de plomb & d'étain; le bois moüillé brûle d'abord; le métal, le cuivre, même le fer, ſe fondent ſur le champ; & l'on ſçait aſſez le tems qu'il faut pour liquefier dans le feu le plus violent le fer qui a été battu. La lumiere diſſout & vitrifie la brique, la pierre-ponce, les vaiſſeaux de terre même remplis d'eau, qui eſt prête à boüillir en même-tems. L'alun de plume, qui, ſelon le témoignage de Kirker, réſiſte au feu de la lampe des Verreries; l'or, qui a réſiſté juſqu'à préſent au feu commun, de quelque maniere qu'on s'y ſoit pris, ſe change en verre dans le foier du verre-ardent; ſi on veut en avoir un plus ample détail, l'on peut conſulter *les Act. de Leipſ. de* 1687, *pag.* 52, *de* 1688, *pag.* 206, *de* 1691, *pag.* 518, & *l'Hiſtoire de l'Academie Roiale des Sciences.*

Tout cela ne montre-t-il pas que la lumiere n'eſt que du feu, ou du moins qu'elle en eſt extrêmement chargée, mais d'un feu dont la force ſurpaſſe l'imagination? Qu'un incrédule après cela ſe repréſente 1° la vîteſſe preſque incroiable avec laquelle elle deſcend du Soleil, & qu'il compare avec elle la force de la flamme d'une lampe, dont on ſe ſert pour fondre & liquefier le verre, lorſqu'on ſouffle avec tant ſoit peu de force; qu'il nous diſe après cela s'il oſe penſer à la vîteſſe de la lumiere, ſans quelque inquiétude? N'a-t-il pas tout lieu de craindre, ſi c'eſt le hazard qui fait qu'il ne vienne juſqu'à une plus grande quantité de feu, qu'il ne renverſe & ne détruiſe tout le globe terreſtre? Et s'il croit qu'il y a des loix fixes & néceſſaires qui empêchent la deſtruction de la terre par le feu, comment le prouvera-t-il? Ne voit-on pas des jours beaux & ſerains, ſans aucun nuage, & le lendemain on a des orages & des pluies continuelles? Pourquoi n'arrivera-t-il pas demain le même changement dans le Soleil? Pourquoi n'en ſortira-t-il pas une flamme dévorante, qui conſumera tout? Il ne faut autre choſe pour tenir un incrédule dans une appréhenſion continuelle, s'il eſt bien attaché à ſes principes; il ſuffit de réfléchir ſur ce danger dont il eſt menacé à tout moment, ſi le mouvement de la lumiere du Soleil dépendoit du hazard, & s'il n'y avoit pas une Providence.

Qu'on conſidere la quantité immenſe de lumiere, qui émane continuellement du Soleil. Nous en avons déja dit quelque *La quantité de la lumiere.*

chose en parlant du feu qui remplit l'air; mais pour en être encore plus pleinement convaincu, l'expérience nous apprend que la lumiere remplit l'air, & pour le moins tout l'espace qui est entre nous & le Soleil; il n'y a point d'endroit, excepté les ombres, quelque petit qu'il soit, où il n'y en ait; nous l'appercevons dans Mercure & Venus, dans la Lune qui se meut autour de la terre, & même dans Mars, Jupiter & Saturne, qui sont les planetes les plus éloignées du Soleil. Cela fait voir encore qu'il y a assez de lumiere dans tous les endroits où elle s'étend; car en quelqu'endroit que l'œil, ou le Soleil, & ces autres corps célestes soient placez, on peut voir le Soleil, ou sa lumiere, qui tombe premierement sur les planetes, & qui ensuite est réfléchie jusqu'à nous, à moins qu'il n'y ait quelque corps opaque qui lui fasse obstacle.

Cet espace que la lumiere du Soleil remplit continuellement, est d'une étenduë immense & presque inconcevable; pour le mesurer supposons avec les Astronomes modernes, selon la table dont M. Huygens se servit pour *son Automaton, page* 447, que la distance qu'il y a de la terre au Soleil, est, par rapport à celle où Saturne se trouve du Soleil, comme 100 à 951; ainsi Saturne est environ $9\frac{1}{2}$ fois plus éloigné du Soleil que la terre. Or les expériences des Modernes prouvent assez que la terre est éloignée du Soleil environ 12000 diamétres, ou 24000 demi-diamétres terrestres; ainsi Saturne étant $9\frac{1}{2}$ fois plus éloigné, il devra être à 228,000 demi-diamétres terrestres du Soleil: ainsi un globe qui rempliroit l'espace qui est entre Saturne & le Soleil, contiendroit 11,852,352,000,000,000 globes terrestres; ces globes étant l'un par rapport à l'autre comme les cubes de leurs demi-diamétres, on n'a donc qu'à considerer le nombre presque inexprimable de globes égaux à celui de la terre qu'il faudroit pour en composer un égal à l'orbe de Saturne, & on conviendra qu'on a raison dans un sens d'appeller inconcevable cet espace qui est rempli de lumiere.

Ce n'est pas tout, voici encore une chose qui démontre la quantité prodigieuse de lumiere: Considerons avec l'étenduë de cet espace la vîtesse de la lumiere, qui passe du Soleil jusqu'à nous dans $7\frac{1}{2}$ min. d'où il s'ensuit qu'elle n'arrive dans Saturne, ou à l'extrémité de son orbe, que dans $1\frac{1}{16}$ heures; au moins, si on suppose qu'elle se meut par tout avec le même degré de vîtesse; ainsi ce grand orbe devra se vuider dans moins de cinq

quarts

quarts d'heure, si la lumiere continuë sa route avec cette vîtesse: quelle quantité de lumiere ne faut-il donc pas qu'il sorte du Soleil, pour remplir dans 24 heures environ 20 fois un orbe d'une étenduë si immense?

Incrédules, oseriez-vous soûtenir, en présence d'un homme de bon sens, que c'est le hazard qui a placé dans votre chambre la chandelle qui sert pour vous éclairer le soir? Soûtenez après cela que ce corps glorieux, cette source merveilleuse, qui depuis tant de siécles fournit une si immense quantité de lumiere, n'a pas été produite par un Etre sage. Soûtenez que tous les avantages qui en résultent pour les habitans de la terre, ne sçauroient démontrer que c'est une Puissance infinie que ses ennemis ont tout lieu d'appréhender, qui a formé le Soleil, & que cette Puissance ne se proposoit pas le bien du genre humain. Soûtenez enfin, si vous l'osez, que ce corps prodigieux qui vomit des torrens continuels de lumiere, avec une vîtesse si terrible, qu'ils devroient, selon les apparences, entraîner tout ; soûtenez, dis-je, qu'il se conserve par lui-même, pour échauffer & éclairer le genre humain, pour rendre la terre fertile, & prévenir par-là la mort des animaux qui l'habitent, sans le secours de la Providence divine.

Qu'on ne s'avise point d'objecter ici, que le Soleil n'auroit presque pû, sans se consumer, éclairer depuis le commencement du monde un orbe de la grandeur de celui de Saturne, ou même plus grand (car il y a apparence que sa lumiere s'étend au de-là de Saturne) ni le remplir de lumiere si souvent : il faudroit, s'il n'étoit pas entierement détruit, qu'il eût au moins souffert une diminution considérable ; cependant l'expérience nous montre le contraire. A cela je réponds : 1°. Personne n'est parfaitement assuré que la lumiere ne circule, comme le sang dans les animaux ; & qu'après avoir fini sa course, elle ne revienne dans le Soleil ; Descartes, selon les apparences, eut cette pensée, pour éviter cette objection. 2°. On peut imaginer les particules de la lumiere si petites, que, quoiqu'elles remplissent tellement l'orbe de Saturne, qu'on ne sçauroit absolument observer les espaces qui sont entr'elles ; cependant étant prises toutes ensemble, elles ne formeroient peut-être pas une masse de la grosseur d'un grain de sable : ainsi on ne sçauroit appercevoir aucune diminution dans le corps du Soleil, quand il y auroit même dix fois plus de tems qu'il subsiste.

Ceci pourra non-seulement être surprenant, mais même incroiable à beaucoup de gens; les Mathématiciens pourtant démontrent que, quelque grand que soit cet espace qui est entre nous & les étoiles fixes, on pourroit le remplir tellement de particules de matiere, qu'il n'y auroit point de raion de lumiere qui pût le pénétrer : de quelque finesse qu'on puisse l'imaginer, il suffiroit qu'un raion eût une grandeur déterminée, pour que cela fût impossible; ainsi ce vaste espace seroit entierement opaque : cependant, si on joignoit ensemble toutes ces particules de matiere, elles ne formeroient, je ne dirai pas un petit grain de sable, mais la plus petite partie d'un grain de sable ; tout cela se démontre aisément. Voiez Keill, *Introduction*, pag. 54, & 55.

L'utilité de la divergence de la lumiere. Qu'un incrédule jette les yeux sur ces torrens de lumiere, ou plûtôt de feu, qui coulent du Soleil continuellement avec une vîtesse incroiable, il sera obligé d'avouer, selon les expériences des verres-ardens, que si la lumiere & ce feu descendoient jusqu'à nous, en se réunissant comme les raions dans le foier d'un verre-ardent, tout le globe de la terre, avec tout ce qui en dépend, se fondroit comme du métal qu'on fait fondre au feu; l'état de la terre seroit encore pire. Il est certain que la lumiere est plus chaude & plus active près du Soleil, que dans le foier d'un verre-ardent; ainsi pour liquefier la terre, & la convertir en une espece d'océan de métal fondu (à peine y puis-je penser sans trembler) il ne faut autre chose, si ce n'est que la lumiere qui descend jusqu'à nous, soit aussi compacte & serrée que dans le voisinage du Soleil.

Cela supposé, osera-t-on, après une réfléxion sérieuse, avancer que tout se passe sans la direction d'un Etre plein de sagesse? Est-ce par un pur hazard que les raions de lumiere ont un certain mouvement, & que jusqu'à présent ils ont obéï à une certaine loi, depuis tant de siécles, sans jamais s'en écarter, pas même une seule fois, quoiqu'ils l'ignorent entierement? Sans cela, la terre, même l'univers, auroient été, il y a déja long-tems, consumez par le feu. Les loix auxquelles nous disons que la lumiere est sujette, sont celles-ci; en sortant du Soleil, ses raions s'écartent, & se séparent l'un de l'autre toûjours de plus en plus, à mesure qu'ils s'éloignent en ligne droite. Les Sçavans ont donné à cette proprieté de raions le nom de *Divergence*.

Nous en avons déja parlé, en traitant de la Vision & de la

LIVRE III. CHAPITRE I.

vûë; & pour éviter les répétitions, nous aurions dû le passer sous silence, si ce n'est que la divergence des raions de lumiere semble nous fournir une preuve, qui est seule suffisante pour obliger un incrédule de reconnoître qu'il y a un Dieu, qui gouverne la lumiere, qui est terrible dans un sens, mais utile & avantageuse dans un autre, & que ce Dieu prévient ainsi la destruction universelle de tout ce qui éxiste sur la terre.

Nous n'ajoûterons que ce qui suit, à ce que nous venons de dire sur le même sujet; par-là ceux qui ne sont pas versez dans l'Optique, ni dans les autres parties des Mathématiques qui ont rapport à la lumiere, en auront des idées plus claires. Supposons donc (planche XXI. fig. 2.) que S est un point dans le Soleil; que les raions S a A, S c C, S d D, S b B, &c. qui en partent, s'écartent ou s'éloignent continuellement l'un de l'autre dans leur route, depuis S jusqu'à A, C, D, E. Or il est aisé de faire voir que les mêmes raions, qui à la distance S B, tombent sur le cercle A E C D, étant plus près du Soleil; par exemple, lorsqu'ils ne sont arrivez que dans S b, sont tous dans la circonference d'un petit cercle a e c d; ainsi le feu dont ces raions sont composez, ou du moins qui les accompagne, est d'autant plus compacte dans le cercle a e c d, que dans le grand A E C D; que ce dernier est plus grand que le premier; ou, pour parler le langage des Mathématiciens, la chaleur dans le petit cercle a e c d est à celle du cercle A E C D qui est plus grand, comme le quarré de la distance du grand cercle, ou de S B, ou S A, &c. au quarré de la distance du petit cercle, ou de S b ou S a: ainsi si S B est deux fois aussi grand que S b, la chaleur dans a e c d est deux fois ou quatre-fois plus grande que dans A E C D; ainsi S B étant 100 & S b 5, leurs quarrez sont 100 fois 100, & 5 fois 5, ou 10,000 & 25; par conséquent la chaleur dans a e c d est à la chaleur dans A E C D, comme 10,000, à 25, ou comme 400 à 1, qui est une chose que l'expérience confirme.

Il s'ensuit évidemment de-là, que si on connoît combien un endroit est plus éloigné du Soleil qu'un autre, on peut, selon cette regle, faire une supputation éxacte de la chaleur, & déterminer au juste de combien celle d'un endroit excede celle d'un autre, à raison de leur distance du Soleil. Generalement il est vrai que plus une chose approche du Soleil, plus elle doit souffrir de chaleur, à cause que les raions de lumiere sont plus

Des proprietez de la divergence des raions de lumiere.

réunis ; & plus elle est éloignée du Soleil, moins elle doit sentir de chaleur.

Les Mathématiciens reconnoissent la vérité de ce que j'avance ici ; que l'Incrédule donc en lui-même le reconnoisse, qu'il y réfléchisse sérieusement ; qu'il considere cet océan immense de feu, 100,000 fois plus grand que tout le globe de la terre, qui est autour du Soleil S ; qu'il considere la vitesse inexprimable des raions brûlans SB, SA, SE, SC, SD, &c. qui en sortent continuellement pour venir fondre sur la terre ADCE, & dont on a de la peine à concevoir le nombre. D'où vient pourtant que ce terrible feu ne consume pas tout ? D'où vient qu'il ne réduit pas la terre, & les autres planetes dans la désolation la plus affreuse ? Soûtiendra-t-il que c'est le hazard qui prévient tous ces malheurs ? Il faudroit avoir perdu l'esprit.

La distance SB, il est vrai, qui est entre la terre B & le Soleil S, étant égale à 12,000 diamétres terrestres, peut contribuer un peu à prévenir cela, mais elle ne suffit pas ; cela seul ne sçauroit préserver de la destruction notre globe. Pour vous faire comprendre cela, supposons que les raions Sa, Se, Sb, Sc, Sd, &c. viennent du point du Soleil S, & tombent sur la terre sans s'écarter, ou en lignes paralleles & fort serrées ; ou bien supposons, pour rendre la chose plus claire, que les mêmes raions étant auprès du Soleil dans le point B, s'écartent & se séparent l'un de l'autre à mesure qu'ils avancent, mais qu'ensuite aiant passé plus loin ils cessent de s'écarter ; qu'ils descendent paralleles l'un à l'autre, & forment la colonne circulaire a e m k ; ainsi il est évident qu'ils tomberont tous sur le cercle k m, & qu'ils produiront dans cet endroit une chaleur, qui est plus violente que celle qui se feroit sentir dans le grand cercle AECD, où les raions sont divergens ; qu'elle seroit par rapport à celle du grand cercle comme le grand cercle est au petit k m. On voit cela dans les verres-ardens ; leur force ne consiste qu'en ce que les raions du Soleil sont ramassez dans un plus petit espace ; ainsi ils nous fournissent une preuve évidente de cette vérité : il est donc certain que les raions du Soleil étant ramassez dans un plus petit espace, même sur la terre qui est si éloignée du Soleil, sont pourtant capables de produire une chaleur terrible. Il s'ensuit de-là que ce n'est pas tant la distance du Soleil, que la divergence des raions qui augmente de plus en plus, laquelle diminuë principalement sa force ; à peine même

LIVRE III. CHAPITRE I.

la distance du Soleil contribuë-t-elle plus à préserver la terre d'une conflagration totale, que la divergence des raions, qui s'écartent l'un de l'autre de plus en plus à proportion de l'espace qu'ils parcourent.

Tout le monde doit regarder la divergence des raions comme une merveille; en s'écartant de tous les points d'où ils partent, il en résulte deux grands avantages, dont certainement nous sommes redevables au Créateur; nous en avons déja touché quelque chose en passant. *La divergence des raions a deux grands usages.*

1°. Cela empêche que le Soleil n'enflamme & ne réduise la terre en feu.

2°. La divergence des raions fait que tous les corps sont éclairez de tous les côtez par les raions qu'ils réfléchissent, & qui s'écartent; c'est ce qui les rend visibles à tout le monde: ainsi nous avons remarqué dans la premiere partie (planche x. fig. 1.) que les raions de lumiere K P, tombant de la chandelle K sur le point P (sur la pointe d'une aiguille, par exemple,) se séparent l'un de l'autre, de même que dans la chandelle, & par-là le point devient visible de tous côtez.

Comme (planche x. fig. 3.) les raions qui partent de l'endroit A sont divergens, & remplissent l'espace A S T, la même chose arriveroit aussi à ceux des autres points N, L, M, B, &c. de l'objet A B; ainsi les raions, par exemple, des points B & A, se mêleroient entierement l'un avec l'autre dans S O T, & représenteroient par-là à l'œil S T une lumiere confuse de tous les objets des environs, & l'on n'en verroit aucun distinctement: il semble donc qu'il manquoit encore quelque chose pour nous rendre la lumiere entierement utile. Outre les mouvemens rectilignes & devergens de la lumiere, il falloit encore une autre loi, par laquelle tous les raions qui partent de A ou de B, pussent se rapprocher de rechef l'un de l'autre, & se ramasser dans tout autant de points comme dans a & b; nous avons déja prouvé que c'est en cela que consiste la vision distincte. *Des refractions, & de leurs usages.*

D'ailleurs, la refraction de la lumiere nous rend encore de grands services; sans elle, le jour se changeroit immédiatement en ténébres, lorsque le Soleil se couche; & d'abord que le Soleil se leveroit, on verroit succeder aux ténébres un grand jour. Or l'expérience nous montre que cela seroit très-préjudiciable à nos yeux; rien de plus pernicieux pour la vûë, que de passer d'une extrémité à l'autre dans un instant : mais la refraction de la lumiere prévient tous ces inconveniens, en formant le crépuscule du matin & du soir.

L'incrédule prétend qu'il ne sçauroit découvrir les desseins de la sagesse de celui qui prescrit de telles loix à la lumiere, & auxquelles elle obéit éxactement ; je voudrois cependant lui demander de quels moiens il se seroit servi pour éviter ces inconveniens ? Ne valoit-il pas mieux rendre la lumiere réfrangible ? Par-là on prévient les deux difficultez ci-dessus, comme nous venons de faire voir. Et puisque c'est cela qui les prévient, quelle raison a ce malheureux Pyrrhonien, pour nier la sagesse du Créateur, qui dirige un corps aussi brillant que le Soleil ?

Des angles de refraction. Pour faire voir qu'on ne sçauroit attribuer au hazard la refraction de la lumiere, supposons (planche XXI. fig. 3.) que le raion S O vient du Soleil S, & tombe sur la superficie de l'eau F G ; & supposons que du centre O on décrive un cercle FGBP si grand qu'on voudra, c'est une vérité confirmée par l'expérience, que le raion B O ne continuë point d'aller en ligne droite jusqu'à R ; il fait un angle B O P dans O : ainsi, après avoir souffert une refraction, il continuë sa route depuis O jusqu'à P, selon la ligne P O, qu'on appelle le raion rompu.

La même chose arrive au raion b O, qui ne va point en ligne droite jusqu'à r, il se romp dans O p: sçavoir, si les raions rompus O P & p O vont aussi en ligne droite, ou s'ils ne se rompent point à mesure qu'ils rencontrent de nouvelles résistances, c'est une chose que nous n'éxaminerons pas ici.

Je m'en rapporte à tout homme raisonnable ; qu'il considere en lui-même s'il est possible d'imaginer que cela arrive, sans la direction d'un Etre plein de sagesse ? s'il est possible que tous les raions O S, O s, & tous les autres qui tombent en formant différens angles d'obliquité sur l'eau F G, comme dans O, avec une vîtesse si terrible ; s'il est possible qu'ignorant absolument tout, ne sçachant pas même ce qu'ils sont eux-mêmes, ils puissent observer une telle loi, sans s'écarter une seule fois ; s'il est possible, dis-je, que les raions rompus O P, O p, prennent toûjours éxactement la même route ? Supposé que les lignes A B, D P, a b, d p forment des angles droits avec a d, qui fait aussi des angles droits avec F G, les lignes A B & P D, de même que a b & p d, auront toûjours la même raison l'une par rapport à l'autre : ou, pour parler plus clairement, comme

LIVRE III. CHAPITRE I. 463

A B est deux ou trois fois aussi long que P D, qui est marqué dans l'eau, ainsi a b sera deux ou trois fois aussi long que p d; & parmi tant de millions de raions qui tombent en formant tant de différens angles d'obliquité sur F G, & qui pénétrent dans l'eau, il ne s'en trouve pas un seul, malgré leur vîtesse surprenante, qui ne suive parfaitement cette regle, dumoins si tous les raions sont de la même espece.

Dans l'endroit où nous avons parlé de l'œil, nous avons fait mention des proprietez de la lumiere, qui prouvent d'une maniere incontestable la sagesse de Créateur; ainsi, comme nous parlons ici de la lumiere, nous ne parlerons que très-peu de la structure de l'œil; & nous prions les incrédules les plus obstinez, à moins qu'ils n'aient renoncé à toutes les preuves convaincantes, de réfléchir encore un coup sur ce que nous avons dit dans le chapitre de la Vûë. *La structure de l'œil par rapport à la lumiere.*

Ce n'est pas assez que la lumiere tombe sur l'œil, & que l'œil soit fourni & pourvû de toutes les conditions requises pour la recevoir : la structure de ses parties, & toutes ses proprietez ne serviroient de rien; les habitans du globe terrestre n'en tireroient pas plus d'avantages qu'un aveugle, si les corps sur lesquels la lumiere tombe, n'avoient pas la faculté de repousser & de réfléchir les raions vers tous les endroits qui sont autour d'eux. *De la réfléxion de la lumiere.*

La plûpart des objets visibles ont cette proprieté : un athée dira-t-il donc que c'est encore le hazard qui a fait cela? dira-t-il que l'Etre suprême n'est pas l'auteur pour rendre les corps visibles ?

Et s'il croit qu'il seroit trop absurde d'attribuer tout ceci au hazard, qu'il nous dise donc quelle nécessité il y a dans la combinaison des causes que la plus grande partie des corps puisse réfléchir, & renvoier la lumiere; tandis qu'il y en a beaucoup qui ne réfléchissent, ou ne repoussent point ceux qui vont heurter contre-eux? Nous voions, par éxemple, que tout ce qui tombe avec un peu de rapidité sur la terre-glaise, s'y attache; cependant le contraire arrive, lorsque les particules de lumiere qui marchent avec une rapidité surprenante, tombent sur la même terre.

La réfléxion de la lumiere est, dans un sens, commune à tous les corps, si on en excepte peut-être ceux qui sont noirs; il y a beaucoup de Physiciens qui prétendent que les objets noirs ne *L'air est invisible.*

réfléchissent aucun raion de lumiere, ainsi ils ne regardent cette couleur que comme une pure privation de lumiere. Ne devons-nous donc pas reconnoître ici la sagesse du Créateur, qui, quoiqu'il ait rendu visible l'eau, & beaucoup d'autres matieres liquides, a pourtant exclus l'air, du moins la plus grande partie, du nombre de ces matieres ? Cependant, par lui-même il est visible, comme les autres corps; sa vertu élastique & ses autres proprietez, prouvent qu'il est fort propre à cela; c'est ce qu'on peut observer, lorsque dans une pompe on comprime une grande quantité d'air, & qu'ensuite on le laisse sortir tout-à-coup par le robinet. Dira-t-on que tout ceci est arrangé sans aucun dessein ? Si l'air étoit visible, il arrêteroit la lumiere, nous vivrions au milieu d'un broüillard continuel, nous ne verrions que difficilement la plûpart des objets qui nous environnent ; osera-t-il soûtenir après cela que la sagesse de Dieu n'a point de part en tout ceci ?

De la réfléxion de la lumiere.

Esprits superbes, qui croiez d'entendre si bien les loix de la réfléxion & de la refraction de la lumiere, vous vous imaginez d'en connoître toutes les merveilles, & qu'il n'y a rien en cela qui échappe à votre entendement, vous vous trompez : rendez-nous raison des phénomenes que M. Newton ce Philosophe éxacte rapporte dans *son Optique, pag. 238 & 346, derniere édition*; & dites nous pourquoi la lumiere, lorsqu'elle passe par un verre, & qu'elle tombe avec une certaine obliquité dans un endroit vuide d'air, au lieu de poursuivre sa route, retourne dans le verre ? Nous expliquerez-vous le phénomène suivant ? Lorsque les raions en passant à travers le verre, tombent dans l'air en formant un angle oblique de plus de 40 ou 41 degrez, ils sont aussi entierement réfléchis; au lieu que s'ils tombent moins obliquement, la plus grande partie continuë sa route à travers l'air : ainsi la lumiere, lorsqu'elle traverse l'air par-dessus le verre, peut bien s'y faire un chemin ; & cependant, lorsqu'elle passe par le verre, quoiqu'avec la même obliquité, il semble qu'elle ne peut pas se faire un passage dans une matiere beaucoup plus subtile, pour poursuivre sa route.

Veut-on voir plusieurs autres choses surprenantes au sujet de la lumiere ? on peut consulter les endroits que nous venons de citer; il sera facile d'inferer des expériences qui y sont rapportées, que nous ne connoissons pas bien la nature de la lumiere, par rapport à *ses réflexions*, lorsque nous la considerons

LIVRE III. CHAPITRE I.

rons comme des boules repouſſées par quelque matiere dure.

Du moins il eſt évident par-là, qu'il y a des loix dans la nature auxquelles la lumiere eſt ſujette, & auxquelles peut-être les Phyſiciens n'auroient jamais penſé, ſi l'expérience ne les leur avoit montrées.

J'aurois pû me diſpenſer d'examiner certaines queſtions que M. Newton propoſe dans ſon *Optique*, p. 349. *queſt. xxx.* où ce Philoſophe ſemble pencher du côté de ceux qui ſoûtiennent que la lumiere, la matiere la plus active qu'il y ait dans la nature, peut devenir une ſubſtance ſolide & palpable; mais comme M. Homberg a mis cette queſtion hors de doute par pluſieurs expériences rapportées dans les *Mémoires de l'Academie Royale des Sciences de* 1705, p. 122, &c. parlons ici de cette propriété de la lumiere.

Expériences qui font voir que la lumiere peut devenir un corps ſolide.

1°. On obſerve que la lumiere pénétre & traverſe la plus grande partie des corps, même ceux qui paroiſſent obſcurs; c'eſt une choſe aſſez connue de ceux qui ſe ſervent de bons microſcopes, puiſque preſque tous les objets qu'on regarde avec cet inſtrument, deviennent en quelque façon tranſparens, pourvû qu'ils ſoient aſſez minces.

M le Chevalier Newton nous dit dans ſon *Optique*, p. 223, qu'il a obſervé la même choſe dans la *chambre obſcure*, lorſqu'on plaçoit un objet de quelque nature qu'il fût, devant le trou à travers lequel la lumiere auroit dû paſſer; mais il falloit avoir le ſoin de rendre l'objet aſſez mince. Il n'en excepte que les corps métalliques de couleur blanche, qui ſemblent réfléchir toute la lumiere qui tombe ſur leurs ſurfaces.

2.°. Si nous ſuppoſons que la plus grande partie de la flamme n'eſt compoſée que de lumiere, il eſt certain qu'elle ſe change en un corps ſolide lorſqu'on fait brûler de la craie, & particulierement lorſqu'on fait le *minium* ou le plomb rouge avec la cendre de plomb, qui après avoir reſté long tems au feu, devient plus peſant.

Mr Homberg rapporte auſſi, que ſi après avoir réduit le vif-argent dans le dernier degré de fluidité, avec l'acier & l'antimoine, on le met ſur le feu dans un verre, les particules de feu qui pénétrent le verre, & qu'on peut prendre pour de la lumiere, n'étant pas mêlées avec d'autres matieres, le changeront en une poudre qui eſt plus peſante que le vif-argent n'étoit au commencement ; poudre qui est tellement à l'épreuve du feu, qu'elle reste en fusion au moins 24 heures sans aucune évaporation. Et lorsqu'on fait un feu très-violent, la matiere s'évapore à la vérité en fumée, mais elle laissera toûjours une petite parcelle, qui s'est formée dans le vif-argent avec la lumiere, & elle a toutes les qualitez d'un métail solide & malleable. Les expériences de M. Boyle confirment encore la même chose ; il fait voir qu'il y a certaines matieres qu'on renferme bien exactement dans des vaisseaux de verre, & que la lumiere ou le feu qui pénetre les pores du verre les rend plus pesantes : mais ce qui prouve cela d'une maniere encore plus claire, sans laisser aucune dispute, c'est l'expérience suivante de M. Hombert, rapportée dans l'endroit que nous venons de citer ; cet Académicien aiant réduit en poudre quatre onces de régule Martial, il le plaça environ à un pied & demi de distance du véritable foïer du verre ardent de Monsieur le Duc d'Orleans, aiant soin de le remuer de tems en tems avec une cueillere de fer, il sortit durant l'espace d'une heure une grande fumée du régule, & ensuite elle cessa ; & quoiqu'on dût s'attendre à voir diminuer son poids par la perte des particules qui s'étoient évaporées, M. Homberg trouva que son poids avoit augmenté $1\frac{1}{2}$ quart d'once, & de quelques grains, c'est-à-dire, d'environ un dixiéme.

Ensuite il le plaça dans une chaleur plus grande, ou dans le vrai foïer, qui mit le régule en fusion, & alors ce régule ne pesoit pas plus de $3\frac{1}{2}$ onces ; il suppose que la perte de cette demie once étant arrivée par l'évaporation & la fumée, on peut assûrer, sans rien craindre, que la lumiere l'avoit augmenté de près d'une once de poids, qui s'étoit dissipée par la fusion & par l'action d'un feu si violent.

Or soit que cette derniere supputation soit juste ou non, il s'ensuit évidemment de-là, que dans la premiere de ces expériences, la lumiere avoit augmenté le poids du régule de près de demie once, sans compter tout ce qui s'étoit évaporé en fumée. Cela montre clairement que la lumiere peut s'unir avec des corps solides, & augmenter la matiere qui les compose.

Je n'entreprendrai pas de déterminer avec ces grands hommes dont nous venons de faire mention, si nous devons considérer la lumiere comme le principal & le plus actif de tous les principes qu'il y ait dans la nature. Voici néanmoins une vérité

LIVRE III. CHAPITRE I.

incontestable; c'est que la lumiere est ou un feu pur & simple, ou bien qu'elle est chargée de matiere ignée, & on connoît assez les effets de l'activité du feu. L'expérience nous apprend aussi combien toutes les plantes & les animaux dépendent de l'influence de la lumiere du Soleil; de sorte que si on ne peut pas le regarder comme le seul principe actif dans la nature, on peut au moins le regarder comme un des principaux.

Je sçais que l'Optique nous fournit plusieurs expériences connues de tout le monde sur la lumiere; je les regarde comme une des plus grandes preuves qu'il y ait pour démontrer qu'il y a un Dieu qui dirige la lumiere, qui l'assujettit à certaines loix; je sçais que les plus grands Mathématiciens ont sujet d'être étonnez lorsqu'ils voient qu'elle fait tout ce qu'on en peut conclure; cependant je ne parlerai point ici de ces expériences qu'on trouve dans l'Optique. Nous voyons que lorsque la lumiere tombe sur la superficie d'un miroir, elle peint l'image de l'objet qui la renvoie sur le miroir; l'image est représentée debout, de la même grandeur, & à la même distance de l'objet. Si elle tombe sur des miroirs convexes, elle forme derriere une image plus proche sur le miroir; & sur des miroirs concaves, l'image sera quelquefois debout, quelquefois renversée, tantôt plus grande, tantôt plus petite; dans un tems elle paroîtra devant, dans un autre derriere le verre; on peut observer les mêmes changemens par la réfraction à travers des verres convexes & concaves.

L'on n'a qu'à faire une *chambre obscure*, nous en avons déja parlé dans le chap. XI. pag. 139. par là on verra sur un morceau de papier blanc, ou de toile blanche, placé dans le foïer du verre qui est attaché à la fenêtre, les images de tous les objets qui sont hors de la *chambre obscure*; effet tout-à-fait agréable, sur-tout si la chambre a vûe sur un parterre, on verra toutes les fleurs avec leurs couleurs & leurs figures peintes sur le papier, jusqu'aux mouvemens que le vent leur cause; & s'il y a quelqu'un dans le jardin, son image sera une image naturelle mouvante.

Mais avant de quitter nos observations sur la lumiere, il faut que nous ajoûtions quelque chose qui surpasse même tout ce que nous avons dit de plus merveilleux là-dessus. Croiroit-on, à voir la lumiere du Soleil, où l'on ne voit aucune couleur, qu'elle puisse se diviser en autant de différens raions co-

Les proprietez des raions de lumiere par rapport aux couleurs.

lorez, qu'il y a des couleurs principales ou simples, ou homogenes, comme les Sçavans les nomment?

C'est une chose pourtant que l'expérience nous apprend, elle nous fait voir aussi que la réfraction des différens raions colorez varie, & que le blanc ou la lumiere se divise en différentes especes de raions, qui, lorsqu'ils sont seuls, paroissent rouges, jeaunes, verds, bleus pourprez; de-là vient que M. Newton les nomme des raions rouges, jeaunes, &c. selon leurs différentes couleurs, & il prétend que ces couleurs leur sont naturelles, & qu'il n'y a point de réfraction ou de réflexion qui puisse les altérer.

D'ailleurs, puisque chaque raion de lumiere représente une certaine couleur, & que tous ensemble font la lumiere, il semble qu'il étoit presque impossible que toutes les couleurs mêlées ensemble, ne rendissent nécessairement notre vûe obscure; car le bleu, le pourpre, le rouge & les autres raions colorez sont bien éloignez de la clarté qu'on remarque dans la pure lumiere du Soleil. Cependant nous observons, que tous ces raions colorez qui se séparent de la lumiere, étant ramassez & mêlez l'un avec l'autre, perdent entierement leurs couleurs particulieres, & que lorsqu'ils sont tous ensemble, ils produisent une lumiere claire & transparente, semblable à celle qui vient du Soleil, & où l'on ne voit aucune couleur. Cette même lumiere peut encore se diviser comme auparavant en raions colorez, qui, si on les mêle de nouveau ensemble, représenteront une seconde fois une lumiere claire & transparente; on peut là-dessus voir l'Optique de M. le Chevalier Newton, qui est l'Auteur de cette découverte.

Quelle merveille! les raions séparez forment diverses couleurs, leur varieté réjouit les yeux, occupe l'esprit; quand ils sont réunis ils devroient former un mélange confus, cependant ce mélange fait une couleur vive, uniforme, différente de toutes les autres. Est-ce donc un Etre aveugle, sans dessein, sans pénétration, qui a produit cette merveille?

Il faut encore observer, que le Créateur a tellement disposé les parties qui composent les différens corps colorez, qu'il y en a certains qui ne refléchissent qu'une seule couleur ou quelques-unes, lorsque la lumiere tombe sur eux; par exemple, il y en a qui ne réfléchissent que les raions rouges, d'autres les jeaunes, il s'en trouve qui se réfléchissent les uns & les autres;

LIVRE III. CHAPITRE I.

c'eſt ce qui produit une eſpece de couleur d'or entre le rouge & le jeaune; il y en a encore qui en réfléchiſſent plus, les autres moins, & c'eſt de-là que dépendent les couleurs ſimples ou compoſées, le rouge, le jeaune, &c.

Quelqu'étrange que paroiſſe ce langage à tous les Philoſophes, il n'eſt pourtant rien de plus certain, & l'Optique de M. Newton ne laiſſe plus aucun lieu d'en douter; ce gentilhomme Anglois, qu'on peut avec raiſon placer au rang des plus fameux Mathématiciens du monde, a voulu faire voir par un exemple qu'on ne doit pas trop ſe fier à des conjectures ni à des hypothèſes; il a prouvé, non pas par des démonſtrations fondées ſur des raiſonnemens, mais expériences évidentes & tout-à-fait exactes, qu'il n'avance rien qui ne ſoit vrai. Si on a envie de les lire & d'en faire l'eſſai, on peut conſulter l'Optique que nous venons de citer, principalement le premier Livre.

Nous venons de dire que la lumiere ſe diviſe en pluſieurs couleurs différentes; M. Huygens, dans ſon *Traité de la Lumiere*, pag. 61, & M. le Chevalier Newton dans ſon *Optique, queſt.* 25. pag. 328, nous fait voir encore une autre diviſion de la lumiere, qui arrive lorſqu'elle rencontre un priſme de cryſtal, d'abord qu'il tombe un raion ſur le priſme, il ſe diviſe en deux autres raions, qui conſervent pourtant la même couleur.

<small>Dans la diviſion de la lumiere, dans un priſme de cryſtal.</small>

Je ne trouve point qu'aucun ancien Philoſophe ait jamais parlé de la diviſion de la lumiere en différentes parties, différemment colorées, comme dans le premier cas, ou en des parties ſimples, comme dans le ſecond; & ce n'eſt que les recherches exactes, & les expériences inconteſtables de ce dernier ſiecle, qui ont mis cette matiere hors de doute.

Revenons préſentement à la planche XXI. fig. 4. & ſuppoſons que A B repréſente le Soleil, & C D la terre; ces deux corps ainſi ſituez, l'ombre de la terre ou la pyramide C P D fait la nuit; il ne ſera pas après cela difficile d'imaginer les ténébres qui doivent couvrir ceux qui habitent dans T, parce que de toute la lumiere qui ſort du Soleil A B, il n'y a pas le moindre raion qui puiſſe parvenir là en ligne droite.

<small>L'utilité de la Lune.</small>

Si vous voulez vous donner la peine d'obſerver, que la Lune M étant à l'oppoſite du Soleil A B, doit paroître pleine à ceux qui habitent dans T, c'eſt-à-dire, entierement éclairée: Vous nous direz, ſi ceux qui refuſent de reconnoître l'obligation qu'ils ont à celui qui les fait jouir de la lumiere de la Lune au milieu des ténébres, ne font pas des ingrats? Mais comment rendra-t-on raison des particularitez suivantes?

I. On observe, que lorsque la lumiere du Soleil tombe sur quelque corps (comme ici celle qui va du centre N du Soleil sur la Lune M) elle est renvoiée, & elle produit le raion de réflexion M T, par là ceux qui sont au milieu du cône C P D, sont éclairez, sans cela ils seroient dans les ténébres. Or sans cette proprieté, la lumiere qui tombe sur la Lune, ne seroit pas renvoiée sur la terre, c'est une chose absolument évidente.

II. Pourquoi la Lune M, qui est beaucoup plus petite que le globe de la terre, n'est-elle pas placée à une plus grande distance du globe terrestre? Si elle étoit plus éloignée, comme Saturne par exemple, & les autres planettes, son diamétre venant à disparoître presque entierement à nos yeux, elle ne sçauroit nous communiquer aucune lumiere qui puisse nous être utile. Dira-t-on, que dans ceci il n'y a point de vûe sage? Et pourquoi dans toute cette vaste étendue de l'Univers, le hazard n'a-t-il choisi que cet endroit pour la placer, qui est le seul où elle peut nous être utile?

III. D'où vient que la matiere qui compose la Lune n'est pas noire comme plusieurs corps, ce qui la rendroit incapable de nous renvoier la lumiere, du moins n'en réfléchiroit-elle que très-peu?

IV. Pourquoi n'est-elle pas convexe, ronde & polie comme un miroir? Si cela étoit, l'Optique nous apprend qu'il n'y auroit qu'un seul point ou une très-petite portion qui fût visible dans la Lune, & capable de nous éclairer.

V. Pourquoi la Lune ne se meut-elle pas selon la ligne G H F S, qui est située dans le plan de la route du Soleil N n? par-là se trouvant dans G à l'opposite du Soleil, elle ne paroîtroit jamais pleine, elle seroit toûjours obscurcie & éclypsée par l'ombre de la terre C P D, & au contraire la Lune étant dans F, lorsqu'elle est nouvelle, le Soleil A B seroit toûjours ou entierement ou en partie couvert & éclypsé: au moins on ne sçauroit nier que la terre ne tire un avantage de la déclinaison de la route de la Lune M H R S du plan de l'éclyptique, ou de la route du Soleil N n, ou G H F S; c'est que les endroits situez près des poles sont éclairez par la Lune dans le tems que le Soleil est

LIVRE III. CHAPITRE I. 471

encore fous l'horizon, & que les habitans de ces endroits font plongez dans les ténébres.

Ne faut-il pas un Etre fage pour conferver ce luminaire, afin que les hommes ne foient pas privez de l'ufage de lumière? d'où vient que la route de la Lune S M H R a précifément ce dégré d'obliquité par rapport au plan de la route du Soleil, ou G H F S ? 1°. De-là vient que la plûpart du tems lorfque la Lune eft dans M, ou directement oppofée au Soleil, elle n'eft point dans l'ombre de la terre C P D ; ainfi on voit à plein toute la partie qui fe trouve alors tournée vers nous. 2°. De-là vient, que lorfque la Lune eft dans R, c'eft-à-dire, en conjonction avec le Soleil, & qu'elle paroît dans E, elle n'eft point cachée à ceux qui habitent fur la terre.

VI. Bien plus, comme les plans de la route du Soleil & de la Lune H F S G & H M S R (placez, l'un par rapport à l'autre, comme deux cercles fituez obliquement l'un fur l'autre) fe coupent dans les points H & S ; il s'enfuit que lorfque la Lune n'eft pas dans fa propre route comme dans M, mais dans H ou S, elle fera alors dans le plan de la route du Soleil ; & fi cela arrive dans le tems que le Soleil n'eft que dans A B, mais dans a b directement oppofé à la Lune dans H ou S, & que le Soleil & la terre font dans la ligne droite n K ; il eft aifé de voir par la figure, que lorfque l'ombre de la nuit s'étend jufqu'à E K T, la Lune étant dans H, elle fera par-là entièrement éclypfée & obfcurcie ; mais lorfqu'elle eft dans S, elle devra cacher alors le Soleil qui eft dans a b, & caufer ainfi une éclypfe de Soleil à ceux qui font dans S. *Des éclypfes*

Mais voici une objection qu'on pourroit peut-être nous faire ; fi la lumiere, dira-t-on, eft fi agréable ; fi les ténébres font fi terribles ; fi c'eft l'Etre fuprême qui a reglé tout ceci, d'où vient qu'il arrive des éclypfes de Soleil & de Lune ; la nuit feule fuffit, felon les apparences, pour le repos des hommes après le travail de la journée ? *L'utilité des éclypfes.*

Pour répondre à cela, nous n'avons que faire d'alleguer autre chofe que les ufages que les Aftronomes en tirent.

1°. Lorfqu'on examine la route du Soleil & de la Lune, ces fignes vifibles font comme autant de démonftrations qui nous font connoître, fi ce qu'on a dit là-deffus dans d'autres occafions, eft bien ou mal fondé ; c'eft une chofe dont on peut trouver plufieurs exemples parmi les Aftronomes, mais que nous ne rapporterons pas ici.

2°. Elles nous fourniffent des preuves de plufieurs véritez naturelles, que nous n'aurions jamais découvert fans les éclypfes, ou que nous n'aurions découvert qu'avec peine.

Ainfi nous fçavons que la Lune eft plus petite que le Soleil, ou même plus que la terre, fans aucun calcul ; on infere cela feulement de ce que l'ombre de terre, planche xx. fig. 2. A L Z finiffant en pyramide au point L, fe trouve à caufe de cela par tout plus petite que la terre ; c'eft-à-dire, la ligne H K eft toûjours plus courte que le diamêtre A Z de la terre. Or comme la Lune V paffant à travers cette ombre depuis H vers K eft non-feulement obfcurcie, mais même cachée fouvent durant long-tems ; il eft évident que cela n'arriveroit jamais fi la grandeur de la Lune étoit feulement égale à celle de la terre.

Il s'enfuit de-là auffi, que la Lune eft un corps opaque, du moins il eft certain qu'elle eft bien éloignée d'être auffi claire que le Soleil, quand même nous atribuerions à la Lune cette couleur de flamme qu'on y voit quelquefois dans les éclypfes, comme quelques-uns l'ont fait.

Cela nous fait encore voir que la Lune reçoit la lumiere du Soleil ; car lorfqu'elle a traverfé l'ombre & la pénombre de la terre, après fon éclypfe, elle paroît de nouveau éclairée d'abord que les raions du Soleil y peuvent tomber.

D'ailleurs, les éclypfes du Soleil ne nous apprennent pas feulement qu'elle eft un corps opaque, elles nous apprennent auffi qu'elle n'eft pas transparente, puifqu'elle nous cache le Soleil.

On pourroit encore faire voir plufieurs obfervations de cette nature fur les éclypfes ; mais il nous fuffit d'en avoir expofé quelques-unes, qui font voir l'utilité qui réfulte de l'examen des ouvrages de la création.

Il y a des occafions où ces obfervations font d'un grand ufage & d'une grande utilité. Tous les hommes ont obfervé ces fignes extraordinaires, du moins il y a beaucoup de gens qui les ont obfervez depuis plufieurs fiecles, avec le tems auquel ils font arrivez, & il eft aifé à la poftérité de déterminer par les calculs Aftronomiques, les tems auxquels ces éclypfes font arrivées : d'où il eft évident que ces éclypfes font comme autant de bornes qui fervent à limiter les fiecles & les hiftoires ; d'où l'on peut encore dater, comme d'un aire inconteftable, une nouvelle chronologie, & celles où il y a quelque incertitude peuvent fe rectifier par-là.

Mais

LIVRE III. CHAPITRE I.

Mais voici en quoi l'utilité des éclypses paroît encore d'une maniere plus particuliere; elles servent à déterminer la longitude de la terre: par-là on peut éxaminer l'éxactitude des cartes terrestres, & corriger les fautes qu'il y a; on l'a déja fait plusieurs fois: ce qui est non-seulement d'un grand avantage pour les Geographes, mais même de très-grande importance pour la marine. On sçait que le bonheur ou le malheur d'un vaisseau ne dépend que trop souvent d'une bonne ou d'une mauvaise carte.

Quoique nous ne puissions pas en démontrer tous les usages, il ne s'ensuit pourtant pas qu'elles soient inutiles, puisque cette raison n'est fondée que sur l'ignorance des hommes.

N'est-ce pas un Etre plein de sagesse qui a formé & disposé la Lune en faveur du genre humain? Nous ne connoissons point de lumiere qui n'échauffe dans le même tems qu'elle éclaire; les raions de la Lune ne paroissent être autre chose que les raions que le Soleil lui envoie, & qu'elle nous réfléchit ensuite: d'où vient donc que la lumiere de la Lune n'est ni chaude, ni froide; même lorsqu'on ramasse ses raions dans le foier d'un verre-ardent, ils n'ont aucune chaleur. M. Hook a fait l'expérience avec un verre-ardent, dont le foier étoit 500 fois plus petit que l'espace que les raions occupent dans leur état naturel. Nous voyons aussi dans l'expérience de M. de la Hire, dans *les Mémoires de l'Academie Roiale des Sciences de* 1705, *page* 455, que les raions de la pleine Lune au mois d'Octobre, ramassez dans le foier d'un verre-ardent large de 35 pouces, & dans un endroit 306 fois plus petit que l'espace que les raions lunaires remplissent, ne produisoient pas la moindre altération dans un thermométre, qui marquoit jusqu'au moindre degré de chaleur dans l'air, cependant on l'avoit tenu quelque tems dans le foier du verre-ardent. Le fameux verre-ardent de M. Tschirnhaüs produisoit à la vérité une plus grande clarté dans le foier avec les raions de la Lune, mais non pas la moindre chaleur. Or auroit-on jamais pû s'imaginer que les raions du Soleil ramassez avec un verre-ardent, brûleroient d'une maniere si terrible; & que cependant les mêmes raions réfléchis jusqu'à nous par la Lune, ne produiroient pas le moindre degré de chaleur? Les miroirs ardens ne laissent pourtant pas d'augmenter extrêmement la clarté de la lumiere de la Lune dans le foier, de même que celle du Soleil.

Mais nous aurons occasion de dire encore quelque chose sur

La lumiere de la Lune n'a point de chaleur.

la même matiere, lorsque nous viendrons au chapitre des choses inconnuës.

Il est aisé de voir combien il est avantageux pour les Païs chauds, que la lumiere de la Lune ne soit pas chaude ; en effet, il est certain que si les raions de la Lune étoient chauds, la terre seroit stérile, & brûlée dans ces endroits-là. Il ne tomberoit plus de rosée durant la nuit ; la terre ne seroit plus humectée, & la chaleur de la Lune éleveroit toutes les vapeurs. D'ailleurs, si l'air de la nuit n'étoit pas plus frais, & si les raions de la Lune le tenoient dans une chaleur continuelle, il est assez aisé de voir les préjudices que cela causeroit à la santé des hommes, & que les Païs chauds en seroient extrêmement incommodez.

La grandeur de la Lune, & sa distance de la terre.

Je ne sçai pas s'il est nécessaire de faire voir ici, combien la Lune est plus petite que la terre, & combien de fois sa lumiere (qui en elle-même est pourtant chaude) est plus foible & moins chaude sur la terre que sur la Lune à cause de la distance. Mais comme les figures précédentes peuvent nous servir pour ce sujet ; & comme le fondement de ce calcul est établi sur celui du Soleil, nous en dirons quelque chose en peu de mots.

1°. Que AB, comme dans la planche xx. fig. 1, soit le demi-diamétre de la terre, & DC celui de la Lune pour le présent ; alors l'angle ACB de la parallaxe horizontale de la Lune (lorsqu'elle est nouvelle ou pleine) selon M. Newton, sera . . . . . 57 min. 30 sec.

Et son diametre apparent DCG, selon le même Auteur. . . . } 31 min. 30 sec.

Dont la moitié par conséquent prise pour l'angle DBC, est . . . } 15 min. 45 sec.

Dans le dernier quartier de la Lune, & à sa moienne distance de la terre, M. Newton suppose encore,

La parallaxe horizontale, ou l'angle ACB. . . 56 min. 40 sec.
Le diametre apparent, ou l'angle DBG . . 31 min. 3 sec.
Et sa moitié, ou l'angle DBC est . . . . 15 min. 31 sec.

A & D étant des angles droits formez par une *Tangente*, & un demi-diametre ; si nous prenons le demi-diamétre de la terre AB pour une unité, nous trouverons par la trigonométrie, que BC, ou la distance qu'il y a de la Lune à la terre, monte,

Lorsqu'elle est pleine ou nouvelle, simplement à 60 demi-diamétres terrestres.

LIVRE III. CHAPITRE I.

Et dans les quartiers ou les quadratures à 61 demi-diamétres terrestres.

De sorte que sa distance moienne est environ 60 $\frac{1}{2}$ demi-diamétres terrestres.

2°. Voici ce qu'on fait pour découvrir la grandeur de la Lune; nous trouvons en premier lieu que son demi-diametre DC, par la trigonométrie, monte, lorsqu'elle est pleine ou nouvelle, à $\frac{945}{3450}$ ou $\frac{63}{230}$, & dans les quadratures à $\frac{931}{3400}$ parties de AB, ou du demi-diamétre de la terre: tous les deux ne différent pas beaucoup de $\frac{3}{11}$ parties du même.

Il s'ensuit donc de-là que le diamétre de la terre AB, est celui de la Lune CD, comme environ 11 à 3; ainsi le corps de la terre est à celui de la Lune, comme le cube de 11 ou 1331 au cube de 3 ou 27, suivant ce que nous avons dit du Soleil; ainsi 27 globes terrestres sont égaux à 133 Lunes, ou bien, la Lune est 49 $\frac{8}{27}$ ou simplement 50 fois plus petite que la terre.

Ce calcul est assez éxact pour des choses de cette nature; & s'il n'est pas dans la derniere éxactitude, il n'est pas néanmoins fort éloigné de la vérité.

Flamstead, ce fameux Astronome, s'accorde avec cela, comme M. Whiston le dit dans *ses Prelect. Astron.* page 292. Il fait monter le diamétre de la terre à 7935 milles Anglois, & celui de la Lune à 2175 milles; la proportion de 7935 à 2175 ne différe que fort peu de celle de 11 à 3.

Si nous supposons le point S dans la Lune, & le point B dans la terre (planche XXI. fig. 2.) & de plus, la ligne Sb comme le demi-diamétre de la Lune; & si nous nous rappellons ce que nous avons dit ci-dessus au sujet de la divergence des raions de lumiere à différentes distances, soit par rapport à sa chaleur, soit par rapport à sa clarté, nous trouverons que dans ces deux cas la force de la lumiere dans b, est à celle qui est dans B, comme le quarré de SB au quarré de Sb.

Pourquoi la lumiere de la Lune n'est pas chaude.

Nous avons fait voir ci-dessus, que comme SB fait 60 $\frac{1}{2}$ demi-diamétres terrestres, ou la distance de la Lune; ainsi Sb est $\frac{1}{11}$ parties d'un demi-diamétre terrestre, lorsqu'il représente celui de la Lune.

Or $\frac{1}{121}$ est le quarré de $\frac{1}{11}$ ou Sb, & 3660 $\frac{1}{4}$ celui de 60 $\frac{1}{2}$ ou SB; ainsi le premier est au second, comme 9 à 442890 $\frac{1}{4}$, ou, comme 1 à 49210, laissant à part la fraction. Il paroît par-là que la chaleur de lumiere qui vient de la Lune, est environ 50,000 fois moindre, lorsqu'elle est arrivée à la terre sur le point B, qu'elle ne l'est sur le point b, lorsqu'elle n'a pas plus avancé qu'un demi-diamétre de la Lune, ou S b.

Et c'est-là la raison, selon M. Whiston, *Prelect. Astron. page* 108, qui fait que la lumiere de la Lune n'est accompagnée d'aucune chaleur sensible, lorsqu'elle arrive sur la terre. Mais on sçait que M. Hook l'a ramassée dans une espece 500 fois plus petit que celui qu'elle occupe naturellement, & qu'il lui a donné par-là 500 fois plus de force qu'elle n'a dans son état naturel ; il est donc clair que dans ce foier elle n'est que 500 fois plus foible que dans la Lune : néanmoins, dans ce cas-là ce sçavant homme ne put jamais y appercevoir la moindre chaleur, quoique la lumiere de la Lune (ce qui mérite d'être observé) augmentât à proportion. Je laisse aux autres à juger & à voir si la $\frac{1}{100}$ partie de la chaleur d'un de nos jours d'été, ne pourroit pas faire quelque impression sur le meilleur thermométre : car que les raions du Soleil aient à-peu-près la même force sur la Lune que sur la terre, cela paroît assez clair par la petite différence entre les distances où l'un & l'autre sont du Soleil.

Dans cette expérience, le thermométre étant mis en mouvement par la lumiere du Soleil, il sembleroit que nous sommes obligez de chercher quelqu'autre cause que la simple distance pour expliquer comment il peut se faire que les raions du Soleil réfléchis vers nous par la Lune, ne soient pas chauds.

Quelle qu'en soit la cause, il est évident que si la Lune nous renvoioit autant de chaleur à proportion que de raions, cela nous causeroit plusieurs inconvéniens, que l'Etre suprême qui dirige toutes choses avec une sagesse infinie, a eu soin de prévenir.

Le flux & le reflux de la mer.

Sçavoir si la Lune est la cause du flux & du reflux de l'Océan, & du mouvement continuel de ses vagues jusqu'au fond, c'est ce que nous n'éxaminerons pas ici ; parce que la connoissance que nous avons de cette matiere, est trop bornée pour que nous puissions rien avancer là-dessus qui ne souffre de grandes difficultez, quoiqu'il semble que nous soions fort avancez dans cette matiere.

C'est une vérité fondée sur l'expérience, que les eaux de l'Océan dans les endroits profonds & libres (nous ne parlons pas ici des obstacles des causes conjointes, ni des autres circon-

LIVRE III. CHAPITRE I. 477

ſtances) s'élevent & montent vers les endroits où la Lune ſe trouve verticale, comme ſi c'étoit un poids préciſément, ou quelque choſe qui les pouſſât vers ces endroits. On peut conſulter là-deſſus les écrits de Kepler, de Newton, de Gregory, de Whiſton, de Varene, de Stair, &c.

On obſerve que la même choſe arrive au côté oppoſé de la terre. La maniere ordinaire d'exprimer ces deux phénoménes, c'eſt celle-ci: Lorſque la Lune eſt ſur le meridien, l'eau monte; lorſqu'elle a paſſé le meridien, elle baiſſe. D'autres diſent qu'il eſt certain que les eaux ſe trouvent dans leur plus grand degré d'élevation, environ trois heures après que la Lune a paſſé ſur le meridien. Voiez Newton, *Princip. lib. III. ſect. 24*, & Whiſton, *Prælect. Phyſic. Math. ſect. 96, pag. 306.*

Quoiqu'il en ſoit, il eſt certain par l'expérience que ſi toute la ſurface de la terre étoit couverte d'eau, elle paroîtroit ovale, à cauſe de l'élevation de la ſurface des eaux de chaque côté; & ces deux montagnes d'eau, comme M. Gregory les nomme, ſe meuvent continuellement autour de la terre, à moins que la terre, les écueils, ou quelqu'autre choſe ne s'y oppoſe.

Deſcartes attribuë la cauſe du flux & du reflux à la preſſion directe de la Lune ſur la terre, & il prétend que l'eau deſcend toûjours ſous la Lune; cette hypothèſe eſt fort ingénieuſe: mais M. Varene dit dans ſa Geographie, liv. 1. chap. 14. ſect. 11. que cela eſt contraire à l'expérience; & cela a été en effet confirmé.

Cependant laiſſant à un chacun la liberté d'imaginer la cauſe qu'il voudra pour expliquer ce phénoméne, voici la maniere ſelon laquelle il faut ſuppoſer que les eaux de la mer ſe meuvent. Il y a plus d'apparence que l'eau s'éleve & baiſſe; & quand on dit qu'elle a flux & reflux, il ne faut pas entendre avec le vulgaire qu'elle ſorte de ſon lit pour monter ſur le rivage, & qu'enſuite elle y rentre. Voiez M. Varene au ſujet du changement de ces expreſſions, dans le même endroit, ſect. 10. Et Gregory, liv. IV. ſect. 65.

Il y a préſentement deux ſyſtêmes du monde, qui paſſent pour les plus fameux, & ſelon leſquels on ſuppoſe que le mouvement des corps céleſtes ſe fait. Le premier ſemble être le plus commode par rapport au mouvement annuel des planetes; & pluſieurs croient que c'eſt la véritable, à cauſe de ſa ſimplicité: c'eſt celui que nous avons accoûtumé d'attribuer à Copernic, quoiqu'il l'ait tiré des Anciens.

Il y a deux ſyſtêmes du monde.

Pour s'en faire une idée generale, on peut supposer (planche xxii. fig. 1.) que le Soleil est en repos, & que les principales planétes se meuvent autour de lui, selon les orbites qu'elles décrivent dans cette figure. D est Mercure, la plus voisine du Soleil; C Venus qui suit après; & après celle-ci c'est la terre A, qu'on place ici au nombre des planétes, & autour de laquelle la Lune B tourne: E est Mars, F Jupiter, qui a quatre Lunes qui se meuvent autour de lui, Saturne H en a cinq, & peut-être six; chaque planéte entraîne ses Lunes en tournant autour du Soleil. Ensuite viennent les étoiles fixes A P O X.

Le second systême porte le nom de systême de Tycho-Brahé; & par rapport aux planétes, il semble que ce n'est autre chose que le précédent un peu changé dans une seule occasion; & il ne fait ce changement que parce que Copernic suppose que la terre se meut autour du Soleil, & que cette supposition paroît contraire à l'Ecriture-Sainte. Tycho-Brahé, & les autres se font un scrupule de s'en éloigner.

Pour entendre ce systême, il faut vous imaginer que la terre A (planche xxii. fig. 2.) est en repos, que la Lune B se meut autour de ce globe; ensuite c'est le Soleil S qui décrit sa route; & toutes les autres planétes, avec leurs Lunes, tournent autour du Soleil, comme dans le systême de Copernic, & le Soleil autour de la terre. Et on doit les considerer toutes comme des corps qui ne se meuvent qu'autour du Soleil. A P O X représentent encore ici les étoiles fixes.

Voici pourtant la différence qu'il y a; c'est que dans le systême de Copernic (planche xxii. fig. 1.) le Soleil S, & les étoiles fixes A P O X étant en repos, le globe de la terre A tourne réellement sur son axe de l'Occident à l'Orient, dans 24 heures; c'est ce qui fait que le firmament, le Soleil, les planetes, & les étoiles fixes semblent se mouvoir chaque jour de l'Orient à l'Occident.

Dans le systême de Tycho-Brahé (planche xxii. fig. 2.) il n'y a rien qui soit en repos que la terre A; on suppose que tous les autres corps se meuvent chaque jour une fois autour de la terre de l'Orient à l'Occident, sans compter leur mouvement propre de l'Occident à l'Orient. Pourquoi d'autres Astronomes ont été tentez de faire encore un troisiéme systême, c'est ce que je ne sçais pas. Dans ce troisiéme qui tient beaucoup de celui de Tycho-Brahé, on est bien éloigné d'y trouver la même simplicité

LIVRE III. CHAPITRE I.

du premier, ni la même conformité du second avec l'Ecriture-Sainte; on pourroit même dire que ni l'une ni l'autre ne s'y trouvent point. Nous ne dirons donc rien de ce dernier, & nous ne voulons pas non plus empêcher personne de l'embrasser. Notre dessein n'est pas ici d'examiner s'ils sont vrais ou non; nous ne voulons que représenter aux Pyrrhoniens ce que nous en connoissons par l'expérience & par des calculs incontestables, pour les convaincre par là de l'Existence de Dieu.

Mais entrons en matiere: Incrédules, qui doutez encore de la puissance & de la sagesse d'un Dieu, levez vos yeux au Ciel; supposez que c'est pour la premiere fois que vous voyez les Cieux ornez de tant d'astres brillans, & dites-nous si vous n'êtes pas convaincus que ce sont-là les ouvrages d'un Créateur tout-puissant, & que ce n'est pas le hazard qui leur a donné l'éxistence & l'éclat dont ils frappent vos yeux? Une sphére vous paroît arrangée par un Ouvrier. Que direz-vous donc des Cieux sur tout si vous jettez les yeux sur leur étenduë immense? Elle est telle, que les Astronomes n'ont pû jusqu'à présent nous communiquer rien sur ce sujet, que de simples conjectures; ils n'ont pas pû non plus répondre à toutes les questions au sujet de la grandeur & de la distance des étoiles fixes.

De la grandeur immense des étoiles fixes.

Voici l'aveu d'un grand Astronome, M. Huygens, qui dans *son Cosmothecros, page* 135, reconnoît ingenûment la même chose; voici ses paroles: « Parmi ceux qui nous ont précédé, ceux qui ont tenté de déterminer cet espace immense, n'ont pû nous donner rien de certain là-dessus, à cause de la grande éxactitude que les observations demandent nécessairement, & qui surpasse tout le soin & toute la diligence possible; c'est pour cette raison là que je viens de choisir, qu'elle semble la seule qui subsiste, & qui soit capable de nous conduire à la découverte de quelque chose qui soit au moins probable dans une matiere dont la recherche est si difficile. Quelques lignes après il en donne la raison de cette maniere: « Les étoiles, même celles de la premiere grandeur, quoiqu'on les éxamine avec un telescope, paroissent toutes si petites, qu'on les prendroit pour de petites méches allumées sans aucune grosseur; de-là vient qu'on ne sçauroit trouver leur grandeur par cette maniere d'observer. «

Il n'est pas nécessaire de citer d'autres Mathématiciens modernes qui sont de même opinion après le témoignage de ce grand Astronome; tous les Sçavans connoissent les peines qu'il a prises pour cela; il étoit membre de l'Academie Roiale des Sciences; il a découvert dans les cieux des astres & des phénoménes, que personne n'avoit observés avant lui ; il étoit infatigable dans le travail, & il avoit des biens assez considérables qui le mettoient en état de faire des expériences sur toutes choses.

La méthode que ce grand Philosophe a suivie, pour former quelque conjecture probable sur la distance des étoiles, suppose une chose qui n'est pas bien certaine ; il prétend qu'une étoile, du moins de la premiere grandeur, comme celle du grand chien, appellée *Syrius*, est aussi grande que le Soleil : d'où il conclud que la distance qu'il y a entre les étoiles & la terre, est 27,664 fois plus grande que celle qui est entre le Soleil & la terre. Voiez son *Cosmotheoros*, *page* 137; nonobstant cela il dit que cette derniere est de plus de 12,000 diamétres terrestres.

De la paral-laxe des étoi-les fixes.

Il y a quelques années que Mrs Flamstead & Hook proposerent une autre méthode pour trouver cette distance avec plus de certitude; ils crurent pouvoir conclure de leurs expériences, que le diamétre de la route de la terre autour du Soleil (suivant Copernic) souffroit quelque changement par rapport aux étoiles fixes, à proportion que la terre s'en trouvoit plus ou moins éloignée; cela sembloit encore prouver le systême de Copernic sur le mouvement de la terre. Je ne dirai rien ici des différens sentimens de Mrs Gregory, Whiston, &c. mais ces observations, fussent-elles vraies, ne sçauroient nous faire découvrir rien de certain sur la distance des étoiles, ni sur le mouvement de la terre; c'est une chose que M. Cassini a suffisamment prouvée dans *l'Histoire de l'Academie Roiale des Sciences de l'année* 1699.

Ainsi si ces deux dernieres méthodes, où l'on a mis en usage tous les secours imaginables que les Modernes connoissent, nous laissent encore dans l'incertitude au sujet de cette matiere, il n'y a pas grande esperance d'en trouver une meilleure; le cercle que la terre décrit, selon Copernic, dans son mouvement annuel, est trop grand pour nous fournir le moien de mesurer cette distance : ainsi si la distance où les étoiles sont de la terre, ne peut pas se mesurer, il s'ensuit de-là qu'on ne pourra jamais non plus mesurer l'étenduë prodigieuse du ciel des étoiles, quand même on devroit le considerer comme une sphére qui tourne autour du Soleil ou de la terre, qui est une chose qu'on ne sçauroit prouver par la nature.

Si

LIVRE III. CHAPITRE I. 481

Si tant de grands Mathématiciens ont avoué ingénûment, qu'ils ne sçauroient mesurer la vaste étendue du ciel des étoiles, qui en quelque façon surpasse l'imagination humaine ; quels progrès n'auroit-on peut-être pas fait dans la connoissance de la nature, si les Philosophes s'étoient comportez de même à l'égard de la matiere & de la figure du ciel des étoiles ; si au lieu d'employer ce tems-là à enseigner aux jeunes Etudians des conjectures incertaines & des hypothèses qui n'ont nul fondement, ils s'étoient appliquez à faire de nouvelles observations ? C'est un mystere que la composition & l'arrangement des parties qui composent les corps célestes, les plus grands Astronomes n'y comprennent rien. Descartes suppose que le ciel est formé par des tourbillons de matiere fluide. M. le Chevalier Newton, dans la Scholie de la 53e Proposition de son troisiéme Livre, fait voir le contraire, & ensuite il ajoûte, que cette hypothèse est opposée à toutes les observations Astronomiques ; on peut encore consulter là-dessus M. Huygens, dans son Cosmotheoros, depuis la page 139 jusqu'à la fin ; & ailleurs, pour ne rien dire des autres.

Sçavoir si le ciel des étoiles est solide ou fluide.

Ce qui prouve principalement l'opinion de ceux qui prétendent que les cieux sont solides, c'est la distance qu'il y a entre les étoiles, elle a été toûjours la même depuis tant de siecles ; ce qui paroît plus convenable à une matiere solide, où l'on suppose que les étoiles sont placées, qu'à une matiere fluide.

Il y a des raisons probables de sa solidité.

Il semble aussi qu'on a quelque espece de raison d'inferer la même chose d'une observation que M. Huygens nous rapporte dans son *Syst. Saturn.* p. 8 & 9, & dont nous ne sçavons pas que personne se fût avisé avant lui : Voici ses propres paroles. « Les Astronomes placent trois étoiles à côté l'une de l'autre dans l'épée d'Orion ; & comme je regardois celle du milieu avec un télescope l'an 1656, j'observai à la place de cette étoile (ce qui n'est pas quelque chose de nouveau) douze autres étoiles, de la maniere qu'elles sont représentées dans la planche XXIII. fig. 1. parmi lesquelles j'en vis trois qui se touchoient presque l'une l'autre, & quatre autres encore, qui brilloient à la vérité, mais qui paroissoient couvertes d'un brouillard ; de sorte que l'espace qui les environnoit me parut beaucoup plus brillant & plus lumineux que le reste du ciel ; comme le tems étoit fort beau, le ciel paroissoit noirâtre, & on voioit une espece d'ouverture & de séparation, à travers laquelle on pouvoit voir une autre région qui étoit plus éclairée. J'ai observé plusieurs fois la

Ppp

» même chose avec les mêmes circonstances, sans la moindre al-
» tération, & toûjours dans le même endroit ; ainsi il est vrai-
» semblable que cette nterveille (quelque chose qu'elle puisse être)
» a toûjours été dans le même endroit ; mais je n'ai jamais rien
» apperçû de semblable parmi les autres étoiles fixes ; car nous
» n'avons pas observé que dans celles qu'on appelloit autrefois
» nébuleuses, ni même dans la voie lactée, il y ait le moindre
» brouillard ou vapeur aux environs ; & si on les regarde avec
» un télescope, l'on n'y voit qu'un amas de plusieurs petites
» étoiles.

Je m'en rapporte à présent au jugement d'une personne qui n'est pas prévenue, ne dira-t elle pas, après ces expériences, qu'on a plus de raison de croire que le ciel des étoiles est plûtôt composé de matiere solide, que d'un amas de particules qui sont continuellement agitées ? L'ouverture que M. Huygens observe a des limites ; ce qu'on ne sçauroit attendre des fluides, qui sont si susceptibles de mouvement.

La grandeur prodigieuse des étoiles, & leur distance.

Nous venons de voir, que la distance qu'il y a de la terre au firmament est si grande, que nous ne sçaurions mesurer la vaste étendue qu'il renferme : nous devons aussi regarder la distance & la grandeur des étoiles, comme des choses que les hommes ne sçauroient déterminer. En voici la raison ; c'est que le diamétre de la terre est à celui d'une étoile fixe, comme la parallaxe horizontale à son diamétre apparent. Or l'expérience nous apprend que la terre, & même, selon Copernic, le diamétre du cercle qu'elle décrit autour du Soleil, ne doit être considéré que comme un point, par rapport à la distance des étoiles ; ainsi elle est trop petite pour produire aucune parallaxe : outre cela nous trouvons que les meilleurs télescopes qu'on fasse, ne sçauroient nous représenter les étoiles, que comme des pointes d'aiguilles, sans aucune largeur ; de sorte que par le moien de ces instrumens nous ne sçaurions trouver en aucune maniere la mesure de leur diamétre apparent : Ainsi ne pouvant pas observer leur parallaxe, ni le diamétre apparent, nous sommes absolument dans l'impossibilité de déterminer la grandeur des étoiles.

Sçavoir si nous devons considérer les étoiles, avec les Modernes, comme autant de Soleils, du moins celles de la premiere grandeur, tant par rapport à leur lumiere que par rapport à leur grandeur ; c'est ce que personne n'a prouvé jusqu'à

LIVRE III. CHAPITRE I.

préfent. Ce qu'il y a de certain, c'eft qu'elles font à une diftance immenfe de la terre; & quoiqu'elles foient éloignées, leur lumiere propre parvient jufqu'à nous; fi le Soleil étoit auffi éloigné de nous, il ne nous paroîtroit pas plus grand qu'une de ces étoiles.

Si, fans infifter fur une preuve réelle, nous fuppofons que ces étoiles font tout autant de Soleils, nous aurons une idée de la grandeur des corps céleftes : dans cette fuppofition, nous ne faifons que fuivre l'opinion des plus fameux Aftronomes; la force de la lumiere des étoiles & leur diftance immenfe, femblent prouver la chofe.

De cette maniere, les conjectures de M. Huygens ne paroîtront pas mal fondées, par le calcul qu'il a fait dans fon *Cofmotheoros* p. 136 & 137 ; il fait la diftance de la terre aux étoiles fixes 27, 664 fois plus grande que celle du Soleil jufqu'à la terre. Par conféquent, felon ce que nous avons dit ci-deffus, il faudroit 26 ans pour qu'un boulet de canon paffât d'ici au Soleil, en confervant la même vîteffe qu'il auroit en fortant du canon; il lui faudroit pour arriver aux étoiles fixes 25 fois 27, 664, ou bien, 691, 600 ou près de fept cens mille ans; & à un vaiffeau qui feroit 50 miles par jour, il lui faudroit 30, 430, 400 ans. Et fi nous pouffons encore la chofe plus loin, toûjours fur le même principe, & fi nous fuppofons que chaque étoile a autour d'elle un efpace proportionné à celui du Soleil, je laiffe à un chacun à juger s'il pourra, fans beaucoup de peine, fe former une idée de la vafte étendue de l'Univers, & fi l'imagination ne doit pas fe perdre dans la contemplation de la grandeur immenfe des Cieux : Peut-on fouhaiter des marques plus brillantes de l'exiftence d'un Créateur ? J'ai mieux aimé me fervir de l'hypothèfe de M. Huygens, qui eft préférable aux autres, parce qu'il n'établit rien, finon, que les étoiles de la premiere grandeur font femblables au Soleil, & que fi on diminuoit le diamétre du Soleil, comme nous avons dit, fa lumiere ne feroit égale qu'à celle du chien : Mais que ceci foit vrai ou non, il eft hors de doute que les étoiles fixes font très grandes, & que leur grandeur & leur diftance ne fçauroient être déterminées, puifqu'il eft prefque impoffible de trouver un moien meilleur que ceux qu'on a mis en ufage jufqu'à préfent, felon le fentiment des Mathématiciens. *Voyez Gregory Schol. Prop.* 55. *lib.* 3.

J'ai fouvent fait des réflexions fur l'impoffibilité de déterminer la grandeur & la distance des étoiles ; j'ai regardé cela comme un effet de la sagesse de notre Créateur. Il sçavoit que si on pouvoit les mesurer, de quelque grandeur qu'elles pussent être, l'habitude pourtant & la familiarité de ces choses, auroit diminué considérablement ce qu'il y a de merveilleux. Il a donc jugé qu'il étoit nécessaire que nous n'eussions pas des moiens pour les mesurer, & qu'elles ne fussent pas à la portée de nos tentatives. Par-là les plus obstinez Incrédules sont forcez, en dépit d'eux-mêmes, de reconnoître une Puissance à laquelle ils ne sçauroient mettre des bornes, & de vivre dans une surprise continuelle à la vûe de ces merveilles, dont ils ne sçauroient sonder la profondeur avec tout leur sçavoir.

<small>Le nombre des étoiles est inombrable.</small>

Hypparque, dans ses catalogues, en a laissé à la Postérité jusqu'au nombre de 1026 ; de notre tems leur nombre a augmenté jusqu'à 1888, selon le calcul d'Hevelius fameux Astronome, parmi lesquelles on en doit compter 950 qui étoient connues aux Anciens, 603 qu'il dit avoir découvertes, & 335 que M. Halley en a observé dans la partie méridionale des cieux. *Voyez M. Gregory, Lib.* 11. *sect.* 29. qui en parle plus au long. Mais par l'usage des télescopes on a découvert que cette grande bande large qui fait le tour du ciel, & qu'on appelle Voie Lactée à cause de sa blancheur, est formée par l'assemblage d'une infinité de petites étoiles ; M. Halley a observé la même chose à la partie méridionale dans les petits nuages du Sud. *Voyez Gregory, Lib.* 11. *sect.* 22. Après cette découverte, comme cela paroît par l'endroit que nous avons cité de M. Huygens, pour une étoile que nous voions avec nos yeux, nous en découvrons des centaines avec les télescopes. Ainsi, selon les remarques du Pere Cherubin d'Orleans, p. 270 & 313, avec le secours de cet instrument, on découvre dans la seule constellation d'Orion (appellée communément le Geant) plus d'étoiles ; & selon les observations de Rheita, deux fois plus qu'on n'en voit avec les yeux seuls, dans toute l'étendue des cieux. Après les découvertes qu'on a fait avec le microscope, les Astronomes n'ont plus aucune espérance de pouvoir fixer le nombre des étoiles, & cela avec d'autant plus de raison, que plus ils se servent de télescopes, plus ils en découvrent : de sorte que quelques-uns ont soûtenu, quoique sans fondement, que le nombre en est infini, c'est ce qu'a dit Jordanus Brunus, dont M. Huygens fait mention dans son *Cosmotheoros*, p. 138 : mais pour ne pas nous écarter des

LIVRE III. CHAPITRE I. 485

bornes de la vérité, il est certain, que les observations que les Modernes ont fait avec le secours du télescope prouvent suffisamment, qu'on ne sçauroit compter les étoiles. *Voyez VVhiston, Prælect. Astronom.* p. 23.

Qu'un Incrédule nous dise comment Moïse & Job, sans être inspirez immédiatement de Dieu, pouvoient de leur tems assurer, que le nombre des étoiles est innombrable ? Combien de tems ne s'est-il pas passé depuis ces deux grands hommes, avant qu'on en ait découvert cette multitude immense par le télescope, & qu'on l'ait démontrée par l'expérience ?

Si nous examinons les opinions des plus fameux Mathématiciens, sur la différence qu'il y a entre les étoiles, nous trouverons que les plus habiles avouent qu'ils ignorent entierement, si toutes les étoiles sont de la même grandeur ; ainsi nous avons lieu de douter, si certaines étoiles nous paroissent plus petites ou parce qu'elles sont plus éloignées de notre œil, ou parce qu'elles sont réellement plus petites que d'autres. *(Si les étoiles different en grandeur.)*

Des Astronomes très-fameux ont observé, qu'il est assez certain, que la grandeur de quelques étoiles a changé, & qu'elles sont devenues plus petites. *Voyez Gregory, Lib.* II. *Sect.* 30. Je ne crois pas que personne puisse attribuer cela uniquement à un plus grand éloignement. Quoique d'ailleurs la différente grandeur des planétes semble nous conduire à cette opinion, cependant si une pareille chose pouvoit arriver, on peut laisser à part cette réflexion.

Avant de passer plus loin, je ne sçaurois m'empêcher de rapporter quelque chose, à l'occasion de ce que nous venons de dire, de ce qu'on a observé depuis un siécle, par rapport aux étoiles fixes, & ce qui a surpris tous les Astronomes. M. Whiston dans ses *Prælect. Astron.* p. 47, appelle ce phénomene *Une merveille très-grande & surprenante, qu'on doit transmettre ou plûtôt laisser à la Posterité, sans que nous soions en état d'en donner aucune explication.* *(Changemens arrivez dans les étoiles fixes.)*

Il est question ici de ces changemens, qui arrivent dans les étoiles fixes, & qui nous sont encore intelligibles ; on a observé de nouvelles étoiles, & d'autres qu'on avoit vû ont disparu ; & on en a encore observé d'autres qui paroissent dans un tems plus lumineuses, & dans un autre moins. On dit qu'Hypparque en observa une ; dans l'an 1572, nous sçavons qu'il en parut une nouvelle dans la chaise de Cassiopée ; l'an 1600, il en parut une dans la poitrine du Cygne; l'an 1604, l'on en vit une dans le talon du *Serpentanius.* Gregory, *Lib.* 11. *Sect.* 30. parle de plusieurs autres, de même que Mercator & Whiston, qui nous en donnent l'histoire. Il y en a quelques-unes qu'on voioit auparavant, mais qu'on ne voit plus; & Hevelius dit dans son *Precursor,* qu'on chercha en vain cinq étoiles, dont Tycho-Brahé avoit pourtant décrit les endroits un siecle entier auparavant. Gregory nous en donne l'histoire au long, & il dit, qu'il y a une étoile au cou de la Baleine qui a disparu plusieurs fois, qu'elle se montre ensuite au même endroit en différens tems, & que la grandeur de certaines étoiles a considérablement diminué, du moins par rapport à leur lumiere. Le Lecteur peut encore remarquer ce qu'on a dit au sujet de Kirchius; car il nous est impossible d'inférer ici toutes ces particularitez.

Des planétes. Passons à présent aux planétes: On leur a donné ce nom à cause qu'elles paroissent aux habitans de la terre A, (planche XXII. fig. 1. & 2.) se mouvoir tantôt vîte, tantôt lentement; tantôt en avant, tantôt en arriere, & dans un autre tems elles paroissent en repos ou stationaires pour un tems; ceux qui n'en ont pas examiné la route, les regardent comme errantes; mais ceux qui en ont une parfaite connoissance, sçavent fort bien, que par rapport au Soleil elles avancent toûjours, mais qu'elles occasionnent les mêmes apparences dont les Astronomes ont rendu raison.

Toutes les planétes, comme nous avons déja dit, se meuvent autour du Soleil S, excepté deux, qu'on appelle pour cette raison les plus basses; sçavoir Mercure D & Venus C; elles font leur révolution de maniere, qu'en les regardant de dessus la terre, elles paroissent toûjours du même côté avec le Soleil; au lieu que les trois autres, Mars E, Jupiter F, Saturne H, paroissent quelquefois du même côté que le Soleil, & quelquefois dans un endroit entierement opposé; c'est ce qu'on peut observer dans les deux figures de la planche ci-dessus.

Pour nous former une idée juste des planétes, il faut tâcher de nous dépouiller encore une fois des préjugez que nous avons, pour ainsi dire, sucés avec le lait de notre mere; à n'en juger que par ces fausses idées, nous croions que ces corps ne sont pas plus grands que des piéces de vingt-cinq sols, ou même de dix sols, & qu'ils ne sont pas fort éloignez de nous. Ce qui nous confirme encore davantage dans ces fausses idées, ce sont les figures que les Astronomes ont accoûtumé de nous donner des planétes ; ils nous représentent tout au plus la proportion de leurs distances, mais dans un très petit espace, & il est rare qu'ils nous représentent leurs corps à proportion de leurs grandeurs réelles, ce qui contribue encore beaucoup à ne pas nous en donner de justes idées.

Mr Huygens, ce fameux Astronome, voulant corriger les fausses idées que nous avons des planétes, quelque tems avant sa mort dessina la grandeur de leur corps dans une figure particuliere, à proportion de celle du Soleil : nous l'avons tirée de son *Autom. Planet.* pour la mettre dans la planche XXIII. fig. 2. A est la terre, & à côté d'elle est la Lune B, ainsi des autres planétes, dont la grandeur est représentée à proportion de celle du Soleil G D K ; selon ses observations nous trouvons que le diamétre du Soleil doit être

De la grandeur des planétes.

    100 fois plus grand que celui de la terre A.
    308 . . . . . que celui de Mercure D.
    84 . . . . . que celui de Venus C.
    166 . . . . . que celui de Mars E.
    $5\frac{1}{2}$ . . . . . que celui de Jupiter F.
    $3\frac{4}{21}$ . . . . . que celui de l'anneau de Saturne G I.

& que celui de l'anneau est $2\frac{1}{4}$ fois plus grand que le diamétre du globe de Saturne H.

D'où il s'ensuit, si on compare les planétes avec la terre, qui est celle que nous connoissons le mieux,

I. Que la terre n'est pas entierement 3 fois aussi épaisse, & qu'ainsi elle n'est pas tout-à-fait 27 fois aussi grande que Mercure D.

II. Que Venus C est environ $1\frac{1}{7}$ de la même épaisseur, & qu'ainsi elle est aussi grande que la terre.

III. Que Mars E est plus petit que la terre ; en sorte que le diamétre terrestre sera $1\frac{1}{7}$ plus grand que celui de Mars ; elle contient par conséquent $3\frac{1}{5}$ autant de matiere que le globe de Mars.

Que Jupiter F, a un diamétre 20 fois aussi grand, & un volume 8000 fois aussi grand que celui de la terre.

Il a aussi quatre Satellites ou Lunes, qui tournent autour de lui, il n'y en a aucune qui ne paroisse aussi grande que la terre. *Voyez Huygens, Cosm.* p. 101.

V. Ensuite c'est Saturne H, qui est environné d'un anneau G I, plat, & fort mince à proportion de sa grandeur ; c'est une chose que jamais personne ne se seroit imaginé. Il y a une distance entre l'anneau & le corps de la planéte, que l'anneau environne comme une espece de voûte, sans la toucher en aucun endroit. De-là vient, que lorsqu'on regarde Saturne de différens endroits de la terre, sa figure paroît ordinairement très-différente. Le diamétre de cet anneau, selon la supputation précédente, est environ 30 fois aussi grand que le diamétre de la terre; ainsi si c'étoit un globe, il contiendroit environ 27,000 fois le globe de la terre.

Le diamétre de Saturne lui-même, est environ 13 fois aussi grand que celui de la terre; ainsi le corps de cette planéte sera 2197 fois aussi grand que toute la terre; il y a encore cinq Lunes qui tournent de cette planéte & de son anneau.

Des révolutions des planétes, & de leurs distances du Soleil.

On a observé que les planetes finissoient leurs révolutions autour du Soleil, de la maniere suivante: Celle de Mercure finit dans trois mois; celle de Venus dans $7\frac{1}{2}$ mois ou environ; celle de Mars dans près de deux ans; celle de Jupiter dans douze ans; & celle de Saturne dans trente ans ou environ.

Nous ne dirons rien ici des Satellites; si on souhaite sçavoir en combien de tems ils finissent leurs révolutions autour de Jupiter & de Saturne, on peut consulter là-dessus les Astronomes.

On détermine de la maniere suivante les distances des planétes au Soleil; dans la supposition que la distance de la terre au Soleil est 110; celle de Mercure est à peine 4; celle de Venus 7; celle de Mars 15; celle de Jupiter 51; & celle de Saturne 95. *Voyez Gregory, Astronom. Lib.* I. *Sect.* I. Ainsi la distance de la terre au Soleil étant, selon Mrs Cassini & Flamstead, pour rendre le calcul plus aisé, 10000 diamétres de la terre; celle de Mercure sera 4000; celle de Venus 7000; celle de Mars 15000; celle de Jupiter 51000; & celle de Saturne 95000; & elle sera à proportion d'autant plus grande, si avec M. Huygens nous supposons la distance de la terre au Soleil de 12000, ou avec M. de la Hire de 17000 diamétres terrestres. Nous nous sommes servis ici des plus petits nombres, afin d'être plus assurez de ce que nous avançons.

La vitesse de Venus & de Jupiter.

Venus, l'étoile du soir & du matin, est un globe presque aussi grand que celui de la terre; &, ce qu'il y a de surprenant, elle se meut autour du Soleil avec une vîtesse 146 fois plus grande

LIVRE III. CHAPITRE I.

grande que celle d'un boulet de canon. Donnons auſſi un éxemple de la vîteſſe d'une planéte des plus éloignées ; par éxemple, éxaminons celle de Jupiter, qui eſt un globe 8000 fois auſſi grand que celui de la terre. 1°. Il faut conſiderer dans quelle diſtance il ne doit pas être de la terre, pour qu'un corps auſſi prodigieux ne nous paroiſſe pas plus gros qu'une balle. 2°. Quelle force ne faut-il pas pour mouvoir un globe de cette groſſeur, & dont nous trouvons que le mouvement doit ſurpaſſer 54 fois celui d'un boulet de canon ?

Si on eſt donc aſſuré qu'il n'y a point d'erreur conſiderable en ceci, il eſt aiſé de calculer la vîteſſe de leur mouvement par le tems de leur révolution : par éxemple, un boulet de canon parcourt, ſelon les expériences du Pere Merſenne, cité par M. Huygens dans *ſon Coſmotheoros, page 125*, 100 toiſes de France de ſix pieds chacune dans une ſeconde ; & ſelon la meſure éxacte des Mathématiciens François, le diamétre de la terre contient 6,538,594 toiſes.

Supputation des révolutions des planétes.

Ainſi un boulet de canon parcourroit la longueur du diamétre de la terre dans 65,386 ſec. ou environ, ou dans 18 heures ; d'où il s'enſuit qu'il parcourroit dans une année compoſée de 365 jours, 486 diamétres térreſtres, & 40 dans un mois de 30 jours.

Or nous avons fait voir ci-deſſus (planche XXII. fig. 1. & 2.) que la diſtance de la terre au Soleil ou la ligne AS étant ſuppoſée de 10,000 diamétres, ce qui eſt encore moins que par le calcul de Mrs Huygens & de la Hire, la diſtance de Venus au Soleil ou SC montera à 7000 diamétres terreſtres ; & ſi à préſent nous prenons la révolution CIR pour un cercle, dont SC ſoit le demi-diamétre, le diamétre entier CR ſera 14000 diamétres terreſtres ; & ſuppoſant que la raiſon du diamétre à la circonference d'un cercle, ſelon ce que nous en connoiſſons, ſoit comme 113 à 355, la circonference CIR du diamétre CR que Venus acheve dans $7\frac{1}{2}$ mois, ſera 43,982 diamétres terreſtres.

Mais on a déja fait voir qu'un boulet de canon parcourroit 300 de ces diamétres dans $7\frac{1}{2}$ mois, ou dans le tems de la révolution de Venus ; ainſi il eſt clair que la vîteſſe de Venus par rapport à celle d'un boulet de canon, eſt comme 43,982, à 300, ou que Venus ſe meut 146 fois plus vîte que le boulet.

On peut de la même maniere, & avec très-peu de peine ſupputer que, puisque la distance de Jupiter au Soleil, ou le demi-diamétre du cercle qu'il décrit, monte à 51,000 diamétres de la terre, & qu'il n'acheve sa révolution que dans 12 ans, il se meut environ 55 fois, du moins beaucoup au de-là de 54 fois plus vîte qu'un boulet de canon qui dans une année parcourroit 486 diamétres terrestres, comme nous venons de faire voir.

Nous supposons ici que le mouvement des planétes est uniforme, quoique les Astronomes observent qu'elles vont plus vîte dans un tems que dans un autre; mais comme elles achevent leurs révolutions environ le tems que nous venons de dire, ce calcul est assez juste.

La vitesse d'une lune de Jupiter.
Supposons avec M. Cassini (voiez *son Cosmotheoros*, pag. 101.) que la plus proche des lunes de Jupiter n'en est éloignée que de $2\frac{1}{2}$ diamétres de cette planéte, & qu'elle acheve sa révolution dans un jour, 18 heures, 28 min. & 36 sec. le diamétre du cercle qu'elle décrit sera $5\frac{1}{5}$; & la circonference, supposé que sa route soit exactement circulaire, sera $17\frac{272}{139}$ diamétres de Jupiter.

Or le diamétre de Jupiter est égal à 20 diamétres de la terre; ainsi le cercle de la révolution de la plus proche de ses lunes montera à 356 diamétres terrestres; & selon le tems qu'elle emploie dans sa révolution, elle parcourt dans un jour autour de Jupiter 201 diamétres terrestres: & Jupiter, supposé que sa distance du Soleil & la durée de sa révolution, soient telles que nous avons dit, parcourt 73 diamétres dans son orbite autour du Soleil dans l'espace d'un seul jour; ainsi cette lune se meut dans son orbite deux ou trois fois aussi vîte, & par conséquent beaucoup plus au de-là de 100 fois plus vîte qu'un boulet de canon, quoiqu'elle soit aussi grosse que la terre. Voiez M. Huygens dans *son Cosmotheoros*, page 101.

La force prodigieuse qu'il faut pour mouvoir Jupiter.
Pour nous faire une idée de la grandeur prodigieuse de la force qui fait mouvoir les planétes, il faut nous rappeller que nous avons prouvé ci-dessus, que le diamétre de Jupiter est 20 fois plus grand que celui de la terre; d'où il s'ensuit que la premiere planéte est 8000 fois plus grande que la seconde.

Ceux qui entendent les méchaniques, sçavent fort bien qu'en multipliant la masse de deux corps, chacun par sa propre vîtesse, on peut découvrir par-là la proportion des forces qui les meuvent: si on suppose donc que la grandeur de la terre est un, & que la vîtesse du boulet de canon est aussi un, la force qui doit

LIVRE III. CHAPITRE I.

mouvoir la terre avec la même vîtesse qu'un boulet de canon est mû, doit encore être un, parce qu'une unité multipliée par elle-même produit une unité.

Dans cette comparaison on doit supposer le globe de Jupiter comme 8000, & sa vîtesse comme 54, à cause qu'il se meut dans son orbite 54 fois plus vîte qu'un boulet de canon; si on multiplie l'un avec l'autre, vous aurez 432,000 pour la force qui meut Jupiter.

Ainsi on prouve par-là d'une maniere incontestable, que la force qui meut Jupiter, & par conséquent la force de la planéte elle-même, est pour le moins 432,000 fois aussi grande que celle qui feroit mouvoir la terre avec la même vîtesse qu'un boulet de canon lorsqu'il part.

Ici nous supposons que la densité des parties qui composent la terre & Jupiter, est égale; quelques-uns estiment que celle de la terre est plus grande que celle de Jupiter : cette différence pourtant n'empêchera pas que ce nombre ne soit plusieurs milliers de fois plus grand; mais ce n'est pas ici l'endroit de faire une recherche si éxacte.

Pourra-t-on douter encore qu'il y ait un Créateur ou un Etre suprême qui dirige cet Univers? Qu'on considere en soi-même sérieusement, 1°. La force prodigieuse qui fait tourner autour du Soleil avec tant de rapidité les planétes qui sont d'une grosseur étonnante; cette vîtesse surpasse de beaucoup celle du mouvement d'un boulet de canon.

2°. La vîtesse du mouvement des autres planétes ou des lunes de Jupiter & de Saturne, est encore plus grande autour de ces planétes, quoiqu'il n'y en ait pas une qui cede en grandeur à la grandeur de la terre.

3°. Une force qui feroit plusieurs milliers de fois plus grande que celle qui pousseroit un globe de la grandeur de celui de la terre avec la même vîtesse qu'un boulet de canon, ne suffiroit pourtant pas pour faire mouvoir Jupiter, ni les autres planétes, chacune dans son orbite.

Et si cette derniere force, qui pousseroit la terre avec tant de rapidité, surpasse l'imagination humaine, que dirons-nous de celle qui fait mouvoir Jupiter dans les cieux?

Les Incrédules, pour éluder la preuve de l'éxistence d'un Dieu gouverneur de toutes choses, ont accoûtumé de concevoir le mouvement de ces globes célestes, comme si c'étoit au-

Les faux-fuians des Incrédules, & leurs prétentions.

tant de petites boules rondes, qui flotteroient & tourneroient dans un vase rempli d'eau; je n'ignore point cela: ce qui les confirme encore beaucoup dans ces imaginations, ce sont les figures dont les Astronomes se servent pour représenter la structure du monde; voiez la planche XXII. fig. 1. & 2. où nous trouvons les révolutions des planétes représentées comme de petites boules qui tourneroient dans l'eau, sur un seul & même plan; dans ce cas-là il semble que pour concevoir la direction de leurs mouvemens, il ne faut que s'imaginer un mouvement circulaire dans la matiere où elles nagent. Une chose qui fortifie encore ces erreurs, c'est qu'après avoir rempli d'eau un vaisseau rond, si avec un bâton on fait tourner un peu vîte cette eau, nous observerons qu'il y a de petites particules qui tournent sur leur propre axe, & qui en même-tems sont entraînées autour du centre commun; d'où ils concluent que les lunes de Jupiter & de Saturne peuvent être emportées autour de leurs planétes, comme dans F & H, sans aucune direction particuliere.

Voilà de quelle maniere on rend raison des merveilles qui se passent dans les cieux; on ne les regarde que comme des figures très différentes & des ressemblances. Ce qui donne à leurs opinions une plus grande apparence de vérité, c'est qu'on est accoûtumé à des fausses maximes de certains Philosophes qui prétendent que plus une hypothèse ou une idée est simple, plus elle est vraie; les ignorans n'ont pas de peine à convenir de cela, & cela satisfait ceux qui cherchent à éviter la peine qu'il faut prendre dans la recherche de la nature, & leur procure même plus de sectateurs.

Mais supposons même que cela se fasse de cette maniere-là, le mouvement de cette matiere qui tourne (s'il y a aucune matiere de cette nature) démontre clairement l'éxistence de la puissance de l'Etre suprême qui la dirige; l'expérience ne nous apprend-elle pas que tous les mouvemens simples se font en ligne droite, & que les corps ne sçauroient en aucune maniere décrire des lignes circulaires sans une direction particuliere?

Réponse aux faux-fuians des Incrédules.

Mais laissons à part ce ciel imaginaire, qui n'éxiste que dans l'imagination de ceux qui ne suivent que leurs idées, les Philosophes sont supposez pouvoir se former une hypothèse plus aisée ou plus simple, & pour rendre raison des phénomenes les plus

LIVRE III. CHAPITRE I.

ordinaires. Appliquons nous, fans aucun préjugé, aux découvertes que les vrais Philofophes ont faites par leurs obfervations, au fujet du mouvement des planétes; & il fera aifé de voir que les faux-fuians de ces Meffieurs n'ont pas le moindre fondement. 1°. Il s'en faut bien que tous ces globes fe meuvent dans un feul & même plan, comme on le repréfente dans la planche XXII. fig. 1. & 2, quoique ce foit-là la maniere ordinaire, même des plus grands Aftronomes. Nous obfervons que leurs plans fe coupent l'un l'autre, comme deux cercles placez obliquement l'un fur l'autre; par éxemple, que le papier fur lequel on a gravé la troifiéme figure dans la planche XXII, foit le plan dans lequel le Soleil tourne autour de la terre, ou la terre autour du Soleil, & que la figure ovale EAFB foit dans le même plan; enfuite fuppofons encore que la feconde figure ovale ABCD foit placée de telle maniere, que la partie ACB foit deffus, & l'autre partie ADC deffous le plan du premier cercle; en forte que ces deux plans n'aient rien de commun l'un avec l'autre, qu'une feule ligne droite ASB. Alors fi nous prenons le dernier plan ACBD pour la route de quelque planéte, nous verrons combien elle différe de l'éclyptique, ou de la route du Soleil, ou de la terre. Il coupe l'éclyptique obliquement, ainfi il refte entre les deux plans un vuide ou un efpace d'un côté comme CF, & de l'autre comme DE.

Pour avoir une connoiffance & plus jufte & plus particuliere des orbites des planétes, il faut que nous établiffions quelques propofitions qui font reconnuës pour vraies de tous les Aftronomes. *Proprietez des orbites des planétes.*

1°. La route ou l'orbite de chaque planéte eft dans un plan particulier, & propre à elle feule; ainfi dans un tems elle eft au-deffus dans C, & dans un autre au-deffous du plan AEFB de l'éclyptique dans D.

2°. Les lunes de Saturne & de Jupiter ne fe meuvent point dans le même plan, où l'orbite de leurs planetes, ou celui de l'éclyptique fe trouve fitué; elles déclinent ou s'écartent de l'un & de l'autre; & felon les obfervations les plus éxactes, elles font leurs révolutions dans un plan particulier. Voiez Whifton, *Prælect. Aftronom. page 201*, où il fait l'hiftoire de leurs apparences.

3°. Chacun de ces plans particuliers, dans lefquels les planétes fe meuvent, ne coupent jamais le plan de l'éclyptique dans le même endroit, ni dans la même ligne ; par éxemple, fi celui de Mars le coupe dans la ligne AB, Jupiter le coupera dans la ligne RT, &c. Voiez Whiſton, *Prelect. Aſtron. page 191.*

4°. Les obliquitez ou les angles que les plans des orbites des planétes forment avec l'éclyptique, ne ſont jamais les mêmes dans deux, ils ſont toûjours différens ; ſi on veut ſçavoir la meſure des interſections & des obliquitez des plans (les Aſtronomes les appellent *Lineæ nodorum & inclinationes*) par éxemple, AB, TR, & CF, ED, & ce qui les occaſionne, qu'on ſe donne la peine de lire *l'Automaton* de M. Huygens, page 447. & ailleurs.

5°. Il faut ſçavoir que toutes les lignes *interſecantes* AB, TR, &c. quoiqu'elles ſoient différentes entr'elles, paſſent pourtant toutes à travers le Soleil S ; de ſorte que cet aſtre éclaire les interſections de tous les plans des orbites des planétes.

Les planétes approchent continuellement du Soleil.

Ce que nous venons de dire de la direction ſage & merveilleuſe du mouvement des planétes, ne ſuffit-il pas pour convaincre l'Incrédule le plus obſtiné ? Ne voit-il pas que Dieu a bien voulu nous repréſenter, & offrir à la vûë de tout le monde quelque choſe dans la route de ces corps céleſtes, qui ſemble mettre hors de toute diſpute la grandeur de la Puiſſance qui les gouverne & les dirige, & qui met la choſe dans la derniere certitude ? Pour prouver ceci, nous aſſurons, & perſonne ne ſçauroit le nier, que c'eſt une vérité prouvée par l'expérience, que tous les corps, lorſqu'ils ſont mis en mouvement, vont en ligne droite, à moins que quelque choſe ne les oblige de s'écarter. L'on ſçait qu'en faiſant mouvoir en rond la pierre A avec une fronde autour du point S (planche XXII. fig. 4.) dans le cercle AHDE, & cela avec tant de rapidité, que la force de la peſanteur ne ſçauroit la faire deſcendre lorſqu'elle eſt dans A, elle ne continuera point de ſe mouvoir dans la même ligne circulaire vers H, quand on lâchera la fronde ; la pierre abandonnée à elle-même pourſuivra ſa route ſelon la ligne droite AF, qui touche le cercle dans A : ce n'eſt pas dans le cercle ſeul que cela arrive ; l'expérience nous apprend qu'il en eſt de même dans toutes les lignes courbes.

Que le plus habile Philoſophe nous diſe, d'où vient que ces corps d'une groſſeur énorme, qui ſe meuvent autour du Soleil avec tant de vîteſſe, même avec beaucoup plus de rapidité qu'un boulet de canon, & avec une force ſi prodigieuſe, com-

LIVRE III. CHAPITRE I.

me nous venons de le faire voir; d'où vient, dis-je, qu'ils ne suivent pas cette loi, & qu'ils ne vont pas toûjours en ligne droite ? On voit au contraire qu'ils décrivent des courbes, & qu'ils reviennent toûjours au point d'où ils étoient partis. Qu'il nous dise d'où vient que ces corps qui sont en mouvement, sont obligez à chaque instant de s'écarter de la ligne droite, & de décrire des lignes circulaires dans leur route ?

La planéte A (planche XXII. fig. 5.) se meut autour du Soleil dans la courbe AEDZ; & lorsqu'elle est dans A, elle tâche d'aller vers F par la tangente AP; & lorsqu'elle est dans G, elle tend vers I par une autre tangente PQ; tout le monde en convient. Mais dites-nous, d'où vient qu'un globe si grand & poussé avec tant de rapidité, qui tend certainement de A vers F & de G vers I, est continuellement poussé ou attiré vers le Soleil ? La planéte devroit parcourir les espaces AF & GI dans la minute suivante par les tangentes AP & PQ; elle est pourtant forcée de s'en éloigner, & d'approcher à chaque instant du Soleil, selon les lignes FG & IH; sans cela il seroit impossible que la planéte continuât de décrire la courbe AEDC autour du Soleil.

On ne sçauroit rendre raison de ceci dans l'hypothèse que certains Philosophes ont soûtenuë jusqu'ici; ils prétendent que le Soleil est environné d'un tourbillon de matiere subtile, qui se meut autour de cet astre, & qui entraîne avec elle les planétes : mais comme la pesanteur est toûjours la même, il faut que ces Messieurs nous fassent voir pourquoi cette matiere décrit une courbe ? d'où vient qu'elle ne se meut pas comme les autres corps en ligne droite par les tangentes ? Il faut donc encore recourir ici à une Puissance qui gouverne le mouvement de cette matiere. Mais le célebre M. Newton, & d'autres, ont fait voir que nous cherchons inutilement les proprietez du mouvement circulaire de la matiere des tourbillons.

Pour couper court à toutes les chicanes, on peut prouver par la proprieté des courbes, selon lesquelles les planétes se meuvent, qu'il faut qu'il y ait un Etre tout-puissant qui regle la route qu'elles doivent tenir, & qu'il est impossible qu'aucune matiere puisse les entraîner en se mouvant circulairement.

L'expérience de tous les Astronomes qui ont succedé au fameux Kepler, & tant d'observations si souvent repétées, ne laissent plus aucun lieu de douter que le mouvement des planétes

Les planétes décrivent des ellypses.

n'eſt pas éxactement circulaire ; auquel cas on pourroit ſuppoſer avec quelque apparence de vérité, qu'il y a une matiere qui tourne ou un tourbillon, mais ce ſont des courbes entierement différentes des cercles ; & il y a beaucoup d'obſervations qui prouvent que ce ſont des ellypſes ou des figures ovales, comme dans la planche XXII. fig. 5. A E D Z.

Dans les ellypſes il y a deux points K & S ; on leur donne à chacun le nom de *foier* : pour les décrire, on peut attacher une corde K E S dans K & S, & avec un clou E qu'il faut diriger avec la corde, on décrira la circonference E D Z A.

Le Soleil S, autour duquel la planéte tourne continuellement, eſt placé dans un foier ; A eſt le point de l'orbite le plus éloigné du Soleil, & D le plus proche ; de-là vient auſſi que le point A le plus éloigné du Soleil, & le point D qui eſt le plus proche, ſont appellez par les Aſtronomes *aphelie* & *perihelie*.

Le Créateur a fait voir par des preuves invincibles ſon empire abſolu ſur ces corps, & l'étenduë de puiſſance dans l'immenſité de ces eſpaces. Il n'a pas jugé à propos que les aphelies A & L des orbites ellyptiques des planétes, par éxemple, A E D Z & L R, M T, qui différent beaucoup par rapport à leur grandeur & à leur diſtance du Soleil, fuſſent dans le même endroit du ciel, comme dans B ; cela paroîtroit pourtant plus conforme à nos idées, & nous aurions pû nous en ſervir comme d'un principe pour découvrir une loi generale de la Nature, par laquelle nous aurions pû rendre raiſon des mouvemens & de la ſituation de ces corps céleſtes.

Au contraire, l'Etre ſuprême, afin de faire voir évidemment à ceux qui contemplent ſes ouvrages, que tout ceci ne dépend uniquement que de ſa volonté qui dirige toutes choſes, il a diſpoſé de maniere les orbites A E D Z & Y V N W des planetes A & Y, que l'une ſemble entierement indépendante de l'autre ; dans cette vûë il les a non-ſeulement placées obliquement chacune dans un plan différent l'une au-deſſus de l'autre, comme nous venons de voir ci-deſſus, mais il a voulu encore que toutes les lignes qui partent du Soleil S, & paſſent par l'aphelie, ou les points les plus éloignez A & Y, euſſent des directions différentes, comme vers B & C, quoique le Soleil S par rapport auquel il les a faites, ſoit ſuffiſamment viſible dans un foier commun à toutes ces ellypſes. Pour connoître la vérité de cela, il ſuffit de conſulter les livres des Aſtronomes, & particulierement

LIVRE III. CHAPITRE I.

culierement les endroits où il eſt parlé des aphélies dans *l'Automaton* de M. Huygens, *page 441.*

Ne voit-on pas clairement la puiſſance de Dieu, 1°. Lorſqu'on conſidere la grandeur preſque inconcevable de ces globes errans, & leurs diſtances du Soleil, qu'on peut aiſément déterminer par le diamétre de la terre. 2°. Que Saturne, quoiqu'il ſoit éloigné du Soleil pour le moins de 100,000 diamétres terreſtres, ſelon les dernieres obſervations, eſt continuellement attiré vers le Soleil, quoiqu'il n'y ait pas la moindre connéxion entre ces deux corps. 3°. Lorſqu'on obſerve que toutes les planétes approchent ou tendent vers le Soleil, quoiqu'il n'y ait point d'union entr'elles & le Soleil. 4°. Lorſqu'on ſçait qu'elles font chacune leur révolution dans un plan particulier. 5°. Qu'elles ne décrivent point des cercles comme dans les mouvemens naturels de différentes manieres : Pourquoi cela ? Pour montrer que ceci eſt dirigé d'une maniere toute particuliere ; de-là vient qu'elles décrivent des ellypſes ou des figures ovales, qui conſervent par tout leurs proprietez. 6°. Que ces figures ovales s'étendent en longueur chacune juſqu'à un point différent dans les cieux. 7°. Qu'il y a déja pluſieurs ſiécles que leurs mouvemens continuent dans cet ordre, ſans aucune confuſion. Enfin, n'y aiant perſonne qui ait une idée juſte de ceci, qui puiſſe obſerver, ſans être ſurpris, que ces globes, quoiqu'ils ſoient d'une grandeur prodigieuſe, puiſque Jupiter eſt pour le moins 8000 fois plus grand que la terre, les autres planétes ſont encore plus grandes, excepté Mercure & Mars qui ſont un peu plus petits, ſont auſſi grands ou plus grands que la terre ; cependant ils ſe meuvent tous autour du Soleil avec une vîteſſe ſi prodigieuſe, qu'elle excede de beaucoup celle d'un boulet de canon.

Si nous voulions éxaminer les autres expériences que les Aſtronomes modernes ont faites, & qu'il ſeroit trop ennuieux de rapporter ici, nous découvririons de nouvelles merveilles à chaque inſtant, leſquelles nous fourniroient toûjours de nouvelles occaſions de reconnoître un Etre tout-puiſſant & une Providence qui veille continuellement à tout. *Du mouvement des planetes autour du Soleil.*

Nous ne dirons rien des Cométes, ni de la route qu'elles tiennent dans les eſpaces immenſes qu'elles parcourent, nous ne connoiſſons ni leur nature, ni les fins pour leſquelles elles ont été faites : revenons encore un coup aux planétes, & remarquons que pendant qu'elles ſe meuvent autour du Soleil dans leurs orbites, elles tournent sur leurs axes de l'Ouest à l'Est; c'est ce qu'on a au moins observé visiblement dans Jupiter, Mars & Venus, & même dans le Soleil.

Nous ne dirons rien ici de la terre; les Astronomes ne sont pas d'accord là-dessus: mais pour le Soleil, il est certain que ce globe terrible de feu fait une révolution sur son axe dans 25 jours, Venus dans 23, Mars dans 24$\frac{2}{3}$, & le globe prodigieux de Jupiter dans 10 heures; voiez *l'Astronomie* de Gregory, *page 36*. Quant aux autres, jusqu'à présent il n'a pas été possible d'y découvrir encore rien de certain.

Pour nous convaincre des forces prodigieuses qui agissent ici, il nous suffit de chercher la vîtesse avec laquelle ces grands corps tournent autour de leurs axes; la maniere dont nous nous y prenons est très-simple; la voici:

Si nous supposons que le diamétre de la terre est 6,538,594 toises de France, sa circonference sera 23,541,600 toises, parce que le diamétre d'un cercle est à sa circonference, comme 7 à 22, ou comme 113 à 355.

Si chaque point de la surface de la terre parcourroit tout autant de toises dans 24 heures, & par conséquent 237$\frac{1}{4}$ dans une seconde.

Or un boulet de canon parcourt 100 toises dans une seconde.

Il s'ensuit que chaque point de l'Equateur terrestre tourne deux fois plus vîte & davantage qu'un boulet de canon.

Si, selon cette proportion, on mesure la vîtesse des autres planétes dans leurs révolutions, & si on suppose que le diamétre, & pour la même raison la circonference du Soleil est 100 fois plus grand que celui de la terre, nous trouverons, puisqu'il emploie 25 jours dans une seule révolution sur son axe, qu'il tournera quatre fois plus vîte que la terre, ainsi son équateur se meut deux fois aussi vîte qu'un boulet de canon.

Pour la même raison l'équateur de Jupiter, qui est 20 fois aussi grand que la terre, & qui acheve une révolution sur son axe dans 10 heures, iroit 20 fois aussi vîte que l'équateur terrestre, supposé qu'il fallût aussi à cette planéte 24 heures pour finir sa révolution; mais comme elle l'acheve dans 10 heures, sa vîtesse sera 2$\frac{2}{3}$ fois plus grande, ou Jupiter tournera sur son axe 48 fois plus vîte que la terre, & son équateur se mouvra 100 fois plus vîte qu'un boulet de canon.

# LIVRE III. CHAPITRE II. 499

Jettons encore pour un inſtant les yeux ſur la planche XXIII. fig. 2. ou ſur la repréſentation de Saturne A, & de ſon anneau GI, & conſiderons que ce globe H eſt environ 2000 fois plus grand que la terre, & que l'anneau GI eſt quatre fois auſſi large que le globe de la terre, & que l'eſpace qui eſt entre ledit anneau & le corps de la planéte, n'eſt pas moins large : d'ailleurs cet anneau eſt mince & plat, & il n'eſt point attaché par aucun endroit à Saturne; cependant il n'abandonne jamais Saturne dans ſon mouvement, il l'accompagne toûjours avec une vîteſſe égale, & il y a déja pluſieurs ſiécles que cela dure, quoique ce globe ſe meuve environ 20 fois auſſi vîte qu'un boulet de canon, comme il eſt aiſé de le calculer.

La viteſſe de Saturne & de ſon anneau.

CHAPITRE II.

Du nombre & de la petiteſſe inconcevable des particules de matiere qui compoſent l'univers.

Nous venons d'éxaminer une partie des corps qui compoſent cet univers, jettons à préſent les yeux ſur les particules qui forment les corps, éxaminons-en le nombre immenſe & la petiteſſe; enſuite nous parlerons des loix auxquelles elles obéïſſent continuellement, quoiqu'elles ſoient entierement aveugles, & qu'elles ne ſçachent pas même ce qu'elles font; loix qui ſervent ſi bien au deſſein du Créateur, qu'il faut être abſolument aveugle pour ne pas y découvrir la ſageſſe, la puiſſance & la bonté d'un Etre adorable qui gouverne l'univers.

Qu'on ne s'attende point à trouver ici une deſcription éxacte de figure des parties, on n'en aura jamais une connoiſſance parfaite, elles fourniront toûjours de nouveaux ſujets de recherche aux Sçavans, tandis que cet univers ſera conſervé dans l'état où il eſt. Nous ne conſiderons donc que certains corps par rapport à leur petiteſſe; l'éxamen que nous en ferons ne ſera peut-être pas auſſi éxact que la choſe le requiert; mais nous irons auſſi loin que l'expérience nous conduira.

Que tous les corps viſibles ſoient compoſez d'un nombre prodigieux de particules, c'eſt une choſe dont tous les Philoſophes conviennent, & que pluſieurs expériences démontrent; on en a même tant de preuves, qu'il n'y a perſonne qui ſe ſoit

Tous les corps ſont compoſez de petites particules.

Rrr ij

L'EXISTENCE DE DIEU.

donné la moindre peine d'éxaminer la nature des corps, qui puisse en douter en aucune maniere. Voiez *la Physique* de Rohault, *Boyle Subtil. effluvia*, Keil *Introductio*, &c.

Nous devons rectifier nos idées.

Comme notre imagination est incapable de nous représenter la grandeur prodigieuse des corps célestes, de même nous trouvons qu'elle ne peut pas nous donner des idées justes de la petitesse des parties qui composent les corps visibles ; de-là vient que beaucoup de gens regardent cette grandeur & cette petitesse comme impossible, ou du moins imaginaire, mais sur-tout quelques-uns de ceux qui, lorsqu'ils conçoivent les choses d'une maniere conforme à la vérité, craignent d'y découvrir la puissance d'un Dieu terrible.

Un pouce cubique de matiere contient un million de particules visibles.

On peut diviser tous les corps visibles en fluides & en solides; nous allons commencer par les premiers.

Nous proposerons d'abord ce que M. Boyle nous dit au commencement du second chapitre *de subtil. effluv.* où il n'avance rien qui ne soit fondé sur l'expérience ; il dit donc que la longueur d'un demi pouce se peut diviser en 100 parties, qui seront toutes assez grandes pour être distinguées : mais nous, pour éviter toute chicane, nous mettrons un pouce ; d'où il s'ensuit qu'un pouce cubique, ou une pierre quarrée qui a un pouce de long de chaque côté, contient un million de petits cubes qui ont chacun dans tous ses dimensions ou dans sa longueur, sa largeur & son épaisseur la $\frac{1}{100}$ partie de la longueur d'un pouce : pour sçavoir cela, il ne faut être qu'un peu versé dans les principes de la Géometrie.

Ainsi nous pouvons établir comme une vérité, que si la longueur d'un si petit cube, à plus forte raison le petit cube entier est visible, un pouce cubique de matiere contient un million de particules visibles.

Un pouce cubique d'eau contient un pareil nombre de parties.

Supposons qu'on peut aiguiser si bien la pointe d'une aiguille, qu'elle fût d'une largeur égale à celle d'une de ces particules visibles, & qu'on ne fît uniquement que plonger sa pointe dans l'eau, & qu'ensuite on la retirât après n'avoir fait que la moüiller ; on peut accorder tout cela sans beaucoup de difficulté. Ensuite si on supposoit encore qu'il n'y auroit qu'une seule particule d'eau qui s'y seroit attachée, &, pour rendre la supputation plus aisée, qu'elle étoit aussi grosse ou large que la superficie de la pointe de l'aiguille, & d'ailleurs de figure cubique, il est clair par ce qui précede qu'elle n'est pas plus grosse

LIVRE III. CHAPITRE II.

que $\frac{1}{1,000,000}$ partie d'un pouce cubique d'eau, & qu'ainsi un de ces pouces contient un million de particules d'eau, lesquelles si elles étoient séparées, se trouveroient toutes assez grosses pour être visibles : d'où il s'ensuit, que dans la vaste quantité de pouces cubiques d'eau qu'il y a dans l'air, dans la terre & dans la mer, & enfin dans tout l'Univers, il faut qu'il y ait une infinité de millions de particules qui se meuvent continuellement.

Mais pour pousser la chose un peu plus loin, voyons ce que M. Boyle nous dit dans le troisiéme Livre du Traité que nous venons de citer; il assure (planche XXIII. fig. 3.) qu'aiant mis une once d'eau E F G dans un globe de cuivre A, qui avoit un petit trou dans B, il mit le globe que les Sçavans appellent communément un Eolipile, sur le feu; après cela les vapeurs de l'eau commencerent à sortir par le petit trou B, qui formoit une pyramide de vapeurs D B C pendant 18 ou 20 minutes; sa longueur B R étoit de 20 pouces, & sa plus grande largeur C D, étoit d'un pouce. De sorte pourtant qu'à la distance B M, cinq ou six pouces plus loin que B R on appercevoit les vapeurs qui se tenoient encore ensemble; elles avoient quatre ou cinq pouces de largeur dans K L.

Un pouce cubique, raréfié dans un Eolipile, produira plus de 13300 millions de particules.

Si pour rendre le calcul plus aisé, nous considérons la longue pyramide B D C, qui est attachée à la petite D C K L, comme une seule pyramide; sa longueur depuis B jusqu'à R est de 21 pouces; le diamétre depuis C jusqu'à D est de $1\frac{1}{2}$, la superficie du cercle C N D G sera $\frac{22}{16}$ pouces de superficie, multipliez-les par 7, la grandeur de toute la pyramide de vapeurs sera de $\frac{99}{8}$ ou $12\frac{3}{8}$ pouces cubiques.

Si nous avions fait ce calcul exactement, selon la mesure de M. Boyle, la pyramide de vapeurs B C D avec la petite pyramide C D L K monteroit à plus de 32 pouces cubiques, en ne donnant même à B R que 18 pouces cubiques, à C D 1, à R M 5, & à K L 4; mais pour rendre la chose plus convaincante, & prévenir toute sorte de chicane, nous n'avons mis pour le tout que 13 pouces cubiques.

Supposons à présent qu'une particule des vapeurs qui sortent de l'Eolipile passe depuis B jusqu'à R dans une seconde; selon cette supposition, il y a une nouvelle pyramide de vapeurs à chaque seconde, il s'ensuit de-là qu'il sortira dans 18 minutes, ou dans 180 secondes, 180 pyramides nouvelles de Vapeurs.

Chaque pyramide de vapeurs contient $12\frac{1}{8}$ pouces cubiques,

L'EXISTENCE DE DIEU.

ainsi toutes les pyramides qui se formeront d'une once d'eau, produiront 12 $\frac{7}{8}$ fois 1080 ou 13,365 pouces cubiques. Supposons à présent qu'il n'y a qu'une seule particule d'eau dans chaque particule visible de ces pyramides, comme il y en a un million dans un pouce cubique, il y en aura autant 13,365,000,000, & par conséquent une once d'eau peut réellement se diviser en 13,365 millions de particules pour le moins.

Mais comme nous souhaitons de sçavoir en combien de parties un pouce cubique d'eau peut se diviser de cette maniere, supposons, qu'un pied cubique d'eau pese 64 livres, & que le pied est de 10 pouces; ainsi un pied solide contiendra 1000 pouces; & la livre étant de 16 onces, il y aura 1024 onces dans 64 livres. Par là il est aisé de prouver que le poids d'une once fait $\frac{1000}{1024}$ ou $\frac{250}{256}$ d'un pouce ou environ; ainsi nous ne risquons rien d'assurer qu'un pouce cubique d'eau se peu diviser de cette maniere en 13,000 millions de parties.

Il peut s'attacher à la pointe d'une aiguille plus de 13,000 particules d'eau.

Nous avons vû qu'on ne risque rien d'établir que l'eau qui s'attache à la pointe d'une aiguille si pointue, qu'elle soit à peine visible, & qui ait $\frac{1}{100}$ d'un pouce de largeur, peut monter à la milliéme partie de la milliéme partie d'un pouce.

Il est donc certain, que le peu d'eau qui s'attache à cette pointe, ne contient pas moins de 13,000 particules, pourvû que ce ne soit qu'un petit cube d'eau qui ait la même largeur.

Une goute d'eau se peut diviser en plus de 26,000,000 parties.

Voici un calcul qui doit surprendre, nous allons faire voir combien on peut trouver de particules dans une goute d'eau, dans la supposition que nous venons de prouver, toutes les fois qu'on trempe la pointe d'une aiguille ou d'une petite épingle dans l'eau, & qu'il s'y attache quelque chose, il faut 13,000 particules d'eau pour composer cette petite goute.

Mais suivons une autre méthode, & tâchons de nous en former une idée grossiere; supposons qu'une goute d'eau pese un grain, & que dans une once il y en a 480; par là la regle de trois, si 480 grains donnent $\frac{250}{256}$ parties d'un pouces, que donnera un grain? Nous trouverons que ce sera $\frac{1}{491}$ parties d'un pouce.

Mais afin de ne rien perdre, & de ne pas trop accorder, faisons le calcul avec une plus petite partie d'un pouce, par exemple, avec la $\frac{1}{500}$ partie, & supposons qu'une goute ne contient pas plus de particules d'eau, quoiqu'elle soit plus grande.

Or un pouce cubique d'eau contient 13, 000 millions, ou un million de fois 13, 000 particules; ainsi la $\frac{1}{500}$ partie d'un pouce, ou une goute d'eau, contient 2000 fois 13, 000 particules d'eau, or par cette multiplication on trouve vingt-six millions de particules. Si nous en retranchons six millions, parce que nous ne demandons pas qu'on nous accorde trop, il paroît évident que dans une goute d'eau, qui ne fait pas plus de la $\frac{1}{500}$ partie d'un pouce, il y a pour le moins vingt millions de particules d'eau.

Avant de passer outre, Incrédules, arrêtez-vous ici, & considérez avec nous quelle doit être la sagesse de la Providence, qui a jugé à propos de rassembler tant de millions de particules d'eau de pluie du poids d'un grain seulement, avant qu'elle tombe sur la terre.

Dites-nous, si vous pouvez vous persuader, que c'est par un pur hazard qu'une infinité de millions de particules d'eau s'élevent depuis tant de siécles sans interruption, des mers, des rivieres, & des autres lieux humides? Que c'est par un pur hazard qu'elles montent dans l'air, qu'elles se divisent pour former les nuées, qu'on prendroit pour des mers? Que c'est le hazard qui les fait floter dans l'air? Que c'est par un pur hazard que les vents les emportent dans tant de différens endroits, afin de composer des torrens & des rivieres? Que c'est le hazard qui les fait descendre en pluies sur la terre, pour faire croître les fruits, pour servir de boisson à tous les animaux; en un mot pour servir à tous les usages que nous avons attribué à l'eau, c'est-à-dire, pour conserver tout le globe de la terre avec tout ce qui est sur sa surface ou qui en provient? Que de sujets d'admiration en tout cela! 1°. Quelle ne doit pas être la puissance de celui qui a fait tous ces millions de particules d'eau qu'on trouve dans les ruisseaux, les rivieres & les mers, & qui en conserve le mouvement, la figure & la quantité! 2°. On ne sçauroit jamais assez louer la sagesse de celui qui a separé, nous pouvons même dire, fondu toutes ces particules, & qui les a rendues incapables de s'attacher l'une à l'autre, & de rester en repos, de quelque petitesse qu'elles soient: division si nécessaire, que sans cela elles ne seroient jamais montées par rapport à leur poids, & elles nous auroient été presque inutiles. Enfin, on est dans l'obligation de remercier cet Etre bienfaisant, qui a formé ce nombre inombrable d'êtres, dont les hommes se servent en tant de manieres différentes.

Cette hypothèse est fondée sur les observations de M. Lewenhoeck; la même chose est véritable dans tous les liquides.

J'ai voulu prouver ici par degrez, que les particules d'eau sont extrêmement petites, afin que cela n'effraiât pas notre imagination, & ne nous empêchât de les examiner à cause de leur petitesse extrême, dont il est bien difficile de se former une idée; ainsi ce sera au Lecteur à juger de ce qui suit; il sera obligé de convenir, que quoique la petitesse dont nous venons de parler échape à notre imagination, elle est cependant bien différente de ce que nous devons nécessairement supposer dans les particules d'eau.

Pour faire voir ceci, nous établirons pour principes les expériences de Lewenhoeck, comme elles sont décrites par lui-même dans sa lettre du 12 Novembre 1680, p. 29, il rapporte qu'il a distingué dans l'eau de poivre &c. trois sortes de petits animaux de différente grandeur; si vous prenez le diamétre du plus petit de ces animaux pour la mesure des autres, & si vous l'appellez un, celui du second ou du plus gros après le plus petit sera 10, & celui du troisiéme ou du plus gros de tous, 100 fois aussi long que le diamétre du second; ainsi le diamétre de ce dernier est $1 \times 10 \times 100$, ou 1000 fois aussi long que celui du premier.

Mais si pour rendre plus aisé ce calcul, nous supposons que ce dernier petit animal & un grain de sable ont la même figure, par exemple, qu'ils sont ronds ou cubiques, le grain de sable sera d'autant plus gros que le corps de ce petit animal, que le cube 1,000,000,000 du diamétre 1000 de ce dernier, excede le cube 1 du diamétre 1 du premier; ainsi nous voyons que ce grain de sable est égal à 1000 millions de ces animaux, qui sont pourtant visibles chacun en particulier, à travers un microscope.

M. Lewenhoeck (dans ses Découvertes le 26 Avril 1679, p. 14.) suppose que 100 grains de sables sont égaux à un pouce de longueur; ainsi 1,000,000 grains de sable feront un pouce cubique.

C'est pourquoi en raisonnant de cette maniere; si dans un grain de sable il entre 1,000,000,000 petits animaux, & dans un pouce, que nous prenons ici pour $\frac{1}{10}$, & non pas pour la $\frac{1}{12}$ partie d'un pied, 1,000,000 grains de sable, il y entrera dans un pouce cubique. 1,000,000,000,000,000 de ces petits animaux.

Or

LIVRE III. CHAPITRE II.

Or nous avons déja vû qu'une goute d'eau est la $\frac{1}{500}$ partie d'un pouce; ainsi, selon ce calcul, 2,000,000,000,000 petits animaux ne seront égaux qu'à une goute d'eau.

Mais pour prévenir les objections qu'on pourroit faire contre ce calcul, nous en retrancherons la moitié, & alors *une goute d'eau pourra contenir mille fois mille millions de petits animaux.*

Nous avons prouvé cela de l'eau seule, mais il est aisé d'en faire l'application aux autres fluides, principalement à ceux qui moüillent, & qui en s'attachant aux corps solides les rendent humides; ainsi nous ne dirons rien de l'huile, des esprits, & des autres liqueurs de cette nature: nous nous contenterons seulement d'ajoûter encore quelque chose au sujet des fluides qui moüillent.

Mr Lewenhoeck que nous venons de citer nous dit dans *sa septiéme Continuation*, page 424, qu'aiant fait sortir en pressant l'air & le sang d'un petit morceau de poulmon de mouton, il observa qu'il y avoit plusieurs bulles d'air si petites, qu'on avoit de la peine à les voir à travers le microscope; par-là il est aisé de voir qu'elles doivent être plus petites que les animaux dont nous venons de parler, & qu'on pourroit pourtant voir. Un grain de sable par conséquent est plus qu'égal à 1,000 millions de ces bulles, ou un pouce cubique contiendra plus de 1,000,000,000,000,000 particules d'air.

La petitesse des particules de l'air, du feu & de la lumiere.

Il y a des Physiciens qui prétendent que les particules d'air sont plus grosses que celles d'eau, parce que ces dernieres peuvent passer par des trous où il semble que l'air ne sçauroit entrer; cependant il est certain que les particules de ce dernier sont extrêmement petites, puisqu'on pourroit démontrer ici qu'à raison de leur insensibilité elles surpassent de beaucoup en petitesse les petits animaux.

Pour être convaincu que les particules d'air pénétrent aussi dans des pores ou trous fort petits, il suffit de considerer les plantes où elles s'insinuent, quoiqu'il y en ait quelques-unes où nous ne sçaurions découvrir le moindre pore ou cavité: d'ailleurs on sçait quelle peine il en coûte, lorsqu'on se sert de la machine pneumatique, avant qu'on ait pompé l'air entierement; du moins, si on peut prouver (& peut-être cela n'est-il pas impossible) que les particules de l'eau sont plus petites que celles de l'air; cela seul suffit pour nous convaincre que nous sommes bien éloignez d'avoir trouvé la véritable grandeur des particules de l'eau.

Sss

Les particules qui composent le feu, sont encore beaucoup plus petites que celles des fluides dont nous venons de parler; une preuve de cela, c'est que l'air, l'eau, l'huile, & autres liqueurs semblables, sont composées de particules si grosses, qu'elles ne sçauroient passer à travers les pores du verre & des autres corps durs, comme le fer, l'acier, &c. ainsi elles ne sçauroient pénétrer dans la substance des vaisseaux qu'on fait de ces matieres; tandis qu'il n'y a pas de pore si petit dans aucun corps où les particules du feu ne pénétrent; de-là vient qu'elles fondent & dissolvent tous les corps, ou qu'elles les remplissent de particules de feu. Il n'arriveroit rien de tout cela, si le feu ne pouvoit pas s'insinuer dans l'intérieur des corps.

Du feu nous allons passer à la lumiere, & nous donnerons au Lecteur une idée grossiere de la petitesse de ses parties, car nous sommes bien éloignez d'en pouvoir marquer le nombre ni la subtilité; & nous démontrerons en quelque façon combien on peut assurer qu'il sort de particules de lumiere d'une chandelle allumée pendant une seconde.

Ceux qui n'auront pas envie de lire la démonstration suivante, peuvent passer & continuer.

Calcul du nombre & de la petitesse des parties de la lumiere.

I. On suppose que la flamme d'une chandelle des six à la livre, peut être visible à 2000 pas, ou à 10,000 pieds, chaque pas étant de 5 pieds, je veux dire depuis O jusqu'à E, planche XXIV. fig. 1.

II. Il est évident que, puisqu'on peut voir la même flamme à la même distance tout autour, elle remplit tout le globe ou le cercle R Q E S.

III. Pour trouver à présent la grandeur du globe R E, il faut premierement observer que tout le diametre est double de O E, c'est-à-dire, de 20,000 pieds.

Et comme 100 est à 314, comme le diametre R E à la circonference R Q E S, nous trouverons par la regle de trois que cette circonference renferme 62,800 pieds.

IV. Ainsi si nous multiplions tout le diametre par la circonference, & ce produit par la sixième partie du diametre, cela produira la solidité du globe R Q E S, qui est 41,866,000,000,000 pieds cubiques; c'est une chose connuë de tous les Géometres.

V. Si nous divisons un pied en 10 parties, qui s'appelleront des pouces, un pied cubique contiendra 1000 pouces cubiques,

LIVRE III. CHAPITRE II.

& le globe ci-dessus contiendra 41,866,000,000,000,000 pouces cubiques; pour abreger & n'être pas obligez à chaque fois d'écrire ladite somme tout du long, nous l'exprimerons en plaçant le nombre des chiffres omis sur le premier chiffre; ainsi de cette maniere ce globe contient $41,860\frac{15}{17}$ pouces cubiques.

VI. D'ailleurs, comme une chandelle des six à la livre peut brûler cinq heures, il est aisé de supputer combien il s'en brûlera dans une seconde. Supposé donc qu'il y ait 3600 secondes dans une heure, & que chaque once soit de 480 grains, poids d'Apoticaire, nous trouverons par la regle de trois, que la chandelle a diminué en brûlant dans une seconde de $\frac{15}{225}$ ou de la $\frac{1}{14}$ partie d'un grain.

VII. Pour sçavoir combien il y a de grains de suif ou de cire dans un pied, supposons:

1°. Qu'un pied cubique d'eau pese 64 livres, c'est-là le poids ordinaire de la plûpart des eaux.

2°. Que 5 pieds d'eau sont aussi pesans que $5\frac{1}{3}$ pieds cubiques de cire. Voiez Stair, Senguerdius, &c.

Supposons ensuite que la cire & le suif sont de même poids, l'expérience aiant été faite avec de la chandelle qui a duré 5 heures, 5 pieds d'eau feront 320 livres de poids, il en sera de même de $5\frac{1}{3}$ ou $\frac{16}{3}$ pieds de cire ou de suif.

Ainsi un pied cubique de cire pese 60 livres, ou bien 460, 800 grains, & par conséquent un grain pesera $\frac{1}{460800}$ partie d'un pied cubique de 1000 pouces.; si on réduit ce nombre à des pouces, cela fera $\frac{10}{4608}$ ou $\frac{1}{460}$ d'un pouce cubique.

VIII. Considerons encore ici la vîtesse de la lumiere, & supposons que OE, qui est la distance qu'il y a entre la chandelle O & la circonférence du globe éclairé QERS est 10,000 pieds, comme on a déja prouvé que la lumiere des satellites de Jupiter traverse tout l'espace qui est entre le Soleil & la terre, ou 12,000 diamétres terrestres dans la $\frac{1}{8}$ partie d'une heure, ou dans 450 secondes, c'est-à-dire, $26\frac{2}{3}$ diamétres terrestres dans une seconde, il s'ensuivra de-là qu'en supposant chaque diamétre de 39,231,564 pieds de Paris (voiez Whiston, *Prælect. Astronom.* page 13.) selon la mesure des Mathématiciens François, la lumiere parcourra 1,046,175,040 pieds, puisqu'il en faut tout autant pour faire $26\frac{2}{3}$ diamétres terrestres.

Mais si quelqu'un trouve ce calcul trop grand, parce qu'il suppose que la lumiere de la chandelle va aussi vîte que celle du Soleil, il faut qu'il obferve, 1°. Qu'on n'a pas encore vû qu'une efpece de lumiere aille plus vîte qu'une autre; car fi un homme étoit dans une grande chambre obfcure, & fi on y faifoit un trou pour y laiffer entrer le jour, ou pour y tenir une chandelle, je ne crois pas que la lumiere du Soleil parvînt à lui plûtôt que celle de la chandelle placée à la même diftance. Mais il eft prefque impoffible de faire cette expérience, parce qu'on ne fçauroit obferver aucune différence entre les vîteffes de ces deux lumieres. 2°. Il eft probable que la lumiere ne varie point dans fa vîteffe; car lorfque nous avons parlé de fa rapidité prodigieufe, il n'a pas été queftion des raions qui viennent immédiatement du Soleil, il ne s'agiffoit que de ceux qui font réfléchis par les fatellites de Jupiter; en forte qu'elle retient encore cette vîteffe, après avoir parcouru cinq fois autant d'efpace qu'il y en a entre le Soleil & la terre: nous avons fait voir dans le chapitre précédent que c'eft-là la diftance de Jupiter au Soleil. 3°. Il y a beaucoup d'autres moiens pour prouver la vîteffe inconcevable des particules de feu qui fortent d'une chandelle allumée; mais une preuve évidente de cela, c'eft qu'elles fondent le verre, l'émail, les métaux, & d'autres corps extrêmement durs; force qu'on ne fçauroit attribuer à la grandeur des particules de feu, qui font extrêmement petites, & qui doit par conféquent être l'effet de leur vîteffe. C'eft une regle dans la méchanique, que la force des corps eft en proportion de leurs maffes multipliées par la vîteffe.

Mais accordons ce qu'il faut, & fuppofons que quoique la lumiere pût remplir ce globe plus de 100,000 fois dans une feconde, elle ne le remplit que 1000 fois; par-là on fait la vîteffe de la lumiere plus de 100 fois moindre qu'elle ne doit être, fi nous comparons fa vîteffe avec celle de la lumiere des fatellites de Jupiter.

IX. Nous fuppofons encore que le plus petit animal qu'on puiffe rendre vifible avec le microfcope le plus parfait, eft beaucoup plus gros qu'une particule de lumiere. 1°. Parce qu'une feule particule de lumiere ne fuffit pas pour le rendre vifible, il en faut plufieurs. 2°. Parce que ces petits animaux font vifibles, tandis que les particules de lumiere font invifibles. 3°. Parce que la lumiere peut paffer à travers les pores imperceptibles du verre, ce que le plus petit infecte du monde ne fçauroit faire. 4°. On ne fçauroit douter de ceci, quand on fçait

LIVRE III. CHAPITRE II.

qu'en regardant ces petits animaux avec un bon microscope du côté du Soleil, on observe qu'ils sont transparens ; que les raions qui les pénétrent, représentent toutes les couleurs de l'arc-en-ciel : il faut pourtant pour produire ce météore plusieurs raions différens. Ce phénoméne est familier à ceux qui sont versez dans l'usage des microscopes ; & M. Lewenhoeck le confirme dans la septiéme continuation, p. 100. Nous avons jugé à propos de faire précéder ceci en faveur de ce qui suit, pour faire voir qu'il y a un nombre inexprimable, ou 10^{20} de particules de lumiere, qui sont réellement contenues dans l'espace d'un de ces petits insectes, & pour suppléer à la foiblesse de notre entendement.

X. On sçait aussi, que lorsqu'une chandelle allumée & placée dans O (planche XXIV. fig 1.) dont la lumiere s'étendroit jusqu'à l'endroit E, & rempliroit tout le globe E Q R S, communique sa lumiere au point A, qui est proche de la chandelle, le point A sera d'autant plus illuminé que le point E, qui est à une distance plus grande que le quarré de la plus grande distance, par exemple, de O E, est plus grand que le quarré de la petite distance O A.

Ce que nous venons d'établir s'exprime de la maniere suivante :

Les nombres des particules de lumiere d'une grandeur égale, mais inégalement éloignées de la flamme, sont l'un à l'autre, en raison renversée, des quarrez de leurs distances. Nous l'avons fait voir ailleurs dans un plus grand détail.

XI. Supposons encore que O E, ou la plus grande étenduë de la lumiere dans le cercle éclairé Q R S E, contienne dans sa longueur 10, 000, 000, 000, ou 10^{10} de ces petits animaux, que M. Lewenhoeck observa avec le microscope (nous ferons voir bientôt pourquoi nous nous bornons précisément à ce nombre) & que le raion O E soit divisé en plusieurs petites parties, comme O A, A B, B C, C D ; de sorte que chacune soit de la longueur d'un de ces petits animaux.

Si on suppose encore que dans l'espace du petit animal qui est le dernier & le plus éloigné de la chandelle O, comme dans V E, il n'y a qu'une seule particule de lumiere ; & que plus ces points approchent de la chandelle, comme D O, C B, B A & A O, les particules de lumiere augmentent continuellement dans l'espace des petits animaux, selon la regle que nous avons établie. On sçaura de cette maniere combien il y a de particules de lumiere dans l'espace d'un petit animal, pourvû qu'on sçache à quelle distance il est de la chandelle O, comme dans O A, A B, B C, &c.

XII. Pour rendre la chose plus claire & plus aisée, nous supposerons que des points A, B C, D, on a tiré des lignes perpendiculaires d'une longueur indéfinie, & que les entre-deux de ces lignes sont les espaces qu'occupent les petits animaux comme A g, B h, C i, D k, E q, &c. par là on pourra marquer le nombre des particules de lumiere qui se doivent trouver dans l'espace que chaque petit animal occuperoit.

Aiant donc pris E F égal à 1, parce qu'on a supposé que dans le dernier espace il n'y a qu'une seule particule de lumiere; & aiant trouvé que O E est égal à 10^{10} : dites selon la regle précédente.

1°. Comme le quarré de O A, ou 1 est au quarré de O E ou 10^{10} : ainsi est F E (une particule de lumiere contenue dans V E) à A a, 10^{20}, ou au nombre des particules de lumiere qui sont dans O A.

Prenez ensuite dans la ligne indéfinie A g, la longueur A a égale à 10^{20}, la ligne A a représentera le nombre des particules de lumiere qui sont dans A, ou dans l'espace O A, qui pourroit contenir un petit animal.

2°. Comme 4, ou le quarré de O B, qui contient deux petits animaux, est au quarré de O E, ou 10^{20}, qui contient la longueur de 10^{10} petits animaux : ainsi est 1 ou F E à $10\frac{20}{4}$ ou 250^{18} B b.

3°. De même lorsque O D contient dix animaux, pour trouver D d, ou les particules de lumiere qui sont dans D, il faut s'y prendre de la maniere suivante.

Comme 100, le quarré de O D--10 est à 10^{20}, le quarré de O E; ainsi est 1, ou F E, à $10\frac{20}{10}$ ou 10^{-1}, ou D d, & ainsi de tout le reste.

XIII. Il s'ensuit delà, que si on tire des perpendiculaires, comme A a, B b, C c, D d, &c. sur les divisions A, B, C, D, &c. comme la ligne O E est divisée en 10^{20} parties, & comme elles montent chacune au nombre des particules de lumiere contenues dans les espaces des petits animaux O A, B C, A B, D D, &c. il ne faudroit autre chose que faire l'addition des nombres de toutes les lignes perpendiculaires ensemble pour connoître combien il y a de particules de lumiere dans tous les es-

LIVRE III. CHAPITRE II. 511

paces de O E, à mesure qu'elles augmentent depuis E jusqu'à A; ce qui ne souffre aucune difficulté.

XIV. D'où il s'ensuit aussi, qu'en tirant GF parallele à OE, de sorte que A G, B r, C s, D t, &c. soient égales à F E, ou à 1, la somme de toutes ces unitez produira le nombre de toutes les particules de lumiere qui sont contenues dans O E; si dans l'espace de chaque petit animal, O A, A B, B C, C D, &c. il n'y a qu'une seule particule de lumiere.

Or comme on suppose que O E est composée de 10^{10} espaces de petits animaux, le nombre de particules de lumiere qu'elle contiendra, sera aussi 10^{10}.

XV. D'où il s'ensuit, que le nombre des particules de lumiere contenu dans O E, (n'en supposant qu'une dans l'espace de chaque petit animal, est au nombre de ces petits animaux, supposant aussi qu'ils augmentent selon la regle que nous avons donné, comme 10^{10} ou les unitez qu'il y a dans les lignes AG, Br, Cs, Dt, &c.) sont au produit de tous les nombres qui composent les lignes perpendiculaires A a, B b, C c, D d, &c.

XVI. Il n'est pas nécessaire de prouver que le nombre de toutes les perpendiculaires A a, B b, C c, D d, &c. contient une si grande quantité.

La premiere est la plus grande, A a étant 10^{10}.

La seconde B b montera à $10^{\frac{10}{4}}$, ou 250.

La troisiéme C c à $10^{\frac{10}{9}}$.

La quatriéme D d à $10^{\frac{10}{1}}$.

Ainsi du reste; chacune de ces lignes étant égale à la ligne A a ou 10^{10} divisée par le quarré de leurs distances du point O, qui montent tous jusqu'au nombre de 10^{10}; on voit que la derniere F E produira, avec l'unité, une grande somme qu'il seroit très-difficile de calculer, & cette supputation demanderoit trop de tems & de place.

XVI. Pour ne pas donc nous tromper dans notre calcul, nous choisirons une somme beaucoup plus petite que nous ne devrions, ainsi nous ne retiendrons que le nombre 10^{10} étant lui seul la plus grande quantité de particules de lumiere qu'il y ait dans l'espace d'un de ces petits animaux, ou dans la ligne A a, & nous retrancherons les autres B c, C c, D d, &c. qui monteroient à une somme prodigieuse.

De cette maniere, il s'ensuivra, que les particules de lumiere 10^{10}, ou A a *num. xvi.* sont au nombre des particules de lumiere qui sont dans OE, comme 1 dans l'espace de chaque petit animal, ou à 10^{10} *num. xiv.* comme 10^{10} à 1; ou si nous admettons l'augmentation *num. x.* les petits animaux qui sont dans OE sont 10^{10} fois plus nombreux, que si nous n'en supposions qu'un dans chaque espace entre O & E, QRSE. Ceci peut s'appliquer à tous les raions, comme à OE, qui sont dans le globe éclairé, & par conséquent à tout le globe.

XVIII. Mais avant de passer plus avant, permettez-moi de prévenir les opinions que quelques personnes pourroient avoir sur ces matieres.

On dira que la proprieté de la courbe a, b, c, &, F qui joint toutes les extrémitez a, b, c, &c. des perpendiculaires Aa, Bb, Bc, &c. si proches l'une de l'autre, est connue: & que nous pouvions nommer x, chacune de ces lignes OA, OB, OC; que nous pouvions représenter par y, les perpendiculaires Aa, Bb, Cc; par a, la ligne OE; par b, la ligne EF; on dira enfin, que nous pouvions exprimer le tout par l'expression Algebrique $x \times y = ab$. Un Mathématicien sera peut-être surpris que nous ne l'aions pas fait, & que nous n'aions pas trouvé l'aire de la grandeur du mixtiligne AeFE par approximation, & en suivant la méthode de Mercator, de Wallis, & d'autres grands Mathématiciens; après l'avoir comparée avec la grandeur du rectancle AGFE, j'aurois trouvé par là la proportion du nombre augmenté des particules de lumiere dans OE, par rapport au nombre de OE, s'il n'y avoit qu'une seule particule dans l'espace de chaque petit animal; d'autres l'ont peut-être fait dans une semblable occasion.

Mais on aura la bonté d'observer, 1°. que j'ai omis ces méthodes, parce qu'elles supposent toutes que la ligne OE doit être divisée en une infinité de petites parties comme OA, AB, BC, CD, &c. au lieu que nous avons reglé nos divisions, & que nous avons supposé que les portions pouvoient uniquement contenir un de ces petits animaux qu'on voit à travers le microscope, & qui est un nombre infini de fois plus grand qu'une partie d'un nombre infini.

2°. Nous avons donné dans le *num. xvii.* une raison qui rendra nos conclusions plus recevables, à cause que nous choisissons un nombre beaucoup plus petit.

3°. Ce que nous écrivons ici, n'est pas tant pour les Mathématiciens, que pour ceux qui ont naturellement beaucoup d'esprit

LIVRE III. CHAPITRE II.

prit, & qui ne soient pas fort versez dans la science des lignes ni des figures; ainsi lorsque l'on peut se servir d'une autre méthode, j'évite autant qu'il est possible celles des Mathématiciens: mon principal but est de me rendre intelligible, même aux esprits les plus bornez, plûtôt que de plaire aux Sçavans, pourvû que par-là je puisse faire voir la vérité.

XIX. Voici donc les conclusions que nous avions dessein de tirer de ces principes, & de ceux qui les précédent; mais supposons avec Lewenhoeck que $1,000,000,000$ de ces petits animaux qui sont visibles à travers le microscope, forment un volume de la grosseur d'un grain de sable; que $1,000,000$ grains de sable sont égaux à un pouce cubique, suivant cela, si on ne fait le pied que de 10 pouces, 10^{21} de ces petits animaux égaleront un pouce cubique.

Or par le *num. v.* le globe QRES contient 418660^{21} pouces, & par conséquent 418660^{25} de ces petits animaux.

XX. Supposons encore que dans chaque espace rempli d'un petit animal, il n'y a qu'une particule de lumiere dans toute l'étenduë du globe.

XXI. Or si la vîtesse de la lumiere qui éclaire ce globe est si grande dans une seconde (voiez *num. vi.* & *viii.*) & si une chandelle de six à la livre allumée, dure 5 heures, il y aura $\frac{1}{54}$ partie d'un grain de suif qui se dissipera dans une seconde.

Il sortira par conséquent d'un $\frac{1}{4}$ d'un grain de suif 418660^{25} particules de lumiere, & 14 fois autant ou 5161240^{26} d'un grain entier.

XXII. Or un grain est la $\frac{1}{460}$ partie d'un pouce de 10 au pied, *num. vii.*

Il s'ensuit de-là qu'il devra sortir d'un pouce de chandelle 460 fois 5361240^{26}, ou dans un seul nombre 269617040^{27} particules de lumiere.

XXIII. Supposons avec Mr Lewenhoeck que 1000 diamétres d'un de ces petits animaux soient égaux à un grain de sable, & que 100 diamétres d'un grain de sable fassent la largeur d'un pouce, & 10 pouces un pied.

Alors il faudra 10^6 diamétres d'un de ces petits animaux pour faire un pied, & 10^{10} fois le même diamétre pour faire OE, ou 10,000 pieds.

XXIV. Nous avons fait voir, *num. xvii.* que quoique nous retranchions plusieurs milliers de millions de particules de lumiere dans le globe QRSE, il y a réellement 10^{20} plus de particules de lumiere, que lorsque, comme ci-dessus, nous ne supposons qu'une seule particule dans l'espace de chaque petit animal; il s'ensuit de-là qu'il devra sortir de la $\frac{1}{14}$ partie d'un grain de suif, 10^{12} plus de particules qu'on n'en suppose *num. xxi*. Il en sortira d'un pouce de suif, $10^{\frac{1}{2}}$ plus que l'on n'en a marqué dans le *num. xxii*. cela veut dire que d'un pouce de suif il sortira 269617040^{12} particules de lumiere.

XXV. Tout ceci est vrai. 1°. Quand même nous supposerions qu'il n'y a qu'une seule particule de lumiere dans l'espace d'un petit animal, à l'extrémité du globe éclairé, ou dans VE; tout le monde voit que c'est trop peu, lorsqu'on considere que la lumiere augmente par degrez, à mesure que nous approchons de la chandelle O. 2°. Tout cela ne seroit pas moins vrai, quand même la lumiere de ce globe ne se renouvelleroit qu'une fois dans une seconde, & qu'elle emploieroit ce tems-là pour passer depuis O jusqu'à E.

Comme, selon le *num. viii*. la lumiere se meut 1000 fois plus vîte, & comme ce n'est pas une seule fois qu'elle parcourt, mais 1000 fois la ligne OE de tous côtez, car les particules de lumiere qui sortent de la $\frac{1}{14}$ partie d'un grain de suif, remplissent 1000 fois ce globe dans une seconde.

Il s'ensuit évidemment que le nombre trouvé par le *num. xxiv*. doit être multiplié par 1000, & que d'un pouce de suif allumé il sort 269617040^{12} particules de lumiere, ce qui démontre clairement que le nombre en est prodigieux, & qu'elles sont extrêmement petites.

Combien il sort de particules de lumiere d'une chandelle allumée dans une seconde.

Pour sçavoir combien il sort de particules de lumiere d'une chandelle allumée dans une seconde, il faut se souvenir que nous venons de démontrer qu'il se consume la $\frac{1}{14}$ partie d'un grain de suif dans une seconde, ou, ce qui revient au même, un grain entier dans 14 secondes. Or un pouce de suif contient 460 grains, ainsi un pouce de chandelle sera brûlé & consumé dans 460 fois 14 secondes, ou dans 6440 secondes: si dans ce tems-là il s'échappe 269617040^{12} particules de lumiere d'un pouce de suif, il en sortira d'une chandelle allumée dans une seconde 418660^{12}.

Les particules de lumiere comparées au sable de toute la terre.

Selon la mesure éxacte des Mathématiciens de France, le diametre de la terre contient 39,231,564 pieds de Paris, le pied étant de 10 pouces, & supposé qu'il faille 100 grains de sable pour faire un pouce; si on vouloit trouver le nom-

LIVRE III. CHAPITRE II.

bre de tous les grains de fable qui pourroient être contenus dans la terre, cela demanderoit une fomme pour le moins de 32 nombres, dont le premier eft 3, & ils feroient trop longs pour les exprimer ici.

Le nombre que nous avons trouvé, en parlant du nombre des particules de lumiere qui fortent d'une chandelle allumée dans une feconde, étoit de 44 figures, dont la premiere étoit 4.

Pour rendre la chofe plus aifée, & éviter toutes les difputes, nous fuppoferons que les deux premiers caracteres étoient 1, & le refte des 0; par-là nous perdons un nombre inconcevable de particules.

Selon cette fuppofition, le nombre des grains de fable de toute la terre fera 10^{31}.

Et celui des particules de lumiere qui fortent d'une chandelle allumée dans une feconde 10^{43}.

La proportion de l'un à l'autre fera, comme 1 à 10^{12}, ou comme un à mille fois mille millions.

On peut conclure de-là que dans une feconde, qui eft communément égale à un battement d'artére dans une perfonne qui fe porte bien, *il fort d'une chandelle allumée de fix à la livre, mille fois mille millions plus de particules de lumiere que la terre ne contient de grains de fable; il en fort même beaucoup plus.*

Il n'eft perfonne qui ne foit furpris de ceci; cela frappe même fi fort, qu'on n'y connoît rien d'abord; on fe perd dans le nombre & la petiteffe des particules de la lumiere, quand même elles feroient bornées à ce nombre; cependant il eft aifé de voir par ce que nous avons dit, que fi nous en avions fait le calcul dans toute l'éxactitude poffible, leur nombre furpafferoit de beaucoup celui que nous venons d'établir; cet excès eft même prefque inconcevable.

Paffons préfentement aux corps folides; nous tâcherons de faire voir, 1°. Qu'ils font compofez d'un nombre prodigieux de différentes particules. De tous les moiens que je connoiffe capables de nous mener à cette connoiffance, ceux que je vais propofer me paroiffent les meilleurs.

De la petiteffe des parties qui compofent les corps folides, comme le cuivre.

I. M. Boyle, *de fubtil. effluv.* nous dit qu'aiant fait diffoudre un grain de cuivre dans l'efprit de fel ammoniac, il communiqua un bleu fenfible à 18,434 grains d'eau.

Or fi nous fuppofons que chaque grain d'eau étoit impregné

d'une particule de cuivre, il s'enfuivra de-là qu'un grain de cuivre a été divifé au moins en autant de parties qu'il y avoit de grains d'eau.

Mais fuppofant avec M. Boyle, que $\frac{1}{100}$ d'un pouce de long eft vifible, $\frac{1}{1,00,000}$ d'un pouce cubique fera auffi vifible.

Et comme un pied d'eau de 64 livres (le pied étant de 12 pouces) contient 1728 pouces cubiques, 26,434 grains feront environ 100 pouces; d'où il s'enfuit que dans ces pouces il y aura plus de 100,000,000, ou cent millions de parties vifibles; ainfi quand il n'y auroit qu'une feule particule de cuivre dans chaque particule vifible d'eau, un grain de cuivre fe trouvera réellement divifé en ce grand nombre de parties.

De la petiteffe des parties en general qui compofent les corps folides & les fluides.

Mrs Rohault, Boyle, & d'autres, ont fait voir jufqu'où peut s'étendre la divifion des parties de l'or, fans autre fecours que l'induftrie humaine.

Les expériences que M. Lewenhoeck avoit faites avec le microfcope, peuvent nous en fournir une preuve, qu'on peut appliquer à tous les corps folides auffi-bien qu'aux fluides; expériences qui font voir que pour faire un pouce cubique avec les petits animaux qu'il voioit, il en faudroit 10^{15}, ou 1,000,000,000,000,000.

Or il eft certain que fi les particules qui compofent un corps, font trop petites pour être vifibles à travers le microfcope, il faut au moins que chaque pouce de ce corps foit compofé de plus de 10^{15} particules.

D'où il s'enfuit qu'on peut affurer la même chofe, fans craindre de fe tromper, de tous les métaux, des mineraux, des animaux & des plantes, en un mot de tout ce qui eft vifible.

Et perfonne ne doit être furpris, fi pour en exprimer au jufte la quantité prodigieufe, nous ajoûtons que ce nombre de parties eft de beaucoup trop petit, & qu'il y a plufieurs chofes qui prouvent ceci.

1°. Les petits animaux qui ne font vifibles qu'à travers le microfcope, doivent être pourvûs des organes néceffaires à la vie, au mouvement & à la génération, ils doivent avoir des liqueurs & des fucs pour fe nourrir; mais l'imagination humaine eft trop bornée pour fe repréfenter la petiteffe de ces chofes.

2°. La plûpart des animaux & des plantes font combuftibles, & on peut les convertir en flamme; confiderons feulement, felon ce que nous venons de dire de la petiteffe des particules

LIVRE III. CHAPITRE II.

de la lumiere, quelle différence il y a par rapport à la quantité, entre la flamme d'une chandelle, & celle qui fort des animaux & des végétaux. Il faut abfolument que le nombre des particules qui en fortent en forme de lumiere à chaque inftant, foit de beaucoup plus grand ; cependant toutes ces parties contribuoient auparavant à la ftructure de la plante ou de l'animal. Qu'on juge après cela du nombre & de la petiteffe de ces particules ; cela doit paroître incroiable & même inconcevable, je ne dirai pas à ceux qui ne voient pas la force de ces conféquences, mais même à ceux qui peuvent les voir.

Que les particules qui fortent des corps, foient non-feulement très-petites, mais auffi d'une nature déterminée, c'eft ce que le fçavant M. Boyle a fait voir dans un Traité particulier, auquel nous renvoions le Lecteur.

Expériences qui font voir les proprietez déterminées de ces particules.

J'ai pourtant quelque chofe à dire là-deffus : Le verre d'antimoine, lorfqu'on le fait infufer dans du vin, fait vomir, quoique le poids de l'antimoine n'ait pas diminué d'une maniere fenfible ; fes parties font fi fubtiles & fi petites, qu'il n'en faudroit qu'une once, pas même tant, pour faire vomir plus de monde que toute la Ville d'Amfterdam n'en contient.

D'où il s'enfuit que la nature des particules qu'il communique au vin, eft déterminée auffi-bien que la petiteffe.

L'or, l'argent, le mercure, & peut-être auffi les autres métaux, étant diffous dans leurs menftruës, fe divifent en une infinité de parties invifibles ; on peut enfuite les précipiter, & les faire defcendre au fond de ces liqueurs, où ils reprennent de nouveau la forme de métal, comme auparavant.

De quelle petiteffe doivent être les corpufcules qui fortent de l'aimant, & qui pénétrent même le verre pour faire mouvoir le fer ? Un effet fi furprenant prouve affez leur fubtilité, & avec tout cela leurs proprietez font déterminées.

Si on fouhaite de voir le calcul de la petiteffe des particules qui s'exhalent des matieres odoriferentes, comme du mufc, de la civette, de l'ambre gris, de l'*affa fœtida*, & d'autres matieres femblables, on le trouvera dans Keil, *Introductio ad veram Philofophiam*; cependant quelques petites qu'elles foient, elles retiennent toutes leur odeur particuliere. Que dirons-nous des particules qu'un liévre & d'autres animaux de chaffe laiffent dans leurs traces ? Voiez Boyle qui en a traité en particulier. Voici une expérience fort aifée qui prouve que le nom-

De la fumée de benjoin.

bre des particules qui entrent dans la composition d'un corps solide, doit être prodigieux.

Je mis dans une chambre longue de 24 pieds & large d'autant, & haute de 16 ou environ, quatre réchauds avec du charbon allumé en quatre différens endroits, & j'y jettai dans chacun environ $\frac{1}{4}$ d'une dragme de benjoin; & peu de tems après la chambre se trouva remplie de fumée d'un bout à l'autre, laquelle étoit visible, quoiqu'elle ne fût pas épaisse.

Cette chambre contenoit 9216 pieds cubiques, qui étant multipliez par 1000, ou par le nombre des pouces contenus dans un pied cubique, supposant le pied de 10 pouces de longueur, montoient à 9,216,000 pouces.

Or la $\frac{1}{1000}$ partie d'un pouce est visible, donc la $\frac{1}{1,000,000}$ partie d'un pouce cubique le sera; ainsi y aiant 1,000,000 parties visibles dans un pouce, il y en avoit 9,216,000,000,000 dans la chambre; & supposé que dans chacune il n'y eût qu'une particule de benjoin, il falloit que la 8e partie d'une once de ce parfum se fût divisée en plus de neuf mille fois mille millions de particules, quoique sa quantité n'approchât pas de beaucoup d'un pouce.

Une autre chose que nous pouvons encore ajoûter, c'est que la fumée répand non-seulement l'odeur du benjoin dans toute la chambre, mais elle donne aussi lorsqu'on la ramasse, du benjoin purifié, qu'on appelle communément *fleurs de benjoin*; outre la petitesse des particules de ce parfum, cela prouve aussi qu'elles ont une proprieté déterminée, & que ces particules qui s'exhalent retiennent aussi-bien la nature du benjoin, que les vapeurs celle de l'eau d'où elles viennent, & en laquelle elles se changent lorsqu'elles se ramassent.

Je veux qu'un Incrédule n'ait pas compris tout ce que nous avons dit de la petitesse & de la grandeur de ces particules; je veux qu'en lisant & en réfléchissant, la contemplation de ces choses lui soit devenuë habituelle: mais que cet Incrédule se mette devant les yeux la structure merveilleuse du monde visible; & sur toutes ses parties, qu'il considere cette multitude innombrable & même inconcevable d'atomes qui le composent, sans qu'il y en ait un seul qui ait pû se créer ou se mouvoir: Soûtiendra-t-il que ce n'est pas un Etre sage qui est l'auteur de tout, & que c'est par un pur hazard que tous leurs mouvemens se font sans aucun ordre? Sur quelles assurances se fondera-t-il,

LIVRE III. CHAPITRE II.

pour ne pas craindre que les cieux & la terre ne se changent en un chaos affreux, & que l'air, le feu, l'eau, &c. ne se confondent ensemble dans un instant? N'est-il pas même certain que cela seroit arrivé jusqu'à présent, s'il n'y avoit un Etre d'une puissance infinie, qui s'étend jusqu'à chaque partie en particulier parmi tant de millions de milliers de parties, & qui les gouverne & les dirige toutes? direction d'autant plus nécessaire, que ces parties ont chacune des proprietez déterminées; ainsi il y a une espece qui ne sçauroit servir au même usage qu'une autre espece.

Mais si cette preuve paroît trop generale à ces Incrédules, s'ils s'imaginent qu'ici ou ailleurs ils pourront peut-être trouver quelque faux-fuiant parmi ce grand nombre d'objets, ils n'ont qu'à jetter les yeux sur le particulier; qu'ils lisent les découvertes que les Modernes ont faites avec le microscope; qu'ils se donnent la peine de voir eux-mêmes de leurs propres yeux ce qu'ils en ont entendu dire à d'autres; qu'ils lisent ce qu'on rapporte du nouveau monde, qui a resté invisible depuis tant de siécles; ils verront un nombre innombrable de choses extraordinaire, qu'on n'auroit jamais cru, si l'expérience ne nous en avoit assurez. Lorsqu'il aura vû de ses propres yeux qu'une mitte de fromage, par exemple, cet animal si méprisable, à n'en juger que par la vûë toute seule, est un animal parfait, qu'elle a tous les membres & toutes les articulations nécessaires pour ses mouvemens; que son corps est couvert de poil; que ces insectes pondent des œufs, d'où l'on voit éclore des petits; & qu'au contraire les anguilles qu'on découvre dans le vinaigre, ne pondent point des œufs, mais qu'elles sont vivipares. M. Huygens rapporte ce dernier fait dans *sa Dioptrique*, pag. 227, où il dit avoir vû dans une de ces anguilles quatre autres petites anguilles; (car elles sont entierement transparentes) & qu'après avoir tenu quelque tems la vieille anguille dans le tuiau de verre, il observa que les quatre petites anguilles nageoient à côté de leur mere.

Si la contemplation de ces merveilles a assez de force sur leur esprit, pour les obliger de reconnoître qu'il y a en tout ceci une Sagesse admirable; la petitesse & le nombre inexprimable de ces objets sur lesquels elle agit, les convaincront aisément, & leur persuaderont qu'il faut qu'il y ait ici quelque chose de divin; cela peut encore servir en même-tems à ce grand article du Christianisme, sçavoir, *que même les choses les plus petites ne sçauroient échapper avec toute leur petitesse à la direction & à la providence du Créateur.*

L'usage de ces petites parties prouve d'une maniere toute particuliere la Providence divine.

Incrédules, qui ne lisez l'Ecriture-Sainte, que dans la vûe d'y faire des objections, direz-vous encore que le Sauveur se servit d'une hyperbole presqu'incroiable, lorsqu'il dit, *Matth.* 10. 30. *Mais pour vous, les cheveux même de votre tête sont tous comptez ?* Nous avons fait voir que la providence de Dieu se manifeste dans ces petits animaux, qu'on ne sçauroit comparer en aucune maniere avec un cheveux, par rapport à leur grandeur. Nous avons fait voir, que dans une seconde, il sort d'une chandelle allumée plus de particules de lumiere, qui suivent toutes exactement les loix de l'Optique, qu'il n'y a de cheveux sur la tête d'un homme, y en eût-il autant qu'il y a d'hommes sur la terre.

Mais mettons ceci dans tout son jour, quoique ce que nous venons de dire soit suffisant ; on a fait voir que le nombre des particules de lumiere qui sortent d'une chandelle allumée dans une seconde, est beaucoup plus grand qu'un nombre, dont le premier caractere est 4 suivi de 43 zéros, ou 40^{43}.

Mr Lewenhoeck dans sa *premiere Lettre*, p. 14. trouve que le nombre des hommes qui habitent sur la terre, selon son calcul, monte à 13, 385, 000, 000, ou à 133850^{6} : Mais mettons que ce nombre soit 10 fois plus grand, & supposons qu'il soit 20^{21}.

Si chaque homme avoit 20^{21} cheveux à la tête (ce qui est trop de beaucoup) le nombre des cheveux de tous les hommes seroit 40^{22}, cela ne feroit pourtant que la 10^{21} partie des particules de lumiere qui sortent de la flamme d'une chandelle ; ainsi nous pouvons conclure de là, avec la derniere certitude, que l'expression du Fils de Dieu, loin d'être hyperbolique, ne marque point de beaucoup jusqu'où s'étend la Providence Divine, quelques figurez que ces termes paroissent à certaines gens.

Voici encore une autre chose qui pourra peut-être porter un Incrédule à reconnoître un Dieu ; il faut remarquer que l'Etre adorable qui a créé & qui gouverne toutes choses, à voulu montrer par là sa divinité & sa souveraineté sur toutes les créatures ; que pour produire les évenemens & les choses les plus surprenantes, il ne se sert souvent que de petites particules ;

il

LIVRE III. CHAPITRE II.

il en emploie un nombre infini pour les fins qu'il se propose.

Il faut prouver ceci par l'expérience, le monde entier peut, dans un sens, nous servir d'exemple ; nous ne dirons rien ici de la petitesse des parties qui causent la peste & les maladies contagieuses, qui détruisent tant de monde en si peu de tems; mais de quelle petitesse ne doivent pas être les parties de l'eau? il en faut plus de mille fois mille millions pour former une goute d'eau, ou un simple grain de grêle du poids d'un grain. A combien d'usages ne servent-elles pas, auxquels l'eau ne sçauroit servir, si elle ne pouvoit pas se séparer & se diviser en une infinité de parties d'une petitesse inconcevable? Combien de millions ne s'en éleve-t-il pas tous les jours des mers & des rivieres? Combien n'y en a-t-il pas qui flottent dans l'air; & pour ne pas répeter ce que nous avons dit dans le chapitre de l'eau, combien n'en tombe-t-il pas en forme de pluie, de nége, de grêle, de rosée & de brouillards? Combien n'en faut-il pas pour nourrir & faire croître les plantes, & pour servir de boissons aux animaux ? Combien n'en tombe-t-il pas dans des deserts stériles, & pour l'entretien des bêtes sauvages ? Et ne faut-il pas avouer, que tout cela dépend de la division actuelle de la matiere en une infinité de petites particules?

Quoique le nombre innombrable de particules d'eau semble seul suffisant pour convaincre le plus obstiné des Incrédules de la direction de Dieu dans ces grands évenemens, qui tendent aussi bien à l'avantage qu'à la punition des hommes, qu'il considére encore l'air dans son état naturel : & s'il a quelque connoissance de la nature, il conviendra que ce fluide n'est qu'un assemblage d'un nombre infini de particules différentes, qui agissent l'une sur l'autre, & souvent leur action est accompagnée de tant de force, qu'elle surpasse tout ce qu'on en peut croire. On n'a qu'à lire là dessus les histoires, où il est parlé de la force terrible des orages, des tempêtes, & des éclairs : Or il est certain, que ce qui produit ces terribles effets, ce sont des particules si petites & si legeres, qu'elles peuvent flotter dans l'air, & que les éclairs ne peuvent trouver des pores si petits dans les corps les plus durs qu'ils ne les pénétrent.

Nous avons déja dit quelque chose de l'air ; mais il s'en faut bien que nous aions exprimé au juste la petitesse & le nombre de ses particules ; & si dans une seconde il sort de la flâmme d'une chandelle tant de millions de particules de feu & de lumiere, quel nombre prodigieux n'en devra-t-il pas sortir des éclairs, & de quelle petitesse ne seront-elles pas?

Que l'Incrédule ajoûte la lumiere à l'eau & à l'air, il trouvera que ses particules sont extrêmement petites & innombrables; bien plus, qu'elle a une force des plus terribles. Je ne dirai rien des éclairs, qui en sont une preuve étonnante; qu'on lise les histoires, on y verra des exemples de la violence & de la quantité de feu qui a fait crever des cavernes soûtéraines, causé des tremblemens de terre; on a vû couler des rivieres entieres de matiere enflammée; le feu a détruit les villes & tout ce qu'il rencontroit; il a fendu des rochers & des montagnes, & quelques fois on a vû sauter en l'air, à une hauteur incroiable, des débris de rocher d'une grosseur si terrible, qu'il paroissoit impossible aux hommes de pouvoir les remuer. Ne faut-il pas avouer que ce sont des particules de feu extrêmement petites, mais si subtiles, qu'on a de la peine à concevoir leur petitesse, qui ont produit tous ces effets surprenans? Pour être convaincu de cela, il ne faut que se rappeller ce que nous avons dit de la flamme d'une chandelle, d'où il sort dans une seconde jusqu'au nombre de 41, 866 avec 39 zero, particules de feu & de lumiere.

Qu'on compare avec cette flamme le feu des éclairs, les volcans, celui de toutes les matieres combustibles qui s'enflamment dans la terre; le Soleil, ce terrible globe de feu, & peut-être aussi plusieurs milliers d'étoiles fixes, qu'on réfléchisse sérieusement sur le nombre innombrable de particules de feu & de lumiere qu'il y a dans le monde; il n'y a personne qui soit capable d'en faire la supputation, ainsi je crois qu'on conviendra de ceci avec moi sans peine.

Or puisque cette effroiable quantité de lumiere & de particules ignées ne réduit pas l'Univers en flammes, (nous avons fait voir par l'exemple des verres ardens) que cela étoit possible; il est assez clair qu'il faut que quelque force supérieure les ait empêchées de causer cette destruction affreuse.

Incrédules, voulez-vous voir & toucher, pour ainsi dire, de vos propres mains la Providence Divine dans les particules de lumiere & de feu? Il ne faut point examiner pour cela toutes les matieres combustibles, ou qui en contiennent une quantité prodigieuse, & où elles sont dans l'inaction, comme enfermées & enchaînées jusqu'au tems qu'elles doivent agir (ce qui est encore une preuve de la direction d'une puissance supérieure). Il suffit de jetter les yeux sur les expériences d'Optique, qui feront voir, que toutes les particules qui composent cette vaste quantité de lumiere, observent avec tant d'exactitude certaines loix, qu'en tombant sur des corps qui la réfléchissent, ou qui sont transparens, elles sont obligées de regler leurs mouvemens selon la diversité de leurs figures, & même selon une infinité de circonstances. L'Optique de M. Newton en contient assez d'exemples.

On n'a qu'à se représenter la petitesse des particules qui composent non-seulement l'eau, l'air, la lumiere & le feu; mais même sans distinction, tous les autres corps visibles de quelque nature qu'ils soient. A commencer premierement par les plantes & les animaux qui sont combustibles & sujets à se pourrir; combien de vaisseaux & de conduits d'une petitesse extrême par où passent la séve & le suc, n'y a-t-on pas découvert avec le secours du microscope? On peut consulter là-dessus M. Lewenhoeck & d'autres. Combien n'y trouve-t-on pas de parties grasses & oleagineuses? On fait des chandelles de la graisse de certains animaux; qui auroit jamais dit, qu'un pouce de cette graisse pût produire un nombre si prodigieux de particules de lumiere? De quelle petitesse ne sont pas les particules, qui par la putréfaction, empoisonnent l'air dans une si grande étendue? Combien de particules d'eau, dont nous venons de faire voir la petitesse & le nombre, n'en tire-t-on pas par la distillation? Ce n'est pas tout; après que les animaux & les végetaux sont entierement corrompus, ils servent à engraisser la terre, ou plûtôt ils se changent en une terre fertile. Combien de particules ne trouvons-nous pas dans la terre, sur-tout si nous l'examinons avec le microscope? Si nous jettons les yeux sur les métaux & les minéraux, tout nous convaincra de la petitesse de leurs parties; nous en serons encore persuadez, si on les fait dissoudre dans l'eau-forte, & la plûpart lorsqu'on les brûle, teignent la flamme de la couleur de leurs particules.

Enfin, après avoir lû tout ceci, & ce que d'autres Philosophes ont écrit sur le même sujet, je crois que nous ne risquons rien d'assurer, que tout ce qui est visible dans le monde, est composé d'un nombre prodigieux de différentes particules. Incrédules représentez-vous cette quantité immense, ce nombre prodigieux de millions de particules, & réfléchissez, 1°. Sur le nombre des différentes especes de particules qui composent les corps, & qui sont d'une nature particuliere. 2°. Voiez de combien d'especes différentes il en faut souvent dans la composition d'un seul corps. Qu'on life là-dessus les observations des Chymistes modernes, &c. qui tirent de chaque plante ou de chaque animal, de l'air, du feu, de l'eau, du sel, de l'esprit, & de la terre, où l'on observe une si grande varieté. Combien de différens composez ces parties ne forment-elles pas? Comment peuvent-elles former les mers, les rivieres, l'air, les nuages, les vents, le Soleil, les étoiles, les arbres, les arbrisseaux, des herbes, des fleurs, des fruits, les corps des hommes & ceux des animaux, comme les oiseaux, les poissons, les bestiaux, la terre, le sable, les pierres, les métaux, les sels, & mille autres choses qui ont chacune leurs proprietez? Enfin, comment est-il possible que la seule disposition des particules & des atomes qui sont par eux-mêmes invisibles, conserve toûjours dans le même état cet Univers si vaste, & empêche que rien ne périsse?

Combien de corps n'y a-t-il pas qui nous sont inutiles avant la division des particules qui les composent? Le Créateur qui s'en sert pour manifester sa puissance, donne encore ici des marques de sa sagesse. Considérons, par exemple, le peu d'usage que nous retirerions de l'eau, si elle restoit glacée? Les avantages que nous en recevrions ne seroient rien en comparaison de ceux que nous en tirons lorsqu'elle est fluide & divisée en des millions de particules. Lorsqu'elle est glacée, peut-elle servir de boisson aux animaux ou de nourriture au plantes? Peut-elle soûtenir des vaisseaux chargez, & les transporter dans toute la terre? Peut-elle monter dans l'air pour retomber ensuite en pluie & en rosée, ou procurer une infinité d'avantages que les hommes en tirent, lorsqu'elle est divisée en particules?

Tandis que le feu ramassé & renfermé dans la tourbe, le bois, le charbon, & dans d'autres matieres combustibles, compose de grands corps solides, quels effets peut-il produire dans cet état là? & à moins que ces corps ne soient premierement divisez en petites particules, & que l'agitation de ces particules ne produise la flamme, peuvent-ils être de quelque utilité pour échauffer, pour éclairer, pour fondre les métaux, pour préparer les alimens, & pour les autres nécessitez?

De toutes les compositions que les hommes ont inventé, il n'y en a pas de plus active que la poudre à canon: que peut-

LIVRE III. CHAPITRE II. 525
elle faire lorſque ce n'eſt que du ſalpêtre, du ſouphre & du charbon? Mais lorſque les petites particules qui la compoſent ſont libres & agitées, qu'y a-t-il dans toute la nature ici ſur la terre & autour de nous, qui puiſſe réſiſter à ſa violence? Elle imite même exactement le tonnerre & les éclairs, qui ſont ce que nous connoiſſons de plus terrible dans le monde, quoique les particules qui produiſent ces effets effroiables ſoient aſſez legeres & aſſez petites pour flotter dans l'air. Ce n'eſt donc pas ſans raiſon, qu'en voiant la flamme de la poudre à canon, ou lorſqu'on en entend le bruit, ou qu'on ſent même trembler la terre ſous ſes pieds, on doute ſouvent ſi ce n'eſt pas réellement le tonnerre & les éclairs qui produiſent ces effets ſurprenans.

Cette ſeule expérience ſuffit pour nous donner une idée de la grandeur de la force de ces particules, qui autant que nous pouvons en juger par nos recherches, doivent être les plus petites de toutes, comme du feu & de la lumiere toute pure.

CHAPITRE III.
De certaines Loix de la Nature.

PAr cette expreſſion, nous n'entendons ici autre choſe, qu'une certaine propriété ou puiſſance qui produit quelque choſe dans les corps ou autour des corps, ou de leurs parties ; & on peut prouver par l'expérience que dans certaines circonſtances cette puiſſance a toûjours lieu dans la même choſe ; mais nous ne prétendons pas approfondir ici ce que c'eſt, nous ne rechercherons pas ſi c'eſt l'effet immédiat de la premiere cauſe, ou d'une cauſe ſeconde ou intermédiaire, qui agit dans les corps ou autour des corps.   *Ce que c'eſt qu'une loi de la nature.*

Si nous faiſons réflexion ſur le nombre inexprimable & ſur la petiteſſe inconcevable des particules de la matiere qui compoſe cet Univers, l'Incrédule le plus obſtiné ne ſçauroit nier, qu'il ne faille néceſſairement des loix pour faire un monde ſi beau, & que ces loix s'y trouvent. Et ſi le hazard, qui agit ſans s'aſſervir à aucune regle, comme lorſque le vent emporte la pouſſiere, étoit l'auteur de tous les mouvemens, il n'eſt point d'homme raiſonnable qui n'avoue qu'on devroit s'attendre à ne voir qu'une affreuſe confuſion.   *Des loix de la cohéſion.*

La premiere loi ou force qui se présente, c'est celle de la cohésion, par laquelle certaines especes d'atomes ou corpuscules s'attachent l'un à l'autre, pour produire certains effets particuliers & déterminez.

Que direz-vous donc, misérables Incrédules, en voiant les hommes, les bêtes, les plantes, les corps célestes, & tous les autres êtres qu'on place parmi les êtres corporels, formez avec tant de régularité & d'ordre par la cohésion de leurs parties? Ne conviendrez-vous pas qu'il faut là infiniment plus de sagesse que pour bâtir une maison, avec les matériaux nécessaires, comme le bois, les pierres, le fer, le verre, &c. supposé que tout cela fût déja prêt & ramassé dans ce dessein? Il est sûr cependant que vous n'oseriez jamais attribuer la construction de cette maison au hazard, ou aux loix ignorantes de la nature.

Il y a certains corps, comme la pierre-à-fusil, les cailloux, le diamant, le fer, & les autres métaux, dont les parties sont fortement attachées l'une à l'autre; l'expérience, & sur-tout la violence qu'il faut pour séparer les parties de certains corps, prouvent que la cohésion de ces parties est très-grande. Mais si quelqu'un s'avisoit d'objecter que la cohésion ne consiste que dans le repos des parties, & qu'afin de conserver les corps en repos, il ne faut pas beaucoup de sagesse ou de pouvoir, qu'il lise M. Mariotte *De percuss. part. II. Sect. 2.* & M. Huygens *Sect. 3.* il verra qu'on ne peut avancer cela. Ces Messieurs ont prouvé qu'un corps, de quelque grandeur qu'il soit, perd son repos, lorsqu'un autre, quelque petit qu'il soit, le heurte, & alors il se met en mouvement. L'expérience nous apprend que cela n'arrive jamais dans les corps durs; si la cohésion ne consistoit que dans le repos, il suffiroit de souffler pour séparer & disperser comme de la poussiere, les parties d'un corps le plus dur qu'il y eût.

Si la force de la cohésion est grande, la varieté qu'on y observe n'est pas moins admirable; varieté qui fait que chaque chose est en état de remplir les usages auxquels elle doit servir. En effet, si les parties qui composent la langue, étoient aussi fortement attachées l'une à l'autre que celles des dents, elles seroient immobiles; & si les dents étoient aussi molles que la langue, elles ne pourroient broier les alimens. Si les parties qui composent le froment, & les autres alimens qui servent à nourrir les hommes & les animaux, étoient aussi dures, & aussi fortement attachées l'une à l'autre que les parties du fer, du

LIVRE III. CHAPITRE III.

caillou, &c. la terre seroit bien-tôt dépeuplée. Peut-on être assez aveugle pour ne pas découvrir dans la varieté de la force de la cohésion, ou de la dureté & de la mollesse des corps, une Sagesse infinie ? Pourquoi ne soûtient-on pas aussi, pour nous servir d'une comparaison grossiere, que c'est par un pur hazard, sans le secours d'aucun Ouvrier, que les chariots sont composez de pieces brisées &c ?

Si toutes les particules de la matiere n'avoient d'autres loix que celles de la cohésion, la terre ne seroit couverte que de squelétes d'hommes & d'animaux, de plantes mortes & pourries ; en un mot, d'un tas affreux & horrible de matieres confuses : & comme aucun corps ne changeroit jamais de figure, tout seroit entierement inutile aux desseins que Dieu s'est proposez. Un Pyrrhonien dira-t-il que dans tout cela il n'y a rien qui marque la sagesse de celui qui gouverne l'Univers ? Ces mêmes parties qui dans d'autres occasions étoient fortement attachées l'une à l'autre, sont obligées d'obéïr à d'autres loix, & de se séparer l'une de l'autre ; combien d'avantages naissent de tout cela ? Par là la terre est déchargée & débarrassée d'une infinité de choses inutiles, leurs parties en fermentant & en se pourrissant se divisent ; de ces mêmes parties il s'en forme de nouvelles matieres, elles engraissent, par exemple, les terres, & il en résulte encore plusieurs autres avantages ; on en pourroit donner plusieurs exemples, mais nous n'en rapporterons pas d'autres ici, à cause que nous avons déja parlé ailleurs de cette circulation.

Les loix de la séparation.

Il y a encore une loi ou force qui surprend tout ceux qui y font réflexion ; on observe que les particules de matiere, quelques petites & délicates qu'elles soient, subsistent depuis tant de siécles sans se briser ou s'user ; elles ont beau se frotter entr'elles, se choquer ou heurter contre des corps durs, ou se mouvoir d'une infinité de manieres, elles sont toûjours les mêmes ; il semble pourtant que depuis tant de siécles elles auroient dû se changer entierement en atomes, ou briser tous leurs angles & toutes leurs pointes, & devenir rondes : l'expérience nous apprend, que c'est-là la derniere figure que tous les corps prennent avant qu'ils soient entierement brisez. Peut-on s'imaginer que les particules de feu pûssent être agitées avec tant de rapidité & de violence, & ne pas se briser ? Comment les particules d'air pourroient-elles résister à la violence du tonnerre & des éclairs, des

De l'inattrition des particules.

ouragans & des tempêtes, & aux coups qu'elles donnent contre les corps durs ? Comment les particules d'eau peuvent-elles se rouler continuellement sur le sable & sur les pierres, & heurter contre les rochers depuis tant de siecles, sans perdre leur forme, & ne faut-il pas une loi qui empêche que les particules les plus petites ne se brisent? Si cela n'est pas il faut convenir qu'il s'en produit continuellement une même quantité, ni plus ni moins, à la place de celles qui se consument; deux choses qui prouveroient également la Providence Divine.

Le choc & l'attraction, sont les deux principales loix de la nature. De ces forces, nous allons passer à d'autres, parmi lesquelles il y en a deux principales, & dont la plûpart des corps suivent les loix: La premiere est la *Percussion* ou le choc; & la seconde est appellée *Attraction* par les plus fameux Mathématiciens de ce siécle; quelques-uns y ajoûtent comme une conséquence, la force de la *Repulsion*.

Deux corps se choquent lorsqu'il y en a un qui va heurter contre un autre corps qui est en repos, ou lorsqu'il y en a déja un en mouvement, & qu'un autre poussé avec plus de vîtesse le rencontre, ou bien lorsqu'ils sont poussez l'un contre l'autre, soit avec la même vîtesse, ou avec différens degrez de mouvemens.

Notre dessein n'est pas d'examiner ici, si certains Philosophes ont raison de déduire presque toutes les causes des phénoménes de la nature du choc des corps; ce qu'il y a de certain, c'est qu'en tout tems il y a une infinité de ces mouvemens dans le monde. Qu'on jette seulement les yeux sur le nombre innombrable de particules qui composent les fluides, & imaginons-nous qu'il y en a plusieurs dans un mouvement continuel, comme l'air, le feu, la lumiere, l'eau, &c. mouvemens qui ne sçauroient se faire sans une infinité de différens chocs entre ces particules dans un instant. Si ces mouvemens n'observoient pas certaines loix, jugez de la confusion où tout devroit être.

Wallis, Wren & Huygens, ont fait voir en quoi consistent ces loix; & M. Christophe Wren a prouvé en particulier par l'expérience qu'elles s'accordent avec ce que M. Mariotte a jugé à propos de décrire dans un Traité separé. Qu'un Incrédule considére à présent, si tant de millions de corps, lesquels ignorent ce qu'ils sont, auroient pû obéir avec tant d'exactitude aux regles des Mathématiques depuis tant de siécles sans le secours d'un Etre supérieur pour les digérer.

Comme

LIVRE III. CHAPITRE III.

Comme, parmi les loix qu'on obferve dans le choc des corps, on en trouve véritablement qu'on peut déduire d'autres loix que nous connoiffons, & dont cependant la maniere d'agir eft incompréhenfible pour tout le monde; qu'un Incrédule juge donc fi ces loix étant incompréhenfibles, nous n'avons pas raifon d'inferer l'incompréhenfibilité de l'Auteur, & de reconnoître en cela un Etre fuprême qui opére des merveilles ?

Donnons-en un éxemple; c'eft un fait connu des Mathématiciens, qu'un corps dans le choc communique non-feulement un plus grand degré de vîteffe, mais même plus de force & de mouvement à un autre corps qu'il n'en a lui-même, & il retient cependant prefque toute celle qu'il avoit: M. Mariotte, ce fameux Philofophe, qui a fi bien traité du *Mouvement*, appelle cela, dans fon Traité *de la Percuffion*, pages 153, 154, *un paradoxe très-furprenant*, & quelques lignes plus bas, *une chofe merveilleufe*; & pour ne pas laiffer aucun lieu d'en douter, il le prouve par l'expérience.

M. Huygens démontre que fi on plaçoit une centaine de corps l'un à côté de l'autre en repos, dont le fuivant fût toûjours la moitié auffi gros que le précedent, & qu'enfuite le mouvement commençât par le plus gros, la vîteffe du plus petit feroit 14,760,000,000 plus grande que celle du plus grand: mais fi le mouvement commence par le plus petit, la grandeur du mouvement dans le total augmentera d'autant plus, que 4,677,000,000 eft plus qu'une unité.

M. Whifton qui a pris tout cela de M. Huygens, l'a mis dans fes *Prælect. Phyf.* pag. 55. Il appelle le premier phénoméne *une augmentation prodigieufe de vîteffe*, & le dernier *une augmentation encore plus merveilleufe de la grandeur du mouvement*.

Paffons préfentement à une feconde efpece de force: On dit que le corps A (planche XXIV. fig. 2.) a une vertu *attractive* ou *répulfive*; ou, dans d'autres termes, que le corps B pefe vers le corps A, lorfque nous voyons que le corps B fe meut vers A, ou qu'il en eft chaffé, fans l'entremife d'aucun autre corps, qui en pouffant le corps B, puiffe paffer pour la caufe de ce mouvement.

Il ne faut pas qu'un Philofophe qui attribuë tout au choc, s'imagine être en droit de nier l'action de ces forces, parce qu'il ne fçauroit comprendre la maniere dont ces chofes fe paffent; felon ce principe, nous rejetterions beaucoup de chofes que l'expérience pourtant nous prouve être vraies. Comment pourra-t-on concevoir ce que nous venons de dire ci-deſſus, p. 462 & ſuiv. du choc des corps, ou des effets de la lumiere ? Combien de phénoménes la Chymie & l'Hydroſtatique ne nous offrent-elles pas, ſans que juſqu'ici nous aions pû concevoir la maniere dont cela ſe fait ❦ Concevons-nous ce que nous avons dit p. 406 & ſuiv. touchant le corps & les racines des plantes ? On auroit peut-être autant de peine à admettre cela que la doctrine de *l'attraction* & de la *répulſion*, ſi nous ne devions admettre pour vrai que les choſes dont les cauſes & la maniere dont elles ſe paſſent, nous ſont connuës ; ainſi ceux qui feront encore d'autres difficultez ſur le même ſujet, n'ont qu'à conſulter les Ecrits du Docteur Gregory, de M. Whiſton, &c. qui ont éclairci la Phyſique de M. Newton, & ils alleguent tant de raiſons pour démontrer *l'attraction* & la *répulſion*, que cette opinion eſt ſuffiſamment prouvée.

Mais faiſons voir en peu de mots que ces deux loix de la nature ne ſont pas fondées ſur une ſimple hypothèſe ; nous voions par expérience qu'un corps ſe meut vers un autre, & qu'un autre corps eſt repouſſé, ſans que perſonne ait pû juſqu'à préſent prouver par des raiſons ſatisfaiſantes qu'il y ait aucune matiere dont l'impulſion puiſſe produire ces effets. Si on n'eſt pas convaincu de cela, on peut obſerver une autre proprieté dans la matiere, ſçavoir, que tout eſt peſant, ou que tous les corps ſe meuvent vers le centre de la terre ; que les planétes tendent vers le Soleil, & les ſatellites vers le centre de leurs planétes : cependant juſqu'ici perſonne n'a pû, quelques efforts qu'on ait fait, démontrer la cauſe de ce phénoméne ; de plus, les preuves qu'on allegue pour prouver le contraire, ſont aſſez fortes : on peut voir tout cela dans les Ouvrages des Meſſieurs que je viens de citer.

Dans le chap. 1. p. 451, nous avons rapporté quelque choſe de M. Newton, qu'il dit dans *ſon Optique*, pag. 336. être incompréhenſible à ceux qui ſuivent les hypothèſes ordinaires. On peut voir, pag. 350, dans le même Traité, que ce fameux Philoſophe en rend raiſon ſelon les loix de *l'attraction* ; & la choſe eſt confirmée par tant d'expériences, qu'il ſeroit très difficile, ſans ſuppoſer une *attraction*, d'en découvrir aucune cauſe probable : outre cela, la Chymie nous fournit une infinité d'expériences de ces mouvemens dans les effervescences & l'union des cer-

… tains corps & des fels, dans la *précipitation* ou la *féparation* des corps, qui prouvent évidemment *l'attraction* & la *répulfion*. Nous ne chercherons pas ici la caufe de cela, fuppofé qu'il y en ait quelqu'une parmi les corps qui font l'un auprès de l'autre ; M. Mariotte lui-même, dans *fon Traité de la Végétation*, pag. 15, femble reconnoître cette efpece de mouvement, qu'il appelle *mouvement d'union*, & il paroît qu'il entend par-là quelque chofe d'analogue à l'attraction.

De la pefanteur, & de fes effets.

Parmi les phénoménes de la nature qui font fi familiers, que le plus ignorant les regarde fans aucune furprife, il y en a un, je veux dire, la pefanteur de tous les corps, que j'ai fouvent regardé comme une preuve invincible de l'éxiftence d'un Dieu fage, puiffant & bon ; & fi tous les autres argumens ne fuffifent pas pour convaincre un Incrédule, qu'il éxamine en lui-même fi c'eft par un pur hazard & fans aucun deffein, que tout ce que nous appellons corps, & tout ce qu'on trouve fur la terre, fans parler des autres corps, tombe ou eft pouffé avec une certaine force, & par le chemin le plus court vers le centre de la terre ? Qu'il y ait même une force ou quelqu'autre obftacle invincible qui leur réfifte, ils ne laifferont pas de preffer & de tendre vers le même centre, & fouvent avec tant de violence, que la force de cette preffion fait tomber des planchers, lorfqu'ils font trop chargez, & même des maifons entieres.

Ceux qui ne voudroient déduire ces effets que des loix du choc des corps, doivent au moins être convaincus par-là que cette preffion ne pouvant pas paffer pour un mouvement fimple, il y a d'autres loix dans l'univers & d'autres forces qui agiffent, fans le choc qui procéde du mouvement local.

Confiderons 1º les chofes merveilleufes qui fe paffent fur la terre, par la feule pefanteur; c'eft elle feule qui fait que le globe de terre fubfifte dans fon premier état, & qu'il refte fufpendu fur fon centre comme fur un rien ; que la mer refte fur fon lit qui eft plus pefant que fes eaux, & qu'elle fournit aux hommes toutes les commoditez dont nous avons déja parlé. C'eft la pefanteur qui fait couler les rivieres, qui fans cela refteroient en repos, & ne fourniroient que des étangs d'eau pourrie & puante. C'eft elle qui fait tomber les pluies, les rofées, &c. qui humectent & fertilifent la terre pour l'entretien des hommes & des animaux, & qui donne à boire à une infinité de créatures. C'eft la pefanteur qui fait que les batteaux & les vaif-

Xxx ij

seaux se soûtiennent, & font voile sur la mer & sur les rivieres, & que les eaux peuvent soûtenir des poids immenses sur leur surface. C'est la pesanteur secondée de l'industrie humaine qui produit ces fontaines & ces cascades charmantes, qui ornent les jardins. C'est elle qui fait descendre les ruisseaux du haut des montagnes, qui fait monter l'eau dans les pompes. C'est elle qui nous procure une infinité d'autres usages que nous recevons de l'eau. C'est la pesanteur qui fait monter le feu & la fumée, & qui met en action la force élastique de ce fluide. Si l'air inférieur n'étoit pas poussé par le poids de l'air supérieur, d'abord qu'il se seroit une fois dilaté, il resteroit toûjours au même état, & tout ce qui respire seroit alors suffoqué sur l'instant ; les poissons même, comme nous avons déja dit, ne pourroient plus vivre dans l'eau : & si l'air supérieur cessoit de presser, il ne s'éleveroit pas une seule particule d'eau, non pas même une partie de celles dont il y a plusieurs millions dans une seule goute ; & dès que l'eau des nuages seroit tombée, on ne verroit jamais plus ni pluie, ni rosée ; ainsi le globe terrestre, les hommes, les animaux, les arbres, les fleurs, & les herbes, tout seroit generalement détruit.

Les corps célestes pesent l'un vers l'autre.

Voici une chose étonnante, c'est que, selon les observations des Modernes, il est très-probable que la loi de la pesanteur s'étend dans tout l'univers, elle semble s'étendre sur-tout sur les corps célestes qui sont d'une grandeur si prodigieuse, & qui pesent l'un vers l'autre, comme les corps sublunaires qui tendent vers le centre de la terre ; c'est sur ce fondement que tout le Systême Physique de M. Newton, qui semble à présent le plus suivi dans beaucoup de choses parmi les Sçavans, est entierement bâti : mais je ne veux point m'attacher ici uniquement aux opinions de quelques Philosophes, parce qu'il y en a d'autres souvent qui les contredisent ; il faut attendre que les expériences soient non-seulement incontestables, mais connuës suffisamment : ainsi je ne parlerai que de certaines choses, qui paroissent vraies par l'expérience, pour l'utilité de ceux en faveur de qui nous écrivons.

Il est évident par l'expérience, que lorsque tous les corps sont mis une fois en mouvement, ils poursuivent leur route dans une seule & même ligne droite, pourvû qu'ils ne trouvent aucun obstacle, ou que quelque force ne les détourne ; ainsi tout ce qui se meut circulairement, comme dans la planche XXII. fig. 1.

LIVRE III. CHAPITRE III.

la pierre A, dans la fronde SA, étant lâchée, pourſuivra ſa route par la ligne droite AF qui touche la courbe AHDE.

Or on a prouvé par des obſervations, & c'eſt le ſentiment du moins de la plûpart des Aſtronomes modernes les plus fameux, que les corps céleſtes, comme A (planche XXII. fig. 5.) qu'on appelle *planétes*, ſe meuvent autour du Soleil S, dans la courbe AHDZ, qui n'eſt pas circulaire, mais ellyptique ou ovale, du moins elle en approche beaucoup.

Il eſt encore évident par ce que nous avons dit, qu'une planéte étant dans quelque point que ce ſoit, comme dans AG, &c. de l'ellypſe AEDZ, pourſuivroit ſa route ſelon les lignes droites AF ou GI, qui touchent l'ellypſe dans A ou G, & qu'ainſi elles abandonneroient entierement la courbe qu'elle décrit, s'il n'y avoit une autre force qui la fait approcher continuellement du Soleil S; cette force eſt repréſentée par les lignes FG & HI, de ſorte que la route des planétes nous fournit une preuve évidente d'une force active qui l'attire à chaque inſtant vers le Soleil S.

Enfin l'expérience nous apprend que la même force ſubſiſte non-ſeulement dans les grandes planétes qui ſe meuvent autour du Soleil (planche XXII. fig. 1. & 2.) par rapport au Soleil, mais elle ſe trouve auſſi dans leurs ſatellites ; par exemple, dans ceux de Jupiter F & de Saturne H, par rapport aux mêmes planétes; elles ſont attirées vers leurs planétes, de même que ces planétes ſont attirées vers le Soleil, ou bien elles peſent vers elles.

M. Whiſton, *Prælect. Phyſ.* pag. 289, rapporte une obſervation; il fait voir par l'expérience qu'outre *l'attraction* qu'il y a entre les planétes & le Soleil, & entre les ſatellites & leurs planétes, on peut encore découvrir d'une maniere viſible la même *attraction* entre une planéte & les ſatellites d'une autre planéte. Voici ſes paroles ſur ce ſujet.

Une forte preuve que les corps céleſtes peſent l'un vers l'autre.

« Comme depuis quelques années Saturne H (planche XXII. fig. 1. & 2.) a reſté long-tems en conjonction avec Jupiter F, c'eſt-à dire, lorſque Saturne & Jupiter ſont dans les endroits les plus proches l'un de l'autre, & que du Soleil S nous voyons Saturne dans V & Jupiter dans F, il doit s'enſuivre néceſſairement que Saturne, à raiſon de ſa grandeur & de ſa proximité de Jupiter (car ce ſont ces deux choſes qui reglent l'attraction, ſelon M. Whiſton) devra occaſionner quelque effet remarquable & viſible dans les ſatellites, ſi cette planéte avec ſes ſatellites eſt

» attirée par Saturne ; en effet, la chose se trouve réellement
» telle; & les satellites de Jupiter changent leur route ordinaire
» dans la proximité de Saturne, conformément aux loix de l'at-
» traction.

De sorte que M. Flamstead, ce fameux Astronome, qui ne voulut pas d'abord admettre *l'attraction* des corps célestes, après un calcul éxact, avoua franchement que cette loi a lieu aussi parmi ces corps.

Qu'on juge par ces expériences, s'il n'y a pas une force prodigieuse qui agit sur ces globes qui sont d'une grosseur énorme, qu'on n'a pas accoûtumé de mesurer avec des pieds, des toises, ou des milles, mais avec le diamétre de toute la terre; de sorte que Jupiter lui seul contient 8000 fois la terre: cette force pousse ces corps avec tant de violence sans le secours d'aucun instrument, qu'il n'y a point de boulet de canon qu'on puisse comparer à leur mouvement rapide, en même-tems elle dirige tellement ces mouvemens impétueux, que les corps célestes sont obligez, en dépit des efforts extraordinaires qu'ils font incessamment pour sortir de leurs orbites, d'obéir aux loix de l'attraction dans toute leur course, & de borner leur mouvement dans des limites si étroites; jusques-là même, que les planétes dans leur plus grande proximité entr'elles, s'éloignent continuellement l'une de l'autre selon les mêmes loix, & y obéïssent avec toute l'éxactitude possible.

Enfin qu'on fasse réfléxion qu'il y a une force terrible qui pousse ou attire tous les corps célestes les uns vers les autres; dira-t-on après cela qu'il n'y a rien de sage en tout cela? D'où vient que depuis tant de siécles qu'ils se meuvent selon ces loix, ils ne sont pas tombez, ou qu'ils ne se sont pas brisez en piéces en se choquant l'un contre l'autre? On a d'autant plus de raison d'être surpris que cela ne soit pas arrivé, que les plus fameux Mathématiciens soûtiennent qu'il est impossible que, malgré les mouvemens réguliers qu'on attribuë aux comètes, elles ne se précipitent, & ne viennent heurter la terre; évenement auquel on ne sçauroit penser, sans trembler de peur : mais nous ne dirons plus rien de cette derniere espece de corps célestes, parce que le peu de connoissance que nous en avons, ne fait que nous jetter dans des disputes. Ce qu'il y a de certain, c'est qu'à moins qu'un Incrédule ne nie absolument ses propres principes, & ne convienne qu'il y a un Etre infiniment sage & puissant qui agi-

LIVRE III. CHAPITRE III.

d'une maniere invisible, il doit vivre dans des craintes continuelles, & appréhender que ce malheur n'arrive à la terre qu'il habite. Car les loix, selon lesquelles ces grands corps, sans en excepter aucuns tâchent continuellement d'approcher l'un de l'autre, ne peuvent donc être attribuées à aucune autre cause qu'à la simple volonté d'un Etre suprême ; & c'est une chose qu'il me semble que personne n'a prouvé jusqu'à présent.

Ni le tems ni le lieu ne nous permettent point d'avancer ici les autres preuves que la méchanique ou la science du mouvement nous fournit, pour prouver la Providence Divine ; les corps en se choquant, sans en excepter même les plus petits, observent certaines loix dans tous leurs mouvemens ; des loix qui ne sçauroient venir que d'un Etre intelligent & puissant, étant toutes reglées conformément aux principes de la raison.

De l'action de la pesanteur dans les boulets & les bombes.

La pesanteur seule semble nous en donner des preuves suffisantes dans les choses qu'on observe par tout sur la superficie de la terre.

Et pour plus grande confirmation de cela, qu'y a-t-il dans le monde de plus intraitable, de plus difficile à gouverner que le mouvement des parties de la poudre à canon lorsqu'elle est allumée ? Qui se seroit jamais imaginé que les mouvemens du boulet de canon & celui des bombes, observent toûjours les loix de la pesanteur qui leur sont prescrites, malgré leur force & leur rapidité ? Cela se fait avec tant d'exactitude & de justesse, que ces mouvemens sont devenus l'objet des Mathématiques : & cependant nous voyons qu'ils n'avancent pas d'un seul point sans s'y conformer exactement dans leur cause rapide. Cette expérience peut servir à former des regles fixes pour l'art des Canoniers, & pour celui de jetter les bombes ; par là on peut déterminer avec toute l'exactitude possible la route des boulets & des bombes, dont la force est inexprimable, & si rapide, qu'il n'y a presque rien qui puisse l'arrêter, quand on a étudié les loix auxquelles ces corps lancez par ces machines sont assujettis, on peut les faire tomber ou frapper dans l'endroit que l'on veut, pourvû que ce soit à leur portée.

De l'action de la pesanteur dans la chaîne courbe.

Nous pourrions rapporter ici une infinité de choses par lesquelles on pourroit prouver, que non-seulement les boulets de canon & les bombes, dont nous venons de parler, décrivent une courbe, mais qu'il y a un millier de millions d'autres corps,

& même les plus petits, qui décrivent cette ligne, & en conservent la proprieté dans tous ses points, selon toutes les loix des Mathématiques: il sort, par exemple, plusieurs millions de particules d'eau par le tuïau d'une fontaine, & il n'y en aura pas une seule qui s'écarte de la ligne qu'un Mathématicien montrera qu'elles doivent décrire dans cette occasion. Quel honneur ne s'est pas acquis ce grand Mathématicien, M. de Leibnitz, en faisant voir qu'il étoit parvenu à la connoissance parfaite de la courbe A C B (planche XXIV. fig. 3.) qui est produite par la pesanteur des parties d'une chaîne ou d'une corde attachée à deux cloux A B? Quelle réputation & quelle estime ne s'est pas acquis le fameux Docteur Gregory d'avoir été le premier qui ait découvert quelques nouvelles proprietez dans la même courbe? Combien n'y a-t-il pas eu de Mathématiciens qui ont fait en vain tous leurs efforts pour parvenir à ces découvertes, qui, quoiqu'ils connussent assez les proprietez de la pesanteur, qui en est la seule véritable cause, ont été cependant forcez d'avouer qu'ils ne pouvoient pas décrire parfaitement sur le papier cette courbe ou la ligne que forme cette chaîne? Et n'a-t-on pas lieu d'être surpris de voir que les parties entierement ignorantes qui composent cette petite chaîne, se disposent d'elles-mêmes par leur pesanteur, selon l'ordre requis pour la former? Nous pourrions encore en donner plusieurs autres exemples de la même nature.

On ne sçauroit déduire une premiere cause nécessaire & ignorante d'une suite de causes ignorantes qui agissent ensemble.

On pourra répondre que les loix de la nature, selon lesquelles tout se fait, la disposition des parties de la chaîne, le mouvement de l'eau en sortant de la fontaine dans la ligne qu'elle décrit, la direction des boulets & des bombes, sont toûjours nécessaires, & qu'il seroit impossible que cela arrivât autrement; & c'est-là la raison qui fait, que les Mathématiciens qui raisonnent juste, peuvent tirer des conclusions qui s'accordent avec les prémisses.

Par exemple, on sçait qu'il y a une loi dans la nature; on observe, que lorsque deux forces agissent également sur le corps A (planche XXIV. fig. 4.) & dont l'une agisse selon la direction A K, & l'autre selon A L, & qu'elles meuvent le corps A selon que l'une ou l'autre sera plus ou moins violente, ce corps se mouvra selon les différentes lignes A D, A E ou A G, qu'on trouve & qu'on détermine en tirant la diagonale dans le parallelogramme A B E F, A H G C, dont les côtez sont composez

LIVRE III. CHAPITRE III.

des lignes, selon lesquelles le corps se mouvroit lorsqu'il seroit poussé par chaque force particuliere dans le même tems, comme AB & AF, ou AH & AG; il s'ensuit de là, que s'il y avoit une force, qui, dans une minute ou dans plus ou moins de tems, fist passer le corps A depuis A jusqu'à C, & une autre force qui le fist aller depuis A jusqu'à B; le même corps A mû par ces deux forces seroit également poussé dans une minute, selon la ligne AP, jusqu'à AD, qui est la diagonale du parallelogramme ABCD.

Mais si la premiere force le faisoit passer, non pas depuis A jusqu'à C, mais jusqu'à F dans une minute; & si la seconde force restoit la même, il décriroit la ligne AE dans une minute; cela s'ensuit évidemment de la combinaison des forces qui poussent le corps; on doit dire aussi par la même raison que si la seconde force qui le pousse vers AL étoit plus grande, & si elle pouvoit transporter le corps dans une minute depuis A jusqu'à H, la premiere restant inaltérable selon AC, ces deux forces jointes ensemble feroient aller le corps A dans une minute depuis A jusqu'à G par la ligne AG.

Mrs Newton & Varignon; le premier en peu de mots, dans ses *Principes Philosophiques*, p. 14; & le second, beaucoup plus au long dans sa *nouvelle Méchanique*, ont fait voir que c'est de ces principes que toutes les loix du mouvement & les regles de la méchanique dérivent, & ils en ont donné des exemples dans toutes les forces de la méchanique.

On sçait aussi que la ligne que le boulet de canon décrit dans sa route (planche XXIV. fig. 5.) ADEFG est uniquement déterminée par cette loi de la nature, parce qu'il y a par tout deux forces qui agissent sur lui, savoir, une, qui étant produite par la force de la poudre à canon, pousse continuellement le boulet depuis A vers K, & une autre qui est celle de la pesanteur, & qui le fait descendre continuellement selon les lignes AB, DL, EM, &c. qui font des angles droits avec l'horison.

Mais qu'on remonte aux premieres causes, on observera que la plûpart des phénoménes qu'on connoît jusqu'à présent dans la nature, pour ne pas dire tous, sont produits par des mouvemens; soit que nous leur donnions le nom d'*Impulsion*, ou avec d'autres grands hommes de ce siécle, celui d'*Attraction* ou *de Répulsion*; qu'on recherche les loix des mouvemens produits par l'*Impulsion* ou par l'*Attraction*; on n'a qu'à s'appliquer

Le premier mouvement prouve l'existence d'un Dieu, de même que la continuation & la communication du mouvement.

Y y y

à la recherche de la cause qui a produit la premiere ces mouvemens, & on appercevra d'abord les preuves de l'existence d'un Dieu fondées sur des conclusions Mathématiques, sur-tout si l'on veut se donner la peine de réfléchir sur ce que l'expérience nous a appris, de même qu'aux autres hommes; on observe,

I. Qu'un corps peut être mis en mouvement, & qu'il peut aussi rester en repos, ou cesser de se mouvoir, & que dans l'un & l'autre cas il restera un corps parfait, & conservera son existence.

II. Il s'ensuit de là, que le mouvement n'est point essentiel à l'existence d'un corps.

Là-dessus on peut observer ici, que le fameux M. Newton & le Commentateur de ses preuves & de ses démonstrations, M. Whiston dans ses *Prælect. Phys. Defin.* I. p. 25. ont bien décrit ou défini un corps lorsqu'ils ont dit que le corps est une substance étendue & solide, indifférente au mouvement & au repos, privée en elle-même de toute force, & simplement passive; M. Mariotte nous en donne une preuve par plusieurs expériences, *dans la premiere proposition de son Traité sur la Percussion*, p. 31. faisant voir, que plus un corps est solide, c'est-à-dire, plus il contient de matiere dans le même espace, plus il résiste au mouvement. Je n'ai voulu citer que Mrs Mewton & Whiston, parce que personne ne leur disputera le titre de grands Mathématiciens.

IV. De tout cela il est aisé de conclure, qu'un corps ne sçauroit être la premiere cause de ces mouvemens que nous observons parmi les corps.

Que s'ensuivra-t-il donc, si ce n'est que la premiere cause du mouvement doit être incorporelle, merveilleuse & inconcevable dans ses opérations, parce que n'étant pas elle-même un corps, elle est capable de mouvoir tous les corps?

C'est elle qui est la premiere cause de tout ce qui arrive dans le monde, dans lequel le mouvement est l'auteur de tout; c'est une cause qui agit librement & selon son bon plaisir, sans aucune nécessité; car quoique le mouvement ne puisse se faire sans un corps, il est pourtant certain, qu'un corps peut exister sans le mouvement; c'est-à-dire, que l'existence d'un corps ne suppose pas nécessairement le mouvement. Ainsi lorsqu'il se meut, il faut en attribuer la cause à un Etre qui agit sans aucune nécessité.

LIVRE III. CHAPITRE III.

Pour conſtruire un édifice d'une étendue auſſi vaſte que l'Univers, & mouvoir des corps auſſi prodigieux que les planétes avec une vîteſſe ſi terrible, il faut abſolument que la puiſſance de cette cauſe ſoit infinie; elle doit être auſſi infiniment ſage, puiſqu'elle eſt en état de diriger les mouvemens d'une infinité de corps de toute grandeur ſelon des vûes ſi étendues. J'eſpere que lorſqu'on entendra ce que nous venons de dire, on n'aura pas plus de raiſon de le nier, que de ſoûtenir opiniâtrement, qu'un vaiſſeau peut marcher ſans le gouvernail; qu'une montre peut marquer l'heure ſans aiguille; qu'une cloche peut ſonner ſans battant; & que pluſieurs autres machines ont été faites ſans aucun deſſein. Dans toutes les choſes où nous pouvons découvrir une fin déterminée, il faut avouer, qu'un Etre ſage & intelligent a préſidé à leur formation, puiſqu'un être privé d'intelligence ne ſçauroit ſe propoſer une fin. Enfin cette cauſe doit avoir une bonté infinie, puiſqu'en donnant le mouvement elle donne la vie à tous les animaux, & qu'elle leur procure une infinité d'avantages.

Outre cela, comme on ſuppoſe ici que nous avons à faire, non ſeulement avec un Pyrrhonien, mais avec un Mathématicien Pyrrhonien, & qui par conſéquent pour ſoûtenir les objections précédentes, ſe croit en état de montrer que les loix de la nature ſont abſolument néceſſaires & indépendantes de la Providence Divine, je le prie de vouloir ſe rappeller le premier axiome, ſans lequel tous les raiſonnemens des Mathématiciens ſeroient inutiles, & que M. Whiſton appelle pour cette raiſon le plus fondamental de tous dans ſes *Prælect. Phyſ. Mathem. Axiom.* I. p. 41. Mrs Wallis dans ſa *Méchan. cap.* I. *Prop.* 11. 12. Huygens, Newton, Keil, Mariotte, & beaucoup d'autres l'ont poſé pour le fondement de la méchanique; & ce dernier a tâché de le rendre plus clair par une expérience particuliere. Le voici en peu de mots:

Quand une fois un corps eſt en repos ou en mouvement, il ne ceſſe jamais de reſter en repos, ou de ſe mouvoir en ligne droite avec la même force, ſans qu'elle reçoive aucune augmentation ou aucune diminution, à moins que quelqu'autre force venant à agir ſur lui n'y cauſe du changement.

Tout le monde convient de ceci, lorſqu'il eſt queſtion d'un corps qui eſt en repos; mais les perſonnes qui ne ſont pas bien verſées dans la méchanique en doutent, lorſqu'il s'agit d'un corps en mouvement ; mais comme nous supposons que notre Mathématicien Pyrrhonien entend la méchanique, il faut qu'il soit aussi convaincu de la vérité de cette loi de la nature ; on a fait un grand nombre d'expériences dans les machines pour confirmer la chose, & elles prouvent suffisamment *à posteriori* la certitude de cette loi. Celui qui aura lû, comme nous le supposons, les ouvrages des grands hommes, verra les peines qu'ils ont prises en cherchant la véritable cause de ce phénoméne merveilleux ; ainsi il n'est pas nécessaire d'en parler ici. Il y en a même quelques uns qui ont assûré en termes exprès, qu'il n'y a que Dieu qui en soit la cause. *Voyez Keill. Introduct* p. 118.

On est convenu, & l'expérience le prouve, que c'est selon cette loi, *Que les mouvemens, toutes leurs différences & les changemens qui surviennent dans tous les corps sont plus ou moins grands à proportion que les forces qui les impriment aux corps, sont plus ou moins grandes.* Selon ce raisonnement, qu'on trouve dans la plûpart des Sçavans, il est certain que tous les effets sont proportionnels à leurs causes. Voiez *VVallis Méchan. Prop. 7.* de sorte que si une certaine force produit un certain mouvement, la même force étant doublée produira le double de mouvement, une force triplée trois fois plus de mouvement, ainsi de suite.

Qu'on suppose, que si un homme dans le commencement du monde, ou depuis quatre ou cinq cens ans, avoit mis sur une table, une petite boule à laquelle il auroit donné une chiquenaude, la boule selon la loi de la nature que nous venons de rapporter, pourvû que quelqu'autre force ne se fût pas opposée à son mouvement, auroit continué son mouvement jusqu'à présent en ligne droite avec la même vîtesse, & elle auroit continué sans cesse à parcourir un espace selon la même ligne, que personne ne sçauroit déterminer.

On voit qu'il n'y a rien qui ne soit vrai dans cette opinion ; c'est une loi, comme nous venons de le faire voir, qui a réellement lieu dans les corps qui se meuvent ; il y a plusieurs expériences qui la confirment, & c'est sur cette loi que presque toute la science de la méchanique & du choc, sur-tout celle des proprietez du mouvement acceleré & retardé, est fondée ; on en peut trouver des exemples dans les démonstrations des deux premieres propositions de la méchanique de M. Wallis.

N'est-ce pas la Puissance Divine qui préside à tout cela ? N'est-

LIVRE III. CHAPITRE III. 541

ce pas cette Puissance qui donne aux corps des loix si constantes? L'impression d'un corps pourroit-elle se transmettre d'elle-même à un autre, & la transporter à travers des espaces immenses, sans rien perdre de sa force? Qu'on fasse réflexion qu'un corps ne sçauroit être si petit, ou se mouvoir avec si peu de force, qu'en heurtant contre un autre qui soit en repos, & qui ne trouve aucun obstacle, quelque grand que ce dernier soit, il ne le mette en mouvement & ne le fasse mouvoir en avant en ligne droite, & tous les deux continueront de se mouvoir avec le même degré de vîtesse, quoique cette vîtesse soit plus petite que celle du premier corps lorsqu'il étoit seul. Voiez d'ailleurs sur cette matiere la Méchanique de Wallis, *chap. xi. Schol. Sect. 1.*

Il s'ensuit de-là, que lorsqu'un petit corps, qui ne sera si grand qu'une petite boule de la grosseur, par exemple, d'un grain de sable très-petit, après avoir reçû une chiquenaude; va heurter contre un corps, que nous supposerons aussi gros que tout le globe de la terre, ou si vous voulez mille fois plus grand, pourvû que ni l'un ni l'autre n'ait pas de ressort; il s'ensuit, dis-je, que ce grand corps sera entraîné avec le grain de sable en ligne droite; & à moins que quelque force ou quelque obstacle n'intervienne & n'arrête ce mouvement, la force d'une seule chiquenaude suffira pour faire mouvoir continuellement en ligne droite ce grand corps & le petit grain de sable tout ensemble; & si dans leurs routes ils rencontroient cent mille autres corps, chacun un million de fois plus grand que la terre, ils les entraîneroient tous avec cette petite force, sans qu'il y en eût jamais aucun en état de prendre une autre direction.

Que ceci soit vrai, quelque merveilleux qu'il paroisse, c'est une chose que les Mathématiciens ne sçauroient nier. Misérables Pyrrhoniens, qui esperez en déduisant nécessairement les loix de la nature l'une de l'autre, d'éluder les preuves de la Providence divine! Misérables Pyrrhoniens, montrez-nous par vos principes, si vous pouvez en aucune maniere comprendre, non pas qu'une pareille chose arrive continuellement (car les Mathématiques leur montreront ceci) mais comment, & de quelle maniere agit la force de ce petit grain de sable? De sorte que pour peu qu'il pousse ces corps prodigieux, il les met non seulement en mouvement, mais il les y conserve sans jamais cesser: il y a long-tems qu'on demande en Physique, *Comment le mou-*

vement d'un corps se communique & passe dans un autre ? Question à laquelle, autant que je puisse le sçavoir, on n'a jamais bien répondu.

    Les Incrédules n'ont d'autres réponses à faire, si ce n'est que la communication & la continuation du mouvement sont à la vérité des choses qui arrivent toûjours, & dans les mêmes occasions ; mais que l'essence interne du mouvement ne leur est pas assez bien connue, pour pouvoir dire de quelle maniere il passe d'un corps à l'autre ; & que, quoiqu'il y ait long-tems que la cause visible du mouvement, je veux dire, la chiquenaude qui produit dans cette occasion le mouvement du grain de sable, ait cessé d'éxister ; l'effet ou le mouvement pourtant peut durer & conserver toute sa force au-delà de tout ce qu'on peut déterminer. Par exemple, lorsqu'on entend les Mathématiques, l'on sçait fort bien que selon cette loi, un boulet de canon de 36 livres poussé hors d'un canon par la force du feu de la poudre à canon continueroit de se mouvoir éternellement avec la même force & la même vîtesse, à moins que quelqu'autre force ne l'en empêchât, quoiqu'il y eût déja long-tems que la flamme de la poudre à canon fût éteinte. Mais ces Incrédules ne seroient-ils pas contraints par leur réponse de reconnoître, qu'ici, de même que dans le mouvement des corps, il y a une force incompréhensible qui agit dans la communication & la continuation du mouvement ?

Les raisons que quelques-uns alleguent pour expliquer la continuation du mouvement des corps, paroissent trop foibles.

    Je sçais fort bien que quelques grands Mathématiciens, qui avoüent même qu'ils ne sçauroient trouver la cause de ce dernier phénoméne de la Puissance divine, qui maintient l'éxistence de toutes choses, & par conséquent le mouvement d'un boulet ; je sçais, dis-je, que quelques Mathématiciens, pour éclaircir la matiere, assurent qu'un boulet étant une fois mis en mouvement, devra toûjours se mouvoir, de même qu'un quarré & un globe qui retiendront toûjours la même figure. Mais j'espere que ces Messieurs voudront bien m'excuser, si, malgré toute l'estime que je fais de leur sçavoir, j'ajoûte ici que cette comparaison, quoiqu'ils ne la mettent en usage que dans un bon dessein, je veux dire, dans le dessein de reconnoître Dieu pour cause de cet effet, est trop foible, & qu'elle ne convient pas assez. 1°. Quoiqu'un corps quarré dont on auroit fait un globe, conserve toûjours la forme d'un globe, l'action cependant de la force qui l'a changé en globe, cesse entierement ; au lieu que lorsqu'un corps qui étoit

LIVRE III. CHAPITRE III.

en repos, est mis en mouvement, l'action de la force mouvante subsiste en entier. 2°. Un corps ne sçauroit se mouvoir de lui-même, il semble que toute sorte de mouvement a besoin d'une force qui le produise continuellement. Nous voyons qu'il y a des corps dont la violence & la force du mouvement sont terribles ; cela se trouve, par exemple, dans le boulet de canon, cependant ces corps, lorsqu'ils étoient en repos, n'avoient pas la moindre force : ainsi, selon les apparences, il faudroit nécessairement qu'un corps qui auroit continué de se mouvoir durant mille ans, ne conservât pas son mouvement pendant mille ans après, sans une force qui agisse sur lui, & qui produisît de nouveau son mouvement ; au lieu que pour retenir la figure circulaire, il semble qu'il ne faut pas autre chose, si ce n'est que le corps reçoive premierement cette figure.

Il n'y a point d'expérience ou de regle dans la Méchanique qui soit contraire à ceci ; elles montrent évidemment que lorsqu'un corps qui va au-devant d'un autre, & qui heurte ce dernier qui est en repos, ils continueront tous les deux de se mouvoir avec la même vîtesse en ligne droite, jusqu'à ce qu'une autre force les fasse changer de route : mais on soûtient qu'on n'a pas démontré, qu'avec la continuation du mouvement la force qui a poussé le corps, ne continuë pas d'agir constamment.

Or, quoiqu'il en soit, il est certain, 1° que la communication & la continuation du mouvement, sont absolument quelque chose d'obscure & d'inconcevable, quant à la maniere dont elles se font. 2°. Qu'elles servent de fondement à tout ce qu'on nous enseigne dans la Méchanique, & à tout ce qui arrive dans le monde ; en sorte qu'on a de la peine à trouver quelque chose de clair dans la Méchanique ou la Physique, quand on n'en a pas bien éxaminé les loix.

Qu'un Incrédule consulte les lumieres de la raison, elle lui dira qu'il doit reconnoître : *Dieu agit d'une maniere raisonnable, incompréhensible, & selon son bon plaisir.*

I. Qu'il y a une Puissance qui agit dans la nature d'une maniere qu'il ne sçauroit comprendre, quoique ses effets soient connus de tout le monde.

II. Que les corps quoiqu'insensibles, agissent dans les cas que nous venons de supposer, d'une maniere tout-à-fait conforme aux regles les plus éxactes, & les plus cachées des Mathématiques.

III. Qu'il y a une Puissance dans cet univers, qui agit d'une maniere non seulement incompréhensible, mais même raisonnable; je veux dire, selon les loix conformes à la véritable raison : qu'en un mot, dans toutes ces choses l'on découvre un Dieu, qui afin de se manifester, je ne veux pas dire à ceux qui le cherchent dans ses ouvrages, mais à ceux qui le nient, a imprimé des marques évidentes de son incompréhensibilité, & de sa grandeur par conséquent; sur l'origine des corps, & sur les loix même de la nature; par-là l'Etre suprême a voulu fournir à ceux qui s'appliquent à la recherche de la nature, quelque éxactitude & quelque pénétration qu'ils puissent avoir dans beaucoup de choses, & de crainte qu'ils n'éxaminent pas ce point avec assez de soin, il a voulu, dis-je, leur fournir des armes contre une tentation qui a éloigné & écarté tant de personnes de la vraie connoissance de la Sagesse : les Incrédules ont observé la nécessité des conséquences Mathématiques, & que les choses naturelles suivent toûjours en tout les regles de cette science; mais elles ont commencé à s'imaginer que tout se fait par une pure fatalité. Si ces personnes avoient d'abord réfléchi sérieusement sur les premieres loix de la nature, elles auroient été convaincuës du contraire. Qu'elles nous disent, malgré toute leur connoissance des Mathématiques, de quel principe on peut conclure, qu'il devoit y avoir quelque mouvement dans l'Univers; & pourquoi n'auroit-il pas resté sans aucune action & sans aucun changement, dans un repos éternel? D'ailleurs, où est la nécessité que le mouvement ne soit pas d'une violence terrible, & sans aucune regle? D'où vient qu'il n'a pas détruit & abîmé toutes choses?

Y a-t-il aucune loi nécessaire d'où l'on puisse déduire ces principes, je veux dire des loix qui ne pourroient être autrement, & qu'on ne sçauroit concevoir d'une autre maniere? Et cependant c'est cette seule disposition du mouvement qui est le premier principe de tout ce qu'il y a d'agréable, de nécessaire, & de merveilleux dans le monde.

Autres raisons contre la nécessité des loix naturelles. On pourroit alleguer beaucoup de choses pour prouver ceci, par exemple, que tous les corps qui se heurtent l'un l'autre, quoiqu'ils soient durs ou mous, pourvû qu'ils n'aient pas de ressort, perdent ou totalement ou en partie leur mouvement, & que ceux qui rencontrent un obstacle immobile, comme une muraille ou quelqu'autre chose de semblable, restent dans un repos parfait;

LIVRE III. CHAPITRE III.

fait, fans agir du tout; ces loix font connuës de tous les Mathématiciens, & on peut les trouver dans la premiere propofition du choc des corps, dans Wallis & Mariotte, page 88. Où eft cette loi néceffaire qui a empêché le mouvement, tandis qu'à chaque inftant il y a tant de millions de corps dans l'univers qui fe choquent, fans ceffer de fe mouvoir ni totalement, ni en partie, depuis tant de fiécles? Si on s'avifoit de dire que le mouvement continuë & fubfifte, parce que la plûpart des corps & même les plus durs ont du reffort, lequel communique un nouveau mouvement aux autres corps qui vont heurter contre eux; auroit-on par là répondu aux difficultez? Il refteroit toûjours encore une chofe à demander : Que le plus habile Mathématicien nous faffe voir par quelle néceffité les corps doivent avoir du reffort? Il y en a même beaucoup qui n'en ont point; ainfi cette proprieté n'eft point attachée à la nature des corps. Si on fuppofe que ceci fe fait par le moien de la *matiere fubtile*, (nous n'éxaminerons pas à préfent fi cette matiere peut produire cet effet) que pourroit-on conclure, quand même nous accorderions cela? Il eft évident que fi l'élafticité eft une proprieté néceffaire, la caufe à laquelle on l'attribuë doit auffi être néceffaire.

Il n'eft pas à propos de faire voir que les plus grands Philofophes ne fçauroient déduire ce mouvement de cette matiere fubtile, comme néceffairement attaché à la nature des corps, lefquels ne fçauroient abfolument agir; ou d'aucune autre chofe que ce foit.

D'ailleurs, nous voions qu'un corps étant pouffé contre quelque obftacle qu'il ne fçauroit lever par fa propre force, perd d'abord fon action avec fon mouvement; quelle néceffité y auroit-il donc que cela arrivât autrement feulement dans la pefanteur? lorfqu'un corps en defcendant par la feule force de fa pefanteur fur un autre corps immobile, heurte contre lui, il ceffe à la vérité de fe mouvoir, mais il ne perd rien de fa force; il continuë fouvent de preffer avec d'autant plus de violence, felon la même ligne droite, que nous voions fouvent des boulevarts, des murailles, &c. qui fe renverfent par ce moien-là : & quoiqu'on pût alleguer autant de caufes pour expliquer ce phénoméne, qu'il y a d'hypotèfes particulieres, qui pourra prouver que ces caufes réfultent néceffairement de la nature des corps?

L'EXISTENCE DE DIEU.

Il est donc sûr que, si nous pouvions remonter d'une cause à l'autre, nous trouverions indubitablement que la premiere cause, qui est le ressort de toutes les autres, agit sans aucune nécessité, soit par rapport aux choses mêmes, soit par rapport à sa maniere d'agir.

C'est pour cette raison-là qu'il suffit de joindre ensemble la Sagesse qui paroît dans ces effets, & la Puissance de la cause qui les produit ; & nous n'avons pas besoin de chercher d'autres preuves de l'éxistence d'un Dieu ; d'un Dieu, qui, afin qu'un chacun fût convaincu que la véritable regle, selon laquelle toutes les choses arrivent dans la nature, ne se trouve que dans ses perfections infinies, en a attaché des preuves incontestables aux premiers principes de toutes choses, & les conserve encore.

Preuves de l'éxistence d'un Dieu tirées du mouvement des particules de la lumiere.

Cette digression étoit en quelque façon nécessaire, pour faire voir à quelques Mathématiciens non-seulement qu'ils sont dans l'erreur, mais qu'ils n'éxaminent pas assez bien la premiere cause de toutes choses ; revenons à notre sujet, & passons à d'autres matieres, & nous allons proposer une preuve qui paroîtra incontestable à toute personne raisonnable, elle démontre l'éxistence d'un Dieu qui dirige toutes choses même jusqu'aux atômes les plus petits, comme nous l'allons faire voir par leur mouvement.

Combien de millions de millions de particules de lumiere ne sort-il pas dans un instant de la flamme d'une chandelle ? Combien de fois leur vîtesse surpasse-t-elle la rapidité d'un boulet de canon ? On peut consulter là dessus les chap. 1. & 2. Et pour voir avec quelle éxactitude elles suivent les regles qui leur sont prescrites, supposons la flamme d'une chandelle dans AB (planche XXIV. fig. 6.) d'une main il faut tenir un verre de lunette ordinaire dans GL, à une bonne distance de la chandelle, & de l'autre main il faut tenir un papier blanc dans fh, précisément derriere le verre ; en le reculant en arriere jusqu'à ed, vous trouverez un endroit comme ab, où vous verrez que la lumiere qui d'abord ne paroissoit que confusément dans fh, représentera d'une maniere parfaite & distincte la flamme de la chandelle renversée.

Or nous sçavons que cette image renversée ne paroît dans ab que parce que les raions qui viennent du point A, & qui forment le cone AGL, après avoir passé à travers le verre GL, se ramassent tous au point a, & ceux du point B au point b, ceux de C dans c, ainsi de tous ceux qui viennent de tous les points

LIVRE III. CHAPITRE III.

de la flamme, & qui se ramassent dans autant de points sur le papier dans a b, & se croisent là l'un l'autre. D'où vient que dans f h & d e, les images sont entierement confuses ? c'est parce que les raions qui viennent d'un point de la chandelle A, tombent sur cet endroit, remplissent un grand espace, & se mêlent l'un avec l'autre, comme nous avons déja fait voir.

Après qu'on aura bien entendu ce que je viens de dire, qu'on jette la vûë sur cette figure, & qu'on observe le nombre prodigieux de particules de lumiere qui se mêlent l'une avec l'autre, précisément devant le verre; en sorte que tous les cônes des raions GAL, GBL, GCL, &c. qui ont leurs pointes chacun dans un point de la flamme, comme dans A, B, C, &c. (on n'en représente ici que trois, quoiqu'il y en ait un nombre innombrable) & qui composent une masse confuse d'un nombre inconcevable de particules de lumiere, dans m n, avant qu'elles soient arrivées sur le verre; particules qui se meuvent d'une infinité de manieres obliquement & transversalement les unes parmi les autres, en avançant vers le verre. Il faut qu'on fasse encore attention au nombre prodigieux de chocs qui arrivent dans cet endroit entre les particules de lumiere qui se meuvent avec une vîtesse si surprenante, & sur le nombre prodigieux de ces particules qui doivent s'écarter de leur route par des chocs. En un mot, que le plus habile Pyrrhonien nous dise s'il ne lui semble pas que de ce mouvement des particules de lumiere, on ne sçauroit attendre que la derniere confusion.

Si on tâchoit de faire concevoir tout ceci à un Incrédule qui n'auroit jamais vû cette expérience; si quelqu'un lui disoit que tous les raions qui viennent des points de la flamme A, B, C, &c. quoiqu'ils soient ensemble entre m n & GL, après avoir passé à travers le verre GL, se mêleroit de nouveau à l'autre côté du verre entre GL & f h; si on lui disoit que nonobstant tout cela, ils se ramasseroient après cela distinctement, précisément dans tout autant de points a, b, c, &c. avec tant d'éxactitude, qu'ils représenteroient la figure de la flamme A B, dans a b mieux que ne feroit le plus habile Peintre du monde, excepté qu'elle est renversée; si on lui disoit tout cela, ne le regarderoit-il pas comme la chose la plus impossible? Mais si on lui faisoit voir par l'expérience que cela est vrai, & que tous ces millions de particules de lumiere qui se meuvent avec tant de vîtesse, se soûmettent, sans délai & d'une maniere si étonnante, à cette loi, toutes les fois qu'on tient un verre entre la chandelle A B & le papier a b quoiqu'elles ignorent entierement cette loi, & qu'elles ignorent même leurs mouvemens & leurs chocs; que dira-t il alors ? Qu'il nous dise après une réfléxion férieuse, si avec les misérables principes qui servent de fondement à son incrédulité, il peut prouver clairement que ceci arrive sans la direction d'une Puissance qui est présente par tout, qui étend ses soins sur toutes choses, même jusqu'aux particules de matiere les plus petites.

Incrédules, direz-vous encore que vous ne sçauriez découvrir ici un Dieu, qui, afin que ceux qui le méprisent, quoiqu'ils connoissent ses ouvrages, soient inexcusables, a voulu qu'ils ne pussent jamais ouvrir les yeux sans trouver une preuve irréfragable du Dieu des merveilles; de ce Dieu qui dirige & regle si bien le nombre prodigieux des raions de lumiere qui viennent de tous côtez, qui se mêlent l'un avec l'autre, & qui ne paroissent capables que de produire une confusion entiere devant la prunelle de l'œil, semblable à celle qu'on voioit devant le verre ci-dessus, qui les regle, dis-je, si bien, qu'ils servent à rendre distincte la vûë de tous les animaux.

L'éxistence de Dieu prouvée par les loix du Méchanisme en general.

D'ailleurs, il n'y a personne de ceux qui entendent la Méchanique ou la science du mouvement, qui ne sçache que la plus grande partie de cette science n'est fondée que sur des conséquences qu'on tire de quelques loix naturelles; & que les corps qui ignorent entierement ce qu'ils font, les observent dans toutes les circonstances avec la derniere éxactitude, jusques-là même, qu'avant de s'en écarter, ils font des choses qui paroissent incroiables à beaucoup de gens qui ne les ont pas vûës, & merveilleuses à ceux qui les ont vûës. On en peut trouver un grand nombre dans les livres qui portent le titre *de Livres de Magie naturelle, & de Récréations Mathématiques* : mais comme nous n'écrivons pas ici uniquement pour les Mathématiciens, nous n'en dirons rien en particulier, nous nous contenterons de demander à ceux qui doutent encore; si en lisant un livre composé par quelque sçavant Auteur, & qui contiendroit les principes de la Mathématique, par éxemple, celui de Stevin, de Wallis, de la Hire, &c. qui ont fait des Traitez particuliers sur ce sujet, ils ne diroient pas avec toute la confiance possible, qu'il faut que celui qui l'a écrit, fût un homme sage & sçavant, & qu'il entendît toutes ces loix naturelles & leurs conséquences;

LIVRE III. CHAPITRE III.

cependant dans ce livre il n'y a que du papier, de l'encre, & d'autres materiaux qui n'ont ni sentiment ni connoissance.

Outre les loix, selon lesquelles l'Etre qui dirige toutes choses, regle le mouvement des corps solides, il y en a encore d'autres qui ont lieu dans les fluides; & si elles n'en différent pas de beaucoup, même quant à leurs premiers fondemens, elles sont au moins accompagnées de phénoménes très-différens.

De quelques loix de l'Hydrostatique.

Nous sçavons, 1°. Que la plus grande partie de l'univers est composée de matiere fluide, comme d'eau, d'air, de lumiere, &c. 2°. Que toutes ces matieres fluides sont pesantes, & qu'elles produisent par conséquent beaucoup de choses selon les loix de la pesanteur. 3°. Que ces matieres fluides sont les principaux instrumens, dont le Directeur de toutes choses se sert principalement. 4°. On voit dans les effets que les matieres fluides produisent des marques éclatantes de la sagesse, de la puissance, & de la liberté du Créateur de cet univers.

Nous avons inseré ici en peu de mots une démonstration expérimentale de quelques-unes des loix de l'Hydrostatique, afin que, lorsque nous viendrons à parler *de la loi de la pression des fluides selon leur profondeur*, d'où l'on déduit tant de merveilles, qui sont des preuves de l'Etre suprême qui regle la nature, on soit entierement convaincu de la vérité des démonstrations qu'on pourra passer, lorsqu'on croira n'avoir pas besoin de les lire.

CHAPITRE IV.

De la pression des Fluides, selon leur profondeur.

I. Par les termes de *liquide* & de *fluide*, nous entendons ici la même chose, quoiqu'il y ait des Physiciens qui ne conviennent pas que toutes les matieres fluides soient, à proprement parler, des liquides. Selon eux, l'air est à la vérité une matiere fluide, mais non pas liquide, comme l'eau, l'huile, & semblables; mais, pour abreger, nous n'en ferons aucune différence.

Les termes generaux de l'Hydrostatique, & les suppositions qu'on y fait.

II. Toutes les particules d'un fluide, lorsqu'il est en repos dans un vase immobile, cedent à la moindre force qui agit sur elles; & en cedant ainsi, elles se séparent facilement; mais, immédiatement après, elles se réunissent par leur pesanteur. La preuve de cela est connuë de tout le monde, & il est aisé d'en faire l'expérience.

III. La superficie de tous les fluides, lorsqu'on y met ou un autre fluide, ou quelqu'autre chose de pesant, ou lorsqu'une autre force agit sur ladite superficie, deviendra par l'action de la pesanteur horizontale, & elle se mettra à niveau, je veux dire, parallele à l'horizon.

Cette disposition de la superficie des fluides, par rapport à l'horizon, peut encore nous servir à nous faire entendre plus aisément quelques-uns des termes & des expressions suivantes; mais pour consulter l'expérience, nous n'avons qu'à verser premierement de l'eau dans un grand verre, & ensuite de l'huile de thérébentine; de cette maniere-là on verra la superficie de l'huile & la séparation de ces deux liqueurs: nous ferons voir le plan horizontal dont nous venons de parler, & la même se trouvera dans presque toutes les autres liqueurs qui ne se mêlent point.

Nous n'éxaminerons pas ici si la superficie d'une liqueur qui est en repos, ne fait pas aussi une partie de la superficie convexe de la terre; mais on ne risque rien de supposer, qu'elle ne differe pas visiblement d'un plan horizontal, dans un espace aussi petit que celui dont il est question ici.

IV. J'ajoûte outre cela, que nous ne prétendons pas ici avec quelques Mathématiciens démontrer toutes choses par des principes méchaniques; notre dessein n'est que de faire voir par des expériences l'action de la pression ou de la force de la pesanteur des fluides, en tant qu'ils suivent les loix de la pression selon leur profondeur, afin de rendre ces matieres claires & intelligibles pour tout le monde, même pour ceux qui ne sont pas versez dans les Mathématiques.

L'ordre des expériences qu'il faut faire pour servir de fondement aux loix de l'Hydrostatique.

Après avoir établi ce qui précede, nous allons passer à la loi de la pression des fluides selon leur profondeur; & pour nous faire mieux entendre, & donner même au plus ignorant, une véritable idée de ce que nous nous proposons, nous ne sçaurions peut-être mieux faire que d'exposer aux yeux du Lecteur quelques expériences aisées & de peu de dépense. J'en ai quelques-unes parmi mes remarques depuis environ 16 ou 17 ans, je vais les rapporter ici telles qu'elles sont, & dans le même ordre. Je fis la premiere de ces expériences avec une seule liqueur, non pas tant parce que les Philosophes qui traitent de l'Hydro-

LIVRE III. CHAPITRE IV. 551

ſtatique, ont accoûtumé de s'en ſervir, & que l'eau qui eſt le fluide dont on ſe ſert communément dans ces occaſions, ne ſoûtient d'autre fluide que l'air qui preſſe ſa ſuperficie ; mais c'eſt uniquement à cauſe que ces démonſtrations ſeront plus ſimples, & par conſéquent plus claires pour les commençans : d'ailleurs comme l'air peſe avec une force égale ſur des parties égales de la ſuperficie de l'eau, on peut ſe ſervir beaucoup plus commodément de cette liqueur, & y faire plus facilement ſes obſervations, que s'il y avoit quelque matiere fluide ſur ſa ſuperficie.

Les expériences de la ſeconde ſorte différent des premieres, en ce qu'elles nous repréſentent l'action de pluſieurs fluides placez l'un ſur l'autre.

Mais avant d'entrer dans le détail de ces expériences, nous allons faire précéder ce qu'on a premierement obſervé entr'autres choſes dans les tuiaux courbes de même calibre. *Des fluides dans un tube courbe d'une égale groſſeur.*

On a donc obſervé, qu'afin qu'une matiere fluide dans le tube courbe A I D, (planche xxv. fig. 1.) s'arrête à la hauteur A B dans la branche A I, & qu'on empêche que ſa peſanteur ne la faſſe deſcendre, il faut remplir l'autre côté I D, avec la même liqueur, juſqu'à la même hauteur ; ceci eſt aſſez clair en ſoi-même, & il eſt aiſé d'en faire l'expérience.

Voici la premiere expérience que je fis ſur l'action de la peſanteur de l'eau. *Une expérience pour faire voir la grande force de l'action de la peſanteur de l'eau.*

I. Je mis dans un grand vaiſſeau de verre A B C D (planche xxv. fig. 2.) le tuiau courbe Y X Q, & le tuiau droit Z t, & j'eus ſoin de les attacher à un morceau de bois placé en travers ou horizontalement ſur le bord du verre ; par-là ils formoient des angles droits avec la ſuperficie de la liqueur ; & leurs orifices inférieurs P Q & r t qui étoient de la même groſſeur, étoient à une égale profondeur ; je veux dire, qu'ils étoient ſur le même plan horizontal L M.

Si on verſe de l'eau dans le vaiſſeau juſqu'à la hauteur a b, on la verra monter dans les deux tubes juſqu'à d e & n m ; & autant que nous pûmes nous en appercevoir, elle monta auſſi haut que dans ce vaiſſeau dans les tubes que nous choiſîmes un peu gros à ce deſſein.

II. Or comme l'eau ne pouvoit pas monter d'elle-même à la hauteur de d e, dans le tube courbe Y X Q, ni reſter ſuſpenduë dans cet endroit, à moins que quelque force ne la preſſât en-bas dans P Q; parce qu'en bouchant le tube avec le doigt dans Y, & en le retirant de l'eau du vaisseau avec le morceau de bois EF, nous voyons lorsqu'on retiroit le doigt de l'endroit Y, que l'eau, au lieu de rester dans d e, descendoit jusqu'à u w, chaffant celle qu'elle rencontroit dans l'orifice PQ.

III. Ainsi cela fait voir d'une maniere évidente, que dans le tems que le tube étoit dans l'eau, la force de la pesanteur agissoit sur la partie P Q du plan horizontal L M.

IV. Examinons à présent les proprietez de cette force perpendiculaire, je veux dire, de la pesanteur.

J'obferverai, 1°. Que la force qui pressoit la partie P Q du plan horizontal L M, ne se regloit en aucune maniere selon la surface ou la largeur de l'eau a b, ni selon la quantité de toute la masse de l'eau a b L M, qui se trouvoit sur le plan horizontal L M, dont P Q faisoit une partie. Nous nous assurâmes de ceci, en mettant le tube y X Q dans d e, dans un vase beaucoup plus grand, par éxemple, dans une cuve; alors nous observâmes que, quoique le vaisseau fût beaucoup plus large, la pression sur la partie P Q n'en étoit pas pour cela plus grande, lorsque la profondeur de l'eau qui pressoit sur la partie P Q étoit la même, car l'eau ne montoit que jusqu'à d e.

V. J'obferverai, 2°. Que la force de la pesanteur sur P Q se regloit avec toute l'éxactitude possible selon la profondeur de l'eau a L, qui étoit la colonne d'eau qui pressoit P Q & L M.

Car en versant doucement de l'eau dans le vase, jusqu'à ce qu'elle parvînt dans A B, nous observâmes que l'eau qui étoit dans le tube, montoit auffi depuis d e jusqu'à R S.

Mais au contraire, lorsqu'on diminuoit l'eau du vase, & qu'il n'y en avoit que jusqu'à l'endroit a b ou même plus bas, l'eau qui étoit dans le tube baissoit en même-tems jusqu'à d e, ou encore plus bas, mais de maniere pourtant qu'elle conservoit toûjours la même hauteur que l'extérieure ou celle du vase.

VI. Nous avons fait voir ci-devant que, si le tuiau courbe y X Q s'étendoit depuis P Q jusqu'à N O, ou plus haut, & si ensuite on le remplissoit jusqu'à la hauteur g h ou a b du vaisseau, la preffion de cette colonne d'eau P Q h g seroit assez grande pour soûtenir l'eau dans la seconde branche du tube jusqu'à d e.

VII D'où nous pouvons par conséquent conclure que toute la masse de l'eau dans le grand vaisseau a L M b, pese autant, ni plus ni moins sur PQ, que cette même colomne d'eau PQhg.

VIII. Or comme la colomne PQhg est égale à une colomne, dont la base étoit la partie PQ du plan horizontal LM, & dont la longeur est la hauteur perpendiculaire Pg ou Qh, ou autrement La ou Mb, ou l'eau qui est depuis ab jusqu'au plan horizontal LM : on peut inférer de-là une proposition fameuse dans l'Hydrostatique ; c'est que si nous supposons un plan horizontal qui passe à travers un fluide qui est en repos, la force de la pesanteur du fluide qui presse sur une de ses parties, par exemple, sur PQ, est égale au poids de la colomne PQgh, qui a pour base l'aire de PQ, qui est une partie du plan horizontal LM, & pour hauteur aL ou Mb, où toute la profondeur du fluide qui presse sur le plan horizontal, à prendre depuis le plan jusqu'à la superficie du fluide directement.

IX. Comme cette colomne, 1°. s'étend depuis le plan horizontal supposé, jusqu'à la superficie du fluide ; & s'il y avoit encore d'autres fluides sur celui-ci, jusqu'à la superficie du plus élevé de tout. 2°. Comme elle contient toutes les hauteurs perpendiculaires de tous les fluides placez l'un sur l'autre, nous l'appellerons dans la suite pour abréger, la colomne perpendiculaire ou la profondeur de la liqueur.

X. Pour faire voir que la force de la pression est la même sur toutes les parties du plan horizontal LM égales à PQ, que celle qui presse la partie PQ, & que dans chaque partie elle est égale au poids de cette colomne, nous ôtâmes le petit morceau de bois ET avec le tuïau courbe YXQ qui y étoit attaché, & nous le plaçâmes dans un autre endroit du vaisseau ; en sorte que l'orifice PQ occupoit une nouvelle place dans le plan horizontal, mais nous observâmes toûjours que l'eau s'arrêtoit dans d, e, ou à la même hauteur : il s'ensuit de-là, que chaque partie égale à l'aire PQ du plan horizontal LM, est toûjours pressée avec la même force, laquelle est égale à celle de la colomne perpendiculaire, ou de la profondeur du fluide.

XI. Pour faire voir encore que la différente figure des vaisseaux n'altéroit rien, ou qu'il n'est pas nécessaire que la colomne PQhg soit toûjours directement perpendiculaire à la Partie PQ qu'elle presse, nous mîmes un morceau de bois IK, GH, large & plat par en-bas, ou un verre à bierre, ou une phiole le fond en bas, à une certaine hauteur comme dans G H, sous la superficie de l'eau a b, & nous le tinmes là immobile. Après quoi nous tournâmes le tube Y X Q, & nous plaçâmes son orifice P Q dans p q, directement au-dessous du fond du morceau de bois, & nous observâmes que, quoique la colomne perpendiculaire qui pesoit sur p q, ne s'étendit pas plus haut que G H, l'eau cependant restoit dans le tube à l'endroit d e, &, par conséquent à la même hauteur, comme si toute la colomne perpendiculaire P Q h g, fût appuiée sur l'endroit P Q.

XII. Il s'ensuit de-là, que la partie P Q, p q, &c. du plan horisontal L M, n'étoit pas toûjours pressée par une colomne perpendiculaire égale à la profondeur de l'eau, mais qu'elle l'étoit par un poids égal à cette colomne ; & qu'ainsi cette loi a lieu dans tous les vaisseaux de quelque figure qu'ils soient. Quoique nous n'en donnions ici qu'un exemple, & qu'on pût proposer une infinité de vaisseaux pour faire la même épreuve ; cet exemple pourtant confirme assez notre proposition ; tous ceux qui sont versez dans l'Hydrostatique en conviennent, & on a fait voir plusieurs fois l'expérience dans toute sorte de vaisseaux.

XIII. Il faut pourtant que je tâche d'éloigner une difficulté qui rendroit peut-être obscur pour certaines personnes, ce que nous venons de dire, & ensuite nous passerons à quelqu'autre chose.

La voici : Si après avoir rempli d'eau un verre k l, 7, 8, on le renverse tout-à-coup, en sorte que l'ouverture 7, 8, se trouve sous la superficie a b ; & si on continue de tenir le verre dans la même situation, on observera :

1°. Que l'eau descendra, ou dans K L ou dans c f, selon qu'il y en avoit plus ou moins dans le verre ; mais elle ne descend en aucune maniere jusqu'à 9 ou 10, où l'eau est extérieure a b.

2°. Que si on fait avancer le tuïau courbe Y X Q, dans lequel l'eau est à la hauteur d e, en faisant aussi avancer le morceau de bois E F ; en sorte que le tuïau Y X Q soit porté dans 2 3, & son orifice P Q dans 5 6 directement au-dessous du verre k l 7 8, sans quitter le plan horizontal L M, nous trouverons que l'eau restera immobile dans le tube à l'endroit 2 3, à la même hauteur que d e, & de même que l'eau extérieure dans a b.

Il est certain, que les parties P Q & 5 6 du plan horizontal L M sont pressées par une colomne, dont la hauteur est égale à la profondeur de l'eau, & que sur P Q il n'y a d'autre poids

LIVRE III. CHAPITRE IV. 537

que celui de la colomne P Q g h ; il sembleroit par là que la colomne b b , f e , qui pese sur 5 6 étant plus grande, & par conséquent plus pesante que la colomne P Q h g ; d'où il devroit s'ensuivre aussi, selon les apparences, que la pression dans 5 6 seroit beaucoup plus grande que dans P Q ; & qu'ainsi l'eau du tube 1, 4, 6 devroit monter beaucoup plus haut que 2 3 & d e ; mais c'est tout le contraire, l'eau qui est dans 2 3 on d e continue d'être à la même hauteur que l'extérieure a b.

Cette expérience pourroit nous fournir une forte objection contre ce que nous venons d'avancer, mais ceux qui sont un peu versez dans l'Hydrostatique sçavent très-bien, que ce qu'on vient de dire, ne doit passer pour vrai, que lorsqu'il n'y a point d'autre fluide qui pese sur l'eau a b ; c'est la seule pression de l'air qui pese toûjours sur l'eau a b, qui fait que l'eau continue de se soûtenir dans le verre à l'endroit c f ; & si l'air ne pressoit pas l'eau a b, l'eau qui est dans le verre k l 8 7 ne se trouveroit pas plus élevée que l'eau extérieure a b où 9 10, quoique le verre fût renversé ; c'est une vérité connue de ceux qui font des expériences avec la machine pneumatique.

Ainsi cette objection n'est proprement d'aucun poids contre ce que nous avons assuré ; nous ne parlons ici que des cas où la pression de l'air ne produit aucune altération considérable, ou du moins dans lesquels nous pouvons le supposer.

XIV. Passons présentement à la pression des fluides en-haut. Ce qui prouve que l'eau & les autres liqueurs sont pressées en-haut, ce sont les jets-d'eau & certaines fontaines qui font monter l'eau.

Expériences qui prouvent que les fluides pressent en-haut.

On peut voir aussi la même chose dans le tuïau droit Z r t ; car à moins que l'eau à l'endroit r t du plan horizontal L M ne fût pressée en-haut, il ne seroit pas possible que la colomne r t n m, qui va jusqu'à la superficie de l'eau extérieure a b dans le vaisseau restât dans n m, étant continuellement poussée en-bas par son propre poids.

Voici un exemple : Bouchez le tuïau vuide Z r t, en appliquant le doigt dans Z, & enfoncez-le dans l'eau, jusques dans r t, vous trouverez que le tube restera vuide depuis Z jusqu'à r t ou environ ; excepté peut-être que par la pression que r t fait en-haut, l'eau ne monte un peu ; elle montera beaucoup plus au-dessus de r t si on l'enfonce ; parce qu'en une plus grande profondeur l'eau presse plus fortement en-haut, que la

A a a a ij

force de la pression pourra contracter ou reserrer l'air qui est dans le tube.

Mais pour sçavoir avec quelle force r t est pressé en-haut, vous n'avez qu'à retirer votre doigt de l'orifice Z du tube, & donner ainsi la liberté de sortir à l'air du tube qui est poussé contre le doigt par la pression de l'eau, vous verrez, en cas que l'eau extérieure monte jusqu'à a b, & que le tube soit passablement gros, afin que les particules ne s'attachent pas trop aux côtez du tube, à cause de sa petitesse; vous verrez, dis-je, que l'eau du tube montera, je ne dis pas à la hauteur de la surface a b de l'eau extérieure, mais encore beaucoup plus haut dans le commencement, par exemple, jusqu'à T V; après cela vous la verrez descendre jusqu'à n m, & elle ne s'arrêtera dans ce dernier endroit qu'après quelques vibrations qui la font monter & descendre alternativement.

De ce mouvement, ou de l'ascension & de la chûte de l'eau dans le tube Z r t, il s'ensuit évidemment, qu'il n'y a pas tant une résistance qui l'empêche de tomber, & qui fait le même effet qu'un corps solide dans r t; qu'une force actuellement réelle qui agit comme les poids dans une ballance, qui monte & descend aussi alternativement, jusqu'à ce qu'ils soient en équilibre.

Enfin, voici ce qui semble entierement prouver la force par laquelle l'eau tâche de monter.

Prenez un tuiau courbe d'étain (planche XXVI. fig. 1.) A D F, dont vous boucherez l'extrémité E F exactement avec le couvercle d'une boete de bois E F G H. Mettez-le dans un vase rempli d'eau jusqu'à la surface N O, & vous verrez que le petit couvercle E G H F, quoique beaucoup plus leger que l'eau, tombera comme une pierre, & à quelque profondeur qu'il soit placé, il restera immobile sur l'orifice E F du tuiau, jusqu'à ce que l'eau qui s'infinue entre le couvercle & le tube le souleve, ou jusqu'à ce qu'en remplissant le tube jusqu'à 1, 2, 3, 4, l'air qui est dans 3 4 E F * fasse monter le couvercle.

Il s'ensuit de-là, que si un corps plus leger, par exemple, ce petit morceau de bois ne flottera jamais, mais qu'il devra tomber, comme les autres corps qui sont plus pesans, à moins qu'il n'y ait dans l'eau une force réelle qui le pousse en-haut. Nous ferons voir bien-tôt que l'eau, avec la même force, peut éle-

* *Remarque.* Le meilleur moien pour faire cette expérience, c'est de retenir avec le doigt le couvercle sur l'extrémité du tube E F, jusqu'à ce qu'il soit environ un pouce ou deux enfoncé dans l'eau.

LIVRE III. CHAPITRE IV.

ver & faire flotter le plomb ; mais ces expériences sont suffisantes pour prouver ce que nous avons avancé.

XV. Par la suspension de l'eau dans le tuïau Z r t (planche xxv. fig. 2. nous pouvons juger, 1°. de la grandeur de la force avec laquelle l'eau presse en-haut, par exemple, dans r t ; car comme il y a une force qui agit en pressant en-haut, & une autre en pressant en-bas sur r t, ainsi que nous venons de le prouver, il est évident, que si le fluide dans r t reste au même endroit sans monter ni descendre, ces deux forces doivent être égales l'une à l'autre ; car si l'une ou l'autre prévaloit, l'eau dans r t se mouvroit selon la direction de la plus forte.

Expérience pour faire voir la grandeur de la force avec laquelle l'eau pousse en haut.

Nous avons fait voir que r t est pressé en-bas par la colomne perpendiculaire n m r t ; d'où il est évident, que r t est pressé ou poussé en-haut par une force égale au poids de cette colomne.

Ceci peut se prouver encore d'une autre maniere.

Prenez un tube, qui ne soit pas trop gros, & enfoncez-le dans l'eau jusqu'à 11, 12, r t ; bouchez-en l'orifice Z avec votre doigt, ensuite si vous le retirez perpendiculairement de l'eau, le fluide qu'il contient restera suspendu dans 11, 12, r t ; c'est de cette maniere là qu'on prend du vin dans les tonneaux, pour le goûter. Remettez après cela le tube dans l'eau du vase jusqu'à a b ; en sorte que l'eau du tube 11, 12, soit, ou sous la surface de l'eau extérieure a b ou n m, ou au-dessous.

Alors, si vous ôtez votre doigt de l'orifice Z, vous verrez en premier lieu, que la force qui pousse r t en-haut, est plus grande que le poids de la colomne r t 11, 12, & elle fera monter le fluide depuis 11, 12 jusqu'à n m, ou à une hauteur égale à l'eau extérieure a b.

Au contraire, si vous retirez votre doigt de l'orifice Z, lorsque la liqueur 11, 12, r t est élevée jusqu'à T V, ou plus haut que la surface de l'eau a b, vous trouverez que la force qui presse en-haut dans r t est moindre que celle de la colomne d'eau r t T V, & qu'ainsi la colomne descendra malgré la force qui presse en-haut, jusqu'à a b.

Il n'y a qu'une remarque à faire, c'est que si vous enfoncez le tube avec l'eau qu'il contient suspendue dans n m, jusqu'à ce que n m soit parallele avec le plan horizontal a b, c'est-à-dire, jusqu'à ce que l'eau du tube soit à la même hauteur que l'eau extérieure a b ; vous verrez qu'en retirant votre doigt, l'eau qui est dans r t m n restera dans cet endroit sans monter ni descendre.

On peut inferer de-là, que les forces qui poussent en-haut & en-bas, sont dans cette occasion égales l'une à l'autre; & qu'ainsi dans le tems que le poids de la colomne r t m n, presse en-bas la partie r t du plan horizontal dans les liqueurs qui sont en repos, il y a une force égale au poids de cette colomne qui presse en-haut ou qui la repousse.

XVI. Si en faisant changer de place le tuïau Z r t attaché à un petit morceau de bois E F, pour le faire avancer sur le plan horizontal L M, l'eau reste continuellement suspendue dans le tube à l'endroit n m; il s'ensuit del-à que chaque partie du plan horizontal égale à l'orifice r t, est pressée en-haut ou repoussée avec une force égale.

XVII. On a observé que la force des liqueurs qui pousse en-haut, se regle exactement selon leur profondeur, & jamais en aucune maniere selon la largeur ni selon la quantité de l'eau qui est sur le même plan horizontal; c'est une chose qu'on peut faire voir ici par la force qui presse en-bas : Car si vous versez de l'eau dans le vase jusqu'à ce qu'elle monte depuis a b jusqu'à A B, la force qui presse en-haut sera d'autant plus grande à proportion dans r t, & fera monter la liqueur dans le tuïau depuis n m jusqu'à T V.

Mais après cela si vous ôtez une partie de l'eau du vase, & s'il n'en reste que jusqu'à a b, ou plus bas, la force qui presse en-haut diminuera à proportion; & tandis qu'auparavant elle faisoit monter la liqueur qui est dans le tuïau jusqu'à T V, elle ne le fera plus monter à présent que jusqu'à n m.

Jusqu'ici nous voyons que tout se regle selon la profondeur de la liqueur.

Si vous voulez faire cette expérience dans une cuve remplie d'eau, ou dans quelqu'autre vase plus grand ou plus petit que celui dont nous nous sommes servis, vous trouverez que l'étendue de la surface n'y porte aucun changement, & la force qui presse en-haut, ne produira aucun autre effet, elle ne fera que tenir la liqueur u m suspendue dans le tuïau à la hauteur a b de l'eau extérieure.

Les loix des forces qui pressent en haut & en bas dans les liqueurs.

XVII. De tout ceci il est aisé de conclure, eu égard aux forces qui pressent en-haut & en-bas, comparée l'une à l'autre, que,

LIVRE III. CHAPITRE IV.

Si vous supposez une liqueur en repos (planche xxv. fig. 2.) un plan horizontal depuis L jusqu'à M, un nombre de parties égales, comme P Q, r t, p q, n m, 5 6, &c. chacune de ces parties,

Est pressée 1°. en-haut avec une force égale.

2°. En-bas avec une force égale à la premiere, qu'elle soit ce qu'on voudra.

3°. Une partie, comme par exemple P Q, prise arbitrairement est pressée en-bas avec autant de force qu'une autre qui lui est égale, comme p q, r t, &c. prise aussi arbitrairement, est pressée en-haut.

Et vice versâ;

Que la premiere partie P Q est pressée en-haut avec une force aussi grande que celle qui presse en-bas, par exemple, p q ou r t. Ceci est d'un grand usage dans l'Hydrostatique.

4°. La force qui presse chaque partie est égale à la colomne perpendiculaire du fluide.

On n'a qu'à se rappeller ce qui précede, on verra que dans tout cela il n'y a rien qui ne soit clair.

XIX. Jusqu'ici, à l'exemple de beaucoup d'autres, qui écrivent sur l'Hydrostatique, nous n'avons consideré l'eau que comme un fluide qui n'en a aucun autre sur sa superficie. Mais comme il y a un autre matiere fluide qui occupe ordinairement sa surface, je veux dire de l'air, & qui dans certains cas agit avec une force considérable, comme nous venons de le faire voir ci-dessus ; les Lecteurs ne seront peut-être pas fâchés, surtout ceux qui ne sont pas versez dans l'Hydrostatique, si nous examinons ici quelques-unes des proprietez des différens fluides placez l'un sur l'autre.

Une expérience sur la force avec laquelle les liqueurs placées l'une sur l'autre se pressent en-bas.

Il y a quelques années que nous fîsmes pour cet effet une expérience, & on peut la faire avec toutes les liqueurs qui ne se mêlent point. En voici deux : l'eau-de-vie qui a resté quelque tems sur les cendres dont on fait le savon, l'huile de thérebentine & l'eau commune. Pour nous, nous n'emploiâmes que que deux dans notre expérience, de l'eau marinée, dans laquelle nous fîsmes dissoudre autant de sel commun que nous pûmes, & de l'huile de thérébentine.

Nous prîmes donc deux petits bâtons c d & e f, & nous les attachâmes à un morceau de bois g h (planche xxv. fig. 3.) que nous plaçâmes, comme dans l'expérience précédente, fur le bord horizontal d'un vaisseau assez large & profond; en forte que les bâtons formoient des angles droit avec le morceau de bois, & descendoient perpendiculairement dans le vase; nous attachâmes à l'un le tuïau courbe CGB, & à l'autre le droit DEF, de façon que leurs orifices supérieurs C & D, se trouvoient bien avant au-dessous du bord du vaisseau, & leurs orifices inférieurs AB & EF, dont le diamétre étoit à-peu-près le même que celui des tuïaux égaux l'un à l'autre, furent placez sur le même plan horizontal HE, aussi exactement qu'il fut possible.

XX. Pour donner une idée grossiere de la pression de l'air, nous versâmes de l'eau marinée dans le vase jusqu'à HI; elle entra dans le tuïau BGC, par l'orifice AB, & monta dans l'autre branche à la hauteur kl, parallele à la surface de la liqueur extérieure HI, & elle s'arrêta là.

Lorsque nous faisions changer de place au tuïau, comme ci-devant, & que nous le transportions dans un autre endroit de la surface de l'eau marinée HI, nous observions toûjours que la liqueur du tuïau restoit constamment immobile dans kl.

Cela fait voir, que si l'air pese, comme nous le supposons ici, il pese & agit sur des parties égales comme AB, ab, &c. de la surface de l'eau marinée; sans cela si la pression de ce fluide étoit plus grande dans quelques endroits, & moindre dans d'autres, la liqueur kl qui est dans le tuïau auroit monté ou descendu; d'ailleurs l'air du tuïau CG, & qui presse ou agit par son poids sur kl, pressé continuellement avec une force égale la surface kl; mais ceci n'est qu'en dit passant.

XXI. Aiant versé encore de l'eau marinée dans le vase, jusqu'à LM, nous observâmes que la liqueur montoit dans les tuïaux jusqu'à xy & z4; ou comme dans la premiere expérience à la même hauteur que la liqueur extérieure.

Mais lorsque nous versions sur l'eau marinée LM de l'huile de thérébentine, jusqu'à NO, la liqueur montoit dans les tuïaux depuis xy jusqu'à no, ou depuis z4 jusqu'à pq; mais elle restoit toûjours au-dessous de ON, ou de la superficie de l'huile.

De-là nous pouvons inferer, qu'un fluide plus leger, comme l'huile OMNL, placé sur un plus pesant, comme sur de l'eau marinée, agit en bas & en-haut en pressant; car il faut que AB soit plus en-bas qu'il n'étoit, pour faire monter l'eau marinée

depuis

LIVRE III. CHAPITRE IV.

depuis x y jufqu'à n o; & que E F foit preffé en haut avec une plus grande force, pour élever l'eau marinée depuis z 4 jufqu'à p q, & la tenir là fufpenduë.

XXII. Après nous prîmes un fyphon long & étroit, & nous le plongeâmes dans l'huile N O L M, jufqu'à L M, ou jufqu'à l'eau marinée; nous obfervâmes qu'à mefure que nous en retirions un peu, le fluide qui étoit dans les tubes diminuoit & baiffoit à proportion, jufqu'à defcendre plus bas que n o & p q; mais il s'élevoit de nouveau, à mefure que nous y verfions de l'eau marinée.

La même chofe arrivoit, lorfqu'on ôtoit & qu'on remettoit une partie de l'huile N O, de même que lorfqu'on élevoit les orifices des tuiaux A B & E F.

Cela fait voir que dans les différens fluides placez l'un fur l'autre, la preffion qui fait monter & defcendre les parties du même plan horizontal dans chaque fluide, fe regle auffi felon la profondeur, de même que lorfqu'il n'y a qu'une feule liqueur.

Pour la furface des fluides, il eft certain qu'elle n'y fait rien; car il fuffit qu'on ait une connoiffance legere de l'Hydroftatique, pour fçavoir qu'en cas que le fluide qui preffe A B & E F, ait toûjours la même profondeur, l'effet fera le même, & l'eau marinée qui eft dans n o & p q, fera toûjours à la même hauteur dans les vafes de toute forte de largeur.

XXIII. Nous obfervâmes auffi que, fi nous tranfportions, toûjours fur le même plan, de l'eau marinée H I, d'un côté ou d'autre, les orifices des tuiaux A B & E F, (on peut obferver la même chofe dans l'huile) la liqueur des tuiaux confervoit toûjours la même profondeur ou élevation dans tous les endroits du même plan horizontal.

On peut conclure de-là que toutes les parties égales d'un plan horizontal, foit que le plan traverfe la plus élevée des liqueurs, foit quelqu'autre liqueur qui en foûtient d'autres fur fa furface, font pouffées en-haut & en-bas avec une force égale.

XXIV. Pour nous former une idée de la maniere dont l'air pefe ou agit fur un fluide, nous n'avons qu'à verfer de l'huile jufqu'à ce qu'elle monte dans P Q, ou au-deffus des orifices des tuiaux C & D; elle entrera dans lefdits tuiaux, & obligera l'eau marinée de defcendre depuis n o & p q jufqu'à x y & z 4, ou à la même hauteur que l'eau marinée du vafe L M, précifément de même que fi l'air la preffoit.

L'huile preffe ou pefe fur l'eau marinée, de la même maniere que l'air pefe fur l'eau.

Bbbb

L'EXISTENCE DE DIEU.

De la grandeur de la force avec laquelle différens fluides placez l'un sur l'autre pressent en-haut & en-bas.

XXV. Enfin supposons encore que NO soit la superficie supérieure de l'huile. Pour faire voir avec combien de force chaque partie égale du plan horizontal HI, comme AB, EF, &c. est pressée en-haut & en-bas, lorsqu'il y a plusieurs liqueurs l'une sur l'autre, nous versâmes du vif argent dans le tuiau courbe ABGC, jusqu'à ce qu'il fût à la même hauteur dans les deux branches AB & kl. Ensuite nous versâmes dans le grand vase, de l'eau marinée jusqu'à LM, & de l'huile de thérébentine jusqu'à NO, & nous y plongeâmes le tube BGC jusqu'à HI; & lorsque tout fut tranquille & en repos, nous trouvâmes que le vif-argent baissa dans une des branches depuis AB jusqu'à TV, & monta dans l'autre depuis kl jusqu'à rs.

Après cela nous remplîmes de vif argent un autre tuiau courbe dont les branches étoient égales (planche xxv. fig. 4.) 789, jusqu'à une certaine hauteur, comme jusqu'à AB & kl, & faisant avancer le tuiau CGB (fig. 3.) jusqu'auprès du côté du vase; nous mesurâmes avec un compas le plus exactement que nous pûmes, l'élevation de l'eau marinée VW, pour sçavoir combien elle étoit plus élevée que le vif argent VW, depuis U jusqu'à W.

Nous versâmes aussi de l'eau marinée dans l'autre tube 789, (fig. 4.) dont les branches étoient égales, jusqu'à la hauteur WV par-dessus le vif-argent qui y étoit, égale à celle de l'eau marinée du vase. Après quoi, mesurant de la même maniere l'huile qui étoit dans le vase à l'endroit MO; nous versâmes aussi de l'huile dans le tube 789 depuis W jusqu'à X; de sorte que l'eau marinée & l'huile se trouvoient dans le tuiau, de même que dans le vase à la même hauteur sur la superficie du vif-argent TU.

Je devrois ajoûter ici, que pour faire entrer dans les tuiaux l'eau marinée & l'huile, vous devez prendre garde de ne pas les verser d'abord jusqu'à la hauteur requise, à cause que le tube n'étant pas fort gros, lorsque ce qui s'attache à ses parois en versant, vient à descendre, il arrive que ces liqueurs montent plus haut que dans le vase. Peut-être on préviendroit ceci en remplissant d'abord le tuiau (fig. 4.) & en versant ensuite de l'eau marinée & de l'huile dans le vase; on peut en faire l'essai si on le veut.

Ensuite aiant mesuré dans les deux tuiaux avec un compas, l'élevation rV du mercure rs, qui étoit de cela plus élevé dans une branche que dans l'autre, ou que la superficie TV dans l'autre branche, nous trouvâmes que la hauteur rV étoit égale dans tous les deux.

LIVRE III. CHAPITRE IV.

XXVI. Cela nous fait voir clairement que tous les fluides placez l'un sur l'autre dans le vase sur T V, & par conséquent sur A B, pesoient également sur A B dans le vase, & ni plus ni moins que si lesdits fluides avoient été dans un conduit étroit & perpendiculaire.

Car les deux tuiaux qui étoient l'un dedans & l'autre hors du vase (planche xxv. fig. 3. & 4.) étant environ de la même largeur, si la liqueur qui étoit à côté dans le vase, pesoit plus sur A B que la colonne perpendiculaire A B Y X dans le tuiau sur A B fig. 4. il s'ensuivroit que la superficie supérieure du vif-argent r s, dans le vase, s'éleveroit plus haut par-dessus la superficie u w du vif-argent que dans le tuiau 7 8 9.

XXVII. Aiant observé que la même chose arrive dans toutes les parties d'un plan horizontal, comme H I, en quelque endroit que l'orifice du tube A B soit placé, il paroît par-là que, lorsqu'il y a des liqueurs l'une sur l'autre dans un vase, supposant dans quelqu'une un plan horizontal, comme H I, il n'y aura pas une seule partie qui soit ni plus ni moins pressée par toutes ces liqueurs, de quelque largeur que soit le vase, que par la colonne A D X Y, dont la base est A B, & dont l'extrémité se termine à la superficie du fluide le plus élevé de tous N O ; & c'est ce que nous avons appellé la *colonne perpendiculaire*.

XXVIII. Après la description que nous venons de donner de la colonne perpendiculaire d'un fluide, il est aisé de voir avec quelle clarté elle est décrite ici ; on y voit que, lorsqu'il y a plusieurs fluides placez l'un sur l'autre, la colonne perpendiculaire a pour base A B ou E F, par éxemple, ou quelque partie du plan horizontal, supposé dans H I, & que son extrémité est à la surface supérieure du plus élevé des fluides qui sont placez l'un sur l'autre ; comme par éxemple, B Z, qui est composé des petites colonnes d'eau marinée, B 4, d'huile 4 X, & d'air X Z (supposant que X Z s'étend jusqu'à la région supérieure de l'air) en sorte que chaque colonne, comme B W, W X, & X Z presse en-bas avec le poids particulier du fluide qui la compose.

XXIX. Il faudroit observer ici qu'il n'est pas nécessaire que chaque partie soit toûjours pressée par une colonne perpendiculaire, puisque a b souffre la même pression dans le cas même où nous supposons que K est un corps solide, & que la colonne qui presse directement sur a b, ne puisse pas s'étendre en ligne droite plus haut que m i, mais il faut que la surface du fluide supé-

Bbbb ij

rieur soit à la même hauteur qu'auparavant : voici à quoi se réduit tout ce qu'on vient de dire ; c'est que ab & AB sont pressez par un poids qui est égal à la profondeur de la liqueur.

XXX. Examinons ici la nature des jets-d'eau, par rapport à la pression de l'eau en-haut & en-bas ; nous pouvons choisir pour cela une partie AB (fig.) 4. d'un plan horizontal HI, sur laquelle on puisse placer une colonne d'eau égale à la profondeur de la liqueur BZ ; ou bien, vous pouvez prolonger le plan horizontal HI vers N ou I, même au delà du vase qui contient la partie AB (planche xxv. fig. 3.) dont nous cherchons la pression ; outre cela vous pouvez prendre une partie égale AB, (planche xxv. fig. 4.) sur le même plan prolongé depuis I jusqu'à B, sur laquelle on peut placer & représenter une colonne égale à la profondeur de la liqueur, en prolongeant la superficie ML & NO ; &c. des liqueurs placées l'une sur l'autre jusqu'à 4 & X, &c.

Pour sçavoir donc par quel poids ab, dans le vase, est pressé ; on peut répondre que c'est par le poids d'une colonne ABZ, égale à la profondeur de la liqueur, & qui est représentée dans la 4e figure hors du vase ; colonne qui est composée de l'eau marinée BW, de l'huile WX, & de l'air XZ 8.

Nous pourrions aussi supposer que la colonne ab mi placée sur ab, passe à travers un corps solide K, en attribuant à la hauteur de chaque fluide qui la compose, son poids particulier.

De la pression des fluides sur des parties égales d'un plan plus ou moins élevé.

Il n'est pas nécessaire d'ajoûter encore que (planche xxvi. fig. 2.) la partie d placée sur le plan horizontal GT, est plus pressée en-haut & en-bas, que la partie c, dans un plan plus élevé EF, & avec d'autant plus de force, que la colonne ou la pesanteur fm appuiée sur GT est plus forte que celle de la colonne fh qui presse sur un autre plan EF : on peut appliquer ceci à la colonne e, par exemple, dans un plan NH moins élevé, de même aussi qu'aux différens fluides placez l'un sur l'autre.

Des loix de différens fluides placez l'un sur l'autre.

De tout cela on infere en peu de mots une proposition fameuse dans l'Hydrostatique, qui d'ailleurs contribuë beaucoup à découvrir la force & le mouvement dans les machines hydrauliques, par exemple, les jets-d'eau ; la voici :

S'il y a plusieurs liqueurs placées l'une sur l'autre, & si nous supposons un plan horizontal, comme HI (planche xxv. fig. 3.) qui les traverse :

LIVRE III. CHAPITRE IV.

Il est certain que deux parties égales dudit plan ou davantage, comme A B, a b, E F, &c. seront pressées en-haut & en-bas, par la pesanteur des colonnes égales à la profondeur des fluides qu'elles soûtiennent, & par conséquent avec une force égale.

Il s'ensuit de-là :

Que la partie A B du même plan, par exemple, est pressée en-bas avec la même force que la partie a b, ou E F, l'est en-haut.

Et *vice versâ* :

Que la premiere partie A B est pressée avec autant de force en-haut, que la partie a b ou E F l'est en-bas ; ainsi, pour abréger, nous donnerons à cette loi le nom de *loi de profondeur*, parce qu'elle se regle uniquement selon la hauteur ou la profondeur des fluides, mais jamais selon leur surface ou leur largeur.

XXXI. Il faut observer ici que, lorsque nous parlons de l'action des forces qui pressent en-haut & en-bas sur des parties égales du même plan horizontal (nous ne parlons pas à présent des plans plus ou moins élevez) on entend parler des parties A B, a b, E F, &c. qui communiquent l'une avec l'autre dans le même fluide ; je veux dire que de l'une à l'autre on pourroit tirer une ligne, sans être obligé de passer à travers un autre fluide ou corps solide.

Il est nécessaire de marquer ici cette précaution, parce que cette proposition si generale pourroit bien ne pas réussir sans cela dans quelques occasions.

Il n'est pas nécessaire que nous prouvions expressément que toutes les parties, comme r t (planche xxv. fig. 2.) d'un plan horizontal L M, sont pressées en-bas par leur propre poids, & par celui des autres liqueurs que ce plan soûtient ; mais il faut remarquer qu'elles ne sont jamais pressées en-haut que par les fluides qui sont non-seulement plus élevez, mais qui encore sont placez lateralement ; & que les autres parties du même plan horizontal L M pressent en-bas, de sorte que les parties laterales des fluides sont l'unique cause qui presse en-haut.

Le fluide n'est pressé en-haut que par les parties laterales du même fluide.

Car ôtez les parties laterales des fluides qui sont dans le vase a L M B, des environs du tuiau r t T V, la liqueur qui est dans le tube, n'étant pas plus pressée en-haut, descendra immédiatement.

XXXII. Il ne sera pas hors de propos de dire quelque chose de la pression oblique des fluides.

La pression oblique s'adapte aussi à la profondeur des fluides.

Que les fluides soient pressez & poussez obliquement en différens sens, les robinets & les tuiaux des fontaines le prouvent si clairement, que cela ne demande aucune autre démonstration ici.

Mais que la pression oblique des fluides se regle aussi selon la profondeur des mêmes fluides sur la partie pressée, & jamais selon leur quantité ni leur obliquité, c'est ce que nous allons faire voir en peu de mots.

Prenez un tuiau courbe (planche XXVI. fig. 3. & 4.) ABCD, & qui étant prolongé depuis CD, prenne la forme de CEFND; versez y de l'eau jusqu'à A, alors vous verrez que l'eau s'écoulera jusqu'à ce qu'elle soit à la même hauteur dans l'autre branche EF, de quelque forme oblique que puisse être ladite branche CDEF, par rapport à la partie pressée CD.

Or nous sçavons que, si le tuiau étoit prolongé depuis CD, en droite ligne jusqu'à CGHD, & qu'il fût plein d'eau jusqu'à GH, ou à une hauteur égale à AL & EF, la colonne perpendiculaire CGHD retiendroit l'eau dans le tuiau AB, à la même hauteur AB, de même précisément qu'ici dans la pression oblique EFND.

D'où il s'ensuit que la partie horizontale CD qui est pressée, se trouve aussi pressée par la colonne perpendiculaire que par la colonne courbe ou oblique CDFND.

Ceci se trouveroit précisément de même, quoiqu'on élargît le tuiau courbe (planche XXVI. fig. 4.) dans CEFKD, ou qu'on le rétrécit, en sorte qu'il ne pût plus contenir la même quantité d'eau; & pourvû que la partie horizontale CD fût toûjours de la même grandeur, & que la hauteur perpendiculaire GC, HD, ou FM des fluides qui sont sur le même plan CD restât toûjours la même, on aura beau changer l'obliquité d'un des tuiaux placez sur le plan BCD, & qui pressent la partie CD, cela n'apportera aucun changement à ce que nous venons de dire.

Les loix hydrostatique de la pression oblique.

XXXIII. Ce que nous venons de dire de la loi de la profondeur des liqueurs se doit appliquer à la pression oblique, & la proposition suivante est véritable.

Si la partie CD du plan horizontal BCD se trouve pressée par la colomne oblique d'eau CEFND, la pression qu'elle souffre est égale entierement au poids d'une colomne perpendiculaire égale à la profondeur du fluide ; c'est-à-dire, de la colomne perpendiculaire CGHD, qui a pour base la partie

LIVRE III. CHAPITRE IV.

CD qu'elle preffe, & pour fa hauteur les lignes perpendiculaires FM ou GC, qui s'étendent depuis CD jufqu'à la fuperficie AF du plus élevé des fluides, fuppofé qu'il y en ait plus d'un.

XXXIV. Il nous refte à préfent à examiner la force de la preffion latérale des fluides, c'eft-à-dire, la force qui pouffe le long de la ligne horizontale. *La preffion latérale fe regle auffi felon la profondeur du fluide.*

Les robinets ou les fontaines dont on fe fert pour tirer les liqueurs des barils ou des tonneaux, prouvent affez que cette efpece de preffion a lieu dans les fluides.

D'ailleurs on peut introduire le tuïau EF (planche XXVI. fig. 5.) horizontalement ou à côté du vafe ABCD, qui eft rempli d'eau jufqu'à la hauteur MN, & vous verrez que l'eau coulera en formant le torrent FGH; de forte que dans EF elle coule horizontalement, & dans FGH elle incline ou fe tourne vers la terre.

Et pour fçavoir que la preffion latérale dépend de la profondeur, vous n'avez qu'à remplir le vafe jufqu'à AB; de forte que l'eau EB qui eft au-deffus du tuïau EF fera plus profonde; & vous verrez que le torrent FIK va beaucoup plus loin, & horizontalement jufqu'à K; vous obferverez auffi qu'à mefure que la profondeur de l'eau diminue, la force horizontale diminue auffi, & qu'elle incline continuellement vers le vaiffeau; elle envoie l'eau dans H, & enfuite dans P.

On obferve que la preffion latérale ne fe regle pas felon la furface; pour faire voir cela, on n'a qu'à verfer continuellement de l'eau dans le vafe, par exemple, ABCD (pourvû qu'il ne foit pas trop étroit) pour tenir l'eau à la même hauteur AB; car alors dans l'un & l'autre cas le torrent FIK reftera dans la même ligne horizontale.

XXXV. Nous allons comparer la véritable force de la preffion latérale avec celle de la profondeur des fluides fur des plans horizontaux; la chofe eft un peu plus pénible. *Méthode pour découvrir la grandeur de la preffion, dont nous venons de parler.*

Car fi nous prenons un vafe quadrangulaire (planche XXVI. fig. 6.) AQPK avec des côtez planes & perpendiculaires AQ & PK; fi dans le côté AQ nous concevons la partie AE contre laquelle l'eau, dont le vafe eft rempli jufqu'à AK, preffe latéralement; & fi d'ailleurs vous concevez une autre partie EI dans le plan horizontal OE, qui foit égale à AE, il eft clair que l'eau aF, cG, eH, gI, qui eft fur les points F, G, HI, eft de la même profondeur, & qu'ainsi chacun de ces points est pressé en-bas avec une force égale; cependant les points B, C, D, E placez dans la partie perpendiculaire A E, souffre chacun une pression latérale inégale, à cause que, comme nous venons de faire voir, la pression latérale dépend de la profondeur de l'eau, ainsi elle est plus ou moins grande ; & l'eau qui est sur chaque point, comme A, B, C, D, E, ou plûtôt l'eau qui est sur le plan horizontal, ou chaque point, est de différente profondeur.

Ainsi le point A, ou le plan horizontal A K, est placé à la surface de l'eau.

A B ou a b, est la mesure de la profondeur de l'eau qui se trouve sur le point B, ou sur le plan B L.

A C ou c d marque la profondeur de celle qui est sur le point C, ou sur le plan C M.

A D ou e f, marque la profondeur de celle qui est sur le point D, ou sur le plan D N.

A E ou g i, marque la profondeur de celle qui est sur le point E, ou sur le plan E O.

Par là, il est évident, que pour connoître cómbien le plan horizontal E I se trouve plus ou moins pressé par l'eau qui en occupe tous les points à une égale profondeur, que le plan perpendiculaire A E, don l'eau qui en occupe tous les points à différens degrez de profondeur ; & cela à raison de la grande différence de la profondeur de l'eau qui occupe tout le point le plus élevé & le plus bas de la partie A E, qui est pressée perpendiculairement ; il est évident, dis-je, que pour connoître cette différence & éviter toute sorte d'erreur, nous devons 1°. examiner quelle différence il y a entre la force de la pression latérale, par exemple, sur un des points B ou C, &c. & celle de la pression en-bas sur un des points b ou d, &c. qui soûtiennent la même profondeur d'eau.

2°. Après avoir connu les profondeurs a, b, c, d, e, f, g, i, il faut que nous comparions la somme de toutes ces différentes pressions latérales sur tous les points ou les petits plans qui forment E A avec la force qui presse en-bas, & qui agit sur tous les points compris dans E I.

3°. Il est évident, que plus les parties dans lesquelles on a divisé A E & A I sont petites, plus la différence des profondeurs de l'eau dans les extrémitez supérieure & inférieure de A E, est

petite ;

LIVRE III. CHAPITRE IV.

petite; par là il est certain, que la différence des profondeurs produira moins de changement dans le calcul, & qu'elle occasionneroit un grand changement, si on avoit supposé ces parties d'une grande étendue ; au lieu que la chose est assez assurée de ne pas nous tromper, si nous considérons les parties de a E, par exemple, A, B, C, &c. comme des points très-petits.

XXXVI. Nous allons faire voir par l'expérience, que la pression latérale qui agit dans le plan perpendiculaire A E sur la petite partie B, laquelle soûtient une colomne d'eau, dont la profondeur est égale à A B, ou du moins qu'elle ne differe pas sensiblement de la force qui presse en-bas, sur la partie horizontale b qui soûtient une colomne d'eau a b de la même profondeur ; on peut prouver cela par une expérience que M. Huygens, si je ne me trompe, a proposé le premier, mais dans une autre vûe.

Comparaison de la pression latérale & perpendiculaire de l'air sur une partie égale prouvée par une expérience.

J'en fis l'essai l'année 1696, & je l'ai fait ensuite plusieurs fois ; voici entr'autres choses les observations que j'y ait faites, & qu'un chacun y peut faire aussi-bien que moi, par le moien d'un petit instrument de verre inventé par le Docteur Musschenbroek pour le même usage, avec peu d'embarras & de dépense.

Nous fîmes faire un petit trou a b dans le plan du côté V Q d'une bouteille A B P Q (planche XXVII. fig. 1.) & nous en fîmes faire encore un autre un peu plus grand au fond de la bouteille dans P ; on pouvoit fermer ce dernier en y mettant quelque chose, & l'orifice A B étoit bouché avec un bouchon de liege C D F G, à travers lequel nous introduisîmes le tuïau de verre E W, & nous le soûdâmes si bien tout autour, avec l'emplâtre de *Minio*, que l'air ne pouvoit entrer ni entre le tuïau & le bouchon, ni entre le bouchon & la bouteille.

Ensuite bouchant le petit trou a b, & le tuïau de verre E avec le doigt, nous versâmes de l'eau dans le vase par le grand trou P, avec un entonnoir qui avoit un tuïau très-petit, jusqu'à la hauteur R T, ou plus haut que le petit trou a b, qui d'ailleurs ne demande pas d'être précisément dans un certain endroit.

D'ailleurs aiant bouché le trou P avec un bouchon de liege, nous plaçâmes transversalement un petit tuïau a b g h dans l'orifice a b, & nous le scellâmes hermétiquement dans g h ; il avoit un orifice horizontal dans f g, & un autre dans a b.

Ensuite aiant redressé le vaisseau, & bouchant avec le doigt l'orifice fg, nous remplîmes le tuïau EW presque jusqu'au sommet avec de l'eau. Après quoi je retirai mon doigt de fg, & elle descendit dans le tuïau EW, mais sans produire aucune autre altération ou diminution visible dans la hauteur de l'eau RT du vase, que celle qu'on avoit raison d'attribuer à la compression ou à l'expansion de l'air qui pressoit sur l'eau RT.

Enfin, tout étant tranquille, nous observâmes que dans le tems que l'eau du vase continuoit de rester dans RT, celle du tuïau EW s'arrêta dans d u, à la même hauteur que fg, ou que le plan horizontal d g qui traverse par d u & g f.

Par là, nous apperçûmes que la colomne d'air fgK, qui pressoit perpendiculairement sur l'eau dans fg, soûtenoit cette liqueur suspondue à la hauteur de d u, dans le tuïau EW, & qu'elle balançoit une égale colomne d'air d u H, laquelle pressoit sur d u.

Pour comparer la pression latérale sur a b, avec la pression perpendiculaire fg, nous ôtâmes le petit tuïau a b h g de l'orifice a b, & nous observâmes que tout resta au même état, & qu'il ne sortit presque pas d'eau de l'orifice a b; l'eau qui étoit dans le tuïau EW continua aussi de demeurer à la même hauteur d u.

Car si elle avoit descendu dans le tuïau, l'épaisseur seulement d'un cheveux jusqu'à e W, à cause de la différence de la hauteur de l'air dans a & b (& qu'on ne pouvoit pourtant pas observer) cela seroit venu à rien en faisant le trou a b plus petit.

XXXVII. Supposé donc que l'eau du tuïau EW eût continué de rester à la même hauteur, soit que l'air la pressât en-bas dans fg, ou transversalement & de côté dans a b, sans le petit tuïau a b g h, il est évident que l'air pressoit presque avec la même force par sa pesanteur, directement en-bas, & latéralement; puisqu'on supposoit que les parties fg & a b étoient si petites, que les hauteurs I a & I b ne différent presque pas.

Autre comparaison des mêmes pressions de l'eau sur une partie égale, établie par l'expérience.

XXXVIII. Dans l'expérience précédente nous n'avons prouvé que l'égalité de la pression latérale & perpendiculaire de l'air; mais il faut que nous fassions voir la même chose dans un autre fluide, par exemple, dans l'eau; nous plaçâmes donc la bouteille ABPQ avec, & sans le tuïau a b g h, dans un vase rempli d'eau LMNO; de sorte que l'eau du vase montoit jusqu'à LO, au-dessus de celle de la bouteille, & nous observâmes chaque fois que l'eau du tuïau EW monta & s'arrêta dans

LIVRE III. CHAPITRE IV.

fZ à la même hauteur que l'eau du vase L M, & par conséquent plus haut que celle de la bouteille R T. Ainsi l'eau du vase L M N O, soit qu'elle pressât perpendiculairement sur f g, soit latéralement sur a b, agissoit avec une force égale, & pressoit également sur des parties égales, comme par exemple, sur f g & a b, lorsqu'elles sont assez petites.

XXXIX. Il s'ensuit de-là, que pour revenir à notre sujet & à la planche xxv1. fig. 6. & pour supputer quelle est la force de la pression latérale de l'eau élevée jusqu'à A K dans le vase A Q P K sur le plan perpendiculaire A E, en comparaison de la force avec laquelle l'eau A E g i presse sur le plan horizontal E I égal au plan A E; il s'ensuit que pour cela il faut, 1°. supposer que les plans A E & E I sont composez d'autres parties plus petites, ou de points très-petits, comme A, B, C, D, E, F, G, H, & I.

La grandeur de la pression latérale sur un plan.

2°. Que sur chacun de ces points ou de ces petites parties B C, &c. la pression latérale agit précisément avec la même force, que la pression perpendiculaire sur b & d, des colomnes d'eau a b, c d, &c. qui les pressent.

XL. Supposons donc pour rendre la chose plus facile, que A E n'est composé que de cinq parties égales, A, B, C, D, E, & E I de ce cinq parties aussi E, F, G, H, I; quoique nous risquerions moins de nous tromper, si nous supposions ces parties encore beaucoup plus petites, & que A E de même que E I est composé de plusieurs millions de parties; parce qu'alors les profondeurs a b, c d, &c. des extrémitez supérieures & inférieures de ces plans ne différeroient presque pas, comme nous avons déja dit.

Quoique nous aions pris ici un nombre aussi petit que celui de 5, la chose étant ainsi représentée dans la figure, la conséquence de la supputation sera la même; car le nombre des parties n'y fait rien, qu'il soit petit ou grand.

Mais venons au fait; si on suppose que la profondeur de la colomne a b contient 1 livre, c d 2 livres, e f 3 livres, g I 4 livres, ainsi du reste; si on prend encore d'autres parties, on a déja prouvé que la pression latérale est égale sur le point;

A, à la pression perpendiculaire sur a; & comme il n'y a point d'eau ou de poids sur le point a, il soûtient . . . . . } 1. 0.

Sur le point B, à la pression perpendiculaire sur b, & à cause de la colomne a b, le point b soûtient . . . . . . } 1.

C c c c ij

Sur le point C, à la preſſion perpendiculaire ſur d, & à cauſe de la colomne c, il ſoûtient . . . . } 2

Sur le point D, à la preſſion perpendiculaire ſur f, & à cauſe de la colomne d f, il ſoûtient . . . . . . } 3

Sur le point E, à la preſſion perpendiculaire ſur I, & à cauſe de la colomne g I, il ſoûtient . . . . . . } 4

De ſorte que le poids que tous les points enſemble ſoûtiennent monte à . . . . 10 l.

Bien plus ; il y a ſur chaque point E, F, G, H, I, une colomne d'eau égale à g I, dont chacun ſoûtient 4 livres, ce qui étant multiplié par 5, & le nombre des parties étant ſuppoſé dans A E & E I, le tout E I ſoûtiendra . . . . 20 l.

La loi hydo-ſtratique de la preſſion latérale.

XLI. Il réſulte de tout cela un principe touchant la preſſion latérale des fluides ; c'eſt que la preſſion latérale étant égale à un poids de 10 livres ; cela ne fait que la moitié d'un poids de 20 livres, ou de la preſſion perpendiculaire de l'eau A E I g ſur A E, s'il étoit placé horizontalement dans E I, à niveau du point E qui eſt le plus bas de tous ; de ſorte que pour ſçavoir la grandeur de la force qui preſſe A E, l'eau étant à la hauteur A K, il nous faut placer A E horizontalement ſur E I, qui ſoûtient la preſſion perpendiculaire de l'eau A E I g, & ôter E I qui portera le fluide A E I A, ou la moitié de A E I g.

XLII. Il ne faut pas croire, que ſi le nombre des parties qui compoſent A E ou E I étoit beaucoup plus grand que celui de 5, cela dût altérer les proportions ; que le nombre ſoit ſi grand qu'on voudra, tous les nombres depuis o en avançant, étant continuellement multipliez par l'unité, feront toûjours la moitié de leur plus grand nombre pris autant de fois qu'il y a d'unitez dans leur ſomme, en y comptant zéro.

Cela eſt parfaitement connu des Mathématiciens, & il n'y a perſonne qui ne puiſſe pour ſa propre ſatisfaction, en faire la ſupputation avec une quantité plus grande.

Des expériences ſur la preſſion latérale des fluides.

XLIII. Vous n'avez qu'à lire l'Hydroſtatique de M. Stevin, vous verrez qu'il y a démontré d'une autre maniere ce que nous venons de dire *num. xli.* & *xlii.* Mais comme nous avons accoûtumé, pour rendre nos concluſions plus certaines, de n'établir nos preuves que ſur des expériences, nous ajoûterons ici l'expérience ſuivante telle que nous la trouvons décrite dans nos obſervations depuis quelques années, laiſſant à part tout le calcul pour abreger.

LIVRE III. CHAPITRE IV.

Nous fîmes faire un vase quadrilatere, ou à quatre côtez (planche XXVII. fig. 2.) dont la profondeur MK étoit environ 26 pouces, avec un trou quarré qu'on pouvoit fermer avec un morceau de bois HDRS de la même grandeur & dimension, lequel avoit environ un pied de large dans RD, & autant de long dans HD; ce morceau de bois s'ajustoit si bien au trou avec un morceau de cuir attaché à son bord, que l'eau ne pouvoit point sortir par les jointures.

Ce vase étant rempli d'eau jusqu'à D, nous sçavions qu'il y avoit le poids d'un pied d'eau qui pressoit latéralement sur le morceau de bois HDRS, à cause que la profondeur de l'eau étoit égale à DR, ou qu'elle parvenoit jusqu'à l'extrémité supérieure du morceau de bois.

Ensuite nous examinâmes la force de la pression latérale de l'eau, par le moien d'une balance AEF, dont les branches AE & EF formoient des angles droits dans E, le poids étoit suspendu à cette balance, nous trouvâmes que le morceau de bois étant poussé en dedans dans EA par le poids Y, pouvoit résister à un poids d'environ 31 ou 32 livres; mais lorsque nous eûmes augmenté le poids, il s'enfonça d'abord en dedans.

De sorte que la regle dont nous avons parlé, *num. xli* se trouve par là suffisamment vérifiée, puisqu'un pied d'eau pesoit environ deux fois autant.

Il faut observer que la partie A qui pressoit par l'effort de la balance AEF, doit être placée exactement sur l'endroit du bois A où le centre se trouve, & où la pression latérale agit plus fortement qu'ailleurs.

Pour faire cela, il faut avoir soin de faire ensorte que par le moien du morceau de bois UW placé transversalement, on puisse hausser ou baisser l'axe E de la balance; nous observâmes que lorsque la balance pressoit au-dessus ou au-dessous de A, le morceau de bois cedoit à une pression ou à un poids beaucoup plus petit; ce qui nous fit voir que le véritable endroit pour le placer, c'étoit dans A.

XLIV. Ensuite nous remplîmes le vase avec de l'eau jusqu'à GK; de sorte que la partie supérieure DR du plan de bois DRSH, qui soûtient la pression latérale, n'étoit point à niveau de la surface de l'eau; elle étoit plus basse que la longueur de KD, ou de $\frac{2}{3}$ d'un pied, c'est-à-dire, de 8 pouces. C'est pourquoi, si ce que nous avons dit est vrai, & si HK avoit $1\frac{2}{3}$ pied ou 20 pouces, nous aurions vû que la force qui presse latéralement sur H D R S auroit résisté à un plus grand poids.

Ajant donc élevé un peu plus l'axe, de sorte que A, ou l'extrémité de la balance qui s'appliquoit au centre de la pression, se trouvoit plus élevée, nous observâmes qu'en y mettant le poids Y de 77 liv. le plan de bois s'enfonçoit sur l'instant, au lieu que lorsque le poids n'étoit que de 73 ou 74 liv. la pression latérale lui résistoit.

Ceci s'accordoit assez bien avec la regle précédente ; c'est ce que nous trouvâmes en supputant la chose de la maniere suivante.

Mettons la 3.e figure à la place de la 2.e (planche xxvii.) & supposons que l'eau s'étend depuis H S jusqu'à K Z. Alors H K égal à $1\frac{2}{3}$ ou $1\frac{1}{3}$ d'un pied est égal à P H (si nous supposons le même H K placé horizontalement) & H S est d'un pied ; ainsi toute la masse de l'eau de cette largeur, longueur & profondeur sera $\frac{2\cdot}{\cdot}$ d'un pied cubique, & la moitié de cette masse qui presse latéralement sur K H S sera $\frac{2\cdot}{18}$ d'un pied. Si nous en retranchons la pression latérale sur K D R Z, sçavoir, $\frac{4}{18}$ d'un pied cubique, ce qui fait la moitié de $\frac{4}{9}$ d'un pied d'eau (laquelle représente ici la grandeur d'un corps, dont la longueur R D est 1 pied, la largeur M D $\frac{2}{3}$ aussi d'un pied) il nous restera une pression latérale de $\frac{2\cdot}{18}$ ou $\frac{7}{6}$ d'un pied, ou d'une autre maniere $\frac{7}{16}$ d'un pied cubique d'eau, qui est (supposant le pied d'eau de 63 livres ou quelque chose de plus) de $73\frac{1}{2}$ livres contre H D R S; ce qui s'accorde assez avec la règle dont nous avons fait mention.

La pression laterale s'adapte à la profondeur, & non à la surface de l'eau.

XLV. Nous observâmes aussi, en plaçant un morceau d'ais (planche xxvii. fig. 2.) T a b, de maniere que l'eau qui pressoit ci-devant sur D H R S, se trouvoit partagée, ou qu'elle n'avoit pas plus de la moitié a K de sa largeur précédente K G; nous observâmes, dis-je, que la pression laterale n'avoit pas diminué, pendant le tems que l'eau continua de rester dans sa premiere élevation K G.

Cela nous fait voir aussi que la force de la pression reste la même, soit que la surface ou la largeur de l'eau augmente, soit qu'elle diminuë ; mais qu'en augmentant ou diminuant la profondeur de l'eau, la force de la pression laterale augmente ou diminuë à proportion.

De la pression

XLVI. Dans les expériences que nous avons faites sur la

LIVRE III. CHAPITRE IV.

preffion laterale, nous avons fuppofé qu'il n'y avoit point de fluide qui occupât la furface de l'eau; comme, par éxemple, dans l'eau du vafe ABCD, (planche XXVII. fig. 4.) nous fuppofons qu'il n'y a point d'autre fluide qui en couvre la fuperficie AC. Il naît de cela une difficulté, felon les apparences; fçavoir, que la preffion laterale de l'eau AC fur AB, feroit beaucoup plus grande qu'elle n'eft, felon ces expériences; parce que l'air qui eft entre AC & ooo, &c. preffant actuellement fur AB avec un poids de 30 pieds d'eau felon le baromètre; la force de la preffion laterale qui agit fur AB, devroit paroître confidérablement augmentée.

laterale de l'eau, & de la preffion de l'air fur ce fluide.

Après tout, nous ferons voir par le calcul fuivant, que la preffion laterale de l'eau du vafe ABCD fur AB, n'augmente pas fi fort par la pefanteur de l'air qui agit fur AC, que la force avec laquelle AB réfifte, ou qui preffe en-dedans contre CD, (comme le poids dans la balance précédente, fig. 11.) en reçoive quelque augmentation fenfible.

Qu'on rempliffe d'eau jufqu'à AC, le vafe ABCD, (planche XXVII. fig. 4.) fur laquelle nous fuppoferons une colonne d'air de la hauteur de ooo R ooo; nous fçavons que ladite colonne d'air fe trouvant auffi de l'autre côté de AB, dans A,B, i,n, devra agir auffi par fa pefanteur contre AB lateralement du côté de n, i.

Tâchons à préfent de trouver quelle eft la preffion de l'eau fur AB dans le côté DC, & de l'air dans le côté ni, & combien la premiere excede la derniere.

Appellons le poids de l'air qui pefe fur chaque point dans le plan nN, fçavoir, fur nO, mO, EO, &c. du nom de la lettre a.

Que l'action de la pefanteur de l'eau KF fur le point F, foit b, alors LG eft 2b, & MH 3b, &c.

Que le poids de l'air kf fur le point f foit c, alors lg eft 2c, mb, 3c, &c.

Enfuite, (felon le calcul que nous avons fait, fi nous fuppofons encore ici cinq endroits ou points pour la preffion) la force de l'air fupérieur, & celle de l'eau dans ABCD, qui preffe AB lateralement vers ni, fera 5b avec 10a; & au contraire la force de l'air fupérieur, & de l'air qui eft dans ni AB, qui preffoit AB lateralement en arriere vers DC, fera 5a avec 10c; de forte que ces deux forces qui preffent lateralement l'une contre l'autre, fe contrebalançant, la force par laquelle AB est poussé lateralement vers n i, sera 10 b moins 10 c.

Or nous avons vû que sans la pression de l'air supérieur, la pression laterale de l'eau seroit égale à 106; & c est égal à environ $\frac{1}{1000}$ partie de b, si nous supposons que l'eau est 1000 fois plus pesante que l'air, ce qui ne sçauroit porter aucun changement sensible dans l'expérience précédente; ainsi la difficulté qu'on pourroit nous faire, se dissipe.

L'augmentation & la diminution de la résistance des fluides produit du mouvement.

XLVII. Jusqu'ici nous avons consideré la pression en-haut & en-bas des fluides qui sont en repos, soit à cause de certaines forces qui agissent réellement l'une sur l'autre & l'une contre l'autre, soit à cause de la résistance & obstacles que le mouvement trouve; naturellement nous devrions à présent examiner les forces des fluides qui sont dans un mouvement actuel; mais s'il falloit rendre raison de tout, on en feroit un livre entier: d'ailleurs il est aisé de concevoir par la pression des fluides, quoiqu'en repos, ce que nous nous sommes proposés de faire voir ici concernant *la loi de la profondeur des fluides*; ainsi nous ne nous étendrons point davantage sur cette digression, qui paroît déja trop longue pour ceux qui entendent l'Hydrostatique.

Nous nous contenterons uniquement d'observer sur les forces qui agissent l'une sur l'autre, que, si dans la planche XXVII. fig. 5. le tuiau b k g est également rempli d'eau jusqu'à a & f, d étant poussé en-haut par a b & en-bas par f d, la partie d restera en repos, si les forces a b & d f sont égales ; mais si on diminuë l'une jusqu'à e d, ou si on augmente l'autre jusqu'à h b, d sera poussé vers le côté où se trouve la plus petite force; ou dans cette occasion vers g; il s'y portera même avec autant de force qu'il y aura de différence entre les deux forces, qui agissent de chaque côté sur d : il est aisé d'en faire l'expérience, & ceci ne demande pas d'autre preuve.

Les fluides se mettent en mouvement, en ôtant ce qui leur résiste.

XLVIII. On peut produire du mouvement dans les fluides, en ôtant la résistance qui empêchoit le mouvement : par exemple, soufflez dans un tuiau dans g, dont les deux branches sont remplies d'eau jusqu'à a & f, jusqu'à ce que l'eau descende depuis f jusqu'à e, & monte depuis a jusqu'à h de l'autre côté; ensuite fermez d'abord l'orifice g avec le doigt, alors tout restera tranquille, & votre doigt empêchera ou formera un obstacle au mouvement. Cela paroît en retirant le doigt, après quoi le mouvement succede.

Or

Or il est évident par ce que nous venons de dire, que, pendant que le doigt reste sur g, & que le fluide n'est point agité, la partie d est pressée en-haut par h b, & en-bas par d g ; il est aussi évident que le doigt est pressé en-haut, à cause de la différence des forces h b & d g ; en sorte qu'après avoir retiré le doigt, il se fera un mouvement vers le côté où étoit la résistance ; mouvement dont la force sera même égale à celle qui agissoit sur l'obstacle, lorsque le fluide étoit en repos, à moins que quand on retire l'obstacle il n'intervienne quelqu'autre force actuelle.

Quelques exemples d'Hydrostatique.

Nous allons prouver par quelques exemples que les fluides observent éxactement toutes ces loix ; nous prouverons, 1°. Que tout ce que nous en avons déduit, est fondé sur des conséquences justes & bonnes, pourvû qu'on observe bien toutes les circonstances, & qu'il n'y ait rien que l'expérience ne vérifie. 2°. Qu'avant que les fluides s'écartent *de la loi de la profondeur*, ils produisent des effets qui passent pour autant de merveilles parmi ceux qui ne sont pas versez dans l'Hydrostatique, effets dont la theorie est inconnuë, même aux plus grands Mathématiciens, de leur propre aveu ; du moins ils n'en sçavent rien de certain.

XLIX. Pour commencer par un éxemple qui soit simple, le premier que nous rapporterons, ce sera celui du syphon.

Supputation de la force du syphon.

A B C D est un vase rempli d'eau jusqu'au bord (planche XXVIII. fig. 1.) dans lequel on a placé un tuiau courbe ou un syphon E G H K rempli d'eau, dont l'orifice I K est bouché ou avec le doigt ou avec quelqu'autre chose.

Si vous ôtez le doigt de l'orifice I K, tout le monde sçait par expérience que l'eau sortira par I K vers Z, montant en mêmetems dans la partie du syphon E G qui est la branche la plus courte, & descendant dans la plus longue H K, pendant tout le tems que l'eau du vase continuera d'être plus élevée que l'orifice de la branche la plus courte E F.

Voulez-vous par le secours des principes précédens connoître la force de l'opération du syphon, & la maniere dont elle se fait ; il faut,

Boucher de nouveau le syphon avec votre doigt sur l'orifice I K, de cette maniere l'eau qui est dans le syphon & dans le vase s'arrêtera.

Supposez ensuite que W X soit la partie supérieure de l'air qui presse sur l'eau, & forme le plan horizontal de l'eau A D.

Dddd

qui traverſe P Q juſqu'à R S, dont L M, N O, P Q & R S ſont des parties égales ; ainſi, ſelon les regles précédentes, la partie L M ſera preſſée par le poids de la colonne d'air qu'elle ſoûtient.

Pour abreger, appellons la preſſion de cette colonne d'air ſur L M, a, ou ſi vous voulez 100L, plus ou moins ; ſur-tout ſi on n'eſt pas accoûtumé à cette ſorte de langage.

De cette maniere-là nous exprimerons le poids de la colonne d'eau P Q I K par b ou 10 L, & celui de l'air R S T V, étant de la même hauteur, par c ou 1 L.

Or L M, N O, P Q ſont toutes parties égales du même plan horizontal A Q, toutes de l'eau, & où nous pouvons ſuppoſer qu'on peut tirer une ligne ſans paſſer à travers un corps ſolide, ou à travers quelqu'autre fluide que de l'eau.

Et comme l'action du ſyphon fait mouvoir ou preſſe en-bas le plan L M, celui de N O en-haut, & celui de P Q encore en-bas, ſi on remet tout en repos en bouchant l'orifice I K, les forces qui preſſoient leſdits plans en haut & en-bas ſeront égales, étant preſſés en-bas par le poids de la colonne d'air L W M, c'eſt-à-dire, par a, ou par 100 L, N O ſera pouſſé en-haut, & P Q en-bas par le même poids.

Si au poids de la colonne d'air a ou 100L, qui pouſſe en-bas P Q, nous joignons la colonne d'eau P Q I K, ou b, ou 10 L, qui pouſſe auſſi I K en-bas, la force ou le poids qui preſſe I K, ſera compoſée de a joint à b, ou de 100 L, & de 10 L, c'eſt-à-dire, de la colonne d'air & de la colonne d'eau tout enſemble ; ainſi c'eſt-là la force avec laquelle l'eau peſe en-bas vers Z.

Si le blan horizontal qui paſſe à travers I K, s'étend juſqu'à V, & ſi on ſuppoſe que T V eſt égal à I K, alors T V ſera pouſſé en-bas par toute la colonne d'air T V X, c'eſt-à-dire, par R S X, ou par a, ou par 100 L, puiſque R S X eſt égal à L M W, & par R S T V, ou par c, ou par 1 L, c'eſt-à-dire, par a & c, ou par 100 L, & 1 L, tout enſemble.

Or cela ſe fait avec tout autant de force préciſément que la partie I K, ou plûtôt l'air qui pouſſe I K, ou le doigt, (ſi nous n'en conſiderons pas l'épaiſſeur) ſe trouve pouſſée en-haut.

De ſorte que nous voyons ici deux forces qui preſſent l'une contre l'autre ſur I K, ou ſur ce qui ſépare l'air & l'eau, & qui agiſſent l'un contre l'autre.

LIVRE III. CHAPITRE IV.

On a déja trouvé que celle qui pouffe IK en-bas, eft compofée de a joint à b, ou de 100 L, & de 10 L ; & celle qui pouffe IK en-haut, n'eft compofée que de a & de c, ou de 100, & de 1 L ; de forte que cette derniere a & c, ou 100 L, & 1 L, c'eft-à-dire, la plus petite fomme, étant retranchée de a & b, ou de 100 L, le reftant eft b moins c, ou 10 moins 1, c'eft-à-dire, 9 L.

Ceci fait voir avec quelle force IK eft plus pouffé en-bas qu'en-haut, force qui eft égale au poids de 9 L, parce que la colonne d'eau RQKI, b ou 10, furpaffe le poids de la colonne d'air PSTV, c ou 1, de 9 L.

De forte que, fi vous retirez votre doigt de IK, & fi vous permettez que ces deux forces agiffent réciproquement l'une fur l'autre, il eft évident que la différence des poids qu'il y a entre les deux colonnes PQCI & RSTV, c'eft-à-dire, b moins c, ou 9 L de poids, (fuppofé que les nombres foient comme ci-deffus) devra preffer ou pouffer en bas l'eau qui eft dans l'orifice IK.

Ainfi nous voyons la force qui fait couler l'eau du fyphon, déduite des principes que nous avons établis ci-devant ; & la chofe eft connuë de tout le monde.

Il faut que j'avertiffe ici le Lecteur d'obferver dans la fuite, que nous ne prétendons pas en aucune maniere que les nombres de 100, 1, 10, &c. renferment avec exactitude les juftes proportions qu'il y a entre la pefanteur de l'air & celle de l'eau ; mais que notre deffein n'eft que de faire voir par-là qu'une colonne d'eau eft beaucoup plus pefante qu'une pareille colonne d'air, & de faciliter la chofe à ceux qui ne font pas accoûtumez aux lettres dans les calculs.

L. Propofons à préfent un éxemple qui eft un peu plus compofé que le précédent.

D'une fontaine qui fait monter l'eau plus haut que le réfervoir qui la fournit.

« Comment faudroit-il faire, pour qu'une fontaine faffe monter l'eau beaucoup plus haut que celle du réfervoir, qui la fait couler, fans l'application d'aucune force, d'aucune pompe, ou de quelqu'autre inftrument que ce foit, par la feule pefanteur de l'eau ?

On peut faire cela de la maniere fuivante.

ABCD (planche XXVIII. fig. 2.) eft une citerne ouverte, d'où defcend le tuiau ouvert NR, traverfe le couvercle EH d'une autre citerne EFGH, fi éxactement fermée, que l'air ne fçau-

Dddd ij

roit y entrer, & paſſe en-bas juſqu'à R, preſque juſqu'au fond de la cîterne F G.

Il s'éleve de la partie ſupérieure de la cîterne inférieure E H, un ſecond tuiau S T, qui monte preſque à la hauteur D T, ou juſqu'au couvercle d'une ſeconde cîterne D C K I, qui eſt auſſi fermée, & d'où il ſort encore un troiſiéme tuiau L M Q, fermé par un robinet qui a un grand orifice dans M O.

Outre cela, dans la cîterne D C K I, il y a un trou dans P, qu'on peut ouvrir & fermer avec un autre robinet.

Voici comment il faut faire agir cette machine.

Verſez de l'eau par l'orifice P dans la cîterne D C K I, juſqu'à ce que le tuiau L Z Q O ſoit rempli ; fermez le robinet M O, continuant de verſer de l'eau dans l'orifice P, juſqu'à ce que l'eau ſoit parvenuë dans ladite cîterne à la hauteur T Y, ou à niveau de l'orifice du tuiau T.

Alors fermez le robinet P, & verſez de l'eau dans la cîterne A B C D, juſqu'à ce qu'elle ſoit parvenuë à la hauteur 2 T ; à la vérité ceci n'eſt pas ici d'une néceſſité abſoluë, mais il faut le faire, afin que la profondeur de l'eau des deux cîternes ſupérieures étant la même, le calcul ſoit plus ſimple, & par conſéquent plus intelligible pour les perſonnes qui ne ſont pas au fait de ces choſes.

Ceci étant fait, & tout étant tranquille, le robinet M O étant ouvert, vous verrez monter l'eau juſqu'à V par l'orifice du morceau de cuivre 5 6, ou du moins à une hauteur très-conſidérable au-deſſus de la ſurface 2 T de l'eau qui eſt dans les cîternes A B C D & D C K I, & qui pouſſe en-haut le torrent b V.

Il faut obſerver ici que, comme l'eau de la cîterne ſupérieure A B C D deſcend dans l'inférieure E F G H, pendant que la fontaine joue, il faut qu'il y ait un trou dans la derniere pour en ôter l'eau ; après quoi on la referme, ſi on veut faire joüer de nouveau la fontaine.

Autrement (ce que je trouve encore très-commode) vous pouvez placer une petite pompe dans 2 au-dedans du tuiau N R, qui deſcende juſqu'au fond F G, & enſuite pomper l'eau de la cîterne inférieure E F G H par l'orifice N, le robinet de la cîterne D C K I étant ouvert.

Voici la maniere de connoître la force de l'eau, qui s'éleve du robinet M O, ou de l'orifice 5, 6.

LIVRE III. CHAPITRE IV.

Tournez ou fermez de nouveau le même robinet, les cîternes supérieures & tous les tuiaux étant remplis d'eau, tout sera tranquille; & supposons (pour ne pas repéter la même chose) que tous les tuiaux, tant les réels N R, T S, L Z, que les imaginaires W 2, X 4, & 4, 5, sont de la même grosseur; ceci n'est encore qu'en faveur du calcul, puisque sans cela nous pourrions nous servir d'une partie du plus gros des tuiaux qui fût égale à la largeur d'un qui seroit plus petit.

Que W X soit après cela le plan le plus élevé de l'air extérieur, & que celui de l'eau T Y soit continué jusqu'à 4; il s'ensuit de-là, comme nous l'avons montré ci-devant, que la colonne d'air W 2 poussera en-bas la partie 2 de la surface de l'eau de la cîterne supérieure A B C D.

Appellons encore le poids de ladite colonne a, ou 1000 L.

Nous appellerons de même le poids de la colonne d'eau R 2, b, ou 100 L, & celui de la colonne T 3, c, ou 10 L; on exprimera la seconde colonne d'eau Y Z par d, ou 80 L, & la seconde colonne d'air 4 M par e, ou 8 L.

Ainsi le poids de la colonne d'air W 2, ou a, autrement 1000 L, conjointement avec celui de la colonne d'eau 2 R, ou b, ou 100 L, & par conséquent a & b tout ensemble, ou 100 L poussera en-bas la partie R du plan horizontal R 3 sous le tuiau N R.

Or tout étant tranquille, nous sçavons, qu'avec la même force que la partie R est poussée en-bas, la partie égale 3 est poussée en-haut; de sorte que la force qui pousse la partie 3 en-haut, est aussi égale à a ajoûté à b, ou à 1100 L.

La colonne d'air T 3 que nous avons nommée c, & supposée de 10 L, pousse aussi 3 en-bas par sa pesanteur avec la même force; ainsi en retranchant la pression du poids c, ou 10 L de la force qui pousse 3 en-haut, ou de a & b, c'est-à-dire, 1100 L, on trouvera par la différence de ces deux forces la force avec laquelle la colonne d'air T 3, & par conséquent la superficie T, agit en-haut. Voici de quelle manière il faut l'exprimer, a & b, moins c, ou 1100 moins 10, c'est-à-dire, 1090 L.

D'ailleurs, comme T est une partie du plan horizontal inférieur T Y de l'air, qui presse sur l'eau dans la cîterne D C K I; & comme Y est une partie égale dudit plan horizontal inférieur, il s'ensuit, selon les loix ci-dessus de l'Hydrostatique, que Y est poussé en-bas avec autant de force que T l'est en-haut; de sorte que la force qui pousse Y en-bas, est égale à la force a & b, moins c, ou à 1090 L.

A cela si nous ajoûtons le poids de la seconde colonne d'eau YZ, c'est-à-dire, d, ou 80 L, la partie Z9 se trouvera poussée en-bas par ce poids avec plus de force que la partie Y, & par conséquent le poids qui pousse Z9 en-bas, sera égal à b & d, moins c, ou à 1000, 100, & 80 L, moins 10, c'est-à-dire, à 1170 L.

Outre cela Z9 & MO étant des parties égales du même plan horizontal ZO, MO, elles sont poussées en-haut avec la même force.

Si le robinet qui est dans MO n'étoit pas d'une épaisseur considérable, & s'il n'empêchoit pas l'eau de sortir, on verroit que MO est poussé en bas par la force de toute la colonne d'air MX, ou X4, a, ou 1000 L (car elle est égale à W2) & par 4M, e, ou 8 L; ou bien en prenant le tout ensemble, MO se trouvera poussé en-bas par a & e, ou par 1008 L.

Et on a déja fait voir qu'elle est poussée en-haut par a, b, & d, moins c, ou par 1170 L.

Ainsi si ces deux forces opposées agissent l'une sur l'autre, comme elles font, lorsque le robinet de MO est ouvert; il est évident que l'eau qui pousse en haut dans MO étant la plus forte, surmontera la force opposée qui pousse en-bas MO, & qu'elle montera en-haut à proportion de la différence des forces opposées.

Pour trouver cette différence, on retranche la force la plus petite qui presse en-bas, a & e, ou 1008 L, de la plus grande a, b, & d, moins c, ou 1170 L.

De sorte que la différence ou la force avec laquelle l'eau monte dans MO, est égale à b, & d, moins c, ou à 162 L.

Pour exprimer la même chose en des termes qu'on puisse appliquer à une fontaine, & marquer précisément ce que les lettres dénotent; la force qui poussera l'eau en-haut par le robinet MO, sera égale au poids des deux colonnes d'eau 2R, & YQ, si l'on retranche la pesanteur des deux colonnes d'air T3, & 4M.

Or comme le poids de l'air, par rapport à celui de l'eau, est comme $\frac{1}{1000}$, on peut l'omettre dans le calcul, à cause qu'il n'y sçauroit porter aucun changement considérable; & nous pouvons avancer, sans commettre aucune erreur qui en vaille la

LIVRE III. CHAPITRE IV.

peine, que l'eau de cette fontaine monte avec la même force que si la profondeur de l'eau de la cîterne étoit égale à celle des deux colonnes d'eau 2 R, & Y Z, c'est-à-dire, de b & d placées l'une sur l'autre.

De sorte que de-là il est aisé d'inferer, d'où vient que l'eau M V monte beaucoup plus haut que l'eau de la cîterne A 2, puisque sa profondeur est égale à celle d'une colonne d'eau 2 R dans cette espece de fontaine; qu'il n'y a rien dans l'expérience qui ne s'accorde avec ceci: un chacun en sçait faire l'essai, aussi-bien que nous; & il en sera convaincu.

LI. Il y a quelques années que je fis faire une autre espece de fontaine, semblable à celle de Hero d'Alexandrie, mais avec cette différence, que dans celle de Hero, il n'est pas possible de faire monter l'eau à la même hauteur d'où elle tombe, ou à la hauteur de la fontaine: au lieu que dans la mienne, quoique la machine n'eut pas plus de 3 $\frac{1}{2}$ pieds d'élevation, l'eau montoit avec violence cinq pieds au dessus de l'eau de la cîterne supérieure.

De la fontaine de Hero, dont l'eau monte plus haut que la fontaine.

Voici la maniere dont elle est construite: G A F H (planche XXVIII. fig. 3.) est la cîterne supérieure, elle est ouverte, & il y en a dessous deux autres encore plus petites A B C D, & D C E F, qui n'ont pas de communication avec l'air; elles ont chacune un trou, l'un est dans M, & l'autre dans N, & on peut empêcher que l'air n'y entre, en les bouchant avec du liége couvert d'un morceau de vessie mouillée, ou avec un robinet. Il y a aussi en-dessous deux cîternes qui se touchent, S T R P, & P R Q O. Il y a un tuiau K I qui sort du fond A F de la cîterne supérieure G A F H, & qui descend presque jusqu'au fond R T de la cîterne P R T S, de maniere pourtant qu'il n'a aucune communication avec la cîterne D C E F à travers laquelle il passe; & de l'endroit 3 dans P S on en voit partir un tuiau 3 L qui monte & va se terminer sous le plan D F le plus élevé de la cîterne D C E F: au fond de laquelle C E, on voit dans 9 l'extrémité d'un tuiau 9 h, qui se termine dans l'autre cîterne Q O P R fort près de son fond Q R; & de cette même cîterne Q O P R il en sort un tuiau 4 Z qui monte, il commence dans 4, & se termine dans Z, précisément sous le plan le plus élevé A D de la cîterne A B C D. Enfin il y a dans A D un tuiau P r, bien soudé dans 5 6, qui ne monte que jusqu'à r b, ou un peu plus haut que le plan A D, & il descend jusqu'à P, ou plus bas vers le fond B C.

A l'extrémité supérieure de celui-ci nous en attachâmes un autre r 8, qui dans W 8 étoit couvert d'un morceau de cuivre plat, aiant un petit trou rond dans le milieu, à travers lequel l'eau devoit passer ; & nous couvrîmes la jointure r d'emplâtre de *minio*, de sorte que ni l'air ni l'eau ne pouvoit point y entrer.

Voici la maniere de faire jouer cette machine.

Nous la renversâmes, en sorte que la cîterne GAFH étoit au-dessous des autres; & aiant rempli les deux cîternes ABCD & DCEF avec de l'eau par les orifices M & N, nous bouchâmes lesdits orifices avec un bouchon de liége, couvert par-dessus d'un morceau de vessie, nous mîmes en même tems un doigt sur le trou du petit couvercle W 8, afin que l'eau qu'on y a sée par M, ou celle qui est au-dessus de p, ne s'écoule.

Ensuite, après avoir placé tout-à-coup toute la machine dans l'état où elle étoit auparavant, en sorte que la cîterne GAFH se trouvoit encore la plus élevée de toutes, nous versâmes, sans perdre du tems, dans ladite cîterne de l'eau que nous avions toute prête; après quoi nous vîmes sortir le torrent d'eau 8 7 du tuiau r 8 par le petit trou, & qui, lorsque nous l'eûmes mesuré, se trouva beaucoup plus long que l'élevation de toute la machine, comme nous avons déja dit.

Il n'est pas nécessaire d'expliquer ici comment l'eau qui descend de GAFH par le conduit KI, fait sortir l'air en le pressant de la cîterne PRST, cet air monte par le tuiau 3 L; mais ne trouvant point d'espace, il pousse & fait descendre l'eau de la cîterne DCEF, d'où elle passe dans le tuiau Y h, de-là dans la cîterne OPQR avec une force beaucoup plus grande que celle de sa pesanteur. L'eau monte encore ici, & pousse l'air de OPQR avec la même force ; l'air est obligé de passer à travers 4 Z dans la cîterne ABCD, qui, sans compter l'air qui est dans les tuiaux L g & Z V, à cause de sa legereté & de sa petite résistance, contraint l'eau de sortir par le tuiau p 8 ; de cette maniere la force de la pression de cet air est presque égale au poids des deux colonnes d'eau Y h & KI : de cette maniere nous pouvons rendre raison des fontaines, des syphons, &c. & par-là, sans aucun calcul, nous pouvons nous former une idée generale de leurs proprietez. J'ai cru qu'il suffisoit de ne donner qu'un seul exemple, mon dessein n'étant pas d'écrire un Traité entier d'Hydrostatique ; si on souhaitoit de supputer exactement la force avec laquelle l'eau sort de la fontaine, on

peut

LIVRE III. CHAPITRE IV.

peut se servir de la méthode que nous avons mis en usage dans les exemples précédens.

Avant de passer plus loin, il faut ajoûter ici, qu'on peut faire cette machine d'une autre maniere qui la rend beaucoup plus commode ; de sorte qu'il n'est pas nécessaire de la renverser ni de boucher avec le doigt le petit trou de la colomne W 8. On peut se servir de bouchons de liege pour les autres endroits, & faire les orifices M N sur le plan A F ; pour sçavoir cela il suffit d'avoir la moindre teinture de ces sortes de jets-d'eau : cependant il vaut mieux représenter la chose de l'autre maniere, parce que c'est avec cette machine-là que je fis l'expérience, & dans un endroit où nous ne pouvions nous servir d'autre métail que de l'étain pour la construction de la machine, & où nous manquions d'ouvriers nécessaires dans ces sortes de choses.

Il ne sera pas difficile non plus, pour une personne qui entend bien ceci, & la disposition de cette fontaine, de faire monter l'eau à une certaine hauteur, en multipliant le nombre des cîternes & des tuïaux, la hauteur de la descente de l'eau étant donnée : il est au moins certain qu'on peut inférer tout ceci par le raisonnement, & le confirmer par l'expérience.

LIII. Nous ajoûterons en dernier lieu quelque chose, qui, quoique de peu d'importance, parût pourtant d'abord merveilleux, même aux Mathématiciens, auxquels nous l'avons communiqué plusieurs fois, & qui sert pour confirmer les loix précédentes d'une maniere très-forte.

Du mouvement de l'eau dans un tuïau courbe.

Y m n Z est une cîterne ou un vaisseau large (planche XXVIII. fig. 4.) rempli d'eau jusqu'au bord ; P O N M est un verre cylindrique, aiant le fond P O tourné en-haut, & l'orifice M N precisément sur la surface de l'eau qui est dans le vase, dans lequel avant qu'il fût renversé, il y avoit de l'eau qui continua après le renversement, d'être suspendue à la hauteur Q R.

D'ailleurs L B V est un tuïau courbe, & ses deux branches sont remplies d'eau jusqu'à la même hauteur L & r, j'appliquai ma bouche à l'orifice V, & je fis reculer l'eau en soufflant, depuis r jusqu'à A, l'obligeant par là de s'écouler par L.

De cette maniere l'eau se trouvoit contenue entre L & A ; & pour empêcher qu'elle ne descendît dans L, & qu'elle ne montât dans A, je fermai d'abord l'orifice V avec mon doigt, par là l'eau resta beaucoup plus bas dans A que dans L.

Alors je mis le tuïau A B L sous le verre M N O P; de sorte que la colomne T L d'eau (le verre n'étant pas entierement rempli) & la colomne d'air u T se trouvoient sur l'orifice L.

L'eau qui étoit dans le tuïau sous le verre, & celle de la cîterne, ne se trouvoient point à la même hauteur; mais celle qui étoit dans la branche du tuïau L B étoit plus élevée que dans l'autre branche, h V, de toute la longueur S L ou A r; ainsi la colomne d'eau T L causoit une plus grande pression sur l'orifice L, sans compter la pression de l'air T u. Et qui ne se seroit pas imaginé d'abord, à moins que d'être bien versé dans l'Hydrostatique, que lorsqu'on auroit retiré le doigt de V, l'eau auroit été obligée de monter dans A, à cause qu'elle est plus élevée dans S L, ou plûtôt dans S T?

Cependant l'expérience nous fait voir, qu'au lieu de monter de A vers r, l'eau descendra de A vers F d'abord qu'on aura retiré le doigt de V.

Pour découvrir la cause de ce phénoméne, qui paroît si surprenant à certaines personnes, il ne faut autre chose que se rappeller les loix des fluides que nous venons d'établir.

Supposons donc encore que W X soit la superficie supérieure, & A E une ligne horizontale parallele à Y Z. Que la colomne d'air W E égale à X A (le doigt étant retiré de V) soit appellée a, & la petite colomne d'eau A F, b; la petite colomne d'air G E de la même hauteur avec A F, c; les deux colomnes d'eau H g & D T, d; & les deux petites colomnes égales d'air t g & u T, e; ainsi selon la méthode précédente, on pourra supputer la force avec laquelle la petite colomne d'eau A F se trouve pressée en bas, vers F ou jusqu'à y Z.

On peut encore abreger la chose de la maniere suivante: Les colomnes d'air W E & E G, ou a & c pressent la partie G; mais selon ce que nous avons établi, la partie F placée dans le même plan horizontal Y Z, se trouve pressée en-haut par la même force a & c, lorsqu'en bouchant l'orifice V avec le doigt, tout est en repos; parce qu'on y peut tirer une ligne depuis G jusqu'à F, sans passer à travers aucune autre matiere solide ou fluide. Mais si vous retirez le doigt de l'orifice V, la colomne d'air X A a, & la petite colomne d'eau A F b pousseront la partie en-bas, ainsi la force qui presse F en-haut est a, ajoûté à c, & celle qui la presse en-bas est a, ajoûté à b.

Or, comme b est de l'eau, & c de l'air, la force qui pousse F en bas, ou a ajoûté à b, sera plus grande que la force qui le pousse en-haut, exprimée par a & c, & par conséquent la partie

LIVRE III. CHAPITRE IV.

F est poussée en-bas par la différence de cette force, ou par le degré de pesanteur dont la petite colomne d'air égale E G ; c'est-à-dire, par b moins c.

Cela fait voir, que durant tout le tems que A F ou b sera de l'eau, & par conséquent plus pesante que G E ou c, qui n'est que de l'air, la partie F; & par conséquent la colomne A F sera poussée en-bas, & qu'elle ne cessera jamais d'être poussée, jusqu'à ce que A soit descendu dans F, & que la colomne A F devienne aussi de l'air.

Alors la différence de A F & de G E, ou b moins c sera rien, & la force qui pousse en-haut & en-bas dans F, sera égale ; pour cette raison l'eau qui est dans le tuïau V h ne sera pas plus élevée que dans F, ou elle sera égale à Y Z lorsqu'elle sera en repos. Cela se trouve conforme à l'expérience.

Nous pourrions démontrer ici que si L, l'orifice du tuïau L B V se trouvoit hors de l'eau Q R dans l'air P Q O R à quelque hauteur que ce soit, l'eau ne descendroit pas si bas que F ou Y Z ; mais elle resteroit tranquille & plus haut que F ou Y Z, à proportion que L seroit élevé au-dessus de Q R.

Nous avons observé, que puisque l'orifice L du tuïau L B V étant sous l'eau dans Q R, on peut tirer une ligne de G vers F qui ne traverse d'autre fluide que l'eau ; il nous est facile de trouver d'une maniere plus courte la force qui pousse F en haut, par celle qui pousse en-bas G.

Mais lorsque l'orifice L du tuïau L B V se trouve au-dessus de l'eau Q R dans l'air P Q O R, nous trouverons que la ligne que nous aurions tiré de G jusqu'à F, doit premierement passer à travers l'air P Q R O hors de l'eau jusqu'à l'orifice L, avant qu'elle arrive dans F ; de-là vient qu'on ne sçauroit vérifier la supputation précédente, parce que dans cette occasion F & G ne seroit pas également poussez en-haut & en-bas (en supposant le doigt dans V) quoiqu'ils soient des parties égales du même plan horizontal. Ceci paroîtra très-clair pour tous ceux qui en feront les supputations, suivant les exemples dont nous avons fait mention alleurs.

On peut faire voir cette expérience sans beaucoup d'embaras ni de peine, en mettant un tuïau de verre courbe dans une phiole, afin que l'eau ne puisse pas s'écouler lorsqu'il sera renversé, ou tourné de haut en-bas.

LIII. Quoique les fluides soient composez d'un nombre innombrable de parties qui ignorent toutes ce qu'elles font ; elles

Un paradoxe d'Hydrostatique prouvé par deux expériences.

observent malgré leur nombre prodigieux toutes les loix dont nous avons parlé avec la derniere exactitude ; & les effets qu'elles produisent avant de s'en écarter, paroissent incroiables à beaucoup de personnes. En voici des exemples.

Supposons (planche xxviii. fig. 5.) que D C est un tuïau rond & droit, de telle longeur & largeur qu'il vous plaira, dans lequel s'ouvrent deux autres tuïaux A C & A B, ou même davantage, & autant que la circonférence du premier tuïau D C en pourra contenir; vous pourrez faire ceux-ci aussi grands que vous voudrez : mais pour rendre la chose évidente, nous supposerons qu'il n'y en a que trois, & de même grosseur.

Ensuite remplissez tous ces tuïaux avec de l'eau à une égale hauteur, laquelle en ouvrant les robinets G, E, F, pressera sur la base C d'un vase de communication C T H ajusté aux robinets & aux tuïaux, & si l'on ôte le fond ou la base elle s'écoulera par C.

Or, selon les loix précédentes, tous ceux qui entendent l'Hydrostatique sçavent fort bien que, si parmi les robinets G, E, F qui sont fermez, on en ouvre un, l'eau qui est contenue dans chacun de ces tuïaux, pressera le fond C avec le même poids : ainsi si l'eau qui est dans D C (supposant le robinet E ouvert, & les robinets G & F fermez) presse sur le fond C avec le poids de 100 liv. l'eau qui est dans le seul tuïau A C, le robinet G étant ouvert & E F fermez, pressera le fond C avec le même poids de 100 liv. & l'eau qui est dans le tuïau B C en fera de même.

Il est certain que l'eau de chaque tuïau à part, indépendamment du poids de celle qui est dans les deux autres, presse sur la base C comme 100 liv. de poids. Je voudrois à présent qu'un homme qui n'auroit jamais vû ces expériences d'Hydrostatique, se demandât à lui-même, si l'eau qui est dans les trois tuïaux, tous les robinets étant ouverts, agissoit tout à la fois sur la base C, avec quelle force elle agiroit ? Dites-nous, je vous prie, ne seriez-vous pas porté d'abord à répondre (comme plusieurs personnes sçavantes & ingénieuses, ont répondu) que, puisque chaque tuïau presse sur C comme 100 livres de poids, si tous les trois agissoient ensemble, elle agiroit avec trois fois autant de force, excepté le peu d'eau qui est dans T H F E G, qui est placée entre les robinets & le fond ? Cependant si on prend des tuïaux assez longs, elle ne cause aucune différence remarquable.

LIVRE III. CHAPITRE IV.

Mais si nous disons : 1°. Que loin de répondre juste, il s'est entierement trompé, & que quoique l'eau de chaque tuïau presse toute seule sur le fond C comme un poids de 100 liv. cependant lorsque l'eau de tous les trois ensemble agit sur le même fond, la pression n'est égal qu'à 100 liv. quand même les tuïaux seroient plus gros & plus nombreux, & qu'ils contiendroient par conséquent plus d'eau, ou un plus grand poids d'eau : Par exemple, si chaque tuïau, comme NBF étoit de la grosseur & de la figure NFR, ou de quelqu'autre ; pourvû seulement que l'eau de chaque tuïau continuât d'être à la même hauteur perpendiculaire DH ou RS, & que la base qui soûtient le poids fût de la même étendue.

2°. Que tout cela dépend d'une loi d'Hydrostatique, dont nous avons déja parlé ; nous avons vû qu'il n'y a point de partie comme TH, dans le plan horizontal TS, qui soûtienne jamais un plus grand poids que celui de la colomne perpendiculaire ou de profondeur qui a TH pour base, & DH ou RS pour sa hauteur perpendiculaire : Si l'on fait réflexion à cela, on verra que tout ceci n'est qu'une suite nécessaire de cette loi ; mais on avouera aussi sans doute, que la maniere selon laquelle l'eau doit se disposer dans les trois tuïaux, pour ne pas peser davantage avec une triple quantité d'eau, qu'avec une seule quantité, lui est entierement inconnue.

On fera cet aveu d'autant plus volontiers, que le fluide qui presse, n'est point en mouvement, mais en repos.

LIV. Et afin que ceux qui lisent ceci, ne doutent point de la vérité de l'expérience (ce qu'ils ne sçauroient peut-être éviter qu'avec peine) à moins qu'ils ne soient bien versez dans l'Hydrostatique ; ils n'ont qu'à comparer les expériences suivantes avec la précédente ; elles n'ont été faites que pour appuier la vérité de l'autre contre ceux qui en doutent. Voici la maniere selon laquelle je les trouve décrites parmi les expériences que j'ai marquées dans mon Journal depuis quelques années.

Je fis faire une machine de la maniere suivante : MNQR, (planche XXXVIII. fig. 6.) est un tuïau d'étain aiant un robinet dans K qui peut fermer & ouvrir la communication qu'il y a entre la partie supérieure & inférieure du tuïau. On voit sortir de ce tuïau de l'endroit S, un autre tuïau oblique TS, qui va en s'élargissant jusqu'au sommet OTP en forme d'entonnoir, aiant aussi un robinet dans L, qui peut ouvrir & fermer un paſſage entre le fluide qui eſt au-deſſus & au-deſſous ; à l'extrémité de ce tuïau d'étain dans QR, il y en a un autre de verre QRGH, attaché au précédent, & ils ſont tous les deux bouchez avec de l'emplâtre de *Diachylon*.

Enſuite je pris un grand verre cylindrique AEFB, & je le remplis juſqu'à CD avec de l'eau extrémement chargée de ſel ; & après avoir attaché le tuïau d'étain avec celui de verre à un morceau de bois XV placé tranſverſalement, je les plongeai dans cette eau ſalée juſqu'à une certaine profondeur.

Après quoi verſant doucement de l'huile de thérébentine dans l'entonnoir & le tuïau ; les deux robinets étant ouverts, je vis qu'une partie ſortit par GH, & produiſit une crême d'huile flottante ſur l'eau marinée dans ABCD, & j'obſervai encore que l'huile étant plus legere, & par conſéquent ſoûtenue par le poids de l'eau marinée dans MNOP, par exemple, ou du moins ſur la ſuperficie de l'eau marinée, demeura dans cet état dans l'entonnoir & dans le tuïau.

Aiant attendu que tout fût tranquille, j'obſervai une goute d'huile qui pendoit en deſſous au fond du tuïau de verre GH, mais en verſant un peu d'huile dans l'entonnoir O, ou dans le tuïau N, ce nouveau ſurcroît de preſſion la fit tomber de GH, & elle monta à la ſurface de l'eau marinée. Après quoi (le morceau de bois XV étant bien attaché au vaſe de verre, afin qu'il ne gliſſât pas) d'abord qu'il y eut une autre goute d'huile pendante dans GH, nous tournâmes doucement les deux robinets K & L, & nous les fermâmes. Enſuite nous obſervâmes que, ſoit qu'il y en eût un ou deux d'ouverts, la preſſion ne changeoit pas de beaucoup ; elle n'étoit pas même aſſez grande pour faire tomber la goute d'huile ſuſpendue, cependant auparavant nous avions vû que cela arrivoit toûjours par l'addition d'un petit poids, qui n'étoit pas à comparer à celui de l'huile qui étoit dans l'entonnoir.

De tout cela, il s'enſuit évidemment, que la preſſion de l'huile qui étoit dans le tuïau NH, n'avoit ni augmenté ni diminué ; ſoit que toute l'huile qui étoit dans l'entonnoir SPO agît & preſſât, ſoit que le robinet L l'empêchât d'agir de la ſorte.

LV. Nous joignîmes pour le même effet un tuïau courbe d'étain DEF, (fig. 7.) à l'inſtrument précédent BCD ; & après y avoir attaché un tuïau de verre FA, nous le lûtâmes comme ci-devant dans D & F. Enſuite aiant ouvert les robinets nous verſâmes

LIVRE III. CHAPITRE IV.

de l'eau commune dans l'entonnoir C, jusqu'à ce qu'elle fût montée à la même hauteur A B C dans l'entonnoir & dans les deux tuïaux A & B ; & d'ailleurs aiant ouvert l'un des robinets K & L , & fermé l'autre, ensuite les aiant ouverts tous les deux, nous ne pûmes pas observer que la liqueur montât ou descendît dans A. Cela nous fit voir aussi que la pression de l'eau dans le tuïau B D, qui soûtenoit l'eau dans E F à la hauteur A, n'augmentoit ni ne diminuoit, mais qu'elle restoit toûjours inaltérable, soit que l'eau de l'entonnoir la poussât en-bas, ou non, par sa pesanteur.

Ces deux expériences suffisent pour confirmer ce que nous avons dit ailleurs, quelque étrange que cela paroisse du premier abord, quoique cela soit assez clair pour ceux qui entendent l'Hydrostatique.

L V I. Voici un autre exemple, touchant lequel les plus grands Mathématiciens avouent franchement leur ignorance, du moins leur incertitude, par rapport à la maniere dont l'eau agit : il ne faut pas avoir égard aux instrumens que nous avons mis en usage, nous n'avons cherché qu'à rendre la matiere plus intelligible, & à faire une plus forte impression.

Autre paradoxe d'Hydrostatique confirmé aussi par l'expérience.

Que A B L M (planche XXIX. fig. 1.) soit un vaisseau représenté ici dans son profil ; & pour rendre la chose claire, nous le supposerons éxactement quarré, & les dimensions de sa longueur & de sa largeur de douze pieds. On doit aussi supposer que ce vase est couvert d'un couvercle plat & horizontal A B, de la même largeur, aiant dans U R un orifice quarré plus petit, long & large de deux pouces ou de $\frac{1}{6}$ d'un pied ; d'où s'éleve un tuïau quarré perpendiculaire R Q S V, de la même largeur & du même diamétre que le petit V R ; mais sa hauteur Q R est de 36 pids ; que la profondeur du vase W A soit de huit pouces ou de $\frac{2}{3}$ d'un pied.

Dessous dans W Z, il y a une cîrerne A B W Z qui est entierement ouverte, dont le fond est un morceau de bois qui se leve, placé sur le bord de la cîterne M N O L ; ce bois est assez fort, il ne plie point ; il est placé de maniere, que lorsque l'eau est à quelque hauteur que ce soit, rien ne sçauroit passer entre le morceau de bois & la cîterne. Nous mîmes sur un fond encore beaucoup plus petit, dont nous nous servîmes pour cet usage, un morceau de cuir épais & mouillé, qui est placé sur les pointes du bord d'étain O & N &, replié en-haut, & qui se trouvant poussé en-bas par la pesanteur de l'eau qui pese sur le bord de ce bois, retenoit entierement l'eau dans la citerne.

Outre cela, il y avoit un anneau attaché dans E au même fond, d'où partoit une corde qui passoit par le tuïau quarré, & s'alloit attacher en-haut dans F, à l'une des extrémitez de la balance H G F; de sorte qu'en tirant la corde F E en-haut, le fond W Y s'élevoit en même tems.

Ensuite si on verse de l'eau dans la citerne A B Z W jusqu'à A B, il est clair que la longeur & la largeur de la citerne étant de douze pieds, l'aire contiendra 114, qui multipliez par la hauteur A B ou $\frac{2}{3}$ d'un pied ou huit pouces, la solidité de cette citerne, ou l'eau qu'elle contient, donnera 96 pieds cubiques, qui pesent (si vous donnez 63 liv. de poids à un pied cubique d'eau) 6048.

Par conséquent le poids I égal à tout autant de liv. étant mis dans la balance H, fera équilibre à l'eau de la citerne A B W Z, si vous en exceptez le poids du fond W Z & le frottement: & si on ne faisoit que l'augmenter un peu plus, il sera capable d'élever le fond W Z avec toute l'eau A B, quoiqu'on n'en eût pas ôté le couvercle A B ni le tuïau R Q S V. Ceci est une chose connue de tout le monde.

Bien plus, si nous remplissons d'eau le tuïau, lequel étant long de deux pouces ou $\frac{1}{6}$ d'un pied, & long de 36 pieds, contiendra exactement un pied cubique, ou 63 liv. d'eau, selon la supposition précédente.

Cela étant fait, on peut considérer ici le fond W Z qui se leve comme le bassin d'une balance, suspendu à la balance F H dans F, qui soûtient le poids de l'eau de la citerne A Z & du tuïau Q R, lequel contrepese le poids qui est dans l'autre bassin suspendu dans H. Que diroit un homme qui n'auroit pas ces matieres familieres, à la vûe de toutes ces particularitez qu'on observe dans l'Hydostatique? Qu'il se retire en lui même, & qu'il y fasse une réflexion sérieuse; le poids I est en équilibre avec l'eau de la citerne A B W Z, sans y compter le couvercle A B & le tuïau Q R; & le tuïau Q R lui seul pese un pied cubique ou 63 liv. d'eau: Après tout cela n'auroit-il pas sujet de conclure que le poids I étant considérablement augmenté par un autre poids W, qui pese beaucoup plus que le pied cubique d'eau; par exemple, en y ajoûtant 100, ou même 1000 liv. il seroit très aisé par là d'élever le fond W Z qui se leve, ou l'autre bassin

bassin avec l'eau qu'il soûtient ; il auroit d'autant plus sujet de le conclure, que cela se trouve vrai dans tous les corps solides, même dans l'eau lorsqu'elle est glacée, pourvû qu'elle ne le fût pas vers les côtez de la cîterne ou du tuiau, comme M. Varignon l'assûre, *Act. Lips.* 1692. p. 365.

Mais une personne qui aura éxaminé les loix de l'Hydrostatique que nous venons de faire voir, verra que dans le plan horizontal d'eau A B, précisément au-dessous du couvercle de la cîterne A B, le plan V R se trouve pressé par un pied cubique d'eau, ou 63 L : c'est pour cette raison que chaque partie égale R e, e f, & V m, m n dudit plan horizontal, selon la loi que nous avons établie, l'eau, si elle est tranquille dans le tuiau & dans la cîterne, sera pressée en-bas également par tout ; de sorte que ce seul pied d'eau, ou 63 L, qui est dans le tuiau Q R, pese également sur le fond W Z qui se leve, de même que toute cette quantité d'eau qui entreroit dans la cavité A B T P, en cas que la cîterne A W Z B fût un vase perpendiculaire quarré de 36 pieds de profondeur, & de 12 de longueur & de largeur.

Nous pouvons découvrir le poids qu'auroit cette eau, en premier lieu en multipliant la largeur & la longueur de la cîterne, ou 12 pieds, l'un par l'autre ; ainsi l'aire ou la base contiendra 144 pieds quarrez. Ce nombre étant encore multiplié par la hauteur Q R, ou 36 pieds, la solidité du vase A B T P sera 5184 pieds cubiques ; chacun étant supposé de 63 L, toute la masse de l'eau pesera 326592 L. C'est avec ce poids que la petite quantité d'eau qui est dans le tuiau Q R, presse en-bas le fond W Z qui se leve.

Ainsi loin de lever le fond W Z, en ajoûtant un autre poids W (de 100 ou 1000 L) au poids I qui est dans le bassin de la balance H, il faudroit un poids de plus de 326000 L, seulement pour contrepeser ou plûtôt pour mettre en mouvement les 63 L d'eau ainsi disposée & contenuë dans le tuiau Q R.

Que personne ne doute ici de la vérité de ce qui vient d'être avancé, pourvû que la cîterne soit par tout assez forte pour résister à cette terrible pression ; la chose est assez connuë de tous les Modernes versez dans l'Hydrostatique, & nous l'avons prouvée dans un petit vase par des expériences, de même que beaucoup d'autres.

LVII. Ce n'est pas seulement dans la pression des fluides en-bas que nous découvrons des merveilles, nous en éprouvons même dans leur preſſion en-haut, ſelon les mêmes regles; car VR étant pouſſé en-bas par 63 L, lorſque la liqueur du tuiau QR eſt calme, ainſi qu'on l'a prouvé, chaque partie égale ef, &c. dans le même plan horizontal AB, ſera pouſſée en-haut avec autant de force, & par conſéquent tout le couvercle quarré AB ſera ſoulevé par une force de 326500 L, il faut y comprendre l'orifice VR & la force qui le preſſe.

Il y a un éxemple remarquable de cela dans M. Mariotte, *du mouvement des Eaux*, pag. 106. Il prit un tonneau ABCD, (planche xxix. fig. 2.) dont les deux fonds AMD étoient enfoncez en-dedans; & après avoir fait un trou dans E, il y plaça le tuiau EF large d'un pouce, & long de 14 ou 15, en ſorte que l'air ne pouvoit point paſſer entre le tuiau & le trou: enſuite rempliſſant le tonneau avec de l'eau, il mit ſur ledit tonneau deux poids de 800 L, PQ; après cela il remplit auſſi le tuiau avec de l'eau, & il trouva que cette derniere petite quantité d'eau ſouleva le fond du tonneau avec les poids ci-deſſus, & le fit plier en-dehors. On obſerva tout cela par le moien d'un petit morceau de bois IL qu'on avoit mis pour marque, & qui touchoit preſque le tuiau dans H, & qui s'éleva dans H au-deſſus de IL par la preſſion de l'eau qui ſoulevoit le fond du tonneau.

Venez, malheureux Incrédules, venez éxaminer la loi de la preſſion des liqueurs qui eſt toûjours déterminée par la peſanteur; conſiderez la force prodigieuſe d'une petite quantité d'eau; n'avons-nous pas tout ſujet de regarder cela comme une merveille? & ſi l'expérience ne confirmoit la vérité des phénoménes dont j'ai parlé, l'auriez-vous jamais cru? & n'auriez-vous pas rejetté les principes d'où cela dépend? Voulez-vous ſçavoir ce que les plus grands Mathématiciens en penſent? M. Varignon, que tout le monde reconnôit pour un ſi grand Méchaniſte, l'appelle *un fameux Paradoxe;* tous ne différent que quant à la maniere d'expliquer comment cela ſe fait dans les fluides. M. Mariotte l'appelle *un effet ſurprenant* de l'équilibre. M. Whiſton, *Prælect. Phyſ.* pag. 247, dit, en parlant de cette loi, qu'elle eſt parfaitement connuë dans l'Hydroſtatique; mais juſqu'à préſent à peine en a-t-on trouvé aucune preuve naturelle ou mathématique. Il nous donne ſes opinions là-deſſus au ſujet des liquides qui ſe meuvent, mais non pas au ſujet de ceux qui ſont en repos; de ſorte qu'on n'a pas encore trouvé la ſolution entiere de toutes ces merveilles.

LIVRE III. CHAPITRE IV.

Il semble qu'un Incrédule ne sçauroit pousser la chose assez loin, sans qu'il y ait de la folie, jusqu'à s'imaginer qu'il est capable de prouver que les ouvrages de la nature sont produits par une nécessité aveugle; ouvrages dans lesquels il est obligé d'avouer qu'il n'entend presque rien; & qui loin de les croire nécessaires, il devroit les regarder comme impossibles ou absolument incroiables, s'il n'en étoit pleinement convaincu par l'expérience. Peut-il donc attribuer toutes ces merveilles à un pur hazard? dans ces merveilles où l'on observe tant de constance & de régularité, qui s'ajustent si bien à toutes les conséquences que les Mathématiciens peuvent tirer des loix précédentes.

Beaucoup de personnes ont tâché d'inferer des loix de Méchanique, & en particulier de ce qui suit, que pour lever un poids de 100 L, à la hauteur d'un pied, il faut autant de force que pour lever un poids d'une L, à la hauteur de 100 pieds, dans le même tems; on peut consulter là-dessus M. Mariotte, & d'autres Mathématiciens : cependant il n'est personne qui n'ait eu beaucoup de peine à expliquer, comment les fluides, même lorsqu'ils sont en repos, se disposent pour obéir à ces loix, afin de produire ces merveilles. M. de la Hire (voiez *sa Méchanique*, prop. 106. pag. 331.) & M. Varignon ont inventé une nouvelle espece de levier fort ingénieux, dont les effets sont fort analogues à la force des fluides; on les enferme dans une boëte quarrée, on les met en ordre, on les fait agir contre le couvercle, le fond & les côtez, de la même maniere que si ladite boëte étoit remplie d'eau : mais quelque grande ressemblance que cela puisse avoir avec les fluides, ni ces Messieurs, ni autre personne, ne se persuaderont pas aisément que l'eau, l'huile, ou quelqu'autre liquide, doivent leurs mouvemens à une machine semblable.

Pour être convaincus des effets que la loi de la pression des fluides selon leur profondeur produit dans le monde, Incrédules, qui attribuez tout au hazard, ou à une nécessité aveugle; voici des choses qui méritent votre attention : ce qui précede vous fera connoître qu'il n'y a rien qui ne soit vrai; ou, si vous êtes versez dans les Mathématiques, vous en êtes déja assurez par votre propre expérience.

Voici un phénoméne que vous ne sçauriez nier, c'est que toutes les chambres des maisons ne seroient autre chose que des

' Sans les loix des fluides, tout seroit réduit en peu de tems dans la derniere confusion.

Ffff ij

cavernes affreuses & un débris affreux pour tous ceux qui les habitent, si l'air, au lieu de peser & de presser comme une matiere fluide, agissoit comme un amas de petits corps solides, & s'il ne pressoit que perpendiculairement, sans aucun égard à la loi de la pression selon la profondeur. Selon cette loi, toutes les parties égales du même plan horizontal sont également pressées, que la colonne perpendiculaire d'air soit grande ou petite, & le contraire arrive que dans un tas de corps solides. Qu'on considere donc la confusion & l'état misérable où cela réduiroit toutes les créatures, qui ont besoin d'un azyle contre les injures de l'air, comme lorsqu'il fait froid, qu'il fait du vent, qu'il pleut, &c.

Pour donner une idée plus claire de cela, supposons qu'il y a une personne assise dans la chambre W, (planche xxix. fig. 3.) que le plat-fond ABC la couvre, & que la distance qu'il y a entre le plat-fond & sa bouche, est comme MO, & la hauteur de la colonne externe d'air qui communique avec celui de la chambre, égale à QS; si la pression de l'air dans LM n'étoit égale qu'au poids de la colonne LMNO, comme cela arriveroit si l'air pesoit comme les corps solides, sa pression seroit très-petite, & il n'auroit par conséquent que très-peu de ressort d'abord qu'il seroit rarefié, la pression à laquelle il a accoûtumé de s'accommoder étant ôtée.

Le mercure dans le barométre T, monte ordinairement jusqu'à 28, 29, 30 ou 31 pouces par la pression de l'air extérieur PQRS, & le mercure est 14 fois plus pesant que l'eau; ainsi si nous supposons le mercure à 30 pouces, il faudra quatorze fois 30 ou 420 pouces d'eau pour balancer l'air; & comme l'eau est communément 800, 900 ou 1000 fois plus pesante que l'air, (si on suppose cette derniere somme véritable) l'air étant comprimé comme à l'ordinaire, sa hauteur sera de 1000 fois 420 pouces, ou 420,000 pouces, (vers la région supérieure, où il soûtient moins de poids, & où il a par conséquent plus de liberté pour se rarefier; il peut monter plus haut, mais nous ne prenons pas garde à cela dans cet endroit) ainsi nous sommes obligez de supposer que QS représente ladite hauteur.

Pour faciliter la chose, supposons que NO soit la hauteur de 14 pieds, c'est-à-dire, de 168 pouces; selon cette supputation, il faut que celle de la chambre soit pour le moins de 18 ou 19 pieds, (hauteur qui est plus grande que celle des chambres ordinai-

LIVRE III. CHAPITRE IV.

rés;) & la preſſion de l'air dans L M, qui eſt égale au poids de ladite colonne d'air L M O N de 14 pieds ou 168 pouces eſt à la preſſion de l'air externe P Q, comme la colonne L M O N eſt à la colonne P Q R S, ou comme 168 à 420,000 pouces, ou éxactement comme 1 à 2500.

Par conſéquent la preſſion dans L M eſt uniquement comme $\frac{1}{2500}$ partie de la preſſion de l'air extérieur dans P Q : or cet air fait monter le mercure dans le barométre juſqu'à 30 pouces; ſuivant cela, l'air de la chambre qui eſt dans L M, ne feroit monter le mercure qu'à la $\frac{3}{250}$, tout au plus à la $\frac{1}{83}$ partie d'un pouce ou environ $\frac{1}{7}$ d'une ligne, qui eſt la $\frac{1}{11}$ partie d'un pouce.

Cela étant ſuppoſé, quand on a vû mettre un animal ſous le récipient de la machine pneumatique auprès duquel on place un barométre, on eſt pleinement convaincu que long-tems auparavant que le mercure deſcende juſqu'à $\frac{1}{7}$ d'une ligne, l'animal tombe en convulſion, & que la plûpart du tems il expire.

De ſorte que cette expérience, avec pluſieurs autres qu'on fait dans la machine pneumatique, (nous en avons déja cité une que nous avons tirée de M. Otho Gueric, qui coûta preſque la vie à un homme) fait voir aſſez clairement que, ſi la preſſion de l'air n'étoit égale qu'à celle de la colonne qui s'étend juſqu'au plat-fond O N, tous les animaux qui habitent ou ſur la terre, ou dans l'air, mourroient immédiatement dans cette chambre; ainſi les chambres & les maiſons ſeroient entierement inutiles, ſi la loi de la preſſion ne prévenoit ce grand inconvenient : cette loi agit en tout ſens, ſelon la profondeur des fluides, elle eſt commune à tous les fluides, & c'eſt par elle que la preſſion dans le même plan horizontal P M eſt égale ſur les parties égales P R & L M, ſoit dedans, ſoit hors de la chambre.

Pour la même raiſon il ſeroit impoſſible qu'un vaiſſeau paſſât ſous un pont, ſans expoſer à une mort ſoudaine tout un équipage; les poiſſons même ne pourroient pas nager ſous le pont, ſans être en péril de perdre leur vie, à cauſe que l'air qui eſt ſous le pont peſeroit beaucoup moins ſur l'eau : il leur arriveroit la même choſe qu'aux poiſſons qu'on met dans la machine pneumatique, lorſqu'on commence à pomper l'air. On obſerve qu'à meſure que l'air ſe rarefie, & que ſa preſſion ſur l'eau diminuë, les met d'abord en convulſion, & peu de tems après ils meurent; ſi la même choſe n'arrive pas ſous les ponts, cela dépend uniquement des loix de l'Hydroſtatique.

On peut ajoûter à cela, que l'air de la chambre dans L M se trouvant si peu pressé, qu'à peine il feroit monter le mercure à $\frac{1}{7}$ d'une ligne, se rarefieroit tellement, qu'il seroit incapable de transporter les sons jusqu'aux oreilles ; nous en avons déja donné des éxemples qui prouvent cela, ainsi quoiqu'on pût vivre dans cet air, nous serions pourtant dans l'impossibilité de nous parler l'un à l'autre : le feu ne brûleroit point dans un air si rarefié, la fumée ne monteroit jamais ; il n'y auroit pas une seule particule de celles qui sont l'objet de l'odorat, qui pût venir jusqu'à nous, nous ne parlons pas d'une infinité d'autres inconveniens qu'un air si rarefié occasionneroit.

Si on objectoit que, quoique l'air de la chambre fût si peu comprimé, celui qui seroit le plus pressé y passeroit de Q P R S, comme feroit l'eau elle-même, quoiqu'elle n'ait que peu ou point du tout de ressort ; à cela nous répondons, que cette objection n'est fondée que sur l'action même de la pesanteur, & sur la loi de la pression, &c. qui n'est propre qu'aux fluides : mais dans ce cas-ci nous supposons que cela n'a pas lieu ici, nous ne tâchons que de faire voir ce qui arriveroit, si les particules de l'air agissoient par leur pesanteur, non pas comme fluides, mais comme corps solides.

Pour éclaircir cette matiere, supposons (planche XXIX. fig. 4.) un banc de sable élevé, composé par conséquent de corps solides, & de la figure de celui qui est représenté ici par A B C D M H N, il est évident que le corps G est pressé par le sable qui est au-dessus dans E F C D, & si vous voulez, par celui qui est à côté dans Q R : mais si dans le même plan horizontal B H il y a un autre corps aussi grand que K, qui n'est que de la profondeur L S au-dessous du sable, tout le monde sçait que K n'est que très-peu pressé, & beaucoup moins que le corps G, quoique tout le sable soit contenu dans un vase égal à toute la circonference dudit banc ; ainsi si dans G, sous ce banc de sable, il y avoit un homme, il lui seroit impossible de se lever, au lieu que s'il étoit dans K, il se leveroit fort aisément.

Mais, si à la place de ce sable il y avoit un vase de cette figure rempli de matiere fluide, le corps K seroit pressé par le même poids que G, à cause de la loi de la pression ; d'où il est évident que, si nous distinguons l'action des corps solides d'avec celle des fluides, cette objection tombe d'elle même.

Il est au moins certain, sans insister sur aucune autre particu-

LIVRE III. CHAPITRE IV.

larité, que sans l'action de la loi de la pression, &c. dans les fluides, les hommes seroient entierement privez de l'usage de leurs maisons & des plus grandes commoditez; les expériences naturelles que les Modernes ont faites, ne nous laissent plus aucun lieu d'en douter.

Cela étant ainsi, quelle récompense n'auroit pas méritée un homme qui auroit inventé le moien de prévenir ces inconveniens, ou qui auroit pû prescrire cette loi aux fluides? Où seroit celui-même l'Incrédule, qui ne croiroit pas qu'on feroit un grand tort à cet homme là, en supposant qu'il auroit inventé par un pur hazard le moien de prévenir tous ces inconveniens, si au lieu de rendre les actions de grace qu'il mériteroit si justement, les hommes le regardoient comme un ignorant ou comme un fol?

Mais jettons les yeux sur l'action de la pression des fluides, je veux dire, cette force par laquelle ils poussent en-haut; nous trouverons aussi des choses qui manifestent visiblement la gloire, la puissance & la bonté du Directeur suprême de toutes choses.

Le plomb même peut flotter sur l'eau par la force de ce fluide qui le pousse en-haut.

Nous avons déja fait voir qu'il y a dans tous les fluides qui en ont d'autres à côté, une force réelle, qui pousse en-haut; & l'expérience de M. Boyle le fait voir aussi: nous la rapporterons plus bas, & d'une maniere aisée & claire.

Un homme qui ne seroit pas versé dans l'Hydrostatique, croiroit-il facilement qu'un morceau de plomb qui est si lourd en comparaison de l'eau, volume pour volume, pût flotter & ne pas couler à fond dans l'eau? La seule force par laquelle l'eau pousse en-haut, le soûtient; il n'y a point d'autre matiere qui y contribuë. Il faut qu'il n'y ait point d'eau par-dessus le plomb, elle pourroit le faire descendre au fond par sa pression; & il faut que l'eau qui est à côté, soit 13 ou 14 fois plus profonde que le plomb n'est épais.

Si on veut en faire une expérience aisée, qu'on prenne un tuiau d'étain d a b f, (planche XXVI. fig. 1.) dont l'orifice inférieur soit poli & uni; qu'on prenne ensuite un morceau rond de plomb a b m n, dont l'épaisseur soit environ $\frac{1}{5}$ ou $\frac{1}{4}$ d'un pouce, & la largeur a b tellement proportionnée, qu'en l'appliquant sur l'orifice dudit tuiau d'étain a b, il ferme ledit orifice; il faut aussi qu'il y ait au milieu du plomb un petit crochet e, & une corde e k qui y soit attachée: ensuite couvrez le plomb a b avec un morceau de cuir ou avec un morceau de veſſie moüillée percée dans le milieu, afin d'y faire paſſer le crochet & la corde, avec laquelle il faut tirer le morceau de plomb a, b, n, m aſſez près vers l'orifice a b du tuiau d'étain a b d f; enſuite les tenant tous les deux dans cette ſituation, enfoncez les tout-à-coup dans l'eau juſqu'à la profondeur d m, ce qui fait environ 13 ou 14 fois l'épaiſſeur du plomb a m, dans un grand vaſe N T C O, où l'eau eſt à la hauteur N O ; vous verrez que la petite corde e k, & par conſéquent le morceau de plomb a, b, n, m, étant en liberté, ne coulera point à fond dans cet endroit; la force de l'eau qui pouſſe en-haut, le ſoûtiendra, & le fera nager, ſelon l'expérience que nous en avons ſouvent faite.

Que cela n'arrive que par la force de l'eau qui pouſſe, c'eſt une choſe évidente, puiſque, ſi on ne place le plomb dans l'eau qu'à une profondeur qui égale dix ou douze fois ſon épaiſſeur, en lâchant la petite corde e k, il deſcendroit d'abord au fond; mais étant placé dans un lieu plus profond, nous obſervâmes, qu'après avoir lâché le tuiau & la petite corde, le plomb, au lieu de couler à fond, montoit & deſcendoit comme un morceau de bois.

La raiſon de ce phénoméne eſt aſſez claire; on n'a qu'à lire pour cela ce que nous avons déja dit, & les endroits où il eſt parlé de la loi de la preſſion, &c. Le plomb, étant environ 12 fois auſſi peſant qu'une égale quantité d'eau, lorſqu'on le place à une profondeur 13 fois égale à ſa propre épaiſſeur a m dans l'eau N O, & qu'on tient ferme le tuiau avec la main, & le morceau de plomb avec la petite corde, il eſt clair que la partie g h du plan horizontal eſt preſſée en-bas par la colonne perpendiculaire p q h g ; or cette colonne étant 13 fois auſſi haute dans p g que le plomb a m eſt épais, l'eau m n, qui eſt ſous le plomb, pouſſera en-haut avec la même force: & comme le plomb ne ſçauroit preſſer ſur l'eau m n qu'avec la force de 12 parties, (n'étant que 12 fois auſſi peſant qu'une égale quantité d'eau) il eſt aſſez clair que ladite eau eſt preſſée en-haut avec treize parties, & en bas ſeulement avec douze; de ſorte que la preſſion inférieure de l'eau étant plus grande que la ſupérieure du plomb, ledit plomb doit nager, & il ne ſçauroit deſcendre On peut prouver par les mêmes principes, pourquoi le plomb, lorſqu'on le place à une profondeur qui égale neuf ou dix fois ſon épaiſſeur, coule d'abord à fond, ce qui ſe trouve encore

LIVRE III. CHAPITRE IV.

core vérifié par l'expérience précédente. Il ne sera pas nécessaire de parler ici de la force étonnante avec laquelle les fluides pressent en-haut & en-bas, après ce que nous avons dit ci-devant sur les loix de l'Hydrostatique.

Et de cette expérience, & de ce que nous avons fait voir touchant la descente du bois au fond de l'eau, il est aisé de conclure qu'un morceau de bois, à plus forte raison un petit vaisseau, couleroit au fond comme une pierre, si la force avec laquelle l'eau pousse en-haut, ne le faisoit flotter.

S'imaginera-t-on que la force de l'eau, sans laquelle un vaisseau ne pourroit jamais nager ni faire voiles sur mer, commodité sans laquelle le monde seroit privé de la plus grande partie de son bonheur; s'imaginera-t-on, dis-je, que cette force est un effet du hazard?

Ces hommes qui ont porté les vaisseaux, & tout ce qui regarde la marine dans le haut degré de perfection, où nous la voyons à présent, ne passeront-ils pas pour ingénieux? & croira-t-on qu'il n'a pas fallu un Etre infiniment plus industrieux pour faire tourner les vaisseaux autour de la terre, d'une maniere que les plus grands Mathématiciens ne sçauroient comprendre, & de les faire marcher sur la surface d'une matiere fluide, qui cede à la moindre impression?

Et quoique la pression perpendiculaire dépende de la pesanteur des fluides, cependant y auroit-on jamais soupçonné la loi de la pression des fluides en-haut, si on ne l'avoit pas démontré visiblement & par des expériences? Ne faut-il donc pas qu'il y ait ici une disposition remplie de sagesse? Ne faut-il pas recourir à une Puissance directrice qui s'étend jusqu'aux plus petites particules des fluides, qui les contrebalance par deux forces égales qui agissent l'une contre l'autre d'une maniere tout-à-fait surprenante & inconcevable, même dans le tems qu'ils nous paroissent dans une inaction parfaite, & qui les oblige de rester en repos? Que dira-t-on de l'eau qui est devant la ville d'Amsterdam, & que nous appellerons Y? Dans le tems qu'elle n'est agitée par aucun vent, que sa surface est polie comme du verre, la force avec laquelle elle presse en-haut, doit être prodigieuse pour soûtenir des flottes de vaisseaux chargez de canons & d'autres fardeaux pesans; il ne s'en faut pourtant pas l'épaisseur d'un cheveu que tout ne coule à fond. Peut-on réfléchir un peu sur ce que nous venons de dire, sur tant de millions de particules d'eau qui sont obligées toutes d'obéir à cette loi, & n'y pas découvrir une Sagesse & une Puissance qui surpasse de beaucoup l'entendement humain? On voit en cela les grands desseins que Dieu s'est proposés, en faisant la mer & les autres eaux capables de soûtenir des poids si prodigieux, dans le tems même qu'elles sont composées d'une matiere qui se sépare & s'exhale par la moindre chaleur du Soleil, ou par quelqu'autre chaleur, & s'éleve dans l'air, où elle se change en nuages & en vapeurs.

De la pression laterale, & de son utilité.

Nous venons de voir que les forces qui pressent dans les fluides en-haut & en-bas, contribuent à la félicité du genre humain; on peut aussi tirer de la loi de la pression, selon la profondeur qui regle aussi la pression laterale, une preuve particuliere de l'impossibilité où nous serions de naviger; la mer seroit impraticable, & il y auroit une grande partie de la terre inhabitable; même plusieurs Païs très-peuplez, ne devroient s'attendre qu'à une destruction totale. Supposons, par éxemple, (planche XXIX. fig. 5.) que la mer B C D E est à la hauteur B C contre la digue A C M N; supposons ensuite qu'il y a un vaisseau en repos dans I F K, l'eau n'étant agitée par aucun vent, & à une petite distance B H de la digue, il est évident que si les fluides n'étoient gouvernez que par les loix des solides, l'eau qui est dans A H F étant beaucoup moindre en quantité, aiant par conséquent moins de force & de pesanteur, le vaisseau seroit poussé vers la digue A B par l'eau de la mer E G F qui est en plus grande quantité: de cette maniere-là il ne sçauroit jamais rester en repos dans aucun endroit de la mer; la plus grande quantité d'eau qui seroit la plus pesante, le pousseroit toûjours vers le côté où il y auroit moins d'eau, & où elle seroit plus legere. Nous ne dirons rien ici de l'obliquité de cette pression.

Dans quels inconveniens ne serions-nous pas réduits, si la pression des eaux, au lieu de se regler selon les loix simples de la profondeur, suivoit, comme les corps solides, les loix de la masse & de leur surface?

Mais ce que nous envisageons principalement ici, ce sont les digues qu'on seroit obligé de faire dans A C M N, s'il falloit les opposer à la pression laterale de toute la mer C D E B, supposé que leur force ne se reglât que sur la surface & la quantité de l'eau qui presse sur la digue, comme il arrive dans les corps

LIVRE III. CHAPITRE IV.

folides; le Directeur suprême de toutes chofes voulant prévenir cet inconvenient, a affujetti la force de la preffion laterale à la profondeur de l'eau, non pas à fa furface, ni à fa quantité: en forte que, quand même toute la mer agiroit contre la digue BC, cette digue ne fupporteroit d'autre poids que la preffion de la petite quantité d'eau, (fuppofant CL égal à BC) que l'efpace BCL pourroit contenir, felon ce que nous avons déja fait voir.

N'a-t-on pas lieu d'être furpris de voir que tant de millions de parties qui compofent le vafte Océan, & qui n'ont pas la moindre connoiffance de ce qu'elles font, fuivent cette loi, & avec tant d'éxactitude en tout tems & dans toutes les occafions? Ne trouve-t-on pas dans tout cela une Sageffe & une Puiffance qui dirige toutes chofes? N'eft-ce pas cette même loi, qui, par les digues qui réfiftent à la fureur des flots, empêche que cet amas terrible d'eau n'inonde la terre? N'eft-ce pas elle qui empêche que les hommes & les animaux ne foient engloutis dans les Païs-Bas? On ne fçauroit y penfer fans émotion; tout cela n'infpire que de l'horreur, lorfqu'on réfléchit fur la foibleffe de ces digues, par rapport au poids immenfe & à la quantité d'eau qui les preffe.

Si quelqu'un avoit trouvé le fecret de foûmettre la mer à fes loix, de faire en forte, de quelque vafte étenduë qu'elle fût, qu'il n'y en eût qu'une très petite partie qui preffât fur les digues, l'Incrédule lui-même ne feroit-il pas furpris de la fageffe de cet homme? Et s'il avoit inventé un moien pour retenir & affujettir, je ne dis pas toutes les eaux, mais fur-tout cet Océan d'air qui environne le globe de la terre, & tous les autres fluides, même jufqu'à la plus petite de leurs parties; l'Incrédule ne feroit-il pas encore obligé de reconnoître l'étenduë inconcevable de la puiffance de cet homme?

CHAPITRE V.

De certaines Loix naturelles qu'on obſerve dans la Chymie.

APrès avoir éxaminé les loix précédentes qui ont été depuis long-tems, & qui ſont encore l'objet des Mathématiques, paſſons à une autre eſpece de loix de la nature, qui ne ſemblent pas ſuivre les regles du choc, comme pluſieurs des précédentes, mais qui ſuivent des regles toutes différentes ; je dis, *qui ne ſemblent pas*, parce que nous avouons que nous ignorons la cauſe phyſique de ces regles ; regles ſelon leſquelles les objets placez à une certaine diſtance l'un de l'autre, s'attirent (ou du moins ſe meuvent) mutuellement l'un vers l'autre, ſans qu'on y découvre le moindre choc ſenſible d'aucune autre matiere qui s'y trouve préſente; ſelon ces mêmes regles certaines matieres étant dans certaines circonſtances placées proche d'autres corps, ſe ſéparent l'une de l'autre. Les Sçavans ont donné à ces actions le nom *d'attraction* & *de répulſion* ; l'Etre ſuprême qui dirige tout, a voulu que les corps qui ſuivent ces loix, s'y conformaſſent éxactement ; mais la maniere dont cela ſe fait, eſt plûtôt digne d'admiration, qu'elle n'eſt intelligible. Si les Philoſophes ont découvert les loix dont nous venons de parler, les Chymiſtes ont auſſi découvert de la même maniere la plûpart de celles-ci, qui ſont auſſi devenuës l'objet des Mathématiciens.

Expériences qui font voir l'action des acides & des alkalis.

Il y a un grand phénoméne dans la nature, qui a donné occaſion à pluſieurs diſputes parmi les Chymiſtes & les autres Philoſophes ; ce ſont les effets fameux que les acides & les alkalis produiſent. On entend par alkali tout ce qui fermente, lorſqu'on le mêle avec des matieres aigres, & qu'enſuite il ſe joint intimement avec ces mêmes matieres. Ceux qui n'ont jamais vû l'action qui réſulte du mélange des acides & des alkalis, en feroient très ſurpris ; & il leur eſt aiſé d'en faire l'expérience, en mettant un peu d'yeux d'écreviſſe briſez, qui ſont alkalis dans du vinaigre qui eſt acide, & ils en verront bien-tôt l'effet.

Mais le mouvement ſera beaucoup plus violent, ſi on mêle de la limaille de fer avec de l'eſprit acide de ſalpêtre, ou de l'eau forte, & il ſera accompagné d'une grande chaleur.

LIVRE III. CHAPITRE V.

Pour faire voir cette effervescence qui arrive dans les fluides, nous pouvons prendre de l'esprit de sel ammoniac mêlé avec des cendres fonduës dont on fait le savon, ou de l'huile de tartre dans de l'eau, & le mêler avec l'esprit acide de sel, de salpêtre, ou de vitriol; & l'on observera d'abord une forte effervescence entre ces matieres.

Les Chymistes ont fait voir par plusieurs expériences le nombre prodigieux d'effets que produisent ces effervescences.

Les sels se changent, & s'unissent par les effervescences.

On observe ordinairement, qu'après ces mouvemens, les acides & les alkalis perdent les proprietez qu'ils avoient, ou du moins ils semblent souvent les perdre, comme leur goût, & leur âcreté; & étant éxactement unis ensemble, ils produisent une troisiéme espece de matiere entierement différente de ce qu'ils étoient auparavant. Les Chymistes lui donnent le nom de sel salé, énixe, muriatique, neutre ou mixte, qui se forment tous par le mélange des sels alkalis, comme des cendres dont on fait le savon, ou du sel volatilisé avec un acide.

Outre cela, il arrive que les alkalis & les acides s'unissent ensemble, & qu'ils sont si fort soulez, qu'ils ne peuvent plus agir sur d'autres sels de la même espece; ils s'attachent si bien aux premiers, qu'il seroit très-difficile de les séparer de nouveau sans l'addition d'une autre matiere; il est même quelquefois impossible de le faire en aucune maniere. Les effets que ces sels produisent l'un sur l'autre, ont appris aux Chymistes que parmi les acides & les alkalis il y en a qui se séparent, quoique fortement unis, & se dissolvent comme par une espece de miracle; ils se détachent tellement l'un de l'autre, qu'il semble que l'un chasse l'autre, ou du moins comme s'il quittoit prise, sans le secours d'aucune cause externe que nous aions pû découvrir jusqu'à présent.

Expériences qui font voir que les acides & les alkalis se précipitent, ou se séparent l'un de l'autre.

Ainsi nous observons qu'il y a des acides qui sont plus forts que d'autres; &, quelque forte que soit l'union des acides avec les alkalis, il ne faut dans beaucoup de cas qu'y mettre un autre acide, pour obliger par-là le premier acide d'abandonner son alkali, & alors le second s'unira avec lui. La même chose se trouve dans les alkalis; on en voit qui se séparent d'abord des acides, & les autres s'y joignent après.

On peut trouver plusieurs de ces éxemples dans la Chymie; mais nous nous contenterons d'en marquer un seul.

Versez de l'esprit de sel marin qui est acide sur du sel alkali de tartre, il se fera une effervescence ; ces sels s'uniront & formeront un troisiéme sel mixte qui est semblable au sel marin ; mais quel feu & quelle peine ne faudra-t-il pas pour séparer cet esprit du sel d'avec le sel alkali de tartre ? C'est une chose qu'on n'ignore point, lorsqu'on en a fait l'essai. Mais si vous y mettez un peu d'eau, & un peu d'esprit acide de salpêtre, l'acide du sel marin quittera sans peine son alkali, & il ne faudra qu'un peu de feu pour l'en retirer ; en même tems l'esprit de salpêtre s'unit avec l'alkali, ou le sel de tartre, & produit ainsi une nouvelle matiere de salpêtre ardent : si vous y versez de nouveau l'esprit acide de couperose avec un peu d'eau, il y aura une autre séparation entre l'esprit acide de salpêtre, & le même alkali qu'on peut aussi séparer de ce mélange avec un doux feu de sable. Et ce troisiéme acide ou l'esprit de vitriol, s'unira avec le sel de tartre, d'où il résultera un autre sel presque de la même espece que celui qu'on appelle communément *Tartre vitriolé*.

Pour faire voir la même chose dans l'action de plusieurs alkalis, vous n'avez qu'à verser de l'esprit de sel marin sur le sel alkali volatil des animaux, de corne de cerf, de sel ammoniac, &c. dissout dans de l'eau ; après avoir excité une effervescence ils s'unissent & forment une troisiéme espece de sel, semblable au sel ammoniac, & le sel volatil perd par là une grande partie de sa volatilité & de son odeur dans le mélange. Si vous y ajoûtez du sel de tartre, qui est un second alkali, il se séparera le premier, & il se découvrira par une nouvelle odeur forte ; & le second sel alkali ou le sel de tartre, s'unira avec l'acide de sel marin : si on a envie de voir plusieurs alkalis, dont le premier se sépare par l'addition d'un second d'avec l'acide, qu'on se donne la peine de lire la suite de ce chapitre. La Chymie outre cela en fournit une infinité d'exemples : mais nous ne déterminerons rien ; & nous ne sçaurions même déterminer quelque chose sur la maniere dont cela se fait. La puissance de Dieu agit ici d'une maniere qui nous est entierement inconnue, mais merveilleuse ; & nous croions qu'il suffit que la chose soit assez évidente.

Il y a des acides dispersez dans plusieurs corps. Il ne faut pas croire que ces effervescences & l'action des acides & des alkalis, n'aient lieu que dans la Chymie, & que nous poussions la chose trop loin en les honorant du nom de loix de la nature. On trouve l'un ou l'autre sel, dans plusieurs corps terrestres ; & il y a beaucoup de corps d'où l'on

LIVRE III. CHAPITRE V.

tire beaucoup d'acides ou d'alkalis, ou que l'on change en ces fortes de fels.

Dans les animaux le lait & le petit lait font acides ; pour ne rien dire des autres fucs acides, fur-tout de ces humeurs acides qui fe trouvent fouvent dans les animaux qui ne fe portent pas bien, ou qui, comme quelques-uns le prétendent, fe trouvent fouvent dans l'eftomac de ceux qui font fains.

Nous trouvons auffi des acides dans les minéraux, comme dans le fouphre, la couperofe, l'alum, le falpêtre, le fel marin & le fel minéral, l'antimoine &c.

Parmi les plantes, nous en trouvons auffi qui donnent un efprit acide par la diftillation ; outre les fruits qui font aigres, lorfqu'ils ne font pas meurs, nous en trouvons une infinité, qui, après être parvenus à leur maturité, retiennent encore un goût tout-à-fait acide ou aigre ; comme les raifins de Corinthe, les oranges & les limons, plufieurs efpeces de pommes & de poires, &c. outre cela, prefque toutes les liqueurs qu'on tire des plantes ou d'autres chofes, par la voie de la fermentation, comme la bièrre, le vin, & autres chofes femblables, deviennent acides & fe changent en vinaigre.

L'air lui-même femble être imprégné de particules acides, puifqu'il ronge & qu'il fait rouiller le fer.

Il y a auffi des fources d'eaux médecinales qui fourniffent des eaux acides ; il s'en trouve dans beaucoup de païs. Voiez la *Geographie de Varene*, ch. 7. fect. 6. il dit, que dans la feule Allemagne il y en a jufqu'au nombre 1000 ou environ ; de forte qu'on peut inferer de-là qu'il y a une quantité prodigieufe d'acides difperfez dans toute la terre.

On peut dire auffi la même chofe des fels alkalis.

Il n'y a prefque pas de partie dans les animaux, d'où l'on ne puiffe tirer des fels alkalis volatils en grande quantité : nous ne dirons rien ici des autres alkalis, qu'on ne fçauroit proprement nommer des fels ; comme les yeux d'écreviffe, les coques d'œufs, les coquillages brûlez d'huitres & de moules, la corne de cerf & les os.

On trouve auffi des fels alkalis dans beaucoup de matieres.

Il y a auffi des plantes, qui, lorfqu'elles font pourries, donnent des fels volatils alkalis. La fuie qui fe forme de la fumée de bois brûlé, donne auffi un fel alkali volatil ; & les feuilles de certaines plantes, comme celles de palme, donnent un efprit alkali par la diftillation. D'ailleurs les Chymiftes tirent de la plûpart des plantes en les brûlant, un sel fixe & lixiviel, qui est aussi alkali, & dont les cendres mêmes produisent une effervescence avec les acides.

Tous les coraux sont alkalis, de même que plusieurs minéraux, & ils fermentent avec les acides. Tous les métaux, l'or, l'argent, le cuivre, le fer l'étain, le plomb, le vif argent, l'antimoine, les marcasites, la pierre calaminaire, la craie, &c. le sont. Une terre même bonne & fertile produit une effervescence avec l'esprit de salpêtre. Il y a aussi des sels de la même nature parmi ceux qu'on tire des rochers. J'ai appris que dans le Cabinet de la Société Royale d'Angleterre, on y conserve un sel apporté des rochers de l'isle de Teneriffe, qui a entierement les proprietez d'un alkali: Et pour voir la quantité prodigieuse d'eaux minérales qui sont chargées de sels alkalis, on n'a qu'à lire l'*Histoire de l'Académie Royale des Sciences, &c.* années 1702, p. 57 & 58, & 1708, p. 73 & 74, où l'on verra qu'après avoir examiné les eaux de Bourbon, de Lancy, de Bourbon-l'Archambaut, de Bourbonne, de Mont-d'Or, de Chaudes-aigues, d'Evaux, de Nerés & de Vichi, on observa qu'elles donnoient toutes un sel alkali naturel ; de sorte que cela fait voir que les alkalis, de même que les acides, se rencontrent en grande quantité dans plusieurs corps.

Ce que nous venons de dire, & une recherche encore plus exacte de la nature, pourroit nous fournir un nombre considérable d'expériences & de preuves. On peut conclure de tout cela, qu'il y a dans la terre un nombre infini de particules qui suivent constamment chacune des loix particulieres, qui, dans certaines circonstances sont en repos ; il y en a d'autres, qui lorsqu'elles sont à une certaine distance, comme les acides & les alkalis, commencent un mouvement régulier, étant tantôt attirées & tantôt repoussées l'une de l'autre. Les particules d'un diamant ne sont-elles pas fortement adhérantes l'une à l'autre, quoiqu'il y ait des orifices ou des pores considérables, & qu'ainsi elles ne se touchent que par de petites surfaces, témoin leur transparence ? Ne voions-nous pas dans les fermentations des particules qui étoient au commencement en repos & dans l'inaction, & qui ensuite commencent à se mouvoir entr'elles ; elles suivent toûjours certaines loix ; tantôt elles se séparent, & ensuite elles s'unissent l'une avec l'autre ? Mais si on souhaite de voir tout à la fois un recueil abregé des expériences, on peut consulter

LIVRE III. CHAPITRE V.

fulter l'*Optique* de M. Newton, *dans ſes Queſtions* à la fin, & la plûpart des Chymiſtes.

On pourra tirer de-là tout ce qu'on jugera pouvoir ſervir d'une preuve aſſez forte, pour ce que nous venons de dire.

Nous allons rapporter ici un exemple plus familier, d'où nous pouvons inferer les propoſitions précédentes, & conclure juſtement, qu'il y a un Dieu qui a créé toutes ces choſes, & qui les gouverne par ſa Providence, ſuivant des loix ſages. Incrédules, quelque connoiſſance que vous aiez de la nature, réfléchiſſez en vous-mêmes, & conſidérez ce que je vais vous dire : 1°. Vous devez regarder cet Univers comme compoſé d'une infinité de millions de particules, compoſition, que ſuivant les expériences précédentes, on ne ſçauroit nier. 2°. Vous n'avez qu'à vous repréſenter en vous-même, que toutes ces particules ſont en repos & dans l'inaction; c'eſt une choſe qui ne vous ſera pas fort difficile, parce que le mouvement n'eſt pas une ſuite néceſſaire de leur exiſtence. A préſent, ſi vous jettez les yeux ſur ce tas inconcevable de matiere croirez-vous, 1°. qu'on puiſſe tirer de-là tant de ſemences déterminées & d'une petiteſſe exceſſive, & enſuite de ces ſemences tant de machines merveilleuſes; par exemple, les corps des hommes, des bêtes, des poiſſons & des oiſeaux ? Tant de plantes merveilleuſes, dont la ſtructure ſurprend, & qui ſe diviſent en tant de claſſes? Tant de liqueurs agréables que les hommes en tirent, en ſe ſervant pour cet effet de ces loix, ſelon leſquelles le jus de raiſin, par exemple, & d'autres fruits ont accoûtumé d'agir d'une maniere ſi conſtante & ſi uniforme? Enfin, croirez-vous que la machine ſuprenante de l'Univers s'en ſoit formée avec cet ordre & cette ſimétrie, qui font qu'une de ſes parties rend tant de ſervices à l'autre, tandis qu'il n'y en a pas une ſeule qui puiſſe prendre aucune figure ou mouvement, que ſelon certaines loix qui lui ſont preſcrites, pour ſervir aux grands deſſeins du Créateur; elles ne peuvent pas non plus s'attacher aux uns ni ſe ſéparer des autres corps, ſans ſuivre ces mêmes loix?

Il ne faut pas croire que dans la ſtructure régulière du monde, il n'y ait que ces loix qui prouvent une Sageſſe infinie qui les a inventées, il y a encore une choſe qui prouve l'exiſtence de Dieu; la conſervation & la continuation de toutes choſes dans l'état & la condition où elles furent créées dans le commencement.

La conſervation des choſes prouve l'exiſtence de Dieu.

Si nous en voulions une preuve, nous n'avons qu'à jetter la

vûe fur cet amas inconcevable de particules entierement différentes l'une de l'autre, & qui nous paroiffent entaffées l'une fur l'autre avec la derniere confufion. Cependant nous voions qu'il n'y a que certaines particules déterminées, & celles qui fervent aux deffeins de Dieu qui s'approchent l'une de l'autre, & qui s'uniffent entr'elles & avec d'autres corps propres à les conferver, à les faire croître felon les loix que la Providence Divine y a établi. Rappellons-nous ce que nous avons dit ci-deffus dans la même occafion.

L'air n'eft-il pas un amas de cent mille millions de particules différentes ? Combien y a t-il de matieres confumées par le feu, & diffoutes par la corruption dont les exhalaifons & les vapeurs fe mêlent avec l'air ? Combien n'y a-t-il point d'hommes & d'animaux qui tranfpirent; même, felon Boyle, prefque tous les corps tranfpirent, fans en excepter la glace ni la neige, leur pefanteur diminue & leurs particules fe mêlent avec l'air ? Combien n'y a-t-il pas de fleurs, d'épiceries & d'autres chofes qui le rempliffent de particules odoriférentes ? On en a même fenti l'odeur à plufieurs lieues de diftance des Ifles où elles croiffent, felon les relations de ceux qui l'ont expérimenté. Tout le monde fçait, que dans les caves où il y a des vins qui fermentent, l'air eft rempli de vapeurs & d'efprits vineux. Cela fe trouve encore vrai dans toutes les autres liqueurs ou matieres qui fermentent. Combien de vapeurs aqueufes ne s'éleve-t-il pas de la mer, des rivieres, des lacs, des marais ? Combien de particules fulphureufes, corrofives & venimeufes ne s'éleve-t-il pas des volcans, lefquelles fe mêlent avec l'air ? Le fer, qui prefque par toute la terre fe rouille lorfqu'il eft expofé à l'air, nous fournit des preuves indubitables de fon acidité. Parmi tout cela il s'y mêle une quantité inconcevable de lumiere qui dérive du Soleil & des autres corps céleftes ; & on peut juger par les éclairs & par les autres méteores de feu, de la quantité du feu qui eft dans l'air. Ajoûtez à tout cela les particules dont l'air lui-même eft compofé, & que l'Incrédule nous dife, où eft-ce qu'il trouvera un autre tas de particules fi confus ?

Qu'il examine après cela la terre, & qu'il obferve la varieté prodigieufe des efpeces de particules qui la compofent. L'eau fe change en terre, comme nous avons déja fait voir ; les herbes venimeufes & malfaines, les arbriffeaux & les arbres, les corps des poissons, des bêtes & des hommes deviennent aussi de la terre. En un mot, tout ce qui procede de la terre se change de nouveau en terre, par la corruption ou autrement. Incrédules, que direz-vous donc de tant de milliers de différentes compositions, que cet amas de matiere produiroit encore, & qui différeroient extrémement de toutes celles que nous voions sortir à présent de la terre?

Nous pouvons observer la même chose dans l'eau ; combien de plantes & de poissons se corrompent tous les jours? Quelle diversité n'y a-t-il pas dans les rosées qui y tombent, & qui entraînent avec elles des particules d'air? Combien de sels ne s'y dissout il pas? Combien de feux soûterrains n'y a-t-il pas qui y poussent & mêlent la matiere qui sort de leurs cavernes? L'eau lave toutes les ordures, & combien de particules ne détache-t-elle pas des corps qu'elle contient, & des matieres sur lesquelles elle a resté quelque tems? Le caffé, le thé, toute sorte de boissons préparées, les ordures des boutiques des Apotiquaires & des cuisines, pour ne rien dire des minéraux, des liqueurs chaudes, ameres & venimeuses, ni deseaux salées de la mer ; tout cela, dis-je, nous fournit des preuves qui sont connues de tout le monde.

Nous ne parlerons point de la matiere ignée, qui en quelque façon unit toutes choses avec soi ; Incrédules représentez-vous tous ces amas confus d'eau, de terre & d'air ; & s'il n'y avoit pas des loix pour gouverner chaque chose en particulier, & selon lesquelles ces particules se joignent avec d'autres corps, & refusent d'approcher des autres ; Vous ou quelqu'autre, pourriez-vous croire que de ce chaos, il pourroit sortir de nouveau, je ne dis pas une fois, mais souvent, même toutes les années, tant de différentes choses qui ont des vertus particulieres, & que cela seroit arrivé ainsi depuis que le monde dure?

Nous nous contenterons d'en donner un seul exemple : Qu'on seme différentes especes de semences l'une auprès de l'autre dans la même terre ; elles se trouveront dans le même air, la même eau les humectera, le même Soleil les échauffera, & elles recevront de ces matieres, selon ce que nous avons déja dit, une infinité de particules différentes qui sont aussi autour d'elles. Incrédules qui niez la Providence Divine pour votre propre malheur, dites-nous, comment ceci pourroit arriver s'il n'y avoit certaines loix dans le nombre prodigieux de particules de matiere; des loix qui font la caufe que chaque particule néceffaire pour l'accroiffement de chaque femence s'unit avec cette même femence, & non pas avec une autre efpece différente? Dites-nous, d'où vient que chaque femence produit toûjours une plante de fa propre efpece, & des mêmes proprietez chaque année, fans y manquer une feule fois? D'où vient que lorfqu'il y a des plantes venimeufes, comme l'aconit, la ciguë, &c. difperfées & mêlées dans la même terre avec le froment, le ris, l'orge, & les autres grains d'où les hommes tirent de fi grands avantages; il n'y a que des particules fatales & mortelles qui fe joignent aux premieres; & aux dernieres il ne s'y en joint que de faines? D'où vient qu'un pommier ne porte jamais des poires, ou la vigne des cerifes?

On reconnoît, ou bien on doit reconnoître dans toutes les philofophies des loix.

Qu'on interroge les plus habiles Philofophes, & qu'ils nous difent, s'ils ont envie d'expofer leurs fentimens d'une maniere impartiale; fi fans reconnoître ces loix & une Providence qui dirige toutes chofes, ils pourroient démontrer que ces phénoménes font des conféquences néceffaires des hypothèfes fur lefquelles ils fondent la fcience de la nature?

Il y en a qui ont parlé d'un magnétifme, & d'autres efpeces d'attraction; mais ceux-ci établiffent une efpece de loix.

D'autres fuppofent un certain ferment, comme les Chymiftes l'appellent dans les principes des femences; toute l'idée qu'on peut s'en former, c'eft que ce font des parties figurées d'une maniere particuliere, qui fe meuvent felon certaines loix, & qui s'uniffent avec certains corps, & fe féparent d'avec d'autres.

Enfin, ces deux hypothèfes aiant été rejettées dans ces derniers tems, les Philofophes les plus raifonnables ont établi qu'il y a des pores dans les femences d'une certaine figure, qui n'admettent que les parricules de leur figure. Ceux qui ne veulent pas reconnoître une Direction, parce que cela les conduit à Dieu, difent que cela fe fait par hazard ou néceffairement; car il femble qu'il falloit abfolument que ces pores fuffent difpofez à recevoir ces particules, d'abord qu'elles font mifes en mouvement.

Mais, felon cette hypothèfe, 1°. Les particules de toute efpece feroient entrées dans les pores des femences, pourvû qu'elles fuffent affez petites. 2°. A peine y auroit-il eu une

LIVRE III. CHAPITRE V.

feule femence qui eût pû croître, & il n'y auroit eu que très-peu de particules qui y entreroient, excepté celles qui feroient rondes, s'il n'y avoit eu ici que du hazard, comme le Docteur Pitcarn l'a démontré mathématiquement dans fes Differtations; il faut que la même efpece de particules fe préfente toûjours devant les mêmes pores, & éxactement de la même maniere, pour pouvoir y entrer. Nous montrons ceci par un éxemple plus familier; fuppofons que quelqu'un jettât un dez dans un trou quarré, à travers lequel il ne pût qu'y paffer précifément; ne faut-il pas qu'on convienne que, pour avoir une chance égale pour perdre ou pour gagner, il feroit obligé de repéter la chofe plufieurs fois?

Ainfi fi quelque chofe de femblable étoit la caufe de l'accroiffement des plantes, & fi toutes les particules de la figure d'un dez paffoient toûjours à travers des pores quarrez dans les femences, il faudroit au moins dans ce cas-ci qu'il y eût une regle ou loi, felon laquelle chaque dez fût obligé de fe difpofer, lorfqu'il approche du pore.

Nous n'éxaminons pas ici, s'il y a rien de femblable à ceci, ou quelqu'autre caufe réelle, qui faffe que parmi tant de millions de particules différentes, il n'y ait que celles qui font très-propres pour compofer une plante particuliere d'une certaine efpece, qui approchent ou qui foient attirées par chaque femence. Notre deffein n'eft que de faire voir, qu'il faut reconnoître une Direction divine, qui fait mouvoir toutes chofes felon les loix néceffaires; de-là vient qu'il y a certaines chofes qui approchent les unes des autres, & d'autres qui s'éloignent. Ces loix s'étendent jufqu'au plus petit des atomes. Jufqu'à préfent on n'a point propofé d'autre hypothèfe, pour rendre raifon de l'accroiffement des plantes, & de beaucoup d'autres chofes. En un mot, pout obvier à tous les faux-fuians des Incrédules, il fuffit de conclure, après tout ce que nous avons dit ci-deffus, que parmi tant de milliers d'efpeces d'animaux & de plantes, il ne s'en trouve pas une feule qui ne foit fortie au commencement d'un germe extrêmement petit, qui en contenoit toutes les parties en racourci. C'eft ce germe, qui, en fe développant par le moien d'une matiere particuliere & déterminée qui s'y infinuë, produit toutes les plantes, les hommes, les animaux terreftres, les poiffons, les oifeaux, & toute forte d'autres animaux; l'expérience de ceux qui fe fervent du microfcope, nous confirme la chose. Incrédules, pourrez-vous à présent concilier tout ceci avec le concours accidentel de toutes choses ? Comment expliquerez-vous par-là ces formes & ces configurations si petites, qui comprennent tout ce qui est nécessaire à tant d'usages dans les grands corps, des germes qui ne contiennent pas de beaucoup tant de matiere qu'un grain de sable ? Rendez-nous raison de tout ceci par ces loix nécessaires, qui agissent sans aucune vûë ou direction. Après tant de belles preuves expérimentales de la sagesse d'un Créateur adorable, une personne raisonnable n'en sçauroit demander davantage, sur-tout s'il est vrai (il y a de grands hommes qui croient la chose probable) que dans tous ces germes, quelques petits qu'ils soient, ceux qui doivent être produits dans tous les siécles à venir, y sont actuellement avec leur figure déterminée.

Du sentiment de certains Philosophes touchant la fertilité.

Je ne sçai si on approuvera que j'ajoûte à tout ceci, encore une autre chose qui paroît très plausible à beaucoup de gens ; mais cependant, avant de l'admettre pour certaine, il faut l'éxaminer un peu plus, & en faire l'essai. Il y a pourtant de grands hommes qui ont été de ce sentiment, & il semble qu'il ait de l'analogie avec les opérations chymiques, & l'action des parties de la matiere l'une sur l'autre ; la chose, outre cela, porte avec elle une grande preuve de la Providence divine. Il ne sera peut-être pas inutile de joindre ici quelques observations qui puissent mettre la chose un peu au jour ; peut-être aussi que cela excitera quelques Sçavans à éxaminer une chose de plus près, qui est très-digne de leurs peines.

Cela consiste dans la recherche des moiens proprement dits, que le Créateur met en usage pour fertiliser la terre, & pour faire croître les plantes.

Tout ce que l'expérience nous apprend là-dessus, selon l'opinion de plusieurs Philosophes, c'est que le nitre de l'air est la cause de la fertilité de la terre : à cela nous pouvons peut-être ajoûter, que, puisque le nitre est seul & de lui-même une matiere inactive, il faut qu'il y ait quelqu'autre chose qui concoure à le mettre en mouvement ; il faut qu'il lui arrive à-peu-près la même chose qu'aux acides & aux alkalis, qui, lorsqu'ils sont séparez, sont en repos : mais, lorsqu'on les met ensemble, ils produisent une effervescence, & fermentent l'un avec l'autre ; la même chose arrive dans le mélange du salpêtre & du soulphre dans la poudre-à-canon.

LIVRE III. CHAPITRE V.

Nous allons prouver par plusieurs expériences, qu'il y a du salpêtre dans l'air, ou du moins, une matiere, qui étant presque de la même nature, trouve souvent quelqu'autre chose dans la terre avec laquelle elle produit un vrai salpêtre : si nous ne prouvons pas la chose avec une entiere certitude, du moins nous ferons voir qu'il y a grande apparence qu'elle est ainsi.

Il semble que l'air abonde en salpêtre ? sept expériences qui font voir que cela est probable.

I. La terre peut se mêler avec les matieres sur lesquelles l'air peut opérer, comme avec la limaille de fer, l'urine, le fumier, & le sang des animaux, la craie, & les cendres lixivieuses, &c. Et après avoir exposé pendant quelques mois ces mélanges à l'action de l'air, on en peut tirer une quantité considérable de salpêtre.

Mais comme il y a des personnes très-sçavantes qui paroissent ne pas s'accorder au sujet de ce nitre aërien, j'ai cru que je devois faire cette expérience, pour en être plus assuré ; & l'évenement me fit voir que cette terre, après l'avoir bien maniée, donna dans un mois environ trois livres de fort bon salpêtre crud. On a déja touché ceci, de sorte qu'on peut faire fond sur ce que nous disons ici : bien plus, nous pouvons encore ajoûter que beaucoup de gens assurent que lorsqu'on a dépouillé la terre du salpêtre qu'elle contient, elle s'impregne quelque tems après de salpêtre que l'air lui fournit ; & ils disent que cela est fondé sur l'expérience.

II. Tout le monde peut observer, que quand on laisse couler le sang qui sort de la veine, dans un bassin rempli d'eau imprégnée de salpêtre, de noir ou obscur qu'il est, il devient d'abord d'un rouge brillant, & la sérosité du sang devient aussi transparente que de l'eau claire, quoiqu'elle retienne les parties nourricieres, ou au moins les parties solides ; qu'on peut aussi séparer de la même sérosité en y versant goute à goute un peu d'esprit de nitre. On sçait encore que le sang étant exposé à l'air dans un vase, paroît souvent rouge dans l'endroit où l'air touche, & qu'en ôtant même la premiere croute ou surface du sang, la partie noire qu'elle couvroit acquiert un rouge brillant. Je n'examinerai point si l'air se mêle avec le sang dans les poulmons, parce que quelques Philosophes en doutent ; il est pourtant certain par ces deux expériences, que le salpêtre & l'air agissent sur le sang d'une maniere uniforme ; ainsi il est en quelque façon probable, que l'air est imprégné de salpêtre.

III. C'est une chose connue des Naturalistes, qu'on peut tirer une grande quantité de salpêtre du sang (*Voyez de Stair de Nitro*) ainsi s'il est vrai, que durant la respiration, l'air se mêle continuellement avec notre sang, on seroit porté à croire qu'il y dépose une grande quantité de nitre, qu'on en tire après cela.

IV. Aiant observé que le salpêtre rafiné éclate & se brise lorsqu'on le tient dans la main, & qu'on a la main chaude, ce qui pourroit bien être occasionné par l'air qu'il contient ; je pris un morceau de salpêtre, & je le jettai dans de la lie claire, où il n'y a jamais d'air ; ensuite le mettant dans la machine pneumatique, j'observai qu'il sortoit du salpêtre un grand torrent de bulles d'air, & qu'elles montoient à travers la lie.

Qu'on juge à présent, si de cette expérience on ne peut pas conclure que les parties de l'air & du salpêtre s'unissent & s'attachent l'une à l'autre, puisque le salpêtre contient une si grande quantité d'air, quoiqu'il soit crystalisé dans l'eau, & réduit en petits tuïaux ; cela pourroit d'ailleurs lever la difficulté que quelques personnes font, qui regardent le nitre comme trop pesant & trop peu volatil pour se soûtenir dans l'air.

V. Voici une chose qui semble détruire entierement cette difficulté ; ce sont les observations qu'on a fait avec les nouveaux verres ardens, qui font voir que le salpêtre qu'on met dans leurs foiers s'évapore entierement & se mêle avec l'air, *Hist. de l'Acad. Royale des Sciences*, 1699. p. 114.

VI. Tous les métaux, comme l'argent, le fer, le cuivre, le plomb, que l'esprit de nitre dissout, sur-tout ceux sur lesquels il agit avec sa plus grande force, comme sur le fer, semblent se rouiller dans l'air ; il n'y a que l'or sur lequel l'esprit de nitre ne sçauroit agir, qui n'y est point exposé : Tout cela nous donne à conjecturer que s'il n'y a point de salpêtre, il y a au moins quelque matiere de cette nature dans l'air.

VII. Une preuve encore qu'il y a quelque matiere nitreuse dans l'air, ce sont les douleurs de têtes, les nausées & les dispositions au vomissement, qu'on observe souvent dans certaines femmes lorsqu'elles sont dans des chambres fermées, où il y a beaucoup de monde & de poëles. Pour être convaincu de ceci, qu'on se donne la peine de se rappeller ce que nous avons dit ailleurs ; nous avons fait voir que la flamme & la respiration subsistent par le moien des mêmes particules de l'air ; de-là vient que l'air enfermé où il y a plusieurs

poëles

LIVRE III. CHAPITRE V.

poëles allumez, & beaucoup de personnes, doit être extrêmement dépourvû de ces parties, & c'est ce qui occasionne ces désordres dans les femmes qui sont d'une constitution foible. Or que ces parties ne soient proprement que du nitre, qui n'est plus en état de faire ses fonctions, à cause de la chaleur du feu, & des personnes qui le respirent ; cela paroît de ce que pour rétablir ces femmes qui se trouvent incommodées dans ces endroits, il n'y a pas de meilleur moien que je sçache, sur-tout lorsque l'air frais ne suffit pas, que l'usage d'un sel nitreux dissout dans de l'eau ; il ne faut que leur mettre un peu de salpêtre, ou de sel de prunelle dans la bouche, l'y laisser dissoudre doucement, & le leur faire avaler.

La premiere de ces expériences prouve que l'air contient du salpêtre, ou qu'il y a quelque chose qui tient du salpêtre ; & les autres semblent rendre la même chose très-probable : & par les expériences suivantes nous ferons voir en quelque façon qu'il vient principalement du Nord, du moins de notre côté au de-çà de la Ligne Equinoctiale. *Il semble que le salpêtre vient du Nord ; prouvé par trois expériences.*

I. Nous pourrions dire que l'air est extrêmement froid dans le Nord, (car, pour le Pole Meridional, nous n'en parlerons point pour le présent) que le salpêtre produit un froid sensible, c'est ce que nous voions, lorsqu'en Eté nous mettons des bouteilles de vin à rafraîchir dans de l'eau, en y jettant une bonne quantité de salpêtre, qui la réfroidit tellement, que quelques-uns ont cru qu'on pourroit glacer l'eau de cette maniere ; mais je ne veux rien déterminer là-dessus : cela pourroit nous donner lieu d'éxaminer, si l'air qui forme tant de montagnes de glace dans les Zones glacées, & qui empêche qu'elles ne se dissolvent, ne doit pas être extraordinairement rempli de salpêtre.

II. Pour rendre ceci encore plus probable, nous ajoûterons ce que le sçavant Hambergerus nous rapporte *des Ephem. Barom.* de Rammazini ; cet Auteur dit que les concrétions de salpêtre qu'on observe dans les vieilles murailles composées de mortier & de pierre, ne paroissent la plûpart qu'en Hyver, & dans le tems que le vent de Nord souffle ; & que ceux qui s'appliquent à ramasser du salpêtre, balaient particulierement en ce tems-là les murailles. Il dit aussi qu'on tire plus de salpêtre des murailles qui sont exposées au Nord, que de celles qui sont exposées au Midi ; ce qui semble prouver assez clairement, qu'outre que l'air est impregné de salpêtre en general, celui du

Nord l'eſt plus que tout autre, & qu'il nous en vient ſouvent de ces endroits-là.

III. Ne peut-on pas inferer de-là, que, ſi les vents de Nord rendent l'air plus peſant, c'eſt à cauſe de cette grande quantité de nitre, & que c'eſt-là la raiſon pour laquelle, lorſque le vent tourne de ce côté-là, le mercure monte ſouvent dans le barométre, comme beaucoup de gens qui ont écrit ſur cette matiere, l'aſſurent? mais c'eſt une choſe que je n'éxaminerai point ici.

Or ſoit que les vents de Nord rendent l'air plus peſant, (ces vents apportent avec eux de ces régions froides vers le midi un air épais & comprimé, c'eſt ce que le Thermométre fait voir, puiſque l'on obſerve que le froid condenſe l'air, comme cela paroît par la refraction de la lumiere, qu'on nous aſſure être plus grande dans le Nord) ſoit que la peſanteur de l'air procéde du ſalpêtre dont il eſt imprégné, ou de quelqu'autre cauſe; ceux qui ont des barométres, ſçavent fort bien que plus l'air eſt peſant & le mercure élevé, plus le tems eſt éloigné de la pluie, & plus on doit s'attendre à un tems ſec: voiez *les Act. Lipſ.* 1696. pag. 213. C'eſt peut-être là une des raiſons (entr'autres circonſtances, qui peuvent être particulieres au Païs des Juifs) pour laquelle Salomon a dit, *Proverb.* chap. xxv. v. 23. *Le vent de Nord chaſſe la pluie*, puiſque l'air étant plus peſant, les vapeurs de l'eau flottent dans ce fluide, & elles ne ſçauroient deſcendre en pluie.

Le ſalpêtre devient actif par le moien des particules ſulphureuſes qu'il contient; prouvé par l'expérience.

Le ſalpêtre paroît de ſa nature une matiere ſans action, en ſorte que, quand on le met dans un creuſet ſur le feu, elle n'agit point du tout, pas même avec une chaleur violente; ainſi il ſera peut-être néceſſaire d'éxaminer de plus près, ce qui le rend actif, & comment il peut produire des effets ſi merveilleux.

De tous les corps que nous connoiſſons les plus propres pour produire cet effet, ce ſont ceux que les Chymiſtes appellent *des ſoulphres*; parmi leſquels le ſoulphre commun tient le premier rang, & toute autre choſe qui contient en ſoi du ſoulphre; comme l'antimoine, la tourbe, & le charbon de bois; & en general tous les corps gras & huileux, comme le tartre, & ſemblables.

De-là vient que le ſoulphre, ou les corps ſulphureux, qu'on a jettés dans le ſalpêtre fondu, ou mêlez avec le ſalpêtre tout froid, lorſqu'on les met en feu, ſont violemment agitez, &

LIVRE III. CHAPITRE V.

souvent le mélange se change en une flamme soudaine, qui consume ce qu'elle rencontre; de là vient aussi que le tartre mêlé avec une pareille quantité de salpêtre, s'enflamme avec le moindre feu, & continuë de brûler jusqu'à ce que la partie oleagineuse avec les autres parties du tartre se soit évaporée : après quoi il restera un sel alkali blanc, qu'on appelle pour cette raison *sel de tartre*. Prenez du salpêtre dissout, mêlez-le avec du charbon de bois ou de tourbe, & jettez le mélange dans le feu, il deviendra actif, & s'enflammera; vous l'y laisserez jusqu'à ce qu'il ne jette plus de flammes. Les Chymistes disent que ce qui reste est un sel alkali, qu'ils appellent *sel fixe de nitre :* mais ne vaudroit-il pas mieux l'appeller *sel fixe de charbon*, pour la même raison qu'ils ont appellé l'autre *sel de tartre* ? C'est aux Sçavans à décider de cela.

Au moins la poudre-à-canon nous fournit un exemple assez connu, ou plûtôt terrible & surprenant de l'activité prodigieuse que le soulphre & le charbon lui donnent.

Il ne faut pas croire que ces matieres ne puissent se soutenir dans l'air, étant subtiles & trop petites. Nous avons fait voir ci-devant qu'outre un très-grand nombre d'autres particules très-petites, il y en a aussi de sulphureuses dans l'air; de-là vient qu'au milieu des terres, & dans les Païs qui sont plus méridionaux que nous, le tonnerre & les éclairs sont fort fréquens & souvent terribles : mais dans la Groënlande, ni chez nous, on n'en observe gueres en Hyver. Que cela soit occasionné par la grande quantité des soulphres, dont l'air est plus impregné dans les Païs Méridionaux que dans les Septentrionaux, c'est une chose qui passe pour très-probable parmi beaucoup de gens. Dans la Groënlande il semble qu'il y a beaucoup plus de salpêtre, qui passant du Nord aux Contrées Méridionales, produit ces effets, en se joignant aux parties sulphureuses qui sont dans l'air.

On a fait voir aussi ci-devant, que les raions du Soleil agissent sur le salpêtre, & qu'ils le rendent volatile; car que ces raions soient de vrais corps, & qu'ils entraînent avec eux une matiere qui est réellement pesante, c'est ce que prouve l'expérience que M. Homberg fit sur le régule de Talc, comme parlent les Chymistes.

Je ne sçais si je ne devrois pas ajoûter ici, que l'année 1711 aiant amassé de la rosée vers la fin de May, & l'aiant gardée quelque tems dans une grande bouteille de verre, je la fis ensuite évaporer, pour sçavoir s'il n'y auroit pas de salpêtre, comme quelques-uns l'assurent; mais cette fois je n'y trouvai point de sel, je n'y trouvai qu'un peu de matiere rougeâtre qui approche beaucoup de la couleur des scories du régule d'antimoine; je la jettai sur un charbon ardent, mais elle ne brûla point, comme le salpêtre a accoûtumé de faire: mais en la jettant dans un vaisseau de terre, où il y avoit du salpêtre fondu, elle s'enflamma, mais ces flammes étoient extrêmement foibles en comparaison de celles du soulphre commun.

Je ne sçaurois déterminer ici éxactement de quelle nature étoit cette matiere, y en aiant trop peu pour l'éxaminer davantage; cependant je juge qu'elle étoit sulphureuse, par son embrasement avec le salpêtre: du moins il étoit évident que le salpêtre agit sur elle, & elle sur le salpêtre.

Il me semble aussi que de là nous pourrions conclure que la lumiere ou les émissions du Soleil, que les vents de Midi nous amenent, agit sur le nitre aërien: en effet on observe qu'un charbon ardent de tourbe placé au Soleil, lorsqu'il est bien chaud, (hors du vent qui pourroit l'emporter) s'éteint, & cesse de brûler, de même précisément que si on le mettoit dans un pot pour l'éteindre. Cela vient, selon les apparences, de ce que le salpêtre de l'air, qui est d'ailleurs la principale chose qui fait brûler la tourbe, n'est plus propre à produire du feu: c'est l'action de la matiere qui émane du Soleil, qui le met hors d'état de continuer le feu de la tourbe; rien de plus vrai que ceci, & c'est principalement par le moien du salpêtre que nos feux brûlent. Pour en être convaincu, il faut observer que dans les hyvers violens, lorsque les vents de Nord regnent, vents que nous avons déja prouvé être impregnez d'une grande quantité de salpêtre, la tourbe brûle beaucoup mieux, & elle se consume beaucoup plus vite (la même chose arrive au charbon, lorsqu'on y jette du salpêtre) qu'en Eté, lorsque l'air n'est pas si chargé de salpêtre.

Le salpêtre, en se joignant aux raions de lumiere, rend la terre fertile; prouvé par une expérience.

On observe aussi que l'action du salpêtre, & les raions de lumiere, contribuent extrêmement à la fertilité de la terre. Nous ne rapporterons pas ici, comme une preuve de cela, l'expérience de M. Homberg rapportée dans *les Mémoires de l'Académie Roiale des Sciences* de 1699, pag. 75, 76, qui fait voir que le salpêtre fait la même chose, lorsqu'on le délaie dans de l'eau, &

qu'ensuite on verse cette eau sur la terre. On peut encore faire une autre expérience, en faisant tremper des graines pendant quelques heures dans deux pintes & demi (par exemple) d'eau où l'on aura dissout une once du meilleur salpêtre; & on trouvera que ces graines seront beaucoup plus fertiles que celles qui n'auront pas trempé dans de l'eau imprégnée de salpêtre. J'en vis l'expérience l'année 1711. nous observâmes que des féves qu'on y avoit fait tremper pousserent & crûrent un tiers plus qu'à l'ordinaire; & y aiant fait de même tremper quelques graines de pourpier, ce qui poussa devint si grand & si fort, qu'une personne sçavante, & une autre qui étoit bien versée dans les plantes, ne pûrent s'empêcher de me demander ce que c'étoit; & ils me dirent, qu'ils n'avoient jamais vû de leur vie du pourpier comme celui-là.

Cette proprieté étoit connue des Anciens qui ont écrit sur l'agriculture : mais ce n'est pas le salpêtre seul qui fertilise la terre ; ce qui résulte de l'action de la matiere solaire (qu'on me permette de nommer ainsi les raions de lumiere ou la matiere qu'ils apportent avec eux) rend aussi la terre fertile. Pour faire voir cela il suffira en premier lieu, d'examiner comment le Soleil contribue à l'accroissement des plantes; ce qui est une chose que personne n'ignore; il ne sera pas inutile de rapporter ici ce qui m'arriva vers la fin de May l'année 1712. je semai des graines de pourpier, en même tems & dans le même endroit ; quelques-unes avoient trempé dans de l'eau imprégnée de salpêtre, & d'autres n'y avoient point trempé, quelques jours après le froid fut si grand pendant la nuit, qu'il y eut de la glace. J'avois observé dans mes autres expériences, que dans les froids les plus violens, on ne trouve point de glace dans la lie, & que très-peu ou point du tout dans le vinaigre chargé de sél, ou dans l'eau marinée ordinaire. J'observai aussi que l'eau dans laquelle on avoit dissout autant de salpêtre qu'il étoit possible, & qu'on avoit mis à la fenêtre en-dedans ou en-dehors dans une petite bouteille, auprès de celles où étoient les graines, se glaça & rompit la bouteille, dont les parties étoient séparées & éloignées de plus de l'épaisseur d'une paille. Cela me donna lieu de douter, puisque l'eau nitrée se geloit si aisément, & d'une maniere si forte, si le froid n'auroit pas fait mourir le pourpier, dont on avoit fait infuser les graines dans de l'eau nitrée; je crûs mon soupçon d'autant mieux fondé, qu'à peine on vît paroître le Soleil pendant ce tems-là, qui fut très-froid. Comme je fûs à la fenêtre pour voir la chose, je trouvai que les pourpiers qui étoient venus des graines qui avoient été semées à la maniere ordinaire étoient verds, & que ceux qu'on avoit fait tremper dans de l'eau nitrée, avoient produit des pourpiers qui se trouvoient beaucoup plus avancez ; mais la plûpart des parties de la plante étoient gelées.

Je pense qu'on peut inferer de-là, que pour faire croître les plantes, il faut non-seulement du salpêtre, mais aussi quelque chose qui amene de la chaleur, afin que par leur action réciproque, la chaleur & le nitre produisent ces effets sur la terre & dans les plantes.

D'ailleurs, il y a une expérience très-commune, qui semble confirmer la même chose ; certains laboureurs, lorsque les vents de Nord & de Nord-Est soufflent long-tems à la fin de Mars & d'Avril, apprehendent d'avoir, à cause de cela, une mauvaise année ; parce qu'ils voient que le froid empêche l'herbe de croître : cependant on observe qu'on a souvent alors une récolte très-abondante, & beaucoup de foin, qui pousse même de bonne heure. Il y a quelques années que j'ai observé cela, & je ne me suis jamais trompé, sur-tout l'année 1712 : alors une personne voiant les vents du Nord qui regnoient presque durant tout le printems, me dit, qu'elle craignoit que l'année ne fût mauvaise, & qu'on manqueroit de foin : Je lui répondis que j'avois souvent observé le contraire, & que pourvû seulement que ces vents fussent suivis de quelques chaleurs, le foin seroit mûr de bonne heure, & qu'il y en auroit beaucoup ; ce qui arriva aussi.

Si on convient que ce que nous venons de dire est possible, il ne sera pas difficile d'en découvrir la cause ; les vents du Nord lorsqu'ils sont fréquents, nous apportent avec eux une grande quantité de salpêtre ; le vent de Midy leur succedant, & la matiere de la lumiere qui les accompagne, l'air se trouve alors rempli d'une grande quantité de particules qui agissent l'une sur l'autre, & qui contribuent à la fertilité de la terre. D'un autre côté pourtant, il peut arriver que les vents de Nord soient trop forts & trop longs, & ceux du Midy trop foibles, & la chaleur trop foible ; en sorte que le nitre aërien est aussi préjudiciable pour les fruits de la terre, à cause de sa trop grande quantité ; que le salpêtre ordinaire (nous en avons fait voir l'expérience) qui fait mourir les plantes lorsqu'il est en trop grande quantité. Le proverbe ordinaire des laboureurs, s'accorde avec ceci, & il y a beaucoup d'expériences qui le confirment ; ils disent : *Un picotin de poussiere du mois de Mars, vaut la rançon d'un Roi.* Chez nous ce mois est ordinairement sec ; lorsque les vents de Nord regnent ils rendent l'air si pesant, que les vapeurs aqueuses flottent dans ce fluide, & ne sçauroient descendre en forme de pluie que lorsque les vents du Midy soufflent durant cette saison, tombent en grande quantité.

Je me suis un peu étendu sur cette matiere, parce que j'ai crû qu'il étoit nécessaire d'exposer les expériences précédentes avec toute la clarté possible, & dans toutes leurs circonstances ; j'ai crû en particulier que je pourrois exciter par là ceux qui ont du penchant pour ces choses, & les commoditez nécessaires, à examiner de plus près ce qui rend proprement la terre fertile, & ce qui fait croître les plantes, afin de renforcer par d'autres expériences, ce que nous venons de dire ici. S'ils trouvent que la nature agit d'une autre maniere toute différente, ils pourront communiquer leurs lumieres au reste des hommes ; car il semble que cela demande encore beaucoup d'expériences. Qu'on cherche, par exemple, le moien de faire, qu'une certaine terre ou de certaines graines, produisent dans quelques heures une salade, ou d'autres plantes utiles ; ou de faire que chaque graine produise tout à la fois toutes les plantes qu'elle contient, & de les faire croître également, on multiplieroit par là les fruits de la terre. Il faudroit faire de ces sortes d'expériences ; au moins tout le monde conviendra que c'est une matiere dont la recherche peut non seulement étendre la connoissance de la nature, mais même rendra de grands services au genre humain.

Personne en même tems ne sçauroit ignorer que l'air ne soit le magasin qui fournit à la terre de quoi la rendre fertile ; le labourage, la culture des terres, le soin que l'on prend de les exposer à l'air le prouvent depuis plusieurs siecles. Croira-t-on que si l'air, jusqu'à présent, n'a jamais manqué des particules nécessaires pour la fertilité des terres, cela s'est fait sans le secours d'une Providence remplie de sagesse ? Est-ce sans cette même Providence que les pluies, la rosée & la neige se chargent de ces particules en tombant, pour les charrier & les faire entrer assez avant dans la terre où elles pénétrent, afin de la fertiliser par là, & de la mettre en état de fournir des alimens à tous les animaux qui l'habitent ?

CHAPITRE VI.
De la Possibilité de la Résurrection.

Réponse de notre Sauveur à l'objection des Saducéens.

J'Aurois fini dans cet endroit l'examen des loix de la nature, parce que de rechercher toutes celles auxquelles l'étude de la nature nous conduit, & en particulier la Chymie, cela demanderoit trop de tems. Voici cependant une matiere qui peut recevoir de grandes lumieres de ces sortes de recherches; elle est de grande importance, ainsi je tâcherai d'y apporter quelque éclaircissement, quoiqu'il soit difficile à l'expliquer clairement par les principes naturels; mais il est tems d'entrer en matiere.

On ne sçait que trop que parmi ces malheureux qui nient l'Etre qui les a faits, il y en a beaucoup qui ont accoutumé non seulement de ridiculiser l'opinion des Chrétiens sur la résurrection, mais de s'y opposer de toutes façons. D'autres qui paroissent traiter cette matiere d'une maniere plus raisonnable, ont aussi accoutumé d'y faire quelques objections, par lesquelles ils s'imaginent de prouver suffisamment l'impossibilité d'une résurrection.

Je sçais fort bien, que pour couper court à toutes les difficultez & aux railleries que les Athées font contre cet article de notre croiance, ceux qui reconnoissent un Dieu & qui croient à l'Ecriture-Sainte, ne sçauroient alléguer rien de plus fort que la réponse que Notre-Seigneur fit aux Saducéens qui nioient la résurrection : *Vous êtes dans l'erreur*, leur dit-il, *ne comprenant pas les saintes Ecritures, ni la puissance de Dieu*, Matt. 22. v. 29. c'est-à-dire, la parole qui a comme vous le reconnoissez une origine divine, le dit ainsi, & personne ne doit douter que la puissance de Dieu ne soit assez grande pour faire ce qu'il a dit.

Rien ne prouve mieux en effet la possibilité de la résurrection, que celles dont il est parlé dans les divines Ecritures; celle de J. C. qui est si bien établie dans les Evangiles, & dans les autres Livres du Nouveau Testament est sur-tout une preuve invincible; ajoûtez à cela tant d'autres résurrections dont les Livres saints font mention.

La résurrection d'un corps n'est pas un

Mais nous avons affaire ici avec une espece de gens, qui n'ont aucun respect, ni pour Dieu ni pour les saintes Ecritures,

&

LIVRE III. CHAPITRE VI.

& qui se croient en état de prouver par leur philosophie que la résurrection n'est pas probable, pour ne pas dire possible. Il est certain qu'il n'y a que la parole de Dieu qui ne trompe jamais personne, qui puisse nous assurer de la résurrection; & que lorsqu'on pense à la maniere dont la chose se fera, il faut avoir recours à sa Toutepuissance, qui opere des merveilles; cependant j'ai crû qu'il ne seroit pas inutile, pour quelques personnes, de faire voir ici, que toutes les objections qu'on fait contre ce dogme sont bien éloignées d'avoir quelque force. Au contraire, je ferai voir que le petit nombre des loix que nous connoissons dans la nature, & les phénomenes qu'on y observe sont plus que suffisans pour répondre à toutes ces objections.

plus grand miracle que la création.

Approchez, Incrédules, & dites-nous si vous n'êtes pas forcez d'avouer que tous les alimens dont vos corps sont composez, de même que ceux de vos peres, viennent de la terre, ou plûtôt qu'ils ne sont autre chose qu'une terre métamorphosée? Si vous osez nier ceci, je vous renvoie aux deux premiers chapitres, lisez-les. Il est donc évident que vos corps, & les leurs, viennent aussi de la terre.

Cela étant ainsi, il ne me paroît point extraordinaire qu'un corps qui a été déja de la terre, sorte encore de la terre, puisqu'il en a été formé au commencement, l'un n'est pas plus étrange que l'autre. Quelle impossibilité y a-t-il que cette Puissance si merveilleuse & si absolue, qui s'est servie de la terre pour former un corps humain (avant qu'il y eût aucun être de cette nature au monde, sans la connoissance de l'homme, sans qu'il y ait contribué en aucune maniere, ni lui, ni les autres créatures), juge à propos de se servir de nouveau de la même terre pour le même usage, afin d'opérer la résurrection de l'homme? Incrédules, supposez avec nous qu'un homme fût né ou porté dans un endroit où il ignorât entierement la nature des alimens: Si un autre personne venoit & lui montroit un morceau de terre qui produiroit du ris, du froment, ou tout ce qui peut lui servir de nourriture; s'il lui disoit que son corps tire non-seulement son origine de la terre, mais que la terre l'entretient aussi, ne croiriez-vous pas de même que nous, que cet homme feroit autant de difficultez à admettre cela pour une vérité que vous nous en faites à présent lorsque nous vous disons, que le corps de l'homme sortira

Kkkk

encore une fois de la terre, dans laquelle il retourne après la mort? Le Philosophe le mieux instruit de ce qui arrive dans le monde ne seroit-il pas aussi surpris de la maniere dont son corps a été tiré de la terre, & de la maniere dont il se nourrit par le moien de la terre, s'il n'étoit pas accoûtumé à voir continuellement des créatures qui naissent & se nourrissent de la terre?

La formation ordinaire des corps semble même moins probable, que la résurrection. Vous qui niez la résurrection, dites-nous si les parties qui composent votre corps visible, (nous ne dirons rien ici du premier principe ou du germe qui est d'une petitesse extrême) n'étoient pas aussi écartées l'une de l'autre sur la terre il y a environ 5000 ans, qu'elles le seront quelques années après votre mort, ou à la fin du monde? J'ai traité cette matiere plus au long dans le chapitre suivant, où je vous renvoie. Encore un coup, dites-nous s'il sera plus impossible à Dieu, dans ce dernier cas, que dans le premier, de ramasser des parties ainsi dispersées, & de les mettre dans l'ordre & l'arrangement où elles doivent être?

Je suppose encore que vous ignoriez comment se fait la production des animaux, & que vous n'aiez pas eû l'occasion de le voir; examinez-vous vous-même, & voiez si vous admettriez pour une vérité qu'un enfant, par exemple, puisse vivre comme un poisson au milieu de l'eau, pendant plusieurs mois, tandis que la même créature ne pourroit tout au plus vivre à présent que quelques minutes dans de l'eau? Cela ne feroit-il pas croire qu'il y a plus d'apparence qu'un homme seroit produit, comme une plante, d'une graine, ou du moins de quelqu'autre maniere qui ne contrediroit pas si directement l'expérience? Cependant on voit que ceci arrive constamment, & toûjours de la même maniere, sans aucune variation. La résurrection des morts paroîtra-t-elle donc à présent plus surprenante? Dans ce dernier cas, il faut seulement que les mêmes parties en se réunissant, produisent le même corps; d'ailleurs la maniere même dont l'homme se forme présentement, semble encore contraire à plusieurs expériences évidentes, qui font voir qu'il seroit nécessaire que nous respirassions pour vivre; cependant nous avons des raisons suffisantes pour assurer qu'un enfant peut vivre plusieurs mois dans le ventre de sa mere sans respirer.

Ce fait semble suffisamment prouvé par l'expérience suivante; on met les poulmons d'un enfant avant qu'il soit né dans de l'eau, & ils descendent au fond. Bergerus p. 481. nous en donne une expérience, & il nous dit, que lorsqu'on met les poulmons

LIVRE III. CHAPITRE VI.

d'un enfant né mort, dans la machine pneumatique, ils ne se gonflent point, & que lorsqu'on les jette dans l'eau ils vont au fond. Le contraire devroit arriver absolument, si l'enfant étoit né vivant, & s'il avoit resté quelque tems dans l'air ; car les poulmons ne se dépouillent jamais parfaitement d'air, lorsqu'ils l'ont respiré une fois, il y en restera toûjours assez pour les faire gonfler, & pour les empêcher d'aller au fond de l'eau. De là vient, qu'un morceau de poulmon d'un animal nouvellement tué, étant dépouillé d'air dans la machine pneumatique, se contractera & descendra plus bas dans l'eau qu'auparavant ; mais cependant elle n'ira pas jusqu'au fond jusqu'à ce qu'on en ait entierement pompé l'air, ce qui ne laisse pas de coûter un peu de peine.

Voici une objection à laquelle nous ne devons pas nous arrêter, elle est trop triviale pour des personnes d'esprit. La résurrection, dit-on, paroît incroiable, parce que lorsque nous sommes venus au monde, nous avions des parens auxquels nous devions notre naissance, & qu'il y avoit alors plusieurs moiens convenables pour nous faire naître ; au lieu que dans notre seconde naissance, ou dans la résurrection, nous n'avons aucun parent pour nous rengendrer.

Réponse à la premiere objection, dans laquelle on nous dit, que dans la résurrection il n'y a ni pere ni mere.

Tout ce qu'un bon Logicien peut prouver par là, c'est qu'il y a une puissance & une sagesse capable de fournir des moiens pour la procréation des hommes de cette maniere. Quelle raison peut-on alleguer pour prouver que la même Puissance, qui a été capable de faire la chose d'une maniere, ne pourroit pas se servir de quelqu'autre moien pour la même fin ? Ne voions-nous pas que Dieu, pour manifester sa sagesse même à ceux qui le haïssent, a accoûtumé de faire la même chose d'une infinité de manieres ? Il seroit inutile de parler ici une seconde fois de plusieurs exemples que nous en avons donné, touchant plusieurs especes d'animaux ; c'est ce que nous avons déja fait au commencement du chapitre, où nous avons traité du mouvement, de la nourriture & de la génération des animaux ; nous avons fait voir que les instrumens qui servent à ces fonctions, different presque tous dans chaque espece de poissons, d'oiseaux & de bêtes ; cependant ils engendrent tous, ils se nourrissent, ils se meuvent & passent d'un endroit à un autre.

De même lorsque nous contemplons les plantes, quelle variété n'observons-nous pas dans leurs manieres de se produire &

de croître. Il y en a qui croissent dans la terre, même souvent dans une terre toute particuliere; d'autres ont besoin d'un autre terroir; il y en a qui croissent sur l'eau, d'autres dessous; l'une dans un climat chaud, & l'autre dans un climat froid; il y en a qui ne sçauroient naître que par le moien des graines; pour d'autres, il suffit de couper une branche de la plante principale & de la planter, elle croît; vous en verrez qui croissent couchées par terre, d'autres qu'on greffe; il y en a même qui peuvent naître de plusieurs de ces manieres, & peut-être d'une maniere encore différente de celles-là. Ainsi nous voions que l'Auteur de la nature remplit une même vûe, je veux dire celle de la génération des plantes, d'une infinité de manieres différentes.

Cela supposé, quelle impossibilité y a-t-il que le même Etre toutpuissant, qui a produit une fois les hommes par le moien de leurs pere & mere, ne puisse pas les produire une seconde fois d'une autre maniere? Et si nous supposons que ce grand Ouvrier peut mettre en usage autant de moiens différens que les hommes en peuvent inventer, en quoi sa puissance pourtant surpasse de beaucoup toutes les inventions humaines, comme cela paroît évident à tous ceux qui ont accoûtumé d'examiner ses ouvrages, où ils apprennent tous les jours quelque chose de nouveau, qui ne leur étoit peut-être jamais entré dans l'esprit; si nous supposons, dis-je, ce principe, comment trouver des gens qui prétendent le contraire? Car un homme qui ne se croiroit pas capable de former une hypothèse dans laquelle il pourroit rendre raison de la formation du corps des hommes, par la différente disposition, & par le mouvement de ses parties, d'une maniere différente de celle dont ils se produisent à présent, niera-t-il pour cela la possibilité de sa formation?

Réponse à la seconde objection qui est fondée sur la petitesse des parties après la corruption.

Ceux qui nient la résurrection la croient impossible; parce que la corruption aiant détruit & réduit nos corps en tant de particules d'une petitesse extrême, ils ne sçauroient croire qu'elles puissent se placer de nouveau dans l'ordre où elles doivent être, ni rétablir ainsi le même corps dans sa premiere forme: mais douteront-ils par la même raison, qu'un bon Anatomiste puisse remettre tous les os dans la même disposition, & former un squeléte, ou qu'un Horlogeur puisse rajuster toutes les roues & toutes les piéces d'une montre, quoique les mêmes roues & les os fussent dans un tas pêle-mêle sans aucun ordre? Si nous ne faisons donc que supposer que le Créateur de l'Univers est plus sage & plus puissant qu'un Anatomiste ou un Horlogeur, à proportion que le corps humain est plus noble & plus curieux dans la structure qu'une squeléte, ou une montre, quelle difficulté restera-t-il alors ? Il est aisé de faire voir que bien loin de donner trop de puissance & de perfection à l'Etre suprême, nous nous en faisons une idée trop petite & au-dessous de ses perfections, dans cette supposition. Si tous les plus habiles Ouvriers qu'il y ait au monde s'unissoient ensemble, ils n'auroient pas tous ensemble assez d'habileté pour former le corps d'une mouche, ou d'une autre insecte, ou même la graine d'une plante; ils ne sçauroient faire la moindre chose qu'on pût comparer à l'excellence & à la structure admirable d'un seul de tant de millions d'ouvrages qui partent tous les jours de la main de ce grand Ouvrier. La seule chose seroit d'autant plus difficile, que nous avons fait voir qu'il n'y a point de particule si petite, pas même celles de la lumiere, qui ne soit gouvernée par une Puissance qui s'étend sur toutes choses, & qui ne soit sujette à certaines loix fixes & immuables, dans le tems même que ces parties paroissent être le plus en désordre. En voiant l'image d'un homme qui se formoit si éxactement sur un morceau de drap, ou de papier blanc, je la regardois comme une représentation agréable de la résurrection ; du moins cela fait voir que les raions de lumiere réfléchis par le corps d'un homme qui est hors de la chambre, passent à travers l'air en se mêlant avec une infinité d'autres qui partent des objets des environs, & que néanmoins en entrant dans la chambre ils se séparent de tous les autres, se ramassent & forment une image éxacte de cet homme, selon les loix de la Dioptrique.

Or, si toutes les particules de lumiere, après tant de mélanges & de chocs l'un contre l'autre, peuvent être assujetties à certaines loix dont elles ne s'écartent jamais ; si ces mêmes loix les obligent de se ramasser régulierement, lorsqu'elles tombent sur un morceau de papier blanc, d'y peindre & exprimer éxactement la forme de la personne dont elles partent ; est-il impossible que les parties d'un corps pourri, quoique mêlées & dispersées parmi une infinité d'autres, se ramassent, & composent de nouveau le même corps, comme le forment les particules de lumiere qui en représentent la figure ?

Si ceci ne suffit pas, le Lecteur peut se rappeller ce que nous avons dit dans les deux chapitres précédens, où nous avons fait voir que les plus petits animaux, ou les particules des corps, ne sçauroient échapper à la direction de ce grand Ouvrier qui regle toutes choses. Nous avons fait voir sur-tout qu'avant que les grands corps deviennent les instrumens de sa puissance, il a jugé à propos, pour manifester sa gloire, de les diviser & de les séparer en des particules d'une petitesse extrême, & même presque inconcevable. Si on prouve donc par des expériences incontestables, qu'il y a un Etre puissant qui a formé avec ces particules tout ce qui est sur la terre, même le Soleil ce grand corps plein d'éclat, & que c'est lui qui les a disposées d'une maniere si merveilleuse; misérables Pyrrhoniens, avec quelle raison pourrez-vous inferer quelque preuve de la petitesse inconcevable des particules qui composoient le corps humain contre ce que nous disons ici? Il a beau se dissoudre par la corruption, & se trouver réduit en poudre, on ne sçauroit conclure rien de-là contre la possibilité de la résurrection.

Réponse à la troisième objection tirée de l'attraction des particules.

Il y a des gens qui voudroient que toutes leurs idées fussent vraies; ils ont l'imagination fertile en argumens pour appuier leurs sentimens; ils s'arrêtent aux opinions de quelques fameux Philosophes, qui soûtiennent que toutes choses, sur-tout les plus petites particules des corps, & par conséquent les plus foibles, se détruisent & s'usent par le mouvement; que leur figure & leurs proprietez changent, de sorte qu'après plusieurs années, & à mesure que les siécles s'écoulent, nous cherchons en vain dans l'univers les parties qui composoient un corps, & qui pourroient encore le composer de même, si on pouvoit les trouver.

Mais, lorsqu'on éxamine ce qui se passe dans le monde, & les loix selon lesquelles il se gouverne, on sera convaincu:

1°. Que l'art & l'industrie des hommes, qui ont trouvé par-là le moien d'appliquer les loix de la nature à leurs fins, suffisent pour conserver en entier les corps des hommes & des animaux, & empêcher qu'il n'y arrive aucun changement, & qu'ils ne se corrompent; il est donc beaucoup plus possible & plus vraisemblable aussi, qu'un Etre incomparablement plus sage, puisse conserver toûjours dans le même état des parties sans comparaison plus petites. Ce qui prouve cela, c'est la maniere de garentir contre la corruption dans l'esprit-de-vin tant de plantes étrangeres & d'animaux; il faut que l'esprit-de-vin soit bien dépoüillé de toute son eau, & on y met un peu de camphre; la coûtume d'embaumer les corps morts, mise en usage parmi les

Anciens, de même que parmi les Modernes, qui ont l'art de mieux conserver les corps contre la pourriture, en est encore une preuve. Simon de Uries nous dit, dans sa description de l'ancienne Groënlande, que l'air y est si pur, qu'il empêche que les corps ne se corrompent; & le fameux Géographe Samson rapporte qu'un Colonel Espagnol passant du Perou au Chili, sur une montagne fort haute, il y eut quelques-uns de ses gens qui moururent de froid; & que plusieurs années après il les trouva dans le même état, c'est-à-dire, sur leurs chevaux morts, tenant la bride à la main; leurs corps n'étoient point corrompus.

2°. Nous avons fait voir que tout ne se détruit point, & que la figure des particules ne change point indifféremment; puisque, si cela étoit, l'eau, l'air, & toutes les parties qui composent l'univers, auroient changé de nature & de proprietez; ce qui est contraire précisément à ce que l'expérience nous apprend.

Si on souhaite d'en être convaincu, on n'a qu'à faire une expérience que je fis d'abord dans une autre vûë, c'étoit pour faire voir qu'on ne tempére pas tant les acides, comme quelques-uns le prétendent, en émoussant ou brisant leurs pointes, qu'en les unissant éxactement avec les alkalis, avec des parties aqueuses, ou autres. On fait dissoudre premierement de l'argent dans l'esprit acide de nitre, ou l'eau-forte ; & ensuite, après y avoir mis un peu d'eau, on met un morceau de cuivre dans cette liqueur; alors l'acide quitte l'argent, & dissout le cuivre : mais si l'on y jette du fer, le cuivre se précipite, & l'esprit dissoud le fer ; si on y ajoûte de la pierre calaminaire, l'eau-forte quitte le fer, & dissout ladite pierre : ensuite, si on filtre cette pierre, pour la séparer de tout ce qui s'y est précipité, & si on y met ensuite du sel lixiviel de tartre, il arrivera une précipitation, & le sel s'unira avec ce menstruë ; ce mélange étant crystallisé, (marque que les parties du nitre n'ont pas été altérées) donnera un salpêtre ardent.

Pour faire voir encore qu'il conserve son acidité, j'ai mis avec ce salpêtre de l'eau fraîche & de l'huile de vitriol, d'où je retirai de nouveau mon eau-forte par la distillation, qui donna des marques de son acidité, lorsque je voulus en faire l'essai ; car en y jettant de la limaille de fer, j'ai observé que le fer s'y dissolvoit avec une effervescence violente, & qu'il s'en élevoit une vapeur très-rouge, qui est particuliere à l'esprit de nitre. Ce qui confirme ceci encore davantage, c'est qu'en y remettant du sel de tartre, on en retiroit une seconde fois de bon salpêtre : ces expériences font voir au moins que l'esprit de nitre, après s'y être uni avec l'argent, le cuivre, le fer, la pierre calaminaire, & le sel de tartre, & après avoir même résisté deux fois à quelques-uns de ces corps, reste dans le même état, ses pointes n'aiant été ni changées ni usées par tous ces mouvemens ; preuve évidente qu'il n'est pas impossible que la même puissance qui conserve la figure & les proprietez de l'esprit de nitre, après tant d'unions, de mélanges & d'effervescences, en peut faire tout autant dans les parties des autres corps : c'est ainsi que l'or & le vif argent prennent une infinité de formes entre les mains des Chymistes, sans pourtant changer de nature, après avoir souffert tant de changemens.

Réponse à la troisiéme objection tirée des particules avec d'autres corps.

Voici une autre objection que certaines personnes ont accoûtumé de faire contre la possibilité de la résurrection ; ils disent que les corps se divisent non-seulement en des particules d'une petitesse extrême par la corruption, mais ils disent outre cela que ces particules s'unissent, ou plûtôt, deviennent une partie de la substance des autres corps ; & la terre, qui se forme, par exemple, du corps pourri d'un homme ou d'une bête, se mêle souvent avec plusieurs espèces de corps fluides ou solides, comme avec l'eau, l'air, les arbres, les plantes : de sorte qu'il semble qu'il faille ici non-seulement que ces particules divisées s'unissent, mais premierement qu'elles se séparent des corps auxquels elles étoient unies ; ce qui paroît incroiable à ces Messieurs, & à peine possible dans une infinité de cas, où tout ceci seroit nécessaire pour faire ressusciter un seul corps.

Mais, ces Messieurs, s'ils étoient raisonnables, changeroient aisément d'opinion, lorsque nous leur ferions voir que ce qu'ils regardent comme incroiable, se fait de plusieurs différentes manieres dans la Chymie, tant par rapport aux solides, que par rapport aux fluides.

Si on met de l'argent dans de l'eau-forte, il s'y dissoudra, & se changera en une matiere fluide ; si vous y mettez un peu de cuivre, l'argent se séparera & tombera au fond, comme nous venons de faire voir.

Fondez de l'or & de l'argent tout ensemble, en se refroidissant ils deviendront un métal dur ; mais jettez ce mélange dans

LIVRE III. CHAPITRE VI.

dans de l'eau-forte, ils se sépareront d'abord : l'argent se mêlera avec la liqueur, & l'or tombera au fond comme une poudre; c'est une chose très-connuë de ceux qui font des expériences sur ces métaux.

L'huile ou le sel de tartre étant dissout dans l'eau, après avoir boüilli avec le soulphre, s'unira avec lui; mais versez-y un peu de vinaigre, le sel de tartre se mêlera avec lui, & le soulphre se séparera.

Mêlez de l'esprit de sel marin avec quelque sel volatile, par exemple, avec celui de corne de cerf, ces matieres s'uniront éxactement l'une avec l'autre; mais ajoûtez-y de la cendre dont on fait la lessive ou le savon, ou de la craie, & ils se sépareront d'abord, & l'esprit de sel se joindra avec son nouvel hôte. Il ne seroit pas difficile à ceux qui sont versez dans la Chymie, de produire une infinité d'autres exemples de matieres qui s'attachent & s'unissent éxactement l'une avec l'autre, qui cependant se séparent aisément en y en ajoûtant une troisiéme ; & si la chose est ainsi dans ce cas-là, où est l'impossibilité dans aucune autre matiere ?

Peut-être que les Incrédules répondront que nous ne sçaurions observer aucune proprieté dans les parties du corps humain, qui les porte à leur réunion, & qu'ainsi cette réunion ne sçauroit se faire.

Réponse à la cinquiéme objection fondée sur ce que nous ne sçaurions observer aucune union dans les particules des corps.

Mais, si l'on vouloit bien jetter les yeux sur les autres expériences chymiques, on verroit que l'eau & l'huile, lorsqu'on les met ensemble, ne s'unissent point; mais, si vous joigniez l'huile avec les cendres dont on fait le savon, & du sel de tartre, ou avec quelqu'autre sel lixiviel, (ou même avec le sucre) & si vous en faisiez du savon, elle s'unira aisément avec l'eau.

Le cuivre est aussi indissoluble, & à peine l'eau commune y fait-elle aucune impression; mais, si vous y ajoûtez du sel volatile de sel ammoniac, le cuivre se dissoudra entierement, & se changera en une liqueur bleuë.

L'eau simple ne sçauroit dissoudre la résine qu'on tire des drogues, comme celle de jalap, de scammonée, &c. mais ajoûtez-y du jaune-d'œuf, ou des amandes pilées, le mélange se fera sans peine : tout cela, & un grand nombre d'autres expériences que la Chymie pourroit nous fournir, nous fait voir, que, quoique deux matieres ne s'unissent point, on peut procurer leur

Llll

union par l'addition d'une troisiéme; est-il donc impossible que les particules de notre corps, selon ces mêmes loix, ou selon d'autres loix analogues des plantes & des animaux, selon lesquelles elles ont été unies, puissent se joindre de nouveau après leur séparation, comme auparavant?

Réponse à la sixiéme objection, où l'on dit que ces particules sont trop éloignées l'une de l'autre.

Quelqu'un qui chercheroit encore d'autres faux-fuians, pourroit bien s'aviser de répondre à cela, qu'avant que ces particules puissent s'unir, il faut qu'elles se rapprochent fort près l'une de l'autre; il est pourtant certain que les particules sont souvent à une très-grande distance l'une de l'autre, & que cela doit empêcher leur réunion : mais il faut remarquer, que, quoique les acides & les alkalis doivent être fort près l'un de l'autre, avant qu'ils puissent s'attacher ensemble, cependant l'ambre, la cire, le verre, attirent les pailles, & les autres corps legers à une distance beaucoup plus grande, & il ne faut pour cela que les frotter un peu. L'aimant attire le fer, quoiqu'il soit encore plus éloigné; tout ce qui pese sur la terre, se meut, ou est attiré vers son centre. Pour ne rien dire d'une autre chose qu'il faut supposer, selon l'opinion de M. Newton, & dont nous avons donné une preuve en parlant des Astres; sçavoir, que les corps célestes eux-mêmes, quoiqu'à une distance immense l'un de l'autre, sont sujets à une loi qui les porte l'un vers l'autre : ainsi si cela fait voir que ces corps d'une grosseur énorme pesent ou se meuvent l'un vers l'autre, selon les loix présentes de la nature, quoiqu'à une si grande distance, & qu'ils tâchent de s'unir, autant que leur mouvement peut le permettre; pourquoi seroit-il impossible à la même Puissance de faire la même chose dans les corps humains?

Réponse à la septiéme objection, où l'on prétend que les particules de matiere agiroient avec choix ou connoissance.

Il y a une autre objection qu'on nous fait : L'on nous dit qu'il semble que les particules du corps humain devroient agir avec jugement & choix, si parmi tant de millions d'autres particules elles alloient se rencontrer précisément dans les mêmes endroits de notre corps auxquels elles appartiennent, & concourir à former une nouvelle structure.

Il n'y a rien ici qui doive surprendre : N'est-il pas aussi merveilleux que parmi une infinité d'endroits où les particules de la terre, de l'eau, de la lumiere & de l'air, pourroient se mettre, celles qui sont propres pour produire des raisins, ne s'unissent que dans les vignes; celles des pommes dans les pommiers; celles qui appartiennent à des plantes bonnes ou mauvaises,

LIVRE III. CHAPITRE VI.

s'uniffent de la même maniere ? Cependant les herbes les plus venimeufes croiffent auprès, ou au milieu d'un champ couvert de froment, fans que cela caufe la moindre altération à ce dernier.

On peut obferver la même chofe dans nos propres corps : Quoique le chile foit compofé de tant d'efpeces d'alimens & de boiffon, il n'y a que les particules néceffaires à l'entretien de chaque partie de notre corps qui s'y joignent ; c'eft par le moien de cette direction particuliere, que la chair, les os, les membranes, &c. ne fe mêlent jamais, & que tout fe trouve dans fa place : fans quoi elles feroient bien-tôt incapables de faire leurs fonctions.

Nous pouvons encore rapporter des éxemples, qui fe trouvent en grand nombre chez les Chymiftes : Mêlez du fer, du plomb, du fel & de la pierre, le tout réduit en poudre ; tenez enfuite auprès de ce mélange un aimant, il n'attirera que le fer, comme, pour ainfi dire, par une efpece de choix qui lui eft naturel, fans toucher aux autres matieres. Verfez du vif-argent fur cette poudre, il ne s'attachera & ne s'unira qu'au plomb, fans toucher au refte ; mettez y de l'eau, elle fe chargera uniquement du fel, & laiffera tout le refte. Les menftruës ou les diffolvans nous fourniroient un grand nombre d'autres éxemples ; chacun agit fur un corps particulier, comme par choix, & comme s'il avoit de la connoiffance.

Or il ne faut autre chofe pour le renouvellement de nos corps, de la part de leurs atomes ou des particules (fuppofant toûjours la toutepuiffance de Dieu qui le fait) que ce que nous voions dans ces matieres.

Réponfe à la huitiéme objection, touchant les cannibales, ou les anthropophages.

Les Hiftoires font mention de plufieurs Nations qui font anthropophages, ou qui mangent des hommes ; ce qui femble être de quelque poids parmi ceux qui voudroient infinuer l'opinion de l'impoffibilité de la réfurrection aux efprits foibles : car il femble que lorfqu'un homme en dévore un autre, comme le corps de ce dernier fert d'aliment au premier, il faudroit que fon corps fe changeât en la fubftance du corps du premier ; cependant c'eft un article de foi parmi les Chrétiens, qu'un chacun reffufcitera avec fon propre corps ; & eux ils croient, pour les raifons dont nous avons parlé, que la chofe eft impoffible dans cette occafion, parce que, quoique le corps du Cannibale reffufcite avec toutes fes particules, il eft pourtant certain que celui

LLll ij

qui a été dévoré, se trouvera privé de plusieurs parties.

Pour lever cette difficulté, les Incrédules seront obligez d'avouer qu'il peut arriver deux choses dans ceci : 1°. Un cannibale peut vivre quelques années après la personne qu'il a dévorée ; or dans ce cas-là il est évident que l'objection tombera d'elle-même, puisque, selon la maniere ordinaire d'agir de la nature dans tous les corps, ce qui sert présentement d'aliment, pour composer une partie du corps, peut s'en séparer long-tems avant sa mort. Si le corps d'un homme qui se nourrit tous les jours, ne diminuoit point quant à la quantité de sa matiere, & de tous les alimens qu'un homme prend chaque jour, n'y en eût-il qu'une once, qui, après s'être convertie en la substance de notre corps, y restât toûjours, il augmenteroit de 20 livres de poids par an ; & par conséquent dans 50 ans, son poids monteroit à plus de 1000 livres : cependant nous trouvons le contraire par l'expérience ; d'où nous pouvons conclure qu'à mesure que le poids du corps augmente par les alimens, il devient en même-tems leger, & sa substance diminuë par la transpiration, & par les autres excrétions, comme Sanctorius l'a observé.

2°. Comme je ne veux rien refuser de ce qu'on peut accorder raisonnablement, je conviendrai que le Cannibale ou l'Anthropophage meurt dans le tems même qu'on le souhaite pour l'objection, & que la chair de la personne dévorée s'unit au corps de celui qui la mange.

Cette objection peut-être paroîtra d'abord de quelque force à ceux qui n'ont pas beaucoup éxaminé la maniere d'agir de Dieu dans la nature.

Mais il faut que ces Messieurs se donnent la peine de faire quelques réfléxions : Quoique l'Auteur de notre corps nous donne la connoissance de tant de choses qui s'y passent, & qu'il y en ait beaucoup qui dépendent de notre volonté, il en excepte pourtant la nourriture de notre corps, qui se fait non seulement d'une maniere indépendante de la volonté, mais même sans que nous nous en appercevions, ou que nous en aïons aucune connoissance ; car après que les alimens ont passé par l'estomach & les intestins, personne ne sçait ce qu'ils deviennent après cela, ni avec quelles parties ils s'unissent, ni en quel tems, Dieu montrant par-là que la fonction nécessaire de la nourriture dépend entierement & uniquement de sa volonté. Nous voions aussi que dans certaines indispositions, une trop

LIVRE III. CHAPITRE VI.

grande chaleur, un mouvement trop violent, une paſſion trop grande, qui à la vérité n'ont pas accoûtumé de nous priver de la ſanté comme des maladies ſérieuſes, ſont ſouvent la cauſe que nos corps ne ſe nourriſſent pas quelquefois par les alimens qu'ils prennent, auſſi-bien que dans d'autres tems.

Cela prouve, que ſi le deſſein du Créateur de toutes choſes eſt, que chaque homme reſſuſcite avec ſon propre corps, comme il nous l'a déclaré dans ſa ſainte Parole; il eſt auſſi dans ſon pouvoir d'empêcher qu'une ſeule particule appartienne eſſentiellement à deux corps; & il eſt même probable d'une maniere naturelle, qu'il n'y a pas d'impoſſibilité en cela.

Mais ſi cette preuve ne paroît pas aſſez convaincante pour certaines perſonnes, il y a une infinité d'expériences chymiques qui peuvent les confirmer dans cette idée; il paroît par ces expériences que quoiqu'un corps ait la proprieté de s'unir à un autre, cependant il ſuffit d'y en ajoûter un troiſiéme pour empêcher cette union; il y a même d'autres moiens pour faire la même choſe.

De-là vient que l'eſprit de ſalpêtre s'unit avec l'acier; mais ſi on y met premierement un ſel alkali fixe, comme celui de tartre, on préviendra l'effet que nous venons de dire.

Un ſel lixiviel ſe mêle avec l'huile, & ſe change en ſavon; mais mettez-y un peu de vinaigre, ou quelqu'autre acide avant toutes choſes, le ſel ne s'incorporera point avec l'huile, & même lorſque le mélange eſt déja fait, ces deux matieres ſe ſépareront par ce moien.

Le fer ſe joindra avec la pierre d'aimant, ou plûtôt ils ſe mouvront l'un vers l'autre; mais tournez-le ſeulement du mauvais côté, ils s'éloigneront l'un de l'autre. Enfin ſans nous arrêter davantage à des exemples que la Chymie pourroit nous fournir, peut-on donner aucune raiſon pour que la même puiſſance qui fait toutes ces choſes, ne pût pas produire les mêmes effets dans les parties qui compoſent un homme, dont le corps a ſervi d'aliment à celui du Cannibale auquel il s'eſt uni?

Que la réſurrection eſt poſſible.

Je ſçais fort bien qu'il y a des Philoſophes ingénieux & ſubtils qui ne manqueront pas d'imaginer des hypothèſes, pour expliquer les cauſes de toutes les expériences que nous avons rapporté, & peut-être feront des hypothèſes qui paroîtront avoir quelque conformité avec ces mêmes expériences. Je ſçais auſſi qu'ils rendent raiſon de tous les phénoménes chymiques, l'un d'une maniere, l'autre d'une autre; mais il n'est pas nécessaire ni d'admettre ni de rejetter le tout: 1°. parce que nous n'entreprenons pas ici de rechercher la vérité des principes sur lesquels un chacun bâtit son système des connoissances de la nature. 2°. Parce qu'il suffit pour notre dessein que ces expériences soient véritables, de quelque maniere qu'on les explique pour les accommoder à des hypothèses; car on a beau supposer certains pores, certaines figures, certaines directions de mouvement, une force attractice (principes d'où l'on infere à présent la plus grande partie des causes) on ne sçauroit prouver s'il est possible que ces mêmes principes, doivent avoir lieu dans les autres cas. On ne sçauroit non plus prouver que la même puissance qui a disposé les premieres selon ces proprietez, fasse la même chose dans les autres, en les changeant à chaque fois de la maniere la plus convenable qu'il jugera pour ces grands desseins.

J'aurois pû finir ici les preuves de la possibilité de la résurrection, en supposant que chacun reprendra son propre corps, s'il n'y avoit certains Incrédules qui prétendent la détruire d'une autre maniere. 1°. Ils disent, que de ce sentiment on peut tirer, à leur avis, des conséquences qu'on ne sçauroit admettre. 2°. Ils prétendent que nous supposons des choses possibles, qui cependant en supposant la résurrection des mêmes corps, deviennent impossibles selon leurs opinions. 3°. Ils disent qu'en comparant la Bible avec elle-même (d'où les Chrétiens tirent toutes les preuves de la résurrection) & par certains passages qu'ils citent, qui ne s'accordent presque pas avec la résurrection des corps, comme ils voudroient nous le faire croire; on peut renverser la possibilité de ce phénoméne. J'espere que les Sçavans ne seront pas fâchez que nous ajoûtions encore quelque chose pour répondre à ces difficultez, sur-tout si nous ne nous servons ici d'autres preuves, que de celles qui sont fondées sur l'expérience journaliere.

Trois objections de la premiere espece. La premiere conséquence que tout le monde, à leur avis, doit rejetter & regarder comme absurde, c'est celle-ci: Si dans la résurrection, disent-ils, nous reprenons le même corps, un enfant qui sera mort peu de tems après sa naissance, se trouve encore un enfant dans la résurrection, & il aura un corps imparfait.

La seconde conséquence est, que si quelqu'un vient à perdre une jambe ou un bras dans le tems qu'il n'est encore qu'un

LIVRE III. CHAPITRE VI.

enfant, & s'il vît encore quelques années devenant plus grand, il faut croire qu'après sa mort il se relevera mutilé, & sans son bras ou sa jambe; ou si son corps se trouve pourvû des membres qui lui manquent, ils n'auront absolument aucune proportion avec les autres.

La troisiéme est, que si un homme doit ressusciter avec son propre corps, selon eux, il faut nécessairement que presque tous les corps soient entierement détruits & ruinez, & qu'ils soient beaucoup plus petits & plus legers, qu'ils ne devroient être naturellement dans la résurrection; puisque la plûpart des hommes avant qu'ils meurent, se consument si fort pendant la maladie, que le poids & le volume de leurs corps diminuent extrémement, & different beaucoup de ce qu'ils sont dans l'état de santé.

La quatriéme chose qu'ils objectent, & qui quoique possible en elle-même, devient impossible dans l'idée que les Chrétiens s'en font, c'est celle-ci: Si un Cannibale ou un Antropophage vivoit plusieurs années, & si durant tout ce tems-là il ne vivoit que de chair humaine, il leur semble impossible que le Cannibale & en même tems tous ceux qu'il auroit devorez, puissent ressusciter avec leurs propres corps. *Seconde espece d'objection.*

Les objections qu'ils tirent de l'Ecriture-Sainte, sont premierement fondées sur les textes qui font mention expressément de la résurrection du même corps; comme Job. XIX. v. 26. & 27. *Car je sçais, quoique les vers détruisent ce corps, que je serai encore revêtu de cette peau, que je verrai mon Dieu dans ma chair, que je le verrai, dis-je, moi-même & non un autre, & que je le contemplerai de mes propres yeux.* Et saint Paul. Rom. 8. v. 11. ... *Celui qui a ressuscité J. C. d'entre les morts, donnera aussi la vie à vos corps mortels par son Esprit qui habite en vous;* de même que dans l'Epître à Philipp. III. v. 21. *Qui transformera notre corps, tout vil & abject qu'il est, afin de le rendre conforme à son corps glorieux.* Nous ne rapporterons pas toutes les autres objections, qui sont de la nature de celles-ci. *Troisiéme espece d'objections tirées de l'Ecriture-Sainte.*

Ils opposent à ces textes quelques expressions du même Apôtre, I. Corinth. xv. vers. 35. 36. 37. 38. & ils prétendent qu'ils ne sçauroient s'accorder avec les précédens; l'Apôtre introduit d'abord un homme qui fait l'objection suivante, vers 35. *Mais quelqu'un me dira en quelle maniere les morts ressusciterons-ils, & quel sera le corps dans lequel ils reviendront?* Il lui répond par la comparaison d'un grain de bled, vers. 36. *Infensez que vous êtes, ne voiez-vous pas que ce que vous femez ne prend point de vie, s'il ne meurt auparavant?* vers. 37. *Et quand vous femez, vous ne femez pas le corps de la plante qui doit naître, mais la graine feulement, comme du bled ou de quelqu'autre chofe.* vers. 38. *Mais Dieu lui donne un corps tel qu'il lui plaît, & il donne à chaque femence le corps qui est propre à chaque plante.* Ils concluent de ces paroles, que dans la réfurrection nous ne prendrons point les mêmes corps que nous avions quittez en mourant, mais qu'ils feront tout autres & différens, & tels qu'il plaira à Dieu de nous les donner. De forte que, felon ces Meſſieurs, ce texte femble contredire le précédent; il femble même se contredire lui-même, parce que si on feme quelqu'autre chofe de la plante qui doit naître, & si Dieu donne à la femence *un corps tel qu'il lui plaît*; il est impoſſible, à leur avis, que ce foit le même corps qui étoit dans la graine.

Outre cela il y en a qui font une difficulté contre cette expreſſion, *Un corps spirituel:* de plus vers. 50. il est dit, *Que la chair ni le fang ne fçauroient heriter le Royaume de Dieu.* Il leur femble que ceci contredit le paffage de Job que nous venons de citer.

Avant de répondre à ces difficultez, je me trouve obligé de faire précéder quelques réflexions:

Notre deſſein n'eſt pas de décrire ici la manière dont la réfurrection se fera, c'est une chofe que nous devons laiſſer à Dieu.

I. Il faut remarquer que notre intention n'est point de décrire ici la maniere dont les mêmes corps reſſuſciteront; c'est un grand myſtere que nous devons laiſſer à la feule fageſſe & à la puiſſance de Dieu; nous n'avons non plus entrepris autre chofe que de faire voir, qu'il n'y a rien d'impoſſible dans la réfurrection. Notre deſſein étant encore de prouver que les objections précédentes que quelques Incrédules tirent de l'Ecriture-Sainte, afin d'aſſoupir & de tranquilliſer leurs consciences contre la terreur de la réfurrection, ne font d'aucune importance; nous tâcherons feulement de les éclaircir & d'y répondre, par ce que nous voions arriver tous les jours dans le monde.

Réponse generale à toutes les objections contre la réfurrection, tirée de l'Ecriture.

On peut répondre en general à tous ces faux interpretes de la Bible, qui n'examinant l'Ecriture-Sainte que pour y découvrir des abſurditez, s'imaginent avoir trouvé dans cette sainte Parole des chofes qui ne fçauroient ni s'accorder avec leurs notions, ni avec les autres textes qui traitent de la réfurrection. On peut, dis-je, répondre à ces gens-là, ce que nous obfervons que l'Ecriture affirme expreſſément; où il est dit, que

pour

LIVRE III. CHAPITRE VI.

pour entendre la maniere & les autres circonstances de la résurrection, nous devons, selon la réponse que Notre-Seigneur fit aux Saducéens, connoître non-seulement les Ecritures, mais nous devons aussi connoître la puissance de Dieu, si nous ne voulons pas être dans l'erreur.

Pour désarmer les Incrédules, & leur ôter tous les faux-fuians, il est nécessaire d'ajoûter, que quoique nous ne pussions pas démontrer absolument la vérité de ce que nous allons rapporter après des observations naturelles, une simple hypothèse suffiroit pour lui donner le même poids & la même force dans cette matiere. Puisque pour prouver la possibilité de quelque chose on ne demanderoit à celui qui l'assure, si ce n'est qu'il trouve une hypothèse qui contienne la maniere dont cela se fait, & qui ne renferme point de contradiction. Je ne crois pas qu'il y ait aucun Incrédule qui nie ceci, puisque les Principaux de leur secte en conviennent. *Une simple hypothèse suffit pour faire voir la vérité de quelque chose que ce soit.*

I. Il n'y a point d'homme, qui, outre une ame, n'ait un corps, que nous appellerons *corps visible*, autant que tout le monde le peut voir. *Il y a un corps visible qui nous est propre.*

II. On peut nommer ce corps, par rapport à ceux des autres hommes, un corps *particulier* ou *propre*, puisque c'est par-là qu'un homme se distingue des autres, & qu'il ne sert qu'à la composition de cette personne.

III. Ce corps *visible* & *particulier* souffre de fort grands changemens, & selon la différence de l'âge, & selon la constitution bonne ou mauvaise d'un homme, ou autrement; il diminuë ou il augmente en grandeur, il engraisse ou il maigrit, il devient plus leger ou plus pesant; il est même impossible qu'une seule & même matiere puisse appartenir à présent au corps *visible* d'un homme, & ensuite à celui d'un autre; par exemple, si le sang qu'on perd par une blessure, ou autrement, tombe sur la terre, il pourroit servir de nourriture à quelque plante ou fruit; il vient après cela un homme qui mange ce fruit, qui contribue ensuite à l'accroissement de son corps: cependant, malgré tous ces changemens, le corps *visible* de chaque homme reste toûjours le même, c'est-à-dire, le corps de la même personne; il y a donc apparence qu'il faut que dans notre corps *visible* qui souffre tous ces changemens, il y ait quelque chose qui fait qu'on a raison de le nommer *le corps propre* d'une même personne; terme dont nous nous servirons aussi dans le dis-

M m m m

cours suivant, afin de faire une distinction entre le corps *propre* & le corps *visible* de chaque homme.

IV. Ainsi il est évident, par ce que nous venons de dire, qu'il y a une différence essentielle entre le corps *propre* & le corps *visible* d'une personne; puisque dans ce dernier il y a beaucoup de parties qui peuvent s'y joindre & s'en séparer, & appartenir même à d'autres corps *visibles* : mais pour le corps *propre*, il reste constamment le même, & il n'appartient qu'à la même personne.

<small>Tout le monde reconnoît cette distinction.</small>

V. Pour faire voir que ce n'est pas nous qui avons inventé cette distinction entre le corps *visible* & le corps *propre*, & qu'elle n'est fondée que sur la vérité, il faut sçavoir, & tout le monde en convient, que, lorsqu'on dit qu'un homme pese 200 livres, on ne doit entendre autre chose par-là, si ce n'est que son corps *visible* est de ce poids-là; mais si on dit qu'un homme est âgé de 80 ans, on ne sçauroit entendre cela que du corps *propre* de cet homme : car on ne sçauroit dire que toute la nourriture qu'il a prise pendant les 10, 20, ou 30 dernieres années de sa vie, ait resté dans son corps *visible* l'espace de 80 ans.

<small>Le corps *visible* est composé de parties fluides, & de parties solides, & de loix.</small>

VI. Pour éxaminer en quoi consiste précisément le corps *propre* & le corps *visible* d'un homme, il faut premierement avouer que le corps *propre* qui contribuë à la composition d'un homme, n'est pas le corps *visible* en entier, & tout seul; il faut donc qu'il soit contenu dans le corps *visible*.

VII. Le corps *visible* est composé :

1°. De matieres fluides, comme de sang, de sérosité ou lymphe, de chile, & de lait dans les nourrices, & l'eau dans laquelle l'enfant se trouve dans les femmes qui sont enceintes; des différens sucs qui se séparent dans les glandes du pancréas, de l'estomach & des intestins, de bile, de salive, de sueur & de la matiere qui transpire, de larmes, de morve, de suc nerveux, d'esprits animaux, & d'autres matieres fluides qui n'ont pas encore de nom particulier; on y ajoûte la graisse, la matiere amere des oreilles, la matiere seminale, quoiqu'elles soient un peu plus épaisses que les autres liqueurs.

2°. De matieres solides, de chair, d'os, de nerfs, de membranes, de dents, &c. Les Modernes les réduisent toutes à des nerfs & à des os, comme nous avons déja observé dans le chapitre X. de la premiere Partie.

LIVRE III. CHAPITRE VI.

3°. Chaque corps *visible*, pendant tout le tems qu'il est animé, a ses loix particulieres ; ainsi il y a des loix dans le corps humain, qui reglent la digestion des alimens dans l'estomach, la séparation du chile d'avec les matieres grossieres ou les excrémens, le changement du chile en sang, la séparation des humeurs, le mouvement du sang & la nutrition. C'est par ces mêmes loix que le sang forme ici des os : là des nerfs & des tendons ; dans un autre endroit des membranes, &c. Ce sont ces loix qui reglent la génération & la production des corps. Selon ces loix, nous voyons que lorsqu'un homme, un chien, une poule, ou une carpe, mangent un morceau de pain, il se change dans les trois premiers en trois especes de chair différentes l'une de l'autre, & dans le dernier animal il devient du poisson ; le même aliment forme une peau blanche dans un Européen, & noire dans un Négre ; il fait un homme gras & un maigre. Et nous observons que les enfans qui se nourrissent du même aliment, sont sujets aux mêmes loix : l'estomach de l'un digere aisément & avec plaisir, une espece d'aliment ; & les autres digerent d'autres alimens.

VIII. Il faut donc que le corps *propre* soit composé de l'une de ces trois choses, ou de deux ; je veux dire, de fluides, de solides, & de loix.

Le corps propre dans un sens n'est point composé ni de parties fluides, ni de parties solides, ni de loix, il n'est composé que de solides.

Il semble qu'il n'est pas composé de fluides, puisqu'il y en a plusieurs qui changent, qui augmentent ou diminuent, & qui peuvent entierement se séparer du corps, tandis qu'en même-tems il demeurera le même corps *propre* de la même personne. En effet, nous voyons que le sang diminuë tous les jours par la séparation des humeurs & par la transpiration, & qu'il augmente tous les jours en recevant de nouveau chile. Que dira-t-on de ces grandes pertes de sang que les hommes & les femmes font ? J'en connois une, qui dans très-peu d'années en perdit une quantité si considérable, que le poids du sang qu'elle perdit, surpassoit de beaucoup celui de son corps : or de quelle matiere que ce sang fût composé, il est certain que son corps *propre* demeura absolument le même.

Ainsi si le sang n'appartient pas essentiellement au corps *propre*, il est sûr que les autres humeurs qui s'en séparent, ne sçauroient lui appartenir, parce qu'elles changent tous les jours. En effet, on voit que la graisse diminuë ; la même chose arrive aux autres fluides. D'où nous pouvons conclure qu'il n'y a presque

Mmmm ij

point de fluides, ou du moins qu'en très-petit nombre, qui soient nécessaires à la composition de ce que nous appellons *le corps propre*.

IX. Il est encore certain que les loix ne regardent point essentiellement le corps *propre*: 1°. Elles changent souvent dans le même homme, quoiqu'elles subsistent dans la même personne. En effet, l'expérience nous apprend que les personnes malades & celles qui sont en santé, les jeunes & les vieux, ne sont pas sujets aux mêmes loix; ce qui se trouve vrai dans les hommes & les femmes. 2°. On peut inferer la même chose, non-seulement de ce que le corps est matériel, & que les loix ne consistent que dans certains mouvemens & certaines proprietez, mais en particulier (ce qui met la chose hors de doute) de ce qu'on croit qu'un corps *visible*, lorsqu'il est mort, dans lequel on ne sçauroit dire que ces loix continuent de subsister, est le corps *propre* de la personne morte, aussi-bien que lorsqu'il étoit en vie.

X. Enfin on voit évidemment par tout ce que nous venons de dire, qu'un corps peut encore continuer d'être le corps *propre* d'une personne, quoiqu'il soit rempli d'humeurs & de sucs tout-à-fait différens de ceux qu'il avoit autrefois; que ces fluides peuvent se mouvoir selon des loix entierement différentes; & que même ces loix cessent entierement, lorsque le corps est mort: nous ne devons donc chercher le corps *propre* que dans les seules parties solides qui le composent.

XI. Il faut traiter un peu plus à fond des parties solides.

Ceux qui sont versez dans les recherches de ce siécle, ne sçauroient ignorer que les hommes, de même que les plantes & les animaux, ont un principe ou germe, qu'on peut nommer *corps propre*, ou du moins quelque chose qui le contient, comme nous avons fait voir dans le chapitre xv. Part. I.

Dans le tems que ce germe croît, & qu'il se développe peu-à-peu, il se revêt, pour ainsi dire, & se remplit continuellement d'autres particules, jusqu'à ce que le corps *visible* soit parvenu à la grandeur requise pour former une créature complete.

Or puisque le germe, dans le tems que le corps croît, se revêt & se garnit d'autres matieres tant en dedans qu'en dehors, & puisqu'il contient toutes les parties solides du corps à proportion de sa grandeur, il faut absolument convenir que c'est ce germe développé, sans aucune autre matiere étrangere ou acci-

Le corps propre n'est autre chose qu'un germe ou principe qui n'est pas encore développé; ou bien, c'est un germe qui croît & augmente par l'addition des particules étrangeres.

LIVRE III. CHAPITRE VI. 645

dentelle, qui eſt le corps *propre*, ou bien conjointement avec la matiere dont il eſt revêtu & garni, & qui dans la ſuite devient des os, de la chair, des ligamens, des membranes, &c. En tant que ces parties compoſent les parties ſolides du corps, ce ſera le même germe qu'on devra prendre pour le corps *propre*; il eſt certain que l'un & l'autre eſt vrai.

Ainſi dans ces deux ſuppoſitions, dont l'une ou l'autre doit être abſolument reçûë, nous tâcherons de réſoudre les objections des Incrédules; nous réſoudrons en premier lieu celles qu'ils ont accoûtumé de tirer de la nature, & enſuite celles qu'ils tirent de l'Ecriture-Sainte.

XII. Si on ſuppoſe que c'eſt le ſeul germe développé & dilaté à proportion de la grandeur du corps, qui eſt le corps *propre*, le corps qui doit continuer d'être le même dans tous les hommes depuis leur naiſſance juſqu'à leur mort, ſans y comprendre aucune partie de la matiere qui remplit & garnit le germe; il ne faudroit autre choſe, pour faire reſſuſciter cette perſonne avec ſon *propre* corps, ſi ce n'eſt que le germe, ſéparément des particules qui le revêtent & le rempliſſent, ſe conſervât, & que ſa ſubſtance ne reçût aucune perte; il ſuffiroit après cela que l'Auteur de notre réſurrection ne fît, après la mort, que le développer, le revêtir pour en former un corps *viſible*, avec la même matiere qui lui avoit appartenu auparavant, durant ſa vie, lorſqu'il étoit *viſible*, ou du moins avec une autre matiere telle qu'il lui plairoit. Nous ne parlerons point du changement des proprietez, puiſqu'elles ne font rien à la matiere du corps, & qu'elles ne changent point le corps *propre* quant à ſon eſſence; nous renvoions cela à la parole de Dieu.

Comment on peut dire qu'un homme reſſuſcitera avec ſon propre corps, dans la premiere ſuppoſition.

XIII. Avant de paſſer plus loin, il faut que j'ajoûte ici deux choſes, qui peuvent prévenir les objections qu'on pourroit faire contre ce que nous venons de dire.

1°. Quoique le corps *propre* ſoit diſpoſé de telle façon qu'il pût former le corps *viſible*, avec une autre matiere qui ne lui appartenoit point, il demeure néanmoins toûjours le corps *propre* de la même perſonne; ceci n'a pas beſoin d'une grande preuve: par éxemple, dans une maladie on perd ſon embonpoint; & ſi après la guériſon on le recouvre, & ſi on engraiſſe, quoique les alimens dont on fait alors uſage, n'aient jamais formé aucune partie du corps *propre*, il eſt pourtant ſûr que cette perſonne paſſera toûjours pour la même, & que tout le

Le corps propre d'une perſonne ne change point, quoiqu'il ſoit rempli d'autre matiere.

changement qui lui est arrivé, ne consiste qu'à devenir visiblement plus grosse & plus grasse.

Lorsqu'on meurt, il y a une bonne quantité de matiere, qui appartenoit au corps visible, & qui s'en sépare.

XIV. Selon les apparences, lorsqu'un homme a vêcu quelques années, la matiere qui appartenoit à son corps *visible*, s'en sépare en plus grande quantité, & pourtant la même personne subsiste toûjours; en sorte que son corps *propre* ne souffre aucun changement par la perte, ni en perdant ni en recevant la matiere qui aidoit à le rendre *visible*.

Pour prouver ceci, supposons un homme de 80 ans, qui pese 160 liv. & qui un jour portant l'autre après avoir déjeûné, dîné & soûpé, n'augmente que d'une once de matiere par jour, tant fluide que solide, pour réparer ce qu'il perd par la transpiration & par les autres voies; selon cette supposition, sans compter le poids que son corps pesoit d'abord qu'il fût né, cela feroit 80 fois 365 onces, ce qui est 29,200 onces, ou 1825 liv. de matiere nourriciere, qui a été employée à la composition de son corps visible dans l'espace de 80 ans; si nous en retranchons les 160 liv. il restera 1665 liv. qui pendant cela, lorsque ce n'étoit d'abord que du froment, du ris, du poisson, de la viande, &c. n'appartenoient point à son corps; cette matiere lui étoit absolument étrangere, & elle auroit aussi-bien pû servir à la composition du corps *visible* de quelqu'autre homme que ce soit, qu'à celle du sien. Dans la suite elle a servi à nourrir son corps *visible* pour quelque tems, & à la fin elle s'en est séparée de nouveau; dans tous ces cas-là on ne sçauroit nier que cette personne n'ait été toûjours la même, & qu'elle n'ait toûjours conservé son corps *propre*, ce qui prouve assez ce que nous venons de dire.

Réponse aux trois dernieres objections, en cas que le corps propre ne consiste uniquement que dans le germe.

XV. Je crois cependant qu'il est nécessaire de faire une réponse particuliere aux objections dont nous venons de parler; ils prétendent qu'elles ne sont fondées que sur la nature, dans la supposition qu'il n'y a que le germe seul qui soit le corps *propre*, & qu'il ne fait que s'étendre & se développer pour croître, en éloignant ses parties l'une de l'autre (on en peut voir un exemple dans le ch. XIV. part. I.) Pour répondre à cet argument, je crois qu'il ne faut d'autre réponse que la suivante.

Si un enfant devoit ressusciter & paroître en qualité d'enfant avec son corps *propre*, il ne faudroit autre chose pour cela, si ce n'est que la matiere de son germe se conservât, & se remplît de nouveau dans le tems de la résurrection, avec les mêmes

LIVRE III. CHAPITRE VI.

parties qui avoient servi à le faire croître, ou avec d'autres.

Si une personne doit ressusciter dans la même grandeur qu'auparavant, le germe n'a qu'à se développer de la même maniere qu'il s'étoit développé durant sa vie, se remplir ensuite de la même matiere, qui, lorsque le corps étoit en vie, & que le volume de ce corps augmentoit, auroit servi pour le remplir & le faire croître, dans ce cas-là un chacun doit avouer, que la même personne ressusciteroit avec son *propre corps*.

On peut encore dire la même chose d'un homme qui auroit perdu une jambe ou un bras pendant son enfance, & qui seroit mort après cela; car dans ce cas-ci il suffit que la partie du germe qui devoit composer le bras ou la jambe, se développe, se remplisse & se garnisse, à proportion de la grosseur du corps, ainsi que nous venons de faire voir au sujet des personnes plus petites.

D'ailleurs, si un homme qui seroit maigre en mourant, se remplissoit & grossissoit avec une matiere qui ne lui auroit jamais appartenu, ou autrement, avec une matiere qui auroit autrefois servi à remplir les tuïaux de son corps *propre* pour le rendre visible, pourquoi ne passeroit-il pas pour le même homme? & pourquoi n'auroit-il pas son *propre corps* aussi-bien que Job? Il est dit que Job fut le même, & qu'il retint son *propre corps*, lorsque par un effet de la bonté Divine il eut recouvert ses forces & sa santé, quoiqu'il eût été si défiguré, qu'il pouvoit dire de sa propre bouche, ch. xix. vers. 20. *Mes chairs ont été réduites à rien, mes os se sont collez à ma peau, & il ne me reste que les lévres autour des dents*: Or il est fort probable que ce qui augmenta le volume & le poids de son corps visible après qu'il eut recouvert sa santé, ne consistoit que dans des matières & des alimens qui n'appartenoient point auparavant à son corps.

XVI. Enfin, je suppose qu'un Cannibale ne se soit nourri durant toute sa vie que de la chair des corps visibles des autres hommes, & que Dieu ait voulu empêcher que les germes de tous ceux qu'il a dévorez, au lieu de lui servir de nourriture, soient sortis de son corps avec les autres excrémens; est-il impossible alors que le germe particulier de chaque personne (lequel nous supposons ici être le corps *propre*) se sépare de ces matieres, & se remplisse de nouveau d'une matiere convenable, & peut-être d'une matiere qui avoit déja servi au même usage? Car nous venons de faire voir, *num. xiv.* que lorsqu'une personne meurt, quelques années après il y a toûjours une grande quantité de matiere qui se sépare de son corps, dans le tems de sa mort, d'une matiere, dis-je, qui avoit auparavant servi à la composition du corps *visible*.

Par cette même raison, le germe du Cannibale pourra se conserver tout seul, sans aucun des fluides qui avoient servi à le développer, & se remplir d'autres matieres dans le tems de la résurrection, & il pourra ressusciter aussi de cette maniere-là avec son *propre corps*. Car qui pourra nier qu'un homme, par exemple, qui aura vécu de chair humaine durant vingt années, & ensuite cinquante années avec du pain, ne conserve dans ces deux cas-là son propre corps? De-là vient que le corps de chaque personne reste toûjours le même corps, quoiqu'il soit rempli d'autres fluides.

Le corps visible d'un homme peut devenir fort maigre, & rester neanmoins le même corps visible.

XVII. Passons à présent à une autre chose, & tâchons de résoudre les objections des Incrédules par cet autre principe; je veux dire, en supposant que le corps propre d'un homme ne consiste pas uniquement dans le germe tout seul, mais qu'il comprend outre cela une certaine portion de matieres qui remplissent les tuiaux du germe, & qui s'y attachent; quoique ce que nous venons de dire soit suffisant pour démontrer la résurrection avec le même corps, contre tous les faux-fuians des Incrédules, pourvû qu'on suppose toûjours la toutepuissance de Dieu, qui en est la cause efficiante.

Il faut avant toute chose remarquer, qu'on sçait par l'expérience, que le corps visible d'un homme peut maigrir extrêmement, & rester neanmoins le même & le même corps visible. Je me soûviens d'en avoir vû deux exemples; entr'autres le premier étoit d'une personne qui avoit auparavant les membres extrêmement musculeux & charnus; elle n'avoit point de fievre sensible, cependant elle tomba dans une si grande maigreur, que ses jambes, ses bras & tout son corps ne paroissoient à ceux qui les voioient & qui les touchoient, que des os ou un vrai squeléte vivant; sa peau étoit par-tout noirâtre & fort dure, collée à ses os, sans qu'on pût presque l'en séparer: il nous étoit encore impossible de sentir la moindre mollesse dans les muscles, dont les parties solides se trouvoient encore malgré cela sous la peau.

Le second est celui d'un homme, qui étoit aussi auparavant fort gros; cet homme avoit trois sacs dans les poulmons tout pleins

pleins de pus (les Anatomiftes les appellent *Vomica*) du plus petit il en fortit la moitié d'un baffin ordinaire de pus, qu'il rendit en touffant & en vomiffant; & du plus gros de tous, il en fortit beaucoup plus dans moins d'une heure de tems; cet homme fe trouva dans peu de tems réduit à une fi grande maigreur, que fa chair étoit prefque confumée; il avoit encore une toux continuelle, qui lui dura même long-tems après qu'il fe fût affoupi. Nonobftant cela ces deux perfonnes recouvrerent enfuite leur fanté jufqu'à un tel point, que la premiere devint groffe & charnue comme auparavant, & l'autre devint extrêmement graffe.

J'ai rapporté ces deux hiftoires, parce que perfonne ne s'aviferoit jamais de douter que ces deux perfonnes ne fuffent les mêmes, & que leurs corps vifibles étoient abfolument les mêmes, foit lorfqu'ils étoient maigres, foit lorfqu'ils étoient gras.

XVIII. Avant d'aller plus loin, il nous faut obferver ici, que le corps *propre* d'un homme, quoiqu'il ne confifte que dans le germe, augmenté par l'union d'autres matieres, comme nous venons de le dire, n'eft compofé que de parties folides; car les fluides & les loix changent tous les jours, & ces dernieres ceffent entierement dans le tems de la mort.

D'ailleurs, comme le corps *vifible*, quoique réduit à une maigreur auffi grande que nous venons de dire, continue d'être le même corps *vifible*, n'aiant jamais été entierement dépouillé de fes fluides pendant fa maigreur, le corps *propre* doit encore moins confifter dans la matiere que le corps vifible lorfqu'il eft amaigri; c'eft-à-dire, que la quantité de la matiere du corps propre, eft beaucoup moindre.

Enfin, il faut obferver que le corps *propre* n'eft par confequent compofé que d'os & de nerfs, qui compofent les membranes, & les membranes compofent les vaiffeaux, dont toutes les parties de notre corps font compofées; voiez le ch. x. Part. I. & les vaiffeaux, fur-tout les fibres charnues, lorfqu'elles font privées de fang & d'autres humeurs, font une fi petite partie du corps *vifible*, qu'on a de la peine à les voir & à les toucher extérieurement dans une maigreur extrême; de forte que cela fait voir que le véritable corps *propre* n'eft principalement compofé que d'os.

XIX. Nous avons déja parlé d'un fecond principe, felon lequel nous avons dit qu'on pouvoit réfoudre les dernieres ob-

Quand même on avoueroit que le corps propre n'eft que le germe, uni à quelque portion de matiere étrangere, il n'eft compofé que de parties folides, & principalement d'os.

Autre réponfe aux trois dernieres objec-

tions, en supposant que le corps propre consiste dans le germe parvenu à une certaine grandeur.

jections que les Incrédules proposent contre la possibilité de la résurrection. Supposons qu'un enfant vienne à mourir, s'il faut qu'il ressuscite avec le corps d'un enfant, il quitte en mourant son corps *propre* qui reste dans le corps *visible*; c'est une chose dont on ne sçauroit douter.

S'il faut que cet enfant ressuscite avec le corps d'une personne adulte, il est certain qu'il n'est point d'Incrédule qui ose nier que la matiere qui devroit remplir & garnir les tuiaux du corps *propre* de cet enfant (en cas que l'enfant fût parvenu à la grandeur d'un homme ordinaire) ne fût une matiere absolument étrangere à ce corps ; il est cependant hors de doute que son corps *propre* auroit toûjours été le corps de la même personne. Supposons à présent que la même matiere qui auroit servi à l'accroissement de l'enfant, s'il eût vêcu, serve à augmenter le volume de son corps dans le tems de la résurrection ; quelle raison pourra-t-on avoir, pour assurer qu'un corps qui auroit crû de cette maniere, ne seroit pas le corps *propre* de l'enfant dans l'un aussi-bien que dans l'autre cas ?

On peut encore appliquer la même chose à une personne, qui dans sa jeunesse auroit perdu une jambe, ou un bras, ou quelqu'autre membre; on répond aussi par-là aux objections de certaines personnes, qui prétendent que la plûpart des hommes devront ressusciter avec des corps maigres & ruinez. Car, comme nous avons déja montré, un corps quoiqu'extrêmement maigre, peut rester le même corps *visible* de la même personne, quoiqu'il soit rempli de fluides différens, & qui ne lui ont jamais appartenu. On ne sçauroit donner aucune raison, pour prouver que ce qui arrive dans la résurrection à un corps exténué durant la maladie, ne puisse s'appliquer à un corps rempli de parties qui le rendent beaucoup plus beau, & qui le qualifient de corps *propre* & *visible* d'une même personne. Cela est d'autant plus probable, que la même matiere qui avoit auparavant rempli ce corps, lorsqu'il étoit en vie, peut encore servir au même usage ; dans le tems de la résurrection, il y en aura une quantité prodigieuse, & plus qu'il n'en faut.

Réponse aux objections tirées de la coûtume que certains peuples ont de se nour-

XX. Enfin nous pouvons encore répondre, selon les mêmes principes, à une difficulté, qui passe chez ces misérables Incrédules, pour insurmontable. Ils supposent, par exemple, un Anthropophage qui ait dévoré un nombre considérable d'hommes, &

qu'il n'ait vécu d'autre aliment que de chair humaine. Mais on supplie ces Messieurs d'observer que l'origine de leur erreur consiste en ceci : c'est qu'ils s'imaginent qu'un Anthropophage peut se nourrir aussi-bien du corps *propre* que du corps *visible* d'un homme ; cependant le contraire de cela est vrai.

Pour prouver ceci, je demande si un Anthropophage pourroit seulement vivre, je ne parle point de sa santé, s'il ne mangeoit que des corps maigres & défaits, tels que nous les avons décrits ci-dessus ? Pourroit-il aussi manger des os qui seroient encore plus flétris & plus secs que ceux qu'on fait sécher au Soleil ? Peut-il se nourrir de nerfs, & de membranes entierement dépoüillées de leurs sucs ? Car un corps *visible*, à quelque maigreur qu'il puisse être réduit, ne sçauroit jamais passer dans aucun sens pour le corps *propre*, pendant tout le tems qu'il y a des fluides, comme nous avons fait voir ci-dessus.

Au contraire, l'expérience nous apprend tous les jours, que les substances dont nous nous servons pour alimens, n'appartiennent qu'au corps *visible*, de même que les fluides qui s'y trouvent ; de-là vient que le suc de la viande rotie, & la soupe qu'on fait avec le jus de la viande en la faisant boüillir, fournissent une nourriture très-bonne : mais pour les parties solides, qui appartiennent au corps dont nous nous nourrissons, elles se séparent des sucs nourriciers, & s'échappent de notre corps.

Or puisque le corps *propre* doit être distingué des humeurs ou des fluides, & qu'il faut le considerer à part ; & puisque tout ce qui sert de nourriture & d'aliment à un Anthropophage, ne provient uniquement que de la matiere qui sert à la composition du corps *visible* de la personne dévorée, il est clair qu'on peut conclure de-là, que, quoiqu'un Cannibale eût dévoré plusieurs centaines de corps *visibles* d'autres hommes, il arriveroit, selon le cours ordinaire de la nature, que les particules solides étant dépoüillées de tous leurs sucs, les corps *propres* des personnes dévorées sortiroient hors du corps de l'Anthropophage, auquel elles ne pourroient jamais s'unir ; d'où il est aisé de conclure qu'elles paroîtroient toutes séparées, & entieres au jour de la résurrection.

XXI. Que l'incrédulité cesse d'opposer au Christianisme de si foibles difficultez ; la nature n'offre à nos yeux que des merveilles, où la foiblesse de notre esprit ne trouve que des contradiɗions. La création des corps, leur conſervation, l'éternité d'un Etre, les produɗions des corps organiques, tout enfin eſt voilé à nos yeux ; notre eſprit ne peut pénétrer tous ces myſteres. Nous ignorons l'étenduë de la puiſſance de l'Etre ſuprême, les objets de cette Puiſſance, les agens qui les modifient ; Dirons-nous donc que la réſurreɗion eſt impoſſible ?

CHAPITRE VII.
Des choſes que nous ignorons.

DAns les chapitres précédens, où nous avons conſideré les merveilles de la Nature, nous avons tâché de faire voir par le peu de choſes qui nous ſont connuës dans le grand & le petit monde, (& nous ne doutons point du ſuccès de notre entrepriſe) qu'il y a un Etre ſage, puiſſant & bon, je veux dire, un Dieu. Nous pourrions ainſi finir ici cet Ouvrage, mais dans les choſes même qui nous ſont encore inconnuës, & qui peut-être reſteront éternellement inconnuës aux hommes de ce monde, il ſemble qu'il y a encore des preuves auſſi fortes pour ramener un Incrédule, & le faire entrer dans des idées plus juſtes.

Qu'il y a beaucoup de choſes qui nous ſont encore inconnuës.

Il n'eſt pas néceſſaire de mettre en uſage beaucoup de raiſonnemens, pour prouver qu'il y a preſque une infinité de choſes dans le monde viſible, qui ſont encore inconnuës aux hommes. Ce qui prouve cela, ce ſont les différentes opinions qui regnent parmi les perſonnes les plus ſçavantes & les plus éclairées, touchant les cauſes des mêmes phénoménes ; on auroit grand ſujet de ſe plaindre de l'injuſtice d'un homme, qui, lorſque parmi les Sçavans, il s'en trouveroit quelqu'un qui auroit bien prouvé, & par des expériences, la vérité de ſes opinions, croiroit que tous les autres ſeroient aſſez déraiſonnables pour refuſer de l'entendre, ou aſſez ſtupides pour ne pouvoir pas comprendre cette vérité. Du moins ce qui eſt certain, c'eſt que ſi trois perſonnes ſont de différentes opinions, il y en a deux ou peut-être tous les trois, qui n'entendent rien dans la matiere dont ils diſputent. Nous pourrions rapporter ici les aveus que les Mathématiciens célébres ont faits de leur ignorance ſur beaucoup de choſes ; on en peut voir un éxemple dans la trei-

LIVRE III. CHAPITRE VII.

ziéme propofition d'Hydroftatique du Docteur Wallis, & un autre dans la dix-huitiéme leçon d'Optique du Docteur Barrow, fect. 13. mais cela n'eft pas néceffaire. Je ne demande finon que les efprits fuperbes, & fi pleins d'eux-mêmes, nous difent s'il y a la moindre chofe, même le plus petit brin de gazon, ou un infecte méprifable, qui lui foit parfaitement connu ? & s'il pourroit répondre à une infinité de queftions, qu'on pourroit lui propofer fur cette matiere ? Du moins qu'il nous dife la configuration & la difpofition des particules primitives, qui compofent l'une ou l'autre de ces chofes, ou quelqu'autre être materiel ? Qu'il nous explique leurs mouvemens, & la nature de leurs pores & de leurs interftices ? Pour ne pas même aller fi loin, pourroit-il avec toute fa fageffe nous dire, de quelle maniere paroîtroit un objet à travers le microfcope, à moins qu'il n'eût pris auparavant la peine de l'éxaminer ? Après tout, y aiant tant de chofes où nous ne fçaurions pouffer nos recherches les plus éxactes, il eft aifé de conclure qu'il y a dans chacune de ces chofes un grand nombre de proprietez qui nous font cachées : mais ceci peut fuffire ici, car je ne fçaurois m'imaginer qu'il y ait perfonne qui voulût paffer pour fage ou raifonnable, & qui n'avouë d'abord *qu'il y a beaucoup de chofes qu'il ignore entierement.*

Je fçais fort bien que parmi les Incrédules il y en a quelques-uns, qui, pour éluder les preuves de l'éxiftence d'un Dieu fage, (la feule penfée de ces chofes les fait trembler) tâchent de fe mettre à couvert des reproches de leur confcience ; car intérieurement ils font convaincus de la vérité des preuves que les chofes inconnues nous fourniffent de l'éxiftence d'un Etre fuprême. Ils difent que, s'il y a encore tant de chofes qui nous font inconnues, comment pouvons-nous louer la fageffe d'un Créateur, qui ne fçauroit fe manifefter que dans des chofes connues ? Nous allons répondre à cela, pour la fatisfaction en même-tems de ceux qui pourroient s'offenfer de ces chofes ; il faut obferver, 1°. Que ce qui prouve la fageffe & l'adreffe d'un Ouvrier, n'eft pas tant le nombre des ouvrages qu'il fait, que l'art & l'induftrie qu'on y voit : Par éxemple, avons-nous befoin de voir autre chofe qu'une montre bien faite, & artiftement ajuftée, pour juger de la connoiffance de celui qui l'a faite ? Et quand nous ne verrions qu'un feul tableau d'un Peintre, cela ne fuffiroit-il pas pour le faire reconnoître pour un

Réponfe aux objections des Incrédules.

grand Maître? Si ceci est vrai, comme on n'en sçauroit disconvenir; qu'on juge si on n'est pas obligé d'avouer que dans les discours précédens, ce n'est pas un seul éxemple que nous avons donné de la sagesse de celui qui gouverne le monde, nous en avons donné une infinité qui la prouvent. Par conséquent, quoiqu'il y ait encore une infinité de choses que nous ignorons, celles que nous connoissons présentement, prouvent assez la sagesse de celui qui en est l'auteur. Je m'en rapporte encore ici au jugement de l'Incrédule. En effet, ceci prouve d'autant plus qu'en connoissant toutes ces choses, nous connoissons beaucoup en comparaison de ceux qui ne les ont jamais éxaminées, ni lû les découvertes qu'on a faites dans la Philosophie naturelle; ce qui est pourtant très-peu de chose, en comparaison de ce qui nous reste encore à connoître.

2°. Un homme peut ignorer entierement la structure d'une machine, & la maniere dont elle est ajustée, sans qu'il soit pour cela moins satisfait de l'art & de la sagesse de celui qui l'a inventée, sur-tout lorsqu'on voit qu'elle répond éxactement à quelque grand dessein. En effet, peut-on observer un bon microscope, qui n'est composé que de deux ou trois verres, & qui sont disposez d'une maniere si admirable, qu'on peut voir avec cet instrument des objets d'une petitesse extrême? Peut-on jetter les yeux sur un bon télescope, dont on se sert pour voir distinctement & d'une maniere claire les corps célestes si éloignez de nous, & qui nous sont par conséquent invisibles, lorsque nos yeux ne sont pas armez de cet instrument? Peut-on voir une belle montre, qui marque les jours, les heures & les minutes, & qui fait plusieurs mouvemens? Peut-on voir ces ouvrages de l'art, & se persuader, malgré tout cela, qu'il n'y auroit ni art ni industrie dans la formation de ces choses, uniquement parce qu'on en ignore la structure & la disposition?

Quoique les choses inconnues ne soient pas en elles-mêmes inconcevables, elles ne laissent pas de prouver la grandeur de Dieu.

Il est donc certain que ce que nous venons de dire sur les choses inconnues, nous fournissent une preuve de la Grandeur Divine; la raison même nous l'apprend. Nous pouvons aussi nous en servir, pour admirer la sagesse de sa sainte parole, faisant même abstraction pour un moment qu'elle est d'origine divine. Elle n'emploie aucune démonstration mathématique ou philosophique, pour prouver la puissance, la sagesse & la bonté de Dieu; mais elle se sert pour cet effet de choses qui sont inconnues aux hommes, & même impraticables, pour nous convaincre des perfections infinies de Dieu, de la petitesse & de la condition vile des hommes, & pour nous faire voir les raisons que nous avons tous de le louer, & d'admirer sa gloire.

En voici un éxemple ; car que nous suppofions que le monde ait été produit au commencement, avec tous les êtres matériels qu'il contient, par la puiffance du Créateur, comme tous les Chrétiens l'avouent ; ou fuppofé que, felon les hypothèfes des Incrédules, (car ils ne fçauroient nous propofer que des hypothèfes) nous leur accordions que fi la forme de la matiere n'eft pas éternelle, du moins la matiere l'eft ; il eft hors de doute qu'il réfultera une chofe de ces hypothèfes ; je veux dire, que toutes les particules qui compofent tous les corps humains, ont éxifté auffi long-tems que le monde, & auffi long tems que la matiere.

Il eft donc certain que perfonne ne fçauroit nier, (à caufe de l'expérience qui le prouve d'une maniere trop évidente) que toutes les parties de notre corps n'éxiftaffent premièrement dans les alimens qui ont fervi à fon accroiffement ; d'où il faut encore conclure qu'elles devoient fe trouver auffi dans toutes les matieres qui ont fervi à la production des plantes & des animaux, c'eft-à-dire, dans la terre, dans l'eau & dans l'air ; & ainfi en remontant toûjours plus haut, nous les trouverons dans tout ce qui compofe la terre, l'eau & l'air, & par conféquent dans des corps corrompus & pourris, brûlez & confumez. De forte que fi nous remontons d'une chofe à l'autre, jufqu'au commencement du monde vifible, eft-il un feul homme, qui, en confiderant férieufement ces chofes, ne doive être convaincu que fon corps & toutes les parties qui le compofent préfentement, ont paffé continuellement d'un compofé à un autre, depuis tout le tems que le monde fubfifte ; en forte que les particules primitives qui compofent nos mains, nos pieds, & tous les autres membres de notre corps, ont été difperfées & répandues dans une infinité de différens endroits pendant plufieurs milliers d'années ? là elles formoient des plantes, & les faifoient croître ; ici elles formoient des animaux, qui fe promenoient dans les prairies : là dans l'air elles voloient avec les oifeaux ; ici elles nageoient dans l'eau avec les poiffons ; & dans la terre le laboureur les remuoit avec les fillons. Et comme l'eau & l'air entrent auffi dans la compofition de nos corps, les particules de ces deux élemens qui font préfentement mêlées avec notre chair, se sont exhalées des rivieres, elles ont monté en forme de vapeurs, & sont retombées en pluies, en grêle & en neige; elles se sont enflammées dans les éclairs, & elles ont eu part aux autres météores. Il y a eu des tempêtes qui les ont dispersées & transportées tantôt d'un côté, tantôt de l'autre par les vents; ainsi elles ont souffert une infinité de changemens d'une infinité de manieres, une infinité de fois & dans une infinité d'endroits; elles ont formé une infinité de mélanges & de composez, avant qu'elles se soient ramassées, & qu'elles aient à la fin formé les parties qui composent notre corps.

Quoique dans tout ceci il n'y ait rien qui renferme quelque chose d'infini ou d'incompréhensible, il faut pourtant que l'Incrédule le plus orgueilleux reconnoisse, que ni lui, ni qui que ce soit, ne sçauroit jamais tracer cette généalogie; il ne sçauroit pas même dire, ni sous quelle forme, ni dans quel composé, ou dans quels endroits ont resté les parties qui composent à présent son corps, depuis le commencement du monde: Et il faut avouer que, pour répondre comme il faut à cette question, il faut une connoissance supérieure de beaucoup à toutes celles que les hommes ont.

Il semble même que Dieu ait proposé à Job à-peu-près la même question, pour le convaincre d'un côté de la gloire & de la grandeur de Dieu, & de l'autre de la petitesse & de la condition misérable des hommes : *Où étiez-vous*, lui dit-il, *quand je jettois les fondemens de la terre ? Dites-le moi, si vous avez de l'intelligence.* chap. XXXVIII. v. 4.

Nous trouvons encore que David prend de la même maniere occasion de louer Dieu, & de reconnoître que ses ouvrages sont merveilleux, par les choses inconnues aux hommes, qui ne servoient qu'à manifester un Dieu. Car, après avoir avoué son ignorance, il a élevé la connoissance infinie de Dieu dans ces paroles du Pseaume CXXXVIII. v. 5. *Votre science est élevée d'une maniere merveilleuse au-dessus de moi; elle me surpasse infiniment, & je ne pourrai jamais y atteindre.* Il continue les versets suivans: *Je vous louerai, parce que votre grandeur a éclaté d'une maniere étonnante*; Et, comme s'il n'avoit pas assez reconnu par-là son ignorance, il ajoûte: *Vos ouvrages sont merveilleux, & mon ame en est toute pénétrée. Mes os ne vous sont point cachez, à vous qui les avez faits dans un lieu caché; ni toute ma substance que vous avez formée comme au fond de la terre.*

LIVRE III. CHAPITRE VII.

terre. Vos yeux m'ont vû, lorsque j'étois encore informe, & tous mes membres sont écrits dans votre livre.

Je n'aurois pas repété ici ces choses, aiant eu déja occasion d'en parler plus d'une fois, n'étoit que nous trouvons à-peu-près des expressions au sujet de l'éxistence du corps humain, qui sont conformes aux observations & aux découvertes des plus grands Naturalistes de ce siécle : cela peut encore contribuer à convaincre un Incrédule ; pour cet effet il n'a qu'à lire ce que le fameux Harvée a écrit là-dessus, *Exercit. 56. de ord. part. in Gen.*

Nous trouverons dans le Traité que nous venons de citer, que même dans le second mois, la substance de l'embryon est si tendre & si délicate, qu'on ne sçauroit l'y toucher, sans la mettre premierement dans l'eau. Que l'on considere donc si le Roi David n'avoit pas raison de dire, *qu'il étoit fait d'une maniere inconcevable ?* Et ne seroit-on pas effraié de voir avec quelle facilité le corps & les membres qui le composent, se mettent en morceaux, ou deviennent difformes ? Le seul mouvement des entrailles de la mere, ou quelqu'autre accident suffit pour cela.

2°. Le même Prophete dit aussi qu'il a été formé d'une maniere *inconcevable*, & après lui le fameux Philosophe Harvée s'exprime de la maniere suivante, *mirum dictu* ; c'est une chose merveilleuse de voir jusqu'à quel degré de grosseur l'embryon est parvenu au quatriéme mois, puisqu'il a alors une *palme*, tandis que quelque tems auparavant il n'avoit pas plus d'un pouce de longueur.

3°. Le Psalmiste d'Israël appelle son corps consideré dans son origine, *une substance imparfaite* ; & l'Auteur que nous venons de citer, nous dit que dans le troisiéme mois les petits membres commencent à paroître : mais il ajoûte, *rudi tamen formâ*, c'est-à dire, sous une forme grossiere ou irréguliere ; en sorte qu'on ne peut pas même alors distinguer les muscles, quoique la chair ou la plus grande partie du corps en soit composée. Et lorsqu'il passe à la description d'un embryon de quatre mois, il dit que la tête est fort grosse ; qu'on ne découvre dans sa face ni lévres, ni joües, ni nez ; qu'il a aussi la bouche fort grande ; qu'on lui voit la langue ; que ses yeux qui paroissent sans paupieres, sont fort petits ; que le haut du crâne n'est pas encore cartilagineux, bien éloigné d'avoir acquis la confiftence des os. Où eft l'Incrédule qui pourra dire à préfent que la Sainte-Ecriture compare fans raifon l'origine de l'homme *à une fubftance imparfaite ?*

Cette comparaifon nous paroîtra encore plus jufte, fi nous y ajoûtons ce que M. Dodart dit *dans l'Hiftoire de l'Academie Rôiale des Sciences*, 1701, pag. 26 : » Il eft clair que le fœtus a
» des proportions très-différentes de celles des perfonnes déja
» grandes ; & que, fi les membres d'un homme étoient formez
» felon ces proportions, ils feroient entierement monftrueux, &
» à peine pafferoient-ils pour des membres humains.

Enfin ces expreffions, *Tous mes membres étoient écrits dans votre livre*, font voir que celui qui infpiroit l'Auteur facré, avoit une connoiffance parfaite des changemens qui arrivent tous les jours au fœtus, felon la maniere que Harvée & Malpighi les ont obfervez de notre tems ; ce dernier a décrit ceux qui arrivent dans les oifeaux d'un jour à l'autre.

Pour conclure, on n'a qu'à confiderer les paffages que nous venons de citer ; quoiqu'il y en ait encore beaucoup d'autres dans les mêmes Auteurs, nous les croions fuffifans, pour faire voir combien on ignore encore de chofes dans fa formation, & les obligations infinies qu'on a à la Sageffe & à la Puiffance Divine. L'homme n'étoit d'abord qu'un germe roulé comme dans un petit peloton, qui fe développe peu-à-peu, pour ne former au commencement qu'une fubftance imparfaite ; enfuite s'éleve ce corps fi noble & fi artiftement compofé, fans qu'il en ait la moindre connoiffance, ou qu'il y contribue en rien de fa part.

On ne fçait point fi c'eft le Soleil ou la terre qui fe meut.

Nous pafferons fous filence beaucoup de chofes que nous ignorons, & nous nous contenterons de parler d'une chofe encore plus inconnue que la génération : On ignore, par éxemple, fi c'eft le Soleil ou bien la terre qui fe meut, & par conféquent auquel des deux nous fommes redevables des jours & des nuits, & des faifons de l'année. Je ne doute point que beaucoup de gens n'en foient furpris, fur-tout ceux qui ne s'étant pas donné la peine, ou n'aiant pas eu l'occafion d'éxaminer eux-mêmes l'Aftronomie, fondent tout le détail de leur Philofophie naturelle fur l'une ou l'autre hypothèfe ; quoique d'ailleurs les plus grands Mathématiciens foient pleinement convaincus, que, quoiqu'il n'y ait peut-être rien qu'on ait éxaminé avec plus de peine, de foin & d'application, pour en avoir

LIVRE III. CHAPITRE VII.

une connoiſſance certaine, on ne ſçauroit pourtant avancer là-deſſus rien de poſitif abſolument.

Nous allons faire voir aux perſonnes dépoüillées de tout préjugé, la vérité de ce que nous venons d'aſſurer, & nous tâcherons de la prouver, 1°. par la contrariété des plus grands Philoſophes ſur cette matiere. Parmi les Anciens nous trouvons que Philolaüs embraſſa un côté de la queſtion, & Ptolomée l'autre; & parmi les Modernes Tycho-Brahé ſoûtient que la terre reſte en repos, & Kepler qu'elle ſe meut; ils étoient tous les deux néanmoins de fameux Aſtronomes. Le Lecteur ſera peut-être ſurpris, que je n'aie pas fait mention du célébre Copernic; mais la raiſon pour laquelle je l'ai omis, c'eſt parce que nous trouvons qu'il étoit lui-même convaincu qu'on ne pouvoit établir rien de certain ſur cette matiere, comme nous l'allons faire voir bien-tôt plus amplement. D'autres ſuppoſent encore le mouvement diurne de la terre ſur ſon axe, mais ils prétendent que le Soleil a un mouvement annuel, c'eſt ce qui leur a fait donner le nom de *Semi-Tychoniens*; ils rendent par-là raiſon de tous les phénoménes que nous connoiſſons à préſent, auſſi-bien que Copernic & Tycho-Brahé.

Cette ignorance vient premierement de la différence des ſentimens des grands Aſtronomes.

Si on veut les preuves de ceci, nous n'avons qu'à conſulter l'Aſtronomie du Docteur Gregory, dans la cinquiéme partie du premier livre, avec pluſieurs autres Auteurs, qui ont fait voir avec beaucoup d'habileté & de jugement, les loix & les directions des mouvemens ſelon leſquels on peut ſoûtenir ces trois hypothèſes.

Si ces grands hommes qui ſembloient être les ſeuls de qui nous pourrions attendre une déciſion, ſi ceux qui ont examiné cette matiere avec beaucoup plus de ſoin & d'application que les autres, différent ſi fort entr'eux ſur la même choſe; quelqu'un croira-t-il jamais qu'ils ne ſe ſeroient pas accordez il y a déja long-tems dans une ſeule & même opinion, ſi on avoit jamais pû donner de bonnes preuves? Ils ſe ſeroient d'autant plûtôt accordez, qu'ils ne firent pas la moindre difficulté de s'écarter des opinions de Ptolomée au ſujet des orbites de Venus & de Mercure, qui, ſelon lui, tournent autour de la terre, d'abord que les expériences & les obſervations qu'ils firent par le moien du téleſcope, leur eurent appris que ces planétes ne ſe meuvent uniquement qu'autour du Soleil, & non pas autour de la terre; ainſi tandis que cette contrariété d'opi-

660   L'EXISTENCE DE DIEU.

nions subsistera entre les fameux Mathématiciens, nous avons lieu d'être assurez que personne n'a pû voir rien de solide dans les preuves que les autres avancent, & que par conséquent les autres argumens qui ne sont fondez que sur les observations de ceux-ci, n'ont pas pû jusqu'à présent prouver rien de certain là-dessus.

<small>Elle vient en second lieu de ce que les grands Astronomes avouent eux-mêmes, qu'ils sont incertains sur cette matière.</small>

2°. On peut encore ajoûter que les plus célèbres & les plus habiles Astronomes, après avoir pris tant de peines dans cette recherche, avouent franchement qu'ils sont encore dans l'incertitude au sujet du mouvement ou du repos de la terre, aveu qui est encore plus décisif dans cette occasion que la contrarieté de leurs opinions.

Et afin que ceci ne paroisse pas incroiable à ceux qui ont une plus haute idée de ces Mathématiciens, que ces Messieurs n'ont eux-mêmes, nous en citerons quelques-uns, pour autoriser la vérité de ce que nous avançons ici : Je me souviens d'avoir eu l'honneur de parler avec le fameux M. Huygens sur d'autres matieres ; & comme je lui demandai, s'il ne pouvoit rien assurer au sujet du mouvement de la terre, il me répondit, *que son opinion étoit, que pendant tout le tems que nous serions sur la terre, personne ne pourroit le prouver.*

Nous voions aussi que M. Newton, quoiqu'avec M. Huygens il suppose communément que la terre se meut, en parle cependant avec beaucoup de précaution, & sans rien avancer de positif ; voiez *Princip. Philosoph.* pag. 375, de la seconde édition, où ce Philosophe assure, *que le centre du monde est en repos, & qu'il ne se meut pas* ; il y ajoûte cette raison : *Tout le monde convient de ceci ; tandis que quelques-uns prétendent que la terre est en repos dans le centre du monde, d'autres prétendent que c'est le Soleil.*

Nous trouvons encore dans le quatriéme phénoméne l'expression suivante : *Les tems de la révolution des cinq principales planétes, & du Soleil autour de la terre ou de la terre autour du Soleil, sont, &c.* Et dans la troisiéme proposition du même livre, vers la fin ; nous y voions ces paroles, *Ce calcul* (qui est de quelque importance) *est fondé sur l'hypothèse de l'immobilité de la terre.*

Peut-on parler d'une maniere plus claire sur cette matiere, que le fameux Mathématicien P. Herigonus, qui, dans son *Cursus Mathem. de sphæra mundi*, pag. 53, se sert positivement de ces termes: *Que la terre soit dans le centre du firmament, ou qu'elle se meuve ou qu'elle ne se meuve pas, c'est ce qu'on ne sçauroit prouver par aucune démonstration mathématique.*

Il y a encore d'autres grands hommes qui parlent d'une maniere douteuse du mouvement de la terre ; pour nous convaincre de cela, nous n'avons qu'à lire les dernieres lignes de la page 273 dans l'Astronomie du Docteur Gregory ; ou en parlant de la parallaxe des étoiles fixes par rapport à la route de la terre ; il conclut ainsi : *Car de cette maniere on mettroit hors de doute le mouvement de la terre, qui est une chose qui en vaut bien la peine, de l'aveu de tout le monde.* Il fait voir par là combien cette matiere est encore incertaine.

On peut voir aussi l'opinion de M. de la Hire sur ce sujet, dans la préface de son Astronomie ; ce grand Astronome dit : *Mais après que j'eus comparé quelques mouvemens avec le mouvement diurne & annuel du Soleil, ou de la terre, &c.*

Qu'on lise les Mémoires de l'Académie Royale des Sciences de 1707. p. 14. on y trouvera que M. Varignon dit, que Riccioli avoit donné plusieurs raisons en faveur de l'immobilité de la terre, & que *de Angelis* lui avoit répondu ; le même M. Varignon, loin de déterminer lequel des deux avoit raison, s'est contenté de dire uniquement, qu'*il n'avoit pas entrepris d'examiner leurs preuves* ; il a même insinué une autre difficulté qui semble rendre le mouvement de la terre encore plus incertain.

La plûpart des Auteurs dont nous parlons, ont écrit de notre tems, & il est certain que s'ils avoient connu une seule preuve solide pour déterminer si la terre se meut, ou si elle est en repos, ils eussent parlé d'une maniere positive : En effet peut-on supposer que ces grands hommes qui ont des lumieres si étendues, dont la plûpart fondent leurs calculs sur l'hypothèse du mouvement de la terre, en eussent parlé d'une maniere si douteuse & incertaine, si le mouvement de la terre avoit été bien prouvé ?

3°. Il est vrai que M. Flamstead croit pouvoir prouver par ses observations qu'il y a une parallaxe des étoiles fixes, & que par conséquent la terre se meut ; mais pour voir le peu de certitude de cette opinion, on n'a qu'à lire l'endroit de l'Astronomie du Docteur Gregory que nous avons déja cité, & auquel M. Whiston a répondu pour la défense de Flamstead ; mais toute cette découverte ne paroît pas ici d'un grand usage, sur-tout

Elle vient en troisiéme lieu de ce que la parallaxe du mouvement annuel est encore incertaine.

après ce que nous a donné M. Caffini le jeune, dans les Mémoires de l'Académie Royale des Sciences, 1696. auquel M. Whifton a répondu dans fes *Prælect. Physic. Mathem.* p. 202. parce qu'il foûtient le mouvement de la terre fondé uniquement fur les obfervations dont nous venons de faire mention; car on ne fçauroit conclure là-deffus rien de certain d'aucun autre principe. " Il avoue pourtant, " que M. Flamftead ne raifonne pas jufte dans " tout, comme les François viennent d'obferver depuis peu; & " que fouvent il déduit la parallaxe des étoiles fixes de certains " phénoménes, qui ne fervent en aucune maniere à la prouver; ce " qui parut fort étrange pour un Aftronome auffi grand que lui. Il conclut en ces termes, après avoir dit quelque chofe qui ne paroît pas fort certain, *Mais il faut laiffer ceci, d'autres Aftronomes plus exacts & plus habiles l'examineront*. De forte que ce Mathématicien, qui d'ailleurs a accoûtumé de fe fervir d'expreffions très-fortes contre ceux qui foûtiennent l'immobilité de la terre, laiffe enfin cette matiere encore indéterminée dans cet endroit-ci, comme cela paroît par fes propres paroles.

Pour voir le peu d'efpérance qu'il nous refte de trouver la parallaxe des étoiles, pour y établir quelque chofe de folide, on n'a qu'à lire la fect. xl. du 3e Livre de l'*Aftronomie* du Docteur Gregory, & le *Cofmotheoros* de M. Huygens, p. 134. &c. M. Newton dit auffi, *Princip. Phylof. Lib.* 3. *fect.* 14. *que le mouvement annuel de la terre ne produit aucune parallaxe remarquable dans les étoiles fixes*.

On ne fçauroit rien inferer des expreffions dont les Aftronomes fe font fervis, au fujet du mouvement de la terre.

Quoique les plus grands Mathématiciens de ce fiécle ne rougiffent pas d'avouer franchement l'incertitude de leurs connoiffances touchant le mouvement de la terre; il y a cependant une autre efpece de Philofophes, qui n'étant que très-peu verfez dans l'Aftronomie, ou les Mathématiques, foûtiennent avec toute la confiance & la fermeté poffible, que la terre fe meut; parce qu'ils ne fçauroient s'imaginer que tant de fi grands hommes l'ait fuppofé dans leurs écrits & leurs calculs, s'il n'en avoient pas été entierement affurez.

Mais pour convaincre ces Meffieurs, & leur faire voir que les Mathématiciens eux-mêmes ne comptent point fur leurs hypothèfes, il fuffit de dire que c'eft affez pour les Mathématiciens qu'ils puiffent rendre raifon d'une maniere plus aifée des phénoménes que nous connoiffons jufqu'à préfent, fans examiner en rien fi elles font véritables ou non. On en peut voir une

LIVRE III. CHAPITRE VII.

grande preuve dans une espece de préface qu'il y a dans le Livre du fameux Copernic, elle mériteroit d'être entierement transcrite & inferée ici, si elle n'étoit pas trop longue. Il est dit dans cet endroit, « Qu'il n'est pas nécessaire que les hypothèses soient même probables, & que c'est assez qu'on puisse rendre par là les calculs conformes à l'expérience. De plus, comme on se sert souvent de plusieurs hypothèses pour l'explication d'un seul mouvement, comme dans le cours du Soleil on suppose une excentricité & un mouvement autour de son centre, un Astronome peut choisir l'hypothèse qui est la plus facile à comprendre ; on demandera peut-être à un Philosophe quelque chose de plus probable, cependant ni l'un ni l'autre ne sçauroient découvrir rien de certain, à moins que Dieu ne leur revele. On voit sur la fin ces paroles emphatiques, « Que personne ne s'attende à rien de certain dans l'Astronomie, pour tout ce qui concerne une hypothèse. (Je ne conçois pas le sens des autres paroles, il faudra voir Copernic lui-même). Je ne sçais si on pourroit confirmer d'une maniere plus forte ce que nous avons dit ci-devant, & je crois qu'il suffit pour répondre aux objections précédentes, de renvoier le Lecteur aux Auteurs des Livres que nous avons citez.

En lisant les ouvrages de Copernic lui-même, *Lib.* I. *cap.* x. p. 20. nous trouvons que ce grand Astronome au lieu d'avancer des raisons pour soûtenir la vérité de son hypothèse, se contente de dire : *Je crois que nous devons plûtôt l'admettre (son hypothèse) qu'embarrasser & confondre nos esprits dans une infinité de cercles.*

Mr Stair dit la même chose dans *la cinquiéme proposition des phénoménes célestes*, par rapport au mouvement de la terre ; *Qu'il ne paroît pas nécessaire que le Soleil soit au centre des étoiles fixes, mais qu'on a de bonnes raisons pour convenir qu'il y est.* Voulez-vous sçavoir les raisons ? les voici : Après avoir dit qu'on peut supposer cela, mais que selon son opinion la chose n'est pas entierement prouvée ; il conclut ainsi, *Mais il est plus convenable de placer le Soleil dans le centre du monde, parce que par là il est plus aisé de donner des raisons, & de meilleures raisons, des autres phénoménes.*

Voici de quelle maniere s'exprime le fameux Kepler dans son Epitom. Astronom. p. 448, & ensuite 673. *Lorsqu'on entendra ces choses, quoiqu'on soit éloigné de croire qu'elles sont réelles,*

& qu'on ne faſſe que les ſuppoſer, il ſera très-facile de s'en ſervir.

La même choſe ſe trouve exprimée d'une maniere très-claire dans les *Mémoires de l'Académie Royale des Sciences*, 1709. où M. Caſſini après avoir parlé des uſages, des proprietez, & des avantages des anciennes & des nouvelles hypothèſes d'une maniere très-ſçavante, ſans en embraſſer pourtant aucune comme véritable, décrit des machines très-curieuſes qui repréſentent les planétes, & qui ſont toutes fondées ſur la ſuppoſition de l'immobilité de la terre. De-là vient auſſi qu'il la ſuppoſe immobile, au milieu des ellipſes que les planétes ſemblent décrire dans leurs révolutions, dans l'eſpace de pluſieurs années, par rapport à la terre; il marque même la révolution apparente du Soleil autour de la terre dans un cercle marqué avec des points. Or tout le monde ſçait que quoique ce grand Aſtronome ſe ſerve ici de l'hypothèſe de l'immobilité de la terre, il n'aſſure pourtant en aucune maniere qu'elle ſoit vraie; bien plus il ſe ſert quelquefois d'une hypothèſe différente.

Tout cela fait voir que ces Mathématiciens ſi célébres, ont plus d'égard à la facilité que les hypothèſes leur donnent, qu'à la vérité de ces mêmes hypothèſes dans beaucoup de cas: mais comme il y a des gens qui ont une déférence ſi aveugle pour leur ſcience, que lorſqu'ils voient qu'un grand homme ſe ſert d'une hypothèſe, ils l'embraſſent d'abord à cauſe de la réputation de celui qui la met en uſage: Il eſt bon de faire voir à ces Meſſieurs que nous ne parlons point au hazard, lorſque nous aſſurons qu'un Mathématicien, pour une plus grande facilité, comme nous venons de dire, avance une hypothèſe qui eſt non ſeulement fauſſe, mais dont il reconnoît même la fauſſeté; pour cet effet nous en allons donner quelques exemples.

Les Mathématiciens ſuppoſent des lignes & des cercles imaginaires pour la conſtruction des tables de Sinus & de Tangentes, &c. & dans celles des Logarithmes, que tous les nombres ſont vrais; tandis que parmi pluſieurs centaines, à peine y en a t-il quelques-uns qui le ſoient réellement. De-là vient auſſi, & afin de rendre moindre la différence qu'il y a entre le vrai & le faux, qu'ils ont accoûtumé de ſe ſervir de ces grands nombres.

C'eſt ainſi que les arpenteurs, ou ceux qui meſurent la terre, lorſqu'ils trouvent des lignes un peu courbes, & qui forment quelquefois de petits angles en avançant en-dedans & en-dehors,

ſuppoſent

LIVRE III. CHAPITRE VII.

fuppofent ces mêmes lignes droites; pourvû feulement que la fuppofition de cette fauffeté connue leur donne une plus grande facilité, & que la différence ne foit pas fort confidérable.

Qui eſt-ce qui ne fçait pas qu'en élargiſſant les degrez de latitude de plus en plus dans la navigation, on ne fait uniquement qu'une pure fiction ? & cela ne fert qu'à trouver d'une maniere plus aifée le véritable décroiſſement de chaque degré de longitude; & tout le monde fçait de quelle utilité, ou plûtôt de quelle néceſſité font les tables qu'on calcule dans cette fuppofition.

Quoique, quand on eſt verfé dans l'Optique, on fçache que les verres fphériques ne ramaſſent jamais les raions dans un point, (excepté dans un ou deux cas) comme font les verres de certaine figure; cependant n'eſt-ce pas une chofe bien commune, en faifant des téleſcopes ou des microſcopes, de les fuppofer tout autrement qu'ils ne font? & la démonſtration de la partie practique n'eſt fondée que là-deſſus, même parmi ceux qui fçavent que ceci fe trouve abfolument faux dans la théorie.

Qu'y a-t-il de plus commun, que de fuppofer dans la Statique, que deux plombs tombent en lignes droites paralleles l'une à lautre, tandis cependant qu'elles fe rencontreroient toutes les deux dans le centre de la terre ?

Les Canoniers font la même chofe, & fur le même principe, les fameux Mathématiciens qui ont écrit fur l'art de jetter les bombes, fuppofent que les boulets, par le moien de la force de la poudre, & de celle de leur pefanteur, décrivent une ligne, qu'ils appellent *parabole*; au lieu que s'ils confideroient la réfiſtance de l'air, & les autres caufes ci deſſus, ils fçauroient que les proprietez de cette ligne font très-différentes de celles de la parabole.

Dans la Gnomonique, nous fuppofons que le centre de la terre, ou plûtôt celui du cours du Soleil, eſt toûjours à la pointe de l'axe perpendiculaire, (lorſque fon ombre marque l'heure) en quelque endroit que le cadran foit placé dans toute la terre, quoique tout le monde fçache que cela eſt contraire à la vérité.

Tous les Aſtronomes anciens & modernes ont fuppofé pour fondement de leurs calculs, que le mouvement diurne, véritable ou apparent du Soleil, fe fait dans un cercle parallele ou également diſtant de l'équinoctial; quoique cette ligne, à caufe du mouvement annuel du Soleil ou de la terre, approche plûtôt d'une ligne spirale que d'un cercle, comme tous les Astronomes le sçavent.

Après avoir fait voir cela dans tant de parties des Mathématiques, je crois qu'on ne souhaitera pas des preuves plus positives, pour montrer que, quoique quelques-uns des principaux Astronomes supposent ou le mouvement ou le repos du Soleil, & qu'ils fondent là-dessus leurs calculs, ceci ne porte cependant pas le moindre coup à l'une ou à l'autre hypothèse : car, pourvû que les erreurs ne soient pas de trop grande importance, ils se servent souvent d'hypothèses pour une plus grande facilité, quoiqu'ils sçachent eux-mêmes qu'elles sont fausses.

La simplicité d'une hypothèse n'est pas toûjours une marque de sa vérité.

Il y a encore un autre argument, d'où quelques personnes concluent un peu trop vîte, que l'hypothèse du mouvement de la terre est véritable, à cause qu'elle leur paroît la plus simple de toutes : &, pour une plus grande preuve, ils disent qu'il convient extrêmement à la sagesse du Créateur de faire les plus grandes choses de la maniere la plus simple.

Nous n'entrerons point dans une grande discussion au sujet de la foiblesse de cette preuve; puisque personne ne connoît, lorsqu'on lui montre une machine, si la maniere dont elle est faite, est la plus simple ou non, à moins qu'en même-tems on ne lui découvrît toutes les vûës & les fins de celui qui l'a inventée; ce que personne n'osera assurer de la structure du monde visible : car, selon ce principe, ceux qui soûtiennent que l'orbite du Soleil ou de la terre, est circulaire, contre l'expérience, auroient raison de dire que leur opinion paroît plus conforme à la vérité, que celle de ceux qui soûtiennent qu'il se meut dans une ellypse ou dans une figure ovale; parce que personne ne disputera que la figure d'un cercle ne soit plus simple, que celle d'une ellypse.

Mais, pour entrer un peu plus dans le détail ; que ceux qui soûtiennent ce sentiment, nous rendent raison de la conduite des Astronomes, du moins de tous ceux que je connois, parmi lesquels il y en a qui défendent avec beaucoup de zéle le mouvement de la terre, & la stabilité ou le repos du Soleil, comme Copernic, & après lui Kepler, Lantsberg, & de nôtre tems Richard Rembrantsen van Nierop, originaire de Northhollande; quoique dans la théorie du cours annuel de l'Orient

LIVRE III. CHAPITRE VII.

à l'Occident, ils foûtiennent tous l'hypothèse du mouvement de la terre ; (car dans ce cas-ci leurs calculs font beaucoup plus faciles à faire) quelle est la raison qui fait que dans tout ce qui regarde la sphére ou la révolution diurne de l'Orient à l'Occident, les Astronomes ont accoûtumé de faire leurs figures & leurs calculs directement oppofez à leurs notions, en fuppofant le mouvement du Soleil & le repos de la terre, quoique communément ils faffent de très-grandes objections contre le dernier ?

Il ne faut pas d'autre preuve que ce que nous venons de dire ; tout le monde peut voir ceci dans prefque toutes les figures dont ils fe fervent dans cette occafion ; où ils ont accoûtumé de marquer les paralleles dans lefquels le Soleil fe meut chaque jour, & de leur donner ce nom-là. Voici une chofe qui me paroit digne d'être remarquée : C'eft que M. Wifthon lui-même, qui eft d'ailleurs un défenfeur fi zélé du mouvement de la terre, a pris de M. Caffini la maniere ingénieufe que cet Aftronome a inventée pour obferver la parallaxe des planétes, & qu'il l'a inferée dans *fes Prælect. Aftronom.* pag. 75, &c. Il l'a tranfcrite des *Act. Lipf.* 1685, avec tant d'éxactitude, qu'il s'eft prefque fervi de mêmes termes que M. Blanchini, quoique cette méthode ne foit fondée que fur l'hypothèfe du repos de la terre, & de la révolution diurne des étoiles fixes & des planétes. Il fe fert de cette expreffion, *la révolution diurne de Mars dans un cercle* ; il dit encore, *que Mars & les étoiles fixes fe meuvent, & tournent une fois chaque jour autour de la terre.*

Nous pourrions rapporter ici plufieurs autres chofes de cette nature, pour faire voir le peu de cas qu'on fait de toutes les hypothèfes ; mais, comme il y a déja long-tems que cette matiere nous arrête, nous aimons mieux renvoier le Lecteur *à la Préface de l'Aftronomie* de M. de la Hire : nous en avons dit auffi quelque chofe dans l'Introduction.

Venons à préfent à la conclufion que nous devons tirer de ce que nous avons dit jufqu'ici du mouvement ou du repos de la terre.

Conclufion : que le mouvement du Soleil ou celui de la terre, n'eft pas encore bien prouvé.

I. Nous venons de voir que les plus grands Aftronomes ne font pas encore d'accord fur ce point, & que jufqu'ici perfonne n'a pû produire une preuve folide en faveur de l'un ou de l'autre parti.

II. Que tous les fameux Mathématiciens & les plus grands

Astronomes, comme Messieurs Huygens, Newton, la Hire, Varignon, (auxquels il y en a peu qui osent se comparer, par rapport à la connoissance de l'Astronomie, sans passer pour des gens très-présomptueux & orgueilleux) & tant d'autres, ont avoué ingenûment leur incertitude sur cette matiere; ce qui prouve qu'ils ont eu tous les avantages possibles qu'on pouvoit leur procurer, pour éxaminer tout ce qu'on a découvert là-dessus.

III. Que l'esperance que l'on a de trouver la parallaxe, & la distance des étoiles fixes de la terre, est très-petite; car par-là on pourroit déterminer cette matiere: ce moien seroit assez sûr, s'il n'étoit pas le meilleur.

IV. Qu'il n'y a aucune preuve qui en démontre la vérité; parce que de très-grands hommes se sont servis indifféremment de l'une ou de l'autre hypothèse, parce que dans toutes les parties des Mathematiques l'on se sert d'hypothèses, non pas pour faire voir comment la chose se trouve réellement; mais ce n'est que pour pouvoir rendre raison par-là d'une maniere plus aisée des phénoménes que nous connoissons, en supposant toûjours la moindre différence sensible: de sorte qu'on suppose des choses même souvent entierement opposées à la vérité, pour les raisons que nous avons dites; les plus grands hommes même le font, dans les Mathématiques.

V. Que les mêmes Mathematiciens se servent tantôt d'une hypothèse, tantôt d'une autre, suivant qu'elles leur conviennent plus ou moins dans certains cas, ou pour faciliter leurs calculs, ou pour rendre la chose plus aisée à comprendre, ou pour pouvoir décrire les choses d'une maniere très-claire dans leurs figures.

Qu'on juge à présent s'il est possible de découvrir dans tout cela rien qui prouve d'une maniere solide, & qui soit appuiée de quelque expérience, pour convaincre un homme, qu'on peut démontrer le mouvement ou le repos du globe de la terre, d'une maniere claire & distincte, & qui satisfasse les bons Mathématiciens. Du moins, si quelqu'un s'avisoit d'assurer ceci, ce seroit la même chose que s'il disoit, que tous ces grands Astronomes que nous venons de nommer, ont été ou assez ignorans pour ne pouvoir pas comprendre cette preuve, ou assez mal-intentionnez pour ne le vouloir pas; qui est une chose que tout homme raisonnable doit regarder comme la plus absurde qu'on puisse jamais imaginer.

FIN.

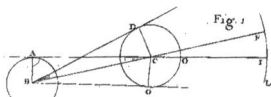

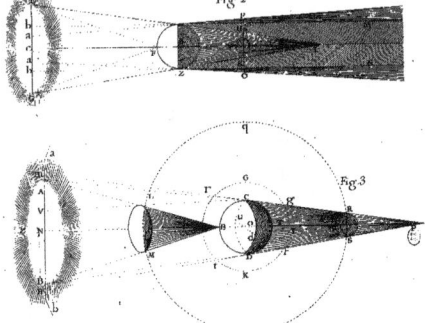

Planche XX. Part III.

Fig. 1

Fig. 2

Fig. 3

Planche XXI. Part. III.

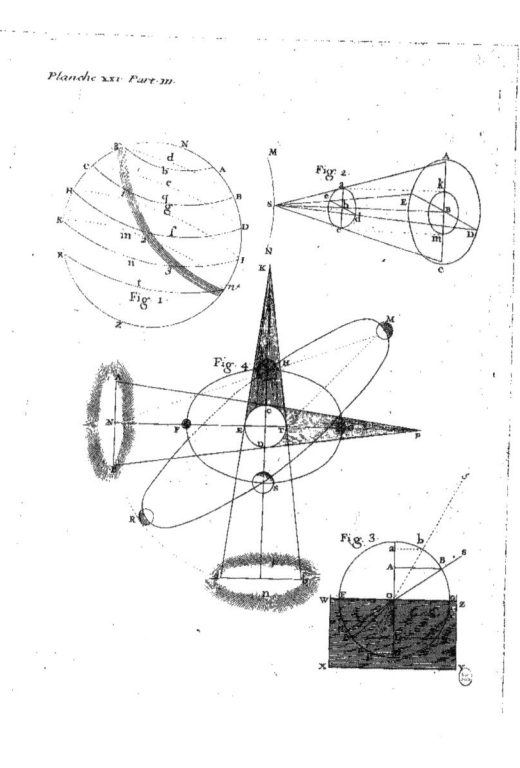

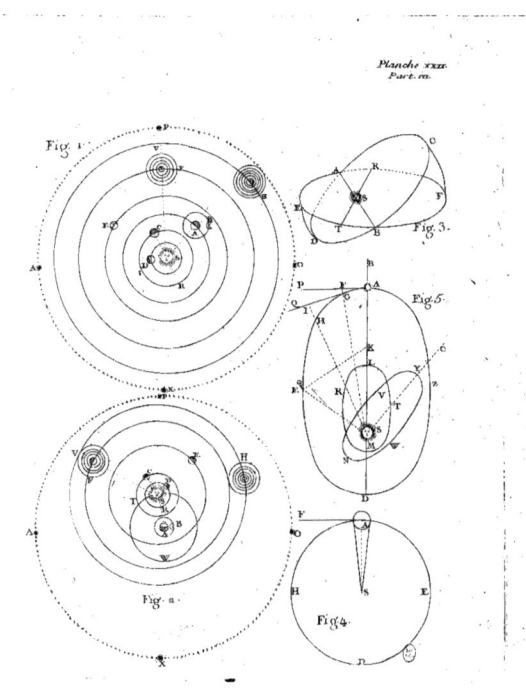

Planche XXII.
Part. III.

Planche XXIII.
Part. III.

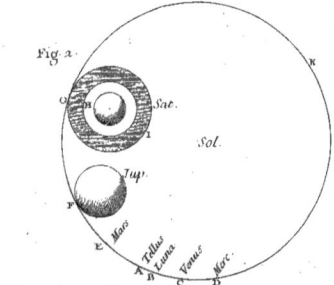

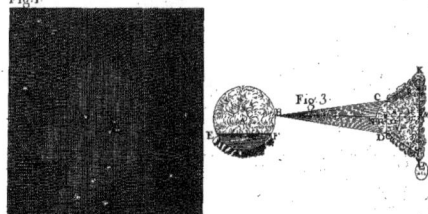

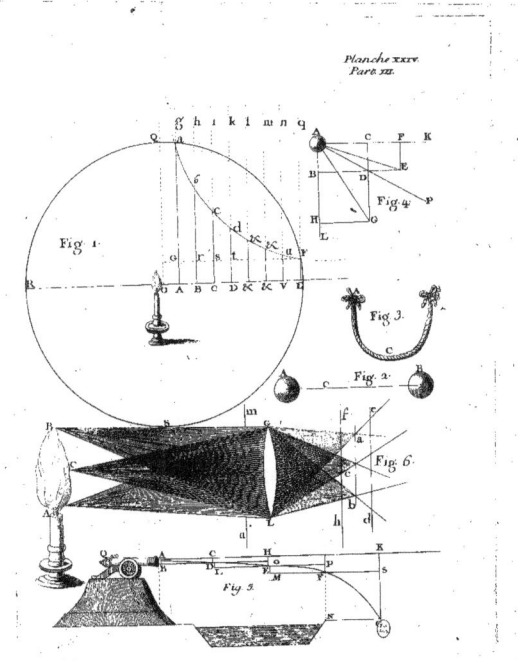

Planche XXIV.
Part. III.

Planche XXV.
Part. III.

Fig. 1.
Fig. 2.
Fig. 3.
Fig. 4.

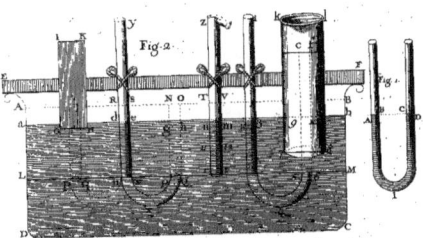

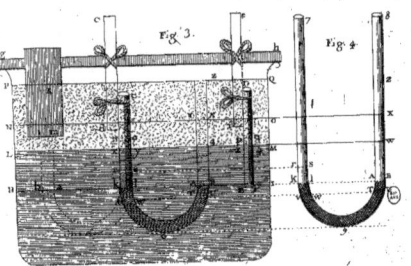

Planche XXVI. Part. III.

Planche xxvii. Part. III.

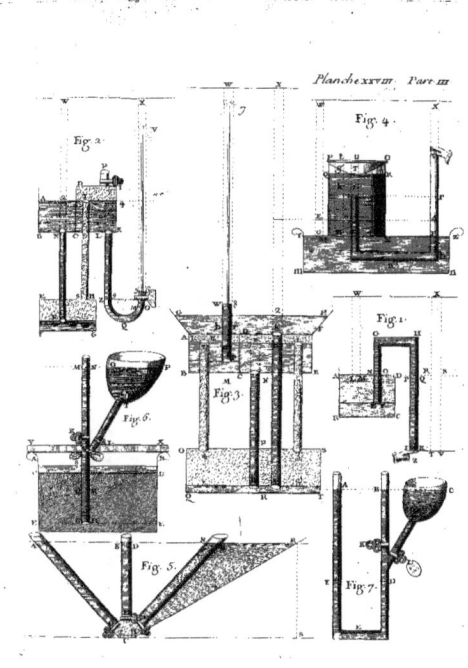

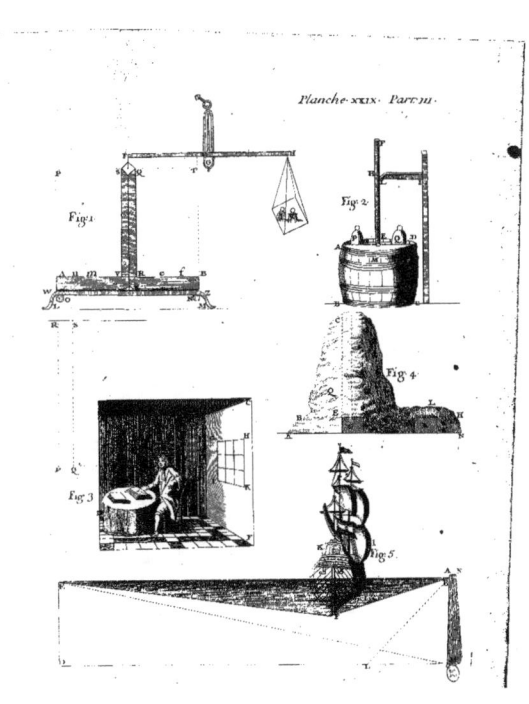

TABLE
DES MATIERES

PREMIERE PARTIE
La Structure du Corps de l'Homme.

CHAP. I. *De la Bouche.*

Les Dents.	p. 9
L'Email des Dents.	10
Les Lévres.	11
La Langue.	12
Le Pharinx.	13
La maniere dont les Enfans tétent.	14

CHAP. II. *De l'Oesophage, de l'Estomac, & des Intestins.*

L'Oesophage.	16
Des Fibres droits & circulaires de l'œsophage.	ibid.
Les membranes de l'œsophage.	17
L'estomac.	18
Les liqueurs de l'estomac, & sa valvule.	19
Les fibres de l'estomac.	ibid.
Le mucilage de l'estomac.	21
De la faim.	ibid.
L'usage des intestins.	22
Le mesentere.	ibid.
Les glandes des intestins.	23
Les rides & les valvules de l'intestin droit.	24
Les muscles pyramidaux.	26
Les muscles droits.	27
Du mouvement de l'intestin droit.	28

CHAP. III. *Des Veines lactées, & du conduit du Chile.*

Les veines lactées, & le réservoir du chile dans un chien.	29
La route du chile dans l'homme.	30
La route du chile jusqu'au cœur.	ib.
Les valvules du canal torachique & des vaisseaux limphatiques.	31
Du mouvement du chile.	ibid.
La valvule de la veine souclaviere.	32

CHAP. IV. *Du Cœur.*

L'usage du cœur en general,	34
Description du cœur.	ibid.
Les oreillettes du cœur.	35
L'action du cœur.	ibid.
La route des fibres musculeuses.	36
L'action des valvules & des veines.	37
Les muscles lateraux du cœur.	40
La force du cœur représentée par des comparaisons.	ibid.
Le péricarde.	41

TABLE

Chap. V. *De la Respiration.*

L'air est nécessaire au sang. 42
Les vaisseaux sanguins des poulmons, & la trachée-artere. *ibid.*
Les glandes de la trachée-artere. 43
L'air qui entre dans les poulmons. 44
Les proprietez de l'air dilaté. *ibid.*
La respiration comparée à l'action d'un soufflet. 45
Expérience faite sur les poulmons dans le vuide. *ibid.*
Expérience faite avec une petite bouteille d'eau. 47
Expérience faite avec une seringue dans le vuide. *ibid.*
L'usage de la respiration. 48
De la nature de l'air dans les tems de peste. 50
Si l'air laisse quelque chose dans le sang. *ibid.*

Chap. VI. *De la structure des Veines.*

La route des arteres. 53
La route des veines. 54
Représentation grossiere de la circulation du sang. 55
Combien de fois le sang circule dans une heure. 56
Quelques particularitez sur les arteres. 57
Les arteres vont toûjours en diminuant. 58
La contraction des arteres. 59
Pourquoi le battement des arteres ne se fait pas sentir. *ibid.*
De l'union & du concours des veines. 61
La division des arteres en conduits capillaires. *ibid.*
Si la petitesse des conduits diminue la vélocité du sang. *ibid.*
Les veines vont toûjours en grossissant. 62

Les valvules des veines. 63
Les fibres des veines & des arteres. 64
L'usage du sang en general. *ibid.*
Enumération des differentes humeurs qui se separent du sang. 65
La route de l'urine. *ibid.*
Les mammelles. 67
On n'a pas encore une connoissance parfaite du mouvement du sang, ni de la nutrition. 68

Chap. VII. *Des Nerfs, des Vaisseaux limphatiques, des Glandes, & des Membranes.*

La matiere qui passe dans les nerfs. 69
Expérience qui prouve qu'il y a un suc nerveux. 70
Le nerf auditif fournit des rameaux à la langue. 71
Les organes du goût. 72
Les nerfs qui agissent dépendamment ou indépendamment de notre volonté. *ibid.*
La paire-vague & le nerf intercostal. *ibid.*
Les nerfs du diaphragme. 75
Les nes nerfs du rectum. *ibid.*
Les vaisseaux limphatiques. 76
Les glandes. 77
La dure-mere. 78
Les membranes. *ibid.*
La fléxibilité des membranes. 79

Chap. VIII. *Des Muscles.*

Les muscles en general. 80
Description des muscles. 81
Les muscles doubles. 82
Les muscles composez de plusieurs autres. 83
Les muscles des doigts. *ibid.*
Les articulations. 85
L'insertion des tendons. 86
Les inconvéniens que prévient cette insertion du tendon. 88
La proportion de la force des mus-

DES MATIERES.

cles avec les fardeaux qu'ils doivent élever. 89

CHAP. IX. *De la force prodigieuse des Muscles.*

Démonstration de la force des muscles. 93
De la différente route des fibres musculaires. 120

CHAP. X. *Des Os.*

Le crâne & les os de la tête. 121
L'Epine du dos. 123
Les usages de l'épine du dos. 124
Les deux premieres vertebres. 125
Les côtes. 126
Les os innominez. *ibid.*
Les os de la cuisse. *ibid.*
Les dents. 128
De l'état des os avant la naissance. *ibid.*
Les os se forment d'une matiere flui-
de. 129
Les os n'ont pas de nerfs. *ibid.*
La moële des os. 130
L'eau & l'huile servent à polir les
parties. *ibid.*
L'huile & l'eau mêlées ensemble s'in-
sinuent dans ses jointures. 131

CHAP. XI. *De la Vision.*

La structure externe de l'œil. 133
Les proprietez de la lumiere. 134
La réfraction des rayons. 136
Expérience sur les rayons qui passent
de l'air dans l'eau. *ibid.*
Expérience sur la réfraction des
rayons qui passent de l'eau dans
l'air. 137
Expérience qui prouve que les rayons
qui tombent à angles droits, ne se
rompent pas. 138
Maniere de rapprocher les rayons qui
s'étartent, & de leur faire représenter une image renversée. *ibid.*
Expérience qui fait voir la même

chose. 139
Seconde expérience faite dans un œil
artificiel. *ibid.*
L'œil est une chambre obscure. 140
Les rayons divergens ne forment au-
cune image. 141
La transparence de la cornée. *ibid.*
L'humeur aqueuse. 142
Le cryftallin. *ibid.*
L'humeur vitrée. 143
Comment l'image se forme dans
l'œil. 144
Le dedans de l'œil est noir. *ibid.*
Le cryftallin est un microscope. *ibid.*
Comment on voit à différentes dis-
tances. 145
La dilatation & la contraction de la
prunelle prouvée par une expé-
rience. 148

CHAP. XII. *De l'Ouïe.*

La structure de l'oreille. 153
Le conduit auditif & la membrane du
tambour. 154
Le mouvement de ces instrumens. 155
Ouvertures qui sont dans la circon-
férence de la caisse. *ibid.*
Le nerf auditif. 158
Les instrumens de l'ouïe. *ibid.*
Le conduit auditif augmente le son. 159
Les sons résultent des trémoussemens
de la membrane du tambour. *ibid.*
Le trémoussement de osselets de l'o-
reille. 161
Le même mouvement se communi-
que à la membrane du labyrinthe. *ib.*
La différence des instrumens de l'ouïe
dans les enfans & les adultes. 163
Sans l'air les instrumens de l'ouïe sont
inutiles. 164
Les nerfs qui sont mis en mouve-
ment dans l'oreille. 165
L'usage de cette corde nerveuse. *ibid.*
La cinquiéme paire de nerf sert à
exciter les passions. 167

La dure-mère produit les mêmes mouvemens. *ibid.*
La huitiéme paire de nerfs produit les mêmes effets. *ibid.*
Le nerf auditif produit le même effet. 168
Le mouvement de la corde du tambour excite aussi les passions. *ibid.*
Pourquoi l'organe de l'ouïe est plus propre que les autres à ce dessein. 169
La force de la musique. 170
La force de la nature des sons. 171

Chap. XIII. *Du Goût, de l'Odorat, & du Tact.*

La nécessité du goût. 172
Que le siége du goût est dans la bouche. *ibid.*
Les instrumens du goût. *ibid.*
Le siége du goût est aussi dans le palais. 173
L'organe de l'odorat. 174
Le sens du toucher. 175
Les instrumens du toucher. *ibid.*
Les sensations sont plus vives dans la paume de la main, & à l'extrémité des doigts. 176

Chap. XIV. *De l'union de l'Ame avec le Corps; de l'Imagination, & de la Mémoire.*

L'union de l'ame avec le corps nous est inconnue. 184
Des bornes de cette union. 185
De l'imagination & de la mémoire. 186

Chap. XV. *Des Passions humaines, & de la Génération en peu de mots.*

Les passions. 187
La différence des passions. 189
L'accord des passions & des inclinations. 190
L'amour de la patrie. 191
Le mépris des dangers. 192
Réponse aux difficultez. 194

Table des Enfans Mâles & Femelles, qui ont été baptisez à Londre pendant 82 ans.

Réflexion sur cette Table. 199
Démonstration mathématique, qui prouve que le monde n'est pas gouverné par le hazard. *ibid.*
Réponse aux difficultez. 200
Seconde démonstration. 202
On fait ce calcul selon la maniere ordinaire. *ibid.*
Moien pour abreger ce calcul. 203

SECONDE PARTIE

Des Elemens, & de leurs divers effets.

Chap. I. *De l'Air.*

La pesanteur & les ressorts de l'air. 206
Expérience sur l'élasticité de l'air. 207
La pression de l'air. *ibid.*
Erreur des Incrédules. *ibid.*
Description du barométre. 208
Un barométre d'eau & de lessive, avec quelques expériences. 210
La pression terrible de l'air sur un homme.

DES MATIERES.

hommes. 212
Expériences sur la pression de l'air. 214
Une petite quantité d'air résiste à une plus grande. 216
La pesanteur d'une petite masse d'air égale le poids d'un plus gros volume. *ibid.*
Différence de la pesanteur & du ressort de l'air. 217
L'action du ressort de l'air par le moien de la pesanteur. 218
L'air qui soûtient le plus de poids, est le plus comprimé. 219
Plus l'air est comprimé, plus il est élastique. 220
Expérience qui prouve que les animaux périroient dans un lieu privé d'air. 226 & *suiv.*
Expérience faite sur les Grenouilles. 228
Le ressort de l'air fait vivre les poissons dans l'air. 229
L'élasticité de l'air n'est pas suffisante pour conserver la vie. *ibid.*
Les plantes vivent par le moien de l'air. 230
Le feu est entretenu par l'air. 231
L'air fait monter la fumée. *ibid.*
L'air est la cause des sons. 232
Expériences sur les sons. *ibid.*
Les pompes. 234
L'air retient dans leurs vaisseaux les liqueurs qui fermentent. *ibid.*
La réfraction & le crépuscule. 235
L'air est un dissolvant. 237
Les parties de differentes especes dans l'air. *ibid.*
Mélange du feu avec l'air. 238
Mélange des acides & des alkalis avec l'air. 239
Mélange des esprits ardents avec l'air. *ibid.*
Plusieurs autres mélanges qui se font avec l'air. 240
Beaucoup de matieres conservent leur proprieté dans l'air. *ibid.*
Ces mélanges rendent l'air sain ou mal sain. 241
Pourquoi l'air est insipide & invisible. 244

CHAP. II. *Des Méteores.*

Des brouillards. 246
Les brouillards font des nuages. 250

CHAP. III. *Du Vent & de son utilité.*

Expériences sur la production des vents. 258
Vent produit par le froid. 263
Le vent produit par la chaleur. 265
Vent produit par la cessation de la chaleur. *ibid.*
Vent produit par le mouvement de l'air en-haut. 266

CHAP. IV. *De l'Eau.*

Sans l'eau tout mourroit de faim. 271
Les plantes sont composées d'eau. *ibid.*
Changement de l'eau en terre. 274
L'eau est l'origine de tout. 277
L'eau monte dans l'air. 278
De quelle maniere les vapeurs montent. 279
L'air s'attache à d'autres matieres. *ibid.*
L'air s'insinue dans les corps solides. 280
Le feu s'insinue dans l'eau. 281
Si l'eau & le feu peuvent produire un composé plus leger que l'air. 283
L'eau est divisée en des parties très-petites. 284
La chaleur & le froid font monter les vapeurs. *ibid.*
Les loix de l'Hydrostatique. 285
De quelle maniere les vapeurs flottent dans l'air. 287
La descente des vapeurs. *ibid.*

Qqqq

Le froid peut produire le même effet. 289
Il est nécessaire que les vapeurs soient transportées d'un endroit à un autre. *ibid.*
L'eau se dépouille des sels par l'évaporation. 290
Les montagnes ramassent les vapeurs. 291
Les fontaines & les rivieres viennent des montagnes. 292
L'Egypte est arrosée par le Nil sans le secours des pluies. 294
La fertilité de l'Egypte. *ibid.*
Les vents ramassent les vapeurs sur les montagnes. 297
La fraîcheur de l'air des montagnes ramasse les vapeurs. 298
Les vapeurs se ramassent à l'ombre. 299
Les vapeurs peuvent produire les rivieres. 300
Supputation des eaux qui tombent en pluie. 301
La pluie suffit pour produire les rivieres. 302
L'évaporation des eaux par la chaleur. 303
L'évaporation des eaux par le froid. 304
Les merveilles du Nil. 308
La disposition des montagnes pour la circulation des eaux. 310
Le sel empêche la corruption de la mer. 312
Les golphes & les bayes servent à recevoir les rivieres. 314
L'usage de la mer. 316
Ce qui empêche que la terre ne soit inondée. 319
Des digues de Hollande. 320
Le sable arrête la mer. 321
Les plantes de la mer conservent les digues. 322
Le canal d'Angleterre préserve la Hollande. 323
Le flux & le reflux. *ibid.*

CHAP. V. *De la Terre.*

Différentes productions de la terre. 328
La terre ne se consume jamais, & ne devient point entierement stérile. 330
Une expérience pour faire voir que l'air rend la terre fertile. 331
Il semble que la saleté & l'ordure devroient rendre la terre dégoûtante. *ibid.*
Tous ces inconvéniens ont été prévenus; convictions. 332
Presque toute choses sortent & rentrent dans la terre; convictions. 333
Une expérience touchant la terre distillée. *ibid.*
La terre produit des instrumens propres à la rendre plus utile. 334
On peut brûler & réduire l'or en poudre. 335
Des pierres précieuses. *ibid.*
De l'aimant. 336
En quel tems la vertu de l'aimant fut découverte. 337
De la rondeur de la terre. *ibid.*
De la pesanteur des corps terrestres. 339
Le centre de la terre n'est rien. 340
Le globe de la terre garde toûjours la même obliquité. 342
Sans l'obliquité de la terre, on auroit raison d'appréhender une destruction generale. *ibid.*
La terre reste au-dessus de l'eau, malgré sa pesanteur. 344
De la Zone torride. *ibid.*
Les montagnes rendent la Zone torride habitable. 345
Des Zones tempérées. 348
Des avantages des Païs du Nord. *ibid.*
La Réligion Chrétienne n'est pas une Religion politique. 349
Des Zones froides. 350

DES MATIERES.

Il est impossible d'approcher des poles. *ibid.*

Chap. VI. *Du Feu.*

On est encore incertain sur la nature du feu. 352
Premiere notion du feu. 353
Seconde notion du feu; le feu semble être une matiere particuliere. *ibid.*
Premiere raison qu'on allegue en faveur de cette opinion. *ibid.*
Seconde raison, avec une expérience. 354
Troisiéme raison, avec une expérience. *ibid.*
Quatriéme raison, avec des expériences. 357
Cinquieme raison, avec plusieurs expériences. 358
Sixiéme raison, avec une expérience. 360
De la grande quantité de feu qu'il y a dans le monde. 362
De la sagesse de celui qui retient la puissance du feu. *ibid.*
Relation du feu de la terre. 363
Il y a du feu dans l'air, avec une expérience. 366
De quelle maniere le feu de l'air & des cieux se conserve. 369
Toute l'eau de la terre ne suffit pas pour éteindre le feu; la chose est prouvée par plusieurs expériences. 370
Quelques expériences au sujet du phosphore. 372
Un phosphore fluide. 375
Maniere de préparer le phosphore. *ib.*

Chap. VII. *Des Animaux, des Oiseaux, & des Poissons.*

Des animaux domestiques & sauvages. 378
De la structure des animaux en general. *ibid.*
De la nourriture des animaux. 379
Du mouvement des animaux en general. 380
De la structure des oiseaux. *ibid.*
Des os des oiseaux. *ibid.*
Des cartilages des jointures. 381
Les mouvemens des aîles. *ibid.*
De la structure admirable des aîles. 384
Autres réflexions sur la structure des oiseaux. 386
Des pieds des oiseaux d'eau. 388
De la queuë des oiseaux. *ibid.*
Du centre de pesanteur & de la force des muscles de leurs aîles. 389
C'est un miracle que les poissons vivent dans l'eau. 390
Plusieurs expériences sur la maniere dont les poissons se balancent & se tiennent dans l'eau & contre l'eau. 391
L'effet du froid & de la chaleur d'une colomne d'eau plus ou moins grande sur les poissons, prouvé par des expériences. 394
Les poissons se servent de la queuë pour nager. 397
L'usage des nageoires. *ibid.*
Les animaux qui vivent dans l'air, ne voient que confusément dans l'eau. 398
Les yeux des poissons sont ronds, pour prévenir la confusion de la vûe. 399
La fécondité des poissons. 400
Les animaux rampans ne sont pas encore parfaitement connus. *ibid.*
Des insectes, des vers-à-soie, des chenilles, &c. 401
Examen des petits animaux en general. *ibid.*
Des yeux des escarbots. *ibid.*
Le commencement de l'action dans les animaux. 404

Chap. VIII. *Des Plantes.*

Les graines ne pourroient jamais germer sans l'eau. 405

Chaque graine renferme une plante.
406
On obſerve dans la féve une racine
& une plante. *ibid.*
Chaque plante a deux racines. 407
De la cavité de la féve qui contient
la plante. 408
Il y a un trou dans la peau de la ſeconde racine. *ibid.*
La féve change de route dans la graine. *ibid.*
Des feuilles, de la graine, & de leur
uſage. 409
Du développement du germe, avec
une expérience de M. Dodart. 410
Sçavoir ſi les plantes ſeminales contiennent toutes celles qui en naiſſent. 411
De la racine & de la tige des plantes.
412
De la ſtructure de la racine, & de
ſes parties. *ibid.*
Tout ce que nous venons de dire s'obſerve dans une racine de poivrier.
413
De la ſtructure du tronc. 414
Le tronc monte en croiſſant, & la
racine deſcend. 415
Trois expériences faites ſur les féves,
ſur les glands, & ſur d'autres arbres.
ibid.
Des nœuds & des boutons des plantes. 418
De la ſtructure des feuilles, & de
leur uſage. 420
Pluſieurs expériences pour faire voir
la tranſpiration des feuilles. 421
De la ſtructure des fleurs. 425
Quelques particularitez touchant les
fleurs, 426
Des petits filets, &c. *ibid.*
Des plantes marines. 430

TROISIEME PARTIE.

Des Aſtres, & de leurs divers effets.

Chap. I. Des Cieux.

Des Cieux en general. 433
On prouve que le Soleil eſt plus grand
que la terre par les écliptes. 434
La grandeur du Soleil prouvée par
l'aſtronomie. 435
On peut faire voir avec aſſez de certitude, que le Soleil eſt plus de
de 100, 000 fois plus grand que
la terre. 441
De la diſtance qu'il y a entre le Soleil
& la terre. 443
On ſuppoſe la terre en repos 444
Du mouvement diurne du Soleil.
445
Du mouvement annuel, & de la déclinaiſon du Soleil, & des ſaiſons
de l'année. *ibid.*
Du grand uſage de ſes mouvemens.
446
Du crépuſcule. 447
De la foibleſſe de notre corruption.
448
Combien de tems il faudroit à un
boulet de canon pour aller de la
terre au Soleil. 449
Dans combien de tems un vaiſſeau
ou un animal, qui parcourt 50
milles dans 24 heures, paſſeroit
de la terre au Soleil. *ibid.*
La vîteſſe de la lumiere. 450
Une expérience pour prouver que la
lumiere ſe meut réellement, &
qu'elle vient du Soleil. *ib. & ſuiv.*
Si les rayons de lumiere devenoient
un corps ſolide, & ſi ſes particules

DES MATIERES. 677

s'attachoient l'une à l'autre, qu'arriveroit-il ? 452
La lumiere se meut en ligne droite. 454
Expériences qui prouvent que la lumiere produit le feu. ibid.
La quantité de la lumiere. 455
L'utilité de la divergence de la lumiere. 458
Des proprietez de la divergence des raions de lumiere. 459
La divergence des raions a deux grands usages. 461
Des refractions & de leurs usages. ibid.
Des angles de refractions. 462
La structure de l'œil par rapport à la lumiere. 463
De la réflexion de la lumiere. ibid.
L'air est invisible. ibid.
De la réflexion de la lumiere. 464
Expériences qui font voir que la lumiere peut devenir un corps solide. 465
Les proprietez des raions de lumiere par rapport aux couleurs. 467
Dans la division de la lumiere, dans un prisme de cryſtal. 469
L'utilité de la Lune. ibid.
Des éclipſes. 471
L'utilité des éclypſes. ibid.
La lumiere de la Lune n'a point de chaleur. 473
La grandeur de la Lune, & ſa diſtance de la terre. 474
Pourquoi la lumiere de la Lune n'eſt pas chaude. 475
Le flux & le reflux de la mer. 476
Il y a deux ſyſtêmes du monde. 477
De la grandeur immenſe des étoiles fixes. 479
De la parallaxe des étoiles fixes. 480
Sçavoir ſi le ciel des étoiles eſt ſolide ou fluide. 481
Il y a des raiſons probables de ſa ſolidité. ibid.
La grandeur prodigieuſe des étoiles, & leur diſtance. 482

Le nombre des étoiles eſt innombrable. 484
Si les étoiles different en grandeur. 485
Changemens arrivez dans les étoiles fixes. ibid.
Des planétes. 486
De la grandeur des planétes. 487
Des révolutions des planétes, & de leurs diſtances du Soleil. 488
La vîteſſe de Venus & de Jupiter. ibid.
Supputation des revolutions des planétes. 489
La vîteſſe d'une lune de Jupiter. 490
La force prodigieuſe qu'il faut pour mouvoir Jupiter. ibid.
Les faux-fuians des Incrédules, & leurs prétentions. 491
Réponſe aux faux-fuians des Incrédules. 492
Proprietez des orbites des planétes. 493
Les planétes approchent continuellement du Soleil. 494
Les planétes décrivent des ellypſes. 495
Du mouvement des planétes autour du Soleil. 497
La vîteſſe de Saturne & de ſon anneau. 499

CHAP. II. *Du nombre & de la petiteſſe inconcevable des particules de matiere qui compoſent l'Univers.*

Tous les corps ſont compoſez de petites particules. ibid.
Nous devons rectifier nos idées. 500
Un pouce cubique de matiere contient un million de particules viſibles. ibid.
Un pouce cubique d'eau contient un pareil nombre de parties. ibid.
Un pouce cubique, rarefié dans un Eolipile, produira plus de 13300 millions de particules. 501

Il peut s'attacher à la pointe d'une aiguille plus de 13,000 particules d'eau. 502
Une goute d'eau se peut diviser en plus de 26,000,000 parties. ibid.
Cette hypothèse est fondée sur les observations de M. Lewenhoeck; la même chose est véritable dans tous les liquides. 504
La petitesse des particules de l'air, du feu & de la lumiere. 505
Calcul du nombre & de la petitesse des parties de la lumiere. 506
Combien il sort de particules de lumiere d'une chandelle allumée dans une seconde. 514
Les particules de lumiere comparées au sable de toute la terre. ibid.
De la petitesse des parties qui composent les corps solides, comme le cuivre. 515
De la petitesse des parties en general qui composent les corps solides & les fluides. 516
Expériences qui font voir les proprietez déterminées de ces particules. 517
De la fumée de benjoin. ibid.
L'usage de ces petites parties prouve d'une maniere toute particuliere la Providence divine. 520

CHAP. III. *De certaines Loix de la Nature.*

Ce que c'est qu'une loi de la nature. 525
Des loix de la cohésion. ibid.
Les loix de la séparation. 527
De l'inatrition des particules. ibid.
Le choc & l'attraction, sont les deux principales loix de la nature. 528
De la pesanteur & de ses effets. 531
Les corps célestes pesent l'un vers l'autre. 532

Une forte preuve que les corps célestes pesent l'un vers l'autre. 533
De l'action de la pesanteur dans les boulets & les bombes. 535
De l'action de la pesanteur dans la chaîne courbe. ibid.
On ne sçauroit déduire une premiere cause nécessaire & ignorante d'une suite de causes ignorantes qui agissent ensemble. 536
Le premier mouvement prouve l'existence d'un Dieu, de même que la continuation & la communication du mouvement. 537
Les raisons que quelques-uns alleguent pour expliquer la continuation du mouvement des corps, paroissent trop foibles. 542
Dieu agit d'une maniere raisonnable, incompréhensible, & selon son bon plaisir. 543
Autres raisons contre la nécessité des loix naturelles. 544
Preuves de l'existence d'un Dieu tirées du mouvement des particules de la lumiere. 546
L'existence de Dieu prouvée par les loix du Méchanisme en general. 548
De quelques loix de l'Hydrostatique. 549

CHAP. IV. *De la pression des Fluides, selon leur profondeur.*

Les termes generaux de l'Hydrostatique, & les suppositions qu'on y fait. ibid.
L'ordre des expériences qu'il faut faire pour servir de fondement aux loix de l'Hydrostatique. 550
Des fluides dans un tube courbe d'une égale grosseur. 551
Une expérience pour faire voir la grande force de l'action de la pesanteur de l'eau. ibid.

DES MATIERES.

Expériences qui prouvent que les fluides pressent en-haut. 555
Les loix des forces qui pressent en-haut & en-bas dans les liqueurs. 558
Une expérience sur la force avec laquelle les liqueurs placées l'une sur l'autre se pressent en-bas. 559
L'huile presse ou pese sur l'eau marinée, de la même maniere que l'air pese sur l'eau. 561
De la grandeur de la force avec laquelle différens fluides placez l'un sur l'autre, pressent en-haut & en-bas. 562
De la pression des fluides sur des parties égales d'un plan plus ou moins élevé. 564
Des loix de différens fluides placez l'un sur l'autre. *ibid.*
Le fluide n'est pressé en-haut que par les parties laterales du même fluide. 565
La pression oblique s'adapte aussi à la profondeur des fluides. *ibid.*
Les loix hydrostatiques de la pression oblique. 566
La pression latérale se regle aussi selon la profondeur du fluide. 567
Méthode pour découvrir la grandeur de la pression, dont nous venons de parler. *ibid.*
Comparaison de la pression latérale & perpendiculaire de l'air sur une partie égale prouvée par une expérience. 569
Autre comparaison des mêmes pressions de l'eau sur une partie égale, établie par l'expérience. 570
La grandeur de la pression latérale sur un plan. 571
La loi hydrostatique de la pression latérale. 572
Des expériences sur la pression latérale des fluides. *ibid.*
La pression latérale s'adapte à la profondeur & non à la surface de l'eau. 574

De la pression latérale de l'eau, & de la pression de l'air sur ce fluide. *ibid. & suiv.*
L'augmentation & la diminution de la résistance des fluides, produit du mouvement. 576
Les fluides se mettent en mouvement, en ôtant ce qui leur résiste. *ibid.*
Quelques exemples d'Hydrostatique. 577
Supputation de la force du syphon. *ibid.*
D'une fontaine qui fait monter l'eau plus haut que le reservoir qui la fournit. 579
De la fontaine de Hero, dont l'eau monte plus haut que la fontaine. 583
Du mouvement de l'eau dans un tuiau courbe. 585
Un paradoxe d'Hydrostatique prouvé par deux expériences. 587
Autre paradoxe d'Hydrostatique confirmé aussi par l'expérience. 591
Sans les loix des fluides, tout seroit réduit en peu de tems dans la derniere confusion. 595
Le plomb même peut flotter sur l'eau par la force de ce fluide qui le pousse en-haut. 599
De la pression latérale, & de son utilité, 602

CHAP. V. *De certaines Loix naturelles qu'on observe dans la Chymie.*

Expériences qui font voir l'action des acides & des alkalis. 604
Les sels se changent, & s'unissent par les effervescences. 605
Expériences qui font voir que les acides & les alkalis se précipitent ou se separent l'un de l'autre. *ibid.*

Il y a des acides dispersez dans plusieurs corps. 606
On trouve aussi des sels alkalis dans beaucoup de matieres. 607
La conservation des choses prouve l'existence de Dieu. 609
On reconnoît, ou bien on doit reconnoître dans toutes les philosophies des loix. 612
Du sentiment de certains Philosophes touchant la fertilité. 614
Il semble que l'air abonde en salpêtre : sept expériences qui font voir que cela est probable. 615
Il semble que le salpêtre vient du Nord ; prouvé par trois expériences. 617
Le salpêtre devient actif par le moien des particules sulphureuses qu'il contient ; prouvé par l'expérience. 618
Le salpêtre, en se joignant aux raions de lumiere, rend la terre fertile, prouvé par une expérience. 620

CHAP. VI. De la possibilité de la Résurrection.

Réponse de notre Sauveur à l'objection des Saducéens. 624
La résurrection d'un corps n'est pas un plus grand miracle que la création. *ibid. & suiv.*
La formation ordinaire des corps semble même moins probable, que la résurrection. 626
Réponse à la premiere objection, dans laquelle on nous dit, que dans la résurrection il n'y a ni pere ni mere. 627
Réponse à la seconde objection qui est fondée sur la petitesse des parties après la corruption. 628
Réponse à la troisiéme objection tirée de l'attraction des particules. 630
Réponse à la troisiéme objection tirée des particules avec d'autres corps. 632
Réponse à la cinquiéme objection fondée sur ce que nous ne sçaurions observer aucune union dans les particules des corps. 633
Réponse à la sixiéme objection, où l'on dit que ces particules sont trop éloignées l'une de l'autre. 634
Réponse à la septiéme objection, où l'on prétend que les particules de matiere agiroient avec choix ou connoissance. *ibid.*
Réponse à la huitiéme objection, touchant les Cannibales, ou les Anthropophages. 635
Que la résurrection est possible. 637
Trois objections de la premiere espece. 638
Seconde espece d'objections. 639
Troisiéme espece d'objections tirées de l'Ecriture Sainte. *ibid.*
Notre dessein n'est pas de décrire ici la maniere dont la résurrection se fera, c'est une chose que nous devons laisser à Dieu. 640
Réponse generale à toutes les objections contre la résurrection, tirée de l'Ecriture. *ibid.*
Une simple hypothèse suffit pour faire voir la vérité de quelque chose que ce soit. 641
Il y a un corps visible qui nous est propre. *ibid.*
Tout le monde reconnoît cette distinction. 642
Le corps *visible* est composé de parties fluides, & de parties solides, & de loix. *ibid.*
Le corps *propre* dans un sens n'est point composé ni de parties fluides, ni de parties solides, ni de loix, il n'est composé que de solides. 643

Le

DES MATIERES.

Le corps *propre* n'est autre chose qu'un germe ou principe qui n'est pas encore developpé; ou bien, c'est un germe qui croît & augmente par l'addition des particules. 644

Comment on peut dire qu'un homme ressuscite avec son *propre* corps, dans la premiere supposition. 645

Le corps *propre* d'une personne ne change point, quoiqu'il soit rempli d'autre matiere. *ibid.*

Lorsqu'on meurt, il y a une bonne quantité de matiere, qui appartenoit au corps *visible*, & qui s'en sépare. 646

Réponse aux trois dernieres objections, en cas que le corps *propre* ne consiste uniquement que dans le germe. *ibid.*

Le corps visible d'un homme peut devenir fort maigre, & rester neanmoins le même corps visible. 648

Quand même on avoueroit que le corps *propre* n'est que le germe, uni à quelque portion de matiere étrangere, il n'est composé de parties solides, & principalement d'os. 649

Autre réponse aux dernieres objections, en supposant que le corps *propre* consiste dans le germe parvenu à une certaine grandeur. *ibid.* & 650

Réponse aux objections tirées de la coûtume que certains peuples ont de se nourrir de chair humaine. *ibid.* & 651

Chap. VII. *Des choses que nous ignorons.*

Qu'il y a beaucoup de choses qui sont inconnues. 652

Réponse aux objections des Incrédules. 653

Quoique les choses inconnues ne soient pas en elles-mêmes inconcevables, elles ne laissent pas de prouver la grandeur de Dieu. 654 *& suiv.*

On ne sçait point si c'est le Soleil ou la terre qui se meut. 658

Cette ignorance vient premierement de la différence des sentimens des grands Astronomes. 659

Elle vient en second lieu de ce que les grands Astronomes avouent eux-mêmes, qu'ils sont incertains sur cette matiere. 660

Elle vient en troisiéme lieu de ce que la parallaxe du mouvement annuel est encore incertaine. 661

On ne sçauroit rien inferer des expressions dont les Astronomes se sont servis, au sujet du mouvement de la terre. 662

La simplicité d'une hypothèse n'est pas toûjours une marque de sa vérité. 666

Conclusion: que le mouvement du Soleil ou celui de la terre, n'est pas encore bien prouvé. 667

Fin de la Table.

APPROBATION DU CENSEUR ROYAL.

J'AY lû par l'Ordre de Monseigneur le Garde des Sceaux un Manuscrit intitulé: *L'Existence de Dieu démontrée par les merveilles de la Nature*, &c. On le peut regarder comme un Corps entier de Physique Experimentale, & comme le plus accompli de tous les Traitez qui ont paru jusqu'à présent sur cette matiere, pour convaincre les Incredules & les prétendus Esprits forts: Ainsi j'ay jugé que cet excellent Ouvrage mérite d'être imprimé. FAIT à Paris le 4. May 1724.

WINSLOW.

PRIVILEGE DU ROY.

LOUIS par la grace de Dieu, Roi de France & de Navarre: A nos amez & feaux Conseillers, les gens tenans nos Cours de Parlement, Maîtres ordinaires de notre Hôtel, Grand-Conseil, Prevôt de Paris, Baillifs, Sénéchaux, leurs Lieutenans Civils, & autres nos Justiciers qu'il appartiendra, SALUT. Notre bien amé JACQUES VINCENT, Imprimeur-Libraire à Paris, Nous a fait remontrer qu'il souhaiteroit imprimer ou faire imprimer, & donner au Public un Ouvrage qui a pour titre: *l'Existence de Dieu démontrée par les merveilles de la Nature, enrichi de Figures*, s'il Nous plaisoit lui accorder nos Lettres de Privilege sur ce nécessaires. A CES CAUSES, voulant traiter favorablement ledit Exposant, Nous lui avons permis & permettons par ces Présentes, d'imprimer ou faire imprimer ledit Livre en tels volumes, forme, marges caracteres, conjointement ou séparément, & autant de fois que bon lui semblera, & de le vendre, faire vendre & débiter par tout notre Royaume, pendant le tems de douze années consecutives, à compter du jour de la date desdites Présentes: Faisons défenses à toutes sortes de personnes, de quelque qualité & condition qu'elles soient, d'en introduire d'impression étrangere dans aucun lieu de notre obéissance, comme aussi à tous Imprimeurs, Libraires, & autres, d'imprimer, faire imprimer, vendre, faire vendre, débiter, ni contrefaire ledit Livre en tout ni en partie, ni d'en faire aucuns Extraits sous quelque prétexte que ce soit, d'augmentation, correction, changement de titre, ou autrement, sans la permission expresse & par écrit dudit Exposant, ou de ceux qui auront droit de lui, à peine de confiscation des Exemplaires contrefaits, de quinze cens livres d'amende contre chacun des Contrevenans, dont un tiers à Nous, un tiers à l'Hôtel-Dieu de Paris, l'autre tiers audit Exposant, & de tous dépens, dommages & interêts; à la charge que ces Préfentes feront enregiftrées tout au long fur le Regiftre de la Communauté des Libraires & Imprimeurs de Paris, & ce dans trois mois de la date d'icelles ; que l'impreffion de ce Livre fera faite dans notre Royaume & non ailleurs, en beau papier & en beaux caracteres, conformément aux Reglemens de la Librairie ; & qu'avant que de l'expofer en vente, le Manufcrit ou Imprimé qui aura fervi de Copie à l'impreffion dudit Livre, fera remis dans le même état où l'Approbation y aura été donnée, ès mains de notre très-cher & feal Chevalier Garde des Sceaux de France, le Sieur FLEURIAU D'ARMENONVILLE, Commandeur de nos Ordres ; & qu'il en fera enfuite remis deux exemplaires dans notre Bibliotheque publique, un dans notre Château du Louvre, & un dans celle de notre très-cher & feal Chevalier Garde des Sceaux de France, le Sieur Fleuriau d'Armenonville, Commandeur de nos Ordres, le tout à peine de nullité des Préfentes. Du contenu defquelles vous mandons & enjoignons de faire jouir ledit Expofant ou fes ayans caufe pleinement & paifiblement, fans fouffrir qu'il leur foit fait aucun trouble ou empêchement. Voulons que la Copie defdites Préfentes qui fera imprimée tout au long au commencement ou à la fin dudit Livre, foit tenue pour dûement fignifiée ; & qu'aux Copies collationnées par l'un de nos amez & feaux Confeillers & Secretaires, foi foit ajoûtée comme à l'Original. Commandons au premier notre Huiffier ou Sergent de faire pour l'exécution d'icelles tous actes requis & neceffaires, fans demander autre permiffion, & nonobftant Clameur de Haro, Charte Normande, & Lettres à ce contraires. CAR tel eft notre plaifir. Donné à Paris le dix-huitiéme jour du mois de May, l'an de grace mil fept cent vingt-quatre, & de notre Regne le neuviéme. Par le Roy en fon Confeil. DE SAINT HILAIRE.

Regiftré fur le Regiftre V. de la Chambre Royale des Libraires & Imprimeurs de Paris, N°. 842. fol. 529. conformément aux anciens Reglemens confirmez par celui du 28. Fevrier, 1723. A Paris le vingt-fix May mil fept cent vingt-quatre.

Signé, BRUNET, *Syndic.*

Guyon de Sardiere

AVIS AU RELIEUR.

Il y a XXIX. Planches.
Les XII. premieres se placent à la fin de la premiere Partie.
La XIII. jusqu'à la XIX. comprise, à la fin de la seconde Partie.
La XX. & le reste, à la fin du Livre.
Les Parties sont marquées sur les Planches.

www.ingramcontent.com/pod-product-compliance
Lightning Source LLC
Chambersburg PA
CBHW061734300426
44115CB00009B/1222